Hermann Glaser
Sigmund Freuds
Zwanzigstes Jahrhundert

Seelenbilder einer Epoche
Materialien und Analysen

Carl Hanser Verlag

ISBN 3-446-12275-3
Alle Rechte vorbehalten
© 1976 Carl Hanser Verlag München Wien
Umschlag: Klaus Detjen
Satz und Druck: Appl, Wemding
Bindung: Conzella, Urban Meister, München
Printed in Germany

Inhalt

Einleitung
Psychoanalyse und politische Psychologie
Sigmund Freud und seine Zeit

Dieses Buch erzählt von einem großen Mann und einer armen Zeit; von einem armen Mann in einer Zeit, die in vielem groß war, der aber dann, als sie sich selbst groß wähnte, alles in Scherben zerfiel; es erzählt, wie diese Zeit sich als die Zeit des großen Mannes erwies, und der Mann als Mann der armen Zeit.

Sigmund Freud war ein großer Mann. Er prägte dieses Jahrhundert, indem er es analysierte. Auf der Couch der Psychoanalyse wurde nicht nur die Seele des einzelnen entschleiert und der Blick in die Tiefen des individuellen Unterbewußtseins getan; die soziologischen Abhandlungen Freuds, um die es in diesem Buche vornehmlich geht, eröffnen die Seelenlandschaft dieses Jahrhunderts, von der ihr Deuter freilich meinte, sie sei Ausdruck kollektiver Seelenstruktur schlechthin. Was Freud erforschte, war ihm in vielem eingegeben. Sein Bewußtsein durchdrang das geschichtliche Sein; dieses Sein bestimmte aber auch sein Bewußtsein. Er war ein Bürger dieser Zeit; er deutete seine Zeit als Bürger. (1)

Von der Seele einer Epoche zu sprechen – im Widerspruch zu mancher sozialpsychologischen Erkenntnis unserer Tage – ist der Mentalität der zu beschreibenden Epoche in besonderem Maße adäquat. Sie glaubte so sehr an kulturelle Psychogenesen, daß dieser Glaube als Teil ihrer kulturellen Wirklichkeit verstanden werden kann. – »Novalis sagte: ›Jeder Mensch ist eine kleine Gesellschaft.‹ Freud sagte: Jede Gesellschaft ist ein umfangreicher Mensch. Er hat daraus nie ein wissenschaftliches Dogma gemacht, wie man ihm vorwarf. Er hat nur zugesehen, ob diese Sicht nicht einiges Neue ins Gesichtsfeld bringt.« (Ludwig Marcuse) (2)

Daß jede Gesellschaft ein »umfangreicher Mensch« sei, führt zu wichtigen sozialpsychologischen Einsichten, kann aber auch Ausgangspunkt für einen unter Umständen gefährlichen politischen Anthropomorphismus sein; die *gesellschaftlichen* Bedingtheiten der »Seelenbilder« bedürfen deshalb eines besonderen Augenmerks.

Indem referiert wird, was Freud mit seinen gesellschaftsanalytischen Schriften einfühlend und erklärend zutage förderte, indem diese Traktate selbst interpretiert und kritisch betrachtet sowie assoziativ dazu Manifestationen der Zeit (exemplarische Zeugnisse, deren Legitimation vor allem in ihrer Wirkung und Wirkungsgeschichte begründet liegt) herangezogen werden, entsteht ein in sich verschränkter, sich überlagernder, ergänzender, aber auch relativierender hermeneutischer Gesamtzusammenhang. Anregungen zum Nachdenken über das Bewußtsein und Unterbewußtsein dieses Jahrhunderts sollen vermittelt, Überlegungen zu einer zukunftsorientierten Therapie vorgelegt werden. Die Seelenbilder dieser Epoche dürften für die gesellschaftliche Entwicklung des Einzelwesens wie der Gesamtheit (für die soziale Ontogenese wie Phylogenese) von erhellender Bedeutung sein; versäumte Möglichkeiten von »Befreiung« sind durch »Trauerarbeit« zu wieder-holen, nachzuholen; der Blick für das Wahrhaben von Emanzipation ist auf diese Weise zu schärfen.

Die im Denkansatz derart skizzierte Methode mag von manchem als eigenwillig, eigenartig, ja fragwürdig (ich hoffe: frag-*würdig*) empfunden werden; sie näher zu begründen, ist Aufgabe dieser Einleitung, die sich darüber hinaus mit dem Problem »psychoanalytischer Soziologie« und (in Überleitung zu den Hauptkapiteln) mit der Person Freuds in ihrem zeitgeschichtlichen »Stellenwert« beschäftigt. Wen die Ergebnisse der Methode mehr interessieren als ihre Fundierung, kann ohne Bedenken diese Einleitung übergehen.

Die dieser Einleitung folgenden Hauptkapitel – sozialpsychologisches Kaleidoskop insgesamt – sind in ihrer Plausibilität »direkter« zugänglich, wobei das zeitgenössische Quellenmaterial in ausführlich zitierten Kernstellen vorgestellt wird. Jedem Kapitel ist eine Zusammenfassung des Gedankengangs vorgeschoben, in der die Überschriften der Unterkapitel, die »Leitlinien« markierend, meist wörtlich erwähnt werden. Der Anmerkungsteil ist nicht als eine systematische Literaturübersicht zum Themenkreis zu verstehen; er führt neben den Quellenangaben lediglich Werke auf, denen sich der Verfasser bei seiner Arbeit besonders verpflichtet fühlt.

Obwohl Freud mit seinen Theorien oft genug auf einem verabsolutierenden und verabsolutierten Standpunkt beharrte, ist seine Psychoanalyse, auf gesellschaftspolitische und sozialpsychologische Tatbestände und Vorgänge übertragen, ein hervorragendes Instrument, Verunsicherung zu bewirken und damit »Falsifikation« (im Sinne von Karl Popper) zu betreiben. Damit der Mensch aus seinen Fehlern lernt, genügt es eben nicht, daß er über sie stolpert; damit Erfahrung Lernprozesse zu initiieren und Dogmatik abzubauen vermag, bedarf es einer kritischen Einstellung, die mit Hilfe »versuchsweiser Theorien« verhindert, daß wir mit unseren »Fehlern« untergehen, die diese vielmehr in Form abstrahierter Aufbereitung (eben als Theorie) korrigierbar macht. Die Psychoanalyse kann helfen, daß uns bewußt wird, was uns – als Zoon politikon – unbewußt zum Strauchein bringt.

Freuds vorwiegend individualpsychologisch gemeinten Erkenntnisse sind sozialpsychologisch gleichermaßen, ja wohl noch mehr relevant: als systematische Methode der Introspektion, die den Versuch unternimmt, Motivationen, Begründungen zu erfahren; und zwar auf einer anderen Ebene als nur der bewußt rationalen. Freuds Bemühen war es, »Handlungs- und Erinnerungszusammenhänge zu rekonstruieren, Triebschicksale zu verfolgen, Phantasien in ihrer Herkunft zu begreifen, nicht zuletzt seelische Fixierungen, die die Entwicklung der Persönlichkeit blockieren, abzubauen« (Alexander Mitscherlich) (3) – dergestalt mit kreativer Einfühlungsphantasie dem »unvorstellbaren Substrat Seele« (in unserem Zusammenhang der Kollektivseele) sich nähernd.

Das Unterfangen dieses Buches zielt auf eine »Zeitbiographie« Freuds, wobei »Biographie« im Sinne Hans-Ulrich Wehlers vorwiegend in einem das Persönliche transzendierenden Sinne verstanden sei – ausgerichtet auf den die Persönlichkeit »durchscheinenden« »Zeitgeist«. »Die historische Forschung sollte auf die gesellschaftlichen, überindividuellen Motive und Einflüsse, nicht jedoch auf die sogenannten individuellen Motive abzielen. Deshalb besitzt die analytische Sozialpsychologie für den Historiker ungleich größere Bedeutung als die Individualanalyse.« (4)

Freilich steht im »Hintergrund« dieser Freud-Zeit-Biographie bzw. dieses Freud-Zeit-Psychogramms immer auch die Person dieses Mannes, der mit seiner Existenz die Zeit in sich aufnahm und sich ihr zugleich entzog, sie personifizierte und sich von ihr distanzierte – in der Konvergenz von Anpassung und Revolte den Stein wälzte und dabei, auf seine Art, die nicht die Art seines Jahrhunderts war, glücklich schien; so wie Sisyphos in der Stunde der Wahrheit, da er sein Schicksal durchschaut, glücklich ist. – »Die Schicksalsfrage der Menschenart scheint mir zu sein, ob und in welchem Maße es ihrer Kulturentwicklung gelingen wird, der Störung des Zusammenlebens durch den menschlichen Aggressions- und Selbstvernichtungstrieb Herr zu werden. In diesem Bezug verdient vielleicht gerade die gegenwärtige Zeit ein besonderes Interesse. Die Menschen haben es jetzt in der Beherrschung der Naturkräfte so weit gebracht, daß sie es mit deren Hilfe leicht haben, einander bis auf den letzten Mann auszurotten. Sie wissen das, daher ein gut Stück ihrer gegenwärtigen Unruhe, ihres Unglücks, ihrer Angststimmung. Und nun ist zu erwarten, daß die andere der beiden ›himmlischen Mächte‹, der ewige Eros, eine Anstrengung machen wird, um sich im Kampf mit seinem ebenso unsterblichen Gegner zu behaupten. Aber wer kann den Erfolg und Ausgang voraussehen?«, heißt es am Ende von Freuds Schrift »Das Unbehagen in der Kultur«. (5)

Auf dem Weg zum Jahr 2000 begleitet diese Wahrheit die Menschheit enger denn je. Der Widerstreit zwischen Eros und Thanatos ist nach wie vor unentschieden. Als Freud starb, waren Auschwitz, Dresden, Hiroshima noch nicht geschehen. Doch es hätte ihn nicht verwundert, daß sie geschehen konnten.

Zur Methode: Assoziative Hermeneutik oder Warum die Welt so läuft, wie sie läuft

Das zeitbiographische Interesse an Freud lenkt die Aufmerksamkeit auf jene einzigartige »Kombination von Eigenschaften und Begabungen«, die ihn zu seiner rigorosen Selbstexploration und zu seinen Entdeckungen disponiert hat; »auf die Intensität, Präzision und Geduld der Beobachtung bei gleichzeitigem Sichversagen jeder affektiven Parteinahme, die aggressive Neugier angesichts ›unheimlicher‹ und, nach dem Zeitgeschmack, ›anstößiger‹ Phänomene, die Detailwut, die noch die trivialsten psychischen Äußerungen für würdig befand, untersucht zu werden, die Konsequenz, Themen über lange Zeiträume festzuhalten und das zunächst wilde empirische Material theoretisch zu durchdringen.« (Ilse Grubrich-Simitis) (6)

Diese Fähigkeiten hat Freud vor allem auch in seinen soziologischen Abhandlungen entwickelt, die erhellen helfen, warum Menschen, wie Karl Marx in der »Deutschen Ideologie« schreibt, zwar Geschichte machen, aber nicht wissen, daß und wie sie sie machen. Aufklärung über »Motivation« – Hebung ins Bewußtsein, was vom Unterbewußtsein her einwirkt (»Wo ES war, soll ICH werden!« (7)) – fördert die Hoffnung, daß die Menschen, wenn sie eines Tages wissen, wie sie ihre Geschichte machen, sie diese anders und besser machen. (8)

Solches Unterfangen läßt sich auch mit einem anderen Marx-Zitat anschaulich umreißen: man müsse die »versteinerten Verhältnisse dadurch zum Tanzen bringen, daß man ihnen ihre eigene Melodie vorsingt«.

Dies hat Sigmund Freud getan. Die »eigene Melodie« seiner Zeit war eine verborgene Melodie; indem er ihre Partitur entdeckte bzw. entschlüsselte, sie zum Tönen brachte, hat er die erstarrte Gesellschaft zum Tanzen gebracht: sie durch Enttabuierung, Entideologisierung, Entmythologisierung zumindest »aufgelockert«. Vor allem aber hat er erkannt, daß nicht »Geschichte« als solche Aufgaben stellt und löst; (sie hat keine Vernunft »an sich«, ist weder »Geist« noch »Macht«); daß nicht »Geschichte« als Abstraktion, als einheitliche substantielle »Wesenheit« am Werke ist, sondern stets wirkliche Menschen handeln, Hindernisse erstellen oder überwinden, individuelles oder allgemeines Leid schaffen oder verringern. (9)

Nicht ein hoch über den Köpfen der Menschen schwebendes objektives Bewußtsein interessiert eine materialistische Deutung (von einem solchen Desinteresse aus gesehen war Freud durchaus »Materialist«), sondern das Bewußtsein in den Köpfen wirklicher Menschen – wie es da hineingelangt und wodurch es bedingt ist. Damit die Deformationen des subjektiven Geistes, z. B. durch bürgerliche Scheinmoral, nicht auf Dauer und »unwandelbar« vergesellschaftet werden, ist es notwendig, durch Aufklärungsstrategien, zu denen die Psychoanalyse der Gesellschaft vorrangig gehört, die Versteinerung der Verhältnisse zu verhindern. Die Entwicklung des Individuums zum gesellschaftsfähigen Bürger wie die soziale Phylogenese, die Entwicklung der Gesellschaft zu einem höheren Stadium von Aufgeklärtheit, bedarf »helfender« wissenschaftstheoretischer Verfahren. Diese müssen die Beziehungen zwischen individuellem und gesellschaftlichem Bewußtsein aufzeigen und dabei die Menschennatur mit ihrer gesellschaftlichen Ausprägung sowie ihre gesellschaftliche Ausprägung mit den utopisch-heuristischen Vorstellungen von Menschennatur (aber auch mit dem »überwundenen« Vorstellungen, auf die man stets zurückfallen kann) vergleichen. Dies macht die Dynamik der Psychoanalyse wie der psychoanalytischen Gesellschaftsdeutung aus.

So wie die Psychoanalyse des einzelnen muß auch die Analyse der kollektiven Psyche als *Prozeß* sich vollziehen. »Der psychoanalytische Prozeß ist durch einen besonders intensiven Austausch von Wahrnehmungen der äußeren und Wahrnehmungen der inneren Realität eines Menschen [wie der Gesellschaft] gekennzeichnet. Wahrnehmungskorrektur sowie Wahrnehmungserweiterung – nach innen wie nach außen – sind technische Grundleistungen der Analyse.« Um die kritische Wahrnehmung der unbewußten Anteile unserer individuellen wie kollektiven Psyche dergestalt zu ermöglichen, bietet die Freudsche Analyse die

Möglichkeit, die Abwehr gegen konfliktschaffende unbewußte Inhalte zu schwächen und sie damit durchlässiger zu machen. »Das Bewußtsein kann uns offenbar über die in ihm auftauchenden Inhalte nicht das aussagen, was wir gerade erfahren möchten. Es ist korrekt zu sagen, daß die Nutzung der absichtslosen, der ›freien‹ Einfälle, die Durchlöcherung der sonst geschlossenen Abwehrtaktik des Ich gegenüber unbewußten Inhalten ermöglicht hat.« (Alexander Mitscherlich) (10)

Eine derart für die Fülle der Phänomene der Wirklichkeit, im besonderen für die Manifestation des subjektiven Geistes sich öffnende wie offene politische Psychologie gleicht dem, was Freud im Kontext *seiner* Theorie »Metapsychologie« nannte. Eine Darstellung, so schlug er vor, solle »metapsychologisch« heißen, wenn es gelingt, einen psychischen Vorgang nach seinen dynamischen, topischen und ökonomischen Beziehungen zu beschreiben. (11)

In diesem Sinne bedient sich die Betrachtungs- bzw. Darstellungsweise dieses Buches der »freien« Assoziationsmethode der Psychoanalyse, betreibt sie sozusagen »assoziative Hermeneutik«. Sie versucht, das menschliche Selbstsein und das »Zeitsein« dieses Jahrhunderts dadurch zu deuten, daß sie wechselseitig die »Zufälle« der Zeit (ihre geistigen und kulturellen Manifestationen) und die »Einfälle« der Freudschen gesellschaftskritischen Traktate zur gegenseitigen Evokation bringt; die Ergebnisse dann »vereint«, verknüpft, zu »Netzen« des Verständnisses verknotet, also assoziiert.

Das Herbeiströmen der Assoziationen ist allerdings nicht wirklich »frei«; (bei der Individualpsychologie ja auch nicht, dort determiniert durch die »Logik« des unbewußten Geschehens). Zufälle sind Zu-Fälle, »Fälle«, die aus der geschichtlichen Konstellation zufallen. Und gleichermaßen sind die »Einfälle« dieses großen Denkers »notwendige« Einfälle, weil sie, und dies macht dieses Jahrhundert zu Sigmund Freuds Jahrhundert, aus der Konvergenz von Person und Zeit (aus der »Summe« der Identifikationen wie Distanzierungen, Erfahrungen wie Aussparungen, »Erträgen« wie Defizits«) sich ergeben – aus der inneren Gleichgestimmtheit von Zeit und Personalität, aus der dem Genie eigentümlichen Unio mystica von Sein und Bewußtsein, Bewußtsein und Zeit, welche die Betrachtung von Freuds Leben und Werk zum faszinierenden Abenteuer macht. Fahrt in die Gründe und Abgründe unserer kollektiven Existenz; zugleich Ausblick auf Gegenwart und Zukunft und auf bessere Möglichkeiten ihrer Bewältigung. (12)

Die »assoziative Hermeneutik« wird in diesem Buch konkret so praktiziert, daß in den Gedankengang der Freudschen Traktate die Phänomene der Zeit, in der jene entstanden, also in die »Einfälle« die »Zufälle« (und umgekehrt), »verwoben« werden. Ein derartiges Assoziationsmuster läßt als Textur einen Sinn- bzw. Begründungszusammenhang durchscheinen, der Geschichte (die Geschichte dieses Jahrhunderts) als metapsychologischen Vorgang besser verständlich macht. Die »Erinnerung« bedient sich dabei des kulturellen »Steinbruchs« der Epoche: Dokumente vielfältiger Art, Dichtungen, Kunstwerke, philosophische und politische Schriften, geistige und literarische Stömungen und sonstige Artikulationen des objektiven wie subjektiven Geistes werden »ausgegraben«, herbeigetragen und miteinander sowie mit den Freudschen Gedanken in Beziehung gesetzt. Gerade die geistesgeschichtlichen bzw. kulturellen Zeugnisse geben, weil in ihnen die Wirklichkeit der Zeit konzentriert wie komprimiert, vor allem aber sublimiert in Erscheinung tritt, besondere Aufschlüsse über das, was Zeitgeist bzw. Zeitseele genannt werden mag. – Von der Geschichte des modernen Frankreichs, meinte Karl Marx, habe er aus den Romanen Balzacs mehr erfahren, als aus allen Geschichtsbüchern seiner Zeit. (13)

Diese Freud-Zeit-Biographie will insgesamt, in Form eines sozialpsychologischen Beitrags, ein Teil von dem sein, was Alexander Mitscherlich als den eigentlichen Kern der Psychoanalyse herausstellt: »Kampf um Erinnerung«. (14)

Und zwar Erinnerung:

· an die kulturpubertäre Phase der Jahrhundertwende, mit ihren Endzeit- und Übergangsproblemen, ihrer Sensibilität und ihren Neurosen, ihren Hoffnungen und Wahnvorstellungen;

· an den Ersten Weltkrieg, von dem eine irregeleitete Gesellschaft Befreiung erhoffte, und darüber die vorletzten Tage der Menschheit heraufbeschwor;

· an die Zeit zwischen den beiden Kriegen: Scheideweg, der dem Ich keinen Weg zur Lösung und Erlösung mehr eröffnete, sondern das Ich auf Regression verwies und so zum Es hinabbeförderte;

· an den Normaltag vor dem Aufstand der niederen Dämonen; wie dieser Normaltag zuende ging; wie das Unbehagen in der Kultur und der ihm inhärente triebdynamische Stau mit dem Nationalsozialismus in die schrecklichste Barbarei umschlug.

Und am Ende wieder Krieg. Agonie. Gleiches Leid. Ist das Lehrstück der Vernunft, das Sigmund Freud mit seinem Werk entwarf (in dem Kern- und Grund-Satz gipfelnd, daß es keine Instanz über der Vernunft gäbe, jedoch auch umdüstert von der persönlichen Einsicht, daß er mit seinen Erkenntnissen keinen Trost zu bringen vermochte), umsonst geblieben? Blickt man vom heutigen Standort unseres Bewußtseins auf die vorfreudianische Zeit zurück, so scheint es jedoch, daß sein Werk, indem es die Seele dieses Jahrhunderts »vernünftig« deutete, in sich selbst Trost ist. »Wir mögen noch so oft betonen, der menschliche Intellekt sei kraftlos im Vergleich zum menschlichen Triebleben, und recht damit haben. Aber es ist doch etwas Besonderes um diese Schwäche; die Stimme des Intellekts ist leise, aber sie ruht nicht, ehe sie sich Gehör geschafft hat. Am Ende, nach unzählig oft wiederholten Abweisungen, findet sie es doch. Dies ist einer der wenigen Punkte, in denen man für die Zukunft der Menschheit optimistisch sein darf, aber er bedeutet an sich nicht wenig. An ihn kann man noch andere Hoffnungen anknüpfen. Der Primat des Intellekts liegt gewiß in weiter, weiter, aber wahrscheinlich doch nicht in unendlicher Ferne.« (15)

Sigmund Freud schrieb diese Sätze gegen Ende seiner Untersuchung »Die Zukunft einer Illusion« 1927. Die sozialpathologische Bilanz dieses Zeitalters, das in seinem letzten Drittel weiterhin auf Terror und Folter, Krieg und Zerstörung sich »zurückgeworfen« sieht, ermuntert zu einem solchen Optimismus zwar nicht; vielleicht aber hat, da durch Sigmund Freud die Menschen in die Lage versetzt wurden, ihre Erfahrungen und Schicksale besser verstehen zu können, die Hoffnung auf die »Erziehung des Menschengeschlechts« eine größere Chance denn je zuvor.

Zum Problem: Psychoanalyse, politische Psychologie, psychoanalytische Soziologie oder Begründung für die Übertragung Freudscher Kategorien auf die Gesellschaftskritik

Dieses Buch will und kann sich auf die wissenschaftliche Diskussion um die Psychoanalyse im engeren Sinne, als individualpsychologische Methode der Diagnose und Therapie, nicht einlassen; es nimmt sie freilich zur Kenntnis. (16) Es konzentriert sich aus den beschriebenen Gründen auf die sozialpsychologischen Schriften Freuds.

In einem Brief an seine Verlobte schreibt Sigmund Freud 1882: »Die Gegenwart kann man nicht genießen, ohne sie zu verstehen, und nicht verstehen, ohne die Vergangenheit zu kennen.« (17) Ein solcher Satz kann das Motto jeglicher politischen Psychologie abgeben: Identität soll durch Ein-sicht in (Seelen-)Geschichte ermöglicht bzw., wenn diese zerstört oder gefährdet ist, wieder hergestellt werden. Freuds Feststellung, auf die individualpsychische Situation bezogen, wirft bei sozial-psychologischer Anwendung freilich das Problem des »Transfer« auf – inwieweit die Psychoanalyse des Individuums für die Psychoanalyse der Gesellschaft, die Deutung der Lebensläufe von Personen sowie ihrer Psychogramme für die Deutung der Psychostrukturen von Völkern, Kollektiven, Gesellschaften und Zeiten fruchtbar gemacht werden kann. Kernfrage der Methodenreflexion politischer Psychologie ist es somit, auf welche Weise und inwieweit der »Kampf um die Erinnerung« (als groß angelegter und großartiger Versuch, das versunkene oder verdrängte Erlebnis des einzelnen wieder ans Tageslicht aufklärenden Bewußtseins zu bringen) auch transponiert werden kann auf Vorgänge kollektiven Bewußtseins. Solche Übertragung ist um so wichtiger, als kollektives Bewußtsein in einem besonderen Maße die »Fähigkeit« des Vergessens besitzt und somit auch der psychoanalytischen Therapie im besonderen bedarf. Die »Selbstreflexion als die Verinnerlichung eines therapeutischen Diskurses« (Jürgen Habermas) (18), die Auseinandersetzung mit dem eigenen Ich, seinen Beschädigungen und Hoffnungen, das Bemühen um Identität, wie sie durch den Ausfall von Erinnerung erschüttert und durch die Hereinnahme und Aufarbeitung von Erinnerung gefestigt wird – all dies ist, gesellschaftspolitisch gesehen, Vergangenheits-, Gegenwarts- und Zukunftsbewältigung; ein Ringen um Wahrheit, wie sie sich eben nicht aus dem Hinnehmen der Materialität von Geschichte, sondern aus der Bewußtmachung sozialpsychischer Genealogien ergibt. Der Heilungswunsch einer Gesellschaft bzw. kollektiver Gruppen ist allerdings meist schwach ausgeprägt oder verdrängt oder unterdrückt; der Widerstand der durch »Wahrheit« in ihrer Herrschaft gefährdeten Klasse(n) stark entwickelt. »Der revolutionäre Kampf ist keineswegs eine psychoanalytische Behandlung im großen Maßstab. Der Unterschied zwischen diesen beiden Formen emanzipatorischer Praxis ergibt sich schon daraus, daß dem Patienten geholfen wird, sich von dem ihm angetanen Zwang zu befreien, während der herrschenden Klasse der Versuch, sich vom gesellschaftlichen Zwangszusammenhang zu lösen, allein als eine Bedrohung der Herrschaft erscheinen muß, die sie über die anderen Klassen ausübt. Die Entgegensetzung stellt sich hier weitaus schärfer als im Fall der Psychoanalyse dar. Die unterdrückte Klasse zweifelt nicht nur die Gesprächsfähigkeit der herrschenden Klasse an, sondern hat auch gute Gründe für die Annahme, daß jeder ihrer Versuche, mit der herrschenden Klasse in einen Dialog einzutreten, dieser bloß als Gelegenheit dient, ihre Herrschaft abzusichern.« (H. J. Giegel) (19)

Doch so wie in der Individualanalyse, ist auch bei psychoanalytischer Soziologie die Intensität des im Leiden oder aus dem Leiden erwachsenden Heilungswunsches (dann der Gesellschaft) maßgebend für das Gelingen der Selbstreflexion als therapeutischem Diskurs. Emanzipation bedeutet dabei Loslösung vom Verhaftetsein, in welcher Form es sich auch ausprägt; Durchbruch zu einer »offenen« Humanität. Zugespitzt stellt Josef Rattner, in Absage an die – seiner Meinung nach – elitäre, in ihrem Entstehungsgrund bourgeoise Psychoanalyse fest: »Nur als Sozial- und Kulturkritik ist die Psychoanalyse auch in Zukunft noch entwicklungsfähig.« (20)

Die Psychoananlyse Freuds hat sich auf drei Ebenen entwickelt: als diagnostisches Verfahren, als therapeutische Methode, als theoretische Disziplin. Alle drei Ebenen eignen sich für soziologische wie sozialpsychologische Übertragung, wobei es eben – der Begriff der »assoziativen Hermeneutik« weist darauf hin – darum geht, die »Einfälle« Freuds und die Zu-fälle der Zeit so zu deuten, daß der verborgene Sinn (der Zeit) »erraten« werden kann. Psychoanalyse als Tiefenpsychologie bedeutet dementsprechend psychoanalytische Tiefensoziologie; sie ist der Versuch, zwar keine »Einheitlichkeit der Welterklärung« zu liefern, wohl aber eine gewisse Einheitlichkeit der jeweiligen Zeitseele zu postulieren (und in der Analyse zu verifizieren). Die bruchlose Rekonstruktion von Gesellschaft aus der Immanenz des Psychischen ist nicht beabsichtigt; die Bedingtheiten von Gesellschaft, etwa durch Arbeit, Organisation und Herrschaft, dürfen nicht gering geachtet werden; wohl aber ist es sinnvoll, die Einwirkungen des »Über-« oder »Unter«-Baus des Seelischen auf die Entfaltung des Zeitgeschehens stärker als bislang in den Mittelpunkt der Beobachtung wie Beachtung zu rücken. »Die psychoanalytische Theorie hat von Anbeginn versucht, die Wechselwirkung von Psychischem und Gesellschaftlichem, wenngleich unter dem Primat der Psychologie, zu bestimmen. Auf den verschiedenen Stufen ihrer methodologischen, theoretischen und schließlich metatheoretischen Konsolidierung hat sie diesen Problemzusammenhang thematisiert, neu formuliert, neuen Versuchen der Bestimmung unterworfen. Grundthema ist immer, wie Gesellschaftliches im Verhältnis zu psychischen Faktoren gefaßt werden kann, ob Gesellschaftliches selbst nichts anderes ist als eine spezifische Konstellation psychischer Faktoren.« (Bruno W. Reimann) (21)

Die Psychoanalyse, die die seelischen Krankheiten des Individuums als Folge von Verdrängungen deutet, verweist damit bereits auf *sozial*pathologische Tatbestände: nämlich auf die Unfähigkeit von Gesellschaft

(Gruppen oder Klassen), das aus kollektiver Existenz Verdrängte wieder ins Bewußtsein zurückzuholen und in rationaler »Verarbeitung« zu bewältigen. – Indem die Psychoanalyse innere Zwänge aufzulösen versucht, ist sie eine Psychologie der Freiheit, die am Individuum die geistig-seelischen Voraussetzungen für Emanzipation schlechthin demonstriert. »Die Psychoanalyse nimmt am Individuum eine Demaskierung seines Bewußtseins vor, einen Abbau auf seine triebhafte Existenzbasis, die, an ihrer richtigen Auswirkung durch die Vorurteile der Gesellschaft verhindert, teils auf dem Wege der Neurose, teils auf dem der geistigen Umsetzung und Sublimierung, jedenfalls aber auf eine dem Individuum undurchsichtige Weise zur Herrschaft kommt. In der Wieder-holung des einmal Verdrängten besteht die Kunst des Arztes. Denn das Eigentliche verbirgt sich in Symbolen. Das Bewußtsein redet eine indirekte, eine ideologische Sprache. Arzt und Patient müssen zugleich deuten und realisieren können.« (Helmuth Plessner) (22) Dadurch kann auch die Gesellschaft lernen, die Brüchigkeit ihrer Oberflächenrationalität, im besonderen das Wesen von Herrschaft als rationalisierte Triebdynamik, zu durchschauen. Überbau ist eben nicht nur das Produkt sozioökonomischer Bedingtheiten, sondern auch Produkt von seelischen Tiefenvorgängen, die sich als Ideologie präsentieren. (23) Ideologiekritik bedarf entsprechend nicht nur der Analyse des ökonomischen Unterbaus, sondern auch der Analyse der »Tiefenschicht« des Zeitgeistes bzw. der Zeitseele und ihres vor- und unterbewußten Wurzelgrundes.

Die Psychoanalyse hat der politischen Psychologie Kategorien geliefert, mit deren Hilfe das kollektive Verhalten in seinen Strukturen wie Mechanismen transparenter und damit verständlicher gemacht werden kann:

sie hat die gewaltige Kraft des Es erkannt und aus dem Wissen ob solcher Gewalt die Forderung, daß wo Es war, Ich werden solle, erhoben;

sie hat im Geflecht menschlicher Motivationen die Ich-Triebe, vor allem den Sexualtrieb und den ihm entgegengesetzten Todestrieb, als dominierende, für Destruktion anfällige oder a priori destruierende Prinzipien entdeckt;

sie hat dem Ich in seinem Bemühen, inmitten einer fremden und feindlichen Umwelt sich im Gleichgewicht zu erhalten, stabilisierende (wenn auch in sich selbst wiederum »gefährliche«) Techniken wie Identifizierung, Projektion, Sublimierung, Reaktionsbildung, Rationalisierung, Isolierung, Regression erschlossen. (24)

In seiner Sehnsucht nach Anlehnung, Sicherung und Unterstützung, in seiner Furcht vor Einsamkeit und Verlorenheit sowie vor den Anforderungen der Freiheit, ist das Ich politischen Zwecken leicht gefügig zu machen, über seine Triebe und über anerzogenes Sozialverhalten leicht zu manipulieren. Politische Psychologie will, durch die Stärkung sinnvoller Ordnungsvorstellungen, ideologische Scheinordnungen zerstören helfen. Sinnvolle Ordnung von Kollektiven muß jedoch konvergieren mit dem Lebenssinn des einzelnen, der in seinen Grundrechten zu akzeptieren ist und der die Möglichkeit für humane Entfaltung zu erhalten hat.

Indem die Psychoanalyse die Tabus offenlegte, die menschliches Verhalten und Handeln bestimmen und meist beeinträchtigen, wurden auch politische Zwänge offenbar, die sich zwar durch Rationalisierung zu legitimieren, in Wirklichkeit jedoch mit Hilfe irrationaler Repression vor kritischer Befragung abzuschirmen suchen. Gerade weil die vernünftigen Strebungen des Menschen nach Freiheit und Glück in unserer Zeit immer stärker werden, wird, in Gegensteuerung dazu, durch einseitige Herrschaftsinteressen der Versuch unternommen, die Tabus und Triebverbote immer mehr auszuweiten. Nicht mehr Individuen, auch nicht mehr identifizierbare individuelle Gruppen sind dann die wirklichen Elemente der Politik, sondern vereinheitlichte bzw. gleichgeschaltete Totalitäten. »Diese technisch-administrative Kollektivierung erscheint als Ausdruck der objektiven Vernunft, das heißt als die Form, in der das Ganze sich reproduziert und erweitert. Alle Freiheiten sind durch sie vorbestimmt und vorgestaltet – unterworfen nicht so sehr der politischen Gewalt, als den rationalen Forderungen des Apparats. Dieser umgreift die öffentliche und die private Existenz der Individuen, der Verfügenden sowohl wie der, über die verfügt wird, umgreift Arbeitszeit und Freizeit, Dienst und Erholung, Natur und Kultur. Damit aber greift der Apparat in das Innere der Person selbst ein, in ihre Triebe und in ihre Intelligenz, und zwar anders, als dies auf früheren Stufen der Entwicklung geschehen ist; nämlich nicht mehr primär als brutal-äußere, personale oder natürliche Gewalt, nicht einmal mehr als das freie Wirken der Konkurrenz, der Wirtschaft, sondern als die vollkommen vergegenständlichte Vernunft, die als technologische doppelt vernünftig und methodisch kontrolliert – und gerechtfertigt ist. Deshalb sind die Massen nicht mehr einfach die Beherrschten, sondern die Beherrschten, die nicht mehr widersprechen, oder deren Widerspruch selbst wieder in die Positivität eingeordnet wird, als kalkulierbares und manipulierbares Korrektiv, das Verbesserungen im

Apparat erfordert. Was früher einmal ein politisches Subjekt war, ist Objekt geworden, und die früher unversöhnbaren antagonistischen Interessen scheinen in ein wirkliches Kollektivinteresse übergegangen zu sein.« (Herbert Marcuse) (25)

Politische Psychologie will solches Kollektivinteresse als Schein-Interesse entlarven, den Subjekten die Fähigkeit des Widerspruchs, der Gesellschaft ihre Dialektik zurückgeben – also versuchen, Eindimensionalität aufzusprengen und die in unbefriedigender Arbeit »gefesselte« Triebenergie für eine dem Humanen dienende, das Unbehagen in der Kultur aufhebende libidinöse Kultur freizusetzen.

Mit Fred Weinstein und Gerald M. Platt kann man die Aufgaben einer psychoanalytischen Soziologie bzw. einer soziologisch orientierten politischen Psychologie auf die Forderung bringen, daß sie

· historisch zu verfahren und die Phänomene der äußeren Welt in einem »inneren« (psychogenetischen) Problemzusammenhang umfassend zu würdigen habe;

· die psychoanalytischen Kategorien in adäquater Form auf die Gesellschaft und deren Analyse übertragen müsse;

· die emotionalen individuellen Bedürfnisse in der richtigen Relation zu den sozialen Handlungen und Konstellationen sehen sollte. (26)

E contrario formuliert: die der Psychoanalyse eigene ahistorische Betrachtungsweise und die ihr inhärente Mißachtung wie Abwertung »äußerer« Phänomene, vor allem sozioökonomischen Ursprungs, ist in der politischen Psychologie zu überwinden. Nicht aufrecht zu erhalten ist auch der von Freud betonte unveränderliche Inhalt der menschlichen »Wünsche« gegenüber den offensichtlich wechselnden Gesellschaftsstrukturen und Institutionsformen. Vielmehr werden diese Wünsche vom jeweiligen Unterbau bzw. (nicht-marxistisch formuliert) vom jeweiligen »Zeitstil« mit geprägt. Die Gesetzmäßigkeiten von »Natur« können nicht als gleichbleibende Dominanten des »soziopsychischen Aggregats« herangezogen werden. Die Variabilität gesellschaftlich bestimmter seelischer Verhaltensweisen ist höher einzuschätzen als die biologische Konstante; die soziale Realität, auch außerhalb der Familie, ist von entscheidender Bedeutung. Die Reduktion sozialpsychologischer Vorgänge auf die Vorgänge der Kindheit und der Familie ist zu einseitig; notwendig ist die Ausweitung der Analyse auf andere Gruppen- und Kollektivbeziehungen.

Soziale Prozesse sind nicht nur Widerspiegelung innerer Vorgänge; die inneren Vorgänge sind häufig Internalisierung sozialer Prozesse. Das Funktionieren bzw. die Dysfunktionalität des »Regelkreises«, der individuelles und kollektives Verhalten zusammenschließt, sollte im besonderen ein Thema politischer Psychologie sein. (27)

Solche Entgrenzung der Freudschen Psychoanalyse ist nicht als ihre Überwindung, sondern als ihre »Fortschreibung« zu betrachten; oder – wie Herbert Marcuse meint – lediglich eine Frage der »richtigen« Rezeption: »Die Diskussion der Freudschen Theorie vom Standpunkt der politischen Wissenschaft und Philosophie bedarf der Rechtfertigung – um so mehr, als Freud immer wieder den naturwissenschaftlich-empirischen Charakter seiner Arbeit betont hat. Die Rechtfertigung muß eine zweifache sein: sie muß erstens zeigen, daß die Freudsche Theorie ihrer eigenen Begrifflichkeit nach der politischen Fragestellung offen ist und entgegenkommt – mit anderen Worten: daß ihre anscheinend rein biologische Konzeption im Grund eine gesellschaftlich-historische ist … Sie muß zweitens zeigen, inwiefern einerseits Psychologie heute ein wesentlicher Teil der politischen Wissenschaft ist und andererseits die Freudsche Trieblehre – und nur um sie handelt es sich hier – entscheidende Tendenzen der heutigen Politik auf ihren – verdeckten – Begriff bringt.« (28)

Die damit vorgetragene Behauptung, daß die Freudsche Psychoanalyse ihrer eigenen Begrifflichkeit nach die Fragestellung politischer Psychologie entweder impliziere oder zumindest antizipiere, ihre biologische Konzeption nur eine scheinbare, in Wirklichkeit eine gesellschaftlich-historische sei, wird freilich in der Diskussion um das Freudsche Denken immer wieder entschieden bestritten.

Im extremsten Angriff wird die Freudsche Psychoanalyse als Phänomen des Bürgertums im Zeitalter imperialer Expansion und industrieller Revolution hingestellt und in Bausch und Bogen als Inventarstück jener Zeiten abgeschrieben. Da ihr Radius auf gesellschaftliche Eliten beschränkt bleibe, könne sie eine wirkliche Sozialanalyse überhaupt nicht leisten. (29)

Freud, der fast ausschließlich Leute der bürgerlichen Wiener Mittelklasse behandelt habe, versuche (wegen seiner einseitigen Verhaftung in der Bourgeoisie vergeblich!) Probleme des Menschlichen wie der Menschheit zu klären – unter völliger Mißachtung der Sozial- und Seelenprobleme der lohnabhängigen Klasse. Freuds Geschichtskonstruktion erweise sich als nichts anderes als eine gigantische Projektion der Weltanschauung und Lebenshaltung des frühen Bürgertums auf die Vor- und Urgeschichte der Menschheit. Freuds Bild des »Urvaters« trage in Wahrheit die Züge eines pater familias, dessen Macht im feudalen Familienverband noch nicht durch die soziale und ökonomische Entwicklung außerhalb des Verbandes angekränkelt sei; die Urhorde habe alle denkbare Ähnlichkeit mit dem äußeren (sozialen) und inneren (psychischen) Aufbauprinzip der feudalen Familie; der »Vatermord« finde nach dem klassischen Ablaufgesetz aller politischen Revolutionen statt, die das Bürgertum an die Macht gebracht haben.

Freuds Kulturtheorie spiegle die neurotisierenden Leiden des protestantischen Geistes auf dem Weg kapitalistischer Akkumulation. Seine Aggressionstheorie bringe das Wolfsgesetz der kapitalistischen Konkurrenz auf einen blinden anthropologischen Begriff. Nicht die Neurose als Abweichung von der unbewältigten Norm sei die eigentliche Krankheit; krank sei die Gesellschaft, die Neurose eine, wenn auch unvollkommene Form gesunder Verweigerung. (30)

Mit Blick auf die amerikanische Szene hat Th. W. Adorno schon 1955 vor der Indienstnahme der Psychoanalyse für eine utilitaristische Lebenspraxis, die sich unter gegebenen Umweltbedingungen häuslich einrichte und mit Hilfe der »Couch« an die jeweiligen gesellschaftlichen Normen anzupassen suche, gewarnt. Sie werfe die Subjekte auf ihr beschränktes Selbst zurück. »Der Kultus der Psychologie, die man der Menschheit aufschwatzt, und der unterdessen aus Freud ein fades Volksnahrungsmittel bereitet hat, ist das Komplement der Entmenschlichung, die Illusion der Ohnmächtigen, ihr Schicksal hinge von ihrer Beschaffenheit ab.« (31)

Solche kritischen Einwände treten immer wieder verdichtet beim Vergleich der marxistischen Analyse mit der Psychoanalyse, als den herausragenden Theoriesystemen unserer Zeit, in Erscheinung. Marx wollte den äußeren, Freud den inneren Menschen befreien. Sind beide Denk- und Handlungsansätze ohne den jeweils anderen möglich? Lassen sie sich verbinden? Sind sie unvereinbar? Ist die Entfremdung bei Marx ohne die Entpersönlichung bei Freud (und vice versa) denkbar? Ist die Zerstörung des Seelischen letztlich Folge sozioökonomischer Konstellation, oder der gesellschaftliche Unterbau letztlich bedingt durch das Überich-Bewußtsein, das seinerseits dem archetypischen »Menschheitsdrama« zugehört und sich lediglich in unterschiedlicher historischer Form ausprägt? (32)

Wenn Freud die »äußeren« Gründe seelischer Prozesse übersah, verkannte oder verdrängte – blieb ihm dann auch die sozialpsychologische Sprengkraft seiner individualpsychologisch entwickelten Kategorien fremd? Fehlt nicht Marx die Vorstellung der Internalisierung ebenso wie jedes andere Bewußtsein für psychische Prozesse? War er nicht blind dafür, daß materialistische Determiniertheit oft nur scheinbar gegeben, in Wirklichkeit Ausdruck seelischer Motorik oder seelenenergetischer Defizits ist?

»Die Frage weitet sich, besonders unter dem Aspekt des Verhältnisses von historischem Materialismus und Psychoanalyse zu einer grundlegenden Kontroverse zweier Disziplinen aus, die sich nicht auf die Ambitionen einzelner Theoretiker reduzieren läßt. Vielmehr geht es um einen grundlegenden Sachverhalt: um den Primat sozioökonomischer oder psychischer Faktoren im Gesamtprozeß von Vergesellschaftung. Es geht um nicht geringeres als die Frage, ob Soziologie als angewandte Psychologie verstanden werden müsse, oder ob umgekehrt die Psychoanalyse als theoretische Disziplin im Rahmen einer umfassenden Theorie der Vergesellschaftung und der Konstitution von Gesellschaft zureichend bestimmt werden kann.« (Bruno W. Reimann) (33)

Die Diskussion über die Vereinbar- bzw. Unvereinbarkeit von Marxismus und Psychoanalyse – unter dem Kürzel »Sexpol«, Sexualökonomie und Politik, geführt – erstreckt sich über Jahrzehnte; sie erreichte in der Sexpol-Bewegung zwischen den beiden Weltkriegen ihren ersten Höhepunkt (mit dem Ziel, die verdinglichte, die konkreten Bedürfnisse der Massen verkennende Praxis der Kommunisten zu korrigieren); und in dem antiautoritären Aufstand der Sechziger Jahre eine weitere Kulmination (hier als Vehikel linker Aufklärung mit praktisch-politischem Ziel verstanden). (34)

Die Geschichte der Sexpol-Bewegung begann mit Erfahrungen an Wiener Sexualberatungsstellen in den Jahren 1926/30. Es entstand daraus die »Sozialistische Gesellschaft für Sexualberatung und -forschung in Wien« (1929/30). Ausgerichtet darauf, die »Sexualnot der Werktätigen« unter bürgerlicher Repression zu beseitigen, übte sie starke Kritik an der bürgerlichen Ehe als sexualideologischer Institution; sie forderte die kostenlose Verteilung von Empfängnisverhütungsmitteln an Minderbemittelte, breite Propaganda der besten Geburtenregelungsmethoden, restlose Abschaffung des Abtreibungsparagraphen, umfassende Gewährung von Schwangerschaftsurlaub u. a. Die internationale Sexpol-Bewegung richtete ihren hoffnungsvollen Blick zunächst auf die gesellschaftspolitische Entwicklung in der Sowjet-Union. In der Sexualpolitischen Plattform des »Deutschen Reichsverbandes für proletarische Sexualpolitik« 1931 hieß es z. B.: »Stellt man die innere Unfähigkeit des Kapitalismus, die Sexualfrage zu lösen, den enormen Fortschritten und Reformen der Sowjet-Union gegenüber, so bleibt dem Sexualreformer, er mag politisch stehen wie er will, nichts anderes übrig, als sich auf den Boden der sowjetischen Sexualreform zu stellen. Das kann er nur unterlassen, wenn er entweder Tatsachen nicht sehen will, oder aber, wenn er sich dem Zwang des Kapitals unterwirft und opportunistisch wird.« (35)

In Rußland waren zwar bis 1927 alle wichtigen Arbeiten Sigmund Freuds übersetzt worden, doch wurde, je mehr die Revolution bürokratisch erstarrte, die Psychoanalyse zunehmend aus dem öffentlichen Bewußtsein, teilweise mit starker Polemik gegen Freud, verdrängt. Schon Lenin hatte Freuds Erkenntnisse eine »bürgerliche Grille« genannt, also den revolutionären Charakter der Psychoanalyse nicht erkannt. »Ich bin mißtrauisch gegen diese sexuellen Theorien der Artikel, Abhandlungen, Broschüren usw., kurz, gegen die Theorien jener spezifischen Literatur, die auf den Mistbeeten der bürgerlichen Gesellschaft üppig emporwächst. Ich bin mißtrauisch gegen jene, die stets nur auf die sexuelle Frage starren wie der indische Heilige auf seinen Nabel.« (36)

Als die stalinistische Reaktion den bürgerlichen Gesetzen wieder zur Geltung verhalf, im besonderen im Bezug auf Familie, Erziehung, Heirat und Sexualmoral strenge Gebote einführte (was zur spezifischen Ausprägung der bolschewistischen »Roten-Plüsch-Mentalität« führte), war sie veranlaßt, die Beschäftigung mit den Theorien Freuds, die vor allem auch einen Schlüssel zur politischen Bedeutung der Sexualunterdrückung lieferten, zu verbieten. (37)

Im Lager der beiden Sexpol-Bewegungen lassen sich zwei stark voneinander abweichende Standorte feststellen:

· die radikalen Antifreudianer;
· die um Vermittlung zwischen Marxismus und Psychoanalyse bemühten »Gemäßigten« bzw. die marxistischen Freudianer, die die gesellschaftliche Dimension der Psychoanalyse von vorneherein als gegeben sehen.

Die Antifreudianer bejahen das Diktum von Karl Kraus, daß die Psychoanalyse die Krankheit sei, für deren Heilung sie sich halte – in dem Sinne nämlich, daß die Psychoanalyse einen Mystifikationszusammenhang herstelle, der die bürgerliche Herrschaft und ihr Instrumentarium stabilisiere und die Anpassung an diese Herrschaft fördere. Sie bringe also keine Heilung der Anpassungsneurosen, sondern verstärke sie im Gegenteil. (38) Für den Analytiker sei der Patient unmündig, nur Objekt der Behandlung. (39) Dieses Factum brutum gelte auch im übertragenen sozialpsychologischen Sinne. »Wie die meisten der kleinbürgerlichen Reformisten ist Freud nicht damit zufrieden, die Individuen an die bestehende Ordnung anzupassen, indem er sie so gesund und arbeitsfähig wie möglich macht; er geht sogar so weit, eine soziale Prophylaxe als

Heilmittel für die augenblicklichen Schäden anzubieten, für – wie er sich ausdrückt – das ›immense neurotische Elend, das über die Welt verbreitet ist‹. Anders gesagt: Freud vollendet seine reformistische Demarche und schlägt konsequent vor, die Räder zu ölen, die das Individuum zermalmen.« (Jean-Marie Brohm) (40) Eine radikal-linke Psychoanalyse müsse Freud vor sich selbst retten; die bürgerlich überlagerten Erkenntnisse Freuds für die proletarische Revolution wieder-holen. Die »Anpassungsanstalt« für »falsche« gesellschaftliche Forderungen sei in eine Bewegung zu verwandeln, die das emanzipatorische Potential zu erwecken und für das »richtige« Bewußtsein einzusetzen vermöge. Nach einem Besuch des Psychoanalytikers Igor A. Caruso in Brasilien schrieb eine Analysandin in ihrem Protokoll (und das Zitat kann die Sexpolkritik auch in Hinblick auf den europäischen Raum resümieren): »Ich fürchte, daß Caruso Brasilien verlassen wird, ohne bemerkt zu haben, welche mächtigen Kräfte in der brasilianischen Jugend verborgen sind. Er wird zu diesen Kräften keinen Zugang haben, weil er zu einer anderen Generation gehört ... und weil er mit seiner Wissenschaft nur jene Leute erreicht, die nicht in der Zukunft und in der sozialen Erneuerung engagiert sind«. (41)

Die »Vermittler« betonten, daß die revolutionäre Methode Freuds eine Überwindung der herrschenden positivistischen und mechanistisch-materialistischen Ideologie bedeute und sein völlig neuer Versuch des Menschenverständnisses auch den Marxismus vor dogmatischer Unterbau-Überbau-Erstarrung zu bewahren vermöge. (42) Auch wenn das Gesellschaftliche weniger psychisch, sondern vielmehr das Psychische mehr gesellschaftlich zu erklären sei, so beachte Marx beim Gattungswesen Mensch dessen Seele zu wenig. Marx versuche nicht, Radikales oder Wesentliches in den psychoaffektiven Tiefen zu erkennen. »Folglich fehlt seinem Menschenbild: die Angst (ein Kardinalbegriff, der das moderne Denken durchzieht von Kierkegaard bis Freud und Heidegger), der Machtwille (immer implizit in der Marxschen Geschichtsinterpretation enthalten, niemals hervorgehoben), die Poesie, der Wahnsinn und das Mysterium.« (Edgar Morin) (43)

Der Marxschen Betrachtungsweise des Menschen gehe entsprechend das Erstaunen über die Natur des Menschen ab – daß er nämlich eine Schimäre sei, nicht nur Produzent. »Der Mensch als Produzent sieht den genießenden, konsumierenden Menschen nur als verwirrten und entfremdeten Satelliten, desgleichen den homo ludens, den imaginativen oder mythologischen Menschen. Die Entfremdung, die Träume und Mythen entstehen läßt, wird als Verarmung begriffen; der Traum ist nichts weiter als Auflösung, niemals Wiederbelebung der Wirklichkeit. Entfremdung ist immer Abdrift, Abtreiben nach der gleichen Seite, niemals Austausch und Beteiligung. Sicherung von Macht und Entwicklung einer Technik erscheinen dem Marxschen Menschen immer als wahrer, authentischer und ›wirklicher‹ als die Ekstase oder Verehrung.« (44)

Der Vorwurf gegen die Psychoanalyse, sie sei keine Gesellschaftstheorie, bedeute eine abstrakte Negation. (45) Werde nämlich das Subjekt – auch in Gestalt seiner ebenso biologisch wie gesellschaftlich vermittelten Zerstörtheit – über seine gesellschaftliche Vermittlung hinaus nicht zugleich auch als eigenständig, sondern nur als eine in dieser gesellschaftlichen Vermittlung aufgehende Größe betrachtet, gehe daraus praktisch eine Form theoretisch sanktionierter Unmenschlichkeit hervor.

»Die Frage nun, was ›vorher‹ da war, die ökonomische Entfremdung oder die anthropologische, ist eine Scheinfrage, denn die Wechselbeziehungen zwischen der endogenen psychischen Organisation des Menschen und seiner Ökonomie (im Unterschied zur bloßen Ökologie der Tiere!) sind wesentliche Kennzeichen seiner Gattung ... Statt einen Gegensatz zwischen der historisch-materialistischen und der psychoanalytischen Erkenntnis dogmatisch zu behaupten, sollte man gerade an dieser Überschneidungsfläche die tiefe Verwandtschaft beider anthropologischer Entwürfe suchen. Freilich scheint (und vielleicht eben nur ›scheint‹, mangels befriedigender Massenuntersuchungen) der Konflikt zwischen libidinösen Strebungen und sozialen Forderungen für den neokapitalistischen Bourgeois typischer zu sein als der Konflikt zwischen Hunger und Besitz, der vor allem das Los des Menschen in der unterentwickelten Welt sein könnte. Manche Daten aber sprechen dafür, daß diese Gegensätzlichkeit mehr in aprioristischen Erwartungen existiert als in der Wirklichkeit, weil alle zwischenmenschlichen Beziehungen, also auch die erotischen, an der wirtschaftlich-sozialen Repression schwer verkümmern. Jedenfalls berechtigt uns nichts zu der pauschalen Behauptung, die Bewohner der südamerikanischen Elendsquartiere seien weniger neurotisch als der österreichische Kleinbürger; wahr ist jedoch, daß man, bevor man in die Elendsquartiere psychoanalytische (oder andere) Missionare aussendet, für menschliche Lebensbedingungen sorgen muß. Soziale Umwälzungen und psychoanalytische Therapie können sich tatsächlich in gewissen sozialen Lagen ausschließen, doch sind sie beide Notwendigkeiten unserer Zeit, die durch die Entfremdung der menschlichen Person durch das herrschende System bedingt werden. Die Entfremdung – ob nur ökonomisch bedingt oder darüber hinaus auch anthropologisch – ist ein spezifisch humanes Merkmal, das mit der Unmöglichkeit der harmonischen Triebentwicklung durch Befriedigung des Bedürfnisses und noch mehr des Wunsches des schon bei seiner Geburt abhängigen Menschen einhergeht.« (Igor A. Caruso) (46)

Politische Psychologie, die sich nicht in fruchtlosen Antagonismen festlaufen will, müßte sowohl den dogmatischen Freudianismus als auch den dogmatischen Marxismus transzendieren, sich als »Prozeß« begreifen. In diesem Sinne zielt die »Neo-Psychoanalyse« auf eine Weiterentwicklung der Lehre Freuds, dessen bürgerliche Begrenzungen überwunden und dessen Erkenntnisse – teilweise (je nach »Schüler« oder »Schule«) – mit marxistischem Denken verknüpft werden sollen. (47)

Einer der ersten »Abweichler« von der Bahn der orthodoxen Psychoanalyse war Alfred Adler, der bei seinem Bruch mit Freud 1911 im Rahmen seiner »Individualpsychologie« um einen, wenn auch nur andeutungsweise entwickelten Sozialhumanismus sich bemühte. Vor allem seine Lehre von den Minderwertigkeitsgefühlen, die als Folge unzulänglicher Erziehung in der gegenwärtigen Kultur neurotische Fehlentwicklungen (mit Machtwahn als Kompensationserscheinung) bewirkten, wurde der Schlüssel für viele politische und sozialpsychologische Phänomene – etwa die Störungen des Gemeinschaftsgefühls oder autoritäre bzw. totalitäre Herrschaftsausübung betreffend. (48)

C. G. Jung ist im Zusammenhang politischer Psychologie nur am Rande zu erwähnen, da sein von Freud sich abhebender Denkansatz, im Seelischen einen ganzheitlich, polar geordneten Organismus mit mythischer bzw. archetypischer Bedeutungstiefe zu sehen und damit den Freudschen Sexualismus zu relativieren, bewußt oder unbewußt »unpolitisch« angelegt war. Jung interessierte sich mehr »für den einzelnen Menschen als für Politik im großen ganzen«. (49) Nicht aus der Rationalität, sondern gerade im Gegenteil: aus der »Einkehr zu den inneren irrationalen und schöpferischen Impulsen des Unbewußten« erhoffte er sich Rettung für den Massenmenschen der Zeit. »Im Brennpunkt dieser Wandlung steht ein neues archetypisches Menschenbild, das aus dem kollektiven Unbewußten aufsteigt, ein Symbol, welches das innerste Selbst des einzelnen mit dem der ganzen Menschheit zu vereinen glaubt, ein neues Anthroposbild.« (50)

Für die politische Psychologie ist jedoch von Wichtigkeit, daß Jung mit aller Deutlichkeit herauszustellen sucht, daß die Gesellschaft und der

Staat von der geistigen-seelischen Verfassung derjenigen abhingen, aus denen sie sich zusammensetzten. Wenn in der Welt Verwirrung und Unordnung herrschten, dann müsse das, wie er sagt, »einen ähnlichen Zustand im Geist des Individuums widerspiegeln«. Auch wenn das Individuum oft bewußt das Gefühl haben mag, daß es mehr oder weniger bedeutungslos und das Opfer unkontrollierbarer Kräfte sein, so »hat es einen gefährlichen Schatten und Gegenspieler in sich, der als unsichtbarer Helfer in die finsteren Machenschaften der politischen Ungeheuer verwickelt ist«. (51)

Das Individualpsychologische, auf das Freud seine Sozialpsychologie zurückführt, müsse freilich stets im Gattungswesen Mensch, im Archetypischen, verankert bleiben. Es sei nicht beweisbar, daß Leben und Welt rational seien. »Wir haben im Gegenteil begründete Vermutung, daß sie auch irrational sind, mit anderen Worten, daß sie in letzter Linie auch jenseits von menschlicher Vernunft begründet sind ... Darum gelten die Ratio und der in ihr begründete Wille nur eine kurze Strecke.« (52) Die primitiven Instinkte des Menschen seien mächtig und drückend (»äußerlich ist man quasi ein Kulturmensch und innerlich ein Primitiver« (53)); sie würden, wenn nicht durch Gesetz und Autorität in Schranken gehalten, das Individuum und die Gesellschaft schnell vernichten; in Jungs Augen sind jedoch Autorität und Gesetz auch innere Bedürfnisse der Psyche, die sich aus den Mustern und Ansprüchen ergeben, die sie ererbt hat.

Wilhelm Reichs Bemühen zielte auf eine neue universale Gesellschaftskritik. »Ich möchte ausdrücklich betonen, daß die Sexualökonomie kein Additionsprodukt aus Marxismus und Psychoanalyse ist.« (54) Die Sexualökonomie als »dialektisch-materialistische Lehre von der Sexualität und ihrem Grundgesetz« (mit einer Orgasmuslehre im Mittelpunkt) habe freilich den Marxismus zum Vater und die Psychoanalyse zur Mutter.

Reich will im Rahmen seiner politischen Psychologie im besonderen die Beziehungen zwischen Charakter und Gesellschaft aufweisen: »Im größeren Zusammenhang der Frage nach der soziologischen Funktion der Charakterbildung müssen wir unser Interesse auf den zwar bekannten, aber in seinen Details noch wenig durchschauten Tatbestand richten, daß bestimmten gesellschaftlichen Ordnungen bestimmte durchschnittliche Strukturen der Menschen zugeordnet sind, oder anders ausgedrückt, daß jede Gesellschaftsordnung sich diejenigen Charaktere schafft, die sie zu ihrem Bestand benötigt. In der Klassengesellschaft ist es die jeweils herrschende Klasse, die mit Hilfe der Erziehung und der

Familieninstitution ihre Position sichert, indem sie ihre Ideologien zu den herrschenden Ideologien aller Gesellschaftsmitglieder macht. Es bleibt aber nicht nur bei der Durchsetzung der Ideologien in allen Mitgliedern der Gesellschaft. Es handelt sich nicht um ein Übertünchen mit Einstellungen und Anschauungen, sondern um einen tiefgreifenden Prozeß in jeder heranwachsenden Generation dieser Gesellschaft, um eine der Gesellschaftsordnung entsprechende Abänderung und Bildung psychischer Strukturen, und dies in allen Schichten der Bevölkerung.« (55)

Da die unfreie repressive Gesellschaft die Freiheit des genitalen, d. h. auf sexuelle Entfaltung gerichteten Charakters verhindere, ergebe sich eine Deformation des Menschen, der in der kapitalistischen Kultur nur die Wahl zwischen starker Aggression und Selbsterniedrigung habe. Psychoanalyse böte die Möglichkeit von Ideologiekritik, da sie, kraft ihrer Methode, in der Lage sei, die triebhaften Wurzeln der gesellschaftlichen Tätigkeit der Individuen aufzudecken, und kraft ihrer dialektischen Trieblehre berufen sei, »die psychische Auswirkung der Produktivkräfte im Individuum, das heißt die Bildung der Ideologien im Menschenkopfe im Detail zu klären.« (56)

Die Neo-Psychoanalyse beanstandet am Menschenbild Freuds, daß dieser im Menschen von Natur aus ein bösartiges Wesen sehe; bei ihm sei das Leben ein erbarmungsloser Kampf aller gegen alle; die Frau dem Mann gegenüber minderwertig. Freud stelle fest: Kriege habe es immer gegeben; Triebe müßten unterdrückt, kontrolliert und bezwungen werden; das Wesentliche am Menschen werde mit seiner Anlage (in der Konstitution) bereits vorgegeben, das Leben von dunklen, unbegreifbaren Mächten gelenkt; eine Welt der Freiheit, der gegenseitigen Hilfe und der Solidarität erweise sich als Illusion; die Geschichte werde von großen Männern gemacht.

Andere Kulturen jedoch – die Neo-Psychoanalyse orientiert sich dabei an ethnischen Studien, etwa von Margaret Mead und Ruth Benedict (57) – zeigten einen ganz anderen Ausgang des ödipalen Konflikts: er werde dort gelöst durch Kommunikation, gerechte Güterverteilung, Zwang ohne Herrschaft (vor allem unter dem Einfluß mütterlicher Herrschaft), Aggression ohne Gewalt.

Der Freudsche Determinismus sei Teil einer kapitalistischen bzw. spätkapitalistischen Gesellschaft, die »versteinerte Verhältnisse« benötige, um Herrschaft (die eigene nämlich) »unangreifbar« zu machen, d. h. durch die Tabuisierung sogenannter »Naturgesetzlichkeit« abzusichern. Die Neo-Psychoanalyse versucht, mit Hilfe der Ethnopsychoanalyse (im nachfolgenden, solche Bestrebungen zusammenfassenden Text handelt es sich um ein Zitat aus einer Fallstudie über die westafrikanischen Kulturen der Dogon und Agni!) sich die Freiheit revolutionären Denkens und Handelns zurückzugewinnen, die »Starrheit« des bourgeoisen kulturpessimistischen Denkens in die Beweglichkeit eines gesellschaftsrevolutionären Optimismus umschlagen zu lassen. »Der Ausgang des Konflikts, der aus dem Zusammenstoß übergeordneter sozialer Interessen mit individuell-egoistischen des Kindes entstanden ist, zeigt natürlich die Züge der Gesellschaft besonders deutlich. Man kann sagen, daß er in unserer Welt den Kampf, zu dem der ödipale Konflikt geworden ist, perpetuiert, die aggressive Forderung nach Unterordnung und Leistung verinnerlicht. Wenn die Autorität des Vaters die gültigen Regeln der Gesellschaft zusammenfaßt, diese die Familienstruktur bestimmen und die vorerst erwünschte Identifikation mit seiner Autorität gelingt, ist ein vom Ich und der Außenwelt getrenntes Überich konstituiert, das dem Ich gegenübersteht ...

Gleich wichtig ist in allen drei Kulturen, daß der Umgang mit der menschlichen Umwelt, die dafür wichtigsten Funktionen des Ich und die Funktionsweise des Überich, mit dem Ausgang des ödipalen Konflikts festgelegt sind und später nicht oder nur schwer geändert werden. Nur die Inhalte und Normen des Überich, Ziele und Ideale können später noch modifiziert oder ausgetauscht werden. Der Umstand, daß wir den Dogon wie den Agni ein Gruppen-Ich und ein Clan-Gewissen zuschreiben, mag daran erinnern, daß die fest etablierten Funktionen dieser Strukturen bei ihnen weit deutlicher und in bedeutsamerer Weise von der Kooperation der Sozietät abhängig sind, um ihre Aufgabe zu erfüllen. So verschieden beide Sozietäten auch sind, so unterscheidet sich ihre seelische Ausrüstung für ein bestimmtes soziales Verhalten von der europäischen doch in gleicher Weise: Der Umgang mit dem Besitz von materiellen Werten kann bei beiden nicht mittels aggressiven Festhaltens geübt oder durch eine am egoistischen Besitzen orientierte Moral geregelt werden. Sie sind für eine kapitalistische Gesellschaftsform psychologisch nicht disponiert. Es kann keinen Zweifel darüber geben, daß gesellschaftliche Prozesse von ihren Trägern ›beeinflußt‹ werden. In Frage steht nur die Wirkungsweise und das Gewicht dieses Einflusses. Die Wirkung erworbener psychischer Funktionen auf die Produktion selber und auf die gesellschaftliche Organisation kann mittels der psychoanalytischen Methode aufgedeckt werden. Ihr Gewicht und Ausmaß wird man leichter erkennen, wenn man verschiedene Gesellschaftsgefüge miteinander vergleicht.

Spätestens nach dem Untergang des ödipalen Konflikts sind Kinder spezifisch sozialisiert. Die Angehörigen einer Klasse oder Sozietät sind kein unbeschriebenes Blatt. Ihre Gesellschaft hat, im Rahmen der materiellen Möglichkeiten und der biologischen Anlage, dauerhafte Strukturen produziert, die wirksame Funktionen ausüben. Bei der Ausbildung dieser Funktionen sind biologische Triebkräfte zur Qualität sozialer Wirksamkeit umgeschlagen. An den Beispielen haben wir zu zeigen versucht, daß nicht nur ›das Sein das Bewußtsein‹ bestimmt. Es gibt Grenzfälle, die man noch als direkte natürliche oder vernünftige Folge primärer Bedürfnisse und Interessen ansprechen kann. Die Komplexität und die vielfältige Determination der beschriebenen psychosozialen Phänomene lassen aber nicht zu, sie als bloße Auswirkungen der Erfahrung, des Lernens oder als Erfindungen zu beschreiben. Unser Ansatz spaltet den Überbau gleichsam in zwei Teile: den einen, den Inhalt bewußter und unbewußter Ziele, Normen und Ideale mögen wir als Überbau der Produktions- und der daraus resultierenden Herrschafts-Verhältnisse gelten lassen. Den anderen, den dynamisch wirksamen, genetisch ableitbaren, sozietätsspezifischen Teil des Überbaus werfen wir in den Strudel der Spirale, erkennen ihm im dialektischen Gang der Entwicklung den Rang eines Agens und Reagens zu. Aus der Quantität und Zeitlichkeit der frühkindlichen Entwicklung wirkt er auf die Qualität und Geschichtlichkeit der Evolution.« (Paul Parin) (58)

Erich Fromm hält Karl Marx für einen tieferen und vielschichtigeren Denker als Sigmund Freud. Marx sei fähig gewesen, »ein geistiges Erbe des Aufklärungshumanismus und des deutschen Idealismus mit der Realität wirtschaftlicher und sozialer Tatsachen zu verbinden und damit die Fundamente für eine neue Wissenschaft vom Menschen und von der Gesellschaft zu legen, die empirisch und gleichzeitig vom Geist der westlichen humanistischen Tradition erfüllt ist.« Doch wäre es naiv, Freuds Bedeutung zu ignorieren, weil er nicht die Höhen eines Marx erreichte. »Er ist der Gründer einer wahrhaft wissenschaftlichen Psychologie und seine Entdeckung unbewußter Prozesse und der dynamischen Natur charakterlicher Züge ist ein einzigartiger Beitrag zur Wissenschaft vom Menschen, die für alle künftige Zeit das Bild vom Menschen verändert hat.« (59)

So verschieden sie in ihrem »Psychogramm« auch waren – vereint hat sie der unnachgiebige Wille zur Befreiung des Menschen, der unbeugsame Glaube an die Wahrheit als dem Werkzeug solcher Befreiung und die Ansicht, daß die Bedingung für die Befreiung in der Fähigkeit des Menschen läge, die Ketten der Illusion zu zerbrechen. Der gemeinsame

Boden, dem das Denken von Marx und Freud entstammte, könne durch drei kurze Sätze ausgedrückt werden (wovon die beiden ersten von Marx als seine Lieblingsmaximen bezeichnet wurden):« 1. De omnibus est dubitandum (An allem ist zu zweifeln). 2. Nihil humanum a mihi alienum puto (Nichts Menschliches ist mir fremd). 3. Und die Wahrheit wird euch frei machen.

Der erste Ausspruch bringt zum Ausdruck, was man ›die kritische Stimmung‹ nennen könnte. Diese Stimmung ist für die moderne Wissenschaft charakteristisch. Aber während der Zweifel in den Naturwissenschaften hauptsächlich auf das Zeugnis der Sinne, des Hörensagens und der überlieferten Meinungen geht, bezieht sich der Zweifel im Denken von Marx und Freud besonders auf die Gedanken, die der Mensch von sich selbst und von anderen hegt ... Er glaubte, daß unsere individuellen Gedanken nach den von einer jeweiligen Gesellschaft entwickelten Ideen geformt sind und diese Ideen durch die besondere Struktur und Funktionsweise der Gesellschaft bestimmt werden. Eine wachsame, skeptische, zweiflerische Einstellung zu allen Ideologien, Ideen und Idealen ist für Marx charakteristisch. Er verdächtigt sie immer, daß sie wirtschaftliche und soziale Interessen verschleierten und sein Skeptizismus war so stark, daß er es kaum je fertigbrachte, Worte wie Freiheit, Wahrheit, Gerechtigkeit zu benutzen – eben um der Tatsache willen, daß sie so leicht zu mißbrauchen sind, und nicht weil Freiheit, Gerechtigkeit, Wahrheit nicht die höchsten Werte für ihn waren.« (60)

Freud habe in derselben »kritischen Stimmung« gedacht. Seine ganze psychoanalytische Methode könne man als die Kunst des Zweifelns beschreiben. Beeindruckt von gewissen hypnotischen Experimenten, die zeigten, in welchem Umfang eine Person im Trancezustand an die Wirklichkeit des offenkundig Unwirklichen glauben könne, entdeckte er, daß die meisten Ideen von Personen, die sich nicht im Zustand der Trance befänden, ebenfalls nicht der Wirklichkeit entsprächen, und daß andererseits der größte Teil des Wirklichen nicht bewußt sei. Marx hielt die gesellschaftlich-wirtschaftliche Struktur einer Gesellschaft für die Grundwirklichkeit, während Freud diese in der Libido-Organisation des Individuums erblickte. Aber beide hätten sie dasselbe unversöhnliche Mißtrauen gegenüber den Klischees, Ideen, Rationalisierungen und Ideologien, die in den Köpfen der Menschen steckten und die Grundlage dessen bildeten, was diese fälschlich für Realität hielten.

»Dieser Skeptizismus gegenüber dem ›gewöhnlichen Denken‹ ist unlösbar mit einem Glauben an die befreiende Kraft der Wahrheit verbunden.

Marx wollte den Menschen von den Ketten der Abhängigkeit, der Entfremdung, der Versklavung an die Wirtschaft befreien. Was war seine Methode? Nicht, wie weithin geglaubt wird, Gewalt. Er wollte die Geister der Mehrheit der Menschen gewinnen ... Er wollte nicht mit Hilfe demagogischer Überredung, indem er halbhypnotische Zustände erzeugte, hinter denen die Furcht vor dem Terror stand, sondern durch einen Appell an den Realitätssinn, durch die Wahrheit Einfluß ausüben. Die der ›Waffe der Wahrheit‹ zugrunde liegende Annahme ist bei Marx dieselbe wie bei Freud: daß der Mensch mit Illusionen lebt, weil diese Illusionen das Elend des wirklichen Lebens ertragbar machen. Wenn er die Illusionen durchschauen kann, das heißt, wenn er aus seinem Zustand des Halbtraumes erwacht, kann er zu Verstand kommen, sich seiner eigenen Kräfte und Fähigkeiten bewußt werden und die Wirklichkeit auf eine solche Weise verändern, daß Illusionen nicht mehr notwendig sind. Das ›falsche Bewußtsein‹, das heißt, das entstellte Bild der Wirklichkeit, schwächt den Menschen. Befindet er sich in Berührung mit der Realität, hat er ein entsprechendes Bild von ihr, wird er stärker. Daher glaubte Marx, daß seine wichtigste Waffe die Wahrheit war, die Enthüllung der Wirklichkeit hinter den Illusionen und Ideologien, die sie verdecken.

Während die Wahrheit für Marx eine Waffe zur Herbeiführung einer gesellschaftlichen Veränderung war, diente sie Freud als Waffe zur Herbeiführung einer individuellen Veränderung; Bewußtheit war in Freuds Therapie das Hauptmittel. Wenn, nach Freud, der Patient in den fiktiven Charakter seiner bewußten Ideen Einsicht gewinnen kann, wenn er die Realität hinter diesen Ideen begreifen kann, wenn er das Unbewußte bewußt machen kann, wird er die Kraft gewinnen, sich von seinen irrationalen Haltungen zu befreien und sich zu wandeln. Freuds Ziel ›Wo Es war, soll Ich sein‹ läßt sich nur durch die Bemühung der Vernunft lösen, die Fiktionen zu durchdringen und sich der Realität bewußt zu werden. Es ist genau diese Funktion von Vernunft und Wahrheit, die der psychoanalytischen Therapie ihre einzigartige Note unter allen Behandlungsweisen verleiht. Jede Analyse eines Patienten ist ein neues und originelles Forschungsabenteuer. Obgleich es natürlich stimmt, daß es allgemeine Theorien und Grundsätze gibt, die sich anwenden lassen, gibt es kein Modell, keine ›Formel‹, die sich auf den einzelnen Patienten anwenden ließe oder ihm, wenn angewandt, von Nutzen wäre. Genauso wie für Marx der politische Führer Sozialwissenschaftler sein muß, muß für Freud der Therapeut ein Wissenschaftler sein, der Forschungsarbeit zu leisten vermag. Für beide ist Wahrheit das wesentliche Mittel zur Umwandlung der Gesellschaft beziehungsweise des Individuums; Bewußtheit ist der Schlüssel zur sozialen und individuellen Therapie. Die von Marx getroffene Feststellung ›Die Forderung, die Illusion über einen Zustand aufzugeben, ist die Forderung, einen Zustand aufzugeben, der der Illusion bedarf‹, hätte auch von Freud getroffen werden können. Beide wollten den Menschen von den Ketten seiner Illusionen befreien, um ihm die Möglichkeit zu geben, aufzuwachen und als freier Mensch zu handeln.«

Das dritte, beiden Systemen gemeinsame Hauptelement, sei ihr Humanismus. Humanismus in dem Sinn, daß jeder Mensch die gesamte Menschheit repräsentiere; daraus folge, daß ihm nichts Menschliches fremd sein könne. Marx wurzle in dieser Tradition, für die Voltaire, Lessing, Herder, Hegel und Goethe einige der hervorragendsten Vertreter seien. Freud habe seinen Humanismus hauptsächlich in seiner Konzeption vom Unbewußten zum Ausdruck gebracht. Er nahm an, daß alle Menschen dieselben unbewußten Bestrebungen teilten und sie einander daher verstehen könnten, wenn sie einmal wagten, in die Unterwelt des Unbewußten zu tauchen. So konnte er die unbewußten Phantasien seiner Patienten ohne Empörung, Richterlichkeit oder Überraschung untersuchen. Der »Stoff, aus dem Träume gemacht sind«, aber auch die ganze Welt des Unbewußten, wurde genau deshalb Untersuchungsobjekt, weil Freud ihre tief menschlichen und universalen Eigenschaften erkannte.

In Erich Fromms Denken spielt der Begriff des »Sozialcharakters« eine wichtige Rolle; er versteht darunter die gemeinsame Grundhaltung und -einstellung ganzer Gesellschaftsschichten, die durch den Kulturprozeß zustandekommen. Der individuelle Charakter sei nur eine persönliche Ausgestaltung des sozialen: ähnliche Lebensbedingungen und spezifische Formungen, die von ökonomischen, politischen und allgemein-kulturellen Einflüssen ausgingen, erzeugten mit Nachdruck eine Abwandlung der menschlichen Natur, die als feste Struktur importiert und für kollektiv-psychologische Beurteilungen als gültige Konstante eingesetzt werden könne. Während die Psychoanalyse den individuellen Charakter in seinen Gründen und Abgründen deute, müsse die Sozio-Psychoanalyse in Übernahme und Weiterentwicklung der individualpsychologischen Kategorien den Sozialcharakter beschreiben und verständlich machen. »Sozialcharakter« sei ein weiterer gemeinsamer Nenner, der das Marxsche und das Freudsche Denken integriere. Kulturen und Ideologien wurzelten im allgemeinen im Gesellschaftscharakter. – Fromm nimmt an, »daß der Gesellschaftscharakter durch den Existenzmodus der betreffenden Gesellschaft geformt ist; daß seine dominierenden Charakterzüge zu produzierenden Kräften werden und formend auf den Gesellschaftsprozeß einwirken ... Ökonomische Kräfte sind stark und wirksam, doch müssen wir sie als objektive Voraussetzungen, nicht als psychologische Begründungen betrachten. Psychologische Kräfte sind stark und wirksam, aber wir müssen sie in ihrer historischen Bedingtheit erkennen. Ideen sind stark und wirksam, doch muß man sehen, wie sie im gesamten Charakter der Gruppenmitglieder wurzeln. Trotz der wechselseitigen Abhängigkeit wirtschaftlicher, psychologischer und ideologischer Kräfte besitzt doch jede derselben auch eine gewisse Unabhängigkeit. Dies gilt vor allem von der wirtschaftlichen Entwicklung, die von objektiven Faktoren wie Technik, Rohstoffen, geographischer Lage abhängig, sich in weitem Umfang nach eigenen Gesetzen vollzieht. Die psychologischen Kräfte werden zwar von den äußeren Lebensbedingungen geformt, aber auch sie haben einen, nur ihnen eigenen Dynamismus; das heißt: sie sind Ausdruck menschlicher Bedürfnisse, die zwar umzuformen, aber nicht auszutreiben sind. In der ideologischen Sphäre finden wir eine ähnliche Autonomie; sie beruht auf den Gesetzen der Logik und dem im Verlauf der Menschheitsgeschichte erworbenen Wissen.« (61)

Der Sozialcharakter resultiere aus der dynamischen Anpassung der Menschennatur an die betreffende Gesellschaftsordnung; Veränderungen in der Gesellschaftslage hätten auch Veränderungen im Sozialcharakter zur Folge; das hieße: neue Bedürfnisse, neue Besorgnisse. Die neuen Bedürfnisse ließen neue Ideen erstehen und machten den Menschen für diese empfänglich. Und diese suchten nun ihrerseits den neuen Sozialcharakter zu festigen, zu verstärken und die menschlichen Handlungen zu bestimmen. Gesellschaftliche Bedingungen beeinflußten ideologische Erscheinungen mittels des Charakters. Charakter andererseits sei nicht das Ergebnis passiver Anpassung an gesellschaftliche Bedingungen, sondern einer dynamischen Anpassung aufgrund von Elementen, die entweder der menschlichen Natur eingeboren seien, oder als Resultat historischer Entwicklung hier inhärent würden.

Damit wird das »Überbaudenken« Freuds genauso legitimiert, wie die Unterbau-Überbau-Relation bei Karl Marx; die aus der Introspektion erwachsende revolutionäre Gesinnung genauso, wie die Sprengkraft gesellschaftlich-ökonomisch begründeter Befreiung; beide seien aufeinander angewiesen, verstärkten sich gegenseitig. Emanzipation bedeute, da der Mensch ein Geschöpf der Natur und der Gesellschaft ist, die Loslösung von den Repressionen »natürlicher« wie sozialer Art. Zur

Freiheit erwacht, sei der Mensch im Stande, vom biologischen wie gesellschaftlichen Umfeld sich abzuheben und dann, aus der Vereinzelung wie aus der Erfahrung der Angst heraus, zu sich selbst und zur Gemeinschaft zu finden. Damit aber zeichnet sich auch die Gefahr ab, daß der Mensch, in die Angst wie ins identitätslose Massen-Dasein »geworfen«, sich Ideologien und darauf gründenden totalitären Bewegungen überantwortet. Fromm hat im besonderen den Sozialcharakter des Kleinbürgertums beschrieben, das durch eine reflexionslose Verehrung der Autorität und durch hybride Verachtung weiter unten stehender Volksschichten charakterisiert sei.

Nach Th. W. Adorno, der zusammen mit E. Frenkel-Brunswik, D. J. Levinson, R. N. Sandford die »autoritäre Persönlichkeit« analysierte, setzt sich das faschistische Syndrom aus folgenden Elementen zusammen:

· Konventionalismus; das starre Gebundensein an die Werte mittelständischer Konvention, vor allem bürgerlicher Moral;

· autoritäre Untertänigkeit; unkritisches Verhalten gegenüber idealisierten moralischen Autoritäten der Eigengruppe;

· aggressive Autoritätssucht; die Tendenz, überall Leute festzustellen, die konventionelle Werte verletzen, um sich über sie zu erregen, sie verurteilen und bestrafen zu können; (das triebgeladene Es »entleiht« sich vom Überich die hierfür notwendigen Moralschemata und entlastet sich, indem es als strenger Sittenrichter agiert und hohe Sozialwertigkeit sich suggeriert);

· Aberglaube und Stereotypie; der Glaube an das Bestimmtwerden des Einzelschicksals durch geheimnisvolle Mächte; das Disponiertsein des Ich zu einem Denken in starren Kategorien, das die Zuflucht zu phantastischen Erklärungen ihm unlösbar erscheinender Probleme nimmt;

· Macht und Robustheit; die Identifikation mit Figuren, die Stärke repräsentieren und die ihre Härte und Brutalität übertrieben zur Schau stellen;

· Destruktivität und Zynismus; eine verallgemeinerte Feindeinstellung; Verächtlichmachung des Menschen; Aggressivität, die sich – häufig kulturell – kaschiert.

· Projektion; die Übertragung unbewußter Triebimpulse auf die Außenwelt, die dort verurteilt werden – ein Mittel, Es-Triebe ichfremd zu erleben; auf besonders harte Bestrafung bei der Verletzung des Sexualkodes ausgerichtet, um so den eigenen sexuellen Neigungen, die vom Ich nicht akzeptiert, sondern verdrängt (bzw. beunruhigend erlebt) werden, in der Verfolgung des »Außenseiters« (Sündenbocks) doch noch nachgehen zu können. (62)

Insgesamt kann man feststellen, daß dem neopsychoanalytischen Denken die Beschreibung der psychopathologischen Misere unserer Zeit und Gesellschaft meist besser gelingt als die Vision repressions- und gewaltfreier Zukunft. Die Vorstellungen von einer Kultur ohne Unterdrückung, auf eine völlig andersartige Gesellschaftsstruktur und auf revolutionierte Beziehungen zwischen den Menschen untereinander und der Menschen zur Natur abzielend, wollte man in Auseinandersetzung mit Sigmund Freud entwickeln; man verfiel dabei aber immer wieder selbst dessen wirklichem oder einem ihm unterstellten Kulturpessimismus. Herbert Marcuse hat sich deshalb mit Nachdruck von den neofreudianischen Schulen distanziert; hätten diese doch den sogenannten Freudschen Biologismus, der in Wirklichkeit eine Gesellschaftstheorie mit Tiefendimension sei, unzulässig verflacht. Die neopsychoanalytische Kritik sei eine im strengen Sinne ideologische: sie verfüge über keine begriffliche Grundlage außerhalb des herrschenden Systems; die meisten ihrer kritischen Ideen und Werte stammten aus diesem System selbst. Idealistische Moral und Religion feierten glückliche Wiederauferstehung: »Der Umstand, daß sie mit dem Vokabular eben jener Psychologie verschönt auftreten, die ursprünglich ihren Ansprüchen entgegentrat, kann ihre Identität mit den offiziell erwünschten und propagierten Handlungen nur schlecht verbergen.« (63)

Der Freudsche Skeptizismus, seine Auffassung von Glück und Freiheit, die eminent kritisch gewesen sei, protestierte gegen die Vergeistigung der Not. Die Neofreudianer würden diese innere Richtung von Freuds Theorie umkehren, indem sie die Betonung vom Organismus auf die Persönlichkeit, von den materiellen Grundlagen auf die ideellen Werte verlegten. Doch nur wer am materialistischen Weltbild Freuds anknüpfe, könne die reale Veränderung der Welt bewirken.

Nach einem Wort von James Joyce hat man allzu lange die Sterne studiert und die menschlichen »Eingeweide« vernachlässigt. »Glückseligkeit« ist nicht ohne Realitätsprinzip möglich; doch muß es ein neues Realitätsprinzip sein. Marcuse spricht von der Notwendigkeit »libidinöser Moral«, wobei er den marxistischen Freiheitsbegriff und den Freiheitsbegriff Sigmund Freuds mit Hilfe des Schillerschen »Spieltriebs« (des Stofflichkeit und »Formalität« versöhnenden ästhetischen Prinzips) miteinander vereint. (64)

Thanatos, der Todestrieb, könne ausgeschaltet werden, wenn seine Überwindung ihre Motivation nicht aus einem idealistischen Himmel abzuleiten versuche, sondern aus politischer und gesellschaftlicher Wirklichkeit bezöge. Bislang seien die »verlorenen Paradiese« die einzig wahren Paradiese gewesen, weil nur die Erinnerung die Freude ohne Angst vor ihrem Schwinden verschaffe und ihr damit eine sonst unmögliche Dauer verleihe. Solche »Erinnerung« müsse umgesetzt werden in das futurische Bemühen, Lust ohne Reue zu vermitteln, den Tagtraum nicht mehr zur Beute der Betrüger werden zu lassen. Die dazu notwendige »Erotisierung« des Daseins schließe ein: die Abschaffung von Mühsal, die Überwindung von Krankheiten und Verfall, die Beschaffung und gerechte Verteilung von Luxus; die Verminderung der Arbeitszeit und die Humanisierung der Arbeitsweisen; Abbau überflüssiger Herrschafts- und Unterdrückungsmechanismen; Geburtenkontrolle und damit Bevölkerungsbegrenzung; Befreiung der Phantasie; Achtung (Beachtung) der Natur im Sinne ökologischer Vernunft; Lebensverhältnisse, die Ordnung ohne Unterdrückung, Freiheit ohne Schuldgefühle und Angst ermöglichten; ferner Ruhe, Nachsicht, Einsicht, Sinnlichkeit, Spiel.

»In diesem Kampf könnten sich Vernunft und Trieb verbünden. Unter wirklichen menschlichen Daseinsbedingungen könnte der Unterschied zwischen einem Tod durch Krankheit mit zehn, dreißig, fünfzig oder siebzig Jahren oder einem ›natürlichen‹ Ende nach einem erfüllten Leben wirklich ein Unterschied sein, der einen Kampf mit aller Triebenergie lohnte. Nicht die, die sterben, stellen die große Anklage gegen unsere Kultur dar, aber die, die sterben, ehe sie müssen und wollen, die, die in Todesqual und Schmerzen starben. Sie sind auch die Zeugen für die untilgbare Schuld der Menschheit. Ihr Tod erweckt das schmerzliche Bewußtsein, daß er unnötig war, daß es anders hätte sein können. Es bedarf aller Einrichtungen und Werke einer repressiven Ordnung, um das schlechte Gewissen über diese Schuld zur Ruhe zu bringen. Wieder wird die tiefe Bindung zwischen Todestrieb und Schuldgefühl deutlich. Die stillschweigende ›ärztliche Zustimmung‹ zu der Tatsache von Tod und Krankheit ist vielleicht der verbreitetste Ausdruck des Todestriebs – oder besser, seiner sozialen Brauchbarkeit. In einer repressiven Kultur wird der Tod selbst zu einem Instrument der Unterdrückung. Ob der Tod nun als ständige Bedrohung gefürchtet wird, ob er als höchstes Opfer verherrlicht oder als Tatsache hingenommen wird, immer bringt die Erziehung zur Zustimmung zum Tod von Anfang an ein Element der Unterwerfung ins Leben – der Unterwerfung und der Preisgabe. Diese Erziehung erstickt alle als ›utopisch‹ verworfenen Anstrengungen. Die herrschenden Mächte haben eine tiefe Affinität zum Tode; der Tod ist ein Wahrzeichen der Unfreiheit, der Niederlage. Die Theologie und die Philosophie liegen heute in einem Wettstreit um die Verherrlichung des Todes als existentieller Kategorie; indem sie eine biologische Tatsache in eine ontologische Wesenheit verkehren, erteilen sie der Schuld der Menschheit, die sie zu vertuschen helfen, ihren transzendentalen Segen – sie verraten das Versprechen der Utopie. Eine Philosophie hingegen, die nicht als Handlangerin der Unterdrückung arbeitet, reagiert auf die Tatsache des Todes mit der ›Großen Verweigerung‹ – der Weigerung Orpheus', des Befreiers. Der Tod kann zum Wahrzeichen der Freiheit werden. Die Unvermeidlichkeit des Todes widerlegt nicht die Möglichkeit einer schließlichen Befreiung. Gleich den anderen Notwendigkeiten kann er vernünftig gestaltet werden – schmerzlos. Die Menschen können ohne Angst sterben, wenn sie wissen, daß das, was sie lieben, vor Elend und Vergessen bewahrt ist. Nach einem erfüllten Leben können sie es auf sich nehmen, zu sterben – zu einem Zeitpunkt ihrer eigenen Wahl. Aber selbst der endliche Anbruch der Freiheit kann diejenigen nicht mehr erlösen, die unter Schmerzen gestorben sind. Die Erinnerung an sie und die aufgehäufte Schuld der Menschheit gegenüber ihren Opfern verdunkeln die Aussichten einer Kultur ohne Unterdrückung.« (65)

Nach Jahrhunderten der Repression und Aggression, der reglementierten Anarchie, der kollektiven Psychosen und Neurosen, des Sadismus und Masochismus, nach Jahrhunderten einer trieb- und sozialpathologischen Verwirrung wäre »Eros in der Politik« (66) gleichzusetzen mit dem Aufgang einer rational erleuchteten Freiheit auf dem Boden materialisierten und vergesellschafteten Glücks; »Eros in der Politik« würde bedeuten, daß der Mensch seine Chance, Mensch zu sein, wahrnimmt.

Auf die von Sigmund Freud bang formulierte »Schicksalsfrage der Menschheit« – wie denn der Kampf zwischen Eros und Thanatos ausgehe, ob wirklich der »ewige Eros« eine Anstrengung mache, sich im Kampf mit »seinem ebenso unsterblichen Gegner zu behaupten« (»Wer kann den Erfolg und Ausgang voraussehen?«) –, wäre dann eine beglückende Antwort gefunden.

Marcuses Ideen einer »Gesellschaft ohne Unterdrückung«, einer »Rationalität der Befriedigung« sowie einer »Befriedigung des Daseins« sind Gegenstand einer geschichtlichen Erwartung, also utopischen Charakters. »In einem Verfahren, das dem filmischen des ›Überblendens‹ analog ist, überführt Marcuse einen zerstörenden und entfremdenden Thanatos in die marxistische Vision der Entfremdung industrieller Arbeit in der kapitalistischen Gesellschaft. Dieser Übergang, den Marcuse für möglich halten *will*, besitzt einen bedeutenden strategischen Wert, da er ihm erlaubt, die Freudsche Konzeption der Gesellschaft einer Komplicenschaft mit den repressiven Strukturen anzuklagen.« (Jean-Marie Benoist) (67) Damit löse sich aber die Gesellschaftskritik vom Realitätsprinzip – worin Herbert Marcuse Rousseau, der auch mit appellativer Spekulation die Befreiung gefordert habe, ohne ihre Machbarkeit zu prüfen, ähnle. (68) Marcuse sage wenig darüber aus, *wie* eigentlich das von ihm umrissene Ziel (Tilgung der Ursünde, Ordnung der Fülle, Befreiung des Eros, Freiheit von Angst) erreicht werde. Die »große Weigerung« markiere nur eine Position, aber keinen Weg. Sein Sozio-Psychologismus stelle eine drapierte Form des Individualismus dar. »Durch Anleihen bei der alten Milieutheorie tarnt er den Individualismus dualistisch. Die Gesellschaft ist dem Sozio-Psychologismus nicht dialektisch-identisch mit dem Menschen, sondern ist ihm dessen Umgebung, der er sich in geeigneter Weise anpassen muß. Letztlich erfolgt hier zunächst eine Biologisierung psychischer Prozesse durch deren Reduktion auf die Triebe (das ist die Grundlage von Freuds metapsychologischer Gesellschaftstheorie). Dann erfolgt eine Psychologisierung der Gesellschaft, also vermittelt eine Biologisierung der Gesellschaft. Freud selbst belegt diese These, wenn er sagt: Im Grunde sei die Soziologie angewandte Psychologie.« (Robert Steigerwald) (69)

Zur Person: Ein Heldenleben oder
Leben und Denken eines jüdischen Revolutionärs

Sigmund Freud wurde am 6. Mai 1856 in Freiberg (Mähren) geboren. Von seiner väterlichen Familie glaubte er zu wissen, daß sie lange Zeiten in Köln gelebt habe, aus Anlaß einer Judenverfolgung im 14. oder 15. Jahrhundert nach dem Osten geflohen und im Laufe des 19. Jahrhunderts von Litauen über Galizien nach dem deutschen Österreich zurückgewandert sei. (70)
Im Jahr seiner Geburt endete der Krimkrieg mit dem Frieden von Paris; der Balkan wurde damit zum Spannungsfeld zwischen Rußland (das seine Vorherrschaft an Frankreich verlor) und Österreich. Bei Düsseldorf fand man den »Neandertal-Schädel«. Die Hamburg-Amerika-Linie wurde gegründet.
1856 wurde der spätere amerikanische Präsident Woodrow Wilson geboren. Heinrich Heine starb in Paris; Eduard Mörike veröffentlichte

die Novelle »Mozart auf der Reise nach Prag«, Gottfried Keller die Schweizer Erzählungen »Die Leute von Seldwyla«, Wilhelm Raabe seinen Roman »Chronik der Sperlingsgasse«. Das von Joseph Mayer seit 1840 herausgegebene »Große Konversationslexikon« fand mit dem 52. Band seinen Abschluß.

Eine solche Gleichzeitigkeit soll und darf nicht überinterpretiert werden; für eine Psychoanalyse des Zeitgeistes (71) bzw. der Zeitseele (oder wie immer man auch die zum kulturellen Profil sich zusammenschließenden Dominanten des vorherrschenden objektiven Bewußtseins nennen mag) bietet sie jedoch durchaus symptomatisches Material.

Mit Heinrich Heine war ein »Zerrissener« dahingegangen; mit Sigmund Freud ein Zerdenker geboren. »Nachdem ich dem Sinne für romantische Poesie in Deutschland die tödlichsten Schläge beigebracht, beschlich mich selbst wieder eine unendliche Sehnsucht nach der blauen Blume im Traumlande der Romantik, und ich ergriff die bezauberte Laute und sang ein Lied, worin ich mich allen holdseligen Übertreibungen, aller Mondscheintrunkenheit, allem blühenden Nachtigallenwahnsinn der einst so geliebten Weise hingab. Ich weiß, es war ›das letzte freie Waldlied der Romantik‹, und ich bin ihr letzter Dichter«, heißt es in Heinrich Heines »Geständnissen«, die er zwei Jahre vor seinem Tode niederschrieb. (72) Der große »Weltriß«, der das neunzehnte Jahrhundert teilt, ist in seinem Werk manifest geworden – der Zwiespalt zwischen der revolutionären Verneinung des klassischen Erbes und der Sehnsucht nach dem romantischen Ideenhimmel; vor allem aber der Gegensatz zur bürgerlichen Ordnung, deren Fassadenhaftigkeit erkannt und bekämpft wurde, der man sich aber doch auch angehörig fühlte; ein Hingezogensein zur Tradition, deren Untergang man beklagte und deren epigonale Veroberflächlichung man haßte, gekoppelt mit Aufbruchsstimmung, die auf Freiheit und auf Emanzipation von jeder moralischen, religiösen und politischen Bindung setzte. Rationalismus, Sozialismus, Fortschrittsglaube und Weltbürgertum waren die »neuen Ideen«, die den »neuen Geist« beflügelten; doch die Ahnung von dem, was mit dem klassischen und romantischen Erbe verloren gegangen, lähmte zugleich die Schwingen. »Ich bin matt, traurig, leidend«, schrieb Heine in seiner »Matratzengruft« in der Neujahrsnacht 1856.

Solche Zerrissenheit fehlt Sigmund Freud. Das Ausweichen vor der realen Welt, vor allem durch Spiel, Kunst wie durch Phantasie schlechthin, war ihm verdächtig (73) – neurotische Fluchterscheinung, bestenfalls »brauchbar« für die Analyse des individuellen wie kollektiven

Unterbewußtseins; (eben Manifestation wirklichkeitsfremder, verdrängter Strebungen). Sein Prinzip war das Realitätsprinzip; Arbeit ihm, wenn auch oft qualvolle Mühe, so doch das wahre Leben.

Kunst sei fast immer »harmlos und wohltätig«; sie wolle nichts anderes sein als Illusion. »Außer bei wenigen Personen, die, wie man sagt, von der Kunst besessen sind, wagt sie keine Übergriffe ins Reich der Realität«, heißt es in der »Neuen Folge der Vorlesungen zur Einführung in die Psychoanalyse«. (74)

Drei soziale Gruppen hielt Freud für immun gegenüber den Forderungen der Arbeitswelt: Die Aristokraten, die nur geboren zu werden bräuchten, um auch gefüttert zu werden; die Künstler, die das Privileg hätten, nicht nur in der Spielwelt der Illusion leben zu dürfen, sondern damit auch noch Ruhm und Vermögen erwürben; und die Mönche und Priester.

Als Repräsentant des bürgerlichen Denkens, vielfach auch der puritanisch-bürgerlichen Ideologie, war Freud im musisch-kreativen Bereich weniger zuhause. Daseinskampf voller Härte und Selbstverleugnungen, das war die Devise der Zeit. Arbeit – die Welt des Mannes. Das Lustprinzip führte in ein Paradies des schlechten Gewissens. Immer wieder spricht Freud von der großen Genugtuung bei der Überwindung von Schwierigkeiten. Selbst der Traum war ihm noch Traum*arbeit*. Mit seinem Glauben an die Objektivität der Wissenschaft, unterlegt von der Überzeugung, daß Wissenschaft auch das Irrationale bzw. Metaphysische ergründen und »aufklären« könne (eine Überzeugung, die ihm freilich im Laufe seines Lebens immer mehr verging), ist er zugleich dem Positivismus verhaftet, der in der zweiten Hälfte des 19. Jahrhunderts die strahlende Gewißheit verbreitete, im Besitz des Schlüssels für fast alle Geheimnisse zu sein. Wilhelm Bölsche, dieser Apostel optimistisch-positivistischer Wissenschaftsgläubigkeit (75), hat solche Mentalität in die Metapher gefaßt, daß nicht mehr das Kreuz auf der Kapelle, sondern der Blitzableiter auf der Fabrik den Stürmen der Zeit zu trotzen vermöchte.

Heine und Freud: In den Vordergrund drängen sich zunächst die Gegensätzlichkeiten. »Wie anders der leichtlebige, leichtsinnige, offenherzige und unbeständige deutsch-romantische Pariser mit den vielen fragwürdigen Freundschaften, Feinschaften und Liebschaften ... als der schwerblütige, monoman-monogame, pedantische, verschlossene, eigensinnig-gradlinige, fast preußisch anmutende Österreicher, aus dessen neunundsiebzig Jahren Wien nichts zu berichten ist von Wiener Mädeln, Caféhausqualm, Walzern und glänzenden Abenden in der

Oper.« (Ludwig Marcuse) (76) Was beide aber im Innersten verband, war eine enorme Sensibilität für die »Krisenträchtigkeit« und Krisenanfälligkeit ihrer Epoche; dunkel zog herauf ein Zeitalter der Destruktion und Aggressivität, der nationalen Überheblichkeit und des hysterischen ideologischen Wahns.

Bei Freud kehrte sich die Wissenschaftsgläubigkeit gegen die Zeit selbst. Die Kraft und Sorgfalt analytischen Denkens führte zu Ergebnissen, die zum Zeitgefühl völlig konträr lagen; sie brachten nach oben, was man zur Wahrung der eigenen Identität glaubte verdrängen und kaschieren zu müssen. Berauscht vom Schwindelgefühl des Fortschritts, wollte man den Blick in den Abgrund der eigenen Seele, bei dem ein ganz anderes Schwindelgefühl drohte, nicht wagen. Dünn war der Boden, der solche Tiefen abdeckte. Sigmund Freud war einer der wenigen, der mit der Sonde kritischer Vernunft in die Dunkelheit hinabstieß. Hatte der deutsche Idealismus, Klassik und Romantik im besonderen, Himmel und Hölle, die Erde in ihrer reichhaltigen Topographie und jegliche Seelenlandschaft in ihrem Auf und Ab durchmessen, bald mit Türmerblick und bald mit Furchenverzweiflung den Weg sich suchend, so war der Zeitgeist in der zweiten Hälfte des 19. Jahrhunderts auf platte Vordergründigkeit und selbstgenügsames Oberflächenglück eingestellt. (77) In seinem Traktat »Über naive und sentimentalische Dichtung« hatte Friedrich Schiller diese Entwicklung vorausgesehen, wenn er davon sprach, daß die gemeine Natur, »wenn sie angespannt worden«, sich nur in der Leerheit erholen könne, und selbst ein hoher Grad von Verstand, wenn nicht von einer gleichmäßigen Kultur der Empfindungen unterstützt, werde von seinem Geschäft nur in einem geistlosen Sinnengenuß sich ausruhen. Der »unendliche Fall in eine bodenlose Tiefe« stünde bevor, wenn man die Natur aus bloßer Willkür verlasse, »um dem Eigensinne der Begierden und den Launen der Einbildungskraft« ungebunden nachzugehen. Wenn man nicht in die Unabhängigkeit von physischen Nötigungen, sondern in die Lossprechung vom Moralischen seine Freiheit setze, erstehe eine Lebenshaltung, die sich als »seliger Genuß des Nichts auf dem weichen Polster der Platitüde« erweise. (78)

Die Heiterkeit der Schwermut, wie sie das Biedermeier auszeichnet, dieses Wissen um das »panische Idyll« (das dem Menschen bestenfalls die Möglichkeit bot, glücklich*er*, nicht glücklich, zu sein – indem es ihn für einen Augen-Blick von der Schwerkraft des Daseins enthob (79)), ging über in Gartenlaubentumbheit, ins Kuhglück der Saturiertheit. Die tragische Exorbitanz des Idylls, als das in dieser Welt An-sich-nicht-

oder eben nur Im-Augenblick-Mögliche, ist in Eduard Mörikes Novelle »Mozart auf der Reise nach Prag« genau so präsent wie in Wilhelm Raabes Mahnung, des »anderen Deutschlands« nicht zu vergessen, dessen Seele voller Glaube, Güte, Bescheidenheit und Geduld sei. Während die Großstädte in fataler, soziale Misere heraufbeschwörender Weise anwuchsen, die Hektik der Wirtschaft mit der geistigen und seelischen Enge der Bourgeosie korrespondierte, die romantische Tiefendimensionalität auf materielle Eindimensionalität reduziert und Seelenreichtum in bombastischen Versatzstücken verdinglicht wurde, mit denen man das mentale Vakuum auszustaffieren suchte, gab Raabe die Mahnung aus, nach den Sternen zu sehen und auf die Gassen zu achten. »Sentimentalisch« war diese Dichtung (etwa in der »Chronik der Sperlingsgasse«) durchaus – im Sinne der Schillerschen Definition, wonach zwar die natürliche Einfachheit verloren gegangen sei, man sie aber mit dem Geist als Ideal wieder anstreben und erreichen könne; larmoyant war sie nicht. Weinerlichkeit wurde erst Pendant des im Zeichen des Positivismus sich ausbildenden völlig unreflektierten Daseinsgefühls, das Seelentiefe als Staffage genoß und imperialistische Aggressivität mit süßlicher Romantik verband.

Drei Jahre vor Sigmund Freuds Geburt war die erste Nummer der ursprünglich aus dem Geiste des demokratischen Liberalismus konzipierten, bald jedoch in die Seichtigkeit eines idealistisch verbrämten Materialismus abgleitenden Familienzeitschrift »Die Gartenlaube« erschienen. »Wenn Ihr im Kreise Eurer Lieben die langen Winterabende am traulichen Ofen sitzt oder im Frühling, wenn vom Apfelbaume die weißen und roten Blüten fallen, mit einigen Freunden in der schattigen Laube, dann leset unsere Schrift. Ein Blatt soll's werden für's Haus und für die Familie … Es soll Euch anheimeln in unserer Gartenlaube, in der Ihr gut-deutsche Gemütlichkeit findet, die zu Herzen spricht. So probiert's denn mit uns, und damit Gott befohlen.« (80)

Was sich derart als Empfindungsmuster des Bürgertums offenbarte, war einerseits »eingeebnete« Idyllik, andererseits behäbige Selbstsicherheit, die in Anspruch nahm, alle Probleme harmonisch gelöst zu haben und diese (Schein)Lösungen den Spitzen und Stützen der Gesellschaft als moralische Absicherung für Herrschaftsinteressen »anbot«. In diesem Sinne – freilich in einer weitaus differenzierteren und auch liberaleren Weise – interpretierte auch Meyers Conversations-Lexikon die Welt als Theodizee. »Seelenheilkunde« etwa umfaßte »im weitesten Sinne Alles, was zur Herstellung der gestörten Seelenharmonie dient und hat demnach auch eine moralische Seite, indem sie alle pädagogische und über-

43

haupt alle Zucht- und Korrektionsmittel in sich begreift, die zur Entfernung böser Neigungen und zur Erweckung des moralischen Sinnes dienen.« In klarer Abgrenzung vom Materialismus wird den »physikalischen Massen« die »unvergleichbare Natur« des Bewußtseins entgegengesetzt: »Die körperlichen Erscheinungen sind vergänglich und wechselnd; dasselbe gilt nun zwar auch von vielen geistigen Phänomenen, welche sich zeigen und rasch wieder verschwinden, aber doch bietet das Seelenleben Bleibendes und zeigt Erscheinungen, die fortdauern, auch wenn die körperlichen Ursachen, die sie hervorgerufen haben könnten, lange wieder verschwunden sind – wie will man nun aus dem Vergänglichen das Bleibende deducieren, wenn beides als eines und dasselbe angenommen wird? Oder glaubt man das Selbstbewußtsein, woran der klare Ausspruch eines Gegensatzes zu den veränderlichen Erscheinungen des Körpers liegt, erklären zu können aus Affektion der Nerven?« (81)

Spätidealistische Aufgeklärtheit, der »Enzyklopädie des menschlichen Wissens« vertrauend, hatte kein Gespür für die im Verborgenen sich formierende Brutalität, keines für politische und soziale Repression im besonderen. Polizey, das war nach wie vor Politeia – sinnvolle Ordnung von Staat und Gesellschaft. In den Enklaven des scheinbar friedfertigen Abseits – wobei sich der Topos »Gartenlaube« verallgemeinern läßt – sammelte sich indessen Frustrationsaggressivität an, lud sich im Sublimierungsversagen stetig auf, um dann, vor allem im 20. Jahrhundert, verheerend über die Gefilde scheinbarer Sicherheit hereinzubrechen. In den »Leuten von Seldwyla« von Gottfried Keller – Satiren auf den Fortschrittsgeist dieser den Gründerjahren sich zubewegenden Jahrzehnte – wird das Kleinbürgerliche mit seinen sozialen Mißständen und seinen Alltagsverschrobenheiten zwar noch belächelt, doch ist unterschwellig das Groteske in seiner Dämonie, das Böse in seiner Banalität, das Heimelige in seiner Unheimlichkeit bereits durchaus erkennbar.

Romantische Mondscheinstimmung wurde demgegenüber vor allem von der Trivialkunst als »Anpassungsmedium« über eine Welt ausgebreitet, die mit ihrem kapitalistischen Profitstreben und ihrer sozialen Ausbeutungsstrategie häßlich geworden war. Unter dem Firnis galt, was das für Ferdinand Lassalles »Arbeiterverein« 1864 geschriebene »Bundeslied« des Dichters Herwegh, eines Radikalen von 1848, beschrieb – zugleich das sich formierende revolutionäre Bewußtsein des vierten Standes markierend:

»Bet' und arbeit'! ruft die Welt,
bete kurz! denn Zeit ist Geld.
An die Türe pocht die Not –
bete kurz! denn Zeit ist Brot.
Mann der Arbeit, aufgewacht!
Und erkenne deine Macht!
Alle Räder stehen still,
wenn dein starker Arm es will.« (82)

»Das Kapital« von Karl Marx erschien 1867. Angestimmt wurde der Schwanengesang des Kapitalismus: daß dieser nach den ehernen Gesetzen historischer Dialektik zusammenbrechen und daß das durch Profitgier entstellte Menschentum zu sich selbst zurückfinden werde. Der Mensch könne die Entfremdung überwinden und eine klassenlose Gesellschaft schaffen, wenn er das Privateigentum an den Produktionsmitteln aufhebe; denn mit der Lohnarbeit verschwände auch die Ausbeutung, und die Produkte der Arbeit fielen dann den schaffenden Menschen in ihrer Gesamtheit unmittelbar zu. Das kapitalistische System stelle im allgemeinen Entwicklungsprozeß zwar eine notwendige Stufe dar, weil sich in ihm die Produktionskräfte voll entfalten; das verabsolutierte Eigentumsrecht beruhe jedoch lediglich auf den zeitbedingten Moralvorstellungen dieser Phase und müsse dem Fortschritt weichen. Am Ende sei das verlorene Paradies der Urgemeinschaft auf der »höheren Ebene« des Kommunismus zurückzugewinnen, wobei die ausgebeuteten Proletarier das dialektische Gesetz der Weltgeschichte vollzögen und so das wahre Menschsein in der klassenlosen internationalen Zukunftsgesellschaft vorbereiteten. Da nicht das Bewußtsein der Menschen ihr Sein, sondern umgekehrt: das gesellschaftliche Sein ihr Bewußtsein bestimme, ginge es darum, den Unterbau zu revolutionieren, um den Überbau verändern zu können.

Den Weg der Revolution trat Sigmund Freud von entgegengesetzter Richtung her an: vom Bewußtsein aus zerdachte und zerstörte er das wohletablierte Herrschaftsmoralgebäude der Zeit; er zeigte »der Menschheit, die ja gewußt, daß sie Geist hat«, daß sie Triebe habe (ja von der Triebwelt beherrscht sei) (83), wobei er freilich die sozioökonomische Begründung von Gesellschaft zugunsten einer allgemeinen Anthropologie vernachlässigte – damit die Ambivalenz des bürgerlichen Revolutionärs widerspiegelnd. Für Freud bestimmt das Über(Überich)- wie Unter-Bewußtsein das Sein (Dasein und Sosein) des Menschen; so wie Marx die kapitalistische Profitlandschaft Schicht um Schicht abhob, erwies sich Freud als Archäologe der Seelenlandschaft;

mit jeder Schicht tiefer in den Geist der Zeit eindringend, erschien ihm freilich dieser Zeitgeist vielfach zeitlos zu sein; so blieb er sehenden Auges oft genug blind für die Aktualität seiner Analyse. Seine jüdische Herkunft trug mit dazu bei, daß er sich sowohl mit der Klasse, die er analysierte, identifizierte, als auch von ihr, die ihn faszinierte, distanzierte; denn Außenseiter blieb der Jude selbst als Bürgerlicher.

Als Sigmund Freud vier Jahre alt war, zog die kinderreiche Familie (sein Vater hatte nach dem Tod der ersten Frau ein zweites Mal geheiratet) nach Wien – in der Hoffnung, dort eine Verbesserung der ärmlichen Lebensverhältnisse zu erreichen. (84) Die Familie blieb arm, wenn auch von direkter Not bewahrt; sie lebte in einem trübseligen Stadtteil. Bis Freud als Sekundararzt ins Allgemeine Krankenhaus übersiedelte, hauste er in der elterlichen Wohnung in einem »Kabinett«, das außer einem Bett, Stühlen, Büchergestellen und einem Schreibpult keine besondere Bequemlichkeit bot. Er besaß allerdings eine eigene Petroleumlampe; die anderen Schlafzimmer hatten nur Kerzenbeleuchtung. Das Familienleben war durch strenge Güte gekennzeichnet. »Der Vater verkörperte das Realitätsprinzip, die Mutter das Lustprinzip. Wir haben jedoch keinen Grund zur Annahme, Freuds Vater sei strenger gewesen als andere Väter. Er scheint im Gegenteil ein gütiger, liebevoller, weitherziger und dazu gerechter und vernünftiger Mann gewesen zu sein.« (85) Doch projizierte er seine Minderwertigkeitsgefühle auf den Sohn, was in dessen Träumen bis ins Alter hinein in Form von Rechtfertigungsvorstellungen (wie weit er es nun gebracht habe!), aus der Verdrängung traumatischer Jugenderlebnisse gespeist, nach »oben« stieg. Das Typische an den jüdischen Vätern dieser Generation nennt Marthe Robert ihre »Ungenauigkeit«: diese bestand darin, daß sie sich vom Judentum wegbewegten, um die Anpassung an die christlichen Europäer des Wirtslandes zu erreichen, zugleich aber mit gefühlsentleerter Zwanghaftigkeit am talmudschen Ritual festhielten, als ob dieses in der Entwurzelung auch dann noch Halt geben könne, wenn man sich innerlich nicht mehr mit ihm identifizierte. Diese Haltung mußte dem Sohn die Identitätsfindung zur Qual machen: als Jude konnte er sich nicht fühlen, weil der Vater selbst schon alle stärkeren Empfindungen vom Judentum ihm abgezogen hatte; zugleich aber durfte er nicht vom Ritual ablassen, weil dieser »Verrat« ihm die väterliche Liebe entzogen hätte. (86)

Sigmund Freud hat sich von der Mentalität des jüdischen Patriarchats nie gelöst (87); in der eigenen Familie trat dies nur sehr »liberal« (88), im Verhältnis zu seinen Schülern sehr akzentuiert zutage. (89)

Als »Ungläubiger« von Geburt, hat Freud jedoch die das Judentum diffamierende christliche Moral infrage gestellt. Das im jüdischen Volk vorhandene historische Unglücksbewußtsein sorgte dafür, daß Freuds, dem Zeitgeist entsprechende, sozusagen opportunistische Wissenschaftsgläubigkeit in Skepsis und Pessimismus sich verwandelte. Die Lust der Aggression wie der Selbstzerstörung (Sadismus und Masochismus), Sündenbockfixierung wie »Rationalisierung« (der Versuch des seelischen Abwehrmechanismus, nachträglich rationale Begründungen für Handlungen und Einstellungen zu finden, die aus vorrationalen, irrationalen oder triebhaften Motiven erwuchsen) waren ihm als Juden – als Objekt wie Subjekt – stets gegenwärtig. Dem zwölfjährigen Sigmund erzählte der Vater, daß ihm einmal auf der Straße einer die Pelzmütze vom Kopf geschlagen und ihn angeschrien habe: »Jud, herunter vom Trottoir!« Auf die entrüstete Frage des Jungen: »Und was hast du getan?«, antwortete der Vater: »Ich bin auf den Fahrweg gegangen und habe die Mütze aufgehoben!« (90)

Die Arbeitshypothese des psychischen Determinismus, wie sie Freud entwickelt hat, gibt uns die Möglichkeit, »die Route unserer Motive bis in die tieferen, dem Bewußtsein entzogenen Bereiche zu verfolgen. So ist die Psychoanalyse des Produkt eines Mannes, der einer verachteten, mindestens unbekannten und anrüchigen Kultur entstammt und mit seiner Nationalität signalisiert, daß er nicht wie selbstverständlich Ordnung mit Gehorsam gegen Obrigkeit in eines setzt. Es ist vielleicht nicht abwegig zu schließen, daß die Psychoanalyse, die zu entwickeln ein ungewöhnliches Maß von Selbstkritik erforderte, in der Tat eine tiefe und spezifische Beziehung zur jüdischen Kultur aufweist. Vielleicht konnte sie nur aus einem sehr langen historischen Erfahrungszusammenhang entstehen, in welchem wieder die Identität und das Selbstgefühl der jüdischen Menschen in ihnen fremden und feindlichen Kulturen infrage gestellt wurde. Das unermeßliche Elend und Ausmaß an Erniedrigung, welches die Juden durch Jahrtausende zu ertragen gezwungen waren, muß sich in einem Selbstgefühl niedergeschlagen haben, das aufs äußerste gewitzt sein mußte, Selbsttäuschungen zu vermeiden, denn jede solcher Selbsttäuschungen mußte notwendigerweise die Gefahr, die von außen drohte, noch durch eine, die von innen kam, verstärken. Keine tödlichere Schwäche für eine Minderheit, die sich niemals durch äußere Macht genügend schützen kann, als die, auf einen, sei es individuellen, sei es kollektiven Wahn zu vertrauen. Dies ist der Unterschied zu den bloßen Sekten ohne historischen Auftrag, während sich im Judentum die durchaus historisch relevante Konsolidierung der

Ich-Kräfte vollzieht, die es ihm nicht nur erlaubte zu überleben, sondern ›avantgardistisch‹ einen Evolutionsschritt in der Richtung der Stärkung des kritischen Ich und der Selbständigkeit zu tun, den die übrigen und weniger geprüften Völker nachzugehen oder nachzuhinken sich werden entschließen müssen.« (Alexander Mitscherlich) (91)

Der Wahrheitsdrang, der die Psychoanalyse bewegte, nämlich durch alle Schalen und Verkrustungen hindurch auf den Kern menschlichen Wesens zu stoßen, wurde von der dadurch dekuvrierten wie in ihrer Identität zutiefst verunsicherten Gesellschaft als »jüdisch zersetzendes Geschäft« abgewertet und entsprechend abgewehrt. (92) Da dies aber in Österreich geschah, war die Unlust über die von Freud aus dem individuellen wie kollektiven Unterbewußtsein herausgeholte »Wahrheit« gemildert durch den Lebensfrohsinn einer Gesellschaft, die ihre Vorurteile mit mokantem Charme einpolsterte. Neunundsiebzig Jahre lang lebte Sigmund Freud in Wien, einer Stadt, die er haßte und die ihn verachtete, einer Stadt, die er liebte und in der er sich in zäher Arbeit Ansehen und internationale Bedeutung erwarb. Der Sohn erwies sich schließlich als erfolgreicher »Delegierter« seines Vaters. Was diesem unerfüllt blieb, nämlich in Wien sein großes Glück zu machen, gelang jenem am Ende doch; aber es war eine Leistung, die ganz anders aussah als das, bald im Materialismus aufgeschwemmte, bald in der Hektik wirtschaftlicher Expansion sich verzehrende Gesicht der Zeit. (93)

Der siebenundvierzig Jahre in den bescheidenen Verhältnissen seiner Wiener Praxis Berggasse 19 wirkende Sigmund Freud wurde zum großen Promotor der Introspektion – auch wenn es zum Schicksal seiner Lehre gehörte, daß sie zunächst mehr denunziert als angewandt wurde. Selbst durchaus eingefangen in der Enge seiner Zeit und Gesellschaft, war er zugleich ihr Befreier. »Jeder von uns Menschen des 20. Jahrhunderts wäre anders ohne ihn in seinem Denken und Verstehen. Jeder von uns dächte, urteilte und fühlte enger, unfreier und ungerechter ohne sein Vorausdenken – ohne jenen mächtigen Antrieb von innen, den er uns gegeben.« (Stefan Zweig) (94)

Sigmund Freud verlebte seine Jugend in einer Stadt, die mit Energie und Tempo, Stolz und Zuversicht Prosperität akkumulierte und diese auch in prunkhafte Architektur bzw. Stadtentwicklung umsetzte. Als der siebzehnjährige Freud seine Berufswahl traf und das erste Semester Medizin an der Universität belegte – im Jahre 1873 –, fand die Fünfte Weltausstellung in Wien statt, die den wirtschaftlichen, technischen und zivilisatorischen Fortschritt Österreichs manifestieren sollte und dies auch tat. In der »Neuen Freien Presse« hieß es, und das Zitat macht die

Euphorie der Zeit deutlich: »Wien selbst, der Spiegel des Reiches, strahlte den Umschwung des öffentlichen Geistes am kräftigsten wider. Mit der wachsenden Bevölkerung und der gesteigerten Arbeit hob sich der allgemeine Reichtum; der Bautrieb bemächtigte sich der Wohlhabenden, und mit wunderbarer Schnelligkeit sah man Häuser entstehen, ganze Straßen sich bilden. Die verbissene Stimmung der früheren Tage wich einem zukunftsfreudigen Optimismus. Wien hatte sich selbst wiedergefunden, nun bereichert und gestählt durch die Erfahrungen, die ein mannhafter Kampf um das Dasein mit sich bringt … Wir haben den Frieden im eigenen Hause und der Weltfrieden, nachdem so heftige politische und nationale Gewitter niedergegangen, scheint allen Witterungszeichen nach verbürgt zu sein.« (95)

In Freud freilich hat sich weder zu dieser Zeit noch im späteren Leben die Gewißheit verfestigen können, daß ein »zukunftsfreudiger Optimismus« angebracht sei. Daß das Glück des Menschen im Schöpfungsplan nicht vorgesehen sei, war und blieb seine Überzeugung. – Als er am 23. September 1939 in London starb, war er von den Nationalsozialisten aus der Heimat ausgewiesen, von schwerer Krankheit erschöpft und zutiefst bedrückt von der Ahnung, daß der gerade ausgebrochene Zweite Weltkrieg ein kaum vorstellbares Ausmaß an Haß, Zerstörung, Aggressivität und Leiden mit sich bringen werde. – Seit 1923 an Gaumenkrebs erkrankt, hatte er über dreißig Operationen durchgemacht; er war mit seinen Kräften am Ende. Dr. Schur, der Freud seit 1929 ärztlich betreute und die letzten zehn Jahre in dessen unmittelbarer Nähe verbracht hatte, linderte seine Schmerzen durch Morphium. Der Sterbende bat ihn um Verkürzung der Leiden: »Lieber Schur, Sie erinnern sich wohl an unser erstes Gespräch. Sie haben mir damals versprochen, mir zu helfen, wenn ich nicht mehr weiter kann. Das ist jetzt nur mehr Quälerei und hat keinen Sinn mehr.« (96)

Stefan Zweig, der Freud in den letzten Tagen besuchte, berichtet, daß dieser bis zum Schluß gearbeitet habe; er sei ihm vorgekommen wie ein wahrhaft Weiser, über sich selbst erhoben, der Schmerz und Not nicht mehr als persönliches Erlebnis empfinde, sondern als ein überpersönliches Objekt der Betrachtung und Beobachtung. (97)

Freud starb in einem Augenblick, in dem der Zweifel an der Glücksfähigkeit des Menschen erneut eine tragische »Verstärkung« erfuhr und die Fortschrittsideologie längst zu Ende gekommen war. »Glauben Sie nun, daß dies der letzte Krieg sei«, hatte Schur gefragt, und Freud hatte geantwortet: »Mein letzter Krieg.« (98) – Nichts mehr von den »Siegen« dieses Jahrhunderts. Überstehn war alles. In Mitteleuropa war sein

Werk ausgelöscht, sein Andenken vernichtet; die psychoanalytische Vereinigung aufgelöst; seine Bücher waren verbrannt; die Schüler in alle Winde zerstreut. Ein dreifaches Ende war gekommen: seines Wirkens wie seiner Wirkung, seiner aufklärerischen Hoffnungen, seiner biologischen Existenz.

Aber nach dem »Tausendjährigen Reich« (das nur zwölf Jahre währte), kam es auch in Deutschland zu seiner geistigen Wiedergeburt. Als man Sigmund Freuds 100. Geburtstag 1956 feierte, fiel dies zusammen mit einer Phase neuer sozialer und demokratischer Hoffnungen; (freilich auch neuer Krisen und neuer Gefährdungen und neuer Sehnsüchte und neuer Enttäuschungen und neuer Frustrationen und neuer Aggressivität). (99)

Freuds Lebensweg nennt Jean Améry ein Heldenleben mit einem Heldentod. (100) Gerade angesichts der Inflation solcher Begriffe ist eine derartige Heraushebung durchaus angebracht; es war ein Leben der Arbeit, bürgerlicher Pflicht und antibürgerlicher Revolte, voller Skepsis, Melancholie und Kampfesmut, ausgestattet mit enormen Fähigkeiten im Ertragen von Leiden und mit ungewöhnlicher Sensibilität für seelische Phänomene, geprägt durch wissenschaftliche Besessenheit, aber auch gefährdet durch Neurose und Irrtum; ein Leben voller Würde. Wenn die Gefahr bestehe, daß die Neigung den Zustand des Leidens endlich zum herrschenden mache, die Selbsttätigkeit des Geistes ersticke und eine allgemeine Erschlaffung herbeiführe, sei Würde Ausdruck des Widerstandes, den der selbständige Geist dem Naturtrieb leiste, heißt es in Friedrich Schillers Traktat »Über Anmut und Würde«. »Um sich also bei einem edlen Gefühl in Achtung zu setzen, die ihr nur allein ein sittlicher Ursprung verschaffen kann, muß die Neigung sich jederzeit mit Würde verbinden. Daher fordert der Liebende Würde von dem Gegenstand seiner Leidenschaft. Würde allein ist ihm Bürge, daß nicht das Bedürfnis zu ihm nötigte, sondern daß die Freiheit ihn wählte, daß man ihn nicht als Sache begehrt, sondern als Person hochschätzt.« (101)

Die ›kulturelle‹ Sexualmoral und die moderne Nervosität
Pubertät · Die Welt im Zwielicht

Die Hektik anhebender »Modernität« – vorwiegend geprägt durch einen rapid sich ausbreitenden Materialismus und ellbogenbewußte Fortschrittsgläubigkeit – versetzt die Menschen des ausgehenden 19. Jahrhunderts in neurasthenische Verwirrung; die Seelenentwicklung hält mit industrieller und wirtschaftlicher Entfaltung nicht Schritt. Die »gute alte Zeit« durchzieht als regressive Sehnsucht die Amerikanisierung des Lebens.

Hineingestellt in die Anforderungen einer über-holten, aber gerade deshalb vom herrschenden Geschmack (als dem Geschmack der Herrschenden) mit Nachdruck oktroyierten affirmativen Kultur, angetrieben vom profitmaximierenden Akkumulationstrieb des Kapitalismus, wird der Gesellschaft das Geld *zum* Konvergenzpunkt von Realität *und* Idealität; *Immanenz darstellend (den Zeitgeist wie die Zeitseele verdinglichend), wird ihm Transzendenz (das Alibi, Höheres zu sein) zugeordnet.*

Bürgerliche Normen, Tabus und Anstandsforderungen bestimmen das individuelle wie kollektive Verhalten, während die triebdynamische Energie, durch Zensur des gesellschaftlichen Über-Ichs in den seelischen Untergrund verbannt, von dort aus in Form von Neurosen nach »oben« drängt. Nervöse Charaktere *allenthalben; die Kunst profitiert von einer derart sich aufgipfelnden Sensibilität. Die Neurasthenie diagnostiziert* Sigmund Freud *als* Folge unbewältigter Triebkonflikte. *Die sexuelle Obsession durchschlägt immer wieder den mühsam aufgebauten und lediglich fassadenhaft abgestützten Moralkodex, der, obwohl idealisiert und romantisiert, nur ungenügenden Schutz vor seelischer Ambivalenz und Zerrissenheit zu vermitteln vermag. Die* bürgerlichen Fluchtbewegungen *dieser Zeit zielen auf »nervositätsfreie« Enklaven, auf irdische Paradiese, die Geborgenheit suggerieren und in denen die Fiktion des Idylls verwirklicht scheint;* Wohnzimmer, Heimatkunst, Salonmalerei *sind derartige Projektionen zerstörter oder gefährdeter Identität.*

Der Zustand der Zeit ist der einer kulturpubertären Unruhe: bestimmt durch Loslösungsprobleme, Aufbruchsallergie, Narzißmus, personale Unsicherheit, Weltflucht wie Weltsucht, aber auch durch gesteigertes

Einfühlungs- und Aneignungsvermögen. »Jugend in Wien« *ist Topos für ein derartiges Psychogramm.*

Der Gründerzeitelan *läßt sich als scheinsublimierte Triebdynamik deuten; der Produktionswahn bestimmt auch die kulturelle Sexualmoral, im besonderen die Familienmoral, die sich auf Zeugungspflicht* (progenitive Moral) *fixiert und Lust verfemt.* Ventilsitten (Pornographie und Prostitution) *versuchten abzukanalisieren, was im Menschen als Folge sexueller Repression aufgestaut war. Die Psychologie des Seitensprungs wie die Deutung der* Bürgerträume *um die Jahrhundertwende offenbaren die heillose Seelenverwirrung einer Gesellschaft, welche die Diskrepanz von Idee und Wirklichkeit, Anspruch und Erfüllung nicht zu bewältigen vermag. Die Aura der* Boheme *will verklären, was derart traumatisch sich darbietet; die* »Seelenwunden« *trachtet der* Dandyismus *auf seine Weise, durch ästhetischen Heroismus (als mokantes wie tragisches Spiel ums eigene Versagen und die Verlorenheit des Ich), zu bestehen.* Einsame Menschen, *die nach Höherem streben und deren Zielsetzungen vereitelt bleiben,* »delegieren« *auf ihre Kinder frustrierte Intentionen und Sehnsüchte; sie senden diese in eine Welt hinaus, der sie jedoch – die* Sexualnot der Jugend *macht die Erziehung zur Lebensunfähigkeit besonders deutlich! – kaum gewachsen sind. Als Ausweg bleibt der Sturz in die Barbarei, in die Verherrlichung der Gewalt, in die reflexionslose* »Tat« *– vorbereitet von ideologischen Verführern, die ihrerseits* »Stärke« *aus dem Geist (neurotischer) Schwäche* »beziehen«.

Jugenstil und Jugendbewegung *resümieren – auf hohem ästhetischen Niveau und in Form differenzierender Weltanschauung – die Aporien der Epoche, die mit der Jahrhundertwende ihren Höhepunkt und mit dem Ausbruch des ersten Weltkriegs ihr Ende findet. Vegetatives* »Zurücksinken« *konvergiert mit intellektueller Verfeinerung, androgyne Stofflichkeit mit sublimierender Formalität, gesellschaftskritisches Aufbegehren mit normativem Konformismus.*

Der große Seelendeuter der Zeit, Sigmund Freud, lebte ein Leben des Biedermeierglücks, *scheinbar oder wirklich existentiell unberührt von dem, was seine Zeit und Gesellschaft ins Unheil stürzte. Von einem derart exorbitanten Standpunkt aus überblickte er die Seelenlandschaft, deren Topographie er in seiner Schrift* »Die ›kulturelle‹ Sexualmoral und die moderne Nervosität« *zeichnet.*

Das Leben und Sterben des großen Neurasthenikers Friedrich Nietzsche exemplifiziert, was Freud analysiert. Ecce homo. *Ein Mensch, der an sich selbst und der Zeit zugrunde ging. – Im Zwielicht kulturmorphologischer Pubertät blieben Befreiung und Erhellung suspendiert.*

Die Amerikanisierung des Lebens

Die Zeit der Jahrhundertwende, mit ihren geistigen Wurzeln weit ins 19. Jahrhundert zurückreichend, zugleich die sozialpsychischen und künstlerischen Tendenzen der kommenden Jahre und Jahrzehnte antizipierend, erweist sich als ein kulturpubertärer Zustand par excellence: geschichtlicher Phasenwechsel – gekennzeichnet durch geistig-seelische Unausgeglichenheit, Erregbarkeit, Übersteigerung, bestimmt durch extensive Phantasie, Ängste und Sehnsüchte. (1) Der Umbruch bewirkt eine gesellschaftliche »Vibration«, die Sigmund Freud in seiner 1908 erschienenen Abhandlung »Die ›kulturelle‹ Sexualmoral und die moderne Nervosität« als eine »in unserer gegenwärtigen Gesellschaft sich rasch ausbreitende Nervosität« diagnostiziert. (2) Der Arzt werde häufig genug durch die Beobachtung nachdenklich gemacht, daß gerade die Nachkommen solcher Väter der Nervosität verfallen, die, aus einfachen und gesunden ländlichen Verhältnissen stammend, Abkömmlinge roher, aber kräftiger Familien, als Eroberer in die Großstadt kommen und ihre Kinder in einem kurzen Zeitraum auf ein kulturell hohes Niveau sich erheben lassen. (3) Modernes Leben und seine Gestaltung bewirkten eine neurotische Sensibilisierung, die den ungelösten Widersprüchen moderner Zivilisation entspränge.

Freud zitiert Ausführungen von W. Erb aus dem Jahre 1893 (»Über die wachsende Nervosität unserer Zeit«) und identifiziert sich mit ihnen: Die Ansprüche an die Leistungsfähigkeit des einzelnen im Kampfe ums Dasein seien erheblich gestiegen, und nur mit Aufbietung all seiner geistigen Kräfte könne dieser sie befriedigen; zugleich seien die Bedürfnisse des einzelnen, die Ansprüche an den Lebensgenuß, in allen Kreisen gewachsen, ein unerhörter Luxus habe sich auf die Bevölkerungsschichten ausgebreitet, die früher davon ganz unberührt waren; zugenommen hätten die Religionslosigkeit, die Unzufriedenheit und die Begehrlichkeit; durch den ins Ungemessene gesteigerten Verkehr, durch die weltumspannenden Drahtnetze des Telegraphen und Telephons hätten sich die Verhältnisse in Handel und Wandel total verändert. Alles gehe in Hast und Aufregung vor sich, die Nacht werde zum Reisen, der Tag für Geschäfte benützt, selbst die »Erholungsreisen« würden zu Strapazen für das Nervensystem; große politische, industrielle, finanzielle Krisen trügen ihre Aufregung in viel weitere Bevölkerungskreise als früher. Politische, religiöse, soziale Kämpfe, das Parteitreiben, die Wahlagitationen, das ins Maßlose gesteigerte Vereinswesen erhitze die Köpfe und zwinge die Geister zu immer neuen Anstrengungen, raube die Zeit zur Erholung, zu Schlaf und Ruhe. Das Leben in den großen Städten sei immer raffinierter und unruhiger geworden; die erschlafften Nerven suchten ihre Erholung in gesteigerten Reizen, in stark gewürzten Genüssen, um dadurch noch mehr zu ermüden. Die moderne Literatur beschäftige sich vorwiegend mit den bedenklichsten Problemen, die alle Leidenschaften, die Sinnlichkeit und Genußsucht aufwühlten, die Verachtung aller ethischen Grundsätze und aller Ideale förderten; sie bringe pathologische Gestalten, psychopathisch-sexuelle, revolutionäre und andere Probleme vor den Geist des Lesers; sein Ohr werde von einer in großen Dosen verabreichten, aufdringlichen und lärmenden Musik erregt und überreizt; die Theater nähmen alle Sinne mit ihren aufregenden Darstellungen gefangen; auch die bildenden Künste wendeten sich mit Vorliebe dem Abstoßenden, Häßlichen und Aufregenden zu und scheuten sich nicht, das Gräßlichste, was die Wirklichkeit biete, in abstoßender Realität vor unser Auge zu stellen. (4) Freud bezieht sich dann weiter auf O. L. Binswanger (»Die Pathologie und Therapie der Neurasthenie«, 1896) und R. von Krafft-Ebing (»Nervosität und neurasthenische Zustände«, 1895): »Man hat speziell die Neurasthenie als eine durchaus moderne Krankheit bezeichnet, und Beard, dem wir zuerst eine übersichtliche Darstellung derselben verdanken, glaubte, daß er eine neue, speziell auf amerikanischem Boden erwachsene Nervenkrankheit entdeckt habe. Diese Annahme war natürlich eine irrige; wohl aber kennzeichnet die Tatsache, daß zuerst ein amerikanischer Arzt die eigenartigen Züge dieser Krankheit auf Grund einer reichen Erfahrung erfassen und festhalten konnte, die nahen Beziehungen, welche das moderne Leben, das ungezügelte Hasten und Jagen nach Geld und Besitz, die ungeheuren Fortschritte auf technischem Gebiet, welche alle zeitlichen und räumlichen Hindernisse des Verkehrslebens illusorisch gemacht haben, zu dieser Krankheit aufweisen.« (5) »Die Lebensweise unzähliger Kulturmenschen weist heutzutage eine Fülle von antihygienischen Momenten auf, die es ohne weiteres begreifen lassen, daß die Nervosität in fataler Weise um sich greift, denn diese schädlichen Momente wirken zunächst und zumeist aufs Gehirn. In den politischen und sozialen, speziell den merkantilen, industriellen, agrarischen Verhältnissen der Kulturnationen haben sich eben im Laufe der letzten Jahrzehnte Änderungen vollzogen, die Beruf, bürgerliche Stellung, Besitz gewaltig umgeändert haben, und zwar auf Kosten des Nervensystems, das gesteigerten sozialen und wirtschaftlichen Anforderungen durch vermehrte Verausgabung an Spannkraft bei vielfach ungenügender Erholung gerecht werden muß.« (6)

Was hier von Freud im Rückgriff auf zeitgenössische Schriften registriert und – zumindest in der Oberflächenbeschreibung – als Deutung akzeptiert wird, ist die konservative Klage über den Zustand einer Welt, die, als Folge des technischen und industriellen Fortschritts, der Hektik verfiel und so die Ruhe, Gediegenheit und Gemüthaftigkeit der »guten alten Zeit« verloren hat, erbebend vor der Neuartigkeit des Kommenden.

Nervöse Charaktere

Nervosität, Neurasthenie, Nervenkunst sind Stichworte für eine Reihe wichtiger kulturkritischer bzw. kulturpsychologischer Werke der Zeit, die – im Verbund mit den von Freud bereits zitierten – das Psychogramm einer angesichts beunruhigender wie faszinierender »Modernität« aus dem Gleichgewicht geratenen Gesellschaft zeichnen.

Je stärker der Realitätsdruck auch wurde (und die Sucht, den materialistischen Fortschritt auf »Hochtouren« zu bringen), desto mehr ergab sich das Bedürfnis nach Seelenhaftigkeit und idealistischer Verbrämung, die dem »Naturalismus« (als ungeschminkter Ansprache von Wirklichkeit und sozialer Problematik) entgegengestellt wurden. Die »Überwindung des Naturalismus«, dessen Herrschaft vorüber, dessen Rolle ausgespielt, dessen Zauber gebrochen, setzt Hermann Bahr 1891 gleich mit dem »Einzug des neuen Lebens in den inneren Geist«, in die neue Kunst: jäher Kopfsprung in eine neue Romantik, in ein neues Ideal, ins Unbekannte, um das uns wilde Schmerzen verzehrten.

»Ich glaube also, daß der Naturalismus überwunden werden wird durch eine nervöse Romantik; noch lieber möchte ich sagen: durch eine Mystik der Nerven.« »Das Nervöse« – das sei die dritte Phase der Moderne, sein Mittel das Wirkliche, sein Zweck der Befehl der Nerven. Bahr weiß dabei Romantik, Idealismus und Realitätsbewußtsein durchaus miteinander zu verbinden: »Der romantische Idealismus wirft die Vernunft hinaus, hängt das Gefühl an die Steigbügel der durchgehenden Sinne und galoppiert gegen die Schnörkel.« Der neue Idealismus drücke die neuen Menschen aus; sie seien Nerven; das andere wäre abgestorben, welk und dürr. Sie erlebten nurmehr mit den Nerven, sie reagierten nur mehr von den Nerven aus. Auf den Nerven geschähen ihre Ereignisse, und ihre Wirkungen kämen von den Nerven. »Wenn erst das Nervöse völlig entbunden und der Mensch, aber besonders der Künstler, ganz an die Nerven hingegeben sein wird, ohne vernünftige und sinnliche Rücksicht, dann kehrt die verlorene Freude in die Kunst zurück.« (7) Wenn auch Bahrs »Nervengequirl« im einzelnen ziemlich unklar blieb – er registrierte treffend die Unruhe, welche die Jahrhundertwende erfaßt hatte; selbst pubertär in der Vibration seines Stils, die wesentlich stärker war als die Stringenz seines Gedankengangs.

Wesentlich schärfer analysierte Samuel Lublinski 1909 den »Ausgang der Moderne«, (8) als er schrieb, daß der Romantiker in seinem Gemüt die Gesamtheit aller Erscheinungen des Daseins erlebt habe; diesem umfassenden und »ungeheuren« Gefühl gegenüber müßten ihm die Einzelerscheinungen der wirklichen Welt den Eindruck vollkommener Geringfügigkeit machen. Die erste Folge des Subjektivismus wäre die Begeisterung für alles Fließende und Verhältnismäßige und der Haß gegen das Klare, Harte, Scharfe, Absolute. »Wenn nämlich zugegeben wurde, daß in dieser Welt nicht nur Veränderlichkeit wäre, sondern auch Dauer, dann war damit ein Werturteil gefällt, das die Nerven von Neuromantikern in Aufruhr brachte. Denn ihre Kunst, ihr ganzes Wesen, beruhte auf der Veränderlichkeit, auf der Fähigkeit, jeden Moment ein anderer zu sein und niemals eine gegen Eindrücke gepanzerte Persönlichkeit.« (9)

1902 veröffentlichte Willy Hellpach seine Abhandlung »Nervosität und Kultur«. Er geht davon aus, daß das Grelle und Laute in unserer Zeit seinen Ursprung in den technischen Bedingungen der modernen Arbeit habe. Der moderne Wirtschaftssinn finde in der Nervosität seinen Ausdruck. Die moderne Nervosität erinnere sich dabei mit Heimweh an das »Dörfchen der Vergangenheit«, »wo abends unter fröhlichem oder elegischem Singen die Sensen gedengelt werden und die Spinnrokken ihr Rädchen surren lassen; wo die gute Arbeit bewundert, die mißlungene in Liedern verspottet wird«; (10) dem gegenüber stehe der moderne Fabriksaal, in dem die Saalordnung drohend von der Wand herniederblicke, die Maschinen hämmerten und rasselten, und nur der Gedanke an den Samstagslohn und die mechanische Gewohnheit den einzelnen soviel gleichgültige Teilchen, als nur möglich, schaffen heiße; Teilchen, an deren Qualität er oft nicht das Mindeste ändern könne, weil er im Grunde weiter nichts als der Bedienstete der alles besorgenden Maschine geworden sei. So wie die modern-hektische mit der rural-gediegenen Arbeitsweise, die neue mit der alten Zeit konfrontiert wird, stellt der Verfasser in einer mehr unfreiwillig-komischen als analytischen Schilderung auch ein nervöses Gefälle Nord-Süd fest: »In Berlin und Hamburg, in Hannover und Cöln beginnt das rechte Treiben erst um elf Uhr. Man strömt aus den Konzertsälen und Theatern und die Nerven sind viel zu erregt, um den Gedanken ans Schlafen zu fassen.

Rechnet man dazu, daß das gute Bier sehr teuer und sehr schwer, das durchschnittlich getrunkene schlecht ist – der Süddeutsche würde es ohne Zögern weggießen –, so weiß man, warum die meisten Norddeutschen nachts im Restaurant sitzen; um sich zu zerstreuen. Im Süden findet man die Weinwirtschaften und Bierhäuser auch am Tage nie so verlassen, wie im Norden; denn der Süddeutsche trinkt, wenn er Durst hat und weil er Durst hat und Appetit auf einen ›guten Tropfen‹ dazu. Wie verkehrt, dem Süddeutschen größere Vergnügungssucht anzudichten! Nicht im Entferntesten erreichen in Zerstreuungen aller Art die süddeutschen Mittelstädte den Rekord selbst der norddeutschen kleinen Nester; im Süden sitzt man breit und behaglich vor seinem Kruge, im Norden wird ungleich mehr geschwatzt, gelacht und gelärmt und ungleich weniger getrunken. Das Restaurant ist eben dort und hier etwas ganz anderes; und der Gegensatz prägt sich am schärfsten aus zwischen den beiden Großstädten, deren eine die größte und deren andere die geringste Intensität wirtschaftlichen Schaffens verkörpert: Berlin und München.« (11)

Das Niveau von Erziehung und Bildung verflache; die Gläubigkeit zersetze sich, in der Masse welke das religiöse Bedürfnis dahin; die Gediegenheit des Handwerks, Tradition und Vertrauen seien verloren gegangen; Interesse, Selbstbestimmung, »Garantie« an ihre Stelle getreten. Die moderne Kunst erweise sich als Spiegel des Seelenzustandes der Nervosität, werde pathologisch; die erotischen Triebe veränderten sich im Zeichen der Nervosität; Keuschheit ginge verloren. (12) »Man hat sich oft gefragt, warum die Neurasthenie gerade 1880 entdeckt worden sei. Die einen nennen es einen Zufall; die andern meinen, die Entdeckung wäre auch damals unbeachtet geblieben, hätte der zugkräftige neue Name der Krankheit nicht alles besorgt. Man kann den Zufall und die Propaganda des Namens immerhin zugeben, und wird doch die Hauptwirkung einem anderen Moment beilegen müssen. Es ist, scheint mir, denn doch viel mehr als ein Zufall, daß um dasselbe Jahr die ganze Moderne hereinbricht; nicht auftaucht, sondern ihren Siegeszug antritt. Die neue Zeit war von der Impulsion reif geworden zur Reflexion über sich selber.« (13)

Die Jagd nach Geld und Besitz, der Erfolg technischer Erfindungen, soziale und gesellschaftliche Veränderungen sowie wirtschaftlicher Boom charakterisieren die Gründerjahre, wie sie das letzte Drittel des 19. Jahrhunderts ausmachten. (14) Der Aufschwung des Verkehrswesens, die enorme Zunahme des Eisenbahn-, des Telegraphen- und Fernsprechnetzes, die Ausbreitung des elektrischen Lichts in den 80er und

90er Jahren, die Neuerungen im Zeitungsdruck mit Rotationspresse und der Möglichkeit, Fotos im Druckverfahren zu reproduzieren (durch die Erfindung der Autotypie 1881), bewirkten eine Kommunikationsdichte, die von den einen als optimale Möglichkeit von Aufklärung, von den anderen als gefahrenvolle Verwirrung empfunden wurde. Der weibliche Genius, der auf einem Gemälde von Ludwig Kandler (1884) barbusig und barfüßig vom Himmel auf die Erde herabsteigt, trägt in der erhobenen Rechten eine leuchtende Glühbirne. Die Engelchen, die ihn begleiten, sind über Telefon miteinander verbunden. (15) – Die industrielle Gesellschaft war geprägt durch die Tendenz der Verstädterung, zunehmender Entfremdung im Arbeitsprozeß (durch Massenfabrikation) und in der Familie (durch Auflösung der Großfamilie), verstärkter Klassengegensätze (bei Unterdrückung sozialen Aufbegehrens) sowie fortschreitender Bürokratisierung. Mit der von Hellpach konstatierten Reflexion war es, generell gesehen, schlecht bestellt. Die »Mahner« waren gerade wegen der »Echolosigkeit« ihrer Kassandrarufe irritiert oder gar verzweifelt.

Die »Exstirpation des deutschen Geistes zugunsten des deutschen Reiches« befürchtete Friedrich Nietzsche. Und 1888 – im Rückblick wie in Vorausahnung – schrieb er in der »Götzendämmerung«: »Die Deutschen – man hieß sie einst das Volk der Denker: denken sie heute überhaupt noch? Die Deutschen langweilen sich jetzt am Geiste, die Deutschen mißtrauen jetzt dem Geiste, die Politik verschlingt allen Ernst für wirklich geistige Dinge – ›Deutschland, Deutschland über alles‹, ich fürchte, das war das Ende der deutschen Philosophie ... ›Gibt es deutsche Philosophen? gibt es deutsche Dichter? gibt es gute deutsche Bücher?‹ – fragt man mich im Ausland. Ich erröte; aber mit der Tapferkeit, die mir auch in verzweifelten Fällen zu eigen ist, antworte ich: ›Ja, Bismarck!‹ – Dürfte ich auch nur eingestehen, welche Bücher man heute liest. ... Vermaledeiter Instinkt der Mittelmäßigkeit.« (16) Angesichts der durch die Mechanisierung der Welt bewirkten nervösen Verzettelung und Veroberflächlichung sei ein Fortschreiten zu einem neuen Reich der Seele notwendig, forderte Walther Rathenau, der Romantiker unter den Wirtschaftskapitänen (maßgeblich verantwortlich für den »Kurs« der industriellen Produktion, vornehmlich im Ersten Weltkrieg), in seiner 1911 erschienenen Schrift »Zur Kritik der Zeit«. (17) Der Bürger sei heute Subjekt und Objekt zahlloser Gemeinschaften, Soldat, Wähler, Steuerzahler, Inhaber von Ehrenämtern, Berufsgenosse, Arbeitgeber oder -nehmer, Mieter oder Grundbesitzer, Kunde oder Lieferant, Versicherungsnehmer, Mitglied gewerblicher, wissen-

schaftlicher, unterhaltender Vereinigungen; er sei Kunde einer Bank, Aktionär, Staatsgläubiger, Sparkontenbesitzer, Hypothekengläubiger, Schuldner, Mitglied einer politischen Partei, Abonnent einer Zeitung, des Telefons, des Postscheckkontos, Benützer der Trambahn, der Auskunftei; Kontrahent von Verträgen, Sportsmann, Sammler und Kunstliebhaber, Dilettant und Reisender, Bücherleser, Schüler, Akademiker, Inhaber von Zeugnissen, Legitimationen, Diplomen und Titeln; er sei Korrespondent, Firma, Referenz, Konkurrent, Sachverständiger, Vertrauensmann, Schiedsrichter, Zeuge, Schöffe, Geschworener, Erbe, Erblasser, Gatte, Verwandter, Freund. Das vielfältige Rollenspiel in der modernen Gesellschaft versetze den Menschen in eine enorme Hast, aus der heraus die Sehnsucht nach Glauben und Werten erstehe, aber oft genug durch modische Surrogate abgesättigt werde. Da die Welt »flüssig« geworden sei und in den Händen zerrinne, würden Tugenden wie Liebe, Nächstenliebe, schöpferische Arbeit, Verantwortung und Aufopferung immer wichtiger. Auf dem zitternden Boden der Mechanisierung könnten arkadische Haine zwar nicht gedeihen; Einsiedeleien in Form von Sommerfrischen auf Kosten der mechanisierten Gemeinschaft seien Selbsttäuschung; doch rege sich immer mehr der Wille des Volkes, den Seelenfunken anzufachen. (18) Das Volk suche seine Seele und werde sie finden; freilich gegen den Willen der Mechanisierung. »Dieser Epoche lag nichts daran, das Seelenhafte im Menschen zu entfalten; sie ging darauf aus, die Welt nutzbar und somit rationell zu machen, die Wundergrenze zu verschieben und das Jenseitige zu verdecken. Dennoch sind wir wie je zuvor vom Mysterium umgeben; unter jeder glatten Gedankenfläche tritt es zutage, und von jedem alltäglichen Erlebnis bedarf es eines einzigen Schrittes bis zum Mittelpunkt der Welt. Die drei Strahlungen der Seele: die Liebe zur Kreatur, zur Natur und zur Gottheit konnte die Mechanisierung dem Einzelleben nicht rauben; für das Leben der Gesamtheit wurden sie zur Bedeutungslosigkeit verflüchtigt. Menschenliebe sank zum kalten Erbarmen und zur Fürsorgepflicht herab, und bedeutet dennoch den ethischen Gipfel der Gesamtepoche; Naturliebe wurde zum sentimentalen Sonntagsvergnügen; Gottesliebe, überdeckt vom Regiebetrieb mythologisch-dogmatischer Ritualien, trat in den Dienst diesseitiger und jenseitiger Interessen und wurde so nicht bloß unedlen Naturen verdächtig.« (19)
Die Schrift des Wiener Psychologen Alfred Adler (damals bereits von Freud abgefallen) »Über den nervösen Charakter. Grundzüge einer vergleichenden Individual-Psychologie und Psychotherapie« (1912) war zwar ganz bezogen auf den individualpsychologischen Bereich und

ließ die gesellschaftspathologische Situation unberücksichtigt; doch entwickelte Adler ein aus Fallstudien abstrahiertes Bild des Neurotikers, das durchaus auch die kulturpubertäre Situation der Zeit insgesamt zu charakterisieren vermag. Denn nicht nur in den individuellen Krankengeschichten, sondern im damaligen kollektiven Seelenbild läßt sich feststellen: »die große Empfindlichkeit, die Reizbarkeit, die reizbare Schwäche, die Suggestibilität, der Egoismus, der Hang zum Phantastischen, die Entfremdung von der Wirklichkeit, aber auch speziellere Züge, wie Herrschsucht, Bösartigkeit, opfervolle Güte, kokettes Wesen, Feigheit und Ängstlichkeit, Zerstreutheit.« (20)

Adler analysiert die »große Gier«, die, verbunden mit Mißtrauen, Neid, Grausamkeit und vor allem mit einem aus dem Minderwertigkeitsgefühl entwickelten Machttrieb (bei verstärktem Aggressionstrieb), direkt oder auf Umwegen sich durchzusetzen suche. Die Mentalität der Gründerjahre wird damit (indirekt) angesprochen, im besondern die ihr eigenen, aus unerfüllten Sehnsüchten und Süchten aufsteigenden Tagtraumbilder und – als Negativfolie dazu – die Alpträume materialistischer »Verlorenheit«. Solches »Doppelspiel«, die Bewußtseinsspaltung der damaligen Gesellschaft, hat Adler aus Fehlentwicklungen in der Kindheit gedeutet; diese machten für ihn Neurose und Psychose zu Kompensationsversuchen, zu »konstruktiven Leistungen« der Psyche. Die Psychoneurose als eine dem Gemeinschaftsgefühl und der Anpassung widersprechende Gangart, durch die Eitelkeit erzwungen und mit dem Endzweck, einen Menschen vor dem Zusammenprall mit seinen Lebensaufgaben, mit der Wirklichkeit, zu sichern, präge sich vor allem als Unsicherheit (in Hinblick auf die Zukunft und auf den Erfolg im Leben) aus und zwinge zu immer stärkeren Anstrengungen und Sicherungen im fiktiven Lebensplan sowie zu »Ausbiegungen« vor den Fragen des Lebens. »Je fixierter und starrer ihr Leitbild, ihr individueller kategorischer Imperativ ist, umso dogmatischer und prinzipieller ziehen sich die Leitlinien ihres Lebens. Je voraussichtiger sie dabei werden, desto weiter spinnen sie bis über ihre Person in die Zukunft hinaus Gedankenfäden und organisieren an deren peripherem Ende, wo der Zusammenstoß mit der Außenwelt erfolgen soll, als Vorposten ihrer psychischen Bereitschaften die notwendigen Charakterzüge. Mit seiner ungeheuren Feinfühligkeit heftet sich der prinzipielle, nervöse Charakterzug an die Wirklichkeit, um sie dem Persönlichkeitsideal gemäß zu verändern oder zu unterwerfen. Droht die Niederlage, so treten die neurotischen Bereitschaften und Symptome in Kraft und hemmen den Fortschritt der Handlung.« (21)

Nervosität – das war, so unterschiedlich sich die hier aufgeführten Traktate im Detail auch erwiesen, gleichermaßen Ausdruck einer zu futurischem Aufbruch sich zwingenden Endzeitstimmung wie eines wehmutsvoll rückblickenden Fortschrittsoptimismus; Symptom einer zwischen Jugend und Dekadenz, Hoffnung und Enttäuschung, Materialismus und Romantik oszillierenden Gestimmtheit, welche die Aporien der Avantgarde genauso in sich trug wie die Ambivalenz einer zwischen Progression und Regression schwankenden Sensibilität. Auf der einen Seite kulturpessimistische, bis zum »Kulturmasochismus« sich steigernde Strömungen; auf der anderen eine bis zur manischen Autosuggestion reichende Fortschrittsgläubigkeit – ein nervöses Pendeln zwischen Abgrundahnung und Luftschifferglück. Es gehört zu den Phantasmagorien des Gründerzeitfiebers, daß in ihnen die Welt des Geldes wie des Kapitals, der brutalen Werktagsgesinnung wie sozialer Misere verdrängt bzw. durch Trivialmythen kaschiert wurde. Die metaphorische Stilisierung des industriellen Produkts, wie sie durch die Gebrauchsgrafik der Zeit vollzogen wird (Grazien, Nymphen, Engel, die den Fabriken – vor allem auf den Schmuckblättern zu den Jubiläen – die Kränze winden (22)) signalisiert zum Beispiel diese Himmelfahrt des Kommerzes. Vor allem sollte die innere Gleichgewichtsstörung verstellt bzw. verbrämt werden durch Prospekte aus dem romantisch-idealistischen Arsenal, die, massenhaft produziert, einen dem grauen Alltag völlig konträren bunten Ideenhimmel zur Befriedigung ungesättigter Sehnsüchte inszenierten. Die »Bilderfabriken« des späten 19. Jahrhunderts stellen den Anfang der Kulturindustrie dar. In Anpassung an die herrschenden Moden werden unartikulierte Bedürfnisse abgesättigt. Dabei benutzt und befestigt diese Trivialkunst die Schwächen und Unselbständigkeiten des sich sozial neu formierenden »Volkes«: die Unterschichten werden konsequent an der Oberschicht orientiert und zur Nachahmung des Bildungsbürgertums angehalten. Die modernen Errungenschaften der neuen Reproduktionstechnik werden zur Herstellung der perfekten Illusion eingesetzt. (23)

Das Geld und die Transzendenz

Der Materialismus dieser Zeit war »gespalten«, widersprüchlich: das Geld und das Kapital faszinierten (24), waren – vom Realitätsprinzip her gesehen – das »Eigentliche«, das zählte; zugleich überschattete das kulturaffirmative schlechte Gewissen (angesichts von so viel Nüchternheit und Wirklichkeitssinn) die Werktagsgesinnung: dem Höheren war doch der Mensch geweiht, ihn zog es himmelan. Eine Aura vorgegebener Tragik überglänzte industrielles Fortschrittsdenken; dem Fortschrittsglauben gab irisierender Pessimismus die entsprechenden Weihen. Die Kosmogonie solcher Weltjubel- und Weltendzeitstimmung hatte Richard Wagner (25) bereits im »Ring des Nibelungen (Gesamtaufführung 1876), einem imposanten Kunstwerk hochkapitalistischer Mythenbildung, vorweggenommen – sowohl fasziniert als auch bedrückt von der Strahlkraft des Goldes:

> »Ein Tand ist's
> in des Wassers Tiefe,
> lachenden Kindern zur Lust:
> doch, ward es zum runden
> Reife geschmiedet,
> hilft es zu höchster Macht,
> gewinnt dem Manne die Welt ...
>   Schätze zu schaffen
> und Schätze zu bergen,
> nützt mir Nibelheims Nacht;
> doch mit dem Hort,
> in der Höhle gehäuft,
> denk ich dann Wunder zu wirken
> die ganze Welt
> gewinn ich mit ihm mir zu eigen.« (26)

Der Zweiteilung der Welt in pragmatisches Handeln und symbolische Überhöhung, in geldraffende Realität und kulturelles Transzendieren, in das Wirkliche und das »Wunderbare«, entspricht die Deutung des Materialismus zu dieser Zeit.

Friedrich Albert Lange hat in seinem Werk »Geschichte des Materialismus und Kritik seiner Bedeutung in der Gegenwart« (erstmals erschienen 1866; in der zweiten verbesserten und endgültigen Fassung, 1873, bis zum Weltkrieg eine der meistgelesenen und entsprechend einflußreichsten philosophischen Abhandlungen) davon gesprochen, daß zwar das Wissen ausschließlich durch die Sinne und die dem Verstand vermittelten Erfahrungen bestimmt werde, daß aber auch der Idealismus seine Berechtigung habe, da in ihm die von der Natur aus gegebenen Erfahrungstatsachen fiktiv zu größeren und höheren Einheiten zusammengefaßt würden, etwa in der Kunst oder in der Religion. Das Wirkliche wurde damit vom Wertvollen abgegrenzt. Realistisch sei die Handlungspraxis; die Kultur basiere auf der Spekulation. Der Realismus konzentriere sich vor allem auf die Kapitalbildung. »Das große Interesse dieser Periode ist aber nicht mehr, wie im Alterthum, der unmittelbare Genuß, sondern die Capitalbildung. ... Ja, vielfach ist das, was als lärmende oder sinnlose Freude an eitlen Vergnügungen erscheint, eben nur eine Folge der übermäßigen, aufreibenden und abstumpfenden Arbeit, indem der Geist durch das beständige Hetzen und Wühlen im Dienste des Erwerbs die Fähigkeit zu einem reineren, edleren und ruhig gestalteten Genusse einbüßt. ... Die Mittel zum Genuß zusammenraffen, und dann diese Mittel nicht auf den Genuß, sondern größtenteils wieder auf den Erwerb verwenden: das ist der vorherrschende Charakter unserer Zeit. ... Wenn all die riesige Kraft unserer Maschinen und die durch Theilung der Arbeit so unendlich vervollkommneten Leistungen der Menschenhand darauf verwandt würden, um jedem das zu geben, was erforderlich ist, um das Leben erträglich zu machen und dem Geist Muße und Mittel zu seiner höheren Entfaltung zu bieten, so wäre vielleicht schon jetzt die Möglichkeit vorhanden, ohne Beeinträchtigung der geistigen Aufgabe der Menschheit, die Segnungen der Cultur über alle Stände zu verbreiten; allein dies ist bisher nicht die Richtung der Zeit. Es ist wahr, daß Kräfte über Kräfte erzeugt, stets neue Maschinen erdacht, neue Mittel des Verkehrs ersonnen werden; es ist wahr, daß die Capitalisten, welche über alle diese Mittel gebieten, unablässig weiter schaffen, statt die Früchte ihrer Arbeit in würdiger Muße zu genießen; allein trotzdem zielt die stets vermehrte Tätigkeit direkt auf nichts weniger ab, als auf die Förderung des Gemeinwohls. Wo die geistige Genußfähigkeit fehlt, da stellen sich Bedürfnisse ein, welche immer schneller wachsen, als die Mittel zu ihrer Befriedigung.« (27)

Kapital als Selbstzweck, als sich ständig selbst reproduzierende, letztlich irrational gesteuerte Sucht, Geld anzuhäufen, ist die Philosophie oder Manie der Zeit. Max Weber (»Die protestantische Ethik und der Geist des Kapitalismus«, 1905) versuchte diesen Irrationalismus des ökonomischen Lebens aus einer religiösen Grundhaltung heraus zu deuten. Dem Kapitalismus werden hier puritanisch motivierte Gründe unterlegt. »Ein spezifisch bürgerliches Berufsethos war entstanden. Mit dem Bewußtsein, in Gottes voller Gnade zu stehen und von ihm sichtbar gesegnet zu werden, vermochte der bürgerliche Unternehmer, wenn er sich innerhalb der Schranken formaler Korrektheit hielt, sein sittlicher Wandel untadelig und der Gebrauch, den er von seinem Reichtum machte, kein anstößiger war, seinen Erwerbsinteressen zu folgen und sollte dies tun. Die Macht der religiösen Askese stellte ihm überdies nüchterne, gewissenhafte, ungemein arbeitsfähige und an der Arbeit als

gottgewolltem Lebenszweck klebende Arbeiter zur Verfügung. Sie gab ihm dazu die beruhigende Versicherung, daß die ungleiche Verteilung der Güter dieser Welt ganz spezielles Werk von Gottes Vorsehung sei, der mit diesen Unterschieden ebenso wie mit der nur partikulären Gnade seine geheimen, uns unbekannten Ziele verfolge.« (28) Die stetige, systematische Arbeit gilt dem Protestanten als ein von Gott vorgeschriebener Selbstzweck des Lebens; was vom Kulturpessimismus aus gesehen als Raffgier und Hektik (insgesamt Nervosität) denunziert wird, erscheint bei Weber als Folge eines asketischen Sparzwangs, der die Anhäufung von Reichtum als Nebenwirkung, aber auch als Bestätigung erfolgreicher religiöser Lebensführung, bewirke. – Unabhängig von ihrer wissenschaftlichen Bedeutung hat Webers Abhandlung dem Geist der Zeit insofern voll entsprochen, als hier der Versuch unternommen wurde, der Oberflächenturbulenz der Gründerzeit einen stabilisierenden inneren Sinn zu geben, und damit der Labilität und Reizbarkeit einer zwischen Boom und Depression, Optimismus und Pessimismus oszillierenden Zeit weltanschaulich dadurch zu steuern, daß man den Kompaß einer kapitalistischen Erlösungstheorie anbot. Dem tiefsten Grunde dieser soziologischen Ontologie des Kapitalismus liegt – so stellt Herbert Lüthy mit Recht fest – ein fast naiver, jedenfalls sehr deutscher Glaube an die bürgerliche Legende des 19. Jahrhunderts zugrunde, die in den erbaulichen Unternehmer- und Bankiersbiographien jener Zeit blühte: jene Legende, die den wirtschaftlichen und finanziellen Erfolg stets den asketischen Tugenden der Sparsamkeit, des Fleißes und der Gottesfurcht zuschrieb und die Laufbahn der großen Kapitalmagnaten meist bei der Stecknadel oder Brotkruste beginnen ließ, die der brave Sohn im Gedenken an die aufopfernde Mutter unter dem Tisch seines Brotherrn auflas, der ihn fortan mit Wohlgefallen betrachtete – und die sorgfältig verschwieg, daß die großen kapitalistischen Erfolge der Pionierzeit nie durch zusammengesparte Pfennige, sondern durch rücksichtsloses Erfassen von Gelegenheiten, von wirtschaftsstrategischen Positionen und oft sehr zwielichtigen Spekulationschancen zustandekamen; so wenig wie die Jungfrau zum Kind kam, so der Geschäftsmann durch Askese zum Kapital. (29)
Bei Georg Simmel (»Philosophie des Geldes«, 1907) ist das Geld bzw. die Ökonomie nicht nur Unterbau, sondern Ausdruck des Irrationalen, trotz seiner Materialität ein fundamental ideeller Faktor. »In methodischer Hinsicht kann man diese Grundabsicht so ausdrücken: dem historischen Materialismus ein Stockwerk unterzubauen, derart, daß der Einbeziehung des wirtschaftlichen Lebens in die Ursachen der geistigen

Kultur ihr Erklärungswert gewahrt wird, aber eben jene wirtschaftlichen Formen selbst als das Ergebnis tieferer Wertungen und Strömungen psychologischer, ja metaphysischer Voraussetzungen erkannt werden. Für die Praxis des Erkennens muß sich dies in endloser Gegenseitigkeit entwickeln: an jede Deutung eines ideellen Gebildes durch ein ökonomisches muß sich die Forderung schließen, dieses seinerseits aus ideelleren Tiefen zu begreifen, während für diese wiederum der allgemeine ökonomische Unterbau zu finden ist, und so fort ins Unbegrenzte. In solcher Alternierung und Verschlingung der begrifflich entgegengesetzten Erkenntnisprinzipien wird die Einheit der Dinge, unserem Erkennen ungreifbar scheinend und doch dessen Zusammenhang begründend, für uns praktisch und lebendig.« (30) Die philosophische Bedeutung des Geldes bestünde darin, daß es innerhalb der praktischen Welt die entschiedenste Sichtbarkeit, die deutlichste Wirklichkeit der Formel des allgemeinen Seins sei, nach der die Dinge ihren Sinn aneinander finden (die Gegenseitigkeit der Verhältnisse, in denen sie schweben, ihr Sein und Sosein). »Es gehört zu den Grundtatsachen der seelischen Welt, daß wir Verhältnisse zwischen mehreren Elementen des Daseins in besondern Gebilden verkörpern; diese sind freilich auch substanzielle Wesen für sich, aber ihre Bedeutung für uns haben sie nur als Sichtbarkeit eines Verhältnisses, das in loserer oder engerer Weise an sie gebunden ist. So ist der Ehering, aber auch jeder Brief, jedes Pfand, wie jede Beamtenuniform Symbol oder Träger einer sittlichen oder intellektuellen, einer juristischen oder politischen Beziehung zwischen Menschen, ja, jeder sakramentale Gegenstand das substanziierte Verhältnis zwischen dem Menschen und seinem Gott.« (31) Auf der einen Seite hat das Geld als Substanz gewordene Relativität (den Relativismus sowohl spiegelnd wie befördernd) Qualität auf Quantität zurückgeführt, den Wertbegriff auf den Preisbegriff reduziert (man kenne von allem den Preis, aber von nichts mehr den Wert – meinte Oscar Wilde); auf der anderen Seite wird das Geld zum transzendierenden Symbol, den Sinn der Zeit inkorporierend und damit ihren Pragmatismus aufhebend. »Mit dem Gelde hat die Fähigkeit zu solchen Bildungen ihren höchsten Triumph gefeiert. Denn die reinste Wechselwirkung hat in ihm die reinste Darstellung gefunden, es ist die Greifbarkeit des Abstraktesten, das Einzelgebilde, das am meisten seinen Sinn in der Übereinzelheit hat; und so der adäquate Ausdruck für das Verhältnis des Menschen zur Welt, die dieser immer nur in einem Konkreten und Singulären ergreifen kann, die er aber doch nur wirklich ergreift, wenn dieses ihm zum Körper des lebendigen, geistigen Prozesses wird, der alles Einzelne ineinander verwebt und so erst aus ihm die Wirklichkeit schafft.« (32)

Das immer wirkungsvoller werdende Prinzip der Ersparnis an Kräften und Substanzen führe zu immer ausgedehnteren Verfahren mit Vertretungen und Symbolen, welche mit demjenigen, was sie vertreten, gar keine inhaltliche Verwandtschaft mehr haben; so daß es durchaus in derselben Richtung läge, wenn die Operationen mit Werten sich an einem Symbol vollzögen, das mehr und mehr die materielle Beziehung zu den definitiven Realitäten seines Gebietes einbüße und bloß Symbol werde. Diese Lebensform setze nicht nur eine außerordentliche Vermehrung der psychischen Prozesse voraus – welche komplizierte psychologische Bedingungen fordere etwa nur die Deckung von Banknoten durch Barreserve! –, sondern bewirke auch eine Erhöhung derselben, eine prinzipielle Wendung der Kultur zur Intellektualität. »Die Steigerung der intellektuellen, abstrahierenden Fähigkeiten charakterisiert die Zeit, in der das Geld immer mehr zum reinen Symbol und gegen seinen Eigenwert gleichgültig wird.« (33) Das Geld, zunächst die Expansion von Stofflichkeit ermöglichend bzw. hervorrufend, die Beziehungen der Menschen entpersönlichend und in Form des Materialismus die Kultur in ihrer Idealität lädierend, erweist sich – indem es in seinem Symbolcharakter von der Hautnähe der Dinge entfernt, materielles Ausgeliefertsein abstrahiert, durch Distanzierung von direkten subjektiven Bezügen (wie sie der Tauschhandel impliziert) die Verbindung zur »objektiven« Gattung Mensch verstärkt – als ein Medium, das der Kultur auf eine ganz neue Weise ihre Idealität zurückgibt. »Geldkultur« ist nicht mehr ein von der Wirklichkeit abgelöster Ideenhimmel, sondern immanente Transzendenz (so wie das Blut den Körper durchpulst); verdinglichter Geist; vergeistigte Dinglichkeit. »Dieses formale Sich-selbst-gehören, dieser innere Zwang, der die Kulturinhalte zu einem Gegenbild des Naturzusammenhanges einigt, wird erst durch das Geld wirklich: das Geld funktioniert einerseits als das Gelenksystem dieses Organismus; es macht seine Elemente gegeneinander verschiebbar, stellt ein Verhältnis gegenseitiger Abhängigkeit und Fortsetzbarkeit aller Impulse zwischen ihnen her. Es ist andererseits dem Blute zu vergleichen, dessen kontinuierliche Strömung alle Verästelungen der Glieder durchdringt, und alle gleichmäßig ernährend, die Einheit ihrer Funktionen trägt. Und was das zweite betrifft: so ermöglicht das Geld, indem es zwischen den Menschen und die Dinge tritt, jenem eine sozusagen abstrakte Existenz, ein Freisein von unmittelbaren Rücksichten auf die Dinge und von unmittelbarer Beziehung zu ihnen, ohne das es zu gewissen Entwicklungschancen unserer Innerlichkeit nicht käme; wenn der moderne Mensch unter günstigen Umständen eine Reserve des Subjektiven, eine Heimlichkeit und Abgeschlossenheit des persönlichen Seins – hier nicht im sozialen, sondern in einem tieferen, metaphysischen Sinn – erringt, die etwas von dem religiösen Lebensstil früherer Zeiten ersetzt, so wird das dadurch bedingt, daß das Geld uns in immer steigendem Maße die unmittelbaren Berührungen mit den Dingen erspart, während es uns doch zugleich ihre Beherrschung und die Auswahl des uns Zusagenden unendlich erleichtert.« (34)

Simmels »Geldphilosophie« markiert die »Bruchstelle«, an der sozialdarwinistische, brutal-expansive Stofflichkeit mit geistig-introspektiver Sinnhaftigkeit verkittet (versöhnt) werden sollte. (35) – Das Zeitklima war durch eine »Naturalisierung« des politischen Denkens und eine Enthumanisierung des politischen Stils charakterisiert. Dies drückt sich in den Schriften sozialdarwinistischer Autoren mit besonderer Schärfe aus. Was eben noch als freie Konkurrenz der Individuen um den Preis des Tüchtigsten und sittlich Besten hatte verstanden werden können, wird nun im wortwörtlichen Sinne als »Kampf ums Dasein« aufgefaßt – als Ringen um Selbstbehauptung durch Machtsteigerung, und zwar nicht mehr primär zwischen Individuen, sondern zwischen Kollektiven: sozialen Interessentengruppen, Völkern und Rassen. (36) – Dort freilich, wo die Reflexion oder Selbstreflexion in die Mystik geldorientierter Innerlichkeit bzw. verinnerlichter Profitmaximierung einbrach, also das philosophisch mühsam »geschiente« Gelenksystem des kapitalistischen Organismus zerbrach (oder dieses zumindest »angekratzt« war), zersetzte sich affirmatives Kulturbewußtsein, trat die Identitätskrise, als Neurose »maskiert«, individuell wie kollektiv zutage. »Wir haben seit langem gemerkt, daß jede Neurose die Folge, also wahrscheinlich die Tendenz hat, den Kranken aus dem realen Leben herauszudrängen, ihn der Wirklichkeit zu entfremden. ... Der Neurotiker wendet sich von der Wirklichkeit ab, weil er sie – ihr Ganzes oder Stücke derselben – unerträglich findet,« schreibt Sigmund Freud 1911 in »Formulierungen über die zwei Prinzipien des psychischen Geschehens«. (37) Unerträglichkeit (Unverträglichkeit) dieser Art führte freilich zu höchster Sensibilität, die, indem sie am Sosein scheiterte, vom Sein Wesentliches »ergriff«. Thomas Manns Roman »Buddenbrooks« (1900) gibt die Diagnose solcher »Decadence«. Statt einer die Stofflichkeit zusammenhaltenden, ihr das Blut der Innerlichkeit spendenden »Philosophie des Geldes« finden wir hier die Anämie einer ästhetischen Welterfassung, die allerdings trotz oder gerade wegen ihrer reduzierten

Lebenskraft zu erspüren vermag, was bourgeoise Flachlandaktivität nie zu erraffen vermochte: Sinn statt Zweck, Wert statt Preis! – Thomas Manns »Seelengeschichte des deutschen Bürgertums« ist eine Geschichte zunehmender »Nervosität«. Urgroßvater Johann Buddenbrook repräsentiert das ungebrochene Lebensgefühl eines selbstsicheren und tatkräftigen, »gesunden« Bürgertums; die Nachfahren verfallen zunehmend, in Abkehr vom Willen zum Leben, der seelischen Kompliziertheit. Sie sind in der angestammten Wirklichkeit nicht mehr heimisch. Modernität bedeutet Fragwürdigkeit; doch entwickeln sich mit dem Zerfall der »Standfestigkeit« auch künstlerische Phantasie und Intuition. Der letzte Sproß der Familie, Hanno – zart, sensibel, ganz der Musik anheimgegeben – stirbt am Typhus, aber noch mehr an dekadenter ästhetischer Empfindsamkeit; »Künstlertum« bedeutet eben Lebensuntauglichkeit angesichts bourgeoiser Vitalität. Die Musik, der Hanno geradezu süchtig verfallen ist, ist Ausdruck solcher Erlebnisfähigkeit und Lebensuntauglichkeit. »Es lag etwas Brutales und Stumpfsinniges in dem fanatischen Kultus dieses Nichts, dieses Stücks Melodie, dieser kurzen, kindischen, harmonischen Erfindung von anderthalb Takten ... etwas Lasterhaftes in der Maßlosigkeit und Unersättlichkeit, mit der sie genossen und ausgebeutet wurde, und etwas zynisch Verzweifeltes, etwas wie Wille zu Wonne und Untergang in der Gier, mit der die letzte Süßigkeit aus ihr gesogen wurde, bis zur Erschöpfung, bis zum Ekel und Überdruß, bis endlich, endlich in Ermattung nach allen Ausschweifungen, ein langes, leises Arpeggio in Moll hinrieselte, um einen Ton emporstieg, sich in Dur auflöste und mit einem wehmütigen Zögern erstarb.« (38)

Neurasthenie als Folge unbewältigter Triebkonflikte

Die von Sigmund Freud in Form von Zitaten an den Anfang seiner Abhandlung über die moderne Nervosität gestellten Gedanken sind ihm nur Ausgangspunkt für eine ganz eigene Deutung moderner Nervosität: sie sei Ausdruck der Entfremdung von »natürlicher« Sexualität – ein Phänomen, das aber nicht wahrgenommen und »bewältigt«, sondern verdrängt und damit zur Ursache von Neurosen werde. Freud verengt, trotz der am Anfang seiner Schrift aufgezeigten Fülle von Aspekten, seinen Blick, indem er die moderne Nervosität monokausal zu interpretieren versucht. »Ich habe an diesen – und vielen anderen ähnlich klingenden – Lehren auszusetzen, nicht daß sie irrtümlich sind, sondern daß sie sich unzulänglich erweisen, die Einzelheiten in der Erscheinung der nervösen Störungen aufzuklären, und daß sie gerade das bedeutsamste der ätiologisch wirksamen Momente außer acht lassen. Sieht man von den unbestimmteren Arten, ›nervös‹ zu sein, ab, und faßt die eigentlichen Formen des nervösen Krankseins ins Auge, so reduziert sich der schädigende Einfluß der Kultur im wesentlichen auf die schädliche Unterdrückung des Sexuallebens der Kulturvölker (oder Schichten), durch die bei ihnen herrschende ›kulturelle‹ Sexualmoral.« (39) Unsere Kultur sei ganz allgemein auf die Unterdrückung von Trieben aufgebaut. Jeder einzelne habe ein Stück seines Besitzes, seiner Machtvollkommenheit, der aggressiven und vindikativen Neigungen seiner Persönlichkeit abgetreten. »Aus diesen Beiträgen ist der gemeinsame Kulturbesitz an materiellen Gütern entstanden.« (40) Freuds Argumentation betont die Fähigkeit des Menschen zur Sublimierung; die Sexualtriebe stellten der Kulturarbeit außerordentlich große Kraftmengen zur Verfügung; denn es gehöre zur menschlichen Eigentümlichkeit, Ziele »verschieben« zu können.

Solches Vermögen (das ursprünglich sexuelle Ziel gegen ein anderes, nicht mehr sexuelles, aber psychisch ihm verwandtes, zu vertauschen) bewirkt eine Verfeinerung bzw. Sensibilisierung; die Kraftanstrengung, die zur Verschiebung von Triebdynamik notwendig ist, bedarf ebenfalls gesteigerter Nervenkraft. Freud ergründet freilich *diesen* Wurzelgrund moderner Nervosität nicht weiter. Ihm ist die an *klinischen* Beobachtungen ermittelte Form nervöser Krankheitszustände, nämlich diejenige pathogener Neurosen und Psychoneurosen, wesentlich wichtiger. Bei den Neurosen seien die Störungen bzw. Symptome toxischer Natur; sie verhielten sich ganz ähnlich wie die Erscheinungen bei übergroßer Zufuhr oder bei Entbehrung gewisser Nervengifte. Die Neurosen, meist als Neurasthenie zusammengefaßt, könnten nun, ohne daß die Mithilfe einer erblichen Belastung erforderlich sei, durch schädliche Einflüsse der Sexualerlebnisse erzeugt werden, und zwar korrespondiere die Form der Erkrankung mit der Art dieser Schädlichkeiten, so daß oft genug das klinische Bild ohne weiteres zum Rückschluß auf die besondere sexuelle Ätiologie zu verwenden sei. Bei den Psychoneurosen zeigten die Symptome der Leiden (z. B. der Hysterie), daß diese von der Wirksamkeit unbewußter (verdrängter) Vorstellungskomplexe abhingen. Die unbewußten Komplexe hätten ganz allgemein einen sexuellen Inhalt. Sie entsprängen den Sexualbedürfnissen unbefriedigter Menschen und stellten für sie eine Art Ersatzbefriedigung dar. »Somit müssen wir in allen Momenten, welche das Sexualleben schädigen, seine

Betätigung unterdrücken, seine Ziele verschieben, pathogene Faktoren auch der Psychoneurosen erblicken.« (41)

Nervosität ist demnach für Freud eine Folge der durch kulturell bedingte Verdrängungsmechanismen entstandenen Fehlhaltungen, also Ergebnis unbewältigter Triebkonflikte. Verdrängt werden die ursprünglichen sexuellen Regungen; unüberbrückt bleibt die Kluft zwischen Trieb und kultureller Sexualmoral. Damit ist die soziologische Dimension des Problems angesprochen, denn die kulturelle Sexualmoral ist Ergebnis einer bestimmten gesellschaftlichen Konstellation oder, marxistisch gedeutet, eines bestimmten materiellen, ökonomischen Unterbaus. Freud beachtet den gesellschaftlichen Aspekt nur am Rande; Kultur schlechthin (nicht eine bestimmte Kultur) bewirkt die kulturelle Sexualmoral. Der Mensch in der Kultur habe grundsätzlich mit Neurosen und Psychoneurosen zu rechnen. Es bleibt freilich unklar, warum Freud von einer *modernen* Nervosität spricht; müßte doch nach seiner Deutung die Nervosität als physisch-psychisches Unbehagen generell mit Kultur verknüpft sein.

Die sexuelle Obsession der Zeit

Indem Freud die zeitspezifischen Ausprägungen der viktorianischen Epoche – die Tatsache weitverbreiteter weiblicher Frigidität, der Hysterie, der männlichen Impotenz (»Preis« für die heuchlerische doppelte Moral der Geschlechter, vor allem der herrschenden Klasse) – vorwiegend als kulturelles und nicht als gesellschaftliches Phänomen begriff, erwies er selbst seine zeit- wie klassenspezifische Befangenheit. Auch ist seine, wenn auch analytisch-kritische Fixierung auf die allein sexuelle Ätiologie der neurotischen Erkrankung Teil der sexuellen Obsession der Zeit, die allerdings nur dann zutage trat bzw. die Grenzen der Tabus wie der inneren und äußeren Zensur übertrat, wenn sie sich durchs Über-Ich (den Staat, den Moralkodex oder eine »private« Ethik – bei Freud durch »Wissenschaft«) gerechtfertigt wußte. Da das Tabu, mit dem man die weibliche Sexualität belegte, besonders stark, und die aus solcher Verdrängung entstehende aggressive Trieb-Neugierde entsprechend intensiv war, ist die Frau ein besonderer Mittelpunkt der sexuellen Obsession gewesen. Man wird von solchen, tief in dem sexuellen Sündenbock-Denken der christlich-abendländischen Kultur verwurzelten Vorurteilen auch Freud nicht gänzlich freisprechen können. So stellt J. Rattner fest, daß Freud die Frau vom patriarchalischen Stand-

punkt aus gesehen habe. »Indem die Frauen für Freud infantil, narzißtisch und masochistisch sind, verwundert es ihn nicht, daß sie keine
wertvollen Beiträge für die Kultur geleistet haben. Sie haben lediglich –
so Freud – das Flechten und Weben erfunden ... Freud spricht der Frau
echte Sublimierungsfähigkeit ab. Mit dreißig Jahren sei sie zumeist
›starr und unveränderlich‹. Soziales Interesse wird man in der Regel
vergeblich bei ihr suchen.
Unter dem Deckmantel der psychologischen Forschung werden hier
die uralten Vorurteile über die Frau wiederholt, die jeder autoritären
Kultur und autoritären Persönlichkeit adäquat sind. Auch hier zeigt
sich Freuds Konservatismus, seine Verständnislosigkeit für soziale und
politische Faktoren.« (42)
Wie in einem Brennpunkt sind in Otto Weiningers Buch »Geschlecht
und Charakter. Eine prinzipielle Untersuchung« die der sexuellen Obsession zugrundeliegenden sozialpathologischen Elemente »gebündelt«
enthalten. (Das Buch erschien 1903, war bis zum Ausbruch des Weltkriegs, verstärkt durch die Sensation des Selbstmordes seines Verfassers,
ein ungeheurer Erfolg, wurde dann aber rasch und gründlich vergessen.)
(43) Es handelt sich um ein Werk, das in seinem ersten Teil systematisch
und umfassend den Stand der damaligen sexualpsychologischen Erkenntnisse darbietet, im zweiten Teil jedoch vorwiegend als Abreaktion
kollektiver Sexualneurosen – sozusagen als Beleg für Freuds einseitige
Deutung moderner Nervosität – zu verstehen ist.
Der Frau spricht Weininger sowohl die Seelenhaftigkeit, das intellegible
Ich als auch die Möglichkeit zum Genialischen völlig ab. Sie sei gänzlich
mit Geschlechtlichkeit ausgefüllt bzw. von dieser eingenommen. Wenn
sie sich mit außergeschlechtlichen Dingen befasse, so nur dem Manne
zuliebe. W, das weibliche Prinzip – Weininger hat vor der Entdeckung
der Sexualhormone die Mischmöglichkeiten von W und M (dem Männlichen) erkannt –, ist amoralisch, ohne Ich, ohne Personalität; eben nur
Gefäß des Sexus, was wiederum dem männlichen Prinzip die Möglichkeit der Verachtung alles Weiblichen ermöglicht.
»Ich behaupte also nicht, daß die Frau böse, antimoralisch ist; ich
behaupte, daß sie vielmehr böse gar nie sein kann; sie ist nur amoralisch,
gemein ...
Das Weib sündigt nicht, denn es ist selbst die Sünde, als Möglichkeit im
Manne. Der reine Mann ist das Ebenbild Gottes, des absoluten Etwas,
das Weib, auch das Weib im Manne, ist das Symbol des Nichts: das ist
die Bedeutung des Weibes im Universum, und so ergänzen und bedingen sich Mann und Weib ...

Von jener Genialität aber, die bei allen oft sehr tief gehenden Unterschieden zwischen den einzelnen Genies, eine und dieselbe bleibt und nach dem hier aufgestellten Begriffe, überall manifestiert werden kann, ist das Weib ausgeschlossen ... In der Heldenanbetung des Mannes kommt abermals zum Ausdruck, daß Genialität an die Männlichkeit geknüpft ist, daß sie eine ideale, potenzierte Männlichkeit vorstellt; denn die Frau hat kein originelles, sondern ein ihr vom Manne verliehenes Bewußtsein, sie lebt unbewußt, der Mann bewußt; am bewußtesten aber der Genius.« (44)

Indem Weininger die inzwischen (im 19. Jahrhundert) säkularisierten Sündhaftigkeitsgefühle beim Erleben von Geschlechtlichkeit auf die Wesenheit des Weibes projiziert, befreit er die Geschlechtlichkeit des Mannes und seine Geschlechtsbesessenheit vom Odium der »Täterschaft«; der Mann erscheint als Opfer weiblicher Sexualität.

»W ist nichts als Sexualität. M ist sexuell und noch etwas darüber. Dies zeigt sich besonders deutlich in der so gänzlich verschiedenen Art, wie Mann und Weib ihren Eintritt in die Periode der Geschlechtsreife erleben. Beim Manne ist die Zeit der Pubertät immer krisenhaft, er fühlt, daß ein Fremdes in sein Dasein tritt, etwas, das zu seinem bisherigen Denken und Fühlen hinzukommt, ohne daß er es gewollt hat. Es ist die physiologische Erektion, über die der Wille keine Gewalt hat; und die erste Erektion wird darum von jedem Manne rätselhaft und beunruhigend empfunden, sehr viele Männer erinnern sich ihrer Umstände ihr ganzes Leben lang mit größter Genauigkeit. Das Weib aber findet sich nur leicht in die Pubertät, es fühlt sein Dasein von da ab sozusagen potenziert, seine eigene Wichtigkeit unendlich erhöht. Der Mann hat als Knabe gar kein Bedürfnis nach der sexuellen Reife; die Frau erwartet bereits als ganz junges Mädchen von dieser Zeit alles.

... Die Sensationen des Koitus sind prinzipiell keine anderen Empfindungen als wie sie das Weib sonst kennt, sie zeigen dieselben nur in höchster Intensifikation; das ganze Sein des Weibes offenbart sich im Koitus, aufs höchste potenziert. Darum kommen hier auch die Unterschiede zwischen Mutter und Dirne am stärksten zur Geltung. Die Mutter empfindet den Koitus nicht weniger, sondern anders als die Prostituierte. Das Verhalten der Mutter ist mehr annehmend, hinnehmend, die Dirne fühlt, schlürft bis aufs äußerste den Genuß.« (45)

Geschlechtsbesessenheit ekelt sich vor sich selbst und lastet diesen Ekel der Frau als Schamlosigkeit an. Der spätbürgerliche Voyeurismus verhüllt sich dabei in philosophischer Gewandung; der geile Blick kann sich jedoch kaum moralisch verschleiern. »Der höchste Augenblick im

Leben des Weibes, der, in dem sein Ursein, die Urlust sich offenbart, ist jener Moment, wo der männliche Same in es fließt. ... Darum auch ist die Frau dem Manne so überaus dankbar für den Koitus, sei dieses Dankesgefühl auch bloß auf dem Moment eingeschränkt, wie bei der gedächtnislosen Straßendirne, oder von einer längeren Nachwirkung wie bei weiter differenzierten Frauen.« (46)

Der absolute Beweis für die Schamlosigkeit der Frauen läge darin, daß diese untereinander sich immer ungescheut völlig entblößten, während Männer voreinander stets ihre Nacktheit zu bedecken suchten. Wenn Frauen allein seien, würden eifrige Vergleiche zwischen den körperlichen Reizen der einzelnen angestellt, und oft alle Anwesenden einer genauen und eingehenden Visitierung unterzogen, die nicht ohne Lüsternheit erfolge, weil stets der Wert, den der Mann auf diesen oder jenen Vorzug legen werde, unbewußt der Hauptgesichtspunkt bleibe. »Und so ist die Frau auch nie nackt oder stets nackt, wie man es haben will: nie nackt, weil sie nie zum echten Gefühl einer Nacktheit wirklich gelangt; stets nackt, weil ihr eben das andere fehlt, das vorhanden sein müßte, um ihr je zum Bewußtsein zu bringen, daß sie (objektiv) nackt ist, und so ein innerer Impuls zu Bedeckung werden könnte. Daß man auch unter Kleidern nackt sein kann, ist freilich etwas, das blöden Blicken nicht einleuchtet, aber es wäre ein schlimmes Zeugnis, das ein Psychologe sich ausstellte, wenn er aus der Tatsache des Gewandes schon auf den geringsten Mangel an Nacktheit schließen wollte. Und eine Frau ist objektiv stets nackt, selbst unter Krinoline und dem Mieder.« (47)

Der Mann wird durch das Weib zur Geschlechtlichkeit verführt; Weiningers Verdikt gegen die Frau schlägt um in die paradox übersteigerte Sittlichkeitsforderung, in absoluter Keuschheit zu leben – selbst um den Preis des Aussterbens der Menschheit.

»Die Frau muß dem Koitus innerlich und wahrhaft, aus freien Stücken entsagen. Das bedeutet nun allerdings: das Weib muß als solches untergehen, und es ist keine Möglichkeit für eine Aufrichtung des Reiches Gottes auf Erden, eh dies nicht geschehen ist ...

Daß die Menschheit ewig bestehe, das ist gar kein Interesse der Vernunft; wer die Menschheit verewigen will, der will ein Problem und eine Schuld verewigen, das einzige Problem, die einzige Schuld, die es gibt ...

Also widerspricht der Koitus in jedem Falle der Idee der Menschheit; nicht weil Askese Pflicht ist, sondern vor allem, weil das Weib in ihm Objekt, Sache werden will, und der Mann ihm hier wirklich den Gefallen tut, es nur als Ding, nicht als lebenden Menschen, mit inneren, psychischen Vorgängen anzusehen. Darum verachtet auch der Mann das Weib augenblicklich, sobald er es besessen hat, und das Weib fühlt, daß es nun verachtet wird, auch wenn es vor zwei Minuten sich noch vergöttert wußte.« (48)

Weininger, der selbst Jude war, überträgt seine antagonistische Mann-Weib-Philosophie auch auf die Religionen und Rassen, indem er den Juden, der Frau gleichgestellt, entsprechend tief unter dem Christentum einordnet. Dem Juden wie dem Weibe fehlten die kantische Vernunft, der Geist. Wir lebten in einer Endzeit; das bedeute Kampf zwischen Weib und Mann, Judentum und Christentum, Dunkelheit und Licht.

»Daß der Jude, nicht erst seit gestern, sondern mehr oder weniger von jeher, staatsfremd ist, deutet bereits darauf hin, daß dem Juden wie dem Weibe die Persönlichkeit fehlt; was sich allmählich in der Tat herausstellen wird. Denn nur aus dem Mangel des intelligiblen Ich kann, wie alle weibliche, so auch die jüdische Unsoziabilität abzuleiten sein. Die Juden stecken gerne beieinander wie die Weiber, aber sie verkehren nicht miteinander als selbständige, von einander geschiedene Wesen, unter dem Zeichen einer überindividuellen Idee. So wenig wie es in der Wirklichkeit eine ‹Würde der Frauen› gibt, so unmöglich ist die Vorstellung eines jüdischen ›Gentleman‹. Dem echten Juden gebricht es an jener inneren Vornehmheit, welche Würde des eigenen und Achtung des fremden Ich zur Folge hat. Es gibt keinen jüdischen Adel; und dies ist um so bemerkenswerter, als doch unter den Juden jahrtausendelange Inzucht besteht.

So erklärt sich denn auch weiter, was man jüdische Arroganz nennt: aus dem Mangel an Bewußtsein eines Selbst und dem gewaltsamen Bedürfnis nach Steigerung des Wertes der Person durch Erniedrigung des Nebenmenschen; denn der echte Jude hat wie das Weib kein Ich und darum auch keinen Eigenwert ... Unsere heutige Zeit läßt das Judentum auf der höchsten Höhe erblicken, die es seit den Tagen des Herodes erklommen hat. Jüdisch ist der Geist der Modernität, von wo man ihn betrachte. Die Sexualität wird bejaht, und die heutige Gattungsethik singt zum Koitus den Hymenaios. Der unglückliche Nietzsche ist wahrhaftig nicht verantwortlich für die Vereinigung von natürlicher Zuchtwahl und natürlicher Unzuchtwahl, deren schmählicher Apostel sich Wilhelm Bölsche nennt! ... Das Judentum ist der Abgrund, über dem das Christentum aufgerichtet ist, und darum der Jude die stärkste Furcht und die tiefste Abneigung des Ariers.« (49)

Was sich hier als Lösung der Geschlechtsproblematik anbietet, ist der sozialpathologisch bestimmte Versuch, sich vom triebdynamischen,

zur Explosion bereitstehenden Stau durch Abventilierung in gegenge-
schlechtliche Aggressivität zu befreien. Die Eingrenzung des Triebs
durch die kulturelle Sexualmoral wird – wobei die Verkrampfung dieser
»Philosophie« ihren Verdrängungscharakter manifestiert – ins »Positive« verkehrt: der Trieb ist das eigentlich Schlechte und muß vernichtet
werden. Zugleich wird der Objektcharakter der Frau und des Weiblichen durch deren Abwertung, die wiederum nur dem Minderwertigkeitsgefühl kollektiv-pubertärer Seelenhaltung entspringt, gerechtfertigt. Geschlechtsbesessenheit und Geschlechtshaß verschmelzen zur
Einheit; das Keuschheitsidol manifestiert die pervertierten Sexualnöte
und -ängste. »Geschlecht und Charakter« erweist sich somit als ein
besonders markantes Beispiel für das, was Freud als Ergebnis moderner
Nervosität im Zeichen kultureller Sexualmoral diagnostizierte: für das
neurotische Syndrom.
Visionär erahnte der Maler-Dichter Oskar Kokoschka das sexualpatho-
logische Leitthema der Zeit, als er einem 1907 entstandenen, nur wenige
Seiten umfassenden, expressiv aufgeladenen Schauspiel, das in Form
einer mythisch-symbolischen Parabel die Hoffnung der Frau auf Erlösung von der Herrschaft des Sexus und auf Emanzipation durch die
geistige Kraft des Mannes gestaltet, den Titel »Mörder, Hoffnung der
Frauen« gab. Die Polarität der Geschlechter, eingefangen im vorexpres-
sionistischen, hymnisch überhöhten kultischen Suggestionstheater, im-
pliziert erotische Selbstzerfleischung. Der Frau wird auf Geheiß des
Mannes das »heiße Eisen« ins rote Fleisch gebrannt, die Frau stößt dem
Mann das Messer in die Seite und verwundet ihn schwer. Die zutiefst
Getroffenen, Tiefverwundeten sind in Haßliebe unrettbar miteinander
verbunden:
 »Frau (*immer heftiger aufschreiend*):
 ›Ich will dich nicht leben lassen. Du!
 Du schwächst mich –
 Ich töte dich – du fesselst mich!
 Dich fing ich ein – und du hältst mich!
 Laß los von mir – umklammerst mich – wie mit eisernen Ketten
 – erdrosselt – los – Hilfe!
 Ich verlor den Schlüssel – der dich festhielt.‹« (50)

Bürgerliche Fluchtbewegungen
Das Wohnzimmer

Die kulturpubertäre Empfindsamkeit, die Feud wie viele seiner Zeitgenossen mit dem Stichwort »Nervosität« etikettierte, bewirkte Regression: sie drängte den Menschen angesichts seiner ihn verunsichernden, als abgründig oder dämonisch, aber zugleich als faszinierend empfundenen sexuellen Verfassung in Fluchtbewegungen hinein, welche die »Rückkehr« zu normengerechten, »sündfreien« Zuständen, also zu irdischen Paradiesen oder Enklaven der Geborgenheit, zu versprechen schienen. Die heile Welt war die der Triebbesänftigung, Triebfreiheit oder Triebharmonie, wobei der klassische Begriff der Kalokagathie epigonale und meist »verkitschte« Auferstehung feierte; (»Kitsch«, das war ja im besonderen eine Möglichkeit, sich den Stürmen des Inneren wie Äußeren zu entziehen). Die Topoi der bürgerlichen Fluchtbewegungen um die Jahrhundertwende sind vielfältiger Art; Wohnzimmer, Heimat(dichtung), Salonkunst sind besonders herausragende Beispiele des ästhetisch glasierten sozialpathologischen »Entzugs«.

»Warum befaßt sich Sigmund, der große F., niemals zum ordentlichen Professor ernannte Seelenpatriarch aus der Berggasse, Neunter Bezirk (in zehn Minuten kann man aus der Schottenringwohnung zu Fuß in seine Ordination kommen, wenn man es nötig hätte) nie mit diesen Dingen, ist das etwa keine zerstörerische Kulturneurose, die sich über den knarrenden hohen altdeutschen Doppelbetten des Wohnungsnachbarn zusammenballt?« (51) Der Satz findet sich in Wolfgang Georg Fischers Ding-Roman »Wohnungen«, der in Rückerinnerung an die Zeit des ausgehenden neunzehnten und anhebenden zwanzigsten Jahrhunderts eine Psychoanalyse des Wohnens versucht. Die Objekte (Interieurs) sind »Richtzeiger« fürs Seelenleben der inmitten der Objekte sich bewegenden Subjekte, die unter der Dominanz der »Dinge« selbst verdinglicht erscheinen. Wien um die Jahrhundertwende – die gesellschaftliche Polarität wird an zwei Wohnungen gezeigt: die eine liegt in der Innenstadt am Schottenring und gehört einem reichen jüdischen Advokaten. Die andere befindet sich in einem Arbeiterwohnheim, dem »neuen Stern«, und wird von einem Parteifunktionär bewohnt. In der Schottenringwohnung ist Bourgeoisie mit Liberalität zuhause; der hier lebende jüdische Advokat, dessen Familie aus einem östlichen Getto stammt, hat den »Anschluß« erreicht; er trägt aber die Neurose des Emporkömmlings und damit eine besondere Sensibilität in sich; die römisch-katholische Konfession soll den Kindern endgültig das Entree-

Billett zur bürgerlichen Saturiertheit vermitteln. Die Utensilien und Requisiten der Wohnung sind bereits auf diese Behaglichkeit »eingestellt«: etwa das Klavier mit der Samtdecke; die Laute, zu der die rotblonde Hausfrau Schubertlieder singt, wenn die Damen am Freitagabend zum Jour kommen; zwei Vitrinen mit lautlos bellenden Porzellanhunden, lachenden falschen Chinesen im Türkensitz, im Buddhasitz, Porzellanschäferinnen mit rosa Rüschenschirmen. (52) Heiligtum inmitten der Pracht- und Nutzräume, inmitten der Zimmerflucht mit Dienstbotenanhang, ist das Schlafzimmer; seine Topographie verweist auf die bourgeoise Dreieckssituation, in der sich Madame befindet. Hier werden jedoch nicht nur wollüstige Eskapaden geträumt, auch das Archetypische bricht in Form des schlechten Gewissens (beim Hausherrn) durch – hat er sich doch vom mosaischen Glauben und damit von den Vätern entfernt; der Aufstieg wird mit Alpträumen bezahlt. »Hohe, nußholzbraune Biedermeierbetten mit getürmtem, flaumigem Bettzeug, vier rundbogentürige Kästen für Wäsche und Kleider, ein weißgestrichener Waschtisch mit Porzellanwasserkanne, Fenster mit weißen, flatternden Gazevorhängen, ein Klingelzug über der Mittellinie der Betten an der Wand. Reißt man an diesem Klingelzug, dann öffnet sich entweder – denkt die Hausfrau im Halbschlaf – der duftende Wäschekasten und hinter dem Spiegel des Kastens tritt, in eine Lavendelwolke gehüllt, der k. u. k. Flottenkapitän, der Edle von, der Liebhaber in schneeweißer, gestärkter Paradeuniform hervor, verbeugt sich kurz, zückt den Paradedegen und ersticht den Hof- und Gerichtsadvokaten. Oder es öffnet sich – denkt der Hausherr im Halbschlaf – der Kleiderkasten, und der Religionslehrer Salomo aus dem mährischen Getto, Tante Esterls Onkel, sein Vater, steigt heraus und wirft und wirft und wirft katholische Meßgewänder, Bischofsmützen, Kapuziner- und Benediktinerkutten, goldgestickte Barockornate und schwarze Nonnenröcke auf die Ehebetten und wirft einen siebenarmigen Leuchter auf diesen Kleiderberg.« (53)

Vorstadt: Haben Arbeiter Heime? Häuser? Wohnungen? Kellerlöcher? Unterstände? Asyle? Ein Zimmer? Zwei Zimmer? (54) Gar kein Zimmer? Diejenigen, die zur Sonne empor wollen, leben auch bürgerlich – allerdings kleinbürgerlich. Schottenring en miniature – aber mit Lichtgläubigkeit durchdrungen. Und natürlich ist alles einfacher, billiger und auch nützlicher. Im Schottenring ist das Schlafzimmer Mittelpunkt, im »neuen Stern« die Küche: »Ein schwarzer Gasherd mit weißer Backrohrklappe, eine Kredenz mit weißen gestärkten Borten an den Fächerrändern, blau- und rotgestickte Holländer fahren bortenauswärts

Schlittschuh über die Leinengracht, ein blau quadratornamentierter, wachsleinwandbespannter Küchentisch, drei weiße Küchensessel, wandseitig eine Bank, die in ihrem Innern Bettzeug verbirgt: hier wird bei Nacht das Bett für den Großvater aufgeschlagen.« Der Bücherschrank dort, das Bücherbord hier zeigen manches Tertium comparationis – z. B. Klassiker; im »neuen Stern« ist freilich auch Marx ein Klassiker.

In Thomas Manns 1911 begonnenen Roman »Bekenntnisse des Hochstaplers Felix Krull«, als umfassende Gesellschaftskritik Deutschlands und Europas um 1900 gedacht, im besonderen die Welt des Bürgers ironisch entlarvend, schildert der Held das elterliche Interieur wie folgt: »Über dem Windfang war eine kleine, sinnreiche Vorrichtung angebracht, die, während die Tür, durch Luftdruck aufgehalten, langsam ins Schloß zurücksank, mit feinem Klingen den Anfang des Liedes ›Freut euch des Lebens‹ spielte.« (55) Und kommt die frische Wäsche – wir assoziieren statt zu zitieren –, so ist das Übertuch sicher säuberlich bestickt mit »Üb-immer-Treu-und-Redlichkeit«. Vom Wäscheschrank der Mutter berichtet Walter Benjamin, daß dessen Bretter, auf denen Bett- und Wirtschaftswäsche, Laken, Bezüge, Tischtücher, Servietten gestapelt lagen (dazwischen kleine, pralle Seidensachets mit Lavendel), eine weiße Borte hatten, auf der sich – blau gestickt – ein Text aus Schillers »Glocke« entlangzog. – (56) Geflügelte Worte verwandeln sich in Gegenstände; Kultur gerinnt zu Gipsbüsten – Goethe blickt von der Konsole, Beethoven schwebt als Titan über dem leicht verstimmten Flügel; Klassiker im Goldschnitt, Uhland in Leder; rechts und links vom Bücherschrank die Ikonen bildungsbeflissener Sterilität: Feuerbachs »Iphigenie«, das Land der Griechen sowohl mit dem malerischen Faltenwurf ihrer Gewandung wie mit der Seele suchend; Böcklins »Toteninsel« – Schönheit und Tod verschwistert; vom Musikzimmer tristansche Klänge. – Das »Schöne« der bourgeoisen Umwelt ist nicht von dieser Welt; ein Glanz aus dem Jenseits umgibt es. »Wer die Schönheit angeschaut mit Augen«, heißt es in Platens Gedicht »Tristan«, einem Paradestück bürgerlicher Anthologien, »ist dem Tode schon anheim gegeben, / wird für keinen Dienst auf Erden taugen, / und doch wird er vor dem Tode beben, / wer die Schönheit angeschaut mit Augen!« – Das Medium der Schönheit dient dazu, von der Wirklichkeit abzurücken; Kunst, die im Bereich absoluter Schönheit angesiedelt ist, verpflichtet zu nichts. »Der Zauber der Schönheit« bedeutet Entaktualisierung, zugleich bietet er den Menschen die Möglichkeit, an einem fiktiven Glück teilzuhaben; Schönheit ersetzt den in Wirklichkeit verpönten Genuß. Das versagte Glück am Dasein flüchtet sich in ein Glück am Schein. Die Strukturmerkmale bourgeoiser Wohn»kultur«, wie sie an Hand der Zitate aus Wolfgang Georg Fischers »Wohnungen« und Thomas Manns »Bekenntnisse des Hochstaplers Felix Krull« aufgezeigt wurden, verweisen auf eine fatale Entfremdung vom Bereich der Intimität und echten Heimischseins. Imperialistische Aggressivität und kapitalistische Rücksichtslosigkeit täuschen gemütvolle Heimeligkeit, altfränkisches Hieronymus-Dasein vor; bürgerliche Sicherheit entartet ins Protzentum. Das fahle Dämmerlicht, das in den Interieurs herrscht, macht das Zimmer zur Gruft, in der das Wohnen zu Grabe getragen wird. Die Lüge triumphiert; das Kulinarische grenzt an Verwesung. (57)

Butzenscheiben, Rouleaus, Portieren stellen einen Dämmerzustand her, in dem die auf kalten Prunk orientierte Ausstattung ihren irisierenden Schimmer erhält. Diese Dekorationsmystik beschreibt Georg Hirth mit den Worten: »Dadurch, daß wir den Glanz ›matt‹ machen (d. h. die Zerkleinerung der neutralen Lichtreflexe so weit treiben, daß sie keine zusammenhängenden scharfen Spiegelbilder mehr geben und einzeln nur noch mikroskopisch unterscheidbar sind), befördern wir die innigere Verschmelzung mit der Lokalfarbe; es beruht darauf wesentlich die prächtige Wirkung des alten Zinngeschirrs, der mit Wachs oder Öl behandelten Holzmöbel, der Atlas-, Samt- und Brokatstoffe.« (58) In »Glut und Schimmer« sind die Teppiche und Gobelins, die mächtigen Möbel, die Statuen und die in Goldrahmen gefaßten klassizistischen und romantizistischen Bilder mit ihren Pseudomythen gehüllt; der Dekorateur spielt mit gestrandeten Kulturtrümmern. Der Innenraum verliert seine Intimität; er wird quasi nach außen gestülpt. Doch wird Intimität als Ideologie beibehalten und »inszeniert«. Die vollgestopften, überladenen, übermöblierten Wohnzimmer und Wohnungen, gewissermaßen Leihhäuser und Antiquitätenläden, sind mit ihrer Vorliebe für alles Satinierte, für Seide, Atlas, Glanzleder, Goldrahmen, Goldstück, Goldschnitt, Schildpatt, Elfenbein und Perlmutter und mit ihren beziehungslosen Dekorationsstücken nur zum Vorzeigen da. (59)

Als Ort der Geborgenheit ausgewiesen, wird im Wohnzimmer Nervosität dinglich »erstickt«; der horror vacui, die Furcht vor der Entleerung der Sinngehalte, durch Übermöblierung beruhigt. (60) Das Wohnen in der damaligen Zeit suggerierte eine Art Rückkehr zu den Müttern; ein Einnisten in den dumpf-schummerigen Uterus von Gehäusen, in denen man die zertrennte Nabelschnur zur Identität wieder zu knüpfen hoffte. Die zwielichtige Atmosphäre des Wohnzimmers und der synästhetische Reiz des Plüschs förderten das Einigeln ins Pseudoidyll. Man hängt sich an den Gegenstand, der mehr sein will als er ist, nämlich Metapher für Höheres, und hofft, mit seiner Hilfe die Neurosen zu bannen. Dieser Objektkult ist der Dinglichkeit des Biedermeiers, da das »Werkstück« noch einmal die Möglichkeit nichtentfremdeter Arbeit als Ausdruck menschlicher Selbstverwirklichung aufscheinen ließ, konträr entgegengesetzt. Die Objekte sind Teil einer pathogenen Selbsttäuschung, aus der sich erst wieder der Jugendstil mit seinem Bekenntnis zum Sonnenlicht zu befreien vermochte – einer Natürlichkeit freilich huldigend, die artifiziell (im Schillerschen Sinne »sentimentalisch«) blieb.

Heimatkunst

Auch die Heimatkunst dieser Zeit zielt forciert auf »Füllung« des Vakuums; sie will die Sinnkrise durch Rückkehr zu elementarer Natürlichkeit bewältigen. Sie ist gleichermaßen Fluchterscheinung vor der Nervosität der modernen Welt, vor der Schizophrenie der Doppelmoral. Das Idealbild der Heimat und der Natur wird – entsprechend stilisiert – der Vibration der Großstadt entgegengesetzt. (61) Angesichts eines »schillernden und verworrenen Durcheinanders« ziehe es den Menschen zur schlichten Einfalt, zu den Urstoffen des Lebens zurück. (Rudolf Eucken) (62) Nach »tausend Gesichtern«, nach Hektik und Turbulenz, erscheine nun wieder das »urewige Angesicht« der »Mutter Erde«. Ins »Reich der Mütter« wurde der Mensch dieser Zeit von der Kunst sowieso gerne ent-rückt (ver-rückt). Als entscheidendes Merkmal allen dichterischen Schaffens galt nicht die äußerliche Stoffwahl, nicht das zufällige Gewand von Zeit und Umwelt, worin sich die dichterische Vision präsentiere, sondern der heiße Blutstrom, der, aus Urtiefen der Scholle, des Bodens, der Abstammung emporsteigend, das dichterische Gebilde durchpulse und ihm seinen ganz einmaligen, unnachahmlichen und geheimnisvollen Rhythmus verleihe. (Max Halbe) (63) Die aus den Anregungen und der Technik des Naturalismus erwachsende, land(wirt)schaftsorientierte literarische Bewegung ist in manchen ihrer Vertreter durchaus auf genaue Volksbeobachtung ausgerichtet. Sie rehabilitiert die Mundart; sie gibt, wie etwa bei Ludwig Thoma, Karl Schönherr, Josef Ruederer, verbittert-boshafte, ja grausame Schilderungen der Bauernwelt.
Die vornehmlich ideologische Strömung entwickelte sich aus dem Kreis um Fritz Lienhard, Adolf Bartels und Heinrich Sohnrey. Die Zeitschrift

»Heimat« von 1900, Programmschriften wie Lienhards »Vorherrschaft Berlins« (1900) und »Literaturjugend von heute« (1901) sowie dessen Zeitschrift »Der Türmer« (ab 1898), Ernst Wachlers Schrift »Die Läuterung deutscher Dichtkunst im Volksgeiste« (1897) und ähnliche Traktate zeigen schon vom Titel her die Tendenz einer bewußt im Gegensatz zur Aufklärung sich verstehenden, den aufgestauten Strom des deutschen Irrationalismus und epigonaler Romantik sich zuleitenden Bewegung. Ihre völkische Komponente ist stets mit Ressentiment gegenüber der »welschen« Zivilisation (und Dekadenz) und mit germanischem Sendungsbewußtsein verknüpft. Der propagierte neue Mensch steht jenseits von Gut und Böse; er ist befreit von der Sensibilität des Impressionismus – die Doppelmoral dadurch überwindend, daß er sich zu Blut-und-Boden bekennt. Zivilisationskritik und Kulturpessimismus sind mit romantischem Weltschmerz eingefärbt, der zusammen mit einem antitechnischen Affekt im »Blut« den Urgrund schöpferischer Kraft zu erspüren glaubt und die Chiffren der Modernität durch die Runen der Altvorderen zu ersetzen trachtet. »Deutsch bis in die Knochen« – hieß die Devise. »Eine reine Decadence-Kunst kann es eigentlich gar nicht geben, denn alle Kunst ist ihrer Natur nach Bejahung des Lebens; was diese nicht ist, ist Afterkunst. Nun können wir zwar die Decadents, wenn sie einmal da sind, nicht einfach totschlagen, aber sie allzu sänftiglich anzufassen, haben wir auch gar keine Veranlassung, wir glauben eben, daß unser Volk noch gesund ist oder es doch sehr rasch wieder werden kann, und sprechen den kranken Leuten einfach ihre nationale Existenzberechtigung ab. Mögen sich die Ärzte um sie kümmern, mögen die Sensationshungrigen, die schönen Seelen, die reinen Ästheten sie bewundern – das ist nicht das deutsche Volk. Das deutsche Volk soll die Kunst haben, die die Wurzeln seiner Existenz befruchtet und stärkt, die sein Leben schön, reich, groß macht, die seine nationale Widerstands- und Expansionskraft hebt. Niemals darf die Kunst Fieber sein oder Gift werden.« (Adolf Bartels) (64) – Herr Adolf Bartels, meinte Samuel Lublinski 1904, sei einer der Hauptlärmmacher der neuen Richtung; er hätte sich und anderen gern eingeredet, daß es zum alten Bauern ginge, daß man der rationalistischen Flachheit und Verstandeskultur der Städter überdrüssig geworden sei und nun nach Tiefe und Natur lechze. Zu diesem Zweck lehne er sich nicht etwa an die Bauernschicht an, sondern an das konservative Junker- und Agrariertum, das allerdings einen harten Kampf um politische Machtstellung und wirtschaftliche Existenz zu kämpfen habe. Bartels habe von diesen Kreisen die Rassenromantik, den Antisemitismus und das Nibelungenenkelgerede übernommen und drapiere sich mit sehr viel geistlosem Pathos als Metaphysiker eines Urgermanentums, das natürlich auf dem Lande wohne, während die Großstädte zumeist von einer gottverfluchten Schwefel- und Judenbande beherrscht seien. (65)

In »Rembrandt als Erzieher. Von einem Deutschen« (von August Julius Langbehn, 1890), einer vielgelesenen völkischen Erneuerungsschrift, wird die Bauernseele der Volksseele gleichgesetzt. »Der Mensch, in seiner urtümlichsten Lebensform, ist Bauer; je befreundeter die Kultur des Geistes und des Bodens einander bleiben, desto besser ist es für beide; Land und Leute, Leib und Seele gehören zusammen. Die Rückkehr zu einem gesunden Individualismus steht dem Deutschen immer frei, mögen die Zeiten sonst sein, wie sie wollen; und den Weg zu ihm wird er finden, wann und wo er sich von der Erde – der ihm angeborenen Eigenart – zum Himmel, dem Reich höchster Ideale, emporwendet. Schlägt die heutige Bildung ernstlich diese Richtung auf Rembrandt [als Symbol ›gesundheitsverbreitender Kraft‹] hin ein, so wird sie sich bald mit dem Volksgeist, der stets dem Erdgeist verwandt erscheint, wieder in Übereinstimmung befinden; sie wird zu alten und fälschlicherweise verachteten Vorstellungen zurückkehren müssen.« (66)

Diese Heimatkunst entwickelte mit Hermann Löns, etwa in den »Heidebildern« 1906, eine sozusagen darwinistische Sentimentalität, wobei das »Stirb und Werde« der Natur in einem vertrackten Stil, der als »Wurzeldeutsch« Urtümlichkeit demonstrieren wollte, dargeboten wurde. Die Natur erschien als große »Reinwascherin« von Morbidität, Dekadenz, Sensibilität, Nervosität. Der Gesellschaft sollte das Gefühl vermittelt werden, daß sie auch auf dem Höhepunkt zivilisatorischer Verfeinerung den Zugang zu den Ursprüngen nicht verloren habe. Der nervös-sensiblen Kunst wurden hier die »Urlaute« naturverbundenen Sprechens entgegengesetzt, wobei das Geknarze und Geknorze der von Löns praktizierten Jäger- und Heger-Sprache die artifizielle Bemühtheit nicht verbergen kann. »In der langen, mehr als kniehohen Heide habe ich die Fährte verloren; ich muß sie auf den Sandwehen und den abgeplaggten Stellen wiedersuchen. Einen Bogen nach dem anderen schlage ich, finde auch übertägige Fährten in Menge, die frische aber nicht. So wate ich denn auf und ab in dem rosigen Blütenmeer, atme nichts als Honigduft, höre nichts als Immengeläute, sehe den silbernen und goldenen Schillebolden nach, die hin und her flirren, und den Schnarrheuschrecken, die laut rasselnd vor mir auffliegen und dabei ihre scharlachroten Unterflügel aufleuchten lassen, nehme einen versteinerten Seeigel mit, trete einen der wenigen Hasen heraus, die hier auf der hohen Heide leben, beobachte lange die glatte Natter, die sich vor dem krausen Brombeerbusch, der einen roten Findelstein umspinnt, sonnt, und die Goldregenpfeifer, die in der grasigen Delle um das Wasserloch rennen und alles Getier mit klagendem Rufe vor mir warnen, und steige höher und höher, bis ich ganz oben auf dem Heidberge bin.« (67)

Aber nicht nur das Detail faszinierte bei Löns; die wehmütige Aura des vom Realismus tradierten »aorgischen Lebensgefühls« (des Gefühls des Menschen, in Leid und Freud von der Natur »unbeachtet« zu bleiben, in ihr vereinzelt und vereinsamt, ohne »organische« Zusammengehörigkeit existieren zu müssen, und doch »irgendwie« geborgen zu sein im großen All der Natur, so kleinlich und verworren auch die Welt sich darbieten mag) schwebt weiterhin über bürgerlicher Naturverbundenheit.

»Dann steht der Porst da und wartet auf den Frühling. Er wird keinen mehr erleben. Die Hacke wird ihn fällen, die Flamme ihn fressen, das Vieh seine neuen Schossen zertreten; Wiese und Weide wird sein, wo er blühte und duftete, hier, wie überall. Alte Leute werden vielleicht noch von ihm erzählen, wie von dem Kranich und dem Rauk und dem Waldstorch, die zur Sage wurden, und dann wird er vergessen sein für immerdar.« (68)

Zwar erahnte die bürgerliche Seele die Vergänglichkeit menschlicher Existenz im Anblick der von Leid und Sterben unberührten, im Stirb-und-werde sich erfüllenden Natur; aber diese Natur wurde nicht mehr – wie etwa bei Stifter – in ihrer »Unerbittlichkeit« geschildert, sondern als säkularisierter Trost dargeboten. So wie in vielen Familienphotographien der Zeit das Menschen-Bild auf den Hintergrund einer auch in ihrer Grandiosität anheimelnden Bergszenerie, einschließlich Salontirolertum, projiziert wurde, hat z. B. Ludwig Ganghofer trivialromantisch die aorgische Tragik auf eine lebensoptimistische Waldrauschmelodie umtoniert. »Hand in Hand, die kindlichen Seelen durchzittert von jenem stolzen Rausch, mit dem ein Forscher ein Geheimnis der Ewigkeit entschleiert, schritten sie hinein in die träumende Mittagsstille des Waldes. Es war ein Wald, wie in den Bergen alle Wälder sind, ein Gemenge von Zerstörung und kraftvoller Schönheit, von faulendem Tod und sprossendem Leben. Man spürt da nicht die pflegende Hand, wie sie in den Wäldern der Ebene zu merken ist. Der Bergwald muß selbst sorgen für die Dauer seines Lebens. Sieben Bäume schlägt der Mensch, zehnmal wirft der Sturm, siebenhundert zerdrückt der Schnee und ersticken die Lawinen, und siebentausend wachsen, werden hundertjährig, altern und vermorschen, und es war ihr einziger Zweck, daß sie lebten und blühten, Samen streuten und starben. ... Während Ambros in der schönen Frühe auf steilem Wege neben dem Wagen herging, ließ er seine Hand zwischen den Händen der Mutter ruhen. Je stärker die Sonne wurde, um so reichlicher ging der fliegende Schimmer durch die Lüfte. Als der Wind ein bißchen kräftiger war und zwischen den Mauern des Waldes seine leichten Wirbel drehte, schwangen sich die reisenden Kinderseelchen des Waldes in glitzernden Reigen durch die Sonne. Sie waren stumm. Dennoch sangen sie ein kleines, an Wunder und Geheimnis reiches Lied auf ihrem Fluge: ›Neues Leben! ... Neues Leben!‹« (69) Ganghofers »Höhenmenschentum«, seine älplerische Berg- und Volkskernigkeit, habe sich – stellt Hans Schwerte fest – mit dem unreflektierten Nationalismus und dem preußisch-hohenzollerischen Monarchismus des wilhelminischen Bürgertums sowie mit dessen Schwärmen für Heimat und Volkstum verbunden; es war unterlegt mit einer gesund-liberal sich gebenden, volkserzieherischen Sozial- und Moralkritik. (70)

Für die Heimatdichtung ist die Stadt der Gegentopos zur heilen Welt des Bauerntums, zur Heimat, zur Verwurzelung schlechthin. Während dort das Blut der Einwohner ruhig dahinzufließen scheint, fiebert es hier. Dort die »Kette der Geschlechter«, die chthonische Fruchtbarkeit, die behütende Kraft der Tradition – hier die rasende Geschlechtlichkeit, die rücksichtslose Genußsucht, das Gesetz des Dschungels.

»Die Aufzeichnungen des Malte Laurids Brigge« von Rainer Maria Rilke, 1904 begonnen, 1910 veröffentlicht, verfallen der Gegenideologie der Großstadtfeindschaft zwar nicht; wohl aber machen sie deutlich, wie die Sensibilität und Nervosität geartet ist, der man sich mit der Regression auf die heile Welt zu entziehen hofft. Rilke registriert assoziativ und impressionistisch die Eindrücke der Großstadtwirklichkeit – vor allem ihre grausamen und entsetzlichen Seiten (Krankheit, Not, Tod, Armut). Das nervöse Geflimmer des Films wird mit Sprache vorweggenommen – vor allem im ersten Teil, in dem Malte »sehen lernt«: und das bedeutet für ihn die simultane Aufnahme von Umweltreizen, die allenthalben die Unbehaustheit und Verlorenheit des Menschen signalisieren. Während das bürgerliche Bewußtsein das Wohnzimmer als Refugium vor den Stürmen der Welt idolisierte, und so moderne Nervosität in altfränkischen Interieurs zu heilen trachtete, wird bei Rilke das Wohnen zum Erlebnis existentieller Auflösung: »Daß ich es nicht lassen kann, bei offenem Fenster zu schlafen. Elektrische Bahnen rasen läutend durch meine Stube. Automobile gehen über mich hin. Eine Tür fällt zu. Irgendwo klirrt eine Scheibe herunter, ich höre ihre großen Scherben lachen, die kleinen Splitter kichern. Dann plötzlich dumpfer, eingeschlossener Lärm von der anderen Seite, innen im Haus. Jemand steigt die Treppe. Kommt, kommt unaufhörlich. Ist da, ist lange da, geht vorbei. Und wieder die Straße. Ein Mädchen kreischt: Ah tais-toi, je neu veux plus. Die Elektrische rennt ganz erregt heran, darüber fort, fort über alles. Jemand ruft. Leute laufen, überholen sich.« (71)

Das wohlbehütete Haus des Bürgers zerfällt in den Visionen eines »Schwierigen«, der von Todesangst wie Todessucht gleichermaßen bestimmt ist, zur Ruine. Der Anblick einer abgerissenen Häuserzeile etwa ist Chiffre solcher moderner Gefährdung: »Man sah ihre Innenseite. Man sah in den verschiedenen Stockwerken Zimmerwände, an denen noch die Tapeten klebten, da und dort den Ansatz des Fußbodens oder der Decke. Neben den Zimmerwänden blieb die ganze Mauer entlang noch ein schmutzigweißer Raum, und durch diesen kroch in unsäglich widerlichen, wurmweichen, gleichsam verdauenden Bewegungen die offene rostfleckige Rinne der Abortröhre. Von den Wegen, die das Leuchtgas gegangen war, waren graue, staubige Spuren am Rande der Decken geblieben und bogen da und dort, ganz unerwartet, rund um und kamen in die farbige Wand hineingelaufen und in ein Loch hinein, das schwarz und rücksichtslos ausgerissen war.« (72) Das Bild eines ausgeweideten Gebäudes verweist auf die Anatomie einer Gesellschaft, die von der Überhöhung ihrer Selbstherrlichkeit auf die existentielle Misere zurückgeworfen wird. »Da standen die Mittage und die Krankheiten und das Ausgeatmete und der jahralte Rauch und der Schweiß, der unter den Schultern ausbricht und die Kleider schwer macht, und das Fade aus den Munden und der Fuselgeruch gärender Füße. Da stand das Scharfe vom Ruin und das Brennen vom Ruß und grauer Kartoffeldunst und der schwere, glatte Gestank von alterndem Schmalze. Der süße, lange Geruch von vernachlässigten Säuglingen war da und der Angstgeruch der Kinder, die in die Schule gehen, und das Schwüle aus den Betten mannbarer Knaben.« (73) Dies wird nicht eigentlich aus sozialer Sicht beschrieben, wohl aber mit dem Blick auf eine Allzumenschlichkeit, die dann bloßliegt, wenn der Stuck affirmativer Ästhetik abgeschlagen ist. Die Hausruine ist Gegen-raum zum Salon mit seiner parfümierten Sinnlichkeit; Abbruch seiner reich dekorierten Sentimentalität – horror vacui, nun blank, nicht mehr vollgestopft; in der Hausruine ist bourgeoise Heimeligkeit umgeschlagen in die Unheimlichkeit massenhafter Existenz.

Die Salonmalerei · Fidus

Was die Salonmalerei betrifft, so ist sie ein weiteres signifikantes Beispiel für die bürgerlichen Fluchtbewegungen um die Jahrhundertwende: Ausdruck der Sehnsucht nach dem irdischen Paradies, wie sie das gesamte 19. Jahrhundert durchzieht – korrespondierend mit dem Anbruch und der Ausweitung der industriellen Revolution, die das Bild einer häßlichen Welt, einer Welt im Gaslicht, darbot. (74) Solches irdisches Paradies ist weitgehend geprägt durch ein Zurück-zur-Natur, wobei die Natur bald in Form arkadischer Stilisierung (etwa in der bildenden Kunst), bald als gesellschaftliche Harmonisierung (in Form von Sozialutopien) in Erscheinung tritt. Die durch den Realismus in den Seh- und Beobachtungsweisen bewirkte Einsicht, daß das Schöne und das Wahre oft auseinanderklafften, weshalb auch nicht mehr der Glaube an die Kalokagathie (»Schöngutheit«) und an eine sich auf Elysium zuentwickelnde Menschheit vorwaltete, gipfelte in einem generellen Gefühl der Spaltung und Entzweiung bzw. verlorener Identität; sie rief freilich auch, als Gegentendenz, forcierte Anstrengungen zur Überwindung eben dieser Gespaltenheit hervor. Während auf der einen Seite die moderne Nervosität sich als ein Sensorium für die Registrierung der Entzweiung erwies und oft genug zu einer genießerischen Verinnerlichung solchen, an sich leidvollen Zustandes führte, sind auf der anderen Seite die Bemühungen um die Reproduktion eines »goldenen Zeitalters« (Motive bei Ingres, Hans von Marees, Böcklin und Gauguin) ein ästhetisch faszinierender Versuch, Wirklichkeit durch Fiktion zu suspendieren. Nach Herbert Marcuse ist der Charakter der affirmativen Kultur dadurch bestimmt, daß sie die Not des isolierten Individuums mit der allgemeinen Menschlichkeit, das leibliche Elend mit der Schönheit der Seele, die äußere Knechtschaft mit der inneren Freiheit, den brutalen Egoismus mit dem Tugendreich der Pflicht zu beantworten sucht; (75) solches Transzendieren hebt jedoch, da Kunst nicht mehr als das »ganz andere« empfunden, sondern als Wirklichkeit oktroyiert wird (als ob das Als-ob der Kunst realiter geschehe), den ihr immanenten Entfremdungscharakter auf; es erschlafft damit auch ihr revolutionärer, um die Veränderung der Verhältnisse bemühter Elan. Die Salonmalerei um die Jahrhundertwende, weit in die Bereiche der allgemeinen Kunstproduktion hineinreichend, im besonderen aber die Herstellung der Trivialware (in den »Bilderfabriken«) bestimmend, ist geprägt durch das zur Lebenslüge depravierte »Prinzip Hoffnung«. Es vollzieht sich in und mit ihr eine Korruption des ästhetischen Bewußtseins, welche die Sehnsucht des Menschen, eine entzweite Welt wieder »zusammenzuschließen«, zur Beute romantizistischer und klassizistischer Betrüger macht.

Dieser Kunst liegt eine Weltanschauung zugrunde, die durch mythische und dekorative Gebärde den Anspruch überheblicher Selbstsicherheit abzustützen und vor den vage empfundenen, aber immer wieder verdrängten Gefährdungen der Wirklichkeit mit Hilfe sensualistischer Beschwichtigung abzuschirmen sucht. Der Höhenflug solcher Kunst, das forciert Heroische wie die sinnliche Süße, ist auf eine »darüberschwebende« Frag-losigkeit programmiert. Inmitten imperialistischer Kolonialpolitik, ungeahnter wirtschaftlicher Expansion, raschen technischen Fortschritts auf der Basis positivistischer Wissenschaft, aber auch angesichts wachsender sozialer Probleme und nationalistischer wie rassistischer Ideologien, versuchte die tonangebende Schicht (als herrschende Schicht den vorherrschenden Geschmack bestimmend) sich einen Schutzbezirk bereits versunkener oder gerade versinkender gesellschaftsmoralischer Normen abzustecken, in die sie sich vor den Irrungen und Wirrungen eines manischen Profitstrebens zurückzuziehen hoffte. Der Devise des »Enrichissez-vous« konnte sich das schlechte Gewissen des bürgerlichen Bewußtseins nur dadurch versöhnen, daß es dieser Devise ständig den Anschein altväterlicher Solidität gab oder sie mythologisch verpackte. Idealismus, ästhetische Überhöhung und visualisierte ethische Fiktion sollten helfen, inmitten des galoppierenden Fortschritts den Eindruck von Dauer zu erwecken. Was die bourgeoise Scheinsicherheit zu erschüttern vermochte, wurde durch Attitüden überspielt; nirgends Betroffenheit, wohl aber Rührung und Larmoyanz; (und auch, nicht zu übersehen, ein durch Entrüstung oder Exotik ermöglichter Genuß von Grausamkeit). Suggerierte Selbstgewißheit vermittelt sich in den Bildern einer heilen Welt, die dem bürgerlichen Individualismus angesichts aufgelöster Strukturen einen neuen Sinn zu geben suchen. Die enorme Anspannung, unter der diese Kunst steht und entsteht, gibt ihr – wobei der Schritt vom Erhabenen zum Lächerlichen freilich verschwindend klein ist – eine gewisse Würde, so wie ein Mensch, der seine Nervosität mit dem Aufwand letzter Kraft zu zügeln und seine »Lächerlichkeit« nach außen hin zu bezwingen vermag, Respekt erheischt, auch wenn sich kaum Sympathie einstellt. Solcher »angestrengten Erhabenheit« bzw. »erzwungenen Liebreizes« entspricht eine kulturelle Beflissenheit, die als reflexionslose Bejahung des Guten, Schönen und Wahren in Erscheinung tritt, allerdings mit Hilfe »fernliegender Verruchtheit« (vor allem im Topos »Orient« loka-

lisiert) an dem eigenen, im Unbewußten als Fessel empfundenen Moralkodex sich schadlos zu halten sucht. – Die der Salonmalerei eigene
Thematik – Genreszenen (Nach dem Bade, Das Erwachen), Szenen
exotischer Verfremdung (Im Harem) oder mythologischer Erhöhung
(Nymphen, Grazien) – zielt auf eine verschwommene Glückseligkeit,
die mit ihrer hingebungsvoll-schaumigen Nacktheit alle Gedanklichkeit
entsaftet und durch sinnlichen Schmelz das Wahre im Schönen aufhebt.
Das »Tierische« im Menschen wird als Göttliches dargeboten; selbst die
Szene, in der der fesche Leutnant die nackt hingestreckte Dirne auf dem
Pfühl mit dem Post-coitum-omne-triste-Blick mustert, hat noch etwas
von der Aura überirdischer Liebe in sich. Glühende Liebesworte auf
sehnsüchtigen Lippen, heiße Herzen in wogenden Busen, alabasterne
Leiber auf weichen Kissen, aufgelöste Haare im fließenden Wasser (aber
auch aufgeilende Orgien und dekorativer Sadismus) charakterisieren
diese schöne Unverbindlichkeit, bei der Stil durch Technik ersetzt ist.
So wie die Formen und Inhalte ständig auf Verschmelzung tendieren,
die Leiblichkeit gerne androgyn sich präsentiert, ist die Salonkunst
insgesamt als Seelenbadeanstalt organisiert. Nervosität erstarrt in Zuk-
kerbäckerei, wird gefesselt in Ornamentik und in ihrer Sensibilität
durch Sinnlichkeit betäubt. Von einer 1903 in Wien veranstalteten
Gustav-Klimt-Ausstellung schreibt ein zeitgenössischer Kritiker:
»Dann schließlich, das Klimtsche Haar. Dieses proteische Element, das
ornamentale Prinzip an sich. Ein ins Unendliche behandelbarer Urstoff,
spinnbar, krämpelbar, schlängelbar, knüpfbar. Feuriger Wolkenball,
der alle Gestalten annimmt, zuckender Blitz und züngelnde Schlange
wird, kletterndes Rankenwerk, unauflöslich verstrickende Fessel, trie-
fender Schleier, gespanntes Netz. Hier sieht man ihn den Zauberstoff
aus der Natur holen, als Schopf, Mähne, Lockengeringel, als Rohstoff
zu erfinderischer Verarbeitung. Auf diesen schlichten Blättern sind die
natürlichen Keime aller seiner künstlerischen Einbildungen stenogra-
phiert, nach dem Diktat des lebendigen Lebens. Und dazu die besonderen Klimtschen Kurven, seine parabolischen und hyperbolischen Linien, die in der Natur nur zum Teile sichtbar sind. In solchen Schwingungen weht vielleicht der Wind, aber wir sehen ihn nicht.« (76) Dergestalt wucherten Dekors allenthalben – in der Mode, im Städtebau, in den
bourgeoisen Lebensformen. Der Architekt Adolf Loos setzte Ornament mit Verbrechen gleich und versuchte, im ästhetischen Labyrinth
den Ariadnefaden der Einfachheit wiederzufinden. Auf handwerkliche
Solidität, nicht auf sinnlichen Schmelz komme es an. – »All die großartig
tönenden, orgiastischen, panischen, arkadischen, faunischen Phantaste-

reien der Epoche sind ja Stubenpoesie, falsche Freiheitstiraden von Stehkragenträgern, Flucht vor dem, was das neue Jahrhundert unerbittlich verlangte: in der Technik, in der Politik, in der Industrie. Das Leben als kosmisches Phänomen zu besingen, war einer der Wege, vor seiner harten Tatsächlichkeit auszuweichen.« (77)

Das »Lichtgebet« von Fidus (eigentlich Hugo Höppener), erste Fassung 1890, 5. Fassung 1910, 11. und letzte Fassung 1938, in einer ungeheuren Auflagenhöhe vor allem in den Bürger- und Kleinbürgerwohnungen verbreitet, auch Teil der Postkartenikonolatrie, ist ein wichtiges Symptom bzw. »Beweisstück« für die der modernen Nervosität entgegenstehende, ideologisch angelegte und abgerichtete ästhetische Fluchtbewegung der Zeit. Hier, wie im gesamten Werk von Fidus (78), wird der Versuch unternommen, im Rahmen nordischer Weihekunst (bei der sich Naturkunde mit Vegetarismus, Ernährungsreform, Siedlungsbewegung, Freikörperkultur, Frauen- und Ehereform, Reformpädagogik und Jugendbewegung verband) einen Tempeltanz der deutschen Seele zu arrangieren, um auf diese Weise, d. h. durch nationale Verzückung, gesellschaftlichen Konflikten sich zu entziehen und im Paradies einer sektiererischen Weltanschauung Ruhe und Frieden zu finden. Fidus zielt auf eine agrarisch strukturierte, antikapitalistische, in der natürlichen Befriedigung natürlicher Bedürfnisse aufgehende Lebensgemeinschaft, die jedoch bis in die Verkrampfungen ihrer stilistischen und mythischen Elemente ganz auf ästhetischer Gewaltsamkeit beruht. Die propagierten Lebensrunen, etwa im »Lichtgebet« die Stilisierung des aufrechtstehenden Menschen, der mit erhobenen Armen die Sonne »anruft« (ekstatische Versinnlichung eines Per-aspera-ad-astra), signalisieren nicht wirkliche Geborgenheit; Fidus verhüllt moderne Nervosität in kostbarer, heroisch gefältelter Gewandung. »Auf der höchsten Felsenspitze eines Berges breitet ein nackter Knabe seine Arme nach der Himmelshöhe aus. Indem er sich auf den Zehen erhebt, wird uns das Symbol seiner kindlich-vertrauenden Sehnsucht nach Gott noch verständlich beredter«, heißt es in einer zeitgenössischen Beschreibung der 2. Fassung des »Lichtgebets« (1892). (79) Die Furcht vor der »Auflösung« der modernen Welt, das Erlebnis der Diskrepanz zwischen den gesellschaftlich wie politisch geforderten idealtypischen ethischen Normen und dem in allen Bereichen vorwaltenden Relativismus wird durch den Mythos der Solidarität beschwichtigt, der als »Gemeinschaft«, »Bund«, »Bewegung« sich ausprägt und an ein Universum glaubt, in dem Lichtmenschen Lichtgebete zelebrieren. Der Blick nach oben, abgewandt von den Niederungen, versunken in die brünstige Verehrung der Sonne, welche stets die dräuenden Wolken durchdringt, ist wichtigster Bestandteil des bildnerischen Baukastens, aus dem Fidus seine Seelengebäude montiert. Indem er die auch aus vielen anderen weltanschaulichen Traktaten aufquellenden regressiven Sehnsüchte der Menschen dieser Gesellschaft und Zeit, die sich vor den Umbrüchen und Verwerfungen auf ein Stück stabilen und unerschütterlichen Bodens zu retten versuchten, durch Reformbilder von leichter technischer Reproduzierbarkeit absättigte, erreichte er auf eine trivialästhetisch sehr einflußreiche Weise die Umformung moderner Nervosität in den Kult rückwärtsorientierter Beruhigung.

Kraft und Schönheit, verknüpft mit rassischer Überheblichkeit und sozialem Herrenbewußtsein, prägen die Gesichtszüge der in Tempellandschaften plazierten Fidus-Menschen. Die stets präsente Geschlechtlichkeit, Ausdruck der Geschlechtsbesessenheit der Zeit bzw. des zeitgenössischen Triebstaus, wird durch sakrale Gesundheit überlagert; die Kopulationsekstase in Kopulationsmystik transformiert. Die penetrante Herausstellung primärer und sekundärer Geschlechtsmerkmale wird mit Hilfe einer vegetativen Ambiente (etwa in Form hochstilisierter Natur) und einer aggressiven Wehrhaftigkeit (Schwerter-Symbolik) der bürgerlichen Prüderie versöhnt. Der starre Blick der Frauen und Männer korrespondiert mit der Verkrampfung ihrer Muskulaturen. Die konstante Verzückung gibt sich als Morgenwunder und Abendgebet, Hornungssturm und Wintergroll, Gnadennacht und Morgenglück, Königstraum und Brautkleid, Tempeltanz und Mittagslied, Quellsymphonie und Spatenwacht. Die Stimmungslage seiner Kunst charakterisierte Fidus selbst (in nordischer Übersetzung von Karezza) mit dem Begriff der »Dauerkose«. Die Verewigung der »Vorlust« kann als Versuch gedeutet werden, sich durch sexuelle Eurhythmie konkreten sozialen Beziehungen zu entziehen; dies ist insgesamt typisch für die bürgerlichen Fluchtbewegungen. Die von Freud konstatierte und offengelegte, auch bloßgestellte Kluft zwischen kultureller Sexualmoral und triebdynamischer Wirklichkeit soll durch mythisch-ideologische Fülle eingeebnet werden. Doch die illusionäre Brücke über den Abgrund konnte die Realität nicht tragen; Lebenswanderer und Natürlichkeitsapostel á la Fidus stürzten, bevor sie wieder Grund unter die Füße bekamen, in den Faschismus ab, der die Heilung von Neurose bzw. Nervosität (einen Kult des schönen starken Lebens) versprach.

Jugend in Wien

Hatten die bürgerlichen Fluchtbewegungen um die Jahrhundertwende auf die ins kollektive Vor- und Unterbewußte abgedrängten ständigen Erfahrungen des Widerspruchs von Idealität und Realität dadurch reagiert, daß sie sich der damit verbundenen Nervosität (Neurasthenie, Neurotik) zu entziehen trachteten, indem sie durch Regression auf »nervositätsfreie« Bereiche die Last der Verfeinerung abwarfen, sich forciert naiv gerierten und mit ihrer Mystik von Blut und Boden Fragwürdigkeit suspendierten, so findet die kulturpubertäre Ambivalenzstimmung auch eine ganz andere, solcher »Direktheit« konträre Ausprägung: nämlich als Nervosität, die sich »feinsinnig« selbst genießt, narzißhaft in immer neue Sensibilitäten »fortspiegelt« und mit spielerischer Attitüde, bei gleichzeitiger Gewißheit von der letztlichen Vergeblichkeit ästhetischer wie ästhetisierender Projektionen, in tragischer Einsamkeit versinkt. Das Wien der Jahrhundertwende lokalisiert diese kulturpubertäre Gestimmtheit auf eine einmalige Weise. (80)
»Hinter ›fin de siècle‹, ›Wiener decadence‹ verbirgt sich die altgewordene Utopie: noch immer ästhetischer Schein anstelle bürgerlicher Emanzipation, nur daß jetzt, was ursprünglich auf gesellschaftliche Realisierung aus war, nach innen gewandt ist, als Neigung zur subtilen Selbstanalyse. Politische Richtungslosigkeit und subtile Sicherheit des Geschmacks, ein entpolitisiertes öffentliches Leben und eine kaum noch vorstellbare kulturelle Produktivität bedingten einander.« (H. Scheible) (81)
Jugendliche Feinnervigkeit, die zugleich die Müdigkeiten vieler Jahrhunderte auf ihren Lidern spürte, war hier am Werk. Das Leben ein Traum – auch ein Alptraum; das Leben ein Spiel – der Bajazzo weint dazu.
»Da ist ein Einacter in bunten vollen Versen, der scheue Stimmungen und seltene Launen formt; da ist ein Schauspiel, das eine These der Eifersucht zeigen will; da ist die Lust an der Fabel, an der schönen Lüge, die zu glitzern und zu sprühen weiß, wie damals in der italienischen Novelle; da ist die Trunkenheit von schwülen Worten, üppigen Vergleichen, stolzen Reimen; da ist die Qual um unerlebte Sensationen … Das Ich ist unrettbar. Die Vernunft hat die alten Götter umgestürzt und unsere Erde entthront. Nun droht sie, auch uns zu vernichten. Da werden wir erkennen, daß das Element unseres Lebens nicht die Wahrheit ist, sondern die Illusion. Für mich gilt, nicht was wahr ist, sondern was ich brauche, und so geht die Sonne dennoch auf, die Erde ist

wirklich und Ich bin Ich.« Hermann Bahr charakterisierte mit diesen Sätzen (Schriften der Jahre 1894 und 1904 entnommen) das »Junge Österreich«. (82) Wien war der Ort, wo die kulturpubertäre Stimmung sowohl sich verdinglichte als auch sublimierte, eine Stadt irisierender Endzeitstimmung, aus derem Boden das Neue immer wieder emporbrach.

Auf der einen Seite erstarrte Tradition; greisenhaftes Profil – auf Jugendlichkeit geschminkt. Hermann Broch spricht von der Überdeckung von Armut durch Reichtum; Wien in seiner geisterhaften letzten Blütezeit sei ein einmaliges Beispiel dafür, was es bedeute, wenn ein Minimum an ethischen Werten durch ein Maximum an ästhetischen Werten, die keine mehr seien, überlagert werden solle; »sie konnten keine mehr sein, weil der nicht auf ethischer Basis gewachsene ästhetische Wert sein Gegenteil ist, nämlich Kitsch. Und als Metropole des Kitsches wurde Wien auch die des Wert-Vakuums der Epoche.« (83) Die Kennmelodie dieser »goldenen Zeit« der Ringstraßenbauten, der von Makart gestalteten Festzüge und »lebenden Bilder«, der Hofbälle, Monarchenbesuche, der bürgerlichen Hochkultur der »Neuen Freien Presse« und des alten Burgtheaters schuf der Komponist der Francisco-Josephinischen Blütezeit, Johann Strauß. »Glücklich ist, wer vergißt, was doch nicht zu ändern ist …« heißt es in der champagnerseligen »Fledermaus«. (84)

Auf der anderen Seite jedoch erblühte der Glaube an die Erneuerung aus dem Geiste der Tradition: »Jugend in Wien«, das war eine Jugend, die das Vätererbe abzuwerfen, zu vergessen, zu überwinden suchte, die zu kultureller Höchstleistung heranwuchs, die Periode des Eklektizismus mit ihrer genialen Originalität durchsäuerte und die Stadt »stickiger Sicherheit« in eine Örtlichkeit vibrierenden künstlerischen Aufbruchs verwandelte. Abkömmlinge »roher, aber kräftiger Familien als Eroberer in die Großstadt kommend« (so Sigmund Freud), (85) erblühend und verwelkend, fermentierten die Metamorphosen der Fin-de-siècle-Gesellschaft. »Trotz der vielbeschworenen Agonie des Vielvölkerstaates war der Wille zur Repräsentation ungebrochen; schöpferischer Phantasie und einer lebendigen Geistigkeit entsprangen eine Fülle neuer Impulse. Viele Werke, Ideen und Bewegungen, die das kulturelle Leben des 20. Jahrhunderts befruchtet und gefördert haben, sind in ihren Ursprüngen im Boden dieser Stadt verwurzelt. In Dichtung und bildenden Künsten, Musik, Kunstgewerbe, Oper und Schauspiel, aber auch in Medizin und Psychologie erwuchsen in knappem Zeitraum Leistungen von ungewöhnlichem Rang. Hier entfaltete der junge Hofmannsthal

seine betörenden Sprachwunder, schockierte Kraus mit der brillanten Aggressivität seiner roten Fackelhefte. Schnitzler nahm mit seinem Einakter dichterisch vorweg, was dann Sigmund Freud innerhalb der Psychiatrie und in der Folge auch der Literatur als neues Feld erschloß. Von Wien aus erfuhr die moderne Musik – Schönberg ist 1874 geboren – entscheidende Anregungen, die Wiener Sezession, die Wiener Werkstätte, das Wiener Theater setzten weitgeltende Maßstäbe.« (B. Zeller) (86) Diese alte Welt wollte jung sein, grell aufglänzen; zugleich aber wurde solche Modernität als Leiden empfunden – und als solches stilisiert; das Spiel der Nerven erwies sich als Versuchung und Beglückung zugleich. In einem Feuilleton der Frankfurter Zeitung vom 9. August 1893 schreibt Hugo von Hofmannsthal: »Heute scheinen zwei Dinge modern zu sein: die Analyse des Lebens und die Flucht aus dem Leben. Gering ist die Freude an Handlung, am Zusammenspiel der äußeren und inneren Lebensmächte, am wilhelm-meisterlichen Lebenlernen und am shakespearischen Weltlauf. Man treibt Anatomie des eigenen Seelenlebens oder man träumt. Reflexion oder Phantasie, Spiegelbild oder Traumbild. Modern sind alte Möbel und junge Nervositäten. Modern ist das psychologische Graswachsenhören und das Plätschern in der reinphantastischen Wunderwelt. Modern ist Paul Bourget und Buddha; das Zerschneiden von Atomen und das Ballspielen mit dem All; modern ist die Zergliederung einer Laune, eines Seufzers, eines Scrupels; und modern ist die instinktmäßige, fast somnabule Hingabe an jede Offenbarung des Schönen, an einen Farbenaccord, eine funkelnde Metapher, eine wundervolle Allegorie … Die landläufige Moral wird von zwei Trieben verdunkelt: dem Experimentiertrieb und dem Schönheitstrieb, dem Trieb nach Verstehen und dem nach Vergessen.« (87)
Das, was W. Erb im gleichen Jahr (1893) einer technisierten, materialistisch gewordenen Welt ankreidet, worauf dann Sigmund Freud fünfzehn Jahre später rekurriert, wird bei Hofmannsthal gewissermaßen triebdynamisch erklärt, wobei er das Ergebnis der Analyse in seiner Existenz und in seinem Werk selbst verkörperte: Bald die Wirklichkeit analytisch sezierend, bald ihr somnambul hingegeben, genoß er die Offenbarungen des Schönen – dem »Trieb« nach Verstehen wie nach Vergessen gleichermaßen sich überlassend. (88)
Stefan George (89), der 1891 nach Wien gekommen war und im Dezember im Künstler- und Literatencafé Griensteigl Hugo von Hofmannsthal getroffen hatte, schrieb (in einem nicht abgesandten Brief) an den neuen Freund: »In Ihrem engeren land jedoch (dessen verhältnisse wie Sie vielleicht einmal erfahren werden ich besser weiß als Sie ahnen und

das ich sehr liebe) weht ein müder verlassener zug und Ihre ganz dortige jugend hat etwas rückgratloses bei äußerlicher überbildung und gefällt sich in einer äußerlichen süßlichen verkommenheit. Sie sind durch Ihren geist diesen fährnissen entschlüpft und brauchen deshalb auch ihr opfer nicht zu sein.« (90) Aus der Vermählung von Niedergang und Aufbruch entstand eben die Melancholie genauso wie die Unbekümmertheit. Nervosität – das war einerseits das Erzittern vor der Gefährdung, andererseits das Beben tatensüchtiger Kraft.

Moderne Nervosität ist im Farben- und Luftgeflimmer des Impressionismus gleichermaßen präsent wie im neoromantischen Psycho-Stil, der momentane Eindrücke in Sprachpartikeln zu fixieren und die Schwingungen des Seelenlebens als Netzhautbilder zu registrieren sucht. (91) Analog dazu das Aufkommen der Photographie und die Bedeutung des Feuilletons, das als sensibilisierte literarische Schreib- und Betrachtungsweise in der damaligen Zeit eine besondere Ausprägung erfuhr. Stefan Zweig berichtet in seinen »Lebenserinnerungen«: »Dieser Tempel des »Fortschritts« barg nun noch ein besonderes Heiligtum, das sogenannte ›Feuilleton‹, das wie die großen Pariser Tageszeitungen, der ›Temps‹ und das ›Journal des Débats‹, die gediegensten und vollendetsten Aufsätze über Dichtung, Theater, Musik und Kunst ›unter dem Strich‹ in deutlicher Sonderung von dem Ephemeren der Politik und des Tages publizierte. Hier durften nur die Autoritäten, die schon lange Bewährten zu Wort kommen. Einzig die Gediegenheit des Urteils, vergleichende Erfahrung vieler Jahre und vollendete Kunstform konnten einen Autor nach Jahren der Erprobtheit an diese heilige Stelle berufen.« (92)

In seinen impressionistisch-pointillistischen Skizzen »Das Österreichische Antlitz« (1909), von der Wehmut über den Untergang einer gerade doch wieder in Jugendlichkeit sich regenerierenden dekadenten Gesellschaft geprägt, der Ambivalenz der Zeit sich voll hingebend, hat Felix Salten heiter-melancholische Psychogramme und Topoi der Wiener Szene gezeichnet; darunter auch das Portrait des Feuilletonisten und Bohemien Peter Altenberg: »Ist es nicht merkwürdig, wie er so an der Peripherie des Alltags dahinwandelt, am äußern Rand des bürgerlichen Lebens, an den Grenzlinien, wo das Wohlgeordnete sich löst, wo viele Dinge, die sonst als unumstößlich gelten, zweifelhaft werden! Er ist jetzt fünfzig Jahre alt, ist in diesem heutigen Wien eine der interessantesten, subtilsten und ergreifendsten Existenzen, ist für alle Wissenden in Europa ein geliebter und bewunderter Dichter, in dem großen geistigen Orchester ein Instrument, dessen besonderer Klang durchdringend und aus tausend Stimmen kenntlich bleibt ... und für das Amüsierpublikum vom Maxim, vom Café Central und vom Kabarett Fledermaus eine Kuriosität, ein ridiküles Schaustück neugierigen Bürgersleuten.« (93) Das Feuilleton war Element subjektivistischer Kombinationskunst, Schwebezustand zwischen Ironie und tieferer Bedeutung, Charme und Aggressivität; es war zugleich bestimmt durch eine Diffusion der Themen und Stoffe, getragen von der Überzeugung, daß man letztlich alles feuilletonistisch aufbereiten könne; (wie Karl Kraus es formulierte, als er davon sprach, daß das Feuilleton auch auf einer Glatze Locken ziehen könne). Diese Welt oberflächlichen Tiefsinns und stringenter Ablenkung, mit leichter Hand das Schwierige angehend und, nach einem Wort von Arthur Schnitzler, voller Zärtlichkeit für die eigene Neurose, fand seinen Topos im Kaffeehaus, dem ambivalenten Kommunikationsort einer ambivalenten Kultur. »Diese rauchgeschwängerte, durch Gasflammen verdorbene, durch das Beisammensitzen vieler Menschen verpestete Luft, dieses Durcheinanderschwirren von Kommenden und Gehenden, gesprächigen Gästen und geschäftigen Kellnern, dieses Gewirr schattenhafter Erscheinungen und unbestimmbarer Geräusche macht jedes ruhige Nachdenken, jede gesammelte Betrachtung unmöglich. Die Nerven werden überreizt, Gedächtniskraft, Aufmerksamkeit und Fassungsvermögen werden geschwächt. Der Kaffeehausleser gelangt dahin, jeden Artikel, jedes Feuilleton, alles, was mehr als hundert Zeilen lang ist, ungenießbar zu finden. Er hört überhaupt auf zu lesen, er ›blättert‹ nur mehr. Zerstreuten Blickes durchfliegt er die Zeitungen – ein Dutzend in einer Viertelstunde – und nur das Unterstrichene, das ›Großgedruckte‹, nur gesperrte Lettern vermögen sein Auge noch ein Weilchen zu fesseln. Er wird unausstehlich blasiert. Er braucht, um aus seiner öden Gedankenlosigkeit aufgerüttelt zu werden, etwas ›Sensationelles‹, wie der verlebte Wüstling raffinierter Ausschweifungen bedarf, um noch eine Reizung zu empfinden.« (94) Der feuilletonistische Kaffeehausstil war freilich auch von tiefen Anfechtungen heimgesucht; das Bewußtsein der Problematik sprachlicher Artikulation führte zum Umkippen witzelnder Hybris in schweigsamen Ekel, konversierender Brillanz ins taedium linguae. 1901 schrieb Hugo von Hofmannsthal im »Brief des Lord Chandos« (einer fiktiven Gestalt, die er ins 17. Jahrhundert zurückverlegte), in dem dieser wegen »des gänzlichen Verzichtes auf literarische Betätigung« sich bei seinem Freund Francis Bacon entschuldigt: »Zuerst wurde es mir allmählich unmöglich, ein höheres oder allgemeineres Thema zu besprechen und dabei jene Worte in den Mund zu nehmen, deren sich doch alle Menschen ohne Bedenken geläufig zu bedienen pflegen. Ich empfand ein unerklärliches Unbehagen, die Worte ›Geist‹, ›Seele‹ oder ›Körper‹ nur auszusprechen. Ich fand es innerlich unmöglich, über die Angelegenheiten des Hofes, die Vorkommnisse im Parlament oder was Sie sonst wollen, ein Urteil herauszubringen. Und dies nicht etwa aus Rücksichten irgendwelcher Art, denn Sie kennen meinen bis zur Leichtfertigkeit gehenden Freimut: sondern die abstrakten Worte, deren sich doch die Zunge naturgemäß bedienen muß, um irgendwelches Urteil an den Tag zu geben, zerfielen mir im Munde wie modrige Pilze.« (95) So ist es auch zu verstehen, wenn der größte Feuilletonist der Zeit, Karl Kraus, sich zugleich als erbittertster Kritiker des Feuilletons erwies – in sich die Ambivalenz des modernen Feuilletons verkörpernd: die Leidenschaftlichkeit einer ganz der Sprache zugewandten Sensibilität auf der einen Seite, auf der anderen kritische Aggressivität gegenüber der angemaßten Rolle der Presse, die Bewußtsein mit Hilfe verhunzter Sprachkultur zu manipulieren suchte. Karl Kraus war ein »Schwieriger«, der die Kunst der literarischen Konversation auf einen besonderen Höhepunkt brachte, doch sich ständig von beredter Sinnlosigkeit umstellt sah, der die Leidenschaftlichkeit jugendlichen Engagements mit der Melancholie alternder Avantgarde verband, aber oft genug (vor allem in seinen Liebesbriefen) in dahinschmelzende Sentimalität sich flüchtete. (96) Er verkörpert im besonderen Maße die Widersprüchlichkeiten einer pubertären Kulturepoche, die so viele schillernde Blüten zarter Dekadenz und manieristischer Jugendlichkeit, vibrierender Nervosität und ekstatischer Leidenschaft hervorbrachte – die zugleich ihre Gefühle ironisierte und parodierte, unstillbare Sehnsüchte genoß und zersetzte, an die Kraft der Sprache glaubte und ihr Verwelken wie ihren Mißbrauch beklagte. (97)

Wien war magna mater und zugleich femme fatale. »Versuchsstation für Weltuntergänge«, nannte sie Karl Kraus. Im Untergrund brodelte das soziale Elend. Ein Zeitgenosse (der Redakteur Friedrich Funder) berichtet: »Nächtelang schritten wir durch Elendsquartiere, in denen Menschen zusammengedrängt waren wie Tiere, die zur Schlachtbank bestimmt sind. In diesen Wohnhöhlen brüten stumpfe Hoffnungslosigkeit, Verzweiflung, Trotz gegen eine Gesellschaftsordnung, die Menschen auf Erden zur Hölle verdammte, und das Laster in allen Formen … Kinderreiche Familien der Arbeiter und Stückmeister halfen sich durch die Aufnahme sogenannter Bettgeher. Das waren Menschen, die dazu verurteilt waren, nicht einmal ein Kellerloch als eigene Wohnstatt zu besitzen. Nur für die Nacht gehörte ein Unterschlupf ihnen, in

fremdem Wohnraum ein Bett, das sie nicht selten mit einem Schicksalsgenossen zu teilen hatten. In Wien gab es 80000 bis 100000 dieser
Bettgeher. Diese überfüllten Wohnungen waren Brutstätten des Elends
jeder Art.« (98) Adolf Hitler, der in solchem Milieu seinen Menschen-
haß entwickelte, nannte die fünfeinhalb Jahre in Wien (1908–1913) »die
traurigste Zeit« seines Lebens; als Zielscheibe für die Projektion seiner
Aggressivität wählte er sich das Judentum, den Marxismus, das »Völ-
kergemisch« der Stadt. Die »in die Tiefe versenkten Triebe«, die Hermann Bahr in seinem bitterbösen Buch »Wien« (1906) (99) in dieser
Stadt unheilvoll im Untergrund zur Explosion bereitstehen sah, suchte
der eine, der »Täter« Adolf Hitler, noch tiefer hinabzustoßen, damit sie
aus dem Abgrund heraus ihre verderbliche, politischer Zwielichtigkeit
dienende Macht entfalten könnten; suchte der andere, der Arzt Sigmund Freud, aus ihrem »zweifelhaften Höhlenkönigreich Ich« (100)
herauszuholen und durch Bewußtmachung zu »veredeln«, zugleich auf
die Heilung ihrer traumatischen Auswirkungen bedacht. (101)
»In dieser Zeit sollte mir auch das Auge geöffnet werden für zwei
Gefahren, die ich beide vordem kaum dem Namen nach kannte, auf
keinen Fall aber in ihrer entsetzlichen Bedeutung für die Existenz des
deutschen Volkes begriff: Marxismus und Judentum.
Wien, die Stadt, die so vielen als Inbegriff harmloser Fröhlichkeit gilt,
als festlicher Raum vergnügter Menschen, ist für mich leider nur die
lebendige Erinnerung an die traurigste Zeit meines Lebens. Auch heute
noch kann diese Stadt nur trübe Gedanken in mir erwecken. Fünf Jahre
Elend und Jammer sind im Namen dieser Phäakenstadt für mich enthalten. Fünf Jahre, in denen ich erst als Hilfsarbeiter, dann als kleiner Maler
mir mein Brot verdienen mußte; mein wahrhaft kärglich Brot, das doch
nie langte, um auch nur den gewöhnlichen Hunger zu stillen … Das
Wohnungselend des Wiener Hilfsarbeiters war ein entsetzliches. Mich
schaudert noch heute, wenn ich an diese jammervollen Wohnhöhlen
denke, an Herberge und Massenquartier, an die düsteren Bilder von
Unrat, widerlichem Schmutz und Ärgerem … Wo immer ich ging, sah
ich nun Juden, und je mehr ich sah, um so schärfer sonderten sie sich für
das Auge von den anderen Menschen ab … Mir wurde bei dem Geruche
dieser Kaftanträger später manchmal übel. Dazu kam noch die unsaube-
re Kleidung und die wenig heldische Erscheinung.
Dies alles konnte schon nicht sehr anziehend wirken; abgestoßen mußte
man aber werden, wenn man über die körperliche Unsauberkeit hinaus
plötzlich die moralischen Schmutzflecken des auserwählten Volkes entdeckte … Indem ich mich des Juden erwehre, kämpfe ich für das Werk

des Herrn.« (So Hitler, in Rückerinnerung an seine Wiener Zeit, in seinem 1925 erschienenen Buch »Mein Kampf«.) (102)

»Zwar gehöre ich einer Rasse an, die im Mittelalter für alle Volksseuchen verantwortlich gemacht wurde und die in der Gegenwart die Schuld am Zerfall des Reiches in Österreich und die am Verlust des Krieges in Deutschland tragen soll. Solche Erfahrungen wirken ernüchternd und machen wenig geneigt, an Illusionen zu glauben. Auch habe ich wirklich einen großen Teil meiner Lebensarbeit ... dazu verwendet, eigene und Menschheitsillusionen zu zerstören. Aber wenn diese eine sich nicht irgendwie annähernd realisieren läßt, wenn wir nicht im Laufe der Entwicklung lernen, unsere Destruktionstriebe von unseresgleichen abzulenken, wenn wir fortfahren, einander wegen kleiner Verschiedenheiten zu hassen und um kleinen Gewinn zu erschlagen, wenn wir die großen Fortschritte in der Beherrschung der Naturkräfte immer wieder für unsere gegenseitige Vernichtung ausnützen, welche Zukunft steht uns da bevor? Wir haben es doch wahrlich schwer genug, die Fortdauer unserer Art in dem Konflikt zwischen unserer Natur und den Anforderungen der uns auferlegten Kultur zu bewahren.« (So Sigmund Freud in einem Brief an Romain Rolland 1923.) (103)

Progenitive Moral und Gründerzeitelan

Freud unterscheidet (in »Die ›kulturelle‹ Sexualmoral und die moderne Nervosität«) drei Kulturstufen. Eine erste, auf welcher die Betätigung des Sexualtriebes auch über die Ziele der Fortpflanzung hinaus frei ist; eine zweite, auf welcher alles am Sexualtrieb unterdrückt ist, bis auf das, was der Fortpflanzung dient; und eine dritte, auf welcher nur die legitime Fortpflanzung als Sexualziel zugelassen wird. Dieser dritten Stufe entspräche unsere gegenwärtige kulturelle Sexualmoral. Nimmt man die zweite dieser Stufen zum Niveau, so müsse man konstatieren, daß eine Anzahl von Personen den Anforderungen derselben nicht genügten: die Entwicklung des Sexualtriebes vom Autoerotismus zur Objektliebe, mit dem Ziel der Vereinigung der Genitalien, habe sich nicht »korrekt« und durchgreifend genug vollzogen; aus solchen Entwicklungsstörungen ergäben sich zweierlei schädliche Abweichungen von der normalen, d. h. kulturförderlichen Sexualität, die sich zueinander nahezu wie positiv und negativ verhielten. Es seien dies, abgesehen von den Personen mit überstarkem und unhemmbarem Sexualtrieb überhaupt, die verschiedenen Gattungen der Perversen, bei denen eine

infantile Fixierung auf ein vorläufiges Sexualziel das Primat der Fort-
pflanzungsfunktion aufgehalten habe, und die Homosexuellen oder
Invertierten, bei denen auf noch nicht ganz aufgeklärte Weise das Sexualziel vom entgegengesetzten Geschlecht abgelenkt werde. Die Perversionen machten deren Träger sozial unbrauchbar und unglücklich, so
daß selbst die Kulturanforderungen der zweiten Stufe als eine Quelle
des Leidens für einen gewissen Anteil der Menschheit anerkannt werden müßten. »Das Schicksal dieser konstitutiv von den anderen abweichenden Personen ist ein mehrfaches, je nachdem sie einen absolut
starken oder schwächeren Geschlechtstrieb mitbekommen haben. Im
letzteren Falle, bei allgemein schwachem Sexualtrieb, gelingt den Perversen die völlige Unterdrückung jener Neigungen, welche sie in Konflikt mit den Moralanforderungen ihrer Kulturstufe bringen. Aber dies
bleibt auch, ideell betrachtet, die einzige Leistung, die ihnen gelingt,
denn für diese Unterdrückung ihrer sexuellen Triebe, verbrauchen sie
die Kräfte, die sie sonst an die Kulturarbeit wenden würden. Sie sind
gleichsam in sich gehemmt und nach außen gelähmt.« (104)
Bei intensiverem, aber perversem Sexualtrieb seien zwei Fälle des Aus-
gangs möglich. Der erste ist der, daß die Betroffenen pervers bleiben
und die Konsequenzen ihrer Abweichung vom Kulturniveau zu tragen
haben. Der zweite Fall bestehe darin, daß unter dem Einfluß der Erziehung und der sozialen Anforderungen eine Unterdrückung der perversen Triebe erreicht werde, aber eine Art von Unterdrückung, die eigentlich keine sei, sondern die besser als ein Mißglücken der Unterdrückung
bezeichnet werden könne. Die gehemmten Sexualtriebe äußerten sich
zwar dann nicht als solche, aber sie äußerten sich auf andere Weisen, die
für das Individuum genau so schädlich seien und es für die Gesellschaft
ebenso unbrauchbar machten, wie die unveränderbare Befriedigung
jener unterdrückten Triebe. »Die Ersatzerscheinungen, die hier infolge
der Triebunterdrückung auftreten, machen das aus, was wir als Nervosität, spezieller als Psychoneurosen beschreiben.« (105)
Nach Freud gehören die Neurotiker zu jener Klasse von Menschen, die
es bei widerstrebender Organisation unter dem Einfluß der Kulturanforderungen zu einer nur scheinbaren und immer mehr mißglückenden
Unterdrückung ihrer Triebe bringen und die darum ihre Mitarbeiterschaft an den Kulturwerken nur mit großem Kräfteaufwand unter
innerer Verarmung aufrechterhalten könnten oder zeitweise als Kranke
aussetzen müßten. Die Neurosen bezeichnet Freud als das »Negativ«
der Perversionen, weil sich bei ihnen die perversen Regungen nach der
Verdrängung aus dem Unbewußten des Seelischen äußerten; sie eben

dieselben Neigungen wie die »positiv« Perversen im »verdrängten« Zustand enthielten.

Setzt man diese Vorstellungen in Beziehung zur kulturmorphologischen Situation der damaligen Zeit, so ergibt sich, daß die mit der Fortpflanzung identischen Anforderungen der Kulturmoral (die sich so als Progeniturmoral ausweist) mit dem expandierenden Materialismus korrespondieren, der die Anhäufung von Wohlstand und Reichtum in den Dienst eines Höheren stellt, die pure individuelle Befriedigung mißachtet und die persönliche Glückseligkeit der Hektik nationalen Fortschrittsstrebens opfert.

Heinrich Mann hat in seinem 1918 erschienenen, jedoch bereits 1914 beendeten Roman »Der Untertan« eine belletristische, die Zeitsituation jedoch sehr realitätssicher treffende Illustration zur bürgerlichen Sexualmoral geliefert. Diederich Heßling, der »Held« des Romans, ist in seinem Gründerzeitelan bestimmt durch die kritiklose Anerkennung des offiziellen Wertsystems wie der autoritären Staats- und hierarchisch gegliederten Gesellschaftsordnung. Die »Welt der Kultur« hat mit der täglichen Verhaltensweise nichts zu tun; sie ist der affirmative Himmel, in den man sich hineinträumt, wenn die Sehnsüchte nach dem Höheren das Gemüt sentimental ergreifen. Auf das leibliche Elend antwortet er mit der Schönheit der Seele: Er verläßt das Mädchen, das er verführt hat, da er eine jungfräuliche Person als Mutter seiner Kinder wünscht; am Abend, da er ihr den Laufpaß gibt, spielt er Schubert. Seinen brutalen Egoismus kaschiert er mit dem Tugendreich der Pflicht: Als ein Arbeiter auf offener Straße wegen Rebellion niedergeschossen wird, hat dies für Heßling »etwas direkt Großartiges, sozusagen Majestätisches. Daß da einer, der frech wird, einfach abgeschossen werden kann, ohne Urteil, auf offener Straße! ... Da sieht man doch, was Macht heißt!« (106) – Die psychische Verkümmerung des Individuums, das Defizit an spontaner Herzlichkeit und privater Intimität tritt im satirischen Höhepunkt des Romans am deutlichsten hervor – in der Hochzeitsnacht, dem mystischen Fixpunkt bourgeoisen Liebesverlangens: »Als sie aber schon hinglitt und die Augen schloß, richtete Diederich sich nochmals auf. Eisern stand er vor ihr, ordensbehangen, eisern und blitzend: ›Bevor wir zur Sache selbst schreiten‹, sagte er abgehackt, ›gedenken wir Seiner Majestät, unseres allergnädigsten Kaisers. Denn die Sache hat den höheren Zweck, daß wir Seiner Majestät Ehre machen und tüchtige Soldaten liefern.« (107)

Die Bürgerlichkeit Sigmund Freuds – als Jude wie Österreicher mit seiner Familienauffassung sowieso in einem anderen kulturellen und gesellschaftlichen Kontext stehend – ist natürlich vom extrem »preußischen«, wilhelminisch überhöhten Familien»ethos« mit seiner nationalen Progeniturmoral weit entfernt. Dennoch lassen sich bei Freud selbst, dem Analytiker bürgerlicher Sexualmoral, Züge feststellen, die dieser zu eigen sind: konstatiert er doch, daß im Gegensatz zu den ursprünglichen »natürlichen Trieben« die ehelich-monogame Moral auf Kinderzeugung allein ausgerichtet sei; indem er auf die natürliche Sexualmoral rekurriert und diese mit der »anderen«, bei ihm nicht national, sondern kulturell legitimierten Sexualmoral konfrontiert, akzeptiert er sie indirekt. Freud substituiert nämlich die herrschende bürgerliche Moral durch die Kulturmoral schlechthin und verhält sich damit so wie in fast allen seinen Schriften: er »verwandelt« eine historisch bedingte sozialpsychische Erfahrung in Seinen anthropologischen Grund-Satz. Diese ihn selbst in den Überbau bourgeoiser Denkungsart fest einspannende Geisteshaltung macht es ihm auch unmöglich, andere Gründe für die moderne Nervosität anzugeben als solche, die durch den Widerspruch von kultureller und natürlicher Sexualmoral bestimmt sind. Die Einseitigkeit seiner sexualpathologischen Deutung erweist sich als Ergebnis schichtenspezifischer Axiomatik, die ihre Ursache im spätbürgerlichen »falschen« Bewußtsein hat. Nur derjenige, der voll aufzugehen vermag in dieser progenitiv orientierten, von den eigenen Produktivkräften überzeugten, die Potenz verherrlichenden Welthaltung, fühle sich wohl; derjenige, der solche Kulturanforderungen nicht zu erfüllen vermag, gelte, seine Minderwertigkeit meist selbst internalisierend, als pervers. Bei dem Bemühen, diese Perversität zu überwinden, verbrauche er seine Energie. Die »Mitarbeiterschaft an den Kulturwerken« ist eben nur mit großem Kraftaufwand und unter innerer Verarmung möglich und wird im Zustand der Krankheit gänzlich ausgesetzt.

Begreift man den »Gründerzeitelan« als kollektive Verdinglichung progenitiver Moral, ständig Besitz, Kapital, Macht, Herrschaft, Prestige »zeugend« und »gebärend«, so liefern Freuds Ausführungen auch für die »Psychoanalyse« dieses Elans den entsprechenden »Schlüssel«: Die Anforderungen des deutschen Idealismus, vor allem ans Bürgertum adressiert und mit den Kulturanforderungen insgesamt identisch, gipfelten – epigonalisiert – im nationalen Anspruch, ein Volk der Dichter und Denker zu sein. Dergestalt wurde das bürgerliche kulturelle Bewußtsein auf ein Postament erhoben, von dem aus es glaubte, auf die Niederungen des Menschlichen und Allzumenschlichen herabsehen zu können. (108) Da jedoch gerade aus diesen »Niederungen« – nämlich dem eigenen Es – ständig die von der kulturellen Sexualmoral verpönten

und zensierten Triebe ins Bewußtsein drängten, war solches Kulturbewußtsein nichts anderes als ein Ausdruck des (neurotischen) Auswei-
chens vor der seelischen Wirklichkeit. Es transportierte zudem die
verdrängten Perversionen mit sich – d. h. aus dem Gefühl sexueller
Abartigkeit (den gesellschaftlichen Sexualnormen nicht entsprechen zu
können) entstand jene für die Gründerzeit so charakteristische narzißtische und exhibitionistische Parvenuementalität, die mit großem Kraftaufwand unter innerer Verarmung die »Mitarbeiterschaft an den Kulturwerken« aufrechtzuerhalten suchte; es ging darum, bild- und wort-
reich über die verlorene Identität sich hinwegzulügen, indem man Illusionen verabsolutierte und Ideale eindimensional verherrlichte. Schließlich war die massierte Stofflichkeit der Zeit jedoch stärker als die Kraft
der vorgetäuschten Kulturarbeit; das Bemühen um Abstützung der
Fassade mißlang; aus dem Zusammenbruch stürzte man sich, in der
Krankheit nun die Mitarbeit an den Kulturwerken gänzlich aussetzend,
in die »Freiheit« der Gewalttätigkeit – Barbarei als Erlösung vom kul-
turneurotischen Zustand empfindend. Die Jugend marschierte ab in die
Stahlgewitter des Ersten Weltkriegs.

Ventilsitten · Psychologie des Seitensprungs

Wenn Freud familienpsychologisch feststellt, daß in vielen Familien die
Männer gesund, aber in sozial unerwünschtem Maße unmoralisch, die
Frauen edel und überfeinert, aber dafür schwer nervös seien, (109) so
läßt sich dies auch gesellschaftstypologisch verstehen, freilich in einem
veränderten Sinne: Die in einem sozial unerwünschten Maße »unmoralischen« Männer sind, wenn man sich die Psychogramme der damaligen
Zeit vergegenwärtigt, nur in einem sehr geringen Maße »gesund« unmoralisch, d. h. die von Freud hier unterstellte, gewissermaßen »naive«
Fähigkeit der Verweigerung gegenüber den Ansprüchen kultureller
Sexualmoral fehlt; sie erfolgt vielmehr mit schlechtem Gewissen, das die
Offenheit scheut und stattdessen Unmoral auf verstohlenen Wegen,
sozusagen nebenbei, zu praktizieren sucht. Es handelt sich also nicht
um einen kämpferischen Gegensatz zur herrschenden Norm, sondern
um »Ausflucht« auf den Seitenpfad, den Seitensprung. Die Sitte wird
durchaus »bejaht«, weil man zur Abreaktion die Ventilsitten – von der
Pornographie bis zum »Verhältnis« bzw. zur »Liaison« –, notfalls auch
nur die Psychoanalyse zur Verfügung hat. Die bürgerliche Gesellschaft

verschafft sich zudem mit der Boheme eine Atmosphäre, welche die Ventilsitten romantisiert und so von blanker Unmoral abrückt. Im Zwielicht arrangiert man sich auf seine Weise mit den strahlenden Idealen der Moral, die von oben herab, aus dem affirmativen Himmel, die Szenerie überglänzen, aber »unten« als gebrochenes Licht »ankommen«. Der Dandy, der die derart »schummerigen« Gefilde mit scharfem Blick für die mögliche Beute seiner Sinnlichkeit durchstreift – und diese besteht im »süßen Mädel« (der gelegenheitsorientierten oder gewerbsmäßigen Dirne) sowie in der »fremdgehenden« bürgerlichen Geliebten – genießt dieses Spiel der Zweideutigkeit. Unmoral wird in geschickter Weise der Tagesmoral entzogen – ist »Nachtvergnügen«. »Das Wichtigste aber bleiben die jungen Mädchen, welche tanzen. Man sitzt rings um eine leere Mitte, an kleinen Tischchen. Und da kommen die jungen Mädchen. Das ist – zwischen ein und vier Uhr früh – wirklich sehr hübsch. Es sind lauter niedliche kleine Mädchen, manche von ihnen sind schön, manche sind nur angenehm; manche sind begabt und manche sind ohne Geschicklichkeit; manche sind voll Anmut und manche sind ganz hilflos; manche sind schüchtern, ja verlegen, und manche wieder sind sehr frech. Aber alle zusammen haben etwas Sanftes in ihrem Wesen, alle zusammen sind wie die Kinder, scheinen vom wirklichen Leben gar nichts zu wissen. Sie sind ganz arglos in ihren Begierden, in ihrer Gefallsucht, in ihren kleinen, durchsichtigen Raffinements.« (F. Salten) (110)

Die Dokumente, Dichtungen und sonstigen Zeugnisse der bürgerlichen Schicht aus dieser Zeit vermitteln eine sozialpsychologische Indiziensammlung, aus der sich das Dossier einer Gesellschaft ergibt, die – vom Realitätsprinzip aufgrund ihrer Privilegien weitgehend befreit – zum Müßiggang »verurteilt« und dem Lustprinzip ausgeliefert war. So jedenfalls empfand es das bürgerliche Bewußtsein, das mit schlechtem Gewissen die Dominanz des Lustprinzips wahrnahm, diesem sich aber in Ermangelung anderer motivierender Impulse (z. B. sozialer Ziele) nicht zu entziehen vermochte; das bürgerliche Gewissen ließ freilich – als Zensor – Lust nur in »Verkleidung« bzw. abgesichert durch kaschierende Rechtfertigung zu. Eine dieser Legitimationen hieß »Ehre« und die Kavalierswelt machte in Form des Duells eifrig Gebrauch von diesem Fetisch, an den sie sich angesichts des ethischen Vakuums zu klammern suchte. (111)

Tragikomisch manifestierte sich inmitten der moralischen Kulissenwelt die Unterdrückung der Frau, deren Versklavung mit goldenen Ketten erfolgte: Durch Verweigerung von Selbständigkeit wurde sie aufs schöne Luxus- und Lustobjekt hin festgelegt und, zur kapitalistischen Wertsteigerung, auf Schönheit getrimmt; Objekt für den Voyeur wie für den Profiteur. Der Mythos der Hochzeitsnacht etwa taxiert Unberührtheit als Spitzenpreis, der vom schlechten Gewissen durch die Wertschätzung von Keuschheit beglichen wird.

Das bürgerliche Sexualleben tritt in Arthur Schnitzlers Dramen und Novellen, vor allem auch in seiner Autobiographie »verdichtet« in Erscheinung. Freud war sich der weitreichenden Übereinstimmung bewußt, die zwischen seinen Auffassungen psychologischer und erotischer Probleme und denen des Dichters bestand. »Ich habe mich oft verwundert gefragt, woher Sie diese oder jene geheime Kenntnis nehmen konnten, die ich mir durch mühselige Erforschung des Objekts erworben, und endlich kam ich dazu, den Dichter zu beneiden, den ich sonst bewundert«, heißt es in einem Brief Freuds an Schnitzler aus dem Jahre 1906. (112) – Schnitzler bot auf melancholisch-mokante Weise, getragen vom Flair der alten Stadt Wien (ihren Cafés und Kasinos, Parks und Theatern, Boudoirs und Ladengeschäften, Promenaden und Dachstuben), erotische Vignetten zu dem, was Freud in Theoreme faßte: das Profil einer luxuriösen Demimonde, die sich Familienidyll wie Liebelei, kulturelle Verfeinerung wie Hysterie, Ehrenkodex wie Seitensprung gleichermaßen leistete. »Schon wenige Wochen nach der Entdeckung war das Verhältnis zwischen Richard und Frau Kniep wieder in vollster Blüte und dauerte noch geraume Zeit fort. Es blieb nicht das letzte der schönen Frau, vielleicht nicht einmal das letzte, das ihr Gatte entdeckte. Jedenfalls fand er sich mit Anstand darein und begnügte sich damit, seine Revanche zu nehmen. Nach außen hin blieb es eine gutbürgerliche Ehe, und im Laufe der Jahre, als die Leidenschaften dahin waren, wurde es vielleicht wirklich eine. Das Haus wurde in musterhafter Weise geführt, die Kinder wurden vortrefflich erzogen, Herr Kniep machte eine große Carriere, erhielt später sogar den Adel, und Frau Kniep zeichnete sich nach Verabschiedung ihres letzten Liebhabers nicht nur durch einen tadellosen Lebenswandel, sondern durch eine sichtbare, von politischen Seitenblicken nicht ganz freie Frömmigkeit aus. Mit Beziehung auf sie sagte mir Louis Friedmann, der ihr zweiter Liebhaber wurde: ›Ich halte es überhaupt für sehr einseitig, die Frauen nur aufs Erotische hin zu beurteilen. Wir vergessen immer wieder, daß es im Leben jeder Frau, auch wenn sie Liebhaber hat, eine Menge Stunden gibt, in denen sie an ganz andere Dinge zu denken hat als an die Liebe. Sie liest Bücher, musiziert, veranstaltet Wohltätigkeitsakademien, sie kocht, erzieht ihre Kinder, sie kann sogar eine sehr gute Mutter sein, ja manchmal auch eine vortreffliche Gattin und hundertmal wertvoller als eine sogenannte anständige Frau.‹ Es sind die Worte, die Friedrich Hofreiter im vierten Akt des ›Weiten Land‹ ausspricht, was ihn bekanntlich nicht davon abhält, im fünften den Liebhaber seiner Frau totzuschießen, um nicht der Hopf zu sein, wie er sich ausdrückt. Ein Widerspruch? Keineswegs. Gefühl und Verstand schlafen wohl unter einem Dach, aber im übrigen führen sie in der menschlichen Seele ihren völlig getrennten Haushalt.« (113)

Bei solchem »Haushaltsgebaren« gehört im triebdynamischen Hauptbuch das »süße Mädel« auf die Haben-Seite; dem steht gegenüber das Soll der pathetisch instrumentierten Hoch-Ehe. – Das »Mädel« symbolisiert für den Mann den Abfall vom Ideal; als reiz-volle Derivation macht es das von bürgerlicher Moral anvisierte Hohe noch höher und das Ideale noch idealer. Droben schwebt der göttliche Eros; parterre dreht sich der Reigen der Liebschaften. »Zwei- bis dreimal wöchentlich kam Jeanette des Abends zu mir. Manchmal nachtmahlten wir vorher zusammen in irgendeinem Restaurant, – im Römischen Kaiser oder im Riedhof, anfänglich an schönen Herbsttagen in Pratergärten; – die Nacht verbrachte sie in meiner Spitalstube, ließ sich auch im Schlaf nicht stören, wenn ich auf die Abteilung ging, meinen Dienst zu versehen, und es war mir eine rechte Lust, wenn ich gegen Mittag wiederkehrte, mein süßes Mädel, zu neuer Zärtlichkeit bereit, auf den zerwühlten Polstern wiederzufinden. In der Rückerinnerung eines solchen Morgens war es, daß ich dieses Schmeichelwort vom süßen Mädel zum erstenmal in mein Tagebuch schrieb, ohne zu ahnen, daß es bestimmt war, einmal gewissermaßen literarisch zu werden. Und damals mag es wohl auch, zu mindesten meiner Empfindung nach, auf Jeanette nicht so übel gepaßt haben.« (114)

Die Chansons der Zeit, etwa von Bierbaum, Dehmel, Holz, Liliencron, Wedekind, Wolzogen, versetzen die kulturelle Sexualmoral auf die schräge Ebene der Ironie; durch das Tandaradei anakreontischer Leichtigkeit wird der Seitensprung in spielerischen Schwebezustand gebracht – etwa als »Wundersames Abenteuer in einem Omnibus und einem Hausflur« (Otto Julius Bierbaum) dargeboten: »... und im dunklen Flur / fühlte ich zwei Lippen und zwei Arme nur, / stand in einer Rosenwolke; die war heiß; / doch es sind die Hitzen hold im Paradeis.« (115)

Süße Mädel durchgurren die Verse.

> »Im weißen Röckchen steht sie da,
> ihre Bluse ist blumig bunt;
> kein Mieder schnürt, was sich darunter regt,
> sich wellenwohlig weich bewegt,
> der Brüste knospendes Rund.« (116)

Frühling läßt seinen lauen Wind durch die leicht gefügten Verse wehen; doch es ist das Parfüm »Boheme«, mit dem Etikette »Natürlichkeit« versehen, das hier duftet:

> »Dein Haar ist schwarz, dein Haar ist wild
> und knistert unter meiner Glut;
> und wenn die schwillt,
> jagt sie mit Macht
> die roten Blüten
> und dein Blut
> hoch in die höchste Mitternacht.« (Richard Dehmel) (117)

Das Erhabene wird dekuvriert – »nur mit kurzen Röcken kann man lieben!« (118) Zugleich aber respektiert der Überbrettlton bei aller Ironisierung die Tabus und Normen der Doppelmoral, indem er sie nicht frontal angreift, sondern zierlich ins Rosenpapier seiner Lockungen faßt. Ausgezogen, die gesellschaftliche Wirklichkeit zu attackieren, versickert das Chanson in dandyhafter Attitüde. Wichtiger als alle Zeitkritik bleibt das »liebe kleine Mädchen, das sich gerne haben läßt.« (119)

Diese Oberflächlichkeit wird umso deutlicher, wenn man die Gruppe anakreontischer »Mädchenkenner« mit einem Dichter wie Peter Altenberg, der als einer der wenigen seiner Zeit die Frauen wirklich verstanden hat, vergleicht. »Peter Altenberg galt als der Typus des Dekadenten. Aber sein Feminismus war nicht Schwäche, sondern Stärke, nämlich eine erhöhte und bisher unerreichte Fähigkeit, sich in das weibliche Seelenleben zu versetzen. Alle früheren Dichter hatten sich zur Frau als mehr oder minder glückliche Deuter gestellt, er aber erlebte sie in sich selbst in der vollkommensten Weise, und wenn er sie schilderte, so las er gar nicht in einer fremden Seele, sondern in seiner eigenen. Sie sind die unheilbaren Träumerinnen und Idealistinnen, die großen Enttäuschten des Lebens, die wie verwunschene Märchenprinzessinnen durch den Alltag wandern: Melancholikerinnen wegen ihrer eigenen Unvollkommenheiten, wegen der Unvollkommenheiten der Männer, wegen der Unvollkommenheiten der ganzen Welt.« (Egon Friedell) (120)

In der Zeit, in der Sigmund Freud mit der Arbeit an der »Traumdeutung« beschäftigt war und Arthur Schnitzler die erotischen Eskapaden seiner Jugend in Wien autobiographisch festhielt, entstand Hugo von Hofmannsthals Gedicht »Die Beiden«. Auch hier ist die Thematik SIE und ER; im Gegensatz jedoch zu den von Freud und Schnitzler vorgelegten Beispielen sexueller Wirklichkeit wird das Verhältnis von Mann und Frau, Liebhaber und Geliebten mit Hilfe poetischer Versatzstücke idealistisch arrangiert. Bei Freud erweisen sich die von der Zensur befreiten Bürgerträume als Manifestationen des Es, des Allzumenschlichen; Hofmannsthal, der damals Freud »absolute Mediocrität voll bornierten, provinzmäßigen Eigendünkels« bescheinigte (121), träumt Bilder bebender Keuschheit: der zum Himmel aufsteigende Eros läßt die Niederungen des Triebhaften weit unter sich. Die Polarität (als Kluft zwischen ›kultureller‹ Sexualmoral und bürgerlicher Realität) wird exemplarisch deutlich:

> »Sie trug den Becher in der Hand
> – Ihr Kinn und Mund glich seinem Rand –,
> So leicht und sicher war ihr Gang,
> Kein Tropfen aus dem Becher sprang.
>
> So leicht und fest war seine Hand:
> Er ritt auf einem jungen Pferde,
> Und mit nachlässiger Gebärde
> Erzwang er, daß es zitternd stand.
>
> Jedoch, wenn er aus ihrer Hand
> Den leichten Becher nehmen sollte,
> So ward es beiden allzu schwer:
> Denn beide bebten sie so sehr,
> Daß keine Hand die andre fand
> Und dunkler Wein am Boden rollte.« (122)

Das Gedicht läßt an Szenen denken, wie sie die Salonmalerei der Zeit gerne zum Motiv nahm: ein junger Reiter auf einem Burghof; mit Lederwams, geschlitzten Ärmeln, Federhut; auf tänzelndem Rappen; eine Jungfrau im Mieder, mit gefälteltem Rock, ein Band im Haar. Kostüme und Dekor in gedämpften Farben. Deutscher Renaissance-Stil. Das Genrebild à la Markart illustriert den Liebeswunschtraum der Zeit, dem freilich die psychopathologische Realität entgegenstand; mochten die somatischen Folgen der aus der Diskrepanz von Ideal und Wirklichkeit erstehenden Neurosen auch durch die Psychoanalyse individuell geheilt werden, die kollektive Schizophrenie blieb ungelöst. Wahrhaft schöne Seelenhaftigkeit, die in dem Wissen um sich und den anderen Menschen hätte gründen müssen, stellte sich nicht ein; die bedrückte Seele vermochte sich nur fiktiv, in den Phantasmagorien affirmativer Kunst, zum Heile aufzuschwingen.

Bürgerträume um die Jahrhundertwende

Die Frauen, meint Freud, seien edel und überfeinert, aber – schwer nervös. (123) Eine solche Typologie entspricht der aus den zeitgenössischen Träumen hervortretenden bürgerlichen Seelenwelt. Indem Sigmund Freud mit der »Traumdeutung« (erschienen 1899, auf 1900 datiert), einem sowohl für die Wissenschaft der Psychoanalyse wie für die Biographie des Autors zentralem Werk, in die Träume der bürgerlichen Welt eindrang und deren unterirdische Strukturen bloßlegte, zeichnete er, allerdings im Glauben, Traumleben schlechthin zu ergründen, die sexuellen Obsessionen der Zeit in ihrer Verdrängung wie in ihrer manischen Sucht nach Ventilierung getreulich auf. Freud dekuvriert die Lebenslüge der Gesellschaft, indem er das kollektive Unterbewußtsein mit der Sonde der Psychoanalyse absteckt, freilich wähnend, es handle sich um individuelle Fälle neurotisch-hysterischer Erkrankung.

Geht man mit Freud davon aus, daß

· Träume Wunscherfüllungen sind,
· die aus dem Wachleben in den Traum übernommenen Tagesreste, zu »Bilderrätseln« verarbeitet, eine Ausprägung eigentlich bedeutsamer Erlebnisse darstellen und damit auch besondere Rückschlüsse auf die ansonsten durch die Wach-Moral zensierten Triebregungen (vor allem, was ihre Intensität betrifft) zulassen,
· im Traum Ängste manifest werden, die in der Tageswelt verdrängt werden oder verhüllt bleiben,

so kann das von Freud in seiner Traumdeutung eingefangene bürgerliche Traumleben als Psychogramm der Zeit dechiffriert werden. Was den Autor selbst betrifft, so zeigt er – trotz seines auf Objektivierung ausgerichteten Wissenschaftsdenkens – die der bürgerlichen Prüderie eigene, sich zierende Betulichkeit, wenn es darum geht, über seine eigene Personalität Aufschluß zu geben und Klarheit zu bekommen. Statt mit kühler Bereitschaft psychische Tatbestände zur Kenntnis zu nehmen, reagiert Freud mit vielen Vorbehalten bei der Deutung seiner eigenen Träume, die ihn auch immer wieder zum Abbruch der Selbstanalyse veranlassen, da er fürchtet, sich selbst »bloßzustellen«. »Mit der Mitteilung meiner eigenen Träume aber erwies sich als untrennbar

verbunden, daß ich von den Intimitäten meines psychischen Lebens fremden Einblicken mehr eröffnete, als mir lieb sein konnte und als sonst einem Autor, der nicht Poet, sondern Naturforscher ist, zur Aufgabe fällt. Das war peinlich, aber unvermeidlich; ich habe mich also darein gefügt, um nicht auf die Beweisführung für meine psychologischen Ergebnisse überhaupt verzichten zu müssen. Natürlich habe ich doch der Versuchung nicht widerstehen können, durch Auslassungen und Ersetzungen manchen Indiskretionen die Spitze abzubrechen; sooft dies geschah, gereichte es dem Werte der von mir verwendeten Beispiele zum entschiedensten Nachteile. Ich kann nur die Erwartung aussprechen, daß die Leser dieser Arbeit sich in meine schwierige Lage versetzen werden, um Nachsicht mit mir zu üben, und ferner, daß alle Personen, die sich in den mitgeteilten Träumen irgendwie betroffen finden, wenigstens dem Traumleben Gedankenfreiheit nicht werden versagen wollen«, heißt es in der Vorbemerkung zur ersten Auflage. (124) Furcht vor Bloßstellung, Indiskretion, Peinlichkeit ist Teil von Freuds Schutzstrategie, mit der er den revolutionären Ansatz zur seelischen Offenlegung und Offenheit abzuschirmen sucht. Die Tabus, die Freud zu durchbrechen hofft, sind von ihm in einem gewissen Maße internalisiert, was jedoch als erheblicher Nachteil für die wissenschaftliche Arbeit durchaus erkannt wird. Dieser doppelte Widerspruch, in dem sich Freud befindet, daß er nämlich sich mit seinem individuellen Mut zur Diagnose sowohl in Gegensatz zur geltenden »öffentlichen« Gesellschaftsmoral als auch zu den von ihm zumindest partiell verinnerlichten Über-Ich-Forderungen setzt, wird in der »Traumdeutung« immer wieder deutlich: »So könnte ich den verschlungenen Gedankenwegen weiter folgen und das in der Analyse fehlende Stück des Traums voll aufklären, aber ich muß es unterlassen, weil die persönlichen Opfer, die es erfordern würde, zu groß sind … Ich denke an die Überwindung, die es mich kostet, auch nur die Arbeit über den Traum, in der ich soviel vom eigenen intimen Wesen preisgeben muß, in die Öffentlichkeit zu schicken.« (125)
Zugleich aber ermöglichen die Scheu vor der die eigene Personalität betreffenden Introspektion und das Mißverstehen historischer Phänomene als anthropologische Gegebenheiten Freud erst, eine geistig-revolutionäre Haltung einzunehmen. Intimität wird eben »nur« im Krankheitsfalle, und da vom Arzt, »verletzt«; die kollektive Misere angesichts repressiver Moral peinlich umgangen. Obwohl Freud sich des paradigmatischen Charakters seiner Traumanalysen durchaus bewußt ist und betont, daß zwischen normalem und neurotischem Seelenleben über-

haupt keine prinzipiellen, sondern nur quantitative Unterschiede bestünden, wagt er den Schritt von der Analyse der Träume zur Analyse der Gesellschaft, die diese Träume träumt, nicht. (Zumal er glaubt, oder sich suggeriert, daß, abgesehen von den Tagesresten und der Ausprägung der Traumbilder, diese Gesellschaft eben nicht anders träumt als die Menschheit seit eh und je.)

Die Einseitigkeit, mit der Freud die Motivation der Träume deutet, nämlich,

· daß die Träume als Wunschträume ausschließlich Sexualwünsche tendierten;

· daß die im Traum sich in Bildern ausdrückenden Strebungen Sexualtriebe seien (die hier die Zensur der Wachwelt zu überspielen vermögen);

· daß die Ängste, die im Traum hervortreten, Sexualängste seien;

diese Konzentration auf die totale Sexualität des Traumlebens belegt ihrerseits, was von Freud entdeckt, verifiziert, was von ihm behauptet wird: nämlich die neurotische sexuelle Obsession, die gleichermaßen das Subjekt wie das Objekt der Psychoanalyse erfaßt.

Die Fälle, aus denen Freud seine Erkenntnisse abstrahiert, also die Fallstudien der (bürgerlichen) Träume, die ihm Material zur Deutung sind, erweisen sich als symptomatische Belege für eine in ihrem triebdynamischen Haushalt gestörte und in ihrer Moral verstörte Gesellschaft, die einerseits unter dem Gebot eindeutiger und starker Kontroll- und Verdrängungsmechanismen stand, andererseits, in einem nicht geringen Maße durch das Verbotene angestachelt, diesem sich überantwortete. (126) Das dadurch bedingte schlechte Gewissen brachte sowohl die Tabuierung als auch die Sündenbockaggressivität zur Eskalation. Wie sehr derjenige, der sich um Enttabuierung müht, Opfer für Abreaktion wird, hat Freud ständig an seiner Person wie an der Ablehnung seiner Werke erleben müssen. – Zugleich aber suchte das schlechte Gewissen nach »prostitutiven« Ventilen. Eine Fußnote Freuds zur Deutung des Traums einer Patientin sei in diesem Zusammenhang als Hinweis auf die gesellschaftstypische Situation zitiert: »Solche Lektüre sei Gift für ein junges Mädchen. Sie selbst hat in ihrer Jugend viel aus verbotenen Büchern geschöpft.« (127) Die kulturpubertäre Gesellschaft der Gründerjahre schöpfte gern aus »verbotenen Quellen«; sie glaubte sich vergiftet, konnte sich aber dem süßen Gift nicht entziehen und neurotisierte sich im Konflikt zwischen Gewolltem und Verbotenem, Erstrebtem und Verweigertem. Im Traum wurde der Konflikt bildlich umgesetzt und zugunsten der Befriedigung verbotener Wünsche »gelöst«.

Das von Freud ausgebreitete Traummaterial dürfte die soziopsychische Situation der Zeit in Form von Eckwerten markieren, wobei sich für den nachvollziehenden Betrachter die Gesellschaftsrelevanz der Träume vor allem aus der Diskrepanz zwischen Traumoffenbarung und Wachweltrepression ergibt. Was in der Traumwelt hervortritt, wenn auch in komplizierter Verschlüsselung, ist das, was in der Wachwelt zensiert und unterdrückt blieb – eben die der kulturellen Sexualmoral entgegengesetzte Intensität sexueller Wünsche. In der Psychoanalyse ergab sich nun, wenn auch nur für Patienten, die durch den Besitz von Geld und Bildung privilegiert waren, die Möglichkeit, all das deutlich und in aller Ausführlichkeit aus- und anzusprechen, was ansonsten verborgen und unaussprechbar blieb. Die Psychoanalyse, und darin besteht ihr vor allem für die damalige Zeit gegebener Heilwert, erwies sich als grandiose, allerdings eben lediglich einzelnen zuteil werdende Möglichkeit, im exzeptionellen Zustand der Erkrankung dem Bannkreis der gesellschaftlichen Regulationen, Tabus und Normen zu entkommen. Solches Heraustreten aus dem festgelegten Gesellschaftskreis ist freilich nur verbaler Art. Außerhalb der psychoanalytischen Emanation bleibt die Wirklichkeit der Triebwelt weiter verheimlicht.

Ob Freuds Deutung der Traumsymbole und ihrer Verknüpfung objektiv »richtig« ist, ist in unserem Zusammenhang ohne besondere Bedeutung; auch die »falsche« Deutung der sexuellen Symbolik ist aufschlußreich: Projektion einer sexuellen »Besessenheit«, die den Träumenden mit dem Analysator verbindet. *Was* in der Traumdeutung an jeweils zeitbiographischem Material eingebracht wird, offenbart die kulturpubertäre Situation um die Jahrhundertwende genauso *wie* das, was Freud an pansexueller Deutung der Traumsymbolik vorlegt. Die nachfolgenden Zitate sind in diesem Sinne als exemplarisch zu verstehen: sie stellen Szenen aus dem bürgerlichen Sexualleben bzw. Inszenierungen ansonsten verdrängter Wirklichkeit dar und vor.

»... Er hat geträumt, daß er ›wieder seinen Winterrock anzieht, was schrecklich ist‹. Anlaß dieses Traumes ist angeblich die plötzlich wieder eingetretene Kälte. Ein feineres Urteil wird indes bemerken, daß die beiden kurzen Stücke des Traumes nicht gut zueinander passen, denn in der Kälte den schweren oder dicken Rock zu tragen, was könnte daran ›schrecklich‹ sein. Zum Schaden für die Harmlosigkeit des Traumes bringt auch der erste Einfall bei der Analyse die Erinnerung, daß eine Dame ihm gestern vertraulich gestanden, daß ihr letztes Kind einem geplatzten Kondom seine Existenz verdankt. Er rekonstruiert nun seine Gedanken bei diesem Anlaße: Ein dünner Kondom ist gefährlich, ein dicker schlecht. Der Kondom ist der ›Überzieher‹ mit Recht, man zieht ihn ja über; so heißt man auch einen leichten Rock. Ein Ereignis, wie das von der Dame berichtete, wäre für den unverheirateten Mann allerdings ›schrecklich‹.«

Nacktheit signalisiert bürgerliche Empfindsam- wie Empfindlichkeit, im besonderen Maße die Brüchigkeit von Normen und Geboten; sie wird deshalb perhorresziert:

»... Einer meiner Patienten hat in seiner Erinnerung eine Szene aus seinem achten Lebensjahr bewahrt, wie er nach der Entkleidung vor dem Schlafengehen im Hemd zu seiner kleinen Schwester im nächsten Zimmer hinaustanzen will und wie die dienende Person es ihm verwehrt. In der Jugendgeschichte von Neurotikern spielt die Entblößung vor Kindern des anderen Geschlechts eine große Rolle; in der Paranoia ist der Wahn bei An- und Auskleiden beobachtet zu werden, auf diese Erlebnisse zurückzuführen.«

Die mütterliche Sorge ist Teil der Verdinglichung von Gefühl: die Keuschheit der Tochter wird in der Warengesellschaft genauso auf den Marktwert hin ausgerichtet wie die Schönheit der Mutter, die diese als Teil der Aussteuer in die bürgerliche Ehe eingebracht hat:

»... Die Anlässe zu Konflikten zwischen Tochter und Mutter ergeben sich, wenn die Tochter heranwächst und in der Mutter die Wächterin findet, während sie nach sexueller Freiheit begehrt, die Mutter aber durch das Aufblühen der Tochter gemahnt wird, daß für sie die Zeit gekommen ist, sexuellen Ansprüchen zu entsagen.«

Das bürgerliche Unterbewußtsein vergegenwärtigt sich in immer neuen Bildern das Faszinosum der Sexualität, die in ihren physiologischen wie psychischen Ausprägungen den Lebenssinn voll »besetzt«, dort aber nur in Verkleidung »zugelassen« wird:

»... In dem einen der letzterwähnten Träume steigt die Träumerin über ein Geländer herab und hält dabei einen blühenden Zweig in den Händen. Da ihr zu diesem Bilde einfällt, wie der Engel einen Lilienstengel auf den Bildern von Mariä Verkündigung (sie heißt selbst Maria) in der Hand trägt und wie die weißgekleideten Mädchen bei der Fronleichnamsprozession gehen, während die Straßen mit grünen Zweigen geschmückt sind, so ist der blühende Zweig im Traume ganz gewiß eine Anspielung auf sexuelle Unschuld. Der Zweig ist aber dicht mit roten Blüten besetzt, von denen jede einzelne einer Kamelie gleicht. Am Ende ihres Weges, heißt es im Traum weiter, sind die Blüten schon ziemlich abgefallen; dann folgen unverkennbare Anspielungen auf die Periode. Somit ist der nämliche Zweig, der getragen wird wie eine Lilie und wie von einem unschuldigen Mädchen, gleichzeitig eine Anspielung auf die Kameliendame, die, wie bekannt, stets eine weiße Kamelie trug, zur Zeit der Periode aber eine rote. Der nämliche Blütenzweig (›des Mädchens Blüten‹ in den Liedern von der Müllerin bei Goethe in ›Der Müllerin Verrat‹) stellt die sexuelle Unschuld dar und auch ihr Gegenteil. Der nämliche Traum auch, welcher die Freude ausdrückt, daß es ihr gelungen ist, unbefleckt durchs Leben zu gehen, läßt an einigen Stellen (wie an der vom Abfallen der Blüten) den gegensätzlichen Gedankengang durchschimmern, daß sie sich verschiedene Sünden gegen die sexuelle Reinheit habe zuschulden kommen lassen (in der Kindheit nämlich).«

In allen dunklen Winkeln werden erotische Geheimnisse vermutet; in den abgeschlossenen Räumen und Kammern der Häuser wie denen der Seele vollzieht sich »Unaussprechliches«, das, in Metaphern und Symbolen verhüllt, zur Aussage, auch zur Exhibition drängt:

»... Eine andere Patientin schafft sich im Traum ein Mittelding aus ›Badekabinen‹ im Seebad, ländlichen ›Abort‹häuschen und den ›Bodenkammern‹ unserer städtischen Wohnhäuser. Den beiden ersten Elementen ist die Beziehung auf menschliche Nacktheit und Entblößung gemeinsam; es läßt sich aus der Zusammensetzung mit dem dritten Element schließen, daß (in ihrer Kindheit) auch die Bodenkammer der Schauplatz von Entblößung war.«

»... Den geheimen Sinn der scheinbar recht asexuellen ›violets‹ suchte ich mir – recht kühn, wie ich meinte – mit einer unbewußten Beziehung zum französischen ›viol‹ zu erklären. Zu meiner Überraschung assozzierte die Träumerin ›violate‹, das englische Wort für vergewaltigen. Die zufällige große Wortähnlichkeit von violet und violate – in der englischen Aussprache unterscheiden sie sich nur durch eine Akzentverschiedenheit der letzten Silbe – wird vom Traume benutzt, um ›durch die Blume‹ den Gedanken an die Gewaltsamkeit der Defloration (auch dieses Wort benutzt die Blumensymbolik), vielleicht auch einen masochistischen Zug des Mädchens zum Ausdruck zu bringen. Ein schönes Beispiel für die Wortbrücken, über welche die Wege zum Unbewußten führen. Das ›one has to pay for them‹ bedeutet hier das Leben, mit dem sie das Weib- und Mutterwerden bezahlen muß.«

»... Der Träumer erzählt: ›Zwischen zwei stattlichen Palästen steht etwas zurücktretend ein kleines Häuschen, dessen Tore geschlossen sind. Meine Frau führt mich das Stück Straße bis zu dem Häuschen hin, drückt die Tür ein und dann schlüpfe ich rasch und leicht in das Innere eines schräg aufsteigenden Hofes.‹ Wer einige Übung im Übersetzen von Träumen hat, wird allerdings sofort daran gemahnt werden, daß das

Eindringen in enge Räume, das Öffnen verschlossener Türen zur gebräuchlichsten sexuellen Symbolik gehört, und wird mit Leichtigkeit in diesem Traume eine Darstellung eines Koitusversuches von rückwärts (zwischen den beiden stattlichen Hinterbacken des weiblichen Körpers) finden. Der enge, schräg aufsteigende Gang ist natürlich die Scheide; die der Frau des Träumers zugeschobene Hilfeleistung nötigt zur Deutung, daß in Wirklichkeit nur die Rücksicht auf die Ehefrau die Abhaltung von einem solchen Versuche besorgt, und eine Erkundigung ergibt, daß am Traumtag ein junges Mädchen in den Haushalt des Träumers eingetreten ist, welches sein Wohlgefallen erregt und ihm den Eindruck gemacht hat, als würde es sich gegen eine derartige Annäherung nicht zu sehr sträuben. Das kleine Haus zwischen den zwei Palästen ist von einer Reminiszenz an den Hradschin in Prag hergenommen und weist somit auf das nämliche aus dieser Stadt stammende Mädchen hin.«

Das deformierte bürgerliche Bewußtsein entdeckt, da selbst ständig auf Ersatzhandlungen angewiesen und jede Direktheit tabuierend, die sexuelle Metawelt von Semantik; die Wörter verweisen auf Symbole, die Symbole auf Sexualität; überall lauert das »Geschlecht«:

»… Da sie zu dem Hut im Traume keinen Einfall produzieren kann, sage ich ihr: Der Hut ist wohl ein männliches Genitale mit seinem emporgerichteten Mittelstück und den beiden herabhängenden Seitenteilen. Daß der Hut ein Mann sein soll, ist vielleicht sonderbar, aber man sagt ja auch: ›Unter die Haube kommen!‹ Absichtlich enthalte ich mich der Deutung jenes Details über das ungleiche Herabhängen der beiden Seitenteile, obwohl gerade solche Einzelheiten in ihrer Determinierung der Deutung den Weg weisen müssen. Ich setze fort: Wenn sie also einen Mann mit so prächtigem Genitale hat, braucht sie sich vor den Offizieren nicht zu fürchten, d. h. nichts von ihnen zu wünschen, da sie sonst wesentlich durch ihre Versuchungsphantasien vom Gehen ohne Schutz und Begleitung abgehalten wird. Diese letztere Aufklärung ihrer Angst hatte ich ihr schon zu wiederholten Malen, auf anderes Material gestützt, geben können.

Es ist nun sehr beachtenswert, wie sich die Träumerin nach dieser Deutung benimmt. Sie zieht die Beschreibung des Huts zurück und will nicht gesagt haben, daß die beiden Seitenteile nach abwärts hingen. Ich bin des Gehörten zu sicher, um mich beirren zu lassen, und beharre dabei. Sie schweigt eine Weile und findet den Mut zu fragen, was es bedeute, daß bei ihrem Mann ein Hoden tiefer stehe als der andere, und ob es bei allen Männern so sei. Damit war dies sonderbare Detail des Hutes aufgeklärt und die ganze Deutung von ihr akzeptiert.«

»… Von Kleidungsstücken ist der Hut einer Frau sehr häufig mit Sicherheit als Genitale, und zwar des Mannes, zu deuten. Ebenso der Mantel, wobei es dahingestellt bleibt, welcher Anteil an dieser Symbolverwendung dem Wortklang zukommt. In den Träumen der Männer findet man häufig die Krawatte als Symbol des Penis, wohl nicht nur darum, weil sie lange herabhängt und für den Mann charakteristisch ist, sondern auch, weil man sie nach seinem Wohlgefallen auswählen kann, eine Freiheit, die beim Eigentlichen dieses Symbols von der Natur verwehrt ist. Personen, die dies Symbol im Traume verwenden, treiben im Leben oft großen Luxus mit Krawatten und besitzen förmliche Sammlungen von ihnen.«

»… Alle in die Länge reichenden Objekte, Stöcke, Baumstämme, Schirme (des der Erektion vergleichbaren Aufspannens wegen!), alle länglichen und scharfen Waffen: Messer, Dolche, Piken, wollen das männliche Glied vertreten. Ein häufiges, nicht recht verständliches Symbol desselben ist die Nagelfeile (des Reibens und Schabens wegen?). – Dosen, Schachteln, Kästen, Schränke, Öfen entsprechen dem Frauenleib, aber auch Höhlen, Schiffe und alle Arten von Gefäßen. – Zimmer im Traume sind zumeist Frauenzimmer, die Schilderung ihrer verschiedenen Eingänge und Ausgänge macht an dieser Auslegung gerade nicht irre. Das Interesse, ob das Zimmer ›offen‹ oder ›verschlossen‹ ist, wird in diesem Zusammenhang leicht verständlich.« (128)

Zote und Pornographie

Freuds Schrift »Der Witz und seine Beziehung zum Unbewußten« (1905) zeigt die kommunikative Dissonanz in der damaligen Gesellschaft am Beispiel des Witzes auf, der ein zentrales Element der Konversation darstellte – die Sinnkrise mit Nichtigkeiten überspielend. Der Tenor ist mit Freuds anderen Schriften dieses Dezenniums vergleichbar; es handelt sich auch hier um eine Beschreibung des Leidens an der kulturellen Sexualmoral und des Versuchs, aus den Normen und Tabus (hier mit Hilfe des Witzes) auszubrechen. Traumarbeit und Witzarbeit zielen beide auf Offenbarung der ansonsten von der kulturellen Sexualmoral unterbundenen sexuellen Wünsche, auf die Durchbrechung der gesellschaftlich auferlegten Restriktionen.

»Die Tendenzen des Witzes sind nun leicht zu übersehen. Wo der Witz nicht Selbstzweck, d. h. harmlos ist, stellt er sich in den Dienst von nur zwei Tendenzen, die selbst eine Vereinigung unter einen Gesichtspunkt

zulassen; er ist entweder feindseliger Witz (der zur Aggression, Satire, Abwehr dient) oder obszöner Witz (welcher der Entblößung dient) ... Man weiß, was unter der ›Zote‹ verstanden wird: Die beabsichtigte Hervorhebung sexueller Tatsachen und Verhältnisse durch die Rede. Indes, diese Definition ist nicht stichhaltiger als andere Definitionen. Ein Vortrag über die Anatomie der Sexualorgane oder über die Physiologie der Zeugung braucht trotz dieser Definition nicht einen einzigen Berührungspunkt mit der Zote gemein zu haben. Es gehört noch dazu, daß die Zote an eine bestimmte Person gerichtet werde, von der man sexuell erregt wird und die durch das Anhören der Zote von der Erregung des Redenden Kenntnis bekommen und dadurch selbst sexuell erregt werden soll. Anstatt dieser Erregung mag sie auch in Scham oder Verlegenheit gebracht werden, was nur eine Reaktion gegen ihre Erregung und auf diesem Umwege ein Eingeständnis derselben bedeutet. Die Zote ist also ursprünglich an das Weib gerichtet und einem Verführungsversuch gleichzusetzen. Wenn sich dann ein Mann in Männergesellschaft mit dem Erzählen oder Anhören von Zoten vergnügt, so ist die ursprüngliche Situation, die infolge sozialer Hemmnisse nicht verwirklicht werden kann, dabei mit vorgestellt. Wer über die gehörte Zote lacht, lacht wie ein Zuschauer bei einer sexuellen Aggression. Das Sexuelle, welches den Inhalt der Zote bildet, umfaßt mehr als das bei beiden Geschlechtern Besondere, nämlich noch überdies das beiden Geschlechtern Gemeinsame, auf das die Scham sich erstreckt, also das Exkrementelle in seinem ganzen Umfang. Dies ist aber der Umfang, den das Sexuelle im Kindesalter hat, wo für die Vorstellung gleichsam eine Kloake existiert, innerhalb deren Sexuelles und Exkrementelles schlecht oder gar nicht gesondert werden. Überall im Gedankenbereich der Neurosenpsychologie schließt das Sexuelle noch das Exkrementelle ein, wird es im alten, infantilen Sinne verstanden.
Die Zote ist wie eine Entblößung der sexuell differenten Person, an die sie gerichtet ist. Durch das Aussprechen der obszönen Worte zwingt sie die angegriffene Person zur Vorstellung des betreffenden Körperteils oder der Verrichtung und zeigt ihr, daß der Angreifer selbst sich solches vorstellt. Es ist nicht zu bezweifeln, daß die Lust, das Sexuelle entblößt zu sehen, das ursprüngliche Motiv der Zote ist.« (129)
Die gesellschaftliche Ächtung des Geschlechtlichen hatte zum Pendant die verdeckte Lust am Laster. Der bürgerlichen Ethik, die den Schein ehelicher Treue mit sozialer Sicherheit bezahlt, entsteht in der Pornographie der Gegenbereich, in dem die Geschlechtlichkeit ohne die ideelle Verbrämung vermarktet wird. So wie das Bordell als Freiplatz

für »unzensierte« Geschlechtlichkeit den rücksichtslosen bürgerlichen Geschäftspraktiken aufs engste verbunden ist, als Firma nämlich, deren Ware das Freudenmädchen ist, so ist die Pornographie Gütezeichen für verbalisierte Sexualität, die mit Hilfe der Zote zu genießen hofft, was ansonsten tabuiert bzw. in den Traum abgedrängt bleibt. (130) Der bürgerliche Moralkodex gibt stillschweigend mit der Pornographie die Möglichkeit für die Abreaktion unterdrückter Energien frei; pornographische Trivialkunst verletzt die offizielle Moral kaum, da sie die Sexualität verhüllt und keinen Anspruch auf Wahrheit und Wahrhaftigkeit erhebt, ihr also die Provokation des Obszönen abgeht.

»Kaum fand sich ein Zaun oder ein verschwiegenes Gelaß, das nicht mit unanständigen Worten und Zeichnungen beschmiert war, kaum ein Schwimmbad, in dem die Holzwände zum Damenbad nicht von sogenannten Astlochguckern durchbohrt waren. Ganze Industrien, die heute durch die Vernatürlichung der Sitten längst zugrunde gegangen sind, standen in heimlicher Blüte, vor allem die jener Akt- und Nacktphotographien, die in jedem Wirtshaus Hausierer unter dem Tisch den halbwüchsigen Burschen anboten. Oder die der pornographischen Literatur ›sous le manteau‹ – da die ernste Literatur zwangsweise idealistisch und vorsichtig sein mußte – Bücher allerschlimmster Sorte, auf schlechtem Papier gedruckt, in schlechter Sprache geschrieben und doch reißenden Absatz findend, sowie Zeitschriften ›pikanter Art‹, wie sie ähnlich widerlich und lüstern heute nicht mehr zu finden sind. Neben dem Hoftheater, das dem Zeitideal mit all seinem Edelsinn und seiner schneeweißen Reinheit zu dienen hatte, gab es Theater und Kabaretts, die ausschließlich der ordinärsten Zote dienten; überall schuf sich das Gehemmte Abwege, Umwege und Auswege.« (Stefan Zweig) (131)

»Josefine Mutzenbacher: Die Lebensgeschichte einer wienerischen Dirne, von ihr selbst erzählt« ist ein für diese Zeit besonders aufschlußreiches Beispiel pornographischer Literatur. Der Roman tauchte erstmals in Wien zwischen 1904–1906 auf; als Autor wird Felix Salten (1896–1945) vermutet. Ironisch-parodistisch wird die Kehrseite der Wiener Medaille (der vorgeschützten Hochanständigkeit) geschildert; was die anderen verdrängen, dient der Hure aus dem Armenviertel Ottakring zur profitablen Lust. Verhöhnt wird ein Leben, dessen Höhepunkte die Vermeidung bzw. Kaschierung des Sexuellen waren; hier wird es beim Namen genannt – jenseits aller Seelensezierung und bourgeoiser Neurotik. Der Neuausgabe des Romans (1969) ist ein Anhang von Oswald Wiener beigegeben: »Beiträge zur Ädöologie des Wienerischen«, ein Wörterbuch mit rund 1300 Ausdrücken aus dem Mutzenbacher-Gewerbe. »In Wien ist die Sexualität der besonders merkwürdige Urgrund einer Gesellschaft, die sich dem Oberflächlichen bieder und harmlos-liebenswürdig zeigt.« Wiener konstatiert die aus der theresianischen Bigotterie und dem metternichschen Despotismus gezogene Brutalität ebenso wie die Primitivität, welche sich in der riesigen Zahl der undifferenzierten Ausdrücke entlarvt. So wie den Bürger, in Kompensation zur hehren Kulturmoral, das Pläsier im Scheine roter Laternen faszinierte, war auch die Sprache der »abseits vom bürgerlichen Leben sich durch die Welt Bringenden wohl geeignet, alle zu interessieren.« Hans Ostwalds »Lexikon der Gauner-, Dirnen- und Landstreichersprache«, »Rinnsteinsprache« (1906), vermittelte erstmals auf populärwissenschaftliche Weise den Hautgout einer Sprachwelt, die, von der affirmativen Kultur verpönt, jenseits des »Guten, Schönen und Wahren« angesiedelt war – »gibt sie doch Kunde von dem Leben und Treiben, Denken und Empfinden der Gefallenen, Verfolgten, Verlorenen und Unglücklichen und derer, die im unausgesetzten Kampf mit der Gesellschaft, mit Polizei und Richter liegen. Ist ihre Kenntnis doch geeignet, die Gefährlichkeit oder Harmlosigkeit unserer Brüder und Schwestern da unten zu ergründen und ihnen näher zu kommen und inne zu werden, daß auch sie Menschen sind.« (132) Indem der Bürger den Wegen der Sprache »da unten« zu folgen lernte, ermöglichte er sich – ohne den Umweg von Witz und Zote – den semantischen Seitensprung sowohl aus dem pathetischen Kultur- als auch aus dem brillierenden Konversationsjargon heraus. Besonders die Dirnenausdrücke in diesem Lexikon, die (so der Verfasser) »die ganze Schmach und Gemeinheit des horizontalen Gewerbes« spiegelten (133), hatten den Ruch der Obszönität, derer man als Ventilsitte so dringend benötigte.

Prostitution

Gerade weil die Frau, in Gedanken wie Realität, in dieser Zeit so »mißbraucht« wurde, erfolgte ihre kompensatorische Stilisierung ins Edle und Feine; selbst die Dirne, im Unterbau ihrer »dummen Genitale« ausgebeutet, erhielt im Überbau des Bewußtseins eine ätherische Physiognomie bis ins Engelhafte hinein zugewiesen. Die Trennung zwischen koitaler Körperhaftigkeit und entstofflichter Seelenhaftigkeit, das Nebeneinander romantisierender Sublimierung und reflexionsloser Sinnlichkeit, die Unfähigkeit, Libido und Moral in Ausgleich zu bringen oder wenigstens ihre Antinomie zu erkennen (statt zu verdrängen), bestimmten Gestaltung und Form der Ventilsitten.

Werde, so meint Freud, die Sexualfreiheit weiter eingeschränkt, und die Kulturforderung auf das Niveau der »dritten Stufe« erhöht, also jede andere Sexualbetätigung als die in legitimer Ehe verpönt, so wachse auch die Zahl der »Starken«, die sich in offenen Gegensatz zur Kulturforderung stellen würden, in außerordentlichem Maße – so wie die Zahl der Schwächeren, die sich in ihrem Konflikt zwischen dem Drängen der kulturellen Einflüsse und dem Widerstand ihrer Konstitution in neurotisches Kranksein flüchteten, wesentlich zunehme. (134)

Die Erfahrung lehre, daß es für die meisten Menschen eine Grenze gäbe, über die hinaus ihre Konstitution der Kulturanforderung nicht folgen könne. Jene, die edler sein wollten, als ihre Konstitution es ihnen gestatte, verfielen der Neurose. »Sie hätten sich wohler befunden, wenn es ihnen möglich geblieben wäre, schlechter zu sein.« (135) Eine solche, hier zwar sehr zurückhaltend formulierte Feststellung rückt dennoch inhaltlich in die Nähe der für diese Zeit vielfach charakteristischen Herrenmenschenmoral, die, aus einem starken Minderwertigkeitsgefühl erwachsen, das neurasthenisch Gute verachtet, dafür das »Schlechte«, aber Kräftige verherrlicht. Amoralische Stärke war sozusagen die philosophische Droge, mit deren Hilfe man sich über die von der Kulturmoral auferlegten Fesseln der Zwangssublimierung hinwegzutäuschen suchte.

Die Bewältigung der Triebdynamik durch Sublimierung, durch »Ablenkung« der sexuellen Triebkräfte vom sexuellen Ziel auf höhere kulturelle Ziele, gelänge nur einer Minderzahl, und wohl auch dieser nur zeitweilig, am wenigsten leicht »in der Lebenszeit feuriger Jugendkraft«, stellt Freud fest. (136) Da unsere kulturelle Sexualmoral auch den sexuellen Verkehr in der Ehe beschränke, indem sie den Eheleuten den Zwang auferlege, sich mit einer meist sehr geringen Anzahl von Kinderzeugungen zu begnügen, gäbe es infolge dieser Rücksicht befriedigenden Sexualverkehr in der Ehe nur einige wenige Jahre, »natürlich noch mit Abzug der zur Schonung der Frau aus hygienischen Gründen erforderten Zeiten.« (137) Nach diesen drei, vier oder fünf Jahren versage die Ehe, insofern sie die Befriedigung der sexuellen Bedürfnisse versprochen habe. Erfahrungsgemäß bediene sich dann der Mann recht häufig des Stückes Sexualfreiheit, welches ihm auch von der strengsten Sexualordnung, wenngleich nur stillschweigend und widerwillig, eingeräumt werde: »Die für den Mann in unserer Gesellschaft geltende ›doppelte Sexualmoral‹ ist das beste Eingeständnis, daß die Gesellschaft selbst, welche die Vorschriften erlassen hat, nicht an deren Durchführbarkeit glaubt.« (138)

In seinen Lebenserinnerungen »Die Welt von gestern« bemerkt Stefan Zweig zur Ventilsitte der Prostitution (»von der ungeheuren Ausdehnung der Prostitution in Europa bis zum Weltkrieg hat die gegenwärtige Generation kaum mehr eine Vorstellung«), daß die Armee der Dirnen ebenso wie die wirkliche Armee in einzelne Heeresteile, in einzelne Gattungen aufgeteilt gewesen sei. Der Festungsartillerie entsprach in der Prostitution am ehesten jene Gruppe, die bestimmte Straßen der Stadt als ihr Quartier völlig besetzt hielt. Es handelte sich meistens um jene Gegenden, welche die Bürgerschaft schon seit Jahrhunderten als Wohnsitz lieber mied. Dort wurden von den Behörden einige Gassen als Liebesmarkt freigegeben. Tür an Tür saßen Hunderte von Frauen, eine neben der andern, an den Fenstern ihrer ebenerdigen Wohnungen zur Schau, billige Ware, die in zwei Schichten, Tagschicht und Nachtschicht, arbeiteten. Der Kavallerie oder Infantrie entsprach die ambulante Prostitution, die zahllosen käuflichen Mädchen, die sich Kunden auf der Straße suchten. In Wien wurden sie allgemein Strichmädchen genannt, weil ihnen von der Polizei mit einem unsichtbaren Strich das Trottoir abgegrenzt war, das sie für ihre Werbezwecke benutzen durften; bei Tag und Nacht bis tief ins Morgengrauen, schleppten sie eine mühsam erkaufte, falsche Eleganz auch bei Eis und Regen über die Straßen, immer wieder für jeden Vorübergehenden das schon müde gewordene, schlecht geschminkte Gesicht zu einem verlockenden Lächeln zwingend.

Aber auch diese Massen genügten noch nicht für den ständigen Konsum. Manche wollten es noch bequemer und diskreter haben, »als auf der Straße diesen flatternden Fledermäusen oder traurigen Paradiesvögeln nachzujagen. Sie wollten die Liebe behaglicher: mit Licht und Wärme, mit Musik und Tanz und einem Schein von Luxus. Für diese Klienten gab es die ›geschlossenen Häuser‹, die Bordelle. Dort versammelten sich in einem sogenannten, mit falschem Luxus eingerichteten ›Salon‹ die Mädchen in teils damenhaften Toiletten, teils schon unzweideutigen Negligés. Ein Klavierspieler sorgte für musikalische Unterhaltung, es wurde getrunken und getanzt und geplaudert, ehe sich die Paare diskret in ein Schlafzimmer zurückzogen; in manchen der vornehmeren Häuser, besoners in Paris und in Mailand, die eine gewisse internationale Berühmtheit hatten, konnte ein naives Gemüt der Illusion anheimfallen, in ein Privathaus mit etwas übermütigen Gesellschaftsdamen eingeladen zu sein. Äußerlich hatten es die Mädchen in diesen Häusern besser im Vergleich zu den ambulanten Straßenmädchen. Sie mußten nicht in Wind und Regen durch Kot und Gassen wandern, sie saßen im warmen Raum, bekamen gute Kleider, reichlich zu essen und insbesondere reichlich zu trinken. Dafür waren sie in Wahrheit Gefangene ihrer Wirtinnen, welche die Kleider, die sie trugen, ihnen zu Wucherpreisen aufzwangen und mit dem Pensionspreis solche rechnerischen Kunststücke trieben, daß auch das fleißigste und ausdauerndste Mädchen in einer Art Schuldhaft blieb und nie nach seinem freien Willen das Haus verlassen konnte.

Die geheime Geschichte mancher dieser Häuser zu schreiben, wäre spannend und auch dokumentarisch wesentlich für die Kultur jener Zeit, denn sie bargen die sonderbarsten, den sonst so strengen Behörden selbstverständlich wohlbekannten Heimlichkeiten. Da waren Geheimtüren und eine besondere Treppe, durch die Mitglieder der allerhöchsten Gesellschaft – und wie man munkelte, selbst des Hofes – Besuch machen konnten, ohne von den anderen Sterblichen gesehen zu werden. Da waren Spiegelzimmer und solche, die geheimen Zublick in nachbarliche Zimmer boten, in denen sich Paare ahnungslos vergnügten. Da waren die sonderbarsten Kostümverkleidungen, vom Nonnengewand bis zum Ballerinenkleid, in Laden und Truhen für besondere Fetischisten verschlossen. Und es war dieselbe Stadt, dieselbe Gesellschaft, dieselbe Moral, die sich entrüstete, wenn junge Mädchen Zweirad fuhren, die es als eine Schändung der Würde der Wissenschaft erklärten, wenn Freud in seiner ruhigen, klaren und durchdringenden Weise Wahrheiten feststellte, die sie nicht wahrhaben wollten. Dieselbe Welt, die so pathetisch die Reinheit der Frau verteidigte, duldete diesen grauenhaften Selbstverkauf, organisierte ihn und profitierte sogar daran.« (139)

In den Großstädten stelle man fest, daß unter zehn jungen Leuten mindestens einer oder zwei schon Syphilis-Infektionen zum Opfer gefallen seien. Unablässig habe man die Jugend damals an solche Gefahr gemahnt; wenn man in Wien durch die Straßen ging, konnte man an jedem sechsten oder siebten Haus die Tafel »Spezialarzt für Haut- und Geschlechtskrankheiten« lesen, und zu der Angst vor der Infektion kam noch das Grauen vor der widrigen und entwürdigenden Form der damaligen Kuren, von denen gleichfalls die Welt von heute nicht mehr viel wisse.

Zugleich aber wurden die Geschlechtskrankheiten, so wie das Dirnendasein romantisiert; sie gehörten gewissermaßen zum Hautgout des gesellschaftlichen Lebens, das man zur Stimulation der Nerven genauso brauchte wie das Zwielicht, in das man sich vor dem Bannstrahl des moralischen Über-Ich zu flüchten trachtete. Die Prostitution gehöre zur Gesellschaft, wie die Kloake zum herrlichsten Palast, konstatierte Wilhelm Fischer in seiner weitverbreiteten »Studie« »Die Prostitution. Ihre Geschichte und ihre Beziehungen zum Verbrechen und die kriminellen Ausartungen des modernen Geschlechtslebens« (1903), in der er in historischer Abfolge Geschichten aus dem »zwielichtigen« Bereich in der Art und Weise eines wissenschaftlich getarnten Voyeurismus, gekoppelt mit Entrüstung, aneinander reihte. »Die Ehe ist die einzig legitime Regelung des Geschlechtsverkehrs zwischen Mann und Weib; alles andere ist Unzucht beim Manne und beim Weibe aus naheliegenden Gründen ›Prostitution‹ … Wie das Gute vom Bösen unzertrennlich ist, war, ist und wird in allen Zeiten von der Menschheit das Übel der Prostitution unzertrennlich sein; es gehört zu ihr, wie die Krankheit zur Gesundheit, wie das Duell zum Offizier, wie das Laster zur Tugend.« (140)

Für Karl Kraus fing der Skandal an, wenn die Polizei ihm ein Ende machte. Ein Sittlichkeitsprozeß war ihm die zielbewußte Entwicklung einer individuellen zur allgemeinen Unsittlichkeit, von deren düsterem Grunde sich die erwiesene Schuld des Angeklagten leuchtend abhebe. Damit sollte die offizielle Doppelmoral angeprangert werden, die auf der einen Seite die Abweichungen von der Norm unnachgiebig verfolgte, auf der anderen aber vor allem denjenigen, die im Besitz von Macht und Geld waren, die Unmoral erlaubte; (unter der Voraussetzung, daß sie im Geheimen stattfand). In seiner, die Aufsätze der von ihm herausgegebenen und fast gänzlich selbst geschriebenen Zeitschrift »Die Fakkel« aus den Jahren 1902 bis 1907 zusammenfassenden Schrift »Sittlichkeit und Kriminalität« (1908) attackierte Kraus immer wieder die Sittenheuchelei der Presse, deren Korruption ihm wesentlich schlimmer als die Prostitution selbst erschien. In den dem Buch vorausgestellten Shakespeare-Zitaten (da eben Shakespeare »alles vorausgedacht habe«) wird auch eine Stelle aus dem 5. Akt von »Maß für Maß« übernommen, die den Tenor seiner Gesellschaftskritik treffend umreißt:

> »Meiner Sendung Amt
> ließ manches mich erleben hier in Wien:
> ich sah, wie hier Verderbnis dampft und siedet
> und überschäumt. Gesetz für jede Sünde;
> doch Sünden so beschützt, daß eure Satzung
> wie Warnungstafeln in des Baders Stube
> da steht, und was verpönt, nur wird verhöhnt.« (141)

Der Ehebruchsprozeß sei die große Gelegenheit, die Unverträglichkeit von Sittlichkeit und Kriminalität aufzuzeigen. Der Typus der Frau, die zwar zu schön sei, um treu , aber auch zu gesetzeskundig, um untreu zu sein, lebe nur in einer einfältigen Doktrin. Deutsche Philosophen, die in den idealsten Höhen der Sittlichkeit gedacht hätten, seien für die Ausscheidung des Ehebruchs aus dem Strafrecht und dafür eingetreten, daß der Frau die Scheidung erleichtert werden müsse. Denn die Heiligkeit der Ehe würde, so bald sie aufhöre, »Rechtsgut« zu sein, beträchtlich gemehrt werden.

»Sie wäre nicht mehr von jener unseligen Heuchelei beleidigt, unter der Menschen fortleben, die längst erkannt haben, daß sie, als sie ›in die Ehe traten‹, keinen anderen ›Fehltritt‹ mehr begehen konnten – man müßte denn das Heraustreten aus allen Dingen, in die einer auf der Lebensstraße treten kann, als Fehltritt bezeichnen … Aber dies ist vom Standpunkt vergangener und hoffentlich kommender Zeiten gesprochen, nicht aus dem Herzen der Gegenwart. Sie ist beruhigt, ihre Ideale in gesetzlicher Hut zu wissen, und braucht sie darum nicht zu befolgen. Sie sehnt sich nicht nach Reformen. Eine Gesittung, die der zwischen Arbeitstier und Lustobjekt gestellten Frau gleißnerisch den Vorrang des Grußes läßt, die Geldheirat erstrebenswert und die Geldbegattung verächtlich findet, die Frau zur Dirne macht und die Dirne beschimpft, die Geliebte geringer wertet als die Ungeliebte, muß sich wahrscheinlich eines Strafgesetzes nicht schämen, das den Verkehr der Geschlechter ein ›unerlaubtes Verständnis‹ nennt. Die Sitte ist geschützt. Und die Sittlichkeit könnte arg überhandnehmen, wenn's nicht Verbote gegen die Unsittlichkeit gäbe.« (142)

Mit der Presse, die für Karl Kraus in ihrer Berichterstattung über »Gesellschaftsereignisse« nicht nur der Spiegel der unsittlichen Doppelmoral war, sondern diese Doppelmoral selbst praktizierte, indem sie sich in ihrem Redaktionsteil über das entrüstete, wovon sie in ihren unmißverständlichen Anzeigen profitierte, klagte er zugleich die staatliche Ordnung an, welche die Ausbeutung der Weiblichkeit betrieb. Dies führte ihn zu einer besonderen Identifikation mit den Unterprivilegierten. Die Prostitution und ihre Bekämpfung erschienen Karl Kraus als ein herausragendes »Modell« gesellschaftlicher Verlogenheit. Die kritische Besessenheit, mit der er immer wieder dieses Thema aufgriff, entsprach der Realbedeutung wie dem Symbolwert der Prostitution in der damaligen Gesellschaft – war sie doch sowohl der Sündenbock, auf den man das Unbehagen über die nicht erfüllten Gebote der Kulturmoral abzuladen suchte, als auch das zwielichtige Faszinosum, zu dem die (den repressiven Normen sich entziehende) Sinnlichkeit hinzufliehen trachtete. Die Überzeugung, meint Kraus, liege im ewigen Kampf mit der eigenen Natur; würde sie unterliegen, sei sie durch das Bewußtsein der Sünde zweifach geschwächt und nehme Rache an der Natur – des andern. Sexualneid sei die gängige Münze bürgerlicher Moral; die Justiz provoziere Unsittlichkeit durch die unnachgiebige Forderung nach Sittlichkeit.

»Ob eine Frau ihren Leib verschenkt, für Stunden oder für Jahre vermietet, sich ehelich oder außerehelich verkauft, geht den Staat nichts an. Ob die Prostitution eine Krankheit der Seele ist, geht ihn nichts an. Aber die venerischen Krankheiten, die ihn angehen, sind nicht eine Folge der Prostitution, sondern des Geschlechtsverkehrs. Da nun ein Verbot des Geschlechtsverkehrs doch ziemlich aussichtslos und einigermaßen gefährlich wäre, müssen andere Mittel gefunden werden, die Infizierung der Menschheit mit den venerischen Giften zu hindern, und gründlicher zu hindern, als es durch revidierende Polizeiärzte bisher geschehen ist ... Nicht ›Fort mit der Prostitution!‹, aber fort mit einer Sexualethik, die die Käuflichkeit der Lust unter die Strafsanktion der Ausbeutung und die Lust unter die Strafsanktion der Ansteckung gestellt, die die Syphilis geradezu als ultima ratio gegen die ›Unzucht‹ sich erhalten hat! Fort mit der Schamhaftigkeit, die die körperliche und geistige Gesundheit der Völker seit fast zwei Jahrtausenden untergräbt! Vor allem die geistige. Denn die Natur hat dem Weib die Sinnlichkeit als den Urquell verliehen, an dem sich der Geist des Mannes Erneuerung hole. Die Gründer der Normen aber haben das Verhältnis der Geschlechter verkehrt, die habituelle Sexualität der Frau in die Konvention geschnürt und die funktionelle Sexualität des Mannes schrankenlos ausarten lassen. So ist die Anmut vertrocknet und der Geist. Der Frau sind Würde und Bewußtheit vorgeschrieben, dem Mann ein tierisches Sichausleben gestattet. Darum kanalisiert er den herrlichen Wildstrom weiblicher Sinnlichkeit für seine uninteressanten Bedürfnisse und sein Gehirn geht leer dabei aus. Es gibt noch Sexualität in der Welt; aber sie ist nicht mehr die triumphierende Entfaltung einer Wesenheit, sondern die erbärmliche Entartung einer Funktion. Die Natur des Weibes ist geknebelt, und die Schweinerei des Mannes dominiert. Naturalia sunt turpia, und darum stehen die turpia in Flor.« (143)

Boheme und Dandyismus

Die Boheme, gleichermaßen Demonstration gegen die bürgerliche Lebensart wie Manifestation des bürgerlichen Ventilsittenkodex, war geprägt durch junge Künstler und durch Studenten, die als Söhne der herrschenden und wohlhabenden Schichten mehr jugendliche Unbekümmertheit als Widerspruchsgeist zeigten, also nur scheinbar dem affirmativen Kulturmuster zuwiderlebten. (144) Die Demimonde mit ihrer sexuellen Promiskuität, das Ausgestoßensein kulinarisch auf Zeit genießend, entzog sich der Prüderie der kulturellen Sexualmoral durch Ausflüge in originelle und extravagante Lebensweisen, die sich mit Hilfe einer pittoresken Ästhetik in ihrem Anderssein legitimierten, sich jedoch stets die Rückkehr in die Arme der bürgerlichen Moral offenhielten.

Auch der Philister kokettierte mit der Halb- und Unterwelt. Ihn faszinierte die Freiheit und die Unverantwortlichkeit, die in der Boheme herrschten; doch schreckte ihn die Unordnung zurück, welche die Verwirklichung künstlerischer Freiheit mit sich brachte. (145) Boheme: das war der farbig-exotische Topos für eine Nervosität, die unter dem Druck der dumpfen und muffigen moralischen Langeweile Ablenkung, Abwechslung und Betäubung suchte. Indem die Boheme Dekadenz wie Doppelmoral sinnlich reizvoll erscheinen ließ und den Ventilsitten zum »Transzendieren« verhalf, verlieh sie diesen den Anschein lustvoller Sublimierung – gegenüber der vorherrschenden wie anerzogenen repressiven Sublimierung (deren Unbehagen Freud der triebfeindlichen Kultur bzw. Enkulturation anlastete).

Als Thomas Mann 1903 den Gegensatz von Leben und Kunst in den Mittelpunkt seiner Novelle »Tonio Kröger« rückte, traf er einen Nerv der Zeit: nämlich die Diskrepanz zwischen Bürgerlichkeit und Boheme, einer auf Pflicht festgelegten idealisierten Kulturmoral und eines ins Zwielicht versetzten »unmoralischen« Schönheitsbegriffs. Tonio Krögers geschwächte Gesundheit und gesteigerte Sensibilität befähigen ihn, Künstler zu werden – der Bürgerlichkeit sich zu entziehen, nach der er jedoch, als »Bürger auf Abwegen«, als »verirrter Bürger«, ein unstillbares Verlangen behält, das sich ihm in der Gestalt des starken und unkomplizierten, rechtschaffenen, fröhlichen, schlichten und blonden Hans Hansen, des Freundes aus der Jugendzeit, personifiziert. »Denn mein bürgerliches Gewissen ist es ja, was mich in allem Künstlertum, aller Außerordentlichkeit und allem Genie etwas tief Zweideutiges, tief Anrüchiges, tief Zweifelhaftes erblicken läßt, was mich mit dieser verliebten Schwäche für das Simple, Treuherzige und Angenehm-Normale, das Ungeniale und Anständige erfüllt.« (146)

Ausgeliefert den »wüsten Abenteuern der Sinne, der Nerven und des Gedankens«, »zerfressen von Ironie und Geist, verödet und gelähmt von Erkenntnis, halb aufgerieben von den Fiebern und Frösten des Schaffens, haltlos und unter Gewissensnöten zwischen krassen Extremen, zwischen Heiligkeit und Brunst, hin- und hergeworfen, raffiniert, verarmt, erschöpft von kalten und künstlich erlesenen Exaltationen, verirrt, verwüstet, zermartert, krank«, »schluchzt« die ästhetische, bohemehafte, künstlerische Existenz vor Reue über die verspielte Geborgenheit und vor Heimweh nach dem »warmen, herzlichen Gefühl« bürgerlicher Lebensart. (147) Die »Gereiztheiten und kalten Ekstasen« des »verdorbenen artistischen Nervensystems« könnten zwar Betäubung, aber nicht Beruhigung vermitteln.

Thomas Mann schildert mit Tonio Kröger einen Bohemien, dem das Spiel ernst, die Boheme nicht Ausflug, sondern Schicksal ist; der nicht Kunst als Attitüde, sondern als Tragik erlebt. Der Außenseiter *solcher* Art war nicht Hätschelkind, sondern Sündenbock der Gesellschaft; führte er doch vor, was man selbst verdrängte: die Zerrissenheit der Personalität, die Krise der Identität.

In der Figur des Dandys sind die verschiedenen Aspekte der Boheme typologisch (dialektisch) vereint: »Der Dandyismus«, heißt es bei Baudelaire, »tritt vornehmlich in Übergangszeiten, in denen die Demokratie noch nicht allmächtig und die Aristokratie erst halb erschüttert und heruntergekommen ist, in Erscheinung. In der Wirrnis dieser Epochen können einige deklassierte, angewiderte, müßiggängerische, aber kraftvolle Männer den Plan fassen, eine Art neue Aristokratie zu begründen, die um so schwerer zu zerbrechen sein wird, als sie auf den kostbarsten und unzerstörbarsten Fähigkeiten und auf den himmlischen Gaben, die durch Arbeit und Geld nicht zu erlangen sind, beruht. Der Dandyismus ist die letzte Verwirklichung des Heroismus in Zeiten des Verfalls.« (148)

Der Dandy, als der »künstliche« wie künstlerische Mensch, als ästhetischer Spättypus, der in Ablehnung von Umwelt und Natur in der Form aufgeht, sein verfeinertes Gefühl aufs Leiden einstimmt, dabei einen Kult des herausgelösten Ich betreibt, löst sich aus dem normativen Lebenszusammenhang; (149) er sinkt ab in die bloße Egozentrik und in die Isolierung. Als Komödiant gerät er ständig an die Grenzen des grotesken Entsetzens und als Heros relativiert er sich durch Ironie. Er gibt sich als Stoiker, um in angenommener Festigkeit sich selbst über den Krampf seiner Leiden hinwegzutäuschen, und »zugleich eine negative Freiheit gegen die Umwelt zu behaupten, deren Einbruch in ihn für seine überdifferenzierte Natur schmerzvoll und zerstörend ist. Er will nicht verwirklichen; er wünscht nichts als Selbsterhaltung und Schutz vor der fremd und feindlich gewordenen Außenwelt.« (150) Solche Mischung von Freiheitsbedürfnis und Leidensbereitschaft, Sehnsucht nach Sinnerfüllung und pessimistischer Erfahrung von Sinnlosigkeit, solche traurige Wonne der Selbstzerfleischung und arroganter Kälte dem anderen gegenüber (wobei der Zynismus charmant verschleiert und nur als Andeutung in der als Selbstzweck betriebenen Konversation in Erscheinung tritt) artikulieren sich im Salon. »Der Dandy besitzt alle Vorzüge, wie die Gesellschaft sie fordert und denen sie sich beugt; seine Kleidung ist von äußerster Gewähltheit, dabei mit dem unmerklichen Hauch des Nachlässigen, worin Vornehmheit sich verkündet; er ist jung, von geistiger Schönheit, endlich geistvoll und überlegen – sprühend in seiner Unterhaltung. Zu dieser wirkungsvollen Erscheinung fügt er eine Gemessenheit, die in seinen lebendigsten Augenblicken ihn nicht verläßt; er repräsentiert seine betonte Schönheit, schleudert seinen Geist in die erstaunten Salons, bleibt dabei jedoch reserviert, undurchdringlich und verbirgt sich in der Hülle vielfältiger Mystifikationen.« (151)

Von Stefan George heißt es, daß er zu dieser Zeit seinen Stolz und seine Menschenverachtung, enttäuschte Künstlerhoffnungen, zehrende Sehnsucht nach Freundschaft und Gegenliebe im Gehrock, Zylinder und Monokel des Dandys verkleidet und – mit glimmenden Weihrauchkörnchen auf der Zigarette – das Café zu seinem »Fluchtort« gemacht habe. (152)

Seine erste Begegnung mit Loris (dem jungen Hofmannsthal) schildert Hermann Bahr 1894 mit den Worten: »Ganz jung, kaum über zwanzig, und ganz wienerisch, Cherubin – Gontram oder Guy, aber ins Theresianische übersetzt – und Kainz, so etwa lassen sich die Elemente der ersten Empfindung sagen. Das Profil des Dante, nur ein bißchen besänftigt und verwischt, in weicheren, geschmeidigeren Zügen, wie Watteau oder Fragonard es gemalt hätte; aber die Nase, unter der kurzen, schmalen, von glatten Ponnys überfransten Stirne, wie aus Marmor, so hart und entschieden, mit starken, starren, unbeweglichen Flügeln. Braune, lustige, zutrauliche Mädchenaugen, in denen was Sinnendes, Hoffendes und Fragendes mit einer naiven Koketterie, welche die schiefen Blicke von der Seite liebt, vermischt ist; kurze, dichte, ungestalte Lippen, hämisch und grausam, die untere umgestülpt und niederhängend, daß man in das

Fleisch der Zähne sieht. Ein feiner, schlanker, pagenhafter Leib von turnerischer Anmuth, biegsam wie eine Gerte, und gern in runden Linien ein wenig geneigt, mit den fallenden Schultern der raffinirten Culturen, von ungeduldiger Nervosität, aber die nicht wie jene von Kainz, an den man immer wieder denken muß, aus den Fingern sprüht, sondern in den hastigen Beinen ist, die immer zappeln. Aber vor allem in jeder Geste, jedem Ton, der ganzen Haltung was unsäglich liebes: das gewisse österreichische ›lieb‹, das sich wie ein ewiger Mai in dem linden, lauen, traulichen Accent des Wieners und in seinen Walzern wiegt.« (153)

Rainer Maria Rilkes »Selbstbildnis aus dem Jahre 1906« spiegelt dagegen einen mehr melancholischen als koketten Narziß:

> »Des alten lange adligen Geschlechtes
> Feststehendes im Augenbogenbau.
> Im Blicke noch der Kindheit Angst und Blau
> und Demut da und dort, nicht eines Knechtes,
> doch eines Dienenden und einer Frau.
> Der Mund als Mund gemacht, groß und genau,
> nicht überredend, aber ein Gerechtes
> Aussagendes. Die Stirne ohne Schlechtes
> und gern im Schatten stiller Niederschau.
>
> Das, als Zusammenhang, erst nur geahnt;
> noch nie im Leiden oder im Gelingen
> zusammmgefaßt zu dauerndem Durchdringen,
> doch so, als wäre mit zerstreuten Dingen
> von fern ein Ernstes, Wirkliches geplant.« (154)

Der Dandy, der sein Äußeres subtil kultiviert, besitzt zwar die Suggestion eines verfeinerten, beweglichen Geistes; er ist aber durch den Mangel an freier Schöpferkraft bestimmt. Eine gewisse Sterilität lastet über seiner Genialität. Die Unfähigkeit zur schöpferischen Freiheit veranlaßt ihn, auf die Umwelt oppositionell zu reagieren und diese für seinen Mangel verantwortlich zu machen. »Solche Opposition zwingt ihn in den Wirtschaftsmechanismus wieder hinein, gegen den er hat sich erheben wollen. Er zweckt einmal auf Erwerb ab, zum anderen auf Wirkung und Erfolg, ohne die seine Opposition sinnlos ist. Er, der nichts hat tun wollen als den Realitäten zu entfliehen, in stolzer Opposition sich zu halten, wird durch Geldnot zu Kärrnerdienst gezwungen, aus Mangel an freiem Schöpfertum zur Profanierung seiner Kunst in der Wirkungsabsicht. Ohne ursprünglichen Willen zur Leistung drängt Existenznot ihn der Arbeit entgegen; seiner Natur nach der Kunstproduktion verpflichtet, und hierzu angetrieben, wird er sich zugleich seiner Ohnmacht bewußt. Er wird mit dem Ideal beginnen und die freie, zweckfreie Kunst suchen. Er peitscht sich über seine Sterilität, über seine Furcht vor der künstlerischen Tat, der er sich nicht gewachsen weiß, hinweg.« (155)

Gerade der ambivalente Realitätsbezug des Dandys führt auch dazu, daß sich die Mentalitäten des Dandy, Parvenü, Neureichen und Ästheten in eigentümlicher Form verschränken, wobei das Bewußtsein von der eigenen Begrenzung sich häufig in larmoyanter oder schwülstiger Empfindsamkeit zu vergessen sucht.

Die »Gebärde« dient dem Dandy dazu, selbst noch das Nichts mit irisierender Glasur zu versehen. So wie der Dandy dem Leiden den letzten Tropfen Genuß auspreßt, um es zu bestehen, sucht er die ihn heimsuchende, verwirrende Sinnlichkeit durch Koketterie zu bewältigen – spielerisch über Triebhaftigkeit sich hinwegsetzend, sie aber nur pseudosublimierend.

Der »Held« in Otto Julius Bierbaums Roman »Prinz Kuckuck. Leben, Taten, Meinungen und Höllenfahrt eines Wollüstlings« (1906) ist Dandy, Don Juan, Bonvivant und Parvenü in einem. Sein wirrer Lebenslauf – er ist Adoptivsohn eines Millionärs – ist grotesk, Spiegel der morbiden krisenhaften Zeitatmosphäre. Die Erfahrungen spießbürgerlicher Bigotterie beim Vormund, heimlicher Bordellbesuche als Schüler, eines ausschweifenden Lebens als Couleur-Student, Tändeleien in ästhetischen Circles, religiöse und politische Eskapaden charakterisieren die Höllenfahrt dieses Lüstlings, der den brüchigen Glanz der oberen Gesellschaftsschichten als Komödie der Eitelkeit genießt und daran zugrundegeht. Mit einem Rennwagen rast er in den Tod. In einer Zeit, »in der alles Alte zum Kuckuck gegangen ist«, versucht Kuckuck das Beste aus dem Leben herauszuholen. Sein Gemüt befindet sich dabei im Wirbel oberflächlicher, nicht ausgefüllter und darum ewig schwankender, unklarer Gefühle. Der Dandy Kuckuck endet in psychisch-physischer Verfettung. »Sein Leib befand sich wohl. Seine Art Wollust war hier in der Tat ebenso zu Hause, wie die selbstgefällige Nachgiebigkeit seines Geistes. In seinem Schlosse umgab ihn die weichliche Atmosphäre der guten alten Zeit des guten alten Österreich; sybaritische Behaglichkeit, mollig geschmackvoller Luxus, üppiges Wohlleben aller Sinne; Wohlleben ohne den Geist der großen Lebenskünstler jener Epoche ... Welch eine Wonne war das! Er, der dick und bis zur Unbeweglichkeit faul Gewordene, konnte wieder, wenn die Verse auf das Papier niedergerasselt waren, vom Stuhl aufspringen und mit hingerissenen Schritten durch die ganze lange Zimmerflucht des ersten Stockes eilen, daß der wattierte Schlafrock in weite Schwingungen kam und Radetzkys Hauskappe mit der schwarz-gelben Quaste verwegen auf die Seite rutschte. Das schwammige Gesicht, jetzt ins Österreichische stilisiert durch Bartkoteletten à la Franz Joseph, rötete sich, die großen kugeligen Augen, sonst nur im Zorn so schrecklich hervortretend, purzelten fast heraus vor Entzücken; aus der fatal massig und niederhängend gewordenen Nase, die ihm im Profil etwas von einem rammsköpfigen Pferde gab, kam ein Schnaufen, das wie Asthma klang, aber Begeisterung war. – Welch ein Dichter hätte ich werden können! dachte er sich in diesen Tagen zuweilen. Und: das ist mein größtes Opfer, daß ich auf diese Wonnen verzichte um meiner höheren Bestimmung willen.« (156) Provokante Lebensart versinkt in philiströser Dumpfheit, artistische Sensibilität in dumpfer Geilheit, in die nur noch gelegentlich die Kunst ihre Funken schlägt. Die Zeit des Verfalls hatte den Dandy erreicht und zerstört; als die kunstvoll errichtete Fassade zerbrach, stürzte er in den Abgrund; so wie auch der ästhetische Glanz dieser Epoche in den furchtbaren Materialschlachten des Ersten Weltkrieges verglühte. Oscar Wilde hatte die Tragödie vorweggenommen: »Ich ließ mich in lange Perioden eines sinnlosen, sinnlichen Wohlbehagens locken. Ich belustigte mich damit, ein Flaneur, ein Dandy, ein Modeheld zu sein. Ich umgab mich mit den kleineren Naturen und den geringeren Geistern. Ich ward zum Verschwender meines eigenen Genies und fand absonderliches Wohlgefallen daran, eine ewige Jugend zu vergeuden. Müde, auf den Höhen zu wandeln, stieg ich aus freien Stücken in die Tiefen und fahndete nach neuen Reizen. Was mir das Paradoxe in der Sphäre des Denkens war, wurde mir das Perverse im Bereich der Leidenschaft. Die Begierde war schließlich eine Krankheit oder Wahnsinn oder beides. Ich kümmerte mich nicht mehr um das Leben anderer. Ich vergnügte mich, wo es mir beliebte, und schritt weiter. Ich vergaß, daß jede kleine Handlung des Alltags den Charakter prägt oder zerstört, und daß man deshalb das, was man im geheimen Zimmer getan hat, eines Tages mit lauter Stimme vom Dache herunterrufen muß. Ich verlor die Herrschaft über mich. Ich war nicht mehr der Steuermann meiner Seele und wußte es nicht. Ich ließ mich vom Vergnügen knechten. Ich endete in greulicher Schande.« (157)

Eine sozusagen kulturmoralische Äquatoriallinie teilt im gesellschaftlichen Bewußtsein der damaligen Zeit die Frau in ein edles, überfeinertes, nervöses Wesen (dessen Sensibilität sich z. B. im häufigen Erröten und in Ohnmachtsanfällen präsentiert), und in ein Wesen gefühlloser Genitalität, das es mit Jagdglück auszukosten und auszubeuten gilt. Der Typisierung der Frau in Dame und Dirne entspricht der Männlichkeitswahn der Zeit, der am Bild der femme fragile zum Guten, Schönen und Wahren sich zu inspirieren hofft, während er in der femme fatale das zu erobernde, in der Eroberung das eigene Selbstbewußtsein »auffrischende« Sexualobjekt sieht. (158)

Die Phasen solcher kulturmoralischen »Seelenhygiene« werden von Sigmund Freud dahingehend beschrieben, daß volle Abstinenz des Mannes während der Jugendzeit wohl nicht die beste Vorbereitung für die Ehe darstelle; die Frauen ahnten dies und zögen unter ihren Bewerbern diejenigen vor, die sich schon bei anderen Frauen als Männer bewährt hätten. – Selbstverständlich sind damit nur »ganz bestimmte Frauen« gemeint, denn die Erziehung zur Dame erfolge dadurch, daß die Sinnlichkeit des Mädchens bis zu ihrer Verehelichung unterdrückt werde; diese untersage nicht nur den sexuellen Verkehr, setze hohe Prämien auf die Erhaltung der weiblichen Unschuld, sondern entziehe das reifende weibliche Individuum auch der Versuchung, indem sie es in Unwissenheit über alles Tatsächliche der es bestimmenden Rolle erhalte und keine Liebesregung, die nicht zur Ehe führe, bei ihm dulde. Der »Erfolg« sei, daß die Mädchen, wenn ihnen das Verlieben plötzlich von den elterlichen Autoritäten gestattet werde, diese psychische Leistung nicht zustande brächten und ihrer eigenen Gefühle unsicher in die Ehe gingen. Infolge der künstlichen Verzögerung der Liebesfunktion bereiteten sie dem Manne, der all sein Begehren für sie aufgespart habe (sieht man von den rein physischen »Einübungen« beim »süßen Mädel« ab), nur Enttäuschungen. Die Frigidität als Ausdruck der modernen Nervosität führe wiederum dazu, daß der Mann außerhalb der Ehe Befriedigung suche. (159)

Freud stellt fest, daß das Verhältnis zwischen möglicher Sublimierung und notwendiger sexueller Betätigung sehr bei den einzelnen Individuen und sogar bei den verschiedenen Berufsarten schwanke. In zeittypischer, durch die Vorstellungen von der Boheme geprägten Weise meint er, daß ein abstinenter Künstler wohl kaum möglich, ein abstinenter junger Gelehrter jedoch keine Seltenheit sei. »Der letztere kann durch

Enthaltsamkeit freie Kräfte für sein Studium gewinnen, beim ersteren wird wahrscheinlich seine künstlerische Leistung durch sein sexuelles Erleben mächtig angeregt werden.« (160) Der Frau werde lediglich die Wahl zwischen ungestilltem Sehnen, Untreue oder Neurose gelassen. Die Erziehung versage der Frau die intellektuelle Beschäftigung mit den Sexualproblemen, für die sie doch die größte Wißbegierde mitbrächte; mit der Verurteilung, daß solche Wißbegierde unweiblich und Zeichen sündiger Veranlagung sei, werde sie überhaupt vom Denken abgeschreckt, das Wissen generell für sie entwertet. »Das Denkverbot greift über die sexuelle Sphäre hinaus, zum Teil infolge der unvermeidlichen Zusammenhänge, zum Teil automatisch, ganz ähnlich wie das religiöse Denkverbot bei Männern, das loyale bei braven Untertanen.« (161) Die »unzweifelhafte Tatsache der intellektuellen Inferiorität so vieler Frauen« (162) sei auf die zur Sexualunterdrückung erforderliche Denkhemmung zurückzuführen. Im Sinne Freuds kann man zugespitzt formulieren, daß die Frau durch ihre »dummen Genitale« bestimmt werde – soweit sie nicht eben ein »außergewöhnliches« Wesen darstellt, das sich eines Tages zur Emanzipation aufmacht. (163)

In seinem Drama »Einsame Menschen« (1891) hat Gerhart Hauptmann die Freudsche Familienpartitur vorweggenommen und dichterisch instrumentiert. In der gepflegten Atmosphäre eines bürgerlichen Heims (ein Interieur mit Pianino, Bücherschrank, Bildnissen, Teppichen, Topfpflanzen) lebt der Privatgelehrte Johannes Vockerat zusammen mit seiner zart gebauten Frau, die trotz edlen Aussehens dem Gelehrten geistig nicht ebenbürtig ist. »Aber hab' ich denn nicht recht? Du solltest geradezu fieberhaft jede Gelegenheit ergreifen, geistig 'n bißchen weiter zu kommen. Du solltest treiben dazu, Du solltest das Fräulein hier festhalten. Ich begreife nicht, wie man so gleichgültig sein kann.« (164) Das Fräulein, von dem die Rede ist, Anna Mahr aus Reval, in Zürich studierend, ist für den neurasthenischen Privatgelehrten die Verkörperung des geistig-sinnlichen Prinzips – Einheit von Sublimierung und Körperhaftigkeit (wie sie seit langem, vom Kalokakathiebegriff des deutschen Idealismus abstammend, zum Repertoire bourgeoiser Sehnsüchte gehörte). Während Kätchen, vor allem von ihrer Schwiegermutter, immer wieder ins Hausfrauendasein, ins Puppenheim, zurückgezogen wird – ihre Aufstiegsschwingen sind sowieso nicht üppig gewachsen –, bejubelt Johannes Fräulein Anna, die seine libidinösen wie erotischen, teils körperhaften, teils geistigen Strebungen zu faszinieren vermag. »Sie werden mich nicht mißverstehen. Ich habe bisher noch zu niemanden darüber gesprochen. Sie wissen ja, wie sehr ich mit meiner

Familie verwachsen bin. Aber was meine Arbeit anbelangt, so kann meine Familie mir wirklich nicht das Mindeste sein. Kätchen hat ja wenigstens noch den guten Willen – 's ja rührend! Sie findet ja alles immer wunderschön. Aber ich weiß doch, daß sie kein Urteil haben kann. Das kann mir doch dann nich' viel nützen. Deshalb befind ich mich ja buchstäblich wie im Himmel, seit Sie hier sind, Fräulein Anna. Das passiert mir ja das erstemal im Leben, daß jemand für meine Arbeit, für das, was ich zu leisten imstande bin, ein sachliches Interesse hat. Das macht mich ja wieder frisch, es ist ja wie 'ne Heide förmlich, auf die's regnet.« (165) Während Johannes aufblüht, wird Käte sich der eigenen Erbärmlichkeit, aus der sie auch ihr Söhnchen Philipp wohl nicht mehr herauszureißen vermag, gewahr. »Hab ich ihn denn überhaupt jemals besessen? Erst haben ihn die Freunde gehabt, jetzt hat ihn Anna. Mit mir allein ist er nie zufrieden gewesen. Ich verfluch mein Leben. Ich habe es satt, das verfluchte Dasein.« (166)

Johannes hebt sich im leidenschaftlichen Ringen mit seinem Eros vom häuslichen Erotikon hinweg in die Sphären eines neuen Menschentums, dort den höheren Zustand männlich-weiblicher Zweisamkeit erahnend: »... den wird es geben, später einmal. Nicht das Tierische wird dann mehr die erste Stelle einnehmen, sondern das Menschliche. Das Tier wird nicht mehr das Tier ehelichen, sondern der Mensch den Menschen. Freundschaft, das ist die Basis, auf die sich diese Liebe erheben wird. Unlöslich, wundervoll, ein Wunderbau geradezu. Aber ich ahne noch mehr: noch viel Höheres, Reicheres, Freieres ... « (167) Auch wenn offensichtlich die beiden hehren Seelen an der Wirklichkeit zerbrechen und ins Wasser gehen (vorher hatten beider Lippen sich in einem »einzigen langen, inbrünstigen Kuß« gefunden), bleibt der rhapsodische Aufschwung dominant. Er entspricht dem, was in vielen zeitgenössischen Traktaten, Dichtungen und Bildern als alle Niederungen überwindende, gewissermaßen in geschlechtsloser Geschlechtlichkeit sich vollziehende, beseligende Vereinigung beschrieben wird. Es ist die gleiche Gestimmtheit, die 1903 Wilhelm Bölsche im »Liebesleben in der Natur« erspürt. »Immer neue Brüder und Schwestern tauchten auf aus dem schwarzen Schlund hinauf in die Herrlichkeit der Gewitterluft und der Mondverklärung, und in den Lüften, im betäubenden Wirbel der unzählbaren Menge greift sich Paar und Paar und vollzieht unter allen Seligkeitsschauern, die dieser winzige, blumenzarte Organismus für einen Moment vollkommenster Erlösung und Harmonie bis zur Neige ertragen kann, den großen Akt des neuen Zweckes: die Vereinigung.« (168) Eros der Menschen – Eros der Natur (hier der Eintagsfliegen) –

befreiender Höhenflug – per aspera ad astra – aufstrebende Liebe da wie dort! Und immer wieder die herabziehende Schwerkraft der Wirklichkeit.

Das Problem der zwischen Anpassung und Emanzipation stehenden Ehe – die Frau als süßes Geschöpf, das den geistig-erotischen Intentionen des Mannes nicht zu folgen vermag, der Mann voller vergeistigter Aufbruchsstimmung – ist in der avantgardistischen Literatur der Zeit vielfach gestaltet worden. So wird das von Cäsar Flaischlen 1894 herausgebrachte programmatische »Sammelbuch moderner Prosadichtung« »Neuland« mit einer Erzählung von Otto Julius Bierbaum eröffnet, welche die »Lavendel-Ehe« karikiert. »Sie war klein und schmächtig und hatte ganz hellblaue Augen, so hellblau wie an Vorfrühlingsabenden manchmal der Himmel ist, – viel Sehnsucht ist in solchem Blau … Sanft schmiegte sich ihr in zwei glatten Scheitelhälften aschblondes Haar um Stirn und Schläfe. Regelmäßig war ihr Gesicht, ein klares, deutsches Gretchenantlitz mit viel Gemütshauch, der sich nicht schildern läßt, und mit wenig scharf sprechendem Geist, den man aber nicht vermißt, bei solchen Engelsköpfen. Ihr Augenaufschlag war das Merkwürdigste an ihr, – wie ein in den Himmel gerichtetes Gebet voll tausend Ach's der Demut sah er aus.« (169) Als ER sie heiratet, weint sie und rennt aus dem Zimmer hinaus, schluchzt und jauchzt. Nun will sie an seiner Brust erblühen. »Ja, das, das wollte sie: wie ein junger Epheu am Götterbilde, weich, zärtlich, umrankend.« (170) So wandeln sie dahin auf duftendem Moos, unter blauem Himmel, zwischen lauter süß duftenden Jasminen. Aber ER sucht die Glut, heißes, brausendes Leben, Leidenschaft; und nicht das ewige Schmelzen. »Er wollte ein Weib statt einer Blume.« (171) Sublimierend bleibt IHM, dem Künstler, das Klavier. »Er raste sich aus auf dem Klavier. Schweigend in einer Ecke lauschte sie.« (172)

Einsame Menschen, wohin man blickte; unbefriedigte Begierden. Das Aufbegehren verfing sich in der rosasüßen Wattierung der Kulturmoral.

Die Sexualnot der Jugend

Die von ihrem Manne unbefriedigte neurotische Frau sei, meint Sigmund Freud, als Mutter überzärtlich und überängstlich gegen das Kind, auf das sie ihr Liebesbedürfnis übertrage und in dem sie so die sexuelle Frühreife wecke. Das schlechte Einverständnis zwischen den Eltern reize das Gefühlsleben des Kindes auf, lasse es im zartesten Alter Liebe,

Haß und Eifersucht intensiv empfinden. Die strenge Erziehung, die jedoch keinerlei Betätigung des auf diese Weise geförderten Sexuallebens dulde, stelle die unterdrückende Macht bei, und dieser Konflikt in diesem Alter enthalte alles, was es zur Verursachung der lebenslangen Nervosität bedürfe. (173) Ohne diesen für die Sozialpathologie besonders wichtigen Gedankengang hier weiter auszuführen, verweist Freud auf die Tatsache, daß Erziehung zum Guten, die mit Unterdrückung arbeite, ihre Absicht, aus dem Kind einen »Überguten« zu machen, verkehre; der Mensch leiste dann eher weniger an Gutem, als er ohne Unterdrückung zustandegebracht hätte. (174) Damit ist ein Thema angesprochen, das in dieser Zeit vielfach im Mittelpunkt literarischer Behandlung steht: nämlich die Bösartigkeit einer Erziehung, die von »überguten« Moralvorstellungen ausging und dabei Jugend als Eigenart und Jugend in ihrem Eigenwert mißachtete, im besonderen auf die Repression jugendlicher Sexualität angelegt war. (175) Frank Wedekinds »Kindertragödie« »Frühlings Erwachen«, 1891 geschrieben, bei der ersten Buchausgabe 1899 als »unerhörte Unflätigkeit« diffamiert, 1906 erstmals aufgeführt, dann verboten, 1912 durch Entscheid des Berliner Oberverwaltungsgerichts entgültig zur öffentlichen Aufführung freigegeben, (176) beschreibt die Situation einer Jugend, die in verklemmten Elternhäusern erzogen und verbogen, von verknöcherten Pädagogen unterrichtet und unterdrückt wird; und bei dem Versuch, sich von den Fesseln falscher Scham zu befreien, scheitert. Moritz Stiefel nimmt sich in pubertärer Verwirrung, im schulischen Fortkommen gefährdet, das Leben.

»*Moritz:* Ich habe den ›Kleinen Meier‹ von A–Z durchgenommen, Worte – nichts als Worte und Worte! Nicht eine einzige schlichte Erklärung. O dieses Schamgefühl! – Was soll mir ein Konversationslexikon, das auf die nächstliegende Lebensfrage nicht antwortet.« (177) Melchior Gabor wird wegen einer selbstverfaßten Aufklärungsschrift von seinen gleichermaßen bigotten wie hilflosen Eltern in eine Erziehungsanstalt gesteckt; Wendla Bergmann, die in familiärer Prüderie aufwächst und Melchior in kindlicher Unwissenheit sich hingibt, stirbt an einer von der Mutter veranlaßten Abtreibung.

Schuld an der quälenden geschlechtlichen Unwissenheit hat die elterliche Verdummungsstrategie, die selbst wieder Produkt der gesellschaftlichen Prüderie und Tabuierung ist.

»*Frau Bergmann*:
Denke dir, Wendla, diese Nacht war der Storch bei ihr und hat ihr einen kleinen Jungen gebracht.

Wendla:
Einen Jungen? – Einen Jungen! – O das ist herrlich! —
Deshalb die langwierige Influenza!
Frau Bergmann:
Einen prächtigen Jungen!
Wendla:
Den muß ich sehen, Mutter! – So bin ich nun zum dritten Mal Tante
geworden – Tante von einem Mädchen und zwei Jungens!
Frau Bergmann:
Und was für Jungens! – So geht's eben, wenn man so dicht beim
Kirchendach wohnt! –
Morgen sind's erst zwei Jahre, daß sie in ihrem Mullkleid die Stufen
hinanstieg.
Wendla:
Warst du dabei, als er ihn brachte?
Frau Bergmann:
Er war eben wieder fortgeflogen.« (178)
Die ständigen Bemühungen der jungen Menschen, anstelle von zwie-
lichtigen Andeutungen klare Wahrheit zu erfahren, stoßen sich wund an
der Wand sogenannter Schamhaftigkeit, mit der die Erwachsenen die als
abgründig empfundene Sexualität abdecken.
» *Wendla*:
Sag es mir heute, Mutter; sag es mir jetzt! Jetzt gleich! – Nun ich dich so
entsetzt gesehen, kann ich erst recht nicht eher wieder ruhig werden.
Frau Bergmann:
Ich kann nicht, Wendla.
Wendla:
O, warum kannst du nicht, Mütterchen! – Hier knie ich zu deinen
Füßen und lege dir meinen Kopf in den Schoß. Du deckst mir deine
Schürze über den Kopf und erzählst und erzählst, als wärst du mutter-
seelenallein im Zimmer. Ich will nicht zucken; ich will nicht schreien;
ich will geduldig ausharren, was immer kommen mag.
Frau Bergmann:
– Der Himmel weiß, Wendla, daß ich nicht die Schuld trage! Der
Himmel kennt mich! – Komm in Gottes Namen! – Ich will dir erzählen,
Mädchen, wie du in diese Welt hineingekommen. – So hör mich an,
Wendla ...
Wendla (unter ihrer Schürze):
Ich höre.

Frau Bergmann (ekstatisch):

– Aber es geht ja nicht, Kind! Ich kann es ja nicht verantworten – Ich verdiene ja, daß man mich ins Gefängnis setzt – daß man dich von mir nimmt …

Wendla (unter ihrer Schürze):

Faß dir ein Herz, Mutter!

Frau Bergmann:

So höre denn … !

Wendla (unter ihrer Schürze zitternd):

O Gott, o Gott!

Frau Bergmann:

Um ein Kind zu bekommen – du verstehst mich Wendla?

Wendla:

Rasch, Mutter – ich halt's nicht mehr aus.

Frau Bergmann:

– Um ein Kind zu bekommen – muß man den Mann – mit dem man verheiratet ist … lieben – lieben sag ich dir – wie man nur einen Mann lieben kann! Man muß ihn so sehr von ganzem Herzen lieben, wie – wie sich's nicht sagen läßt! Man muß ihn lieben, Wendla, wie du in deinen Jahren noch gar nicht lieben kannst … Jetzt weißt du's.

Wendla:

Großer – Gott – im Himmel!

Frau Bergmann:

Jetzt weißt du, welche Prüfungen dir bevorstehen!

Wendla:

– Und das ist alles?

Frau Bergmann:

So wahr mir Gott helfe! — Nimm nun den Korb da und geh zu Ina hinunter. Du bekommst dort Schokolade und Kuchen dazu. — Komm, laß dich noch einmal betrachten – die Schnürstiefel, die seidenen Handschuhe, die Matrosentaille, die Rosen im Haar … dein Röckchen wird dir aber wahrhaftig nachgerade zu kurz, Wendla!« (179)

Das 1900 erschienene, kurz darauf ins Deutsche übersetzte Buch der Schwedin Ellen Key »Das Jahrhundert des Kindes« propagierte demgegenüber eine Erziehung im Geiste humaner Pädagogik und aufgeklärten Bewußtseins. Das Buch war allen Eltern gewidmet, »die hoffen, im neuen Jahrhundert den neuen Menschen zu bilden.« (180) Im Gegensatz zur Sexualqual der bürgerlichen Ehe, die sich unter den Progeniturzwang gestellt sah, wurde das Reformparadies familiären Glücks entworfen. Das Buch wird mit einem Nietzsche-Wort als Motto eingeleitet: »Eurer Kinder Land sollt ihr lieben: diese Liebe sei euer neuer Adel – das unentdeckte, im fernsten Meere! Nach ihm heiße ich eure Segel suchen und suchen! An euren Kindern sollt ihr gut machen, daß ihr eurer Väter Kinder seid: alles Vergangene sollt ihr so erlösen! Diese neue Tafel stelle ich über euch!« (181) Gesperrt gedruckt heißt es im ersten Drittel des Buches – erneut Nietzsche zitierend (auch wenn dieser »von der Liebe wenig weiß, weil er vom Weibe beinahe nichts weiß«): »Ich will, daß dein Sieg und deine Freiheit sich nach einem Kinde sehne. Lebendige Denkmale sollst du bauen zu deinem Siege und deiner Befreiung.« (182) Während Sigmund Freud in dem Zeugungszwang der bürgerlichen Sexualmoral den Grund für die Neurotisierung der Gesellschaft sah, gab sich Ellen Keys Buch, viel diskutiert und weit verbreitet, als eine vom Pathos humaner Eheberatung getragene Rhapsodie auf die Hoch-Ehe, die ihren Sinn gerade im Zeugen edler Nachkommenschaft finde. Im Gegensatz zu Freud wird die progenitive Moral mit enthusiasmierter Sinnlichkeit verbunden und mit Eugenik unterlegt. »Ein junger Mann – selbst Arzt – hatte sich für gesund gehalten, als er sich verheiratete«, heißt es in einer von Ellen Key zur Unterstützung ihrer Thesen angeführten Fallstudie; »er entdeckte seinen Irrtum und war nun vor die Wahl gestellt, seiner Frau zu schaden oder von ihr zu lassen. Da sie einander tief liebten, war der einzige Ausweg, sich zu trennen. Denn die Ehe nur als Freunde fortzusetzen, fand er unmöglich und unrecht, weil dies der Frau das Mutterglück geraubt hätte. Er wählte den Tod, den er sich so gab, daß die Frau ihn durch einen Unglücksfall verursacht glaubte.« (183) Solche auf Vaterehre und Mutterschaftsglück hin stilisierte und teilweise ideologisch aufbereitete Moral glaubte sich bourgeoiser Zwielichtigkeit weit überlegen.

Der neue Mensch, kräftig und gesund, sinnlich und familienbewußt, wie er sich hier abzeichnet, ist eingebunden in einen weltanschaulichen Futurismus, der die Zweifel und Qualen moderner Nervosität weit hinter sich zu lassen wähnt.

Das Kind als »Delegierter« der Eltern

Das Phänomen der von ihrem Manne unbefriedigten, neurotischen Frau, die als Mutter überzärtlich sei und ihr Liebesbedürfnis ganz aufs Kind projiziere, hat Freud an anderer Stelle als besonderes Phänomen des Narzißmus gedeutet und zur Familienperspektive erweitert. »Wenn man die Einstellung zärtlicher Eltern gegen ihre Kinder ins Auge faßt, muß man sie als Wiederaufleben und Reproduktion des eigenen, längst aufgegebenen Narzißmus erkennen ... So besteht ein Zwang, dem Kinde alle Vollkommenheiten zuzusprechen, wozu nüchterne Beobachtung keinen Anlaß fände, und alle seine Mängel zu verdecken und zu vergessen, womit ja die Verleugnung der kindlichen Sexualität im Zusammenhange steht ... Das Kind soll es besser haben als seine Eltern, es soll den Notwendigkeiten, die man als im Leben herrschend erkannt hat, nicht unterworfen sein. Krankheit, Tod, Verzicht auf Genuß, Einschränkung des eigenen Willens sollen für das Kind nicht gelten, die Gesetze der Natur wie der Gesellschaft vor ihm haltmachen, es soll wirklich wieder Mittelpunkt und Kern der Schöpfung sein ... Es soll die unausgeführten Wunschträume der Eltern erfüllen, einen Prinzen zum Gemahl bekommen zur späten Entschädigung der Mutter.« (184) Besonders aufschlußreich – wegen der damit verbundenen sozialpathologischen Folgen ungeheuren Ausmaßes – erweist sich eine Betrachtung der Familienperspektiven Adolf Hitlers. Als 1907 seine Mutter an Brustkrebs starb, war er selbst achtzehn Jahre alt. Der sie behandelnde Arzt Eduard Bloch berichtet, daß er in seiner beinahe 40jährigen ärztlichen Tätigkeit nie einen jungen Menschen so schmerzgebrochen und leiderfüllt gesehen habe wie den jungen Adolf Hitler. – Helm Stierlin hat in einer ausführlichen Analyse darauf hingewiesen, daß eine starke unbewußte Motivation Hitlers (sein Lebensziel) darin bestanden habe, zum Rächer seiner Mutter zu werden. (185) – Der Vater, Alois Hitler, vermählte sich dreimal und hatte daneben Affären mit anderen Frauen. Seine erste, vierzehn Jahre ältere Frau heiratete er im Alter von 36 Jahren; Klara Pölzl, seine letzte und 23 Jahre jüngere Frau, als er 47 Jahre alt war. »Es wird berichtet, daß Alois Klara schon einmal als 15jähriges Mädchen in seinem Haus beschäftigte, und daß sie ihm – undokumentierten Quellen zufolge – bereits als Mätresse, Magd und Ersatzmutter für seine Kinder gedient hatte, bevor sie am 10. August 1884 seine Frau wurde. Er schwängerte sie etwa um dieselbe Zeit, als seine zweite Frau, Franziska Matzelberger im Sterben lag. Klara wurde die Mutter Adolf Hitlers.« (186) Der kleinbürgerliche Haushalt war patriarchalisch ausgerichtet: der Ehemann Herr und Meister, der jedes Mitglied des Haushalts seine Stärke spüren ließ; die Frau unterwürfige Bedienstete, Objekt der männlichen Sexualität. In »Mein Kampf« schildert Hitler stattdessen sein Elternhaus in Braunau so, wie er es sich gewünscht hätte, es aber nicht war: »In diesem von den Strahlen deutschen Märtyrertums vergoldeten Innstädtchen, bayerisch dem Blute, österreichisch dem Staate nach, wohnten am Ende der achtziger Jahre des vergangenen Jahrhunderts meine Eltern; der Vater als pflichtgetreuer Staatsbeamter, die Mutter im Haushalt aufgehend und vor allem uns Kindern in ewig gleicher liebevoller Sorge zugetan.« (187)

Die Mutter projizierte die, den Frustrationen ihrer demütigen und gedemütigten Existenz entstammenden Sehnsüchte ganz auf den Sohn Adolf; (nachdem drei Kinder vorher, jeweils im Kindesalter, verstorben waren). So wie es Sigmund Freud bei der Beschreibung des Narzißmus feststellt, verläuft Adolf Hitlers Jugend: Klara Hitler verwendete gewissermaßen ihr Kind als »Delegierten«, um durch diesen bewirken und erfüllen zu lassen, was ihr selbst versagt blieb. Diese »Auftragskonstellation« entwickelte sich seit der Zeit, da Alois Hitler Klara in seinen Haushalt aufgenommen hatte, um sie als Magd und Sexualobjekt »zur Verfügung« zu haben, und diese sich nie von solchen entwürdigenden Umständen hatte freimachen können. Der Vater demonstrierte dem Sohn gegenüber die »Vorzüge« von Macht, Dominanz und autokratischer Herrschaft; er vermochte es aber nicht, in ihm jene warmen, bewundernden Gefühle auszulösen, die den Aufbau einer sicheren männlichen Identität hätten ermöglichen und mit einer Gegenkraft zur allzu bindenden und allzu verwöhnenden Mutter hätten ausstatten können. Den »Auftrag« der Mutter hat Hitler als kreativ-destruktiver Künstler aus der familiären in die politische Dimension »verlängert«: in Form einer sentimentalen Liebe zum Mutterland Deutschland, das ihm zugleich einzige Braut war, und in Form eines manischen Hasses auf herbeigewünschte »Feinde«, entsprechend der Anhänglichkeit an die Mutter und ihrem Auftrag, ihr unerfülltes Leben zu rächen. Der Auftrag, »im Nehmen zu geben«, bedeutete, »daß die ihm von seiner Mutter gebotenen regressiven Befriedigungen zu absorbieren und dabei diese Mutter (emotional) zu nähren und zu stärken war. Als Delegierter des deutschen Volkes machte er sich nun zu dessen Superernährer und Stärkelieferanten. In seiner mit den Deutschen reaktivierten Mutter-Kind-Symbiose versprach er diesen nicht nur Arbeit, Einkommen und Lebensraum, sondern auch Sinn, Ordnung, Struktur, alles – d. h. er versprach die Erfüllung ebenso primitiver wie totaler Abhängigkeitsbedürfnisse.« (188)

Hilters zweiter Auftrag lief dann darauf hinaus, der Mutter durch seine Dienste Selbstwert und Seelenfrieden zu verschaffen. Dies verlangte von ihm, daß er ihr schwerstes Trauma, den fast gleichzeitigen Tod ihrer drei ersten Kinder und die damit verbundenen Scham- und Schuldgefühle, auf sich nahm und bewältigte. »Dabei stimmte sich Hitler nun als

Delegierter der Deutschen auf ein analoges Trauma ein, das der ganzen deutschen Nation widerfahren war: die plötzliche und scheinbar unerklärliche Niederlage im Ersten Weltkrieg und mit ihr der Verlust von Deutschlands Kindern – sprich seinen Provinzen und Kolonien – zu einer Zeit, als sich die Deutschen noch als Sieger und rechtmäßige Herren eroberter Landstriche, besonders im Osten fühlten.« (189)

Solcher Auftrag verschränkte sich mit Hitlers dritter Mission, nämlich das Leben seiner Mutter stellvertretend mit Glanz, Aufregung, Macht und Wichtigkeit zu erfüllen. »Dies bedeutete, auf nationale Verhältnisse übertragen, daß Hitler Deutschland von aller Scham und Schuld zu erlösen hatte. Dabei stellte er sich auf ein Milieu ein, das ihm von Kindheit an vertraut war, das des deutschen Kleinbürgers, dessen Leben sich in geisttötender Routine, in Klatsch, Autoritätsgehorsam und Stammtischgeschwätz erschöpfte und zu jenem Leben voller Aufregung, Abenteuer, echter Kameradschaft und Kriegsheroismus kontrastierte, das Hitler – in der Realität wie in der Phantasie – anzubieten verstand. Denn Hitler vermochte, Hjalmar Schacht zufolge, wie ein Virtuose auf dem wohltemperierten Klavier kleinbürgerlicher Herzen zu spielen.« (190)

Doch Hitler war nicht nur Delegierter des Kleinbürgertums; »die meisten Angehörigen des deutschen Volkes, nicht zuletzt die deutschen Frauen, hatten ihn nötig. Zu Hunderten und Tausenden umjubelten ihn diese Frauen als Teil der ihn umschwärmenden Menschenmassen und erklärten ihn in ihrer Phantasie zum Sohn, Geliebten, Mann oder Vater, den ihr schäbiges Routinedasein ihnen vorenthielt. Und Hitler, ob er sich nun als Charmeur oder Verächter gab, ließ sich von ihnen delegieren: Während sie sich ihm, sei es ehrfürchtig unterwürfig, sei es hysterisch aufgekratzt, als Ersatzmütter, -töchter oder -frauen anboten, und ihre ungelebten sexuellen Wünsche auf ihn richteten, verwies er sie auf den Pfad ihrer beschränkten hausfraulichen Tugend oder erregte er sie mit mächtigen und blutigen Schauspielen.« (191)

Hitlers vierter Auftrag als Verbündeter und Rächer seiner Mutter verlangte von ihm, daß er den Vater provozierte und zerstörte, »einen Vater, dessen Macht er fürchtete und beneidete und dessen äußere Härte bei innerer Korruption und Schwäche er verachtete. Auch hier, meine ich, fand sich Hitler im Einklang mit dem, was zahllose Deutsche erlebt haben, sprach er doch ein nationales Trauma an, das den Deutschen (wie sie glaubten) durch den amerikanischen Präsidenten Wilson widerfahren war. Denn Wilson, der nach seiner kriegsentscheidenden Intervention einen gerechten Frieden versprochen hatte, schien zu fern, schwach und korrupt, um sein Versprechen halten zu können. Vielmehr ließ er das verstümmelte und hilflose Deutschland schmachvoll sterben – so wie einst Dr. Bloch die hilflose Mutter hatte sterben lassen. Hitler stimmte sich somit auf ein kollektives Gefühl erlittenen Unrechts ein, das er in kollektive Vergeltungswut umzuwandeln trachtete – eine Wut, die er in der Folge auf eine zugleich greifbare und wehrlose Ersatzperson, den korrupten internationalen, parasitären völkervergiftenden Juden verschob. In diesem Auftrag ließen sich zugleich niederste Instinkte und edelste Gefühle befriedigen und ein Entschuldigungs- und Entschädigungs-, wie auch ein Harmoniemythos zum Ausdruck bringen.« (192)

Eine derartige tiefenpsychologische Deutung von Hitlers Familienperspektive darf nicht dahingehend mißverstanden werden, daß solche Konstellation notwendiger Weise zur globalen Übertragung hätte führen müssen. Doch konnte Hitler als »Delegierter« einer zerrütteten Familie sich leicht an die Spitze des kollektiven triebdynamischen Ausbruchs stellen, war doch auch dieser durch die Frustrationen und Neurosen »zerbrochener Häuser« bestimmt. (193) Der von Sigmund Freud diagnostizierte Gegensatz zwischen kultureller Sexualmoral und sexualitätsbesessener Kultur bewirkte, daß die aus dem Gefühl neurotischer Minderwertigkeit sich ergebende Unfähigkeit, an den Kulturwerken mitzuarbeiten, zur Flucht »nach vorne« ansetzte – mit dem Ziel, die Versäumnisse an Liebe und Wärme auf dem Weg einer suggerierten Mission »einzuholen«, als »Delegierter« enttäuschter Wirklichkeit die familiären Defizits an Sündenböcken zu »vergelten«. Aus solchen Wurzeln speiste sich Hitlers Entschluß, Politiker zu werden.

Der Jugendstil

Jugendstil und Jugenbewegung sind geistige Strömungen, die den kulturpubertären Zustand der Zeit mit besonderer Intensität signalisieren, aber zugleich als Durchgangsstadium zu einer neuen Phase gesellschaftlicher Entwicklung begriffen werden können. Sie vereinen in sich heterogene künstlerische und politische Elemente, reproduzieren die kulturelle Sexualmoral – und lehnen sich gegen sie auf. Sie sind bestimmt durch Sensibilität für das Kommende, bleiben aber dem Vergangenen in vielem verhaftet; sie oszillieren zwischen Affirmation und Revolution, kokettieren mit der Reform und stabilisieren die herrschenden Normen sowie Tabus. Jugendstil und Jugendbewegung dechiffrieren die Unterbewußtseinsstrukturen der Gesellschaft, indem sie diesen in Bildern Ausdruck verleihen; sie sind sowohl Symptom der Zeit wie Manifestation ihrer Gegentendenz. Auf dem Höhepunkt der Jugendbewegung vollzieht sich der Aufbruch in die Materialschlachten des Weltkrieges – Bejahung des Kampfes als Heilmittel gegen Dekadenz; am Ende des Jugendstils vollzieht sich der Durchbruch zum Expressionismus, der mit revolutionär-humanem Pathos den neuen Menschen besingt. (194)

Der Jugendstil hat sich im Gegensatz zum Oberflächengehabe der Gründerzeit entwickelt. Seine androgyne Eleganz, faunische Sinnlichkeit und dekorative Verfeinerung, dem materialistischen Denken des Bourgeois wie der Stillosigkeit des Parvenü entgegengesetzt, stellen einen seelischen Protest gegenüber stiernackiger Vitalität und devotem Realitätsprinzip dar. Weder positivistisch noch positiv wollte die Gegenwirklichkeit des Jugendstils sein; sie stilisierte die Weltflucht und die Absage an soziale Verpflichtung. Gerade dies aber verbindet den Jugendstil mit der Zeit, gegen die er sich auflehnte. Die Jugendstilkunst mißachtet die Arbeitsleistung im Produktionsprozeß genauso, wie sie den Notstand der Unterprivilegierten übersieht. Als Stil des wohlhabenden großstädtischen Bürgertums ist sie Teil des spätkapitalistischen Disengagements und bestätigt damit das böse Wort von Georg Simmel, daß Rente und Dividende Torhüter der Innerlichkeit seien. Der Jugendstil erweist sich als Lebensersatz und schöne Illusion; er steht jenseits von Gesellschaftlichkeit; er ist Fatamorgana. Er zeigt Menschen, die sich in einem außergeschichtlichen Raum bewegen, allerdings ein Ahnungsvermögen für die eigenen Defizits und für das Heraufkommen des Neuen besitzen. Sowohl die azurne Höhe wie der violette Abgrund seiner Ästhetik stellen dekorative Ausflüchte der allgemeinen Zivilisationsmüdigkeit dar. Keine elementare Natur, nur künstliche Paradiese! (195) Heinrich Vogeler, der in seinem Werk das ästhetische Insel-Dasein und die aristokratische Gebärde im besonderen Maße widerspiegelt, jedoch während des Ersten Weltkrieges die Wendung zum radikalen Sozialismus vollzog und 1923 in die UDSSR übersiedelte, hat das Phänomen und Problem des Jugendstils in seinen Erinnerungen wie folgt angesprochen: »Unbewußt entstand eine rein formale wirklichkeitsfremde Phantasiekunst ohne Inhalt. Sie war eine romantische Flucht aus der Wirklichkeit, und daher war sie auch wohl den bürgerlichen Menschen eine erwünschte Ablenkung von den drohenden sozialen Fragen der Gegenwart. Im Rahmen eines Spiegels des Inselformats erhoben sich märchenhafte Vögel, wie Blätter und Blumen gebogen, mit phantastischem Gefieder, das wieder in wogende Zweige, in Früchte und Blumen überging. Blütenkelche, die wieder Blütenkelche aus sich herausstießen, ein Formenzeichen, das geradezu nach Farben schrie, nach giftigen, süßen, einschmeichelnden und aufreizenden Farben. Nirgends war ein Horizont, nirgends ein Durchblick, nirgends eine Perspektive; das Ganze war ein schöner Vorhang, der die Wirklichkeit verhüllte. Der Rhythmus der Fläche bildete eine geschlossene Welt. So traf wohl meine Inselgraphik den Charakter einer besonderen Zeitepoche, die auch meinen Charakter irgendwie formte, eine uferlose Romantik, hinter aller Wirklichkeit und im Widerspruch zu ihr. Daß sie wie eine Flucht vor der häßlichen Wirklichkeit war, gerade dadurch hatte meine Kunst wohl damals solchen Erfolg und war vielen ein Trost gegenüber den warnenden Zeichen der kommenden Unruhe einer neuen Zeit.« (196)

Der Jugendstil ist ein Stil der Ambivalenz und neurotischer Topik. Androgyne Nacktheit preisend, wendet er sich gegen die kulturelle Sexualmoral; eingebunden in den gesamteuropäischen erotic style, besingt er den dionysischen Eros, wobei dieser Aufschwung zu rhapsodischer Verherrlichung in seiner Verkrampfung noch die Verwundungen prüder Unterdrückung in sich trägt.

> »O, ich liebte ihn endlos!
> Lag vor seinen Knie'n
> und klagte Eros
> meine Sehnsucht.
> O, ich liebte ihn fassungslos.
> Wie eine Sommernacht
> sank mein Kopf
> blutschwarz auf seinen Schoß
> Und meine Arme umloderten ihn.
> Nie schürte sich so mein Blut zu Bränden,
> gab mein Leben hin seinen Händen,
> und er hob mich aus schwerem Dämmerweh.
> Und alle Sonnen sangen Feuerlieder
> und meine Glieder
> glichen
> irrgewordenen Lilien.«
> (Else Lasker-Schüler, 1900) (197)

Erotik war pathetisches Außer-der-Welt-sein; sie wurde aber auch, wie in Rilkes Jugenddichtung, ins Sanft-Vegetative entrückt:

> »Ihr Mädchen seid wie die Gärten
> Am Abend im April.

Frühling auf vielen Fährten,
Aber noch nirgends ein Ziel.« (198)
Als Stefan Zweig 1901 seine erste Lyriksammlung »Silberne Saiten«
veröffentlichte, handelte es sich um Lyrik, die in ihrer Manier dem
Jugendstil mit seinen Blumenranken, Schwertlilien und Wasserrosen
glich.

>»Die Frühlingsnacht naht lind und lau
durch träumende Gelände.
Wie süßer Atem einer Frau
so lösungsmild, so zart, so lau
sind ihre weichen Hände.
Sie tragen Deine Sehnsucht fort,
Du fühlst sie Dir entschwinden ...
Nun weißt Du nicht ihr Ziel und Wort,
suchst Deine Sehnsucht fort und fort,
und kannst sie nimmer finden ...« (199)

Als Mitglied der Jeunesse dorée versucht Zweig, der bourgeoisen
Nüchternheit zu entgehen, indem er sich in die Romantik »sinnenheißer
Träume« versetzt:

>»Ich träumte von schimmernder Glieder Pracht
von Frauen, die mit liebesfrohen und verständnisstillen
verschwiegnen Blicken Wunsch und Sucht erfüllen,
ich träumte von glühenden brennenden Küssen
von trunkener Geigen laut jubelndem Klang,
von wilden, berauschenden Glutgenüssen
von Mädchen, die ich als Sieger bezwang.« (200)

Aber dies sind nur Genreszenen süßer Sinnlichkeit, welche die Salon-
und Boudoir-Kunst genauso aufweist wie die Schlafzimmer-Ikonolat-
rie. Umzittert von pubertärer Nervosität, wird die Doppelmoral mit der
zeitüblichen Glasur versehen.

Klingers Beethoven-Denkmal 1902 und Stefan Georges Lyriksammlung »Der siebte Ring« 1907 verkörpern die andere Komponente des
Jugendstils: die elitäre Erhabenheit und stilisierte Heroik, wie sie als
vielfach hybrider Protest dem Positivismus und Vitalismus der Gründerzeit entgegengestellt wurden. Das Defizit der Dekadenz sollte durch
den Kult vollendeter Körperlichkeit ausgeglichen, schöne Leiblichkeit
mit enormer artistischer Energie den Fragwürdigkeiten des Daseins
übergestülpt werden.

Der Jugendstil ist synkretistisch, manieristisch und neurotisch. Er versucht Kunst und Natur, Leben und Lebensfeindlichkeit, Intellektualis-

mus und Irrationalismus, die kalkulierte Vision und den Traum, die Erfahrungswelt und die Phantasie durch den Zwang der Form zu vereinen. Er war in seiner ausgreifenden Ambivalenz einerseits das Neigen zum Ende hin und andererseits frühlingshafter Neubeginn, resignierende Müdigkeit und jugendliche Hoffnung, Sinken und Steigen.

Adorierender Ephebe und wollüstiger Faun, femme enfant und femme fatale, Arkadier und Exote, Paradies und Barbarei, Askese und Gier, Todesverklärung und Lebensverherrlichung, Sublimierung und Verruchtheit, Dekadenz und Archaik – das sind nach Dominik Jost einige Gegensatzpaare, innerhalb derer die Epoche oszilliert und die dialektisch zu einem Ausgleich drängen. (201) Die neurotischen Topoi des Jugendstils zeigen einen Hang zur Nachtseite: Schilf, Seerosen, Orchideen, Mohn, Einhorn, Zentaur, Chimären, Nymphen, Najaden, Schlangenfrauen; zugleich verkünden sie ekstatische Religiosität – einen mit Hysterie versetzten mythischen Erotismus. Dazu kommt (etwa bei Klinger, Böcklin, Hodler) der Stil einer kraftvoll auftretenden Schwäche, der die Angst vor der Dekadenz mit der Suggestion von Neu- und Wiedergeburt beschwichtigt. Walter Benjamin versteht den Jugendstil als einen Stil, »in dem das alte Bürgertum das Vorgefühl der eignen Schwäche tarnt, indem es kosmisch in alle Sphären schwärmt und zukunftstrunken die ›Jugend‹ als Beschwörungswort mißbraucht«. »Jugendstil« sei »Regression aus der sozialen in die natürliche und biologische Realität«, ein großer und unbewußter Rückbildungsversuch. In seiner Formensprache kämen der Wille, dem, was bevorsteht, auszuweichen, und die Ahnung, die sich vor ihm bäumt, zum Ausdruck. (202)

Décadence, als »die letzte Flucht der Wünsche aus einer sterbenden Kultur« (Hermann Bahr) und einem gebrechlichen Jahrhundert, »an dem die Neugierde, die letzte und einzige Leidenschaft war« (Paul Bourget), (203) stimulierte Jugendlichkeit, sowohl Surrogat des Alters als auch Verkörperung neuer Lebenskraft zu sein. 1895 gründete der Verleger Georg Hirth, der auch als Autor kunsttheoretischer und ästhetischer Schriften (die z. B. das eklektizistisch-überladene »altdeutsche Zimmer« propagierten) hervortrat, die Zeitschrift »Jugend«; sie sollte schon vom Titel her Widerstand leisten gegen Dekadenz und Vergreisung, Fin-de-Siecle-Stimmung und kulturelle Müdigkeit. »Jugend ist Daseinsfreude, Genußfähigkeit, Hoffnung und Liebe, Glaube an die Menschen – Jugend ist Leben, Jugend ist Farbe, ist Form und Licht ... Ein besseres Bannwort hätten wir für unser Wagnis nicht finden können! Darum sehen wir dem Werdenden mit voller Hoffnung entgegen, ganz schlecht kann es nicht ausfallen, unser Zeichen ist viel zu gut!«, heißt es in der ersten Ausgabe vom 1. Januar 1896. (204) Die »Hamburger Nachrichten« vom 15. August 1897 kommentierten den Aufstieg der Zeitschrift mit den Worten: »Die Münchener ›Jugend‹ hat sich in der kurzen Zeit ihres Bestehens den Erdball erobert. Sie hat alle Eigenschaften eines Eroberers: Geist und Stärke, kecken Wagemut und eine göttliche Frechheit; sie schlägt auf die dicken Köpfe der Philister, sie dreht der zopfigen Gelahrtheit und dem akademischen Pathos eine gewaltige Nase; sie lacht und spottet über die Intoleranten der Kunst und des Lebens; sie streut die Knallerbsen ihres Witzes auf die ehrwürdigen Glatzen pedantischer Kleingeister; sie bläst schmetternd Fanfaren des Frohsinns und des heiteren Lebensmutes in allen Tonarten, ja, sie wagt lustige Angriffe auf die alten Prunkstücke von Ideen, die eine Generation der anderen als Erbstück vermacht.« (205)

1904 hatte die Zeitschrift bereits eine Auflage von 62 000 Exemplaren. Das »frohe Lachen« der »Jugend« war, wie der Jugendstil insgesamt, ein ambivalentes Lachen, angesiedelt zwischen Prüderie und Emanzipation, nervöser Sensibilität und sinnesfreudiger Deftigkeit. In der »Jugend« fanden die den Jugendstil verpflichteten Strömungen der ästhetisch-dekorativen Phase, der monumentalen Phase, der werkbetontsachlichen Phase – in Stilrichtungen ausgedrückt: des Neoimpressionismus, Stimmungslyrismus, Symbolismus, Dekorativismus – genauso Eingang wie der die formale Naturromantik überlagernde neugermanische Lebenskult. Die große Zeit der »Jugend« wie des Jugendstils endete mit dem Ausbruch des Ersten Weltkrieges; nach dem Weltkrieg war die »Jugend« als Organ eines neuen Stils und Lebensgefühls veraltet. »Der Stil der ›Jugend‹ entsprach nun nicht mehr der neuen geistigen und künstlerischen Atmosphäre und den veränderten Anforderungen einer veränderten Umwelt. Eine neue Avantgarde trat auf den Plan und mit ihr die entsprechenden zeitgemäßeren Presseorgane. Expressionismus und Neue Sachlichkeit standen – obgleich in ihm wurzelnd – in scharfem Gegensatz zu dem raffiniert-verspielten, ästhetisierenden Jugendstil und seiner Ornamentenfreudigkeit.« (206)

Die Jugendbewegung

Die Jugendbewegung ist Reflex auf die desolate Situation der Erziehung in der damaligen Zeit. Da Jugend in ihrer Sensibilität für die Zukunft auch die unbewußt vorhandene, latente Angst vor dieser Zukunft besonders intensiv verkörperte, wurde sie als Seismograph moderner Nervosität gerne unterdrückt bzw. verdrängt. »Die Welt vor uns oder über uns, die alle ihre Gedanken einzig auf den Fetisch der Sicherheit einstellte, liebte die Jugend nicht oder vielmehr: sie hatte ein ständiges Mißtrauen gegen sie. Eitel auf ihren systematischen ›Fortschritt‹, auf ihre Ordnung, proklamierte die bürgerliche Gesellschaft Mäßigkeit und Gemächlichkeit in allen ihren Lebensformen als die einzig wirksame Tugend des Menschen; jede Eile, uns vorwärts zu führen, sollte vermieden werden.« (Stefan Zweig) (207)

Der Staat habe die Schule nur als Instrument zur Aufrechterhaltung seiner Autorität betrachtet; die Jugend sollte vor allem dazu erzogen werden, überall das Bestehende als das Vollkommene, die Meinung des Lehrers als unfehlbar, das Wort des Vaters als unwidersprechlich, die Einrichtungen des Staates als die absolut und in alle Ewigkeit gültigen zu respektieren. Ein weiterer kardinaler Grundsatz jener Pädagogik, die man auch innerhalb der Familie handhabe, sei dahin gegangen, daß junge Leute es nicht zu bequem haben sollten. Ehe man ihnen irgendwelche Rechte zubilligte, sollten sie lernen, daß sie Pflichten hatten und vor allem die Pflicht vollkommener Fügsamkeit. Von Anfang an sollte der Jugend eingeprägt werden, daß sie, weil sie im Leben noch nichts geleistet hatte und keinerlei Erfahrung besaß, einzig dankbar zu sein habe für alles, was man ihr gewährte, und keinen Anspruch besaß, etwas zu fragen oder zu fordern. »Von frühester Kindheit an wurde in meiner Zeit diese stupide Methode der Einschüchterung geübt. Dienstmädchen und dumme Mütter erschreckten schon dreijährige oder vierjährige Kinder, sie würden den ›Polizeimann‹ holen, wenn sie nicht sofort aufhörten, schlimm zu sein. Noch als Gymnasiasten wurde uns, wenn wir eine schlechte Note in irgendeinem nebensächlichen Gegenstand nach Hause brachten, gedroht, man werde uns aus der Schule nehmen und ein Handwerk lernen lassen – die schlimmste Drohung, die es in der bürgerlichen Welt gab: der Rückfall ins Proletariat –, und wenn junge Menschen im ehrlichsten Bildungsverlangen bei Erwachsenen Aufklärung über ernste zeitliche Probleme suchten, wurden sie abgekanzelt mit dem hochmütigen ›Das verstehst du noch nicht‹.« (208)

Von der »Trostlosigkeit« des schulischen Betriebs, besonders was die fatale Rolle der Lehrer betraf, heißt es bei Zweig: »Sie waren weder gut noch böse, keine Tyrannen und andererseits keine hilfreichen Kameraden, sondern arme Teufel, die sklavisch an das Schema, an den behördlich vorgeschriebenen Lehrplan gebunden, ihr ›Pensum‹ zu erledigen hatten wie wir das unsere, und – das fühlten wir deutlich – ebenso glücklich waren wie wir selbst, wenn mittags die Schulglocke scholl, die ihnen und uns die Freiheit gab. Sie liebten uns nicht, sie haßten uns nicht, und warum auch, denn sie wußten von uns nichts; noch nach ein paar Jahren kannten sie die wenigsten von uns mit Namen, nichts anderes hatte im Sinn der damaligen Lehrmethode sie zu bekümmern als festzustellen, wie viele Fehler ›der Schüler‹ in der letzten Aufgabe gemacht hatte. Sie saßen oben auf dem Katheder und wir unten, sie fragten, und wir mußten antworten, sonst gab es zwischen uns keinen Zusammenhang. Denn zwischen Lehrer und Schüler, zwischen Katheder und Schulbank, dem sichtbaren Oben und sichtbaren Unten stand die unsichtbare Barriere der ›Autorität‹, die jeden Kontakt verhinderte. Daß ein Lehrer den Schüler als ein Individuum zu betrachten hatte, das besonderes Eingehen auf seine besonderen Eigenschaften forderte, oder daß gar, wie es heute selbstverständlich ist, er ›reports‹, also beobachtende Beschreibungen über ihn zu verfassen hatte, würde damals seine Befugnisse wie seine Befähigung weit überschritten, anderseits ein privates Gespräch wieder seine Autorität gemindert haben, weil dies uns als ›Schüler‹ zu sehr auf eine Ebene mit ihm, dem ›Vorgesetzten‹, gestellt hätte. Nichts ist mir charakteristischer für die totale Zusammenhanglosigkeit, die geistig und seelisch zwischen uns und unseren Lehrern bestand, als daß ich alle ihre Namen und Gesichter vergessen habe. Mit photographischer Schärfe bewahrt mein Gedächtnis noch das Bild des Katheders und des Klassenbuchs, in das wir immer zu schielen suchten, weil es unsere Noten enthielt; ich sehe das kleine rote Notizbuch, in dem sie die Klassifizierungen zunächst vermerkten, und den kurzen schwarzen Bleistift, der die Ziffern eintrug, ich sehe meine eigenen Hefte, übersät mit den Korrekturen des Lehrers in roter Tinte, aber ich sehe kein einziges Gesicht von all ihnen mehr vor mir – vielleicht weil wir immer mit geduckten oder gleichgültigen Augen vor ihnen gestanden.« (209)

Aus Berliner Sicht kommt Ludwig Marcuse in seiner Autobiographie zum gleichen Ergebnis: Es gab viele Erzieher, aber keine Erziehung. Die abstrakt bürgerliche Moral, die mit Hilfe des deutschen Aufsatzes einexerziert wurde, diente allein einer Vorstellung vom Staat, die jede liberale und individuelle Regung zu unterbinden suchte. Zuhause herrschte die mehr oder weniger effektvolle Diktatur der Eltern; in der Schule regierte der Direktor als unumschränkter Polizeipräsident. Wurde das Ziel der Klasse nicht erreicht, so war dies ein kleiner Weltuntergang. (210)

Thomas Mann stellt in den »Betrachtungen eines Unpolitischen« fest:

»Als Knabe personifizierte ich mir den Staat gern in meiner Einbildung, stellte ihn mir als eine strenge, hölzerne Frackfigur mit schwarzem Vollbart vor, einen Stern auf der Brust und ausgestattet mit einem militärisch-akademischen Titelgemisch, das seine Macht und Regelmäßigkeit auszudrücken geeignet war: als General Dr. von Staat.« (211) Die Gesellschaft, die Jugend als eigenständige Entwicklungsphase nicht achtete und deren gesellschaftspubertären Seelenzustand sowie die damit verknüpfte psychisch-physische Unruhe zu verdrängen suchte, projizierte auf den Jugendlichen all die Negativa, welche die eigene Misere ausmachten. Im besonderen bekämpfte sie die ihr innewohnende Geschlechtsbesessenheit im Sündenbock jugendlicher Geschlechtlichkeit, wobei vor allem die Onanie als Schreckgespenst sittlicher Gefährdung und Verderbnis beschworen wurde.

Um 1900 entand der »Urwandervogel« als Protest gegen die Tyrannei der Schule (der »Oberlehrer«) und als Absage an die Dekadenz der Großstadt. »Aus den großen Häusermeeren steigt das neue Ideal: Erlöse dich selbst, ergreife den Wanderstab und suche da draußen den Menschen wieder, den du verloren hast, den einfachen, schlichten, natürlichen. Da hatte die Jugend eine neue Heilwahrheit – selber gefunden. – Das Ziel war erkannt, und der Losmarsch begann.« (212) Zivilisation wurde gleichgesetzt mit Technik und Fabrikation, mit eiskalter Berechnung und Massenherrschaft, und entsprechend verworfen. Den sexuellen Repressionen wurde die »gesunde Nacktheit« entgegengestellt; in Absage ans verklemmte Bierbürgertum wurden neue Wege der Freizeitgestaltung eröffnet. Der Schiller-Kragen war Zeichen der Offenheit, mit dem man den brausenden Stürmen der Zeit trotzte; im Wald und auf der Heide, beim Sonnwendfeuer und im Landheim träumte man den Traum einer Jugendkultur, die sich einer neuen Zukunft sicher war. »Was ist Jugendkultur? Wir aber wollen ihnen antworten: Zunächst einmal Kultur. Was aber ist Kultur? Ist die Kultur der Gotik oder der Renaissance eine Summe von allerlei äußeren Einrichtungen und Bestrebungen? Kultur ist eben eine Einheit, ein einheitliches Empfinden, ein Stil, ein gemeinsamer Instinkt, der sich schöpferisch äußert, und das verstehen wir auch unter der Jugendkultur. Und wenn jemand sagt, daß er, indem er dies höre und nicht bestimmte konkrete Forderungen, so klug sei wie zuvor, so ist er auch zuvor nicht sehr klug gewesen. Wir können uns nicht um derer willen, von denen uns gesagt wird, sie bildeten eine große Masse, und die von dem besonderen Wollen deutschen Geistes keine Ahnung haben, auf eine geringwertige und billige Zielbestimmung einlassen. Die deutsche Jugendkultur hat kein Programm wie eine Partei, sie ist kein Erstens, Zweitens, Drittens, sondern sie ist eine Idee und leistet den Dienst einer Idee, indem sie unserem ganzen Handeln Ziel und Richtung gibt und das Bewußtsein derer, die ihr dienen, mit dem Stolz und der Freudigkeit einer unendlichen Aufgabe erfüllt.« (G. Wyneken) (213)

Das Liedgut (1910 erschien Hans Breuers Sammlung »Zupfgeigenhansel«) spiegelt exemplarisch die Tendenzen der Bewegung und ihrer Aufbruchsstimmung. In dieser Jugendkultur waren freilich von Anfang an auch all die Elemente enthalten, die der bürgerlichen Gesellschaft zu eigen waren, und gegen die die Jugendbewegung in ihren Anfängen aufzubegehren schien: rassische Überheblichkeit, antisemitische Aggressivität, nationalistischer Sendungswahn. Indem die Jugendbewegung auf die Gestalt des strahlenden Führers, den männlichen Mann, sich ausrichtete, formierte sie das Bewußtsein der Jugend auf den elitären Kampf hin, der als Erfüllung seelischer Erwartung gedeutet wurde. Die Jugendbewegung erwies sich somit als der verkrampfte Versuch, die moderne Nervosität und kulturpubertäre Unruhe nicht durch »Aufarbeitung«, sondern durch eine eigene Form der Verdrängung bzw. durch eine (aus der Verdrängung erwachsende) neurotische Über-Ich-Projektion zu überwinden. Im Oktober 1913 trafen sich auf dem Hohen Meißner (im nordhessischen Bergland zwischen der unteren Fulda und der Werra) rund 2000 Mitglieder der Jugendbewegung, um den ersten freideutschen Jugendtag zu feiern; sie beschlossen, »aus eigener Bestimmung vor eigener Verantwortung, mit innerer Wahrhaftigkeit ihr Leben zu gestalten.« Die »Iphigenie« wurde aufgeführt; man tanzte und der Pädagoge Wyneken sprach. Diese Gemeinschaft Gleichgesinnter begeisterte sich am Pathos humanitärer Aufrufe, denen der Mangel an Reflexion aus allen syntaktischen und semantischen Blößen schaute. Das spektakuläre Ereignis machte allerdings zugleich deutlich, wie weit jugendliches Bewußtsein von der zwielichtig-trüben Welt der Doppelmoral sich entfernt hatte – wenn auch die Sonne des Auf- und Ausbruchs über realitätsfernen Vorstellungen schien.

Hans Blüher, mitten in der Jugendbewegung stehend und der sie prägenden Neurosen voll teilhaftig, hat auf der anderen Seite sehr früh die »Deutsche Wandervogelbewegung« als erotisches Phänomen, im besonderen als Folge sexueller Inversion, gedeutet und damit dem Mangel an jugendbewegter Selbstreflexion abgeholfen. Blüher hob die homoerotische Komponente des Wandervogels hervor, die im Sinne Sigmund Freuds als Symptom gescheiterter Kulturarbeit zu begreifen war – als vergebliches Bemühen, das Defizit bei der Erfüllung der Norm durch heroisches Anders-sein auszugleichen. Die Vision des »Wander-vogels« war eine Absage an progenitive Moral und Doppelmoral. Die Ventilsitten nicht in Anspruch nehmend, erfolgte mit großem geistig-seelischen Kräfteaufwand der Versuch, sich auch außerhalb der beste-henden Gesellschaft in Eigen-art und Eigen-leben zu legitimieren. Die invertierte Erotik kann als tragische Läuterungsphase einer Jugend begriffen werden, die der sexuellen Besessenheit der Gesellschaft weder Empfindungstiefe noch -fülle abzuringen vermochte und sich ganz auf die eigene Substanz verlassen mußte. »Es ist überhaupt, auch abgesehen vom Wandervogel, ganz ungeheuerlich, welche erotische Wucht in der Jugend steckt, und man kann sich nur immer wieder über die Blindheit der Erzieher und gar Ärzte wundern, die der Jugend ein eigentlich ernst zu nehmendes Sexualleben gern absprechen möchten und mit Lehren und Verhaltungsmaßregeln wirtschaften, die für den Eingeweihten ge-radezu wunderlich klingen. Manchen sieht man nicht das Mindeste an von irgend einer seelischen Notlage; sie gehen gelassen durch die Welt, kein Mensch weiß, was sie mit ihrem Liebesleben tun, sie scheinen fast keines zu haben, bis man endlich irgendwie durch einen Zufall erfährt, welch verzehrende Leidenschaft zu einem Manne sie dauernd durch-tobt. Sie sind schweigsam, wie das Grab, und vorsichtig, wie die Diebe. Sie wissen recht gut, wie verpönt und aufs äußerste verachtet, ja wie verbrecherisch ihr ernstestes Gefühl in den Augen der Welt ist, und so verbergen sie es mit peinlicher Sorge vor den Todfeinden ihres Liebesle-bens, ihren Eltern und Lehrern, bis es ihnen zum Laster oder Krankheit geworden ist, meistens zu beiden. Daß der Wandervogel hier viel geret-tet hat, indem er diese sexuellen Regungen zur Anwendung brachte, daran ist kein Zweifel.« (214)

Als in der Jugendbewegung das Realitätsprinzip vollends verloren ging, blieb nur noch der Absprung in die Psychose kämpferischer Bewäh-rung. Der Hohe Meißner erwies sich dabei als Vor-ort von Langemarck. Bei dieser belgischen Ortschaft kämpften im Herbst 1914 Freiwilligen-regimenter, die zum großen Teil aus Studenten und Jugendbewegten bestanden, mit dem Deutschlandlied auf den Lippen und erlitten schwere Verluste. Der Opfergang wurde zum Höhepunkt pubertärer Fixierung.

Der jugendliche Held, der auf dem Gipfel seiner Existenz stirbt, symbo-lisiert ewige Jugend; er bleibt von Alter und vom Altern dispensiert. Als Wanderer zwischen zwei Welten findet er in der Lust zum Tode seine endgültige Enthebung. – In der Kriegsbegeisterung 1914 war noch einmal all das präsent, was die Jugendbewegung an Enthusiasmus und

Pathos, Romantik und Sentimentalität, Irrationalismus und Mystizismus, Leidenschaft und Einsatzfreudigkeit entwickelt hatte. Verloren gegangen war nun freilich die größte Errungenschaft der Epoche, nämlich ihre Nervosität und Sensibilität, ihre feinfühlende Fähigkeit, geistig-seelische Strebungen in ihren Nuancen zu registrieren und künstlerisch nachzuvollziehen. Verloren gegangen war das Zwielichtige, welches dem Psychogramm der Zeit jene eigenartigen verfließenden Konturen verlieh. Die Empfindsamkeit des gesellschaftspubertären Zustandes schlug in der Jugendbewegung schließlich um in die Fraglosigkeit rauschhafter Selbstsicherheit. Beim Ausbruch des Ersten Weltkrieges finden sich Zeittendenz und Gegentendenz im Überbau eines barbarischen nationalistischen Begeisterungssturmes vereint. (215)

Die Geburt der Stärke
aus dem Geiste der Schwäche

Der kompensatorische Enthusiasmus für ein neues Menschentum, der Versuch, die Haltlosigkeit, Lebensunfähigkeit und innere Leere, vor allem die neurasthenischen Verwirrungen durch äußerste Aktivität und eine fast manische Motorik zu überwinden, lassen die Geburt des »Willens zur Macht« als Produkt nervöser Schwäche erscheinen. In das Bekenntnis zum Übermenschentum, das sich zunehmend als aggressiver Nationalismus ausprägte, waren die Ressentiments gegenüber anderen Nationen und die Vorstellung vom deutschen Wesen, an dem die Welt genesen sollte, eingeschmolzen; charakteristisch für die Protagonisten neuer Dynamik, welche die Zeit des nervösen Menschen ablösen wollten, war ihre Flucht in die Mythologie.

Traktate von Denkern wie Paul Lagarde, Heinrich Treitschke, Julius Langbehn, Houston Stewart Chamberlain, Walter Flex, Arthur Moeller van den Bruck, Adolf Bartels, Ludwig Klages, Hans Blüher waren, wie Karl Schwedhelm mit Recht feststellt, Produkte eines verstiegenen Provinzialismus – Phantasmagorien von Autoren, die ihren Schreibtisch zu einer Walstatt deutscher Größe machten. »Doch ihre Persönlichkeiten zeigten fast alle einen Bruch. Neurotische Züge, organische Krankheiten, gescheiterte Laufbahnen, traumatische Kindheitserlebnisse, sexuelle Abartigkeiten, Selbstmordneigungen, bohemehafte Lebensform bestimmten die Erscheinungen am meisten. Um sich vor sich und der Umwelt zu beweisen, verwandelten sie in dem, was sie schrieben, ihre verzeihliche Schwäche in unverzeihliche Gewaltsamkeit.« (216) Stärke war somit nichts anderes als ein neurotisches Kompensationspendant zur nervösen Sensibilität. Dort die feinnervige pessimistische Registrierung andrängender Erlebnisfülle, hier die manische Verdrängung bzw. gewaltsame Substituierung der Nervosität durch pathogene Kraft.

Julius Langbehn rhapsodierte im »Rembrandtdeutschen«: »Man hat von einem ›Gott der Deutschen‹ gesprochen; so gibt es auch einen ›Teufel der Deutschen‹; er wohnt im modernen Paris und kehrt gern in Berlin ein. Läßt sich dieser Gast auch auf die Dauer nicht bannen, so ist es doch gut, wenn man ihn kennt: er heißt Plebejertum. Dieses äußert sich in der Kunst als Brutalismus, in der Wissenschaft als Spezialismus, in der Politik als Demokratismus, in der Bildung als Doktrinarismus, gegenüber der ›Menschheit‹ als Pharisäismus. Daß aber der Teufel zuletzt geprellt wird, ist bekanntlich eine insonderheit deutsche Wahrheit und Weisheit. In solchem Glauben und solcher Tatsache triumphiert das innerste Gefühl der geistigen Gesundheit über gelegentliche Abwandlungen von geistiger Krankheit; ehrlich währt am längsten. Deutsche Ehrlichkeit ist mehr als französische Eitelkeit und deutscher Geist mehr als französischer Ungeist.« (217)

Houston Stewart Chamberlain deutete in seinem Buch »Die Grundlagen des 19. Jahrhundert« 1899 die Kulturentwicklung aus dem Blickwinkel der Rasse, aus der »einfachen und klaren Erkenntnis«, daß die gesamte heutige Zivilisation und Kultur das Werk einer bestimmten Menschenart, nämlich der Germanen sei. Die von Chamberlain ausführlich und in Einzelheiten gründlich herbeigebrachten historischen wie kulturgeschichtlichen Fakten werden über einen ideologischen Leisten geschlagen. Der alleinige Bezugpunkt ist ein mystifiziertes Rassebewußtsein, das den Menschen in die Sicherheit der »Blutszugehörigkeit« wiegt. »Unmittelbar überzeugend wie nichts anderes ist der Besitz der ›Rasse‹ im eigenen Bewußtsein. Wer einer ausgesprochen reinen Rasse angehört, empfindet es täglich. Die Tyche seines Stammes weicht nicht von seiner Seite: sie trägt ihn, wo sein Fuß wankt, sie warnt ihn, wie der Sokratische Daimon, wo er im Begriffe steht, auf Irrwege zu geraten, sie fordert Gehorsam und zwingt ihn oft zu Handlungen, die er, weil er ihre Möglichkeit nicht begriff, niemals zu unternehmen gewagt hätte. Schwach und fehlervoll wie alles Menschliche, erkennt dennoch ein solcher Mann sich selbst (und wird von guten Beobachtern erkannt) an der Sicherheit seines Charakters, sowie daran, daß seinem Tun eine einfache Größe zu eigen ist, die in dem bestimmt Typischen, Überpersönlichen ihre Erklärung findet. Rasse hebt einen Menschen über sich selbst hinaus, sie verleiht ihm außerordentliche, fast möchte ich sagen übernatürliche Fähigkeiten, so sehr zeichnet sie ihn vor dem aus einem chaotischen Mischmasch von allerhand Völkern hervorgegangenen Individuum aus; und ist nun dieser edelgezüchtete Mensch zufällig ungewöhnlich begabt, so stärkt ihn und hebt ihn die Rassenangehörigkeit von allen Seiten, und er wird ein die gesamte Menschheit überragendes Genie, nicht weil er wie ein flammender Meteor durch eine Laune der Natur auf die Erde herabgeworfen wurde, sondern weil er wie ein aus tausend und abertausend Wurzeln genährter Baum stark, schlank und gerade zum Himmel emporwächst – kein vereinzeltes Individuum, sondern die lebendige Summe ungezählter, gleichgerichteter Seelen.« (218)

Als Gegenpol zur reinen Rasse germanischen Bluts – beide Begriffe werden mystisch amalgiert – erscheint der Jude, der Semit, wobei (in einem weiteren ideologischen Kraftakt) dem Juden all die Negativzüge zugeschrieben werden, die dem germanisch-nationalen Suprematsanspruch nicht gefallen. Man bräuchte gar nicht die »authentische Hethiternase« zu besitzen, um Jude zu sein; das Wort bezeichne vor allem eine besondere Art zu fühlen und zu denken. Ein Mensch könne sehr schnell, ohne Israelit zu sein, Jude werden; mancher brauche nur fleißig bei Juden verkehren, jüdische Zeitungen lesen und an jüdische Lebensauffassung, Literatur und Kunst sich gewöhnen.

Solche Klassifikationen ermöglichten es, alles, was im Werte- und Tugendkatalog positiv beurteilt wurde und somit obenan stand, als reinrassig, blutbewußt und germanisch auszugeben, und alles, was man – aus welchen Gründen auch immer – diffamieren und denunzieren wollte, mit Judentum zu identifizieren. In derartigen Wahnvorstellungen fand die kulturpubertär umhergetriebene Seele Frieden; aber dieses Wahnfried war die Kaverne der Ideologie, in der die derart evozierte Aggressivität zum Ausbruch sich formierte. Die Phase kulturpubertärer Ambivalenz war auch die Inkubationszeit menschlichkeitszerstörender Seuchen.

Freuds Biedermeierglück

Als Sigmund Freud die kulturelle Sexualmoral und die moderne Nervosität (die Neurotisierung der bürgerlichen Gesellschaft) analysierte und beschrieb, als die Epoche kulturpubertärer Unruhe ihrem Höhepunkt wie ihrem Sturz zueilte, Jugend die Gitterstäbe der Moral zu zerbrechen suchte und dabei zum Opfergang sich formierte, als die Zeit aus den Fugen geraten und die Risse mit Romantik überkleistert wurden, Hysterie auswucherte und morbider Übermenschenkult seine zerstörerische Aggressivität aussäte – als dies alles geschah und von ihm, dem Seelendeuter, zumindest als die Spitzen des Eisbergs, wahrgenommen und in die Ortsbestimmung von Zeit und Welt eingebracht wurde, der weiße Flecken Seele im individual- wie kollektivpsychologischen Sinne in wichtigen Bereichen durchforscht und ergründet schien – da lebte dieser Sigmund Freud, ausgeglichen und harmonisch, in den glücklichsten Familienverhältnissen (wie zeit seines Lebens). 1906 hatte er den 50. Geburtstag begangen; die Leiden geistiger Vereinsamung und der Mangel an gesellschaftlichen Beziehungen, charakteristisch für die Dezennien davor, hatten seinen Charakter geläutert. Beruflich war die Isolierung überwunden; die Mauer des Schweigens, die lange Zeit seine Schriften umstellt hatte, war abgetragen, internationale Anerkennung stand ins Haus: besonders im angelsächsischen Bereich war Freud viel Zustimmung zuteil geworden; aber auch in den anderen Ländern wuchs die Bedeutung seiner Anhänger. 1908 fand der erste internationale psychoanalytische Kongreß im Hotel Bristol in Salzburg statt. In Hommage an Freud war die Einladung als »Zusammenkunft für Freudsche Psychologie« formuliert worden. Unter den Teilnehmern waren Ernest Jones, Alfred Adler, Otto Rank, E. Bleuler, C. G. Jung, Sandor Ferenczi, A. A. Brill. Freilich machte der Kongreß auch schon die Spannungen in der psychoanalytischen »Gemeinde« deutlich. Der wissenschaftliche Disput war zudem durch persönliche Querelen belastet – Schicksal der psychoanalytischen Bewegung seit ihren Anfängen. (219)

Die Zeit 1901 bis 1914 bezeichnet der Freud-Biograph Ernest Jones mit gutem Recht als die »Jahre der Reife«. »Freud hatte alle inneren Hemmungen überwunden und frühere Irrtümer berichtigt. Er hatte die von ihm entdeckten Forschungsmethoden vervollkommnet und konnte sich ihrer frei bedienen, um die neue Welt des Wissens – mit einem Wort: das Unbewußte – in allen Einzelheiten zu erforschen. Die Verwirrungen der Jugendzeit waren vorüber, und ihnen war größere Gelassenheit und ein kritischeres Urteil gefolgt ... Sein Innenleben, das keine Geheimnisse kannte, war von der Weiterentwicklung und Anwendung der von ihm bereits formulierten Ideen in Anspruch genommen, und sein äußeres Leben verlief in voller Harmonie vor den Augen der Öffentlichkeit oder wenigstens eines recht weiten Kreises.« (220)

Der Blick von den Jahren der Reife auf die Freudsche Persönlichkeit macht deutlich, daß dieser Kritiker des Bürgertums offensichtlich selbst ein Bürger par excellence war. (221) Während er die Krise der Sexualmoral seiner Zeit wie der Kultur schlechthin analysierte, verkörperte er just den Moralkodex, den er als gefährlich wie gefährdet ansah. Während er die moderne Nervosität sezierte, stellte er selbst, bei allem Auf und Ab seiner beruflichen Laufbahn, eine in ihrem Kern gesicherte und abgeklärte Persönlichkeit dar. Gerade diese, vom diagnostizierten allgemeinen Psychogramm sich abhebende Wesenheit mag Freud freilich befähigt haben, mit kritischer Ausgewogenheit das Leiden der anderen zu beschreiben.

Freuds Familienleben – Verlobung, Heirat, Geburt der Kinder, mit den Lebensphasen Frühling, Reife, Nachsommerzeit, Herbst – mutet an wie eine Geschichte aus der Biedermeierwelt. Nicht im Sinne eines oberflächlichen Gartenlaubenglücks, sondern durchaus leidenschaftlicher Bewegtheit: Heiterkeit und Schwermut, Leidenschaft und Verzweiflung, Glück und Elend waren in Höhen und Tiefen präsent, aber stets gebändigt durch die Zartheit der Gefühle, durch die Keuschheit der Beziehung. In den viereinhalb Jahren ihrer Verlobungszeit war Freud drei Jahre von seiner Braut Martha Bernays (geboren am 26. Juli 1861) getrennt; sie entstammte einer von Hamburg nach Wien gekommenen Familie, die nach dem Tode des Vaters wieder in den Norden, nach Wandsbek bei Hamburg, zurückkehrte. Rund neunhundert Briefe hat Freud in dieser Zeit seiner Braut geschrieben (d. h. fast jeden Tag einen). In einem Schreiben an Dr. Putnam über das Thema größerer sexueller Freiheit in der Jugend stellte Freud 1915 fest: »Ich vertrete ein ungleich freieres Sexualleben, wenngleich ich selbst sehr wenig von solcher Freiheit geübt habe.« (222) Es hat jedoch nicht den Anschein, daß Freud je unter solcher, in der Liebe zu seiner Frau und Familie begründeten »Restriktion« gelitten hat – sieht man von den promiskuösen Phantasien ab, die nach Freud zur »Grundausstattung« der Psyche von Kulturvölkern gehörten und die er hinsichtlich der eigenen Existenz nicht wichtiger als spielerische Begleitmusik nahm. Das Glück der Freudschen Ehe war zusammengesetzt aus bürgerlich-liebenswerten und bürgerlich-betulichen Werten, aus den Elementen bürgerlicher Selbstbezogenheit und bürgerlicher Agape. Das »theuerste Mädchen« sollte ihm kein »Spielpüppchen« sein; aber er machte oft den Versuch, sie in ihrem Urteil so schüchtern zu halten, daß sie das seine nur um so sicherer fand. (223) Das »Liebchen« war ihm schon nach acht Tagen »grande passion«; ohne Grund suchte ihn rasende Eifersucht heim. (224) Schenkte er ihr ein paar Strumpfbänder, so hatte er noch anderthalb Jahre danach ein schlechtes Gewissen wegen solch »anstößigen Vorgangs«. Er, der die Prüderie der Zeit anprangerte, hatte große Sorge, daß seine Braut moralischer Verderbnis zu nahe käme, weil eine ihrer Freundinnen »vor ihrer Hochzeit geheiratet hatte.« (225) – Bedenken hatte er, als Martha Schlittschuh lief; das galt als wenig schicklich, war doch Gefahr, daß man dabei Knöchel oder gar Waden zeigt.

Der späteren Schwiegermutter vertraute Freud das Geheimnis der Verlobung zusammen mit einem Exemplar von Schillers »Glocke« an. Frau Bernays war nicht sehr erfreut, da sie im Zukünftigen ihrer Tochter einen Mann ohne Vermögen und mit geringen beruflichen Aussichten sah. Damit waren die bürgerlich üblichen schwiegermütterlichen Kabalen einprogrammiert.

Welch kluge Hausfrau war die Braut! Freud schätzte dies ganz besonders. Mit viel Skrupeln prüfte er, ob die wirtschaftlichen Voraussetzungen zur Heirat denn gegeben wären; der ökonomische Unterbau war in der Tat schmal genug; die eigene Mutter war neun Jahre verlobt gewesen. Freud spricht von zehn oder fünfzehn Jahren, die ihm wohl an Wartezeit auferlegt seien. »Du wirst ja doch ein altes Mädchen, wenn ich Dich warten lasse, bis ich aus erspartem Gelde alles bestreiten kann, und verlernst das Lachen, und ich entbehre Dich, seitdem ich zurück bin und die aufregende Sorge um die täglichen 5 fl. überwunden habe, so daß ich kaum mehr ein menschenwürdiges Leben führe. Du fehlst mir in Allem, weil ich zu Allem Dich genommen habe, als Geliebte, als Weib, als Kamerad, als Arbeitskraft, und ich muß in der schmerzlichen Entsagung leben; ich nütze meine Zeit nicht aus, habe an nichts Freude, habe seit Wochen keine heitere Miene gemacht und bin, kurz gesagt, so unglücklich.« (226)

Dann freilich setzten sich die Verlobten über die Ratschläge auch der engsten Freunde und den Unmut der alten Dame Bernays hinweg und heirateten (1886).

Nun war die närrische Zeit des Verlobtseins, die später Freud als »pathologische Natur des Zustandes des Verliebtseins« beschrieb, zu Ende; die »lyrische« Zeit vorüber; die in manchem tragikomisch anmutenden Wonnen eifersüchtiger Glückseligkeit hatten ihre Beruhigung gefunden. Die Verliebten bauten sich ihr Nest. »Du wirst dich in der neuen epischen Form als Heldin wiederfinden ... Die Gesellschaft und das Gesetz können in meinen Augen unserer Liebe nicht mehr Ernst und Weihe verleihen, als sie jetzt besitzt ... Bist du dann vor aller Welt meine teure Hausfrau und trägst meinen Namen, so werden wir im stillen Glück für uns und ernster Tätigkeit für die Menschheit unser Leben verbringen, bis wir die Augen schließen müssen zum ewigen Schlaf und ein Andenken, an dem sich jeder erfreuen muß, von uns in dem Kreise der Unsrigen überlebt.« (227) Geborgenheit war für Freud mit Zurückhaltung identisch. Zeitlebens hat er sich gegen die Offenlegung seiner Privatsphäre gewehrt. Was er in der Psychoanalyse als Befreiungstat wertete, nämlich die Darstellung des Unbewußtesten und Intimsten, empfand er für seine eigene Existenz als verletzend. Mit einer harten Kruste von Distanzierung wollte er die Zartheit seiner Empfindungen, die Serenität seines bürgerlichen Glücks abschirmen. (228) Konflikte blieben der Ehe erspart. »Wir leben ziemlich glücklich in stets wachsender Anspruchslosigkeit weiter. Wenn unsere kleine Mathilde lacht, bilden wir uns ein, sie lachen zu hören sei das Höchste, was uns widerfahren kann, sind sonst nicht ehrgeizig und nicht sehr fleißig.« So in einem Brief vom 28. Mai 1888, der freilich hinsichtlich des Arbeitseifers und Arbeitswillens von Freud stark untertreibt. (229)

Das erste Kind, eine Tochter, kam 1887 zur Welt; zwei Söhne folgten 1889 und 1891; drei weitere Kinder, ein Sohn, zwei Töchter, wurden 1892, 1893 und 1895 geboren. Freud stellte fest, daß er sein Leben abwechselnd im Sprechzimmer und im Kinderzimmer verbringe; er bezog sich dabei auf die Wohnung an der Berggasse, welche die Familie im Spätsommer 1891 bezogen hatte (und siebenundvierzig Jahre behielt). Beruf und Familienleben waren die beiden Pole seiner Existenz. Das frugale Dasein, das in manchen Phasen der Armut direkt angrenzte (so vermerkt er einmal, daß er zwar nun schon zwei schöne Krawatten sein eigen nenne, aber für einen richtigen Besuch sich einen Mantel ausleihen müsse (230)), hielt nur wenige Vergnügungen bereit; (jeden Samstagabend wurde Tarock gespielt); es war jedoch offensichtlich überglänzt vom Gefühl der Zufriedenheit und verinnerlichten Glücks. (231)

Mit zunehmender Konsolidierung der beruflichen Existenz ergaben sich sommerliche Urlaube, auf die sich die Familie stets sehr freute, und eine Reihe von Reisen, die Freud sehnlichstes Verlangen, fremde Länder und Städte kennenzulernen, stillte; einen Höhepunkt seines Lebens nannte Freud die Reise nach Rom im Spätsommer des Jahres 1901; und solches überschwengliche Glücksgefühl hat ihn bei jedem Besuch Roms aufs Neue erfüllt. – 1904 besuchte Freud Athen. Die bernsteinfarbenen Säulen der Akropolis erschienen ihm als das schönste, was er je in seinem Leben gesehen habe.

So tritt uns Freud zu einer Zeit, als bürgerliche Existenz in der Zwielichtigkeit der Doppelmoral zu zerfallen drohte, als Symbol bürgerlicher Solidität und Konsistenz entgegen. Das gefährliche Unterbewußte, dessen Entdeckung den Kern seines wissenschaftlichen Werks ausmacht, war bei ihm kaum spürbar, die ihm eigene Nervosität ganz durch den Erkenntnisdrang absorbiert. Bezeichnend auch, wie er die Freude über die revolutionäre Entschleierung des Traums in eine biedermeierliche Ambiente versetzte; in einem Brief an seinen Freund Wilhelm Fließ heißt es:

»Die Abende und Morgen sind entzückend; nach Flieder und Goldregen duften jetzt Akazien und Jasmin, die Heckenrosen blühen auf, und zwar geschieht das alles, wie ich auch sehe, plötzlich. Glaubst Du eigentlich, daß an dem Hause dereinst auf einer Marmortafel zu lesen sein wird?:

> *Hier enthüllte sich am 24. Juli 1895 dem*
> *Dr. Sigm. Freud*
> *das Geheimnis des Traumes.«* (232)

Die Kluft zwischen der als objektiv empfundenen wissenschaftlichen Erkenntnis und dem subjektiven Erleben der eigenen harmonischen Existenz mag freilich die zunehmend kritische Introspektivität gefördert haben, die dazu führte, daß Freud sich zur Deutung seines eigenen Ichs anschickte. Im Sommer 1897 begann er die Selbst-Analyse. Der Versuch, die Wahrheit über sich zu erfahren und Gerichtstag über das eigene Ich zu halten, einem Ich, das in den vorausgegangenen Jahren eben durch Selbstgewißheit und Heiterkeit bestimmt gewesen war, sollte in einem doppelten Sinne beunruhigen: Ausgehend von der These, daß das Gemütsleben eines anderen nur aufgrund des eigenen zu begreifen sei, mußte, wenn die erforschten Psychogramme der Patienten stimmten, auch das eigene Ich sich als gefährdeter erweisen, als es die Gelassenheit von Freuds bürgerlicher Existenz zu offenbaren schien. War aber dieses eigene Ich wirklich so unproblematisch, dann mußte die wissenschaftliche Arbeit der Psychoanalyse fragwürdig sein. Die Diskrepanz zwischen Existenz und Forschungsergebnis, bürgerlicher Geborgenheit und moderner Nervosität, geistig-seelischer Keuschheit und psychoanalytischer Exhibition ergab die Aporien von Freuds Selbstanalyse. Bald glaubte er in den eigenen Träumen die (wissenschaftlich postulierte) Abgründigkeit und damit die Bestätigung seiner Einsichten zu erkennen; bald versuchte er, die aus dem eigenen Traummaterial herausinterpretierten Komplexe, besonders den Ödipus-Komplex, zu verleugnen. Der Tod des Vaters 1896 – ein Geschehnis, das Freud als den »einschneidendsten Verlust im Leben eines Mannes« bezeichnete (233) – erwies sich dabei von besonderer Bedeutung. Auf der einen Seite verstärkte er das Gefühl der Entwurzelung, auf der anderen waren dadurch Hindernisse für die Offenlegung von Vorgängen beseitigt, die angesichts des lebenden Vaters nicht ans Licht gekommen waren.

Aber was war denn diese »volle Wahrheit«? War sie so, wie er am 12. Juni 1897 formulierte: »Ich glaube, ich bin in einer Puppenhülle, weiß Gott, was für ein Vieh da herauskriecht«? (234) Dieses »Vieh« partout zu finden, darauf war er als Psychoanalytiker, aber nicht als Mensch angelegt. – Er vertiefte sich in die Phasen seiner Kinderzeit und bemühte sich, ganz in der Manier bürgerlicher Träume, eine sexuelle Komponente im Verhältnis zu seiner Kinderfrau zu finden (oder zu erfinden); so habe diese einmal ihn – und sich vorher – in rotem Wasser gewaschen. – Ansonsten waren die Ausgrabungen wenig ergiebig; daß er als vierjähriges Kind einmal seine Mutter nackt gesehen hatte, erschütterte ihn freilich so sehr, daß er noch vierzig Jahre später in einem Brief an Fließ nur auf lateinisch davon berichten konnte. Alles in allem: Freud wich auch in seiner unbewußten Existenz von der bürgerlich gesetzten Ordnung nicht ab. (235)

Vom normalen Menschen erwartete man, daß er sich gemäß allgemeiner Übereinkunft verhielt. »Der typische Säugling war rund und gefällig, er strahlte, wenn er seinen Vater sah, er glich einem Engelchen, wenn seine Mutter an sein Bettchen trat. Er war abweisend, wenn er nicht wußte, ob jemand wirklich ganz einwandfrei war. ›Wie doch das Kind das gleich merkt‹. Der Knabe, der die Schule besuchte, mußte vor allen Dingen sich und seine Kleidung rein halten. Nicht herumtollen, keine Widerworte geben, fleißig seine Aufgaben machen, freiwillig mehr tun, als er eigentlich mußte, aufmerksam der Weisheit der Erwachsenen lauschen. Der vorbildliche Jüngling war bescheiden, mitunter etwas schwärmerisch, im übrigen keimfrei. Der Ehemann war in erster Linie ein treuer Vater. Die Ehefrau aber war keine Frau, sondern eine Gattin und Mutter. Der Greis war notorisch gütig, die Großmutter klug. Der anständige Arbeiter war fleißig und bescheiden und entschuldigte sich sozusagen, daß er da war. Der gute Fabrikant war generös, der Beamte redlich, der Offizier im Besitz einer besonderen Ehre und überaus mutig, das Staatsoberhaupt über jede Kritik erhaben.« (Leo Dembicki) (236)

Indem die Psychoanalyse entdeckte, daß diese harmonische Normalität weitgehend Fiktion war, offenbarte sich ihr die traumatische Situation der Gesellschaft – eine »Wunde«, die Lebenslüge hieß. »Das habe ich getan, sagt mein Gedächtnis. Das kann ich nicht getan haben, sagt mein Stolz und bleibt unerbittlich. Endlich gibt das Gedächtnis nach,« formulierte Friedrich Nietzsche. (237) Dieses Gedächtnis wurde ins Unterbewußte verdrängt und mußte erst wieder nach »oben« gebracht werden. Freud transportierte es dorthin.

In der Selbstanalyse fand er jedoch bei sich weniger die traumatische, als die »natürliche« Normalität vor. War er exeptionell vor dem Lebens- konflikt (als Kollision zwischen den autonomen Ansprüchen seines Ich bzw. Es und den Ansprüchen der Gesellschaftsordnung) gefeit, oder hatte er die Repression bereits so weit verinnerlicht, daß die Offenle- gung bei ihm versagte, das Instrumentarium der Traumanalyse an den starken Widerständen seines Über-Ich abglitt? Es scheint, daß Freud bei der Deutung seiner Träume öfters der Bedrohung aus der Tiefe auszu- weichen suchte – etwa dadurch, daß er peinliche Gedanken abschob oder sie radikal umwertete. Zugleich aber war seine Sorge, daß es sich um »Peinlichkeiten« handle, eine Art Hoffnung: waren es solche, so war am eigenen »Fall« die Objektivität der Psychoanalyse erweisbar.

Die Normalität seiner Existenz beunruhigte Freud; vielleicht war er deshalb ein besonders extremer neurotischer Fall? Konnte er sich auf Kulturekel, Todes- und Sexualtrieb, auf die Dominanz atavistischer Regungen und vegetativer Grundgegebenheiten, auf die Auflösung der Dynamik der menschlichen Seele in Sexualität und auf die Zwielichtig- keit der Sexualmoral wie des herrschenden Moralkodex insgesamt »ver- lassen«, wenn er selbst biedermeierliche Genügsamkeit und Heiterkeit personifizierte? (238)

Ab 1900 lassen die Bemühungen um Selbstanalyse nach. Es scheint, als ob die subjektive Gesundheit der eigenen Person mit der objektiven Krankheit der anderen und der Zeit sich »versöhnte«.

Ecce homo · Der Tod des Neurasthenikers

1900 war mit Friedrich Nietzsche der größte Neurastheniker der Zeit verstorben. Was der in sich ausgeglichene, im Kern seiner Personalität ruhende Sigmund Freud mit einiger Mühe in sich selbst, zur Bestätigung seiner wissenschaftlichen Theorie, hinein zu interpretieren versuchte, stellte jener leibhaftig dar. Moderne Nervosität – in den Analysen von Freud gedeutet – war in Nietzsche wie im Brennpunkt versammelt; die vielfältigen Strömungen der Zeitseele liefen in ihm zusammen.

»Das Werk, das er im Januar 1889 hinterließ, als er wahnsinnig wurde, ist das umfassendste Seelen-Tagebuch, die offenherzigste Konfession, das unbarmherzigste Journal (unbarmherzig bis zur Schamlosigkeit), das jemals geführt wurde. Von der ›Geburt der Tragödie‹ bis zu den Konvoluten der achtziger Jahre: eine Summe von Selbstauslegungen. Hier wird keine Philosophie entwickelt – hier spricht ein Mensch sich

aus: als Ästhet zunächst, dann als Wissenschaftler, endlich als Prophet
... Hier geht es um Krisen und Überwindungen, um Pläne und Enttäuschungen: um jene ›leidenschaftliche Seelengeschichte‹, einen ›Roman
mit seinen Krisen und Katastrophen‹, den in der Form einer psychologischen Biographie zu formulieren Nietzsches eigentliches Ziel war. Eine
viertausendseitige Selbstanalyse, mit deren Hilfe Nietzsche Kant und
Schopenhauer überwinden wollte: der Seelenkünstler der Denker ...
Die Explorationen in den Bezirken der Seele – kalte Analysen von
Depressionen, Rauschzuständen, jäher Erhellung und dauernder Angst
– nehmen Anamnesen vorweg, wie Freud sie zu schreiben gelehrt hat.«
(Walter Jens) (239)
In seinem Briefwechsel mit Sigmund Freud hat Arnold Zweig beharr-
lich auf diese Konvergenz – Freud als Vollender des Psychologen Nietzsche, Freud als Diagnostiker des Leidens, an dem Nietzsche zugrunde
ging – hingewiesen:
»Immer wieder stoße ich bei meinen Gedanken auf das Thema eines
Aufsatzes, welchen ich über Ihr Verhältnis zu Nietzsche schreiben
müßte, wenn ich Zeit hätte. Ich sehe nämlich die Sache so, daß Sie alles
getan haben, was Nietzsche intuitiv als Aufgabe empfand, ohne doch
imstande zu sein, es mit seinem von genialen Inspirationen durchleuch-
teten Dichteridealismus auch wirklich zu erreichen. Er versuchte, die
Geburt der Tragödie zu gestalten, Sie haben es in Totem und Tabu
getan, er ersehnte ein Jenseits von Gut und Böse, Sie haben durch die
Analyse ein Reich aufgedeckt, auf das zunächst einmal dieser Satz paßt.
Die Analyse hat sich alle Werte umgewertet, sie hat das Christentum
überwunden, sie hat den wahren Antichrist gestaltet und den Genius
des aufsteigenden Lebens vom asketischen Ideal befreit.« (240)
Diejenigen, die selbst an der Zeit litten und dieses Leiden durch Projek-
tion auf oder Identifikation mit anderen zu lindern suchten, empfanden
in Nietzsche einen Denker ihresgleichen: einen Deutschen, der
Deutschland haßte; einen Mann – in bürgerlicher Prüderie erzogen, von
Frauen in Überzärtlichkeit neurotisiert, in Angst sich verzehrend, aus
Schwäche zur Kraft sich bekennend –, der Leiden durch Erkenntnis zu
sublimieren wußte. Zum »Tod des Philosophen« schrieb Theodor Lessing, einer dieser Zerrissenen und Umhergetriebenen (241), die weniger
Nietzsche, als sich selbst analysierten, in seinem als Einführung in die
moderne deutsche Philosophie gedachten großen Essay »Schopenhauer, Wagner, Nietzsche« (1906):
»Als im Jahre 1900 am wichtigsten Gedenktage des deutschen Volkes,
am 28. August, der größte Philosoph unseres Zeitalters auf dem Kirch-

hofe des sächsischen Dörfchens Röcken bei Lützen in die Erde gelegt wurde, unmittelbar an der weißen Wand der – Kirchenmauer, da trat nach vielen geschmacklosen Worten weiser und gelehrter Männer auch ein unbekannter junger Mensch an das offene Grab, irgend ein deutscher Student, um dem Toten wenige schlichte Dankesworte nachzurufen im Namen der gegenwärtigen Jugend. Er dankte Friedrich Nietzsche als dem Erzieher unserer Generation. Denn die Kämpfe, welche Nietzsche kämpfte, sind die unseren. Die Kontraste, denen er erlag, der Gegensatz ästhetisch-religiöser und sozial-ethischer Impulse, substantiellen und funktionellen Wertes, ist der Konflikt unserer Zeit und in irgend einer Form müssen wir alle durch ihn hindurch. Kein Philosoph kann uns dabei besserer Halt werden, ein besserer Schutz gegen alles Zuchtlose und Schwächliche, alles Halbe und Gemeine! Keiner freilich macht uns das Leben so schwer!« (242)

Ein Jahrzehnt vor Freuds Versuch der Selbstanalyse, hat Nietzsche im »Ecce homo. Wie man wird, was man ist« (1888) *seine* Selbstanalyse mit den Protuberanzen selbstquälerischer Leidenschaft »hinausgeschleudert«: »Ich habe für die Zeichen von Aufgang und Niedergang eine feinere Witterung als je ein Mensch gehabt hat, ich bin der Lehrer par excellence hierfür – ich kenne beides, ich bin beides. – Mein Vater starb mit sechsunddreißig Jahren: er war zart, liebenswürdig und morbid, wie ein nur zum Vorübergehen bestimmtes Wesen – eher eine gütige Erinnerung an das Leben, als das Leben selbst. Im gleichen Jahre, wo sein Leben abwärts ging, ging auch das meine abwärts: im sechsunddreißigsten Lebensjahre kam ich auf den niedrigsten Punkt meiner Vitalität, – ich lebte noch, doch ohne drei Schritt weit vor mich zu sehen. Damals – es war 1879 – legte ich meine Basler Professur nieder, lebte den Sommer über wie ein Schatten in St. Moritz und im nächsten Winter, dem sonnenärmsten meines Lebens, als Schatten in Naumburg. Dies war mein Minimum. Der ›Wanderer und sein Schatten‹ entstand währenddessen. Unzweifelhaft, ich verstand mich damals auf Schatten … Im Winter darauf, meinem ersten Genueser Winter, brachte jene Versüßung und Vergeistigung, die mit einer extremen Armut an Blut und Muskel beinahe bedingt ist, die ›Morgenröte‹ hervor. Die vollkommene Helle und Heiterkeit, selbst Exuberanz des Geistes, welche das genannte Werk widerspiegelt, verträgt sich bei mir nicht nur mit der tiefsten physiologischen Schwäche, sondern sogar mit einem Exzeß von Schmerzgefühl. Mitten in Martern, die ein ununterbrochener dreitägiger Gehirnschmerz samt mühseligem Schleim-Erbrechen mit sich bringt –, besaß ich eine Dialektiker-Klarheit par excellence und dachte

Dinge sehr kaltblütig durch, zu denen ich in gesünderen Verhältnissen nicht Kletterer, nicht raffiniert, nicht kalt genug bin.« (243) Ecce homo – das war der Mensch, der eine furchtbare Wahrheit verkündete, »denn man hieß bisher die Lüge Wahrheit.« »Umwertung aller Werte; das ist meine Formel für einen Akt höchster Selbstbesinnung der Menschheit, der in mir Fleiß und Genie geworden ist. Mein Los will, daß ich der erste anständige Mensch sein muß, daß ich mich gegen die Verlogenheit von Jahrtausenden im Gegensatz weiß ... Ich erst habe die Wahrheit entdeckt, dadurch, daß ich zuerst die Lüge als Lüge empfand – roch .. Genie ist in meinen Nüstern ... Ich widerspreche, wie nie widersprochen worden ist, und bin trotzdem der Gegensatz eines neinsagenden Geistes. Ich bin ein froher Botschafter, wie es keinen gab, ich kenne Aufgaben von einer Höhe, daß der Begriff dafür bisher gefehlt hat; erst von mir an gibt es wieder Hoffnungen. Mit alldem bin ich notwendig auch der Mensch des Verhängnisses. Denn wenn die Wahrheit mit der Lüge von Jahrtausenden in Kampf tritt, werden wir Erschütterungen haben, einen Krampf von Erdbeben, eine Versetzung von Berg und Tal, wie dergleichen nie geträumt worden ist.« (244)

Nietzsches übersteigerte Sensibilität befähigte ihn zur Vision sowohl des neuen Menschen als auch des Heraufzugs der Barbarei. »Große Dinge verlangen, daß man von ihnen schweigt oder groß redet: groß, das heißt zynisch und mit Unschuld.« (245) Der Nihilismus sei nicht mehr aufzuhalten: »Unsere ganze europäische Kultur bewegt sich seit langem schon mit einer Tortur der Spannung, die von Jahrzehnt zu Jahrzehnt wächst, wie auf eine Katastrophe los: unruhig, gewaltsam, überstürzt: einem Strome ähnlich, der ans Ende will, der sich nicht mehr besinnt, der Furcht davor hat, sich zu besinnen.« (246)

Nietzsche befürchtete – die kulturpessimistische Interpretation des »Aufstandes der Massen« antizipierend – die Herrschaft des »Gesindels«; er war erschüttert vom tiefen Niveau der Masse, aber auch vom Tiefstand dessen, was sich bürgerliche Kultur nannte. Die demokratische Bewegung sei Erbschaft der christlichen – Sklavenmoral so oder so; dazu gehörten »Weibs-Emanzipation«, Anarchismus, Sozialismus – Phänomene der »Gesamt-Entartung der Menschheit«. Indem Nietzsche aber Religion und Kunst seinem Glauben an Wissenschaft »opferte«, wurde er zum Fürsprecher einer wissenschaftlich emanzipatorischen Massenkultur, die Transzendenz durch Immanenz zu ersetzen suchte. Der décadence stellte er das gesunde Leben entgegen, und das bedeutete Überwindung der Neurasthenie als individuelles wie kollektives Phänomen. Zugleich war ihm décadence notwendige Konsequenz des Lebens, des Wachstums an Leben; er bejahte damit indirekt die Antinomien der Zeit, in der er lebte und an der er litt: das kulturpubertäre Oszillieren zwischen Jenseitsstimmung und Aufbruchssehnsucht, Todesverdrängung und Leidenswollust, nervöser Sensibilität und gefühlsfeindlichem Materialismus. »Die Erscheinung der décadence ist so notwendig, wie irgend ein Aufgang und Vorwärts des Lebens: man hat es nicht in der Hand, sie abzuschaffen. Die Vernunft will umgekehrt, daß ihr ihr Recht wird. Es ist eine Schmach für alle sozialistischen Systematiker, daß sie meinen, es könnte Umstände geben, gesellschaftliche Kombinationen, unter denen das Laster, die Krankheit, das Verbrechen, die Prostitution, die Not nicht mehr wüchse ... Aber das heißt, das Leben verurteilen ... Es steht einer Gesellschaft nicht frei, jung zu bleiben. Und noch in ihrer besten Kraft muß sie Unrat und Abfallstoffe bilden. Je energischer und kühner sie vorgeht, um so reicher wird sie an Mißglücktem, an Mißgebilden, um so näher dem Niedergang sein ... Alter schafft man nicht durch Institutionen ab. Die Krankheit auch nicht. Das Laster auch nicht.« (247)

Die Dekadenz war ihm, dem Dekadenten, nicht etwas, das es zu bekämpfen galt; sie war Schicksal, das man, indem man es annahm, überwand. Décadence: das sei Skepsis; Libertinage des Geistes; Korruption der Sitten; Schwäche des Willens; das Bedürfnis starker Reizmittel. Mit Kurmethoden könne man freilich den Gang der décadence nicht aufhalten. Die Krankheiten, vor allem die Nerven- und Kopfkrankheiten, seien Anzeichen, daß die Defensivkraft der starken Natur fehle. Doch inmitten der Schwäche erfolge der gewissen-lose Durchbruch zu einer neuen Stärke. Trotzig erklingt bei Nietzsche der Schwanengesang des heraufkommenden Nihilismus; aber seine schwächliche Konstitution war solchem Abgrundblick nicht gewachsen. Verzweifelt suchte er Halt.

Während Sigmund Freud die Krise der modernen Ehe beschrieb, für sich selbst das biedermeierliche Geborgenheitsglück in Ehe und Familie suchte und fand, klammerte sich Nietzsche in seiner Heimat- und Bindungslosigkeit ans ideale Hochbild der Ehe, das in Wirklichkeit ein Zerrbild war. »Eure Liebe zum Weibe und des Weibes Liebe zum Manne: ach, möchte sie doch Mitleiden sein mit Leidenden und verhüllten Göttern! Aber zumeist erraten zwei Tiere einander. Aber auch noch eure beste Liebe ist nur ein verzücktes Gleichnis und eine schmerzhafte Glut. Eine Fackel ist sie, die euch zu höheren Wegen leuchten soll. Über euch hinaus sollt ihr einst lieben! So lernt erst lieben! Und darum mußtet ihr den bittern Kelch eurer Liebe trinken.« (248)

Während Sigmund Freud mit bildungsbürgerlicher Gründlichkeit und sublimiertem Baedekerbewußtsein die Kultur Italiens – »auch ich in Arkadien« – sich touristisch anverwandelte, war für Nietzsche, dem Umhergetriebenen, der Süden leidenschaftlich ersehnte Verheißung: »Einhüllung« nervöser Zerrissenheit, »Einbergung« neurasthenischer Ambivalenz; war ihm die Natur Möglichkeit für das Verlöschen des Ichs in aorgischer »Gleichgültigkeit«. (»Ein einsamer Mann, der die Natur mit einer Leidenschaft beschrieben hat, als käme es darauf an, sie gewogen zu machen und sich ihrer Gunst zu versichern«. (W. Jens) (249)

»Hier ist das Meer, hier können wir der Stadt vergessen. Zwar lärmen eben jetzt noch ihre Glocken das Ave Maria – es ist jener düstere und törichte, aber süße Lärm am Kreuzwege von Tag und Nacht – aber nur noch einen Augenblick! Jetzt schweigt alles! Das Meer liegt bleich und glänzend da, es kann nicht reden. Der Himmel spielt sein ewiges stummes Abendspiel mit roten, gelben, grünen Farben, er kann nicht reden. Die kleinen Klippen und Felsenbänder, welche ins Meer hinauslaufen, wie um den Ort zu finden, wo es am einsamsten ist, sie können alle nicht reden. Diese ungeheure Stummheit, die uns plötzlich überfällt, ist schön und grauenhaft, das Herz schwillt dabei. – O der Gleißnerei dieser stummen Schönheit! Wie gut könnte sie reden, und wie böse auch, wenn sie wollte! Ihre gebundene Zunge und ihr leidendes Glück im Antlitz ist eine Tücke, um über dein Mitgefühl zu spotten! – Sei es drum! Ich schäme mich dessen nicht, der Spott solcher Mächte zu sein. Aber ich bemitleide dich, Natur, weil du schweigen mußt, auch wenn es nur deine Bosheit ist, die dir die Zunge bindet; ja, ich bemitleide dich um deiner Bosheit willen! Ach, es wird noch stiller und noch einmal schwillt mir das Herz: es erschrickt vor einer neuen Wahrheit, es kann auch nicht reden, es spottet selber mit, wenn der Mund etwas in diese Schönheit hinausruft, es genießt selber seine süße Bosheit des Schweigens. Das Sprechen, ja, das Denken wird mir verhaßt: höre ich denn nicht hinter jedem Wort den Irrtum, die Einbildung, den Wahngeist lachen? Muß ich nicht meines Mitleidens spotten? Meines Spottes spotten? – O Meer! O Abend! Ihr seid schlimme Lehrmeister! Ihr lehrt den Menschen aufhören, Mensch zu sein! Soll er sich euch hingeben? Soll er werden, wie ihr es jetzt seid, bleich glänzend, stumm, ungeheuer, über sich selber ruhend? Über sich selber erhaben?« (250)

In einer solchen Szene ist in nuce – in einem topischen Sinne – das enthalten, was den gemeinsamen Bezugspunkt Nietzsches und Freuds ausmacht, und auch das, was sie, die beiden Großen der Jahrhundertwende, trennt. (251) Einsam in der Natur und einsam inmitten der Menschen – das waren beide. Aufbegehrend, bis zum Wahnsinn sich steigernd – Nietzsche. Analysierend, gesetzten Blicks auf die Misere – Freud. Beiden ist die Gesellschaft im Zerfall begriffen. Beide leiden daran. Beide spüren die seelische Anfälligkeit des Menschen wie den Niedergang seiner Moral; der eine stößt, was schon fällt; (252) der andere hält es, um es besser beobachten zu können. Freud gelang der Aufbau einer »soliden« bürgerlichen Existenz, Nietzsche blieb sie versagt. Während Freud die durch kulturelle Triebrepression bewirkte Doppelmoral analysierte, aber für sich selbst die bürgerliche Moral internalisierte, wollte Nietzsche die Sklavenmoral des Bürgers endgültig »verlernen«, jenseits von »Gut und Böse« glücklich werden. (»Ich will, ein für alle Mal, sehr Vieles nicht mehr wissen, sehr Vieles nie mehr hören – um diesen Preis halte ich es ungefähr aus.« (253)) Sigmund Freud beschrieb die moderne Nervosität; Nietzsche lebte sie vor; dieser war ein großer Neurastheniker unter den Philosophen; jener ihr gelassener Betrachter.

Das schier Unbegreifliche von Natur und Seele wollten beide begreifen; das Unsägliche sollte gesagt werden: ein – bei Nietzsche – bis in die Geschwätzigkeit überschäumendes Wollen; bei beiden getragen von dem Willen, noch einmal, vor der großen Sprachlosigkeit des Todes und aggressiver Selbstzerstörung, Welt durchschaubar zu machen. Was Nietzsche schließlich im monomanischen Monolog zerrann, gestaltete sich bei Freud zum lebenslangen Diskurs. Den Aporien des Jahrhunderts waren beide anheimgegeben.

Zeitgemäßes über Krieg und Tod
Waffengang
Die vorletzten Tage der Menschheit

Der Kriegsausbruch 1914 brachte – inmitten sommerlicher Sorglosigkeit, deren schäbigen Firnis nur wenige erkannten (in »dunkler Vision« das Unheil antizipierend) – ein Ende aller Sicherheit. *Die Hoffnung, daß dem alten Adam ein neuer Mensch entschlüpfe, war genauso vergeblich, wie die Sehnsucht, daß die Dumpfheit und Langeweile der Zeit durch den Sturm bewegender Abenteuer verscheucht werde. Der Taumel der Begeisterung endete rasch in Blut und Morast.*

Die Krankheit zum Tode *entsprang der Todesferne der Zeit – der Verachtung, Mißachtung und Verdrängung des Todeserlebnisses, wie sie dem florierenden Materialismus und Positivismus um die Jahrhundertwende zu eigen waren. Die moderne Nervosität hat ihrerseits narzißhaft das drohend Numinose »übersehen«. Die »wilde Klage zerbrochener Münder« verhallte ungehört; der strahlende Jüngling, Wanderer zwischen beiden Welten, sollte mit dem Unheil versöhnen. Rein bleiben! Wer jung starb, starb glücklich; der Dandy erhielt die transzendierende Aura des patriotisch verehrten Helden.*

Die Zwielichtigkeit der Doppelmoral schlägt um in die Amoral der Völkerschlacht. Die Wirklichkeit des Schützengrabens dokumentiert die Banalität des Bösen. Die letzten Tage der Menschheit sind als Kulmination von Infamie und Aggression »heldenlos«, geradezu surrealistisch grotesk. Wahnwitz wird Lebensmusik. Die einander sich zerfleischenden Heere feiern regressive Triumphe. Freud spricht vom Urmenschentum, das wieder in Erscheinung trete, wenn es sich auch ästhetisch, kulturbewußt verhülle. Die Ideen von 1914 *zeigen im besonderen die Zerstörung des deutschen Geistes auf, der mit seiner »Bekämpfung des Feindes« die Ideen der Aufklärung und des Idealismus endgültig denunzierte. Die* dreifache Enttäuschung des Sigmund Freud *(daß Kulturvölker Kriege führten; sittliche Sublimierung unterblieben sei; der Staat seine Bürger zur Unsittlichkeit anhalte) blieb eine vereinzelte Erscheinung; die Euphorie der Unpolitischen, die den Krieg als Heil gegenüber westlich-demokratischer Dekadenz begrüßten, waren weitaus in der Überzahl. Thomas Mann verlieh dem* tiefen Verlangen nach dem Furchtbaren *auf penetrante Weise Ausdruck.* Ausblutungsstrategie war das Kalkül der Militärs, die den kollektiven Wahn in die Form einer *gigantischen Kriegsmaschinerie brachten, der Hekatomben von Menschen zum Opfer fielen.*

Die verlorene Generation revoltierte spät und nur zaghaft. Die »Aktion Vatermord« verkehrte sich dabei oft genug in jenen Irrationalismus, den man zu überwinden gehofft hatte. Das Totemfest blieb den Söhnen der Söhne vielfach verwehrt. Dem Aufbegehren gegen den Vater entsprach eine Sehnsucht nach einem anderen Vater; der Dominanz eines autoritär-patriarchalischen Über-Ich stand das Verlangen nach partnerschaftlicher Liebe und Zuneigung gegenüber.

Den Signalen einer vaterlosen Gesellschaft fehlt häufig die Resonanz; der »Brief an den Vater« bleibt dann ohne Antwort. Auf der anderen Seite verstärkt sich jedoch – unter dem Einfluß revolutionärer sozialistischer Gesinnung – die Hoffnung, das patriarchalisch-autoritativ geprägte Gesellschaftssystem durch den Abbau des Vaterbildes in eine neue Form genossenschaftlich organisierter, die Rechte des einzelnen wie der Allgemeinheit gleichermaßen berücksichtigender Sozietät zu verwandeln; der Weg sollte von der nun vaterlosen Gesellschaft zur Brudergesellschaft führen.

Das Ende aller Sicherheit

Der Kriegsausbruch (1) hatte Sigmund Freud überrascht. Er, der so viel zur Deutung massenpsychologischer Vorgänge beitrug, hatte die aktuelle politische Konstellation weitgehend unbeachtet gelassen; wobei sicherlich auch eine gewisse Berufsblindheit mit am Werk war – ließ doch die internationale Gemeinschaft der Psychoanalytiker Völkerhaß als absurd erscheinen: das einigende Band wissenschaftlicher Solidarität erwies sich vor allem auch deshalb so stark, da die Anfeindungen gegen die neue Form psychologischer Diagnose und Therapie ein Heer von Gegnern und Feinden mobilisierte, die den Zusammenhalt der psychoanalytischen Schule über alle Grenzen hinweg besonders notwendig machte. –

Am 18. Juli 1914 war mit Freuds Zustimmung seine jüngste Tochter nach England gefahren, um dort einige Monate zu verbringen. Erschöpft von harter Arbeit und beruflichen Komplikationen, (2) begab er sich selbst Anfang August zur Kur nach Karlsbad. Trügerische Ruhe lag über Europa – die Ruhe vor dem Sturm. (3) Manche freilich erahnten das heraufziehende Unheil.

In den Gedichten und Briefen frühexpressionistischer Dichter aus den Jahren 1910–1914 ist solcher Pessimismus verbunden mit der Hoffnung

auf das Ende einer in bürgerlicher Engstirnigkeit und Prüderie ver-
morschten Zeit und den Anfang einer neuen Phase der Menschheitsentwicklung. (4)

1912 erschien Jakob von Hoddis' Gedicht »Weltende«:

»Dem Bürger fliegt vom spitzen Kopf der Hut,
in allen Lüften hallt es wie Geschrei.
Dachdecker stürzen ab und gehn entzwei,
und an den Küsten – liest man – steigt die Flut.

Der Sturm ist da, die wilden Meere hupfen
an Land, um dicke Dämme zu zerdrücken.
Die meisten Menschen haben einen Schnupfen,
Die Eisenbahnen fallen von den Brücken.« (5)

Diese zwei Strophen, so berichtet Johannes R. Becher (und sein Enthusiasmus macht indirekt die Stagnation der herrschenden Kultur deutlich), »schienen uns in andere Menschen verwandelt zu haben, uns
emporgehoben zu haben aus einer Welt stumpfer Bürgerlichkeit, die
wir verachtet und von der wir nicht wußten, wie wir sie verlassen
sollten. Diese acht Zeilen entführten uns. Immer neue Schönheiten
entdeckten wir in diesen acht Zeilen; wir sangen sie, wir summten sie,
wir murmelten sie, wir pfiffen sie vor uns hin, wir gingen mit diesen acht
Zeilen auf den Lippen in die Kirchen, und wir saßen, sie vor uns
hinflüsternd, mit ihnen beim Radrennen. Wir riefen sie uns gegenseitig
über die Straße hinweg zu wie Losungen, wir saßen mit diesen acht
Zeilen beieinander, frierend und hungernd, und sprachen sie gegenseitig
vor uns hin, und Hunger und Kälte waren nicht mehr. Was war geschehen? Wir kannten das Wort damals nicht: Verwandlung. Wir fühlten
uns wie neue Menschen ...« (6) 1913 veröffentlichte Alfred Henschke,
der sich Klabund nannte, seinen Gedichtband »Morgenrot! Klabund!
Die Tage dämmern!«; 1914 entstand Franz Kafkas, die sadistische Perversion des Menschen geradezu apokalyptisch beschwörende (besser:
sezierende) Erzählung »In der Strafkolonie«; im gleichen Jahr erschien
Georg Kaisers Drama »Die Bürger von Calais«, mit der Vision eines aus
Schuld und Opfer emporsteigenden neuen Menschentums. »Schreitet
hinaus – in das Licht – aus der Nacht. Die hohe Helle ist angebrochen –
das Dunkel ist verstreut. Von allen Tiefen schießt das siebenmal silberne
Leuchten – der ungeheure Tag der Tage ist draußen! – – ... Ich komme
aus dieser Nacht – und gehe in keine Nacht mehr. Meine Augen sind
offen – ich schließe sie nicht mehr. Meine blinden Augen sind gut, um es
nicht mehr zu verlieren: – ich habe den neuen Menschen gesehen – in
dieser Nacht ist er geboren.« (7) Die Vision täuschte. Vorbildlich diszi-

plinierte Armeen bereiteten sich darauf vor, in ungeheuren Materialschlachten sich gegenseitig ausbluten zu lassen. Die kaltherzige Strategie der Kommandierenden aber wurde beflügelt von der Sehnsucht der Massen nach dem großen Erlebnis; aus dem grauen, sinnentleerten Alltag heraus lechzten sie nach dem Delirium der »Tat«. »Europa, diese Gräberstätte, ist von Völkern bewohnt, die singen, bevor sie sich gegenseitig umbringen«, sagte Georges Sorel im Dezember 1912. (8)

Auch Sigmund Freud hatte der Kriegsausbruch in einen Taumel der Begeisterung versetzt: »Meine ganze Libido gehört Österreich-Ungarn«. (9) Aber wenig später schon wich der Rausch nationalistischer Verzückung. Mit Betroffenheit analysierte er nun die kollektive Ekstase. Während die überwiegende Mehrheit der Bevölkerung glaubte, im Krieg die individuelle wie allgemeine Erfüllung, den Gipfelpunkt persönlicher wie völkischer Existenz erreicht zu haben, schrieb Freud von der »Enttäuschung des Krieges«. In einem Augenblick, in dem die Schlachten bereits Hekatomben von Opfern forderten, dies aber vom Bewußtsein unverarbeitet blieb, also eine gigantische Verdrängung des Todes stattfand, analysierte er »unser Verhältnis zum Tode«. Die Essays »Die Enttäuschung des Krieges« und »Unser Verhältnis zum Tode« entstanden im März und April 1915. (10) In beide Traktate mündete ein, was Freud bislang über Vergänglichkeit, Angst und Tabuierung nachgedacht und bedacht hatte. Zugleich antizipierte er, was später als »Todestrieb« seine psychoanalytische Theorie maßgeblich bestimmte. Es zeigte sich so, daß Freud in der Lage war, sich der Sogkraft kollektiven Wahns zu entziehen und in Distanz den patriotischen Amoklauf in seinen Beweggründen zu deuten. »Zeitgemäßes über Krieg und Tod« – unter diesem Titel faßte er seine beiden Aufsätze zusammen. Sie waren in Wirklichkeit ein Beitrag zur Ungleichzeitigkeit von individueller rationaler Erkenntnis und allgemeiner irrationaler Verwirrung. Doch inmitten der »Ideen von 1914« stand Aufklärung auf völlig verlorenem Posten. (11)

Im Rückblick wurde die Sonnenglut der Augusttage 1914 von vielen als gleichnishaft empfunden. Der talmihaften Glückseligkeit des unheimlichen Idylls dieser Epoche schlug eine späte Stunde; es war eine panische Stunde. Jahrzehntelanger Aggressionsstau brach – einem Gewitter gleich – in die sommerliche Heiterkeit ein. Die pubertären Übersteigerungen jugendlicher Gläubigkeit wie jugendlicher Zerrissenheit wurden den Mühlen der Demagogen zu- und damit irregeleitet. Endzeitstimmung, die sich als Aufbruchstimmung mißverstand, ohne gewahr zu werden, daß der Enthusiasmus ein Morgenrot zum Tode war!

Eines der ersten Opfer dieses Krieges, der Maler August Macke, gefallen am 26. 9. 1914 in der Champagne, hat mit seinem Bild »Seiltänzer« (1914), fernab von expressionistischer Untergangsvision, die ganze Farbenglut und Farbenpracht sommerlichen Glücks festgehalten. (12) Dieses Bild kann im psychogrammatischen Zusammenhang der Zeit als ein letztes Aufglühen von Lebensfreude und Heiterkeit gewertet werden, die bald ihr Ende fanden. Das dominierende Rot des Gemäldes war eine Farbe sowohl der Sinnlichkeit als auch der Sinnhaftigkeit; es ging bald über ins Rot mordgieriger Ausblutung. »Das Blutopfer, das die erregte Natur den Völkern in großen Kriegen abfordert, bringen diese in tragischer, reueloser Begeisterung. Die Gesamtheit reicht sich in Treue die Hände und trägt stolz unter Siegesklängen den Verlust. Der einzelne, dem der Krieg das liebste Menschengut gemordet hat, würgt in der Stille die Tränen hinunter; der Jammer kriecht wie der Schatten zwischen den Mauern«, hieß es im Nachruf von Franz Marc auf August Macke. (13)

Nostalgie, ein Wort, das Karl Kraus zu dieser Zeit mehrfach verwendet, schwingt in Freuds Abhandlung mit. Er beschreibt mit zurückschauender Wehmut Europa als kulturelle Heimat, geprägt durch kosmopolitische Toleranz und natürliche Schönheit; (für einen Augenblick das Bild kultureller Doppelmoral, das hinter dem Oberflächenglanz lag, vergessend). »Wen aber die Not des Lebens nicht ständig an die nämliche Stelle bannte, der konnte sich aus allen Vorzügen und Reizen der Kulturländer ein neues, größeres Vaterland zusammensetzen, in dem er sich ungehemmt und unverdächtigt erging. Er genoß so das blaue und das graue Meer, die Schönheit der Schneeberge und die der grünen Wiesenflächen, den Zauber des nordischen Waldes und die Pracht der südlichen Vegetation, die Stimmung der Landschaften, auf denen große historische Erinnerungen ruhen, und die Stille der unberührten Natur. Dies neue Vaterland war für ihn auch ein Museum, erfüllt mit allen Schätzen, welche die Künstler der Kulturmenschheit seit vielen Jahrhunderten geschaffen und hinterlassen hatten. Während er von einem Saale dieses Museums in einen anderen wanderte, konnte er in parteiloser Anerkennung feststellen, was für verschiedene Typen von Vollkommenheit, Blutmischung, Geschichte und die Eigenart der Mutter Erde an seinen weiteren Kompatrioten ausgebildet hatte. Hier war die kühle unbeugsame Energie aufs höchste entwickelt, dort die graziöse Kunst, das Leben zu verschönern, anderswo der Sinn für Ordnung und Gesetz oder andere der Eigenschaften, die den Menschen zum Herrn der Erde gemacht hatten.« (14)

Diese für Freud ungewöhnlich poetische Betrachtungsweise bestimmt vielfach auch die Stimmungs- und Stillage der die Zeit um und nach 1900 beschreibenden Erinnerungsbücher, die in besonders großer Zahl vorliegen. Mit Recht hat Ingrid Bode ihrer Bibliographie »Die Autobiographien zur deutschen Literatur, Kunst und Musik 1900–1965«, in der sie mehr als fünfhundert Werke aufschlüsselt, eine Bemerkung von Jean Paul vorausgestellt: »Die Erinnerung ist das einzige Paradies, woraus wir nicht vertrieben werden können.« (16) Das, was wir den kulturpubertären Zustand der Zeit nannten, wirkte im Nachhinein, bei allem Hautgout, wie der betäubende Duft einer Freiheit und Freizügigkeit vortäuschenden Epoche. (17) Vom »Kulturweltbürgertum« spricht Freud; er stellt freilich, wie das Zitat deutlich macht, einschränkend fest: »Wen die Not des Lebens nicht ständig an die nämliche Stelle bannte ...«. Eben nur wenige, die happy few, konnten die goldene Zeit genießen; die anderen bannte die Not; übrigens auch Freud, der sich aufgrund seiner familiären und beruflichen Situation Jahrzehnte am Rand des Existenzminimums (freilich des Existenzminimums der bürgerlichen Schicht) dahinbewegte.

In Stefan Zweigs »Erinnerungen eines Europäers« »Die Welt von gestern« heißt es: »Wenn ich versuche, für die Zeit vor dem Ersten Weltkriege, in der ich aufgewachsen bin, eine handliche Formel zu finden, so hoffe ich am prägnantesten zu sein, wenn ich sage: es war das goldene Zeitalter der Sicherheit. Alles in unserer fast tausendjährigen österreichischen Monarchie schien auf Dauer gegründet und der Staat selbst der oberste Garant dieser Beständigkeit. Die Rechte, die er seinen Bürgern gewährte, waren verbrieft vom Parlament, der frei gewählten Vertretung des Volkes, und jede Pflicht genau begrenzt. Unsere Währung, die österreichische Krone, lief in blanken Goldstücken um und verbürgte damit ihre Unwandelbarkeit. Jeder wußte, wieviel er besaß oder wieviel ihm zukam, was erlaubt und was verboten war. Alles hatte seine Norm, sein bestimmtes Maß und Gewicht. Wer ein Vermögen besaß, konnte genau errechnen, wieviel an Zinsen es alljährlich zubrachte, der Beamte, der Offizier wiederum fand im Kalender verläßlich das Jahr, in dem er avancieren werde und in dem er in Pension gehen würde. Jede Familie hatte ihr bestimmtes Budget, sie wußte, wieviel sie zu verbrauchen hatte für Wohnung und Essen, für Sommerreise und Repräsentation, außerdem war unweigerlich ein kleiner Betrag sorgsam für Unvorhergesehenes, für Krankheit und Arzt bereitgestellt. Wer ein Haus besaß, betrachtete es als sichere Heimstatt für Kinder und Enkel, Hof und Geschäft vererbte sich von Geschlecht zu Geschlecht; während ein Säugling noch in der Wiege lag, legte man in der Sparbüchse oder der Sparkasse bereits einen ersten Obulus für den Lebensweg zurecht, eine kleine ›Reserve‹ für die Zukunft. Alles stand in diesem weiten Reiche fest und unverrückbar an seiner Stelle und an der höchsten der greise Kaiser; aber sollte er sterben, so wußte man (oder meinte man), würde ein anderer kommen und nichts ändern in der wohlberechneten Ordnung. Niemand glaubte an Kriege, an Revolutionen und Umstürze. Alles Radikale, alles Gewaltsame schien bereits unmöglich in einem Zeitalter der Vernunft. Dieses Gefühl der Sicherheit war der erstrebenswerteste Besitz von Millionen, das gemeinsame Lebensideal. Nur mit dieser Sicherheit galt das Leben als lebenswert, und immer weitere Kreise begehrten ihren Teil an diesem kostbaren Gut. Erst waren es nur die Besitzenden, die sich dieses Vorzugs erfreuten, allmählich aber drängten die breiten Massen heran; das Jahrhundert der Sicherheit wurde das goldene Zeitalter des Versicherungswesens. Man assekurierte sein Haus gegen Feuer und Einbruch, sein Feld gegen Hagel und Wetterschaden, seinen Körper gegen Unfall und Krankheit, man kaufte sich Leibrenten für das Alter und legte Mädchen eine Police in die Wiege für die künftige Mitgift. Schließlich organisierten sich sogar die Arbeiter, eroberten sich einen normalisierten Lohn und Krankenkassen. Dienstboten sparten sich eine Altersversicherung und zahlten im voraus ein in die Sterbekasse für ihr eigenes Begräbnis. Nur wer sorglos in die Zukunft blicken konnte, genoß mit gutem Gefühl die Gegenwart ... Heute, da das große Gewitter sie längst zerschmettert hat, wissen wir endgültig, daß jene Welt der Sicherheit ein Traumschloß gewesen.« (18)

Todesferne – Die Krankheit zum Tode

Am Ende seiner Abhandlung »Zeitgemäßes über Krieg und Tod«, diese resümierend, stellt Sigmund Freud fest, daß es angebracht wäre, den Spruch »Si vis pacem, para bellum. Wenn du den Frieden erhalten willst, so rüste zum Kriege« abzuändern in »Si vis vitam, para mortem. Wenn du das Leben aushalten willst, richte dich auf den Tod ein.« (19) Da man sich auf Tod und Gefährdung nicht »eingerichtet« habe, konnte es zum kollektiven Kriegswahn kommen. Da der Tod so lange verdrängt geblieben war oder nurmehr oberflächlich zur Kenntnis genommen wurde, war es möglich, daß die Menschen in Mißachtung des Lebens in furchtbarer Grausamkeit übereinander herfielen.

Die dünne Kruste der Zivilisation zerbrach, da die aggressivitätshemmende Kraft des Todesbewußtseins fehlte, und auch die Angst ihre retardierende Wirkung nicht ausüben konnte – war sie doch von der Ideologie der Stärke und Macht überlagert.

Unser Verhältnis zum Tode sei kein aufrichtiges. »Wenn man uns anhörte, so waren wir natürlich bereit zu vertreten, daß der Tod der notwendige Ausgang alles Lebens sei, daß jeder von uns der Natur einen Tod schulde und vorbereitet sein müsse, die Schuld zu bezahlen, kurz, daß der Tod natürlich sei, unableugbar und unvermeidlich. In Wirklichkeit pflegten wir uns aber zu benehmen, als ob es anders wäre. Wir haben die unverkennbare Tendenz gezeigt, den Tod beiseite zu schieben, ihn aus dem Leben zu eliminieren. Wir haben versucht, ihn totzuschweigen; wir besitzen ja auch das Sprichwort: man denke an etwas wie an den Tod. Wie an den eigenen natürlich. Der eigene Tod ist ja auch unvorstellbar, und sooft wir den Versuch dazu machen, können wir bemerken, daß wir eigentlich als Zuschauer weiter dabeibleiben. So konnte in der psychoanalytischen Schule der Ausspruch gewagt werden: im Grunde glaube niemand an seinen eigenen Tod oder, was dasselbe ist: im Unbewußten sei jeder von uns von seiner Unsterblichkeit überzeugt!« (20)

So wie im individuellen Leben die Reifung der Existenz mißlingt, wenn die Klärung der pubertären Verwirrung durch das Todeserlebnis fehlt, zeigt die dem Weltkrieg vorausgehende Phase moderner Nervosität (kulturpubertärer Unruhe) Todesverdrängung und damit »Unreife« im kollektivpsychischen Sinne; aber auch, bei wenigen Außenseitern, Protest gegen solche Mißachtung und Verkennung des Todes in einer Welt und Gesellschaft, die sich einem selbstgefälligen »Es-ist-erreicht« glaubte überantworten zu können. Der Wilhelminismus fand ja gerade darin die besondere Ausprägung seiner Oberflächlichkeit, daß er, sieht man von den metaphorischen Verkleidungen des Todes in den Produkten der »Bilderfabriken« bzw. »affirmativer Kunst« (die in Wirklichkeit seiner Vertuschung dienten) ab, vom Tod nichts wissen wollte. Angesichts solchen Zustands bat Rainer Maria Rilke: »O Herr, gib jedem seinen eigenen Tod« – einen eigenen Tod inmitten rauschhafter Todesverachtung. (21) Die Krankheit zum Tode war die eines fehlenden Todesbewußtseins. Wer es hatte, zerbrach angesichts der den Horizont des Optimismus eindeckenden Massengräber.

> »Am Abend tönen die herbstlichen Wälder
> Von tödlichen Waffen, die goldnen Ebenen
> Und blauen Seen, darüber die Sonne
> Düstrer hinrollt; umfängt die Nacht

Sterbende Krieger, die wilde Klage
ihrer zerbrochenen Münder ...« (22)

So klang das existentielle Resümee des Apothekers Georg Trakl – nach
dem Rückzug von Grodek (im gleichnamigen Gedicht) 1914. Mit einer
Sanitätseinheit nach Galizien verbracht, war er – angesichts der Furchtbarkeit des Krieges von geistiger Umnachtung bedroht – ins Lazarett in
Krakau eingeliefert worden, wo er im ersten Kriegsjahr durch Selbstmord starb. (23)

Im Rahmen seiner, in der zweiten Abhandlung weitgehend individualpsychologischen Argumentation stellt Sigmund Freud fest, daß auf der
einen Seite der Tod von einer Notwendigkeit zu einer Zufälligkeit
herabgedrückt werde, daß aber zu bestimmten Augenblicken, vor allem
dann, wenn eine uns nahestehende Person stirbt, die kulturell konventionelle Einstellung ihren völligen Zusammenbruch erfahre, da eben
nun evident werde, daß die Hoffnungen, Ansprüche und Genüsse des
Lebens nicht von Dauer seien. Dies traf auch in sozialpsychologischer
Hinsicht zu: der Tod war aus der Lebensrechnung der Zeit in einem
doppelten Sinne ausgeschlossen – einmal, indem er in reflexionsloser
Oberflächlichkeit verdrängt bzw. in seinem Ernst mißachtet wurde,
zum anderen, indem er, dann unvorbereitet in seiner Furchtbarkeit und
lähmenden Ausweglosigkeit erlebt, in Heroismus (etwa auf den strahlenden Jüngling, der in seiner Schönheit mit Blut und Dreck versöhnte)
hinwegprojiziert wurde. Die fehlende Angst war ein fataler Mangel an
Phantasie.

Auch für Adolf Hitler begann mit dem Ausbruch des Krieges, »wie
wohl für jeden Deutschen«, »die unvergeßlichste und größte Zeit seines
irdischen Lebens«. Die Hoffnung auf das bevorstehende »große Erlebnis des Krieges« artikuliert sich im trivialromantischen Sprachmuster, das versetzt ist mit den Bildern einer platten Naturidylle, und dem
die deutsche Gemüthaftigkeit, fernab von jedem Todesbewußtsein, aus
allen Poren quillt: »Zum ersten Male sah ich so den Rhein, als wir an
seinen stillen Wellen entlang dem Westen entgegenfuhren, um ihn, den
deutschen Strom der Ströme zu schirmen vor der Habgier des alten
Feindes. Als durch den zarten Schleier des Frühnebels die milden Strahlen der ersten Sonne das Niederwalddenkmal auf uns herabschimmern
ließen, da brauste aus dem endlos langen Transportzuge die alte Wacht
am Rhein in den Morgenhimmel hinaus, und mir wollte die Brust zu
enge werden.« (24) – Walter Flex zeichnet in seiner, unter dem Eindruck
des Kriegsausbruchs geschriebenen, 1917 (im Jahr seines eigenen
Kriegstodes) erschienenen autobiographischen Erzählung »Der Wan-

derer zwischen beiden Welten. Ein Kriegserlebnis« (25) mit dem Portrait seines gefallenen Freundes Ernst Wurche das unreflektierte Idealbild des aus der Jugendbewegung hervorgehenden deutschen Kriegsfreiwilligen und Offiziers. Noch einmal erscheint hier die ephebenhafte Gestalt des Dandys – in patriotisch geläuterte Schönheit gewendet. »Trotz und Demut, die Anmut des Jünglings, lagen wie ein Glanz über der Haltung des straffen Körpers, dem schlanken Kraftwuchs der Glieder, dem stolzen Nacken und der eigenwilligen Schönheit von Mund und Kinn. Sein Gehen war federnde, in sich beruhende und lässig bewegte Kraft, jenes Gehen, das ›Schreiten‹ heißt, ein geruhiges stolzes und in Stunden der Gefahr hochmütiges Schreiten. Der Gang dieses Menschen konnte Spiel sein oder Kampf oder Gottesdienst, je nach der Stunde. Er war Andacht und Freude. Wie der schlanke, schöne Mensch in dem abgetragenen grauen Rock wie ein Pilger den Berg hinabzog, die lichten Augen ganz voll Glanz und zielsicherer Sehnsucht, war er wie Zarathustra, der von den Höhen kommt, oder der Goethesche Wanderer. Die Sonne spielte durch den feinen Kalkstaub, den seine und unsere Füße aufrührten, und der helle Stein der Bergstraße schien unter seinen Sohlen zu klingen.« (26)
Der Rhapsodie auf den heldischen Jüngling entspricht der Hymnus auf die vom Kriegsgeschehen noch nicht zerstörte Natur, die in Keuschheit die Berührung des Krieges erwartet, so als ob sie dadurch befruchtet und nicht vergewaltigt würde. »Dann lagen wir lange in dem reinlichen Gras und ließen uns von Wind und Sonne trocknen. Als Letzter sprang der Wandervogel aus den Wellen. Der Frühling war ganz wach und klang von Sonne und Vogelstimmen. Der junge Mensch, der auf uns zuschritt, war von diesem Frühling trunken. Mit rückgeneigtem Haupte ließ er die Maisonne ganz über sich hinfluten, er hielt ihr stille und stand mit frei ausgebreiteten Armen und geöffneten Händen da.« (27) Wie bei den Sujets affirmativer Kunst (die 6., 7. und 8. Fassung des »Lichtgebets« von Fidus entstand 1913), ist auch bei Flex Schönheit völlig vom Realitätsprinzip gelöst. Das Grollen der Geschütze, die sich formierende Offensive wirken irreal, so, als ob die Sehnsucht nach Höherem mit der schrecklichen Brutalität des Krieges nichts zu tun habe, bzw. der Krieg durch Ästhetisierung solcher Sehnsucht bruchlos integriert werden könne. »Warum ergreift uns alle Schönheit des Lebens, statt daß wir sie ergreifen? Ach, wie der Mensch aus Erde gemacht ist und wieder zu Erde wird, so ist alle Schönheit aus Sehnsucht gemacht und wird wieder zu Sehnsucht. Wir jagen ihr nach, bis sie zur Sehnsucht wird.« (28) Das Transzendieren des Jugendstils ist hier gleichermaßen

präsent wie der Ausbruchsversuch der Jugendbewegung. Sehnsucht als Surrogat, welche die Schalheit der Zeit wie die Verlogenheit der Doppelmoral hinter sich zu lassen versucht, indem sie den Krieg zum Lichterfeld macht, den Morast des Schützengrabens damit verklärend! Rein bleiben! Der pubertäre Anspruch verschmolz mit dem Todestrieb; jener, der jung starb, mußte den Verlust des Glücks nicht mehr wahrhaben. Bei Flex führt die Vernichtung des Realitätsprinzips, das auf dem romantisch geschmückten Altar des Vaterländischen geopfert wird, zu einem pervertierten Glücksgefühl, das den Gang zu den Müttern, das Selbstopfer und die Tötung des Feindes zu einem neuen Mythos zusammenquirlt. »An diese seltsame, dunkle Stunde wurde ich erinnert, als ich vor Weihnachten die Mutter des gefallenen Freundes in seiner Heimat besuchte. Nach einer Weile des Schweigens fragte sie mich leise: ›Hat Ernst vor seinem Tode einen Sturmangriff mitgemacht?‹ Ich nickte mit dem Kopfe. ›Ja, bei Warthi‹. Da schloß sie die Augen und lehnte sich im Stuhle zurück. ›Das war sein großer Wunsch‹, sagte sie langsam, als freue sie sich im Schmerze einer Erfüllung, um die sie lange gebangt hatte. Eine Mutter muß wohl um den tiefsten Wunsch ihres Kindes wissen. Und das muß ein tiefer Wunsch sein, um dessen Erfüllung sie noch nach seinem Tode bangt. O, ihr Mütter, ihr deutschen Mütter! Wißt ihr nun, ihr, die ihr diesen Tag nacherlebt habt, von dem ich redete, wißt ihr nun, was es heißt, Wanderer zu sein zwischen beiden Welten?« (29)

Hier tritt der verführte Geist der Epoche in voller und zwar naiver Unverhülltheit zutage – symptomatisch für die aus der ständig selbstinduzierten Illusion in die Abgründigkeit stürzende Epoche; hingegeben einer ästhetisierten Barbarei, die sich mit der Gewißheit des Fanatismus der Ambivalenz der Nervosität entzog, im Sturmangriff die Erfüllung, im Heldentod die Verklärung fand. Die Zwielichtigkeit der Doppelmoral war zwar abgefallen; aber sie war nur ersetzt worden durch die Fraglosigkeit der Amoral, wie sie von anämischen Ideologen mit Hilfe einer jahrzehntelangen Traktätchenliteratur »jenseits von Gut und Böse« propagiert worden war. Der »Gotteswind« der Schlacht war der eisige Hauch aus dem Nationalzuchthaus, der alle Hoffnungen der Jahrhundertwende zum Ersterben brachte.

Karl Kraus wußte, warum er von den »letzten Tagen der Menschheit« sprach; (es waren freilich nur die vorletzten!). (30)

Wahnwitz als Lebensmusik

Ähnlich wie Freud, nur mit ganz anderen Mitteln (mit denen der gigantomanischen Satire) ging bei Beginn des Weltkriegs Karl Kraus daran, die Szenerie und das Panoptikum der Gesellschaft zu beschreiben. »Die letzten Tage der Menschheit. Tragödie in fünf Akten. Mit Vorspiel und Epilog« erschienen in einer ersten Fassung 1918/1919 in Karl Kraus' eigener Zeitschrift »Die Fackel«. In zweihundertzwanzig Szenen, in denen mehr als ein halbes tausend Figuren auftreten, werden Wirklichkeitsausschnitte präsentiert – wird man in die Kanzleien, Hinterhöfe, Wohnungen und Straßen, Salons und Redaktionen, Lazarette und Wallfahrtskirchen, in die Laboratorien und Kriegsarchive und immer wieder an die Front versetzt. »Die Handlung, in hundert Szenen und Höllen führend, ist unmöglich, zerklüftet, heldenlos wie jene. Der Humor ist nur der Selbstvorwurf eines, der nicht wahnsinnig wurde bei dem Gedanken, mit heilem Hirn die Zeugenschaft dieser Zeitdinge bestanden zu haben. Außer ihm, der die Schmach solchen Anteils einer Nachwelt preisgibt, hat keiner Anrecht auf diesen Humor. Die Mitwelt, die geduldet hat, daß die Dinge geschehen, die hier aufgeschrieben sind, stelle das Recht zu lachen, hinter die Pflicht, zu weinen. Die unwahrscheinlichsten Taten, die hier gemeldet werden, sind wirklich geschehen; ich habe gemalt, was sie nur taten. Die unwahrscheinlichsten Gespräche, die hier geführt werden, sind wörtlich gesprochen worden; die grellsten Erfindungen sind Zitate. Sätze, deren Wahnwitz unverlierbar dem Ohr eingeschrieben ist, wachsen zur Lebensmusik.« (31)
Das aus den sozialpathologischen Rieselfeldern der Zeit gespeiste gigantische Monstrum »Krieg« ist durch jugendlich-makabre Aufbruchsstimmung genauso bestimmt (»Ein Stahlbad brauch' mr! Ein Stahlbad!«), wie durch künstlerisch-literarische Perversität (etwa im Bild des Kriegsberichterstatters Ganghofer personifiziert: »Hollodriohdrioh, / jetzt bin ich an der Front, / Hollodriohdrioh, / dös bin i schon gewohnt«). (33)
Hinter die ästhetisch aufgeputzte Fassade der Barbarei leuchtet immer wieder der das Geschehen begleitende und kommentierende »Nörgler«, in dessen Person Karl Kraus seine eigenen Empfindungen hineinprojizierte: »Die deutsche Bildung ist kein Inhalt, sondern ein Schmückedeinheim, mit dem sich das Volk der Richter und Henker seine Leere ornamentiert.« (34)
Dieser »Nörgler« spricht auch davon, daß »Menschenopfer unerhört« gebracht werden müßten, um die »unbekannte Schuld« zu büßen – eben

jene »Schuld« der Zeit, die in der Aggression nun den Tribut für die Repression forderte. In der Regression wurden die atavistischen Triebe des Tötenwollens aktiviert, für die gehobenen Stände dabei zum Jagdvergnügen stilisiert. »Den Feind hinten wollte ich mir mal selbst etwas näher besehen. Hier konnten nur noch einige sichere Kugeln helfen. Da zog ich die Büchse an den Kopf, ein Tupf auf den Stecher: plautz, da lag der erste Kerl! Schnell repetiert und wieder gestochen. Nr. 2 und 3 fielen um wie die Säcke, bevor sie sich von ihrem ersten Schreck erholt hatten. Da kam Leben in die Gesellschaft, sie schienen nur noch nicht zu wissen, wohin sie sollten. Der nächste Russe, Nummer 4 erhielt die Kugel etwas zu kurz. Es war vielleicht für mich von Vorteil, denn der Kerl schrie ganz entsetzlich. Ich hatte schnell den Karabiner meines Begleiters genommen und ließ die nächsten fünf Kugeln in den dichten Klumpen am Gartenzaun.« (35) Die Spitzen und Stützen der Gesellschaft, als Überich den Blutrausch legitimierend, bedienten sich dabei auch beflissen theologischer Versatzstücke, aus denen dann der patriotische Himmel zusammengefügt werden konnte. Superintendent Falke: »Das Töten ist in diesem Falle keine Sünde, sondern Dienst am Vaterlande. Eine christliche Pflicht, ja, ein Gottesdienst! Es ist ein Gottesdienst und eine heilige Pflicht, alle unsere Gegner mit furchtbarer Gewalt zu strafen und wenn es sein muß, zu vernichten.« (36)
Die Oberen feiern das Schlachtfest, die Unteren werden zur Schlachtbank geführt (»Wie hoch schätzen sie die voraussichtlichen Verluste? – 4000. – Die Truppen sind befehlsgemäß zu opfern«.) (37) Aber auch die Opfer sind Täter bzw. Teilhaber am kollektiven Wahn, der alles in den Rausch der Grausamkeit versetzt; fürs Rauben, Morden und Schänden stehen Verdienstkreuze en masse bereit. (38)
Karl Kraus zeichnet zu einer Zeit, da Sigmund Freud das gestörte Verhältnis der Gesellschaft zum Tod beschreibt, mit zerrissenem Herzen, in zynische Verzweiflung ausufernd, das österreichische Antlitz:

> »Aus Tod wird Tanz,
> aus Haß wird Gspaß,
> aus Not wird Pflanz,
> was ist denn das?
> Is alles stier,
> is's einerlei,
> denn mir san mir
> und a dabei.
> Ein guter Christ

sagt: Kinder bet's
und Henker ist
man nur aus Hetz.« (39)

Regressiver Triumph

Im Krieg, stellt Freud fest, lasse der Tod sich nicht mehr verleugnen; man müsse an ihn glauben. »Menschen sterben wirklich, auch nicht mehr einzeln, sondern viele, oft Zehntausende an einem Tage. Es ist auch kein Zufall mehr. Es scheint freilich noch zufällig, ob diese Kugel den einen trifft oder den anderen; aber diesen anderen mag leicht eine zweite Kugel treffen, die Häufung macht dem Eindruck des Zufälligen ein Ende. Das Leben ist freilich wieder interessant geworden, hat seinen vollen Inhalt wiederbekommen.« (40)

Der letzte Satz dieses Zitats charakterisiert im besonderen das Mentalitätsprofil derjenigen, die durch kriegerischen Enthusiasmus sich »davongetragen« fühlten. Die Frustrationen einer ereignislosen Friedenszeit schienen nun überwunden; im Krieg – da war der Mann wieder etwas wert. Der Kampf galt als »inneres Erlebnis«; der Tod war etwas, das man eben in Kauf nehmen mußte, um zum Wesentlichen vorzustoßen.

Der Kampf als inneres Erlebnis: das war realitätsblinde Exorbitanz – Gefühl der Enthebung und Erhebung – Verinnerlichung von Frustrationsaggressivität – in transzendierende Aura gehüllt.

»In diesem Kampfe muß der Schwächere am Boden bleiben, während der Sieger, die Waffe fester in der Faust, über den Erschlagenen hinwegtritt, tiefer ins Leben, tiefer in den Kampf. Es ist der Aufschrei, den solcher Anprall mit dem des Feindes vermischt, ein Schrei, der sich Herzen entringt, vor denen die Grenzen der Ewigkeit schimmern. Es ist ein Schrei, im Flusse der Kultur längst vergessen, ein Schrei aus Erkennen, Grauen und Blutdurst ... Der Anblick des Gegners bringt neben letztem Grauen auch Erlösung von schwerem, unerträglichem Druck. Das ist die Wollust des Blutes, die über dem Kriege hängt wie ein rotes Sturmsegel über schwarzer Galeere, an grenzenlosem Schwunge nur der Liebe verwandt. Sie zerrt schon im Schoße aufgepeitschter Städte die Nerven, wenn die Kolonnen im Regen glühender Rosen den Morituri-Gang zum Bahnhof tun. Sie schwelt in den Massen, die sie umrasen, mit Jubelruf und schrillen Schreien, ist ein Teil der Gefühle, die auf die zum Tode schreitenden Hekatomben niederschauern. Gespeichert in den

Tagen vor der Schlacht, in der schmerzhaften Spannung des Vorabends, auf dem Marsche der Brandung zu, in der Zone der Schrecknisse vorm Kampf aufs Messer, lodert sie auf zu knirschender Wut, wenn der Schauer der Geschosse die Reihen zerschlägt. Sie ballt alles Streben um den einen Wunsch: Sich auf den Gegner zu stürzen, ihn packen, wie es das Blut verlangt, ohne Waffe, im Taumel, mit wildem Griff der Faust. So ist es von je gewesen ... Der ungeheuerliche Traum, den die Tierheit in ihm geträumt in Erinnerung an Zeiten, wo sich der Mensch in stets bedrohten Horden durch wüste Steppen kämpfte, verraucht und läßt ihn zurück, entsetzt, geblendet von dem Ungeahnten in der eigenen Brust, erschöpft durch riesenhafte Verschwendung von Willen und brutaler Kraft.« (Ernst Jünger) (41)

In der Schlacht ist der Tod jedoch nur scheinbar präsent; da er massenhaftes Sterben bedeutet, verschließt sich der einzelne dem einfühlenden Nachvollzug. Überall als furchtbare Wirklichkeit gegenwärtig, wird er zu einem Nichts herabgedrückt; vor allem, wenn der Tote, der Getötete, ein Fremder, ein Feind ist. Freud bemerkt vom »Urmenschen«, daß diesem der Tod des anderen recht war; er galt ihm als Vernichtung des Verhaßten; er kannte keine Bedenken, ihn herbeizuführen. »Er war gewiß ein sehr leidenschaftliches Wesen, grausamer und bösartiger als andere Tiere, er mordete gerne und wie selbstverständlich. Den Instinkt, der andere Tiere davon abhalten soll, Wesen der gleichen Art zu töten und zu verzehren, brauchen wir ihm nicht zuzuschreiben.« (42) Die Urgeschichte der Menschheit sei denn auch von Morden erfüllt. Was die Kinder in der Schule als Weltgeschichte lernten, sei im Wesentlichen eine Reihenfolge von Völkerschlachten. »Das dunkle Schuldgefühl, unter dem die Menschheit seit Urzeiten steht, das sich in manchen Religionen zur Annahme einer Urschuld, einer Erbsünde, verdichtet hat, ist wahrscheinlich der Ausdruck einer Blutschuld, mit welcher sich die urzeitliche Menschheit beladen hat.« (43) An der Leiche des erschlagenen Feindes habe der Urmensch gejubelt, ohne Anlaß zu finden, sich den Kopf über die Rätsel des Lebens und Todes zu zerbrechen.

Regressiver Triumph war auch das Zeichen der Zeit. »Der Geist der Materialschlacht und des Grabenkampfes, der rücksichtsloser, wilder, brutaler ausgefochten wurde als je ein anderer, erzeugte Männer, wie sie bisher die Welt nie gesehen hatte. Es war eine ganz neue Rasse, verkörperte Energie, und mit höchster Wucht geladen. Geschmeidige, hagere, sehnige Körper, markante Gesichter, Augen in tausend Schrecken unterm Helm versteinert. Sie waren Überwinder, Stahlnaturen, eingestellt in den Kampf in seiner gräßlichsten Form. Ihr Anlauf über zersplitterte

Landschaften bedeutete den letzten Triumph eines phantastischen Grausens. Brachen ihre verwegene Trupps in zerschlagene Stellungen ein, wo bleiche Gestalten mit irren Augen ihnen entgegenstarrten, so wurden ungeahnte Energien frei. Jongleure des Todes, Meister des Sprengstoffes und der Flamme, prächtige Raubtiere, schnellten sie durch die Gräben. Im Augenblick der Begegnung waren sie der Inbegriff des Kampfhaftesten, was die Welt tragen konnte, die schärfste Versammlung des Körpers, der Intelligenz, des Willens und der Sinne.« (Ernst Jünger) (44)

Und doch war solcher Endzeitfanatismus vom Urmenschentum auch wiederum weit entfernt, da ihm die spontane Primitivität fehlte, die Regression sich zugleich auf dem Gipfel der Kultur wähnte. In diesem Zusammenhang verweist Freud auf die Tatsache, daß dann, wenn das wilde Bangen dieses Krieges seine Entscheidung gefunden habe, und jeder der siegreichen Kämpfer froh in sein Heim zurückkehre, zu seinem Weibe und seinen Kindern, er »unverweilt und ungestört durch Gedanken an die Feinde, die er im Nahkampfe oder durch die fernwirkende Waffe getötet habe«, bleiben werde. (45) Die (wirklich) primitiven Völker jedoch, die noch auf der Erde lebten und dem Urmenschen gewiß näher stünden als wir, würden sich in diesem zentralen Punkte anders verhalten oder verhalten haben, solange sie noch nicht den Einfluß der Kultur erfahren hätten. »Der Wilde – Australier, Buschmann, Feuerländer – ist keineswegs ein reueloser Mörder; wenn er als Sieger vom Kriegspfad heimkehrt, darf er sein Dorf nicht betreten und sein Weib nicht berühren, ehe er seine kriegerischen Mordtaten durch oft langwierige und mühselige Bußen gesühnt hat.« (46) Der Krieg, wie ihn die Zivilisation gebiert, mache die Menschen zu reuelosen Mördern, zumal die Staatsraison ihnen die entsprechende Legitimation gebe. Die ethische (unbewußte) Feinfühligkeit, die dem Urmenschen noch zu eigen sei, ist dem Kulturmenschen verlorengegangen. »Resümieren wir nun: Unser Unbewußtes ist gegen die Vorstellung des eigenen Todes ebenso unzugänglich, gegen den Fremden ebenso mordlustig, gegen die geliebte Person ebenso zwiespältig (ambivalent) wie der Mensch der Urzeit. Wie weit haben wir uns aber in der konventionell-kulturellen Einstellung gegen den Tod von diesem Urzustande entfernt!« (47) Der Krieg streife die späteren Kulturauflagerungen ab und lasse den Urmenschen in uns wieder zum Vorschein kommen, ohne daß wir ein solcher (naiv) sein könnten. »Er zwingt uns wieder, Helden zu sein, die an den eigenen Tod nicht glauben können; er bezeichnet uns die Fremden als Feinde, deren Tod man herbeiführen oder herbeiwünschen soll; er rät uns, uns über den Tod geliebter Personen hinwegzusetzen.« (48) Gezwungen, Helden zu sein (und zwar gezwungen vom internalisierten Über-Ich, das das patriotische Opfer erheischte, und getrieben von den Zwangsvorstellungen individuell wie kollektiv vereitelter Existenz, die angesichts der »faulen Firnis« der Friedenszeit auf den aggressiven Ausbruch sich fixierte), wollte man wahnhaft an den eigenen Tod nicht glauben, und wahnhaft den Tod des anderen herbeiführen.

Pessimistisch und resignierend kommt Sigmund Freud zu dem Schluß, daß der Krieg nicht abzuschaffen sei, solange die Existenzbedingungen der Völker so verschieden und die Abstoßungen unter ihnen so heftig seien. Freuds Fatalismus entspricht dabei spätbürgerlicher Anthropologie, welche die sozio-ökonomischen Bedingtheiten nicht ins Kalkül zu ziehen und damit auch keine aus der Solidarität der Geknechteten emporsteigenden revolutionären Verbesserungsvorschläge vorzubringen vermag. Hier nähert sich Freud insofern den Propagandisten des Krieges, als er, wenn auch klagend, die Naturhaftigkeit des Krieges postuliert. Immerhin gibt er den Ratschlag, dem Tod den gebührenden Platz in der Wirklichkeit und in unseren Gedanken einzuräumen, und unsere unbewußte Einstellung zum Tode, die wir bisher so sorgfältig unterdrückt hätten, ein wenig mehr hervorzukehren. Todes-Verachtung, das war das Übel, an dem Millionen zugrunde gingen. Träten die Verdrängungsmechanismen, die den Tod ausschalten, um ihn (als Mord oder Opferung) nur umso besser »praktizieren« zu können, zurück, schlüge Regression wieder in Progression um: der Blick auf den Tod läßt das Leben aushalten – Si vis vitam, para mortem.

Die »Ideen von 1914«

Während Sigmund Freud in seinem zweiten Essay »Unser Verhältnis zum Tode« das kriegerische Geschehen aus dem zeitgenössischen Verhältnis zum Tode heraus deutet, zugleich in die Tiefe des Urmenschentums mit seinen Totems und Tabus hinabsteigend, spiegelt der erste Essay (»Enttäuschung des Krieges«) stärker die akuten Symptome der bei ihm mit Kriegsausbruch bewirkten humanitären Erschütterung. »Von dem Wirbel dieser Kriegszeit gepackt, einseitig unterrichtet, ohne Distanz von den großen Veränderungen, die sich bereits vollzogen haben oder zu vollziehen beginnen, und ohne Witterung der sich gestaltenden Zukunft, werden wir selbst irre an der Bedeutung der Eindrükke, die sich uns aufdrängen, und an dem Werte der Urteile, die wir bilden. Es will uns scheinen, als hätte noch niemals ein Ereignis so viel kostbares Gemeingut der Menschheit zerstört, so viele der klarsten Intelligenz verwirrt, so gründlich das Hohe erniedrigt. Selbst die Wissenschaft hat ihre leidenschaftslose Unparteilichkeit verloren; ihre aufs tiefste erbitterten Diener suchen ihr Waffen zu entnehmen, um einen Beitrag zur Bekämpfung des Feindes zu leisten.« (49)

Damit wird angeprangert, was als die »Ideen von 1914« den deutschen Geist in erschreckendem Umfang verwirrte und lädierte. Hatte nach 1871 Nietzsche die Exstirpation des deutschen Geistes zugunsten des deutschen Reiches beklagt, so galt es nun, die Zerstörung des deutschen Geistes zugunsten kriegerischer Barbarei zu konstatieren. Das »Sedanlächeln«, dieses Gefühl der Überheblichkeit gegenüber der nicht-deutschen Welt, die man an der deutschen genesen lassen, oder, wenn sie dieses Heil nicht anzunehmen bereit war, vernichten wollte, erreichte in den Verlautbarungen deutscher Professoren, bei Kriegsausbruch wie in den nachfolgenden Monaten und Jahren, eine besonders penetrante Ausprägung. (50)

Die Liberalität, wie sie in der ersten Hälfte des 19. Jahrhunderts die Gelehrtenwelt charakterisiert hatte, war der Komponente der Macht gewichen. Gerade weil das Ansehen der Professoren und der akademischen »Spitzen und Stützen« der Gesellschaft so hoch stand, sie als Mentoren des öffentlichen Gewissens unbestritten anerkannt waren, wirkte sich ihr Einfluß derart verheerend aus. Ihr Streben nach Objektivität im wissenschaftlichen Bereich wurde als Prädestination für sachgerechte politische Urteile empfunden. »Der Professorenstand war völlig in das Gefüge des 2. Reichs integriert. Auf der sozialen Prestigeskala ganz oben stehend, hatte der Akademiker durch die Ersatz-Nobilitierung des Doktorgrades ein Mittel, um das Unterlegenheitsgefühl des Zivilisten in einer Gesellschaft, die ihre normativen Lebensideale vom Militärischen empfing, zu kompensieren. Ein materieller Selektionsmechanismus, der fast ausschließlich Begüterte den langen einkommenslosen Weg zum Ordinariat aushalten ließ, und ein Berufungsverfahren, das ›stets den konservativen Geist und die Exklusivität des Professorenstandes‹ wahrte und die Loyalität des Bewerbers gegenüber der Hohenzollerndynastie in Rechnung setzte, führten zu einer starken Obödienzhaltung innerhalb des Lehrkörpers. Die Universität als Ganzes spiegelte die Mentalität der sozialen Gruppen wieder, für deren Nachwuchs sie lehrte und aus dem sie sich rekrutierte. Sie hatte die Aufgabe – um mit dem Historiker der Berliner Universität Max Lenz zu sprechen – ›den Staat an seine allgemeine und sittliche Natur‹ zu erinnern und ihm ›Wege zu weisen‹.« (Klaus Böhme) (51)

Das »Wunder«, der Krieg, war gekommen (so der Ökonom Werner Sombart); die »feurige Lohe, die mit Urgewalt emporschoß, schmolz alle deutschen Herzen zu einem einzigen flammenden Gefühl zusammen.« (M. Lenz) (52)

Mit Ausnahme weniger Pazifisten fühlte sich die Professorenschaft aufgerufen, mit den »Ideen von 1914« einer Geisteshaltung zum Durchbruch zu verhelfen, die Sigmund Freud mit »Verlust klarster Intelligenz und leidenschaftsloser Unparteilichkeit« nur sehr zurückhaltend bezeichnete. Der reflexionslose Hurrapatriotismus, die rücksichtslose Verherrlichung der Gewalt, die Mißachtung kulturell-humanitärer Errungenschaften und die uneingeschränkte Verteufelung des Feindes veranlaßte den Straßburger Historiker Georg F. Knapp in einem Brief an seinen Kollegen Alfred Dove zu schreiben: »Finden Sie nicht, daß die Kundgebungen unserer Kollegen eine starke Ähnlichkeit haben mit dem Stammesgeheul der Sioux-Indianer?« (53) Man triumphierte – und dieser Triumph wird in seiner Abgründigkeit nicht harmloser durch die Tatsache, daß die Gelehrtenwelt auch in den anderen Ländern, im besonderen in Frankreich und England, ihr Soll an intellektueller Barbarei leistete. Nun waren die Ideen der Freiheit, Gleichheit, Brüderlichkeit durch die Ideen von Pflicht, Ordnung, Kampf ersetzt. Was dies im einzelnen hieß, haben die »Aufrufe« dann entsprechend bekundet:

– »Euch, die ihr uns kennt, die ihr bisher gemeinsam mit uns den höchsten Besitz der Menschheit gehütet habt, euch rufen wir zu: Glaubt uns! Glaubt, daß wir diesen Kampf zu Ende kämpfen werden als ein Kulturvolk, dem das Vermächtnis eines Goethe, eines Beethoven, eines Kant ebenso heilig ist wie sein Herd und seine Scholle.« (Aufruf an die Kulturwelt) (54) – »Unser Glaube ist, daß für die ganze Kultur Europas das Heil an dem Siege hängt, den der deutsche ›Militarismus‹ erkämpfen wird, die Manneszucht, die Treue, der Opfermut des einträchtigen Volkes.« (Erklärung der Hochschullehrer des Deutschen Reiches) (55) – »Ja, der Krieg ist auch darum etwas Großes, weil er die Herzen wägt; er bringt ans Licht, was in jedem Herzen ist, indem er alle Hüllen der Konvention abreißt.« (Ulrich von Wilamowitz-Moellendorff) (56) – »Wir begrüßen diesen Krieg als ein durch göttliche Fügung uns gesandtes Heil! Denn der gerechte Krieg ist nicht bloß Zertrümmerer, sondern auch Erbauer. Er vernichtet nicht bloß, sondern erzeugt auch Werte. Der gewaltigste aller Kulturzerstörer ist zugleich der mächtigste aller Kulturbringer.« (Otto von Gierke) (57)

Die Verwirrung des deutschen Geistes, von dem er sich bis 1945 nicht mehr erholen sollte, war perfekt. Die Humaniora waren reduziert auf

Disziplin, Vernunft und Geist auf Strategie. Wir seien ein Volk von Kriegern, im Heldentod finde die heldische Lebensauffassung ihre höchste Weihe, meinte Sombart, wobei er – im Gegensatz dazu – die Engländer als ein Volk von Händlern bezeichnete. (58) Der Krieg als Eigentlichkeit – im wesenslosen Scheine war versunken, was einst der deutsche Gelehrtenstand an humaner Hoffnung verkörperte.

»Wenn ich von Enttäuschung rede, weiß jedermann sofort, was damit gemeint ist«, meinte Sigmund Freud. (59) Die wenigsten wußten, was gemeint war. Was für Freud Enttäuschung, war *ihnen* höchstes patriotisches Glück.

Die dreifache Enttäuschung des Sigmund Freud

Enttäuschung. Das Kulturweltbürgertum war im Ansturm der Barbarei, die man unter Kulturnationen erloschen glaubte, zerfallen. Man sei – meint Freud – zwar vorbereitet gewesen, daß Kriege zwischen den primitiven und den zivilisierten Völkern, zwischen den Menschenrassen, die durch die Hautfarbe voneinander geschieden sind, ja mit und unter den wenig entwickelten oder verwilderten Völkerindividuen Europas die Menschheit noch geraume Zeit in Anspruch nehmen würden. Aber von den großen weltbeherrschenden Nationen weißer Rasse, denen die Führung des Menschengeschlechts zugefallen sei, die man mit der Pflege weltumspannender Interessen beschäftigt wußte, deren Schöpfungen die technischen Fortschritte in der Beherrschung der Natur wie die künstlerischen und wissenschaftlichen Kulturwerte seien, von diesen Völkern habe man erwartet, daß sie es verstehen würden, Mißbilligkeiten und Interessenkonflikte auf anderem Wege zum Austrag zu bringen. (60)

Enttäuschung. Innerhalb der abendländischen Nationen seien hohe sittliche Normen für den einzelnen aufgestellt worden, nach denen er seine Lebensführung einzurichten hatte, wenn er an der Kulturgemeinschaft teilnehmen wollte. Freilich hätten diese oft überstrengen Vorschriften, die eine ausgiebige Selbstbeschränkung und einen weitgehenden Verzicht auf Triebbefriedigung einschlossen, das elementare Erlebnisbedürfnis des Menschen verkümmern lassen.

Die sittlichen Tabus führten eben nicht zu einer libidinösen Sublimierung, sondern zu einem Triebstau, der nicht mehr privat abzuventilieren war, sondern zur kollektiven Explosion bereitstand, deren Auslösung die Staatsraison im Krieg bewirkte.

Freud stellt damit auch hier wieder den von ihm entdeckten triebdynamischen Abreaktionsmechanismus heraus, die Wirksamkeit der (damals freilich noch nicht so genannten) »Frustrationsaggressivität«, die, aus dem Unbehagen in der Kultur aufsteigend, nach gewaltsamer Kompensation drängt. Die große Hoffnung, daß »fremd« nicht mehr mit »feindlich« synonym wäre, blieb angesichts der Macht des Es unerfüllt. Es überrascht, daß Freud keinen direkten bzw. konkreten Hinweis auf den in allen Kulturvölkern damals zur Siedehitze gediehenen Nationalismus und Chauvinismus gibt, und daß er das von ihm angedeutete Minderheitenproblem (»daß es innerhalb dieser Kulturnationen eingesprengte Völkerreste gäbe, die ganz allgemein unliebsam wären und darum nur widerwillig, auch nicht im vollen Umfange zur Teilnahme an der gemeinsamen Kulturarbeit zugelassen würden«) (61) nicht am Beispiel des Judentums näher erläutert.

Enttäuschung. Der Krieg setze sich über alle Einschränkungen hinweg, zu denen man sich in friedlichen Zeiten verpflichtet, die man das Völkerrecht genannt habe; er werfe nieder, was ihm im Wege stehe, in blinder Wut, als solle es keine Zukunft und keinen Frieden unter den Menschen nach ihm geben. »Er zerreißt alle Bande der Gemeinschaft unter den miteinander ringenden Völkern und droht eine Erbitterung zu hinterlassen, welche eine Wiederanknüpfung derselben für lange Zeit unmöglich machen wird.« (62) Der Haß und Abscheu, mit dem die Kulturvölker sich nun gegeneinander wendeten, zeige, daß sie einander nicht kennen. Der Staat fordere das Äußerste an Gehorsam und Aufopferung von seinen Bürgern, entmündige sie aber durch ein Übermaß von Verheimlichung und eine Zensur der Mitteilung und Meinungsäußerung, welche die Stimmung der so intellektuell Unterdrückten wehrlos mache gegen jede ungünstige Situation und jedes wüste Gerücht.

Die Doppelmoral der Gesellschaft gipfle in der Doppelmoral des Staates. Der Staat fordere seine Bürger auf, Taten von Grausamkeit, Tücke, Verrat und Roheit zu begehen, deren Möglichkeit man mit dem angenommenen kulturellen Niveau für unvereinbar gehalten hätte.

»So mag der Kulturweltbürger ... ratlos dastehen in der ihm fremd gewordenen Welt, sein großes Vaterland zerfallen, die gemeinsamen Besitztümer verwüstet, die Mitbürger entzweit und erniedrigt.« (63) Zwar gäbe es keine »Ausrottung« des Bösen, doch könnte der Staat mitwirken daran, daß die eigensüchtigen Triebe durch die Zumischung der erotischen Komponente in soziale umgewandelt würden. Zum inneren Faktor müsse der äußere hinzutreten: durch Kulturerziehung sei Sublimierung so zu gestalten, daß der damit verknüpfte Triebverzicht nicht in Aggression umschlage. Solche Kulturerziehung versage, wenn sie zu wenig Liebesprämien anbiete und stattdessen auf »Strafe« rekurriere. Sigmund Freud kommt in diesem Zusammenhang zu dem Ergebnis, und er leitet damit die Kriegszeit kausalpathologisch aus der vorausgegangenen Friedenszeit ab (obwohl er vorher doch den Frieden der Zeit vor 1914 in bunten Farben geschildert hat), daß die gegenwärtige Kultur die Ausbildung von Heuchelei (als vertuschte Diskrepanz zwischen Wertanspruch und Triebwirklichkeit) begünstige. Auch wenn der Kulturweltbürger nicht so tief gesunken sei, wie man fürchte, weil er gar nicht so hoch gestiegen sei, wie man glaube – die Rückbildung (die Regression) war dennoch erheblich.

Als Sigmund Freud – in seiner Art ein »Unpolitischer« – unzeitgemäß Zeitgemäßes über Krieg und Tod niederschrieb, ging ein anderer Unpolitischer, der später ein Verehrer Freuds werden sollte, aber damals noch in seinem Denken ihm diametral entgegengesetzt war, (64) daran, auf seine Weise das Kriegsereignis und -erlebnis aufzuarbeiten. Bei Freud geriet die Erfahrung des Krieges zur Elegie auf eine Menschheit, die sich selbst unweigerlich entwürdigte; bei Thomas Mann zur Rhapsodie auf die gewaltig-schöne Kraft, die im Krieg sich manifestiere.

Das tiefe Verlangen nach dem Furchtbaren

Thomas Manns »Betrachtungen eines Unpolitischen« entstanden in ihren frühen Teilen in den Anfängen des Krieges; die letzten Abschnitte wurden um die Jahreswende 1917/1918 geschrieben. Der Dichter nannte seine kulturpolitische Streitschrift eine Art Tagebuch, einen Erguß, ein Memorandum, ein Inventar, ein Diarium bzw. eine Chronik. Aufgewühlt durch die Kriegsereignisse, glaubte er, in der Auseinandersetzung mit Zeit und Gesellschaft, vor allem aber mit der westlich-demokratischen Zivilisation, »Zeitdienst« zu leisten, wobei er seine Schreibtischarbeit selbst heldisch stilisierte: » ... nicht Staat und Wehrmacht waren es, die mich ›einzogen‹, sondern die Zeit selbst: zu mehr als zweijährigen Gedankendienst mit der Waffe, – für welchen ich am Ende meiner geistigen Verfassung nach so wenig geschickt und geboren war, wie mancher Schicksalsgenosse nach seiner psychischen für den wirklichen Front- oder Heimatdienst, und von welchem ich heute nicht gerade im besten Wohlsein, ein Kriegsbeschädigter, wie ich wohl sagen muß, an den verwaisten Werktisch zurückkehre.« (65) Diese sentimentale wie larmoyante Selbstbeweihräucherung zeigt drastisch den fundamentalen Unterschied zu Sigmund Freuds Aussagen. Dort herrscht eine auf die gesamte Menschheit gerichtete kühle Betrachtungsweise vor, aber auch Betroffenheit über die Aggressivität menschlicher Triebwelt. Hier schlägt sensibler Subjektivismus seine peinlichen Kapriolen. Mann erkennt zwar die Probleme der Zeit, er ist jedoch ein Meister affektiver »Verschiebung« und egozentrischer Stilisierung.

Da alles aufgeregt und aufgewühlt sei und die Probleme »ineinanderbrausten«, glaubt Mann, der Zeit am Scheidewege klare Wegweisung geben zu können. Zu überwinden wäre die Welt ästhetischer Verfeinerung, artistischer Betätigung, »deutscher Meisterlichkeit«; dem futurischen Anspruch erweise sich die spätbürgerliche Wirklichkeit als nicht mehr gewachsen. Nietzsche habe zwar die Selbstverneinung des Geistes zugunsten des Lebens betrieben, des starken und namentlich schönen Lebens, aber der unter seinem Einfluß stehende hysterische Macht-, Schönheits- und Lebenskult wäre die Kehrseite der gleichen Medaille. Dieser habe sich – so sah es Freud – als neurotische Phantasmagorie, dem unbewältigten Konflikt zwischen Ich und Wirklichkeit entsprungen, erwiesen. Thomas Mann kann die Selbstverneinung, den Selbstverrat des Geistes zugunsten des Lebens nur mit Ironie zur Kenntnis nehmen. In dem Begriff des Ästhetizismus rechnet Thomas Mann mit der »modernen Nervosität« ab, die für ihn sowohl künstlerische Sensibilität im Sinne von l'art pour l'art als auch ekstatischer Lebenskult und humanitäres Engagement umfaßte. »Ästhetizismus, ob er nun als Kampf-Kultus des ruchlos-schönen Lebens oder als rhetorisch entschlossene ›Menschenliebe‹ sich äußert, Ästhetizismus ist die gestenreich-hochbegabte Ohnmacht zum Leben und zur Liebe. Nichts anderes. Man müßte weniger gut Bescheid wissen über das Wesen dieser gepriesenen ›allgemeinen Menschenliebe‹. Sie ist periphere Erotik. Wo sie verkündet wird, wo man sich mit ihr brüstet, da pflegt es im Zentrum zu hapern.« (66)

Im Bereich der politischen Auseinandersetzung wendet sich Thomas Mann gegen die demokratisch genannten Länder, in denen das besitzende Bürgertum unrechtmäßige Macht ausübe und den Versuch unternehme, jedes individuelle Handeln, im besonderen das künstlerische Werk, dem politischen Interesse und sozialen Zweck unterzuordnen. Der westliche Zivilisationsliterat – und hier hatte er vor allem seinen Bruder Heinrich Mann im Auge (67) – zerstöre die metaphysische Dimension des Menschen und das, was es gegenüber solcher westlichen Politisierung zu verteidigen bzw. auszuweiten gelte und letztlich als identisch mit Deutschtum sich erweise: »Was haben wir heute? Das Niveau. Die Demokratie. Wir haben sie ja schon! Die ›Veredelung‹, ›Vermenschlichung‹, Literarisierung, Demokratisierung Deutschlands ist ja seit annähernd 20 Jahren im rapidesten Gang! Was schreit und hetzt man dennoch? Wäre nicht eher etwas Konservatismus zeitgemäß?« (68)

– Zur Demokratie (»einer Staats- und Gesellschaftsform also, zu welcher Paraquay und Portugal schon des längeren heranwachsen«) sollte Deutschland nicht »heranreifen«. Das Ich und die Welt seien die wesentlichen Gegenstände des Denkens und Dichtens, nicht die Rolle, welche ein Ich sich in der Gesellschaft spielen sehe, und nicht die mathematisch-rationalistische Gesellschaftswelt, die den Gegenstand des französischen Romans und Theaters bilde oder bis vorgestern bildete.

– Verhindert müsse werden die Politisierung des Geistes, die Umfälschung des Geistbegriffs in den der besserischen Aufklärung der revolutionären Philanthropie. »Der Unterschied von Geist und Politik enthält den von Kultur und Zivilisation, von Seele und Gesellschaft, von Freiheit und Stimmrecht, von Kunst und Literatur; und Deutschtum, das ist Kultur, Seele, Freiheit, Kunst und nicht Zivilisation, Gesellschaft, Stimmrecht, Literatur.« (69) Der politische Geist als demokratische Aufklärung und menschliche Zivilisation ist nicht nur psychisch widerdeutsch, er ist mit Notwendigkeit auch politisch deutschfeindlich, wo immer er walte. Gerade weil Mann sich so stark der Dekadenz der Jahrhundertwende mit ihrer Mentalität verbunden fühlt, zeigt er eine rabiate Entschlossenheit zur Absage an den »unanständigen Psychologismus« der abgelaufenen Epoche und an ihr »laxes« und formwidriges »tout comprendre«.

Differenzierend und nuancenreich im Detail, sind die »Betrachtungen eines Unpolitischen« in ihrer kompakten Tendenz typisches Produkt der wahnhaften Aufbruchsstimmung der Zeit, die im Krieg die Erneuerung (das regenerierende Stahlbad) pries. Der Krieg war der enthusiastisch begrüßte große Umwerter der Werte. Während es den westlichen Nationen, der Bourgeoisie, um Macht und Geschäfte gehe, bedeute er für den Deutschen die Wiederherstellung metaphysischer Erkenntnis. »Die schiedlich-friedliche Völkergesellschaft ist Chimäre. Der Ewige Friede wäre nur möglich bei völliger Vermengung und Verschmelzung der Rassen und Völker, – womit es, sage man leider oder gottlob dazu, gute Weile hat. Wer aber den Krieg für unsterblich hielte, der beschimpfe damit die Menschheit nicht, – er täte eher das Gegenteil. Es ist nur eine Oberflächenwahrheit, wenn man erklärt, daß die Völker, ›in Frieden hätten leben wollen‹ und daß sie wie Lämmer zur Schlachtbank geführt worden seien. Im mythischen Sinne möge man von ›Schuld‹

sprechen, die tiefere Wahrheit ist, daß Alle den Krieg gewollt und nach ihm verlangt haben, es ohne ihn nicht mehr aushielten. Sonst wäre er nicht gekommen. Und würde es die Menschheit nicht eher ehren als schänden, wenn sie es im bürgerlichen Sicherheits- und Regenschirmstaat auf die Dauer nicht aushielte? Alles in allem ist der Mensch offenbar nicht der edle Fadian und Literaturheilige, als welchen der Zivilisationsliterat ihn entweder jetzt schon sieht oder den er doch baldmöglichst aus ihm machen möchte. Der Mensch empfindet Zivilisation, Fortschritt und Sicherheit nicht als unbedingtes Ideal; es lebt ohne Zweifel unsterblich in ihm ein primitiv-heroisches Element, ein tiefes Verlangen nach dem Furchtbaren, wofür alle gewollten und aufgesuchten Strapazen und Abenteuer Einzelner im Frieden: Hochgebirgstaten, Polarexpeditionen, Raubtierjagden, Fliegerwagnisse nur Auskunftsmittel sind. Auf Menschlichkeit dringt ›der Geist‹, aber was wäre eine Menschlichkeit, der die männliche Komponente abhandengekommen wäre?« (70)

Die Stelle markiert in eindrucksvoller Weise das taedium vitae der Zeit: den Ekel am süßen, befriedeten, glückhaften Leben und den damit verbundenen Aggressionsstau (als Folge einer repressiven zwielichtigen und doppelbödigen Moral); die Ablehnung kulturpubertärer Wirrnis, aus der man nun in die Eindeutigkeit eindimensionalen Denkens und Handelns auszubrechen hoffte. Und als »Gegenaktion«: den Kraftakt selbstzerstörerischer Illusion, welche Menschlichkeit vernichten und den Willen zur Kraft hochputschen sollte; die Todesgedanken, Melancholie und Pessimismus übertrumpfende Lebensgläubigkeit, die dem Opfergang rhapsodisch sich überantwortete; (die allerdings Mann, anders etwa als Ernst Jünger, nur am Schreibtisch praktizierte).

Im besonderen im Verhältnis zum Tode wird die »Ungleichzeitigkeit« des Denkens von Sigmund Freud und Thomas Mann evident. Freud weiß, in welche Todesferne seine Zeit gerückt ist; gerade weil sie den Keim des Todes in sich trug, ist ihr Verdrängungsmechanismus wie der Wille zur Vernichtung von Leben so stark geworden. Der Krieg war kompensatorisches Stützkorsett für die individuelle wie kollektive Identitätskrise. Unfähig, die Abgründigkeit des Todes in die eigene Existenz hereinzunehmen, »verlor« sich der Mensch in »ausschweifende« Massenvernichtung. Die Todestriebe, zunächst nach innen gewandt und nach Selbst-Destruktion strebend, wurden sekundär nach außen gerichtet und äußerten sich nun in Form von Aggression und allgemeiner Zerstörungswut. Die aus der besonderen Verfeinerung von Lust erwachsende Lustlosigkeit, der Heiterkeit wie des Wissens um menschliche Tragik gleichermaßen verlustig gegangen, verdinglichte sich in materialistischer Gier und projizierte sich dann hinweg in nationale Brutalität als ein »Höheres«; (»metaphysisch« nannte es Thomas Mann).

Und doch ist in den gegensätzlichen Positionen von Sigmund Freud und Thomas Mann beim Ausbruch des Krieges die spätere Konvergenz bereits vorgezeichnet. Die antiästhetischen, antibürgerlichen, antikapitalistischen, patriotischen Ekstasen Manns sind, individualpsychologisch wie sozialpathologisch gesehen, redundante Symptome der Verdrängung, der mangelnden Bereitschaft und Fähigkeit, die eigene Ambivalenz zu erkennen. Denn: in Selbstanalyse das wahrzuhaben und anzunehmen, was man glaubte, abstoßen und überwinden zu müssen, also der Sprung über den eigenen Schatten, glückte nur wenigen und meist erst viel später. Die Phantasmagorien der Selbsttäuschung hielten lange bzw. viel zu lange stand – wenn man sich dabei auch auf verlorenem Posten befand. Thomas Mann gehörte mit zu den ersten, welche die »Unhaltbarkeit« ihres »unpolitischen« Standpunkts erkannten. Sein Rückzug fiel zusammen mit dem Ende eines Amoklaufs, der unerhörte Menschenopfer gekostet hatte.

Ausblutungsstrategie

Als Sigmund Freud die beiden Essays »Die Enttäuschung des Krieges« und »Unser Verhältnis zum Tode« abgeschlossen hatte, stand er selbst in seinem 60. Lebensjahr. Es bedrückte ihn der Gedanke an das herannahende Alter. Abergläubisch glaubte er, daß er nur noch ein paar Jahre zu leben habe. Die Kriegslage entsprach der persönlichen melancholischen Stimmung. Ein Ende des Völkerkampfes war nicht abzusehen. Im Osten und Westen erstarrte der Bewegungskrieg im Stellungskrieg. Während Freuds Leben, wenn auch unter zeitbedingten Erschwernissen, in ruhigen bürgerlichen und wissenschaftlichen Bahnen dahinging, ihn aber im Innersten die Abgründigkeit der Barbarei immer wieder erschauern ließ, erreichte Anfang 1916 die militärische Strategie ein Höchstmaß an Menschenverachtung. Im Westen setzte sie sich das Ziel, unter massiertem Einsatz von Kriegsmaterial, besonders von Artillerie, den Gegner durch Verluste so zu schwächen, daß ihm die Fortsetzung des Krieges unmöglich werde. Die Schrecken des Stellungskriegs – die Gräben oft nur einige Meter voneinander entfernt, mit Trommelfeuer, Sturmangriffen, Einsatz von Giftgas, Scharfschützen, verschütteten

Unterständen inmitten von Tausenden verwundeter, sterbender, verwesender Soldaten – verdichteten sich in der Schlacht von Verdun, die Februar 1916 begann und in deren Verlauf 240 000 Deutsche und 275 000 Franzosen auf engstem Raume fielen, zum Inferno (zur »Hölle von Verdun«). (71) Was im kaltherzigen Schachspiel der Generalstäbe, auf deutscher Seite des Generalstabschefs von Falkenhayn, auf französischer des Generals Joffre, als kalkulierte gegenseitige Ausblutung sich darstellte, mit dem Ziel, dem anderen früher als sich selbst zum Exitus zu verhelfen (das Jahr erbrachte insgesamt an der Westfront über eine Million Tote), dokumentierte generell wie im konkreten Detail die Regression zivilisatorischer Menschlichkeit auf den Zustand infantiler Wildheit bzw. eines archaisch-barbarischen Wahns. Dieser war jedoch überlagert von den zum »Heldenlied« des Frontkämpfers stilisierten Tugenden der Charakterstärke, des Pflichtgefühls, des Stolzes, der Tapferkeit und des Mutes – bei Zurückstellung jedes persönlichen Selbstwertgefühls und eines in langer Friedenszeit in Anspruch genommenen »Kulturbewußtseins«. Die Tagesbefehle der Strategen konnten somit ungeniert und »mit Zuversicht« darauf vertrauen, »daß jeder an seiner Stelle sein Höchstes geben werde«; die Befehle zum Angriff implizierten ein »Gott-mit-uns«; die Appelle, keine Schwäche zu dulden, das Terrain zu halten und sich dabei lieber vernichten zu lassen, als zurückzuweichen, hatten eine patriotisch-metaphysische Aura. In der vom Trommelfeuer immer wieder umgepflügten Kriegslandschaft des Westens ereigneten sich Taten menschlicher Leidenfähigkeit von so ungeheuerlichem Ausmaße, daß sie eigentlich nur in der Dimension grotesker Surrealität beschreibbar sind: eine »Mischung« aus totaler Selbstaufgabe und hysterischem Blutrausch, masochistischer Opferwilligkeit und fanatischer Kampfesbesessenheit – im völlig Sinnlosen den eigentlichen Sinn sich suggerierend; ein tägliches Überlebenwollen und Sterbenmüssen; Draufgängertum gepaart mit dem mechanisierten Willen, den anderen zu vernichten. Die »Frontlage« beschrieb zu einem etwas späteren Zeitpunkt (als eine Reihe von Dichtern und Publizisten das Trauma des Krieges durch Trauerarbeit aufzuarbeiten versuchten) Erich Maria Remarque mit den Worten: »Wie sinnlos ist alles, was je geschrieben, getan, gedacht wurde, wenn so etwas möglich ist! Es muß alles gelogen und belanglos sein, wenn die Kultur von Jahrtausenden nicht einmal verhindern konnte, daß diese Ströme von Blut vergossen wurden, daß diese Kerker der Qualen zu Hunderttausenden existieren.« (72) Zugleich aber, und dies unterstreicht die Surrealität des Geschehens, war solche blutige Barbarei nicht eigentlich von Haß geprägt. Die vielen chevaleresken Verhaltensweisen bekundeten eine, die feindlichen Frontkämpfer verbindende Solidarität des Leidens, wie sie nicht zu Unrecht später von den Frontkämpferbünden, wenn auch hymnisch überhöht, als versöhnende Hoffnung herausgestellt wurde. Wenn zu irgendwelchen Augenblicken der Wahn des Gegenseitig-sich-töten-müssens aufgebrochen war, stieg das Gefühl, daß der andere doch eigentlich Bruder sei, mit erschütternder Tragik in den Seelen der Zerstörten auf; doch allen Möglichkeiten der Selbstbestimmung wie Selbstentscheidung entfremdet, wurden solche Regungen zermahlen von der Befehlsmaschinerie, die den nächsten Sturmangriff, den nächsten sinnlosen Opfergang befahl. Freud spürte, was hier auf die Menschheit und Menschheitsgeschichte zukam; auch wenn er das grausame Detail, den erlebnismäßigen Nachvollzug brutaler Gegenwärtigkeit in einen größeren anthropologischen Zusammenhang zu (ent)rücken suchte.

Aktion Vatermord

Freuds Essay »Unser Verhältnis zum Tode« stützt sich weitgehend auf das Material von »Totem und Tabu«, dem großen religionspsychologischen Traktat der Jahre 1912/13. Die Überlegungen und Erkenntnisse dieser Abhandlung scheinen den Ereignissen des Ersten Weltkrieges zunächst fern zu stehen. Und in der Tat wäre es abwegig zu unterstellen, daß man mit Hilfe dieser Schrift (in ihrer stofflichen Vielfalt, aber auch konzeptionellen Einseitigkeit) den kurz darauf ausbrechenden kollektiven Haß »direkt« zu entschlüsseln vermöchte. In einem archetypischen Sinne sind jedoch die Kategorien von »Totem und Tabu« auf die dem Weltkrieg zugrundeliegende Seelenstruktur durchaus anwendbar.

Die zwanghaften Handlungen der Neurotiker stimmten vielfach mit den Tabus der Primitiven überein. Bei beiden seien die Verbote unmotiviert und in ihrer Herkunft rätselhaft. Eine bewußte Begründung fehle. »Das Haupt- und Kernverbot der Neurose ist wie beim Tabu das der Berührung, daher der Name: Berührungsangst, délire de toucher. Das Verbot erstreckt sich nicht nur auf die direkte Berührung mit dem Körper, sondern nimmt den Umfang der übertragenen Redensart: in Berührung kommen, an. Alles was die Gedanken auf das Verbotene lenkt, eine Gedankenberührung hervorruft, ist ebenso verboten wie der unmittelbare leibliche Kontakt; dieselbe Ausdehnung findet sich beim Tabu wieder.« (73)

Ein Teil der Verbote sei sinnlos; man kann solche Gebote als »Zeremoniell« bezeichnen. Den Zwangsverboten sei eine große Verschiebbarkeit zu eigen, sie dehnten sich auf irgendwelchen Wegen des Zusammenhanges von einem Objekt auf das andere aus und machten auch dieses neue Objekt »unmöglich«. Wer ein Tabu übertreten habe durch die Berührung von etwas, was tabu ist, der werde selber tabu, und niemand dürfe mit ihm in Berührung treten.

»Resümieren wir nun, in welchen Punkten sich die Übereinstimmung der Tabugebräuche mit den Symptomen der Zwangsneurose am deutlichsten äußert: 1. In der Unmotiviertheit der Gebote; 2. in ihrer Befestigung durch eine innere Nötigung; 3. in ihrer Verschiebbarkeit und in der Ansteckungsgefahr durch das Verbotene; 4. in der Verursachung von zeremoniösen Handlungen, Geboten, die von den Verboten ausgehen.« (74) Freud erörtert ausführlich drei besondere Tabubereiche, die durch die Ambivalenz der Gefühlsregungen (zärtlich-feindselig) bestimmt seien:

– Tabus bei der Behandlung der Feinde: »Wenn wir geneigt waren, den wilden und halbwilden Völkern ungehemmte und reuelose Grausamkeit gegen ihre Feinde zuzuschreiben, so werden wir mit großem Interesse erfahren, daß auch bei ihnen die Tötung eines Menschen zur Befolgung einer Reihe von Vorschriften zwingt, welche den Tabugebräuchen zugeordnet werden. Diese Vorschriften sind mit Leichtigkeit in vier Gruppen zu bringen; sie fordern 1. Versöhnung des getöteten Feindes, 2. Beschränkungen und 3. Sühnehandlungen, Reinigungen des Mörders und 4. gewisse zeremonielle Vornahmen.« (75)

– Das Tabu der Herrscher:
»Das Benehmen primitiver Völker gegen ihre Häuptlinge, Könige, Priester wird von zwei Grundsätzen regiert, die einander eher zu ergänzen als zu widersprechen scheinen. Man muß sich vor ihnen hüten, und man muß sie behüten. Beides geschieht vermittels einer Unzahl von Tabuvorschriften. Warum man sich vor den Herrschern hüten muß, ist uns bereits bekannt geworden: weil sie die Träger jener geheimnisvollen und gefährlichen Zauberkraft sind, die sich wie eine elektrische Ladung durch Berührung mitteilt und dem selbst nicht durch eine ähnliche Ladung Geschützten Tod und Verderben bringt. Man vermeidet also jede mittelbare oder unmittelbare Berührung mit der gefährlichen Heiligkeit und hat, wo solche nicht zu vermeiden ist, ein Zeremoniell gefunden, um die gefürchteten Folgen abzuwenden.« (76)

– Das Tabu der Toten:
»Die nach unserer gut begründeten Annahme zwiespältigen – zärtlichen und feindseligen – Gefühle gegen die nun Verstorbenen wollen sich zur

Zeit des Verlustes beide zur Geltung bringen, als Trauer und als Befriedigung. Zwischen diesen beiden Gegensätzen muß es zum Konflikt kommen, und da der eine Gegensatzpartner, die Feindseligkeit – ganz oder zum größeren Anteile –, unbewußt ist, kann der Ausgang des Konflikts nicht in einer Subtraktion der beiden Intensitäten voneinander mit bewußter Einsetzung des Überschusses bestehen, etwa wie man einer geliebten Person eine von ihr erlittene Kränkung verzeiht. Der Prozeß erledigt sich vielmehr durch einen besonderen psychischen Mechanismus, den man in der Psychoanalyse als Projektion zu bezeichnen gewohnt ist. Die Feindseligkeit, von der man nichts weiß und auch weiter nichts wissen will, wird aus der inneren Wahrnehmung in die Außenwelt geworfen, dabei von der eigenen Person gelöst und der anderen zugeschoben. Nicht wir, die Überlebenden, freuen uns jetzt darüber, daß wir des Verstorbenen ledig sind; nein, wir trauern um ihn, aber er ist merkwürdigerweise ein böser Dämon geworden, dem unser Unglück Befriedigung bereiten würde, der uns den Tod zu bringen sucht. Die Überlebenden müssen sich nun gegen diesen bösen Feind verteidigen; sie sind von der inneren Bedrückung entlastet, haben sie aber nur gegen eine Bedrängnis von außen eingetauscht.« (77)

Was dergestalt Freud im Rückgriff auf die Übereinstimmung des Seelenlebens der Wilden und der Neurotiker aufzuzeigen versucht, erwies sich zugleich als sozialpsychologische Analyse, die Seelenstruktur der Weltkriegszeit vorwegnehmend.

Die kollektive Neurose war zum kollektiven Wahn geworden und das Empfinden auf eine archaische Stufe zurückgefallen; die Handlungen hatten sich in reflexionslose Brutalität »verlaufen«.

Bewußtheit war ausgeschaltet, die der Erziehung zur Menschlichkeit dienende Aufklärung dispensiert; die Ideen von 1914 hatten den Zwangscharakter »unklarer innerer Bedürfnisse« – nämlich solcher, die darauf abzielten, die Gitterstäbe der Moral und entleerter Bürgerlichkeit zu durchbrechen.

Frustration – die Vereitelung unausgegorener Sehnsüchte, die inmitten von Lebenslüge und Doppelmoral nie über sich selbst Gerichtstag gehalten hatten – flüchtete in Aggressivität; das Ritual des Krieges sollte dem Abgleiten in die mentale Verelendung Halt gebieten. Manipuliert vom strategischen Kalkül eines zum Selbstzweck erhöhten Militarismus, vollzog sich die Entäußerung selbstbestimmter Menschlichkeit zugunsten des Fetischs »Vaterland« – wobei man die achtungsvolle Behandlung des toten Feindes zu verbinden wußte mit der fraglosen Bereitschaft, diesen Feind solange zu hassen, bis er tot war.

Die Tabuierung der Herrscher verlieh dem Amoklauf nach rückwärts die moralische Legitimation. Der Untertan identifizierte sich voll mit denjenigen, die ihn zum Untertan gemacht hatten; in seiner tiefsten Erniedrigung wurde ihm Befreiung suggeriert; es war die Befreiung zum Tode, den er nicht wollte, der aber über ihn – zur Ehre eines Höheren – verhängt wurde.

Todes-Verachtung ist das Stichwort der Zeit: einmal als Bereitschaft derjenigen, die mit der rigorosen Befehlsgewalt ausgestattet waren, ihre Mitmenschen rücksichtslos zu opfern; zum anderen als Willigkeit der zu Opfernden, ihren Untergang voll zu akzeptieren. Das Aufbegehren gegen das Tabu des Herrschers, gegen seine Macht und Herrlichkeit, konnte erst stattfinden, als die repressiven Verhältnisse von selbst zerfielen und der magische Bannkreis um die Spitzen und Stützen der Gesellschaft dadurch aufgehoben ward. Die Befreiung vom Über-Ich des Herrschers erwies sich freilich als ein langer und blutiger Weg, der mit dem Ende des Ersten Weltkrieges keineswegs seinen Abschluß fand. 1933 erfolgte ein neuer Totem-Kult mit einer noch viel weiter reichenden Tabuierung von Über-Ich-Vorstellungen und Herrschertum, der erst mit dem Jahre 1945 (vorläufig) endete.

Das große Aufbegehren, die große Verweigerung, fand zunächst nur vereinzelt statt; immerhin gab es »Signale«, die den Umbruch, der dann Jahrzehnte (mit vielen Rückschlägen) benötigte, ankündigten. Diejenigen, die aus der »Generation der Opfer« gegen die Täter vorgingen – gegen sinnlose Befehlsgewalt und sinnlosen Gehorsam im besonderen –, haben solchen Ablösungsprozeß als einen Kampf gegen den »Vater«, gegen das Vaterbild empfunden. – Der »Aktion Vatermord« des Expressionismus (als literarische Artikulation des Aufbegehrens) entspricht in der Psychoanalyse die Tötung des die Urhorde dominierenden Urvaters, dessen Beseitigung mit der Totemmahlzeit beim Totemfest begangen wurde.

»Eines Tages taten sich die ausgetriebenen Brüder zusammen, erschlugen und verzehrten den Vater und machten so der Vaterhorde ein Ende. Vereint wagten sie und brachten zustande, was dem Einzelnen unmöglich geblieben wäre. (Vielleicht hatte ein Kulturfortschritt, die Handhabung einer neuen Waffe, ihnen das Gefühl der Überlegenheit gegeben.) Daß sie den Getöteten auch verzehrten, ist für den kannibalen Wilden selbstverständlich. Der gewalttätige Urvater war gewiß das beneidete und gefürchtete Vorbild eines jeden aus der Brüderschar gewesen. Nun setzten sie im Akte des Verzehrens die Identifizierung mit ihm durch, eigneten sich ein jeder ein Stück seiner Stärke an. Die Totemmahlzeit, vielleicht das erste Fest der Menschheit, wäre die Wiederholung und die Gedenkfeier dieser denkwürdigen, verbrecherischen Tat, mit welcher so vieles seinen Anfang nahm, die sozialen Organisationen, die sittlichen Einschränkungen und die Religion.

Um, von der Voraussetzung absehend, diese Folgen glaubwürdig zu finden, braucht man nur anzunehmen, daß die sich zusammenrottende Brüderschar von denselben einander widersprechenden Gefühlen gegen den Vater beherrscht war, die wir als Inhalt der Ambivalenz des Vaterkomplexes bei jedem unserer Kinder und unserer Neurotiker nachweisen können. Sie haßten den Vater, der ihrem Machtbedürfnis und ihren sexuellen Ansprüchen so mächtig im Wege stand, aber sie liebten und bewunderten ihn auch. Nachdem sie ihn beseitigt, ihren Haß befriedigt und ihren Wunsch nach Identifizierung mit ihm durchgesetzt hatten, mußten sich die dabei überwältigten zärtlichen Regungen zur Geltung bringen. Es geschah in der Form der Reue, es entstand ein Schuldbewußtsein, welches hier mit der gemeinsam empfundenen Reue zusammenfällt. Der Tote wurde nun stärker, als der Lebende gewesen war; all dies, wie wir es noch heute an Menschenschicksalen sehen. Was er früher durch seine Existenz verhindert hatte, das verboten sie sich jetzt selbst in der psychischen Situation des uns aus den Psychoanalysen so wohl bekannten ›nachträglichen Gehorsams‹. Sie widerriefen ihre Tat, indem sie die Tötung des Vaterersatzes, des Totem, für unerlaubt erklärten, und verzichteten auf deren Früchte, indem sie sich die freigewordenen Frauen versagten. So schufen sie aus dem Schuldbewußtsein des Sohnes die beiden fundamentalen Tabu des Totemismus, die eben darum mit den beiden verdrängten Wünschen des Ödipuskomplexes übereinstimmen mußten. Wer dawiderhandelte, machte sich der beiden einzigen Verbrechen schuldig, welche die primitive Gesellschaft bekümmerten.« (78)

Die »Aktion Vatermord« zeigt – sozialpsychologisch gesehen – eine ähnliche Ambivalenz: Siegesgewißheit und Schuldbewußtsein prägten die Leidenschaftlichkeit einer Generation, die unter dem Erlebnis zerstörter Tradition und verlorener Identität chaotisch zerrissen war. »Sturz und Schrei« ist der erste Teil der Anthologie »Menschheitsdämmerung« überschrieben, in der Kurt Pinthus 1919 die Stimmen der verlorenen und sich nun in der Revolte wiederfindenden Generation als das »lyrische Orchester der Zeit« zusammenfaßte. (79) Die Vision des neuen Menschen verband sich mit der Absage an den Vater und an den Befehlsmechanismus einer Über-Ich- wie Untertanensituation. Die Söhne wollten nun die ihnen jede Mündigkeit vorenthaltende patriar-

chalische Gesellschaftsordnung radikal infrage stellen – und sie taten
dies bald enthusiastisch-verschwommen, bald zynisch-aggressiv. Es
waren Söhne, die sich davon befreien wollten, Sohn zu sein; es waren
jedoch häufig Befreiungsaktionen, die das eigene Ich der Analyse entzogen und mangels Bewußtheit bzw. Bewußtmachung wieder in den
großen irrationalen Strom einmündeten, dem man sich ursprünglich zu
entziehen hoffte. Das Schuldbewußtsein der Söhne schlug dann in
nachträglichen Gehorsam um; den *eigenen* Söhnen war man selbst
wieder Vater, Patriarch, Befehlsgeber, autoritärer Lenker. Diejenigen,
die das Totemfest gefeiert hatten, verwehrten es ihren Kindern.

Brief an den Vater · Keine Antwort

Im Umfeld dieses neuen Bewußtseins, als der Generation der Opfer das
Bewußtsein vom Geopfertwerden aufdämmerte und ihre Befehlsgläu-
bigkeit die Anfechtungen des Zweifels erfuhr, die Stimmen der aufbe-
gehrenden Wenigen stärker und die der akklamierenden Unwissenden
und Verführten schwächer geworden waren, findet sich ein eigenarti-
ges, weitgehend autobiographisch bestimmtes literarisches Zeugnis, das
im Kontext des kollektiven Unterbewußtseins durchaus als Symptom
für die allgemeine Situation herangezogen werden kann: Franz Kafkas
»Brief an den Vater«. (80) Er hatte ihn im Alter von 36 Jahren, fünf Jahre
vor seinem Tode, 1919 geschrieben. Der Vater, das war der an Stärke,
Gesundheit, Appetit, Stimmkraft, Redebegabung, Selbstzufriedenheit,
Weltüberlegenheit, Ausdauer, Geistesgegenwart, Menschenkenntnis
überlegene Lenker des familiären Geschicks. Demgegenüber der ängstliche Sohn, der vom Vater so behandelt wird, wie es eben dessen
Mentalität entspricht, mit Kraft, Lärm und Jähzorn:
»Ich winselte einmal in der Nacht immerfort um Wasser, gewiß nicht
aus Durst, sondern wahrscheinlich teils um zu ärgern, teils um mich zu
unterhalten. Nachdem einige starke Drohungen nicht geholfen hatten,
nahmst Du mich aus dem Bett, trugst mich auf die Pawlatsche und
ließest mich dort allein vor der geschlossenen Tür ein Weilchen im
Hemd stehn. Ich will nicht sagen, daß das unrichtig war, vielleicht war
damals die Nachtruhe auf andere Weise wirklich nicht zu verschaffen,
ich will aber damit Deine Erziehungsmittel und ihre Wirkung auf mich
charakterisieren. Ich war damals nachher wohl schon folgsam, aber ich
hatte einen inneren Schaden davon. Das für mich Selbstverständliche
des sinnlosen Um-Wasser-Bittens und das außerordentlich Schreck-

liche des Hinausgetragenwerdens konnte ich meiner Natur nach niemals in die richtige Verbindung bringen. Noch nach Jahren litt ich unter der quälenden Vorstellung, daß der riesige Mann, mein Vater, die letzte Instanz, fast ohne Grund kommen und mich in der Nacht aus dem Bett auf die Pawlatsche tragen konnte und daß ich also ein solches Nichts für ihn war.« (81)

Aufmunterung, ein wenig Freundlichkeit hätte der Sohn gebraucht, der vor allem schon niedergedrückt war durch die bloße Körperlichkeit des Vaters: »Ich erinnere mich zum Beispiel daran, wie wir uns öfters zusammen in einer Kabine auszogen. Ich mager, schwach, schmal, Du stark, groß, breit. Schon in der Kabine kam ich mir jämmerlich vor, und zwar nicht nur vor Dir, sondern vor der ganzen Welt, denn Du warst für mich das Maß aller Dinge. Traten wir dann aber aus der Kabine vor die Leute hinaus, ich an Deiner Hand, ein kleines Gerippe, unsicher, bloßfüßig auf den Planken, in Angst vor dem Wasser, unfähig Deine Schwimmbewegungen nachzumachen, die Du mir in guter Absicht, aber tatsächlich zu meiner tiefen Beschämung immerfort vormachtest, dann war ich sehr verzweifelt, und alle meine schlimmen Erfahrungen auf allen Gebieten stimmten in solchen Augenblicken großartig zusammen. Am wohlsten war mir noch, wenn Du Dich manchmal zuerst auszogst und ich allein in der Kabine bleiben und die Schande des öffentlichen Auftretens so lange hinauszögern konnte, bis Du endlich nachschauen kamst und mich aus der Kabine triebst. Dankbar war ich Dir dafür, daß Du meine Not nicht zu bemerken schienst, auch war ich stolz auf den Körper meines Vaters. Übrigens besteht zwischen uns dieser Unterschied heute noch ähnlich.

Dem entsprach weiter Deine geistige Oberherrschaft. Du hattest Dich allein durch eigene Kraft so hoch hinaufgearbeitet, infolgedessen hattest Du unbeschränktes Vertrauen zu Deiner Meinung. Das war für mich als Kind nicht einmal so blendend wie später für den heranwachsenden jungen Mann. In Deinem Lehnstuhl regiertest Du die Welt. Deine Meinung war richtig, jede andere war verrückt, überspannt, meschugge, nicht normal. Dabei war Dein Selbstvertrauen so groß, daß Du gar nicht konsequent sein mußtest und doch nicht aufhörtest recht zu haben. Es konnte auch vorkommen, daß Du in einer Sache gar keine Meinung hattest und infolgedessen alle Meinungen, die hinsichtlich der Sache überhaupt möglich waren, ohne Ausnahme falsch sein mußten. Du konntest zum Beispiel auf die Tschechen schimpfen, dann auf die Deutschen, dann auf die Juden, und zwar nicht nur in Auswahl, sondern in jeder Hinsicht, und schließlich blieb niemand mehr übrig außer Dir. Du bekamst für mich das Rätselhafte, das alle Tyrannen haben, deren Recht auf ihrer Person, nicht auf dem Denken begründet ist. Wenigstens schien es mir so.« (82)

Schrecklich wirkt der Vater auf den Sohn und auf die Leute; die Herrschaft des Vaters verhindert die Selbständigkeit des Sohnes wie dessen Erfüllung in der Liebe. Überall dominiert er; seine Ratschläge sind die der patriarchalischen Selbstsicherheit und mangelnden Einfühlungsvermögens.

Wilhelm Emrich weist darauf hin, daß die späte Niederschrift dieses Briefes deutlich mache, daß das psychoanalytische Deutungsverfahren hier gleichsam auf den Kopf gestellt werden müsse. Nicht Kafkas Werk sei aus dem Vaterkomplex kausal abzuleiten und zu »erklären«, sondern umgekehrt, der Vaterkomplex durch das Werk zu interpretieren und in jener überpersönlichen Bedeutsamkeit ins Bewußtsein zu heben, die dem Werk selber als weltliterarischem Ereignis zukomme. Der »Brief an den Vater« spiegle den Endzustand einer patriarchalischen Welt, die der Katastrophe zutreibt:

»Waren im jüdisch-christlichen Patriarchenraum Gott und die Welt noch geschieden, empfing also die Welt ihr klares Gesetz vom obersten Vater der Welt in unlöslicher Einheit mit seinem Sohn, so wird nun der irdische Vater ›letzte Instanz‹, vermischen sich unheilvoll Himmel und Erde, herrscht ein ›Menschen- und Tiergericht‹, das dem Sohne den ›Atem‹ raubt, seinen Opfertod zum sinnlosen Selbstmord entstellt, die höchste, unzerstörbare ›Instanz‹ des wahren ›Selbst‹ aber ins Ungreifbare, ins ›Nichts‹ und absolut ›Nichtende‹ entrückt. Und doch zieht dieser Brief nur das Fazit aus einer Entwicklung, deren Keim schon im Beginn einer viertausendjährigen Menschheitsgeschichte lag. Die Herrschaft Adams über die Erde geht ihrer Vollendung entgegen. Aus dem Vater-Gott tritt konsequent das schrankenlos alles unterdrückende und zugleich auflösende ›Nihil‹ hervor. Der Sohn aber opfert sich selbst in maßlos verblendetem Schuld- und Unschuldbewußtsein, in Demut und Hochmut, in Liebe, die Haß ist, und in Haß, der Liebe ist. Die Ordnung der Welt ist restlos pervertiert. Das ist die tödliche Wahrheit dieses in sich selbst verblendeten Briefes.« (83)

Die christliche Antwort auf die Sohn-Revolte und den Vatermord bestehe in einer aus der Schuldhaftigkeit neu erwachsenden Versöhnungshandlung, in der »Sohnesreligion« – hatte Sigmund Freud in »Totem und Tabu« festgestellt und damit die Gegenposition zu Kafkas Verlorenheit vorweggenommen:

»Im christlichen Mythus ist die Erbsünde des Menschen unzweifelhaft eine Versündigung gegen Gottvater. Wenn nun Christus die Menschen von dem Drucke der Erbsünde erlöst, indem er sein eigenes Leben opfert, so zwingt er uns zu dem Schlusse, daß diese Sünde eine Mordtat war. Nach dem im menschlichen Fühlen tiefgewurzelten Gesetz der Talion kann ein Mord nur durch die Opferung eines anderen Lebens gesühnt werden; die Selbstaufopferung weist auf eine Blutschuld zurück. Und wenn dies Opfer des eigenen Lebens die Versöhnung mit Gottvater herbeiführt, so kann das zu sühnende Verbrechen kein anderes als der Mord am Vater gewesen sein.

So bekennt sich denn in der christlichen Lehre die Menschheit am unverhülltesten zu der schuldvollen Tat der Urzeit, weil sie nun im Opfertod des einen Sohnes die ausgiebigste Sühne für sie gefunden hat. Die Versöhnung mit dem Vater ist um so gründlicher, weil gleichzeitig mit diesem Opfer der volle Verzicht auf das Weib erfolgt, um dessentwillen man sich gegen den Vater empört hatte. Aber nun fordert auch das psychologische Verhängnis der Ambivalenz seine Rechte. Mit der gleichen Tat, welche dem Vater die größtmögliche Sühne bietet, erreicht auch der Sohn das Ziel seiner Wünsche gegen den Vater. Er wird selbst zum Gott neben, eigentlich an Stelle des Vaters. Die Sohnesreligion löst die Vaterreligion ab. Zum Zeichen dieser Ersetzung wird die alte Totemmahlzeit als Kommunion wiederbelebt, in welcher nun die Brüderschar vom Fleisch und Blut des Sohnes, nicht mehr des Vaters, genießt, sich durch diesen Genuß heiligt und mit ihm identifiziert.« (84)

Bei Kafka entspringt die Verstörung der irdischen Welt, in der man nicht mehr atmen könne, einer Verstörung der unmittelbarsten zwischenmenschlichen Beziehungen. Die Lügen, in die alle menschlichen Lebens- und Denkformen sowie alle Rechtsordnungen verstrickt sind, gehen letztlich aus den Lügen und Verblendungen hervor, die sich in den elementaren seelischen Beziehungen zwischen Vätern und Söhnen, Müttern und Töchtern, Männern und Frauen eingenistet haben. Das »Menschen- und Tiergericht«, das Kafka in seinem Roman »Der Prozeß« anstellt, ist vorwiegend ein Gericht über den Vater. Die »Beamten«, die das gesamte irdische Leben unaufhörlich in rasender Eile protokollieren, beurteilen, bearbeiten, sind ausschließlich Männer, mit der Vater-Imago des Bartes ausgestattet. Die Frauen sind hörig, die Kinder Opfer.

Kafkas »Brief an den Vater« resümiert im Kontext einer psychoanalytischen Soziologie den Protest der Zeit gegen das autoritäre System und die Repressionen eines patriarchalisch geprägten Über-Ichs. Der Brief zeigt selbst noch in seiner Verzweiflung, wie sehr eine Welt ersehnt wurde, die jenseits von Befehl und Gehorsam lag. Die deutsche Literatur hatte seit der Wende des Jahrhunderts immer wieder die Leiden der Kinder, Zöglinge, Schüler, junger Menschen insgesamt unter dem übermächtigen Druck intoleranter Erziehung, verkörpert im Vater, Offizier, Lehrer, Pfarrer, geschildert. Der Krieg hatte in Millionen Toten und Verwundeten die realen Folgen verfehlter Daseinsgestaltung aufgewiesen. Sozusagen »verklammert« wird das Psychogramm dieser unglückseligen Zeit durch Sigmund Freuds Abhandlung »Zeitgemäßes über Krieg und Tod«, Anfang des Krieges »unzeitgemäß« veröffentlicht, und Franz Kafkas »Brief an den Vater«, nach Kriegsende verfaßt, einer ganz spezifischen persönlichen Situation erwachsend, diese jedoch transzendierend und weit ins kollektive Unterbewußtsein hineinreichend. In beiden Schriften geht es – bei der einen analytisch beschrieben, bei der anderen eruptiv beklagt – um die verderbliche Macht der autoritären »Vatergesellschaft« und wie diese, in ihrer Verachtung von Tod und Menschlichkeit, verhindert, daß die »Söhne« zum Ichbewußtsein gelangen und ihnen die soziale Ontogenese gelingt. (85)

Von der vaterlosen Gesellschaft zur Brudergesellschaft

In einer der vielen, kurz nach dem Krieg auf dem Boden der Aufbruchsstimmung rasch begründeten und auch rasch wieder vergessenen Zeitschriften, im »Aufstieg« (»Alles fühlt, es muß anders werden, besser, für alle gut. Schwer jedoch ist es, die Nebel zu durchschauen, sich Pfade zu finden, die hohen Orte zu gewinnen, von wo aus sich Einblicke und Überblicke eröffnen. Aber fort aus den ungesunden, dickichtverwachsenen Niederungen, hinauf zu hellen, reinen, erfrischenden Regionen! Und so sei von dieser und jener Seite der Aufstieg gewagt«) (86), – in Nummer 12/13, 1919, dieser »neuen Zeit- und Streitschrift« veröffentlichte Paul Federn, Wien, seinen Beitrag »Zur Psychologie der Revolution: Die Vaterlose Gesellschaft. Nach Vorträgen in der Wiener psychoanalytischen Vereinigung und im Monistenbund«. Seine Untersuchung sollte vor allem solche seelischen Vorgänge bloßlegen, von denen der Politiker selbst zunächst nichts oder sehr wenig wisse, weil sie den Menschen überhaupt unbewußt geblieben seien, bis sie eine bestimmte Methode der Seelenforschung (gemeint war die Psychoanalyse) zugänglich gemacht habe. »Unsere Gesellschaftsordnung hat lange, für den Sozialisten unerträglich lange, Formen und Rechte aus vergangenen Jahrhunderten beibehalten. Während des Krieges wurde der Zwang dieser Ordnung enorm gesteigert und erstreckte sich, wie nie zuvor, auf alle geistigen Betätigungen und alle Lebensbedürfnisse. Die Untertanen ertrugen diesen Druck mit zerquälter Seele nur darum, weil sie ihn ebenso wie die materiellen Entbehrungen als vorübergehende Erscheinung der Kriegsnot ansahen und keinen andern Weg zur Wiedergewinnung der nationalen und wirtschaftlichen Unabhängigkeit erblickten.« (87) Auf diese ungeheuerliche Steigerung der handgreiflichen Gewalten des Staates, der Verwaltung und Justiz mit Hilfe von Militär und Polizei, sei nun der jähe Zusammenbruch aller staatlichen Autoritäten gefolgt, und dieselben Menschen, die so lange sich ruhig dem Zwange angepaßt hätten, seien plötzlich unersättlich, ja lüstern geworden nach einer Erneuerung und verlangten ein eiliges Tempo der Revolution. Überall würden Arbeiter- und Soldatenräte entstehen; diese spiegelten die seelischen Bedingungen und Bedürfnisse der Masse, der weder der bisherige Parlamentarismus noch die Parteiorganisationen und Gewerkschaften gerecht geworden seien. »Dem revolutionären Freiheitsdurste entspricht nur die Räteorganisation und auf ihrem Boden muß der soziale und politische Kampf aufgenommen werden, wenn er überhaupt zugunsten der Demokratie und gegen die Diktatur des Proletariats gewonnen werden soll.« (88)

Federn fragt nach den Ursachen der früheren sozialen Einordnung des einzelnen in eine patriarchalische bzw. autoritäre Gesellschaftsordnung. Offensichtlich habe die Gewaltmacht des Staates das Individuum gezwungen – oft gegen seine Überzeugung – die bestehende Ordnung einzuhalten. »Diese Furcht vor dem Zwang schuf die knechtische Denkungsart, welche die nun gestürzte Ordnung charakterisierte.« (89) Die herrschenden Kräfte konnten dabei jedoch auch die Gefühlsmächte des einzelnen nutzen, die vor allem mit einem sozialen Ehrfurchtsgefühl identisch seien. »Die staatliche Einordnung ist bisher die Folge der familiären gewesen. Aber nicht die gesamte Familie ist an dem sozialen Teil der sittlichen Entwicklung in gleichem Ausmaß beteiligt. Vielmehr ist es die Stellung des Kindes zum Vater, die die Grundlage allen Autoritätsrespekts in ihm bildet. Wir können den Eindruck, den der riesengroß erscheinende Vater auf das kleine, hilfsbedürftige Wesen macht, gar nicht genug mächtig uns vorstellen ... Vom Vater kommt aller Schutz und Hilfe, ihm gehört alles, was das Kind bekommt und braucht, er ist die letzte Instanz, an die das Kind sich wendet, an seinem Willen scheitert des Kindes eigensinniger und eigensüchtiger Widerstand. Von ihm kommt Strafe und Belohnung. Ihn gilt es zu versöhnen, wenn er zürnt, und ihm zu gehorchen ist Gebot der Erziehung und der erwachenden Klugheit.« (90) Da seit Jahrtausenden Gesellschaft und Kultur auf der Basis der patriarchalischen Autorität sich entwickelt hätten, finde das aus der Familie ins Leben tretende Kind im Lehrer, im Pfarrer, im Bürgermeister, in König und Kaiser genug Anwärter auf diesen in seinem Innern freigewordenen Vaterposten. Das Kind wähle unter diesen Persönlichkeiten unbewußt nach der Ähnlichkeit mit dem ursprünglichen Idealbilde und beginne sogleich, den neuen Vater zu erhöhen und zu idealisieren.»Nun repräsentieren aber diese psychischen Vaterbilder gemeinsame gesellschaftliche Institutionen und vereinigen so alle die einzelnen Söhne zu Untertanen des väterlichen Autoritätsstaates.« (91) Die Verbindung von Kirche und Staat etwa zeige die für die patriarchalische Obrigkeit maßgebenden sozialpsychologischen Mechanismen deutlich auf.

Selbst der Aufstand gegen den Vater, der nun einsetze und um sich greife, zeige in den meisten Fällen ein Stück Hingabe an den Vater und Sehnsucht nach ihm an. Das Klassenbewußtsein des Proletariats habe jedoch wesentlich dazu beigetragen, daß die Loslösung von den ins Über-Ich projizierten Vaterbildern vonstatten gehen könne.»Die sozialistische Wirtschaftslehre hatte den einzelnen Proletarier verstehen gelehrt, daß es sich nicht um den Kampf gegen den einzelnen Arbeitgeber, sondern gegen die autoritative, kapitalistische Gesellschaft handelt, sie hat ihn dadurch von der gefühlsmäßigen Bindung an den Brotherrn gelöst.« (92) Mit dem Sturz des Kaisers, der Macht und Land verlor und jetzt keine Sicherheit mehr bieten könne, stürzten auch die Ehrfurchtsgefühle vor der Staatsordnung, stürzte die sichere Sohneseinstellung zusammen, und wenn auch das Verlangen nach einer Vatergestalt noch bei vielen Menschen erhalten blieb, so hatten diese keinen gemeinsamen, sie vereinigenden Halt mehr.»So standen plötzlich in begreiflicher innerer Verwirrtheit eine Menge vaterloser Gesellen da, welche das gemeinsame Mutterland und die Not zur Schaffung einer vaterlosen Gesellschaft zwingt.« (93) Diese Partei der »Vaterlosen« sei schon während des Krieges ständig vermehrt worden, da das von den Vorgesetzten, den Offizieren im besonderen, an den »Niederen« begangene Unrecht die Arbeiter und einfachen Soldaten die Enttäuschung über die Väter voll erleben ließ. »Die Enttäuschung war so groß, daß sich bei vielen Tausenden die anhängliche Vatereinstellung noch nachträglich in eine haßerfüllte, oppositionelle verwandelte.« (94) Nun war kraftlos geworden, was von der ideellen Vatergesellschaft getragen war. Ihr nicht mehr zu gehorchen, war innere Bereitschaft, ja innerer Zwang geworden. Alle bisherigen Organisationen seien von Führern aus organisiert worden; der Organisationspyramide gab das Vater-Sohn-Verhältnis das ideelle Gerüst; von der Spitze der Parteileitung abwärts zur breiten Volksbasis ging die Richtung der Impulse und der Beeinflussung. Die neue Organisation von Gesellschaft müsse – negativ gesehen – die einer »vaterlosen Gesellschaft« sein, und – positiv interpretiert – auf eine »Brudergesellschaft« Gleichberechtigter sich hinorientieren. »Nach unseren Untersuchungen ist klar, daß die Bruderschaftsbewegungen bisher deshalb scheiterten, weil das Aufwachsen in der Familie die Individuen nur zu einer patriarchalischen Gesellschaft vorbereitet. Wohl ist das Verhältnis zum Bruder gleichfalls von fundamentaler Bedeutung für die Entwicklung des Individuums, und die Psychoanalyse entdeckte oft im späteren Schicksal, im Charakter und in Krankheitssymptomen eine unbewußte Wiederholung der Erlebnisse mit dem älteren oder jüngeren Bruder während der ersten Kindheit ... Aber nur in Ausnahmefällen hat die Bruderbindung autoritativen Charakter und ist dann mit dem Vaterverhältnis vergleichbar. Vor allem fehlt ihr das Moment der notwendigen Enttäuschung und somit der Grund, warum das Kind eine unbewußte Verschiebung der Vaterbindung vornehmen muß. Auch fehlt das typische Verhältnis des Schwachen zum Starken, welches die Vaterreihe aufwärts bis zur höchsten gemeinsamen Vaterbildung fortschreiten läßt. Die Kongruenz der Familie mit dem gestürzten, patriarchalisch gebauten Staate und ihre Inkongruenz mit einer Bruderschaftsorganisation ist deshalb das eigentlich psychologische Problem der Aufrichtung einer nicht-patriarchalischen Gesellschaftsordnung. Soll diese Bestand haben, so müssen die inneren Bedingungen bewußt und dadurch bekämpfbar gemacht werden. Allmählich wird die Struktur der Familie sich der neuen Ordnung anpassen, wenn nicht vielleicht diese einen Ersatz der Familie durch eine Aufzucht nach Mutterrecht oder nach einem unbekannten System nötig machen wird.« (95)

Es wäre – meint Federn – eine ungeheure Befreiung, wenn die jetzige Revolution, die eine Wiederholung uralter Revolten gegen den Vater sei, Erfolg hätte. Die Seele der Menschheit könne eine schönere werden, der parrizide Zug aus ihrem Antlitz verschwinden. Denn der geheimste Grund der meisten Morde sei der unbewußte Todeswunsch, den das Kind gegen den Vater hege. Nach dem Sturz des verehrungswürdigen Vaterbildes seien viele Menschen zunächst aus Vaterlosen zu absoluten Vatergegnern geworden und gegen jede Einfügung, gegen jede soziale Ordnung eingestellt. Dies stelle den psychischen Untergrund der jetzigen Revolution dar, deren Terror Zeichen von Schwäche sei – nämlich

des Fehlens einer menschengerechteren Gemeinschaft. Dabei müsse auch der Eigentumsbegriff neu durchdacht werden. Im Unbewußten waren die Väter Träger des Eigentums. Dem Vater gehörte die Welt, in die das Kind geboren wurde. »Und wie die Bruderhorde in vorgeschichtlicher Zeit über den endlich nicht mehr durch die Scheu vor dem Vater geschützten Besitz herfiel, so sind auch jetzt Vermögen und Besitz durch den Sturz der patriarchalischen Autoritäten des seelischen Schutzes beraubt ... Die Bewegung, das Eigentum in gemeinsamen Besitz zu nehmen, repräsentiert recht eigentlich den Fortschritt von der Vaterlosigkeit der Gesellschaft zum Bruderprinzip.« (96)
Streik, Straßenkampf, Enteignung seien Symptome dafür, daß kein Vater mehr die Söhne zu friedlicher Arbeit vereine. Nun komme es darauf an – wenn Deutschland die russische Entwicklung zum Rechtsbruch vermeiden wolle –, daß sich alle arbeitenden, schaffenden Menschen mit der Idee der Arbeiterräte versöhnten und gemeinsam, in Bruderschaftsgesinnung, den Aufbau der neuen Staatsordnung betrieben. Amerika zeige, daß eine solche Form von Republik gelingen könne; daß in Amerika die Republik so imponierend im Volksgefühl verankert sei, habe seinen psychologischen Grund darin, daß alle Auswanderer die Objekte ihrer Vater-Sohn-Einstellung in Europa zurückgelassen hätten. »Sie kommen vaterlos hinüber mit der Hoffnung, daß die Befreiung, deren Statue sie im Hafen begrüßt, sie zu gleichberechtigten Brüdern machen wird.« (97)
Federn stellt abschließend fest, daß die Vaterlandsliebe unter der mangelnden gemeinsamen Vater-Sohn-Einstellung nicht leiden werde, weil dann freie Söhne aus eigenem Antrieb ihr Mutterland lieben und schätzen würden. »Das Vater-Sohn-Motiv hat die schwerste Niederlage erlitten. Es ist aber durch die Familienerziehung und als ererbtes Gefühl tief in der Menschheit verankert und wird wahrscheinlich auch diesmal verhindern, daß eine restlos ›vaterlose Gesellschaft‹ sich durchsetzt.« (98)
Paul Federn hatte mit dieser kurzgefaßten Schrift einen (bis heute wenig oder überhaupt nicht beachteten) Beitrag zur Sozialpsychologie der Zeit geleistet, der in seiner methodischen Klarheit und inhaltlichen Tiefe die »Seelenentwicklung« der vorausgegangenen Zeit resümierte und Perspektiven für eine »neue Zeit« entwarf. Den Pessimismus seines Ausblicks sollten die Entwicklungen des nachfolgenden Jahrzehnts freilich voll bestätigen; zunächst aber verstärkten sich die Kräfte, die für eine Bruderschaftsordnung eintraten, allenthalben. Der Kampf um die Selbstbestimmung der Massen (ob sie im Sinne von Bruderschaft sich

organisierten, oder der Lenkung durch einen Vater bzw. Führer erneut verfielen) hatte begonnen.

Auch Sigmund Freud wandte sich in seiner Forschung der Situation des Ich in der Massengesellschaft zu, mit dem Ziel, durch Analyse dessen Position zu stärken und zu festigen. Konnte der Regression eine neue Progression abgerungen werden? Eben im Sinne von Paul Federn, den Freud allerdings, auch wenn er ihn »bibliographisch« zur Kenntnis nahm, inhaltlich wenig berücksichtigte; (obwohl dieser doch die Notwendigkeit der Individualpsychologie für die Massenpsychologie exakt nachgewiesen hatte). Gab es das Rettende doch? War die Vatergesellschaft in eine Brudergesellschaft zu verwandeln, die Masse als genossenschaftliche Sozietät zu verwirklichen?

Massenpsychologie und Ich-Analyse
Am Scheideweg
Das Individuum und seine Gefährdung

*Mit der industriellen Revolution, der sprunghaft zunehmenden Bevöl-
kerungsvermehrung und dem damit verknüpften Übergang der Agrar-
in die Industriegesellschaft hatten sich Massen herangebildet bzw. –
vorwiegend in den Städten – zusammengeballt. Die herrschende bürgerliche Gesellschaft unterdrückte diese proletarischen Massen mit Hilfe
politischer, wirtschaftlicher, sozialer und allgemein kultureller Repressionen; sie verdrängte zudem deren Existenz aus ihrem Klassenbewußtsein. Mit dem Beginn des Weltkrieges wurden die Massen dann in den
Dienst des »nationalen Aufbruchs« gestellt; sie überantworteten sich,
freilich meist aus eigenem Antrieb (masochistisch), den vom bürgerlichen Über-Ich gesetzten aggressiven heldischen Idealen.*

*Die Erfahrungen des Krieges und der Umbruch, der sich mit Kriegsende
in allen Bereichen einstellte, ließen den Aufstand der Massen nun zur
nicht mehr zu übersehenden, entweder gefürchteten oder ersehnten
Macht werden; das Individuum mußte seinen Standort neu überdenken
und prüfen, welche Überlebenschancen es noch besaß. Das Ringen um
eine neue Lebensordnung im Zeitalter der Massen setzte ein. Als Sigmund Freud seine Abhandlung über »Massenpsychologie und Ich-Analyse« abgeschlossen hatte, befand sich das politische Geschehen in Europa in raschem Fluß. Die Auseinandersetzung zwischen demokratischen,
autoritären und totalitären Systemen prägte die staatlichen und gesellschaftlichen Entwicklungen. Die Weimarer Republik versuchte, trotz
sich formierender Massen, in geistiger »splendid isolation«, einen idealistisch fundierten Individualismus zum demokratischen Strukturprinzip
zu machen; die »verspätete Nation« erreichte jedoch nur eine Demokratie ohne genügend Demokraten. Hitlers Massenpropaganda fiel dagegen
auf fruchtbaren Boden.*

*Von zeitgenössischer Aktualität wird Freud in seiner Untersuchung
nicht bestimmt. Er versucht stattdessen, seine Massenpsychologie aus der
Individualpsychologie, aus zeit-losen seelischen Verhaltensweisen, abzuleiten. Der methodische Bruch seiner Überlegungen – daß damit
eigentlich die psychoanalytische Theorie gesprengt wird und in Soziologie übergeht – stellt jedoch in einem anderen Sinne eine durchaus fortschrittliche Position dar. Während die Massenanalyse der damaligen und*

nachfolgenden Zeit in Gefahr geriet, an die Naturgewalt der Masse selbst zu sehr zu glauben (so, als ob dieser keine Ich-Kräfte mehr gewachsen seien), bedeutet die methodische Beharrlichkeit, mit der Freud den »Abschied von der Geschichte« vollzieht und ganz den Blick auf Gruppen- und Ich-Beziehungen lenkt, eine Stärkung der Ich-Position: Es ist der einzelne, der die Zukunft trägt. *Solche Hoffnung war auch in all den »Mengen« tief verwurzelt, die, vorwiegend im Geiste des Sozialismus, an den einzelnen Menschen appellierten, über seinen (egoistischen) Schatten zu springen und in Solidarität mit den Mitmenschen humanen Fortschritt zu bewirken. Daneben und außerhalb davon bemühten sich andere »einzelne«, im Geiste von Tradition und Sitte, mit der »Großartigkeit«* von Gebärde und Pose, *den Massengeist durch aristokratische Schönheit, preziöse Dinglichkeit, heldische Tugenden zu bannen, oder zumindest paradigmatisch die Möglichkeit des Überstehens in einer »Gegenwelt« vorzuleben. Das kulturelle Geschehen der »goldenen« wie »häßlichen« Zwanziger Jahre gleicht einem* Kaleidoskop. *Das Psychogramm der Zeit wird durch* Sturz-und-Schrei, Aufruf – und-Empörung, Liebe-den-Menschen *markiert. Der gesellschaftliche und geistige Kontext, in dem Freuds Position zu sehen ist, hat vielfach ein ganz anderes Aussehen, als Freuds Überlegungen es wahrhaben wollen. Auf der einen Seite die Ungeborgenheit der Stadt, die Qualen der umhergetriebenen Kreatur (im »Wozzeck« und »Steppenwolf« symbolisiert), die Drohung vom* Untergang des Abendlandes; *auf der anderen Seite der Glaube an die Brudergesellschaft, an den, vor allem aus der »Arbeiterseele« sich herausbildenden neuen Menschen.* Der Arbeiter *wird freilich, bei entsprechender Mystifikation, auch von autoritär-totalitären Bewegungen vereinnahmt, die in ihm das geeignete »Menschenmaterial« für Führergefolgschaft sehen.*

Die Topoi antidemokratischen Denkens *übten erhebliche Faszination aus. Freud spricht von der* Masse als Regression; *er erkennt freilich auch – allerdings losgelöst von jeder aktuellen Betrachtungsweise – die Möglichkeit und Bedeutung* »ethischer Massen«.

Als Freud 1926 *seinen* 70. *Geburtstag feiert, wird er von Freunden und Anhängern als »Kopernikus der Psychologie« gefeiert, von seinen Verächtern und Feinden weiterhin totgeschwiegen; biographisch hatte er den* Wendepunkt *seiner Existenz erreicht – die schwere Krankheit, die ihn traf, brachte lange Jahre des Leidens.*

Das Ringen um Lebensordnung im
Zeitalter der Massen

Die ersten Überlegungen zur Erklärung der Psychologie von Massen stellte Sigmund Freud im Frühjahr 1919 an. Diese Ideen verfolgte er zunächst nicht weiter. Im Februar 1920 setzte er sich erneut an dieses Thema; die Studie »Massenpsychologie und Ich-Analyse« wurde im März 1921 beendet und erschien im gleichen Jahr im Druck.

Etwa zehn Millionen Menschen waren von 1914-1918 umgekommen. Der vierjährige Krieg, in dem die gesamte militärische, wirtschaftliche und seelische Kraft der beteiligten Völker eingesetzt worden war, hatte zwischen diesen tiefere Klüfte aufgerissen als alle Auseinandersetzungen in der europäischen Geschichte je zuvor. (1) Obwohl der amerikanische Präsident Woodrow Wilson mit seinen im Januar 1918 veröffentlichten »Vierzehn Punkten« die Meinung vertrat, der einzige Sinn der Opfer könne nur darin bestehen, daß dieser Krieg der letzte gewesen sei (die Zukunft der Menschen müsse nun in die Hand einer erdumspannenden Organisation freiheitlicher Staaten gelegt werden), und er den Versuch unternahm, durch ein großes Versöhnungswerk die Phase des kollektiven Amoklaufes zu beenden, waren die Friedensverträge, welche die ausgebluteten Sieger den ausgebluteten Besiegten triumphierend auferlegten, von Erbitterung und Haß diktiert. Auf der französischen Seite erklärte Clémenceau, »daß die Stunde der Abrechnung« gekommen sei; auf der deutschen verdichtete sich das Gefühl, daß, wie später Paul Hindenburg in seinen Erinnerungen »Aus meinem Leben« schrieb, die ermattete Front, »wie Siegfried unter dem hinterlistigen Speerwurf des grimmigen Hagen«, durch den »Dolchstoß« der Revolution, zum Sturz gebracht worden sei. Viele, denen die Gegenwart verloren schien, projizierten in die Zukunft die Hoffnung auf Vergeltung. Der amerikanische Staatssekretär des Auswärtigen, Robert Lansing, kommentierte den Versailler Friedensvertrag und den neugeschaffenen Völkerbund, der die besiegten Nationen von der Mitgliedschaft ausschloß, den Neutralen zwar den Beitritt, aber nicht die Mitarbeit bei seiner Verfassung gewährte, mit den Worten: »Der Eindruck, den er macht, ist enttäuschend, erweckt Bedauern und Niedergeschlagenheit. Die Friedensbedingungen erscheinen unsagbar hart und demütigend, während viele von ihnen mir unerfüllbar scheinen.« Der Sozialdemokrat Scheidemann, der im Februar 1919 das Amt des »Reichsminister-präsidenten« übernommen hatte, sagte in einer Rede in der National-versammlung am 12. Mai 1919 in der Aula der Berliner Universität: »Ich frage Sie, wer kann als ehrlicher Mann – ich will gar nicht sagen als Deutscher – nur als ehrlicher, vertragstreuer Mann solche Bedingungen eingehen? Welche Hand müßte nicht verdorren, die sich und uns in solche Fesseln legte?« (2) Wenige Tage vorher hatte er seine »Bestandsaufnahme« in die Worte gefaßt: »Der heutige Tag, der uns endlich nach dem sechsmonatigen Martyrium des Waffenstillstandes die Kenntnis der Hauptteile der feindlichen Friedensbedingungen gebracht hat, bedeutet die tiefste Stufe des deutschen Niedergangs. Ja, vielleicht noch nicht einmal. Ein Ja sowohl als auch ein Nein können uns noch tiefer, noch hoffnungsloser in die staatliche und nationale Vernichtung hinunterstoßen ... Wir stehen am Grabe des deutschen Volkes, wenn all das, was sich hier Friedensbedingungen nennt, zur vertraglichen Tatsache wird ... Wir werden diesen Jakobskampf mit dem Engel des Friedens mit allen Kräften führen, mit unsern, ich darf sagen: auch mit Ihren und hoffentlich mit allen Kräften unseres gesamten Volkes.« (3)

Als Sigmund Freud seine Schrift »Massenpsychologie und Ich-Analyse« verfaßte, begann für die europäischen Nationen der Weg in eine ungewisse Zukunft – eine Zukunft, die durch die Leitziele der Demokratie auf der einen Seite und der Diktatur auf der anderen bestimmt wurde. Das Ringen um eine Lebensordnung im Zeitalter der Massen (4), die Auseinandersetzung zwischen freiheitlichen, autoritären und totalitären Systemen, hatte begonnen. Der idealistische Moralist Wilson hatte das Selbstbestimmungsrecht der Völker und die Demokratisierung der Staaten als die beste Lösung verkündet und gehofft, daß aus dem Hexenkessel des Ersten Weltkrieges ein neuer Geist der internationalen Versöhnung und des friedlichen Zusammenlebens emporsteige; doch führte der durch die »Aktion Vatermord« eingeleitete, gegen die patriarchalischen Herrschaftskräfte und -interessen gerichtete Aufstand der unterdrückten Massen nicht nur zum Volksstaat und zur demokratischen Sozietät, sondern gleichermaßen zu totalitären Bewegungen, die demagogisch und ideologisch Millionen von Menschen in ihren Bann zogen. Der Glaube an den Sieg der Vernunft, an den »gesunden Menschenverstand« bzw. an das »natürliche Volksempfinden« erwies sich oft genug als Irrtum. Aus der Herrschaft von Staatsbürgern wurde die Herrschaft der Straße. Gewalt brach Recht; Freiheit verwandelte sich in Knechtschaft; nationale Souveränität wurde zur Zwangsinstitution. (5) Mit der kommunistischen Revolution in Rußland, die nach den blutigen Auseinandersetzungen zwischen Rot und Weiß gesiegt hatte und eine Demokratie der Werktätigen für die Werktätigen propagierte, den Aufstand der Massen als proletarischen Aufstieg zu verwirklichen trachtete, war (auch wenn die Ausbreitung des Kommunismus seit 1921 in Europa für fast zwei Jahrzehnte zum Stillstand kam) ein Potential entstanden, aus dem die linksintellektuellen Strömungen auf lange Zeit ihre Kraft und ihren Elan bezogen. Bedeutende Individualisten künstlerischer wie literarischer, philosophischer wie politischer Provenienz erhofften im kommunistischen Kollektivismus eine neue Form von Geborgenheit und Heimat zu finden, wie sie das Beziehungsgeflecht abendländischer Tradition und Konvention nicht mehr zu geben vermochte. Es war die Sehnsucht nach einer universalen Methode des Denkens, die den Anspruch erhob, alle Erscheinungen unter der Sonne zu erklären und für alle Nöte ein Heilmittel zu haben (Arthur Koestler). (6)

Demgegenüber wurde die Epoche auch geprägt durch einen extremen Rassismus, der gleichermaßen die Masse (als Volks- oder Blutsgemeinschaft) zum wichtigsten politischen Gestaltungselement erkor, und vor allem wegen seiner antiparlamentarischen und antisemitischen Komponente mit dem Kommunismus konkurrierte. »Faschismus ist Antimarxismus, der den Gegner durch die Ausbildung einer radikal entgegengesetzten und doch benachbarten Ideologie und die Anwendung von nahezu identischen und doch charakteristisch umgeprägten Methoden zu vernichten trachtet, stets aber im undurchbrechbaren Rahmen nationaler Selbstbehauptung und Autonomie.« (Ernst Nolte) (7) Eine solche Wesensbestimmung impliziert, daß es ohne Marxismus keinen Faschismus gibt, daß der Faschismus dem Kommunismus zugleich ferner und näher steht als der liberale Antikommunismus, daß er notwendig mindestens die Tendenz zu einer radikalen Ideologie aufweist, daß überall da von Faschismus nicht gesprochen werden sollte, wo nicht wenigstens Ansätze zu einer der »marxistischen« vergleichbaren Organisation und Propaganda vorhanden sind. Sie macht es begreiflich, inwiefern es Stufen des Faschismus geben kann; »je nach der Entwicklung der Ideologie und dem stärkeren Hervortreten eines der beiden Hauptmomente, des pseudosozialistischen oder des elitären beziehungsweise rassistischen, je nach der Entschiedenheit und mehr oder minder universalen Natur des Vernichtungswillens, je nach der Energie der Praxis. Entscheidend aber sind Ausgangspunkt und Richtung, denn dieser Begriff ist ein ›teleologischer‹, und selbst die markierteste Stufendifferenz hebt die Einheit des Wesens nicht auf.« (8) Nolte stellt darüber hinaus fest, daß der Faschismus über Kräfte verfügte, die aus dem Emanzipationsprozeß geboren waren und sich dann gegen ihren eigenen Ursprung kehrten. Wenn der Faschismus die Verzweiflung des feudalen Bestandteils der bürgerlichen Gesellschaft an seiner Tradition und der Verrat des bürgerlichen Elements an seiner Revolution heißen dürfe, so sei klar, was diese Tradition und diese Revolution eigentlich seien. Der Faschismus bedeute die zweite und schwerste Krise der liberalen Gesellschaft, da er ja, auf eigenem Boden zur Herrschaft gelangt, in seiner Radikalform ihr Wesen auf die vollständigste und wirksamste Weise verneine, die überhaupt denkbar sei. (9)

Kommunismus und Faschismus verdeutlichen die Krise des Individuums, das, vereinsamt und in seinen Zielsetzungen frustriert, sich der Faszination der Massenbewegung überantwortete, im Kollektiv aufzugehen hoffte, um so die Aporien wie Antinomien des Ichs durch Eintauchen in der zum Über-Ich stilisierten Massenseele (deren »Führer« sich als Vollstrecker des Massenwillens deklarierten) vergessen zu können. Die Krise des Ich verhalf zum Aufstieg der Massen; der Aufstieg der Massen ermöglichte, wenn auch nur scheinbar, die Bewältigung der Identitätskrise.

Die geistigen wie sozialen Wurzeln der totalitären Massenbewegungen reichen weit ins 19. Jahrhundert zurück. Ihr Durchbruch und schnelles Wachstum sind jedoch erst unter den besonderen Bedingungen möglich geworden, wie sie sich nach dem Ersten Weltkrieg herausgebildet hatten. Ihr Zusammenprall mit Gegenkräften verschiedener Stärke endete in manchen Teilen Europas mit der Behauptung, in anderen mit dem Zerfall der demokratischen Ordnung. Die Auseinandersetzung zwischen Masse und Ich zeitigte verschiedene Erscheinungsformen: Massen, die durch starke Ich-Persönlichkeiten umgeprägt wurden und damit ihrer kollektiven Selbstbestimmungskraft verlustig gingen; Massen, die in Führergestalten ihre eigentliche Erfüllung fanden; Persönlichkeiten, die, von einem Standort jenseits des Massengeistes aus, die Massen bald rational zu beschwichtigen, bald in ihrem Elan auf Nebenziele hin abzulenken versuchten und die Gestaltung einer, in ihren Augen sinnvollen politischen Ordnung betrieben; demokratische Systeme, in denen sich die Individualität trotz Massendruck ein großes Maß an Spielraum und Entfaltungsmöglichkeit erhalten konnte oder zugestanden bekam. Im Überblick (10) lassen sich nach Theodor Eschenburg vier Zonen erkennen:

Die erste Zone umfaßt die demokratischen Staaten West- und Nordeuropas, also Großbritannien, Frankreich, Belgien, die Niederlande, die Schweiz und die skandinavischen Länder (außerhalb Europas die USA). In diesen Staaten bestand vor 1914 eine demokratische Ordnung, die auf eine lange Entwicklungsgeschichte zurückblicken konnte. Wo Monarchen vorhanden waren, blieben sie auf repräsentative Aufgaben und auf die Rolle des nationalen Symbols beschränkt; die Parlamente stellten die Regierung; das allgemeine Wahlrecht war oder wurde eingeführt; feudale Einflüsse waren gering. Die zweite Zone gehörte zwar auch zu diesem »Westkreis«, d. h. die betreffenden Staaten (wie Spanien, Portugal, Italien) verfügten über demokratische Verfassungen, waren also im formalen Sinne auf die Volkssouveränität gegründet; doch fehlten die gesellschaftlichen Voraussetzungen für eine Verwurzelung der Demokratie. Eine feudale Oberschicht hatte ihren wirtschaftlichen wie gesellschaftlichen Einfluß aufrechterhalten. An den dürftigen Lebensverhältnissen des Mittelstandes und der Bauernschaft, in der das Analphabetentum stark verbreitet war, änderte sich nach dem Krieg kaum etwas. Den geschickt agierenden liberalen Kräften stand überall ein antiliberaler katholischer Klerus gegenüber. Im Unterschied zu den stabilen Demokratien der ersten Zone handelte es sich hier um labile demokratische Gebilde.

Die dritte Zone bildeten die alt-legitimen Staaten, die vor Ausbruch des Krieges formalkonstitutionelle Monarchien darstellten: Deutschland, Österreich-Ungarn, Rußland und die Türkei (als Parallelfall: Japan). Der Ausgang des ersten Weltkrieges zerschlug diese festgefügten und zugleich erstarrten Systeme, in denen der Monarch eine unangreifbare Position als militärischer Oberbefehlshaber und Herr der Exekutive eingenommen hatte. Die unterschiedlichen Versuche antimonarchistischer Kräfte, eine neue Gesellschafts- und Staatsordnung zu errichten, scheiterten an der breiten Masse des Volkes, die für die Demokratie nicht zu gewinnen war. So endete der Kampf zwischen dem parlamentarischen und dem diktatorischen Prinzip nach kurzer Zeit, wie in Rußland, oder nach längerer Auseinandersetzung, wie in Deutschland, mit einem vollständigen Sieg des Totalitarismus.

Die vierte Zone bestand aus Staaten, die nach dem Kriege aus der Konkursmasse der Mittelmächte und Rußlands entstanden waren oder hieraus Zuwachs erfuhren: Finnland, Estland, Litauen, Polen, Tschechoslowakei, Rumänien und Jugoslawien. Diese Länder mußten in kürzester Zeit zu einer staatlichen Konsolidierung gelangen, da sie sich entweder der Gefahr einer Bolschewisierung gegenübersahen oder mit schwerwiegenden Minderheitenproblemen aufgrund der ungünstigen Friedensregelung von 1919 zu kämpfen hatten. Sie waren weitgehend agrarisch ausgerichtet; deshalb konnten die aus dem Westen übernommenen demokratischen Staatsformen, die einer hochentwickelten Industriegesellschaft entsprachen, für sie von vornherein kaum als angemessen erscheinen. Die so geschaffenen Verfassungen führten zu improvisierten Demokratien, denen es an erfahrenen Politikern, an einer korrekt arbeitenden Beamtenschaft, an einer staatstragenden Mittelschicht fehlte.

Mit Kriegsende war die Habsburger Monarchie endgültig zerschlagen worden. Die Republik Österreich verstand sich als ein Nachfolgestaat, der nur die deutschsprachigen Gebiete umfaßte. Die Begrenzung auf *eine* Nationalität bewirkte eine tiefe Identitätskrise des ursprünglich international strukturierten und aus der Vielfalt der Kulturen gespeisten Staates. Bestimmt vom Trauma des Völkerfamilienzerfalls und zudem von schweren wirtschaftlichen Schwierigkeiten heimgesucht, hielt die Mehrzahl der Bevölkerung der Republik Österreich ihren Staat nicht für lebensfähig und wünschte daher den Anschluß an das Deutsche Reich. So fehlte von Anfang an der Österreichischen Bundesrepublik, wie sie die Verfassung von 1920 vorsah, die unerläßliche Voraussetzung eines tragenden Staatsbewußtseins im Volk. Abgesehen von einer kleinen deutsch-national gesonnenen bürgerlichen Gruppe, standen sich zwei Lager gegenüber: die überwiegend bäuerliche katholische Bevölkerung, die sich dem gestürzten Herrscherhaus stark verbunden fühlte, und die links-orientierten sozialistischen Kreise. Beide schufen sich militante Verbände, welche die Möglichkeit eines Bürgerkrieges immer wahrscheinlicher machten. Die Verwaltung der Hauptstadt Wien, in der über ein Viertel der Restgesamtbevölkerung wohnte, befand sich in den Händen einer streng marxistisch orientierten Sozialdemokratie. Den maßgebenden Einfluß auf die Bundesregierung besaßen dagegen die bürgerlich-katholischen Kreise, die in monarchistischer Gesinnung einer Staatsform autoritärer Prägung zuneigten. Der christliche Ständestaat durch Engelbert Dollfuß 1933 beendete diese Auseinandersetzungen; er war eine Art faschistischer Diktatur, die mit Hilfe des brutalen Einsatzes des österreichischen Berufsheeres den Widerstand sozialistischer Kreise brach.

Die Weimarer Republik:
Rekonstruktion von Individualismus angesichts
sich formierender Massen

Die Gründung der deutschen Republik, belastet durch die Annahme des Vertrags von Versailles, stützte sich auf ein Verfassungswerk, das maßgebend von Hugo Preuß, dem Professor für öffentliches Recht an der Handelshochschule Berlin, geprägt war, und die idealistischen wie individualistischen Traditionen der deutschen Geschichte einem demokratischen Konzept nutzbar zu machen suchte. Preuß warf dem Bürgertum vor, daß es am Zusammenbruch ein gerüttelt Maß Schuld trage, da es durch politische Unterlassungssünden, Schlappheit und Servilität den Obrigkeitsstaat wenn nicht bewirkt, so doch gefördert habe. (11) Die Diktatur der Arbeiterklasse als etwaiger Versuch, den deutschen Staat unter Zurückdrängung seines Bürgertums zu konstituieren, hielt Preuß für gleichermaßen verwerflich; es würde sich dann nur um einen umgedrehten Obrigkeitsstaat handeln. Eine »starke und energische Strömung innerhalb des deutschen Bürgertums« müsse, reaktionären Bestrebungen entsagend, zu ehrlicher Mitarbeit im neuen Staate bereit sein, und diese Mitarbeit – »nicht als Handlanger, sondern als gleichberechtigter Genosse« – dürfe nicht zurückgewiesen werden. (12) Eine aus völlig demokratischen Wahlen hervorgehende deutsche Nationalversammlung sollte den Volksstaat, den Staat aller Deutschen, errichten – einen Staat, in dem der Individualismus den größtmöglichen Spielraum erhalte, und die Gefahr der Vermassung durch individuelle Vernunft, die sich zur kollektiven Vernunft vereine, gebannt würde. (13) Hugo Preuß, der aufgrund seiner Überlegungen vom Reichspräsidenten Friedrich Ebert als Staatssekretär des Innern mit dem Auftrag, den Verfassungsentwurf zu erarbeiten, in die Regierung berufen wurde, war aufgrund seiner persönlichen Entwicklung wie von seinem Denken her »genossenschaftlich« orientiert: »Es ist der genossenschaftliche Gedanke der Organisation von unten nach oben, auf dessen Grund die Republik und das demokratische Prinzip beruhen. Sie leiten die Autorität nicht von oben her ab, sondern aus der Gemeinschaft der Genossen, der Bürger, aufsteigend von den engeren zu den weiteren Verbänden.« (14) Dem stand bald ein undifferenziert-einheitlicher, durch Manipulation oktroyierter, außerhalb des rationalen Diskurses befindlicher »Massenwille« gegenüber, der sich mit ungestümer Kraft, gewissermaßen instinktiv, zu verwirklichen trachtete.

Die dem Geiste des Idealismus und Individualismus erwachsende deutsche Verfassungsidee wurde bewußt mit dem Symbolwert von Weimar verbunden. Am 6. Februar 1919 traten die 423 gewählten Abgeordneten zu ihrer konstituierenden Sitzung im Weimarer Nationaltheater zusammen. Ausschlaggebend für diese Wahl war der erklärte Wille der neuen politischen Führung des Reiches, sich von der militaristischen Tradition Potsdams abzuwenden und an das geistige Erbe Goethes und Schillers, also an das des deutschen Idealismus, anzuknüpfen. Als eine der wenigen verbliebenen Gegenmaßnahmen zum militärischen und wirtschaftlichen Diktat des Versailler Vertrages empfunden, sollte die Beschwörung des Geistes von Weimar den Siegermächten deutlich ins Bewußtsein rufen, daß es neben dem zu Boden gerungenen militanten kaiserlichen Deutschland auch ein Land der Dichter und Denker gab, dessen kulturelle Leistung das ganze Abendland bereichert hatte. (15) Die thüringsche Kleinstadt sollte zugleich der in vielem noch nach dem Muster des Honoriatioren-Parlaments zusammengesetzten Nationalversammlung (eine Ansammlung von Persönlichkeiten mit ausgeprägter geistiger Subtilität) Schutz bieten gegenüber der »Straße«, auf der die Massen, mit wenig Verständnis für eine Staatskonstruktion idealistischer Prägung, zur Verwirklichung *ihres* revolutionären Konzepts sich formierten. Obwohl es bislang in Weimar politisch ruhig geblieben war, hielt es die Reichsregierung doch für notwendig, die Umgebung der Stadt Weimar von zuverlässigen Truppeneinheiten absperren zu lassen. Der Volksstaat wurde so von oben militärisch vor dem Volk geschützt; genossenschaftliche Organisation durch revolutionäre Aggression »von unten« bedrängt. Die im anhebenden Zeitalter der Massen sich konstituierende Weimarer Republik versuchte, mit Hilfe individualistischer Vernunft Staatsprobleme auf den demokratischen Nenner zu bringen; sie war dabei geschützt von einem militanten cordon sanitaire. In einem Korrespondentenbericht heißt es: »Um die Weimarer Stadtzone, die außer der Stadt noch 32 Ortschaften umfaßt, ist ein dichter Truppenkordon gelegt, der den Verkehr nach Weimar entsprechend den Vorschriften über den Paßzwang durchführt. Die Truppen sind derart ausgerüstet, daß sie jeden Handstreich ohne Weiteres zurückzuweisen in der Lage sind. Ein ernsthafter Versuch nach Weimar zu gelangen, ist bis jetzt nicht gemacht worden.« (16) Zusammengekommen war man jedoch inmitten dieser »humanistischen Enklave«, um, wie es Friedrich Naumann, der Vorsitzende der Deutschen Demokratischen Partei und politische Lehrmeister von Theodor Heuß, formulierte, die Deutsche Republik »nicht nur auszudenken, sondern in Betrieb zu setzen.« (17) Man suchte durchaus eine Republik, die nicht nur auf dem Papier stand, sondern die wirklich funktionierte, die nicht nur das Ideenwerk einer legislativen Versammlung war, in der man Resolutionen faßte, sondern die auch eine Exekutive, eine ausführende Verwaltung besaß, in der sich der deutsche Geist und der deutsche Wille *tatsächlich* verwirklichen konnten. »Wir sehen schon aus den verhältnismäßig wenigen Worten, die bisher in diesem Hause gewechselt worden sind: ... hier liegen vor uns ganz große Schwierigkeiten, hier liegen die alten Schwierigkeiten von vor siebzig Jahren noch genauso vor wie damals: Dezentralisation und Zentralisation, vorhandene Bundesstaaten und werdende Reichsgewalt; hier zeigen sich noch heute die geographischen Zwiespältigkeiten zwischen Nord und Süd; wir sind kein einheitlich schematisch gefügtes Volk, sondern voll von Verschiedenheiten, voll innerer Wirrnisse und Dunkelheiten infolge unserer Vergangenheit.« (18)

Dominant blieb freilich gleichermaßen die Illusion, inmitten eines Zeitalters der Massen, die in ihrer Lebensordnung durch die aufstrebenden totalitären Bewegungen bewegt bzw. fasziniert, betroffen bzw. verängstigt waren, im Rückgriff auf bürgerliche Tradition einen liberalen Staat mit sozialer Zielsetzung und individueller Freiheit schaffen zu können – eine Demokratie, die ohne die sie tragenden Demokraten auskommen mußte. Die idealtypischen Absichten und Vorsätze der meisten Abgeordneten, abgeschirmt vom Massenbewußtsein und fixiert auf die Hoffnung, daß die Aufklärung des einzelnen die Verinnerlichung staatsbürgerlicher Rechte und Pflichten bewirke, zielten auf ein Konzept staatlicher Ordnung, das insofern anachronistisch war, als es zu *früh* artikuliert wurde. Es bedurfte weiterer und schwerer Krisen, bis es von einer großen Mehrheit als akzeptabel empfunden wurde. Erst die tabula rasa des Jahres 1945 verschaffte dem erneuten Versuch, eine Demokratie von und für Demokraten zu schaffen, eine realistische Ausgangsbasis.

Nicht ein nach dem Geiste von Weimar geformtes Persönlichkeitsbild, sondern das Persönlichkeitsbild militanter Führer war geeignet, die Akklamation der Massen zu finden. Persönlichkeit: das bedeutete nach einiger Zeit nicht mehr Friedrich Ebert, sondern Paul von Hindenburg, nicht Hugo Preuß, Stresemann oder Brüning, sondern Adolf Hitler. Nicht die solide Arbeit am Aufbau eines, die Freiheitsrechte des einzelnen garantierenden Staatsgebildes war die Sehnsucht irrational bestimmter politischer Bewegungen, sondern die mythische Aktion der »Täter«, der sich die in ihrer Identität verstörten bzw. dieser verlustig gegangenen Massen masochistisch überantworteten. Das aus einer jahrzehntelangen Fehlentwicklung sich ergebende strukturelle Defizit an individueller Rationalität und kollektiver Aufklärung erkannte Adolf Hitler als ein genuin A-sozialer (d. h. in unserem Zusammenhang: als ein der bürgerlichen Tradition und bürgerlichem Kulturbewußtsein völlig Fernstehender, vom idealistischen Ideenhimmel weit Entfernter) in aller Deutlichkeit: »Was unser Bürgertum immer mit Kopfschütteln betrachtete, die Tatsache, daß dem Marxismus nur die sogenannten ungebildeten Massen angehörten, war in Wahrheit die Voraussetzung für den Erfolg desselben. Denn während die bürgerlichen Parteien in ihrer einseitigen Geistigkeit eine untaugliche, disziplinlose Bande darstellen, hat der Marxismus in seinem wenig geistigen Menschenmaterial eine Armee von Parteisoldaten gebildet, die dem jüdischen Dirigenten genauso blind gehorchten wie einst ihrem deutschen Offizier. Das deutsche Bürgertum, das sich um psychologische Probleme, weil darüber hoch erhaben, grundsätzlich nie gekümmert hat, fand es auch hier nicht notwendig, nachzudenken, um den tieferen Sinn sowie die heimliche Gefahr dieser Tatsache zu erkennen. Man glaubte im Gegenteil, daß eine politische Bewegung, die nur aus Kreisen der ›Intelligenz‹ gebildet wird, schon aus diesem Grunde wertvoller sei und mehr Anspruch, ja selbst mehr Wahrscheinlichkeit besitze, an die Regierung zu gelangen, als eine ungebildete Masse. Man begriff nie, daß die Stärke einer politischen Partei keineswegs in einer möglichst großen und selbständigen Geistigkeit der einzelnen Mitglieder liegt, als vielmehr im disziplinierten Gehorsam, mit dem ihre Mitglieder der geistigen Führung Gefolgschaft leisten. Das Entscheidende ist die Führung selbst. Wenn zwei Truppenkörper miteinander kämpfen, wird nicht derjenige siegen, bei dem jeder einzelne die höchste strategische Ausbildung erhielt, sondern derjenige, der die überlegenste Führung und zugleich die disziplinierteste, blindgehorsamste, bestgedrillte Truppe hat. ... Wenn die völkische Idee aus dem unklaren Willen von heute zu einem klaren Erfolg kommen will, dann muß sie aus ihrer weiten Gedankenwelt bestimmte Leitsätze herausgreifen, die ihrem Wesen und Inhalt nach geeignet sind, eine breitere Menschenmasse auf sich zu verpflichten, und zwar diejenige, die allein den weltanschauungsmäßigen Kampf dieser Idee gewährleistet. Dies ist die deutsche Arbeiterschaft.« (19) Wenn auch Hitler die anthropologische Wirklichkeit des Menschen (an sich) verkannte, den Marxismus fehldeutete, das Bewußtsein der deutschen Arbeiterschaft in ihrer sozialdemokratischen Ausprägung negierte, so hatte er dennoch die »aktuelle Wahrheit«, die historische Wirklichkeit, für sich – konnte er die Massen gegen die Idee des aufgeklärten Individuums mobilisieren. Die Zerstörung des deutschen Geistes im 19. und 20. Jahrhundert erwies sich dabei als günstige Vorbedingung für sein Unterfangen. (20)

Massenpropaganda lag für Hitler nicht in einer »wissenschaftlichen Ausbildung des einzelnen«, sondern in ihrer Volkstümlichkeit begründet; dies bedeute, daß sie ihr geistiges Niveau einzustellen habe nach der Aufnahmefähigkeit des Beschränktesten unter denen, an die sie sich zu richten gedächte. »Damit wird ihre rein geistige Höhe umso tiefer zu stellen sein, je größer die zu erfassende Masse der Menschen sein soll.« (21) Je bescheidener der »wissenschaftliche Ballast« wäre – und darunter verstand Hitler jede differenzierende, nuancierende, subtile, überhaupt geistige Form von Auseinandersetzung –, und je ausschließlicher man auf das Fühlen der Masse Rücksicht nähme, umso durchschlagender sei der Erfolg. Der beste Beweis für die Richtigkeit oder Unrichtigkeit einer Propaganda bestünde nicht in der »gelungenen Befriedigung einiger Gelehrter oder ästhetischer Jünglinge«, sondern ob diese, die gefühlsmäßige Vorstellungswelt der großen Masse begreifend, in psychologisch richtiger Form den Weg zur Aufmerksamkeit und weiter zum Herzen der breiten Masse finde. »Die Aufnahmefähigkeit der großen Masse ist nicht nur sehr beschränkt, das Verständnis klein, dafür jedoch die Vergeßlichkeit groß. Aus diesen Tatsachen heraus hat sich jede wirkungsvolle Propaganda auf nur sehr wenige Punkte zu beschränken und diese schlagwortartig solange zu verwerten, bis auch bestimmt der Letzte unter einem solchen Worte das Gewollte sich vorzustellen vermag. Sowie man diesen Grundsatz opfert und vielseitig werden will, wird man die Wirkung zum Zerflattern bringen, da die Menge den gebotenen Stoff weder zu verdauen, noch zu behalten vermag. Damit aber wird das Ergebnis wieder abgeschwächt und endlich aufgehoben.« (22)

Die »Schattenseiten« der Weimarer Verfassung, des Versuchs,

· Gesellschaft inmitten verführter, verwirrter, aber auch zu neuem Bewußtsein gelangender Massen im Rückgriff auf die idealistische Tradition demokratisch zu strukturieren,

· inmitten eines übermächtigen militärischen, politischen, wirtschaftlichen Drucks der individuellen Vernunft eine Chance von Verwirklichung zu geben,

· der »verspäteten Nation« (23) die Verinnerlichung von Aufklärung zu ermöglichen,

· mit dem Abbau patriarchalischer bzw. autoritärer Verhaltensweisen der persönlichen Selbstbestimmung genügend Spielraum zu verschaffen,

all diese Widersprüche eines respektablen wie Respekt erheischenden Konzepts hat Werner Näf auf die kritische »Formel« gebracht: »Die Verfassung war eine Notkonstruktion, für die man die Bauteile importiert hatte, eine rezipierte westeuropäische Demokratie, die nicht organisch aus der deutschen Geschichte der letzten Jahrzehnte heraus gewachsen war, sondern in schmerzlicher Verlegenheit und bei allseitig drohender Gefahr rasch eingeführt werden mußte. Die Weimarer Republik stand nach verlorenem Krieg unter ausländischem Druck, in der materiellen Klemme des Mangels, der Verschuldung, der Reparationen, belastet durch die Unterschrift ihrer Staatsmänner, unter dem Diktat von Versailles.

Sie suchte freilich an deutsche Empfindungen und Erinnerungen einer unvergessenen Vergangenheit anzuknüpfen. Weimar sollte Sinnbild sein; der deutsche Staat suchte den deutschen Geist. Man griff auf die Farben der Burschenschaft und der Paulskirche zurück; aber konnte Schwarz-Rot-Gold als Kompromiß zwischen der kaiserlichen und der roten Fahne zum einigenden Symbol werden? Die Weimarer Verfassung hatte ihre Schwächen und sie hatte, was noch folgenschwerer war, wenig überzeugende Stärke; aber sie war ein patriotisches Werk der Not. Sie hat das Schlimmste verhütet, die Anarchie, den offenen Bürgerkrieg, die separatistischen Spaltungen. Im Rahmen der Verfassung wogte der Kampf der Parteien. Sie waren in der Vorkriegszeit durch monarchistische Autorität beschränkt gewesen, jetzt gaben sie in der Weise des französischen Parlamentarismus im Reichstag den Ausschlag; die Reichskabinette waren von ihnen abhängig. Hier lag die größte Kalamität. Es ist die Gefahr jeder Parteiendemokratie, daß sich die Kräfte durchkreuzen und lähmen, so daß kein einheitlich-sicherer Staatswille zustandekommt. Die Auseinandersetzung der Parteien ist erträglich und fruchtbar, wenn ihre Gegensätzlichkeit in diesem Staatsgedanken schließlich aufgehoben wird.

Dem damaligen Deutschland aber fehlten politische Gewöhnung und Erfahrung, und es fehlte ihm vor allem eine grundlegende Sicherheit politischen Empfindens. Es hatte jetzt, in schwerster Zeit, erst die ›Kinderkrankheiten‹ der Demokratie durchzumachen. So hat sich das Getriebe rasch abgenutzt. Die Präsidialmacht stieg aus dem Parteienwirrsal auf. Dies schuf eine wichtige Voraussetzung für die autoritäre Leitung, die sich 1932-33 durchsetzte.« (24)

Der methodische Bruch in Freuds Massenpsychologie

In der Einleitung zu »Massenpsychologie und Ich-Analyse« schreibt Sigmund Freud, daß der Gegensatz von Individual- und Sozial- bzw. Massenpsychologie, der uns auf den ersten Blick als sehr bedeutsam erscheinen mag, bei eingehender Betrachtung sehr viel von seiner Schärfe verliere. Die Individualpsychologie sei zwar auf den einzelnen

Menschen eingestellt; sie verfolge, auf welchen Wegen derselbe die Befriedigung seiner Triebregungen zu erreichen suche; sie könne aber dabei nur selten, lediglich unter bestimmten Ausnahmebedingungen, von den Beziehungen dieses einzelnen zu anderen Individuen absehen. Im Seelenleben des einzelnen komme ganz regelmäßig der andere als Vorbild, als Objekt, als Helfer und als Gegner in Betracht; die Individualpsychologie sei daher von Anfang an auch gleichzeitig Sozialpsychologie in einem erweiterten, aber durchaus berechtigten Sinne. »Das Verhältnis des Einzelnen zu seinen Eltern und Geschwistern, zu seinem Liebesobjekt, zu seinem Lehrer und zu seinem Arzt, also alle die Beziehungen, welche bisher vorzugsweise Gegenstand der psychoanalytischen Untersuchung geworden sind, können den Anspruch erheben, als soziale Phänomene gewürdigt zu werden, und stellen sich in Gegensatz zu gewissen anderen, von uns narzißtisch genannten Vorgängen, bei denen die Triebbefriedigung sich dem Einfluß anderer Personen entzieht oder auf sie verzichtet. Der Gegensatz zwischen sozialen und narzißtischen – Bleuler würde vielleicht sagen: autistischen – seelischen Akten fällt also durchaus innerhalb des Bereichs der Individualpsychologie und eignet sich nicht dazu, sie von einer Sozial- oder Massenpsychologie abzutrennen.« (25)

In den erwähnten Verhältnissen zu Eltern und Geschwistern, zur Geliebten, zum Freund, Lehrer und zum Arzt, erfahre der einzelne immer nur den Einfluß einer einzigen oder einer sehr geringen Anzahl von Personen, von denen eine jede eine großartige Bedeutung für ihn erworben habe. Wenn man von Sozial- oder Massenpsychologie spräche, übersähe man gerne diese Beziehungen und die gleichzeitige Beeinflussung des einzelnen durch eine große Anzahl von Personen, mit denen er durch irgend etwas verbunden sei, während sie ihm sonst in vielen Hinsichten fremd sein mögen. »Die Massenpsychologie behandelt also den einzelnen Menschen als Mitglied eines Stammes, eines Volkes, einer Kaste, eines Standes, einer Institution oder als Bestandteil eines Menschenhaufens, der sich zu einer gewissen Zeit für einen bestimmten Zweck zur Masse organisiert. Nach dieser Zerreißung eines natürlichen Zusammenhanges lag es dann nahe, die Erscheinungen, die sich unter diesen besonderen Bedingungen zeigen, als Äußerungen eines besonderen, weiter nicht zurückführbaren Triebes anzusehen, des sozialen Triebes – herd instinct, group mind –, der in anderen Situationen nicht zum Ausdruck kommt. Wir dürfen aber wohl den Einwand erheben, es falle uns schwer, dem Moment der Zahl eine so große Bedeutung einzuräumen, daß es ihm allein möglich sein sollte, im menschlichen Seelenleben einen neuen und sonst nicht betätigten Trieb zu wecken. Unsere Erwartung wird somit auf zwei Möglichkeiten hingelenkt: daß der soziale Trieb kein ursprünglicher und unzerlegbarer sein mag und daß die Anfänge seiner Bildung in einem engeren Kreise, wie etwa in dem der Familie, gefunden werden können.« (26) Diese Einleitung offenbart in nuce – und angesichts der Zeitsituation bzw. -konstellation in einer ganz besonders eklatanten Weise – den Standort dieses bürgerlichen Revolutionärs, der aus der Begriffswelt seiner verabsolutierten einseitigen Wissenschaftlichkeit sich nicht zu lösen vermochte, und dennoch Phänomene der Zeit in ihrer Tiefenstruktur zu sondieren und wichtige Erkenntnisse zutage zu fördern wußte. In einem Augenblick, in dem die Gesellschaft nach einem auch Freud sehr erschütternden verlorenen Krieg in ungeheurem und gewaltsamem Umbruch sich befand, die Menschen um Lebenssinn rangen und die Zerrissenheit der Nation als phänomenales Geschichtsereignis sich darbot, in einem Augenblick also, in dem die Sozialpsychologie mit gewaltigen, weltanschaulich geprägten Massen sich konfrontiert sah, kapselt sich Freud von solcher »Geschichtlichkeit« völlig ab und entwirft das Konzept einer Individual- wie Massenpsychologie letztlich umspannenden Gesamtpsychologie, einer psychoanalytischen Soziologie, die sich z. B. aus dem Verhältnis des einzelnen zu seinen Eltern und Geschwistern, zu seinem Liebesobjekt, zu seinem Lehrer und seinem Arzt entwickeln lasse. Er wirft keinen Blick auf die sozialen, politischen, weltanschaulichen, wirtschaftlichen Umwälzungen der Zeit, die andere Denker so außerordentlich stark aufwühlten und bestimmten. Der Gegensatz zwischen sozialen und narzißtischen bzw. autistischen seelischen Akten eigne sich nicht dazu, sie von einer sozialen Massenpsychologie abzutrennen ... In der Tat – dies war der Freudsche Weg: Autistisch, narzißtisch mit dem Massenphänomen sich beschäftigend, es damit *ver*kennend, aber in der Verkennung doch noch wesentliche Formen der Massenbildung *er*kennend.

In einer harten Auseinandersetzung mit Sigmund Freud hat Egon Friedell die Psychoanalyse als eine Sekte und ihren Schöpfer als einen »Orpheus aus der Unterwelt« bezeichnet. Mit Riten und Zeremonien, Exorzismen und kartharrtischen Besprechungen, Orakeln und Mantik, fester Symbolik und Dogmatik, Geheimlehre und Volksausgabe, Proselyten und Renegaten, Priestern, die Proben unterworfen werden, und Tochtersekten, die sich wechselseitig verdammten, sei die Psychoanalyse (gleich dem Wal, der, obgleich ein Säugetier, sich als Fisch gebärde) eine Religion, die als Wissenschaft auftrete; eine Religion heidnischen

Charakters mit Naturanbetung, Dämonologie, chthonischem Tiefenglauben und dionysischer Sexualvergötterung. »Hier wirbt mit sehr verlockenden Tönen ein Seher und Sänger für die Mächte des Dunkels, ein ›Orpheus aus der Unterwelt‹: es ist eine neue erdumspannende Revolte gegen das Evangelium.« (27) Eine solche Kritik ist aus dem Denken Egon Friedells mit seinem, zur eigenen Rationalität im Widerspruch stehenden Kulturmystizismus zu verstehen – im »Mystiker Freud« den eigentlichen Konkurrenten erspürend; in unserem Zusammenhang zitiert, wirft sie jedoch ein in Teilen erhellendes Licht auf die narzißtisch-autistische Weise, mit der Sigmund Freud dem Phänomen der Masse inmitten eines Zeitalters von Kommunismus und Faschismus, von Demokratie und bedrängtem Individualismus, von zerstörtem Idealismus und aufkeimenden Sozialutopien sich zu nähern versucht – unter Ausklammerung der historischen Situation. Einem Sekten- oder Religionsstifter gleich, für den alle ökonomisch-politischen Bedingtheiten ins Unwesentliche zurücksinken, wandelt Freud durch die Gefilde einer geschichtlichen Umbruchs- und Verwerfungslandschaft; schwebt er über sie hinweg, den irdisch-zeitgenössischen Phänomenen durch den Blick ins Reich des reinen psychoanalytischen Geistes enthoben. In geradezu penetrantem Eskapismus klammert Freud alle brennenden aktuellen Massenprobleme der Zeit aus, sucht er im unpolitischen Raum des Verhältnisses des einzelnen zu Einzelpersonen seinen Erkenntnisweg. Selbst dann, wenn er sich einer der an sich aktuellsten Fragen der Zeit zuwendet, der Rolle von Heer und Kirche als »künstliche Massen«, spricht er das konkrete Heer, die konkrete Kirche in ihrer Bedeutsamkeit für die Epoche nach 1918 nicht oder nur ganz am Rande an. Allem Konkreten enthoben, von allem Akuten sich abkapselnd, gesellschaftlichen Fragen privatistisch aus dem Weg gehend, gelangt Freud freilich dennoch in einen Kernbereich der Problematik. Freuds massenpsychologische Erörterungen zeigen somit in aller Schärfe die Möglichkeiten und Grenzen seiner Methode. »Die Möglichkeiten liegen in der Aufhellung der innerpsychischen Mechanismen der Gruppenbildung, die Grenzen liegen im Versuch, institutionelle Gebilde aus sozialpsychologischen Prozessen erklären zu wollen. Ohne Zweifel existieren Überlagerungen von institutionell festgelegten und zugleich herrschaftsvermittelten Sozialprozessen einerseits und sozialpsychologisch beschreibbaren Wirkungsmechanismen andererseits. Das heißt also, daß sich sozialpsychologisch beschreibbare Prozesse in der Regel an institutionalisierten Formationen festmachen und umgekehrt institutionelle Kommunikations- und Herrschaftsstrukturen unter dem Aspekt faktischer Wirkungsbeziehungen sozialpsychologische Dimension aufweisen.« (Bruno W. Reimann) (28) Es wäre naiv, wenn man Gesellschaftsstrukturen und Sozialprozesse aus bloß informellen sozialpsychologischen Mechanismen rekonstruieren wolle; aber auch gleichermaßen töricht, wenn man sich der Perspektive verschlösse, daß sich in institutionell festgelegten Interaktionsverhältnissen Prozesse abspielten, wie sie Freud beschrieben hat. Massenpsychologische Prozesse könnten durchaus erklären, warum bestimmte Einzelpersönlichkeiten temporär institutionelle Arrangements stillzulegen in der Lage seien. Methodologisch stelle sich somit die Aufgabe, weder unpsychologisch die Struktur institutioneller Ordnungen in den Vordergrund zu stellen, noch psychologistisch soziale Gebilde auf massenpsychologische Prozesse zu reduzieren.

Indem Freud mit dem Erfahrungsschatz seiner individualpsychologischen Praxis die Phänomene der Masse zu deuten versuchte, kam er, gerade weil er sich den übermächtigen, aber auch »oberflächlichen« ökonomischen, politischen und ideologischen Bedingtheiten der konkreten Massenbewegungen verschloß, zu wichtigen Tiefeneinsichten, welche die sozialpsychologischen Mechanismen von Kleingruppen-, Ich-Du-, Ich-Überich-, Es-Ich-Beziehungen neuartig zu deuten vermochten. Indem Freud freilich institutionelle Ordnungen nicht von ihrer Eigenstruktur her anging und nicht in ihren *massen*psychologischen Prozessen analysierte, die Einheit von Sozialpsychologie und Individualpsychologie a priori postulierte, blieben ihm wichtige Dimensionen massenpsychologischen Verhaltens unzugänglich. »Der Reduktionismus beiderlei Spielarten wäre falsch, es kommt hier auf Vermittlungen und Akzente an, wenngleich unter gesellschaftstheoretischem Aspekt am Primat institutioneller Strukturen und ihrer Herrschaftsvermittlung festzuhalten ist.« (29)

Sigmund Freuds Schrift »Massenpsychologie und Ich-Analyse« erwies sich gerade deshalb von großem heuristischen Wert für die weitere massenpsychologische Forschung, weil sie zur Falsifikation aufforderte, so wie Freud seinerseits die bisherigen »Vorlauferkenntnisse«, vor allem verdichtet in Gustave Le Bons Schrift »Psychologie der Massen« (Paris 1895), die er sich zum Ausgangspunkt nahm, relativierte. Freud hat den Versuch unternommen, alle Massenbildungen – flüchtige, homogene Gruppenbildungen wie nichthomogene, stabile, gegliederte Gruppen mit hierarchischer Organisation und ausdifferenzierten Rollensystemen, zwanglose Gruppierungen wie durch Zwang integrierte Sozialsysteme – in ihrer Entstehung und Verfestigung bruchlos aus der

Ichidentifizierung und Ichidealersetzung zu erklären. Er hat damit einen wichtigen Beitrag zur Theorie der sozialen Integration geleistet, der die strukturell-institutionelle Dimension der organisierten Massen jedoch nicht erfaßt. So richtig es ist, daß die gefühlsmäßige Bindung an das Über-Ich eines Führers, die Verankerung dieses Über-Ichs als eigenes Ichideal und die Identifizierung mit einem gemeinsamen Ichideal Massen formiert, so notwendig wäre es gewesen, auch immer wieder den »Sprung aus der Psychologie« (aus der libidotheoretischen Annahme heraus) in die Ökonomie, Soziologie und Politologie zu wagen, um von dorther das Phänomen der Masse zu analysieren. »Freud hat die Hypostasierung, d. h. Annahme eines von den einzelnen unabhängigen, überindividuellen Gefüges in den ›organisierten Massen‹ faktisch vollzogen; diese wird vom Gegenstand selbst erzwungen. Damit hat er den sozialpsychologischen, dynamischen Begriff der Masse gesprengt und unter jenen verfestigten, beständigen Massen die sozialen Gebilde in die psychoanalytische Theorie eingeschmuggelt.« (30) Als Hans Kelsen 1922 in einer Würdigung der Freudschen »Theorie der Masse« diesen Bruch aufspürte, daß nämlich das Konzept organisierter Massen den wissenschafts-axiomatischen Rahmen der Psychoanalyse sprengen müsse, hat Freud in einer Replik bekräftigt, daß künstliche, organisierte Massen keineswegs unabhängig von seelischen Vorgängen zu verstehen seien, daß also die Organisation, die sich in Massen bilde und durch Anwendung von ›äußerem Zwang‹ auf ihre Mitglieder sich fortsetze, bruchlos auf seelische Vorgänge sich reduzieren lasse. (31) Damit war aber auch der methodische Widerspruch bekräftigt, in den die psychoanalytische Theorie geraten muß, wenn sie eine eigene Erklärungsebene stabiler Strukturgebilde, nämlich die Soziologie, nicht *neben* sich duldet. »Im Seelischen realisiert sich, was nicht mit diesem identisch ist: die Gesellschaft als herrschaftsvermittelte Institution. Weder hat Freud recht, daß die Organisation nicht ein gegenüber den einzelnen verselbständigtes System ist, noch Kelsen, der darin eine methodisch unzulässige Hypostasierung sieht, die nicht vom Gegenstand selbst erzwungen wird. Die entscheidende Frage ist, wie dieser gesellschaftliche Sachverhalt gesellschaftstheoretisch gedeutet wird.« (32)

Es ist der einzelne, der die Zukunft trägt

Bringt man Sigmund Freuds zeitbiographisch wie wissenschaftsmethodisch »isolierte« Position in Verbindung mit dem Psychogramm der Zeit, so ist sie in einem topischen Sinne vergleichbar mit der Situation der Weimarer Nationalversammlung, die, militärisch abgeschirmt und herausgelöst aus der »Direktheit« augenblicklicher politischer Konstellation, im Rückgriff auf die Position des deutschen Idealismus eine heuristische Tat vollbringt: die Wirklichkeit des »aktuellen« Bewußtseins negiert und den Vorgriff auf ein eines Tages sich einstellendes »neues« Bewußtsein wagt. Ähnlich hat Freud, umgeben vom cordon sanitaire seines zeitgeschichtlichen Desinteressements, in »ungestörter« Fortführung seiner individualpsychologischen Forschung, wichtige Erkenntnisse über die Massenstruktur zutage gefördert, die durch die Erscheinungsformen ideologisch bzw. politisch bestimmter Massen überdeckt waren. In einem Augenblick, in dem die Masse mit der »Unheimlichkeit« einer eigenen »Körperschaft« mit aller Deutlichkeit hervortrat, und auch die Bemühungen um die Erforschung der Masse vielfach diese konsistente Massenhaftigkeit selbst verinnerlichten (indem sie an die völlige, durch individuelles Handeln nicht mehr zu beeinflussende Eigengesetzlichkeit der Masse glaubten), hat Freud, indem er Sozialpsychologie auf Individualpsychologie reduzierte, verdeutlicht, daß es eben doch der einzelne sei, der die Zukunft trage – die Beziehungen des einzelnen, des einzelnen zum Du, wie die Wechselbeziehungen von Ich und Es, Über-Ich und Ich, den Ausschlag gäben. Karl Jaspers, sonst der Psychoanalyse ablehnend gegenüberstehend, hat indirekt die »isolierte Position« Freuds, die zugleich einen Vorgriff auf Fortschritt darstellte, anerkannt, wenn er schreibt: »Kann es in der Massengesellschaft noch Individualitäten geben? Ist es möglich, daß in der kollektivierten Gesellschaft der einzelne sich behauptet? Diese heute oft und besorgt gestellte Frage fordert zu ihrer Beantwortung zunächst eine Klärung des Gegensatzes von einzelnem und Kollektiv. Der Mensch ist immer beides, ein einzelner in einem Ganzen. Der einzelne ist durch seine menschliche Umwelt und diese nur dank der Kraft des einzelnen. Es kann weder das Ganze – nennen wir es Gemeinschaft, Gesellschaft, Kollektiv – noch den einzelnen für sich geben. Denn der Mensch geht weder in einem Ameisenstaat als einem sich geschichtslos wiederholenden, in sich vollendeten Ganzen zu bloßer Funktion verloren, noch läuft er als Vereinzelter durch die Welt. Ohne Überlieferung, die ihm durch Menschen zuteil wird, kann der Neugeborene nicht einmal Mensch werden. Er wächst nicht wie alle Tiere, durch die biologischen Erbsubstanzen von selbst in ständiger Wiederholung des Gleichen durch Generationen, sondern durch die Erziehung in geschichtlichem Wandel ... Erkenntnis unserer selbst, wenn sie sich der Naturerkenntnis gleichsetzt, hat die Tendenz, unser Handeln im bezug auf uns selbst von einem imaginären Punkt außerhalb, einem vermeintlichen Wissen von dem, was notwendig mit uns geschieht, zu lenken. Das bedeutet aber in Wirklichkeit, uns vom Handeln zu entlasten, das eigentliche Handeln aufzugeben, uns von der Freiheit zu befreien zugunsten einer vermeintlich erkannten Notwendigkeit. Die Folge ist, daß wir entweder von jenem imaginären Punkt außerhalb her unsere Allmacht behaupten oder darin stehend unsere Ohnmacht.« (33) Dadurch, daß Freud in seiner Isolation, in seinem wissenschaftsmethodischen Autismus, den »Punkt außerhalb«, die zeitgenössische Übermächtigkeit konkreter politischer Massen, »übersah«, verfiel er auch nicht dem Mythos der Masse, der, vom fanatischen Glauben an die Eigengewalt der Masse getragen, die Naturgesetzlichkeit und Naturkraft der Masse suggerierte. Freud ging seinen *eigenen* Weg der Massenpsychologie und stärkte damit das Ich-Bewußtsein, das eben auch im Zeitalter der Massen und angesichts des »bösen Blicks« der Masse die Kraft der Zersetzung von Masse als personale Eigenleistung aufzubringen vermag. Ein klares, den »seelischen Haushalt« genau beachtendes Denken und die vernünftige (rationale) Prüfung der Ich-Möglichkeiten sind geeignet, Massenmythen aufzulösen; die Ich-Analyse gibt die Möglichkeit, Massenpsychologie als Therapie zu betreiben. Freuds Defizit, nämlich seine Geschichtsferne und -fremdheit, nimmt, positiv gesehen, den »Abschied von der Geschichte« vorweg und vermittelt die Fähigkeit, sich aus geschichtlicher Zwangshaftigkeit zu lösen, den Vorgriff auf die reale Utopie (auf die Utopie von »Mengen« als Summe von Einzelwesen) zu wagen. Als Freud sich vom Massenmenschentum seiner Zeit wenig beeinflußt zeigte, antizipierte er einen zukünftigen Menschen, der mit der Regelung seiner individuellen Beziehungen und ihrer Analyse zum Widerstand gegen das Man-Dasein sich konditioniert. Was Freud zeitbiographisch und methodisch demonstriert, hat Hermann Broch später inhaltlich in den Mittelpunkt seiner Massenpsychologie gerückt: nämlich die Bedeutung des singulären Ichs inmitten einer dem Postulat der Massenhaftigkeit selbst verfallenen Massenpsychologie. Während Broch auf der einen Seite den Absolutheitsverlust des modernen Menschen beklagte, bemühte er sich als Mystiker, als Ursprungsdenker, dessen Anthropologie von der Gottebenbildhaftigkeit des Menschen ausging, dem Menschen für seine Personalität das »Absolutheits-Fünklein« zurückzugewinnen, das in der allgemeinen Menschheitsdämmerung verloren gegangen sei. Den mit »schlafwandlerischer« Sicherheit immer mehr jeder Individualität sich entäußernden Massen wird der Erkenntnisvorstoß des einzelnen entgegengestellt; *Ich-*

Erkenntnis ist in Brochs Massenpsychologie das Schlüsselwort. (34) Ich-Analyse war bereits für Freud zugleich Massenpsychologie, da eben der Gegensatz von Individual- und Sozialpsychologie, »der uns auf den ersten Blick als sehr bedeutsam erscheinen mag«, bei eingehender Betrachtung sehr viel von seiner Schärfe verliere. Was Egon Friedell dem Sektierer Sigmund Freud, dem Orpheus aus der Unterwelt, ankreidet, erwiese sich dann als das Rettende doch – als Fähigkeit, wenn auch nicht mit szientistischer, so doch mit methodischer Stringenz, Massen in Gruppen, Gruppen in Genossenschaften, Genossenschaften in Einzelbeziehungen »zurückzudenken«.

Die Großartigkeit von Gebärde und Pose

Hugo von Hofmannsthal, Rainer Maria Rilke und Stefan George, in ihrem Leben und Werk dem 19. wie dem 20. Jahrhundert zugewandt, in ihrer »Nervosität« und Sensibilität durch den Geist der Jahrhundertwende geprägt, hatten im Weltkrieg den Zerfall des europäisch-humanistischen Erbes mit tiefer Betroffenheit wahrgenommen. Unter dem Eindruck der »abendländischen Krise« versuchten sie nach 1918, im Angesicht der Massen, die Individualität des Dichters paradigmatisch »vorzuleben« und mit ihrem Schaffen ein Zeichen gegen die Entfremdung der Zeit zu setzen.

Die »determinierte Vornehmheit« Hofmannsthals, wie sie dessen Biographie (vom rätselhaft lyrischen Wunderknaben bis zum konservativ-bewahrenden poeta doctus) bestimmte, hinderte ihn zwar vielfach, die sozialen und politischen Probleme seiner Zeit voll zu erfassen; (35) auf der anderen Seite jedoch registrierte er gerade aufgrund solcher Distanzierung mit besonderem Einfühlungsvermögen die Phänomene, die *seiner* Welt fremd waren. Der Anblick eines »Fetzen Welt« – etwa einer Industriesiedlung –, die elenden Chiffren der Wirklichkeit bewirkten in ihm ein Grauen; das Menschenelend konnte er »direkt« nicht ertragen. Das Ausmaß seiner Melancholie wie seiner Schönheitssehnsucht machte deutlich, wie tief er sich in hilflosem Schrecken den Problemen der Zeit ausgeliefert fühlte. Was vor dem Krieg dem Bewußtsein der Oberschicht noch als möglich erschienen war, nämlich den Menschen durch Schönheit mit der Ordnung zu »versöhnen« und so das Chaos der Realität zurückzudrängen, hatte nach dem Weltkrieg seine Glaubwürdigkeit verloren. Der Abgrund lag offen; weitere Katastrophen kündigten sich an. Die spätromantische Rhythmen- und Bildersprache versagte angesichts der brutalen Direktheit, mit der die Ideologen das Wort und damit den Geist ergriffen – und vergewaltigten. »Zu beachten«, schreibt Hofmannsthals Freund Harry Graf Kessler einmal in seinem Tagebuch, »ist in diesem Zusammenhang auch das Zeremonielle in Hofmannsthals Schrifttum, wie er an einen Stoff herangeht; er offiziert sozusagen mit einem Stoff wie der Priester mit der Hostie, legt diesem Zeremoniellen eine gewissermaßen magische Bedeutung bei, dieses namentlich in seinen Prosaschriften. Das direkte Zupacken ist ihm widerlich, unmöglich, kommt ihm respektlos und unwirksam vor. Hofmannsthal sucht Objekte, an die er sein Gefühl hängen kann, findet sie nicht in der Wirklichkeit. Daher schafft er sich künstliche Objekte, sucht in der Kunst, in der Literatur nach ihnen.« (36)

Hofmannsthal, der 1920 mit der Gründung der Salzburger Festspiele die Krise des Geistigen durch ein Zentrum musischen Schaffens und Erlebens im Sinne abendländischer Kultur überwinden wollte, was seinem Verständnis von politischem Handeln entsprach, hat 1921, im gleichen Jahr, in dem Sigmund Freud seine Abhandlung »Massenpsychologie und Ich-Analyse« veröffentlichte, mit dem »Lustspiel in drei Akten« »Der Schwierige« (im Wien der Nachkriegszeit spielend) ein Seelenbild seiner Gesellschaftsschicht gezeichnet – einer Gesellschaft, die labil und funktionslos geworden war, die jedoch mit den Regeln des Anstandes und einer immer wieder kokett überspielten Melancholie »über die Runden« zu kommen, vor allem aber durch Konversation der Monotonie und Sinnentleerung Herr zu werden suchte. Der bramarbasierende preußische Fremde, Baron Neuhoff, der in dem Circle, in dem das Drama spielt, den modernen Geist in seiner Oberflächlichkeit und Realitätsnähe karikierend darstellt, spricht durchaus die Wahrheit aus, wenn er feststellt: »Alle diese Menschen, die Ihnen hier begegnen, existieren ja in Wirklichkeit gar nicht mehr. Das sind ja alles nur mehr Schatten. Niemand, der sich in diesen Salons bewegt, gehört zu der wirklichen Welt, in der die geistigen Krisen des Jahrhunderts sich entscheiden. Sehen sie doch um sich: eine Erscheinung, wie die Figur dort im nächsten Zimmer, vom Scheitel bis zur Sohle sich balancierend in der Selbstsicherheit der unbegrenzten Trivialität – von Frauen und Mädchen umlagert – Karl Bühl.« (37)

Hans Karl Bühl, der Held des Stückes, zeigt im besonderen Maße das geistig-seelische Profil aristokratischer Spätzeit. Aus dem Weltkrieg heimgekehrt, in einem konkreten wie metaphorischen Sinne vom »Schicksal des Verschüttetseins« tief betroffen und nun in die alte und veraltete Gesellschaft mit ihren Allüren wieder hineingestellt, erweist er sich als ein Mann ohne Entscheidungskraft, als »Mann ohne Absichten«, der individualistisch im künstlich erhaltenen Schwebezustand einer vergangenen Welt dahintreibt und auf ein imaginäres Leben ausgerichtet ist, in dem die ganze Welt wie etwas Reines, Neues und dabei so Selbstverständlichen aufscheint. Der Knoten subtiler psychischer, rhetorisch durchdrungener Verwirrungen wird im Lustspiel heiter-komödiantisch gelöst: Der »Schwierige«, der nicht in der Lage ist, seine Liebe selbst zu erklären, erfährt das Glück, daß die Frau (in Umkehrung von Sitte und Konvention) dies ihrerseits tut: in Helene findet Karl Bühl eine sowohl verständnisvolle wie emanzipierte Gattin. »Die Genesung ist so ein merkwürdiger Zustand. Darin ist mir die ganze Welt wiedergekommen, wie etwas Reines, Neues und dabei so Selbstverständliches. Ich hab da auf einmal ausdenken können, was das ist: ein Mensch. Und wie das sein muß: zwei Menschen, die ihr Leben aufeinanderlegen und werden wie ein Mensch. Ich habe – in der Ahnung wenigstens – mir vorstellen können – was dazu gehört, wie heilig das ist und wie wunderbar.« (38) Angesichts individualistischen Glücks in wirtschaftlich wohlgepolsterter Zweisamkeit, tritt die Bedrohung durch die Welt zurück. Bei aller, die Grenzen des Pathologischen erreichenden Konversationsmanie – das »Wesentliche« bleibt keusch ausgespart, schwingt nur in den Zwischentönen mit: »Wenn alle Menschen wüßten, wie unwichtig sie sind, würde keiner den Mund aufmachen.« (39) Das erinnert an den Kernsatz aus dem Tractatus logico-philosophicus, des sprachphilosophischen Hauptwerkes von Ludwig Wittgenstein, das 1921 erschien: »Wovon man nicht sprechen kann, darüber muß man schweigen.« (40) Die schweigende Beredsamkeit, die beredte Schweigsamkeit, mit der hier Menschen versuchen, sich gegenseitig zu offenbaren, um in der Ich-Du-Beziehung Halt inmitten einer brutalen Umwelt zu finden, den endgültigen Untergang der Klassengesellschaft im Zeitalter der Massen erspürend, aber zugleich verdrängend, gibt dieser Komödie ihre tragische Dimension. –

»Es liegt etwas unendlich Trauriges und unendlich Nobles in der Art, wie das arme Kind aus dem Leben gegangen ist. Er konnte sich nie mitteilen. Auch sein Weggehen war schweigend«, schrieb Hugo von Hofmannsthal an C. J. Burckhardt, als sein Sohn Franz im elterlichen Haus Januar 1929 Selbstmord begangen hatte. (41) Beim Ankleiden zum Begräbnis des Sohnes ist Hofmannsthal selbst wenige Tage später an einem Hirnschlag gestorben. »Es ist ja nur nervös«, waren die letzten Worte, ehe die Sprachlähmung eintrat.

1921 zog sich Rainer Maria Rilke nach Schloß Muzot (im Wallis), das ihm ein Gönner zur Verfügung stellte, zurück. Den Krieg hatte er im Bürodienst, im Kriegsarchiv, überstanden; die Beendigung der Feindseligkeiten belebten den Dichter mit neuer Zuversicht: »Was ihm als eine jahrelange Heimsuchung aufgelegen war und ihn mit Unfruchtbarkeit geschlagen hatte, das war ja eben der allgemeine Notstand gewesen, die katastrophale Veränderung des seelischen Klimas ins Unmenschliche, das sinnlos vervielfältigte Massensterben, die unabsehbare Verwüstung. Hing nicht das Los dieses scheinbar so asozialen Menschen viel tiefer und verhängnisvoller mit dem Schicksal der zeitgenössischen Gesellschaft zusammen als etwa die bloß rhetorische Existenz gewisser politisch engagierter Räsonneure und Stückeschreiber, die sich im Vordergründigen tummelten und mit den Aktualitäten des Tages wieder verschwanden? Wo Rilke sich politisch teilnehmend zeigte, da geschah es an jenen pathetischen Wendepunkten der Geschichte, die eine Steigerung des Menschen über seine ewige moralische Mittelmäßigkeit zu begünstigen scheinen, doch niemals auf Kosten einer unbefangenen Einsicht in den wirklichen Gang der Dinge. Als im November 1918 die revolutionäre Bewegung auch in München und auf münchnerische Weise zu Stimme und Ansehen kam, da wurde er von einem Gefühl der Befreiung aus einer abgelebten politischen Misere ergriffen.« (42) Die Unruhe seines Lebens, wie sie sich in den vielen und vielfältigen, sich aber auch immer wieder lösenden persönlichen Bindungen spiegelt, letztlich die Bindungslosigkeit seiner Existenz verdeutlichend, sollte nun in einem neuen »Wohnversuch« zur Ruhe bzw. zur dichterischen »Aufarbeitung« kommen. Der »Turm von Muzot« war Herzstück einer Lebensmythe, die als das Sinnbild einer esoterischen Klausur unter dem Namen Rilke den leerlaufenden Kommunikationsformen der Massengesellschaft ein Bollwerk des Schweigens, der Geduld und einer wahrhaft unabhängigen Sprache und Wahrheitsfindung entgegenstellte. (43) Egon Schwarz hat die provozierenden Thesen formuliert, daß Rilke das Lebensgefühl einer Generation artikuliert habe, die sich aus aufsässigen kleinbürgerlichen und aristokratischen Elementen, also aus Verlierern der Industrierevolution, zusammengesetzt und die das kapitalistische Bürgertum, die Kommerzialisierung, Mechanisierung und Vermassung des Kontinents bekämpft habe. Man wisse, wohin dieser Wunsch nach einer Rückkehr zu agrargesellschaftlichen Wertvorstellungen führte: über die konservative Revolution zum Faschismus.

Damit wird freilich nur, zudem in aphoristischer Zuspitzung, die eine Seite der Rilkeschen Existenz angesprochen: der Hang zur Exklusivität,

zum steten Ritual, zur egozentrischen, narzißtischen Selbstbefriedigung. »Bis in das Intimste und Persönlichste ging sein ästhetischer Sinn für Vollendung und Symmetrie. Einmal sah ich ihm in seiner Wohnung vor der Abreise zu – er lehnte meine Hilfe mit Recht als unzuständig ab –, wie er seinen Koffer packte. Es war wie ein Mosaiklegen, jedes einzelne Stück beinahe zärtlich in den sorgfältig ausgesparten Raum eingesenkt; ich hätte es als Frevel empfunden, dieses blumenhafte Beisammensein durch einen helfenden Handgriff zu zerstören. Und dieser sein elementarer Schönheitssinn begleitete ihn bis ins nebensächlichste Detail; nicht nur, daß er seine Manuskripte so sorgfältig auf schönstem Papier mit seiner kalligraphisch runden Hand schrieb, das wie nachgemessen mit dem Zollstab jede Zeile zur andern in gleicher Schwebe stand; auch für den gleichgültigsten Brief wählte er erlesenes Papier, und regelmäßig, rein und rund ging seine kalligraphische Schrift hart heran bis an das Spatium. Niemals erlaubte er sich, selbst in der hastigsten Mitteilung, ein durchgestrichenes Wort, sondern immer schrieb er, sobald ein Satz oder ein Ausdruck ihm nicht vollwertig erschien, in seiner großartigen Geduld den ganzen Brief noch ein zweitesmal. Nie gab Rilke etwas aus der Hand, was nicht vollendet war.« (Stefan Zweig) (44) Er hatte die Angewohnheit, seine Briefe mit einem der Wappensiegel, die er sich in verschiedenen Größen hatte schneiden lassen, zu verschließen. Auch der Siegellack wurde nach bestimmten Grundsätzen sorgfältig ausgewählt. Wenn Rilke sich abends hinsetzte, um aus einem Buch etwas neu Entstandenes vorzulesen und dabei zwei Kerzen anzündete, während der ganze Raum im Dunkel blieb – es war ebenso »gebärdenhaft«, wie wenn er ein Gedicht, ein Prosastück oder einen Brief abfaßte. Das Kunstgewerbliche solchen Tuns ist unverkennbar.
Die Gebärde war ihm aber viel mehr; nicht nur Äußerliches, sondern äußerer Ausdruck einer inneren Gestimmtheit, einer seelisch-geistigen Feierlichkeit, unter deren Vorzeichen sich für ihn die Begegnung mit der Welt, mit den Menschen und mit den Dingen, vollzog. Er betrieb den Kult des Schönen, Kostbaren und Preziösen in innerer Übereinstimmung mit Teilen des kollektiven (Unter)Bewußtseins seiner Zeit, das sich immer mehr dem Unschönen, Massenhaften, Banalen und Standardisierten ausgeliefert wußte und kompensatorisch dazu das »Aristokratische« ersehnte. Es war eine Form der Auflehnung gegen das Zeitalter der Masse, die Rilke vorlebte.
Daseinsangst und Ungeborgenheit durchziehen sein Werk; und immer wieder wird der Versuch gemacht, Halt zu finden – auf der Suche nach dem Göttlichen, in der Sichtbarmachung des Jenseitigen. Mythos war

ihm nicht nur Allegorie bzw. Poesie; aber er konnte das Ziel seines Transzendierens nicht erreichen. Er sei zeitlebens unterwegs gewesen, während die Götter schliefen, sagte er.

Die existentielle Grundaporie sollte in der Zuwendung zu der Dinglichkeit der Welt wenigstens »besänftigt« werden. In die Metapher vom »Weltinnenraum« hat er den Versuch, zu solcher neuen Geborgenheit zu gelangen, gefaßt:

> »Durch alle Wesen reicht der *eine* Raum:
> Weltinnenraum. Die Vögel fliegen still
> durch uns hindurch. O, der ich wachsen will,
> ich seh hinaus, und *in* mir wächst der Baum.
>
> Ich sorge mich, und in mir steht das Haus.
> Ich hüte mich, und in mir ist die Hut.
> Geliebter, der ich wurde: an mir ruht
> Der schönen Schöpfung Bild und weint sich aus.« (46)

»Weltinnenraum« verwies auf »Heimat« – auf Heimat in den Dingen, die im Raum stehen; aber auch auf das Bemühen, Immanenz erlebbar zu machen; der Tod war entsprechend »ins Leben hereinzunehmen« und zu bejahen – in bewußter Absage an das »massenhafte Sterben« der Zeit, die mit dem Weltkrieg das monströse Ergebnis gigantischer Todesverachtung und Todesverdrängung vor Augen geführt hatte. So »akzeptierte« Rilke auch sein eigenes langes Leiden, die schwere, schmerzvolle Krankheit der Leukämie, an der er am 31. Dezember 1926 starb; er war gezwungen, das konkret nachzuvollziehen, was er dichterisch seiner Zeit anempfahl:

> »... Aber dies: den Tod,
> den ganzen Tod, noch vor dem Leben so
> sanft zu enthalten und nicht bös zu sein,
> ist unbeschreiblich.« (47)

Der Gedichtzyklus »Die Sonette an Orpheus«, geschrieben als ein Grab-Mal für Wera Ouckama Knoop, entstand im Schloßturm von Muzot im Februar 1922 und wurde 1923 veröffentlicht. Er spiegelt Rilkes poetische Reflexionslage zwischen Dasein und Tod, Verlorenheit und neuer Geborgenheit, Angst und Zuversicht, Sinnkrise und Selbstbesinnung. Die »Zeichen« des menschlichen Da-seins werden genannt und in Naturgleichnissen eingefangen; die Zeichen des Fortgehens danebengestellt, die Vergänglichkeit, das Sterben und das Töten in der Natur und im menschlichen Leben. Der »Doppelbereich« war das Thema dieser Dichtung – eine »topographische« Zeitanalyse, die sich von jeder Aktualität fernhielt, aber dennoch die Problematik des kollektiven Unterbewußtseins in der Polarität von Hinwendung und Abwendung, Individualität und Massenhaftigkeit im Nerv traf, das »Neue« durch die Lobpreisung des »Uralten« (C. G. Jung sprach vom Archetypischen) zu bannen versuchte.

> »Hörst du das Neue, Herr,
> dröhnen und beben?
> Kommen Verkündiger,
> die es erheben.
>   Zwar ist kein Hören heil
> in dem Durchtobtsein,
> doch der Maschinenteil
> will jetzt gelobt sein.
>   Sieh, die Maschine:
> wie sie sich wälzt und rächt
> und uns entstellt und schwächt.
>   Hat sie aus uns auch Kraft,
> sie, ohne Leidenschaft,
> treibe und diene.«

> »Wandelt sich rasch auch die Welt
> wie Wolkengestalten,
> alles Vollendete fällt
> heim zum Uralten.
>   Über dem Wandel und Gang,
> weiter und freier,
> währt noch dein Vor-Gesang,
> Gott mit der Leier.
>   Nicht sind die Leiden erkannt,
> nicht ist die Liebe gelernt,
> und was im Tod uns entfernt,
>   ist nicht entschleiert.
> Einzig das Lied überm Land
> heiligt und feiert.« (49)

1921 erschien Stefan Georges letztes Werk »Drei Gesänge«. »An die Toten« war der erste Gesang gerichtet:

> »Wenn je dieses volk sich   aus feigem erschlaffen
> Sein selber erinnert   der kür und der sende:
> Wird sich ihm eröffnen   die göttliche deutung
> Unsagbaren grauens ...   dann heben sich hände

Und münder ertönen   zum preise der würde
Dann flattert im frühwind   mit wahrhaftem zeichen
Die königsstandarte   und grüsst sich verneigend
                  Die Hehren, die Helden!« (50)
Der dritte Gesang galt »Einem jungen Führer im ersten Weltkrieg«:
»Anders als ihr euch geträumt   fielen die würfel des streits.
Da das zerrüttete heer   sich seiner waffen begab
Standest du traurig vor mir   wie wenn nach prunkendem fest
Nüchterne woche beginnt   schmückender ehren beraubt.
Tränen brachen dir aus   um den vergeudeten schatz
Wichtigster jahre.« (51)
Die drei Gesänge resümieren noch einmal beispielhaft die Eigenart
dieses Dichters »zwischen Anspruch und Resignation«:
· die elitäre und autoritäre Haltung mit der Vorliebe für esoterische
  Rituale und aristokratische Exklusivität;
· die Ästhetisierung, den Hang zum Theatralischen, zum Pathos, zu
  einer bemühten Strenge, zum ziseliert Gesuchten und Gespreizten;
· den aristokratischen Anspruch gegenüber proletarischer Bewegung,
  die Sucht, alles Banale, Direkte, »Materialistische« konsequent aus-
  zusparen,
eben jenen romantischen Antikapitalismus, in dem alles vorhanden war,
was die reine Verinnerlichung an seelischen Werten zu geben vermochte. (51) Anders als man es geträumt habe, seien die Würfel des
Streits gefallen … die nüchterne Woche beginne. Aber der heldische
Jüngling, in dessen aufflatterndem Haar »von strahlen ein ring dann
eine krone« sich zeigte, (52) konnte schwerlich die Arbeit der »nüchternen Woche«, die Dreckarbeit der Reform, bewältigen. – »Das neue
Reich«, das Stefan George in Absage an seine Zeit sich ersehnte, war
ausgerichtet auf das Ideal des ästhetisch-herrischen Menschen, den
weder die Hinterhöfe noch die Massen kümmerten, der also die wirkliche Welt weder topisch noch politisch-ökonomisch zur Kenntnis
nahm. Auf der anderen Seite besticht in Georges paradigmatischer
Wirklichkeitsferne die Konsequenz, mit der er das »maschinelle Getriebe« ablehnte und »aus dem Nichts in die äußerste Freiheit« entstieg,
»um auf die Deutschen beispielhaft durch seine Haltung zu wirken und
sie eindringlich durch Gedichte, durch orakelhafte Andeutungen und
Befehle zu warnen.« (Ferdinand Lion) (53) Freilich hat Walter Benjamin mit Recht in seinem »Rückblick auf Stefan George« festgestellt, daß
in seinem Stil (der Jugendstil sei) das alte Bürgertum das Vorgefühl der
eigenen Schwäche dadurch tarne, daß es kosmisch in alle Sphären

schwärme und zukunftstrunken die »Jugend« als Beschwörungswort mißbrauche. Hier tauche die Regression aus der sozialen in die natürliche und biologische Realität auf, welche sich seitdem wachsend als Symptom der Krise bestätigt habe. Das biologische Idol verbinde in der Idee des Kreises sich dem kosmischen. Die von George bewirkte bzw. geförderte »geistige Bewegung«, welche die Erneuerung des menschlichen Lebens erstrebte, ohne die des öffentlichen zu bedenken, laufe auf eine Rückbildung der gesellschaftlichen Widersprüche in jene ausweglosen, tragischen Krämpfe und Spannungen hinaus, die für das Leben kleiner Konventikel bezeichnend seien. »Der große Dichter ist Stefan George diesem Geschlecht gewesen, aber er war es als Vollender der Décadence, deren spielerische Gebarung seinen Impuls verdrängte, um in ihr dem Tod den Platz zu schaffen, den er in dieser Zeitwende zu fordern hatte.« (55) Dieses »Sterben in Schönheit« führte den elitären Individualismus auf einen letzten Höhepunkt. Vor seinem Tod 1933 war George möglicherweise jedoch selbst zu Bewußtsein gekommen, daß er in seinem Amt als Prophet, als Seher und als Rufer zu Staat und Reich gescheitert war. Kein strahlender Jüngling hatte die Herrschaft angetreten; das »neue Reich« war das des neidischen Kleinbürgers und randalierenden Spießers; der Individualismus war an der Banalität des Bösen gescheitert. – Eugen Gottlob Winkler schrieb einige Jahre später über die »Gestalt Stefan Georges in unserer Zeit«:

»Dieser oberherrliche Mensch, der in seiner Welt mit einem Machtwort die Tragik überwunden glaubte, ist, von außen her betrachtet, tragisch wie nur je, donquijotehaft. Er ist der Mensch, der, wenn auch ohne es zu merken, sich in der Wirklichkeit vollkommen aufhebt. Die Form, die er bildet, ist demnach leer und tot. Sein Ideal selbst in seiner Verwirklichung ein Phantasiegebilde und seine Erscheinung bei aller Großartigkeit ihrer Konsequenz eine ungeheuerliche Pose.« (57)

Die Zwanziger Jahre als kulturelles Kaleidoskop

Ehe Sigmund Freuds Schrift »Massenpsychologie und Ich-Analyse« in ihrem Detail referiert und analysiert wird, gilt es, »Seelenbilder« der Zwanziger Jahre vorzustellen, um mit Hilfe solcher psychogrammatischer Bezüge die Eigen-art von Freuds Überlegungen im Kontext seiner Zeit besonders deutlich werden zu lassen. »Weimar« nennt Kurt Sontheimer »ein deutsches Kaleidoskop«. »Vierzehn Jahre nur währte die Republik von Weimar, und doch gibt es meines Wissens keine Periode der deutschen Geschichte, die gleichzeitig so reich und so beschränkt, so kühn und so gedrückt, so schöpferisch und so primitiv, so befreiend und so regressiv war. Weimar bot in einer bisher nie dagewesenen Vielfalt ein Kaleidoskop deutscher Möglichkeiten. Daß die politisch schlimmste dieser Möglichkeiten zum traurigen und für die Nation so folgenschweren Ergebnis des Weimarer Experiments werden sollte, daß aus sich bekämpfender politischer Vielfalt die stramme Einheit einer ihrem Führer ergebenen Volksbewegung, aus kulturellem Reichtum die verordnete Primitivität wurde, dies alles macht deutlich, daß das Elend von Weimar weitaus mächtiger war als seine Größe.« (58) Zugleich aber, und dies signalisiert der Mythos von den »Goldenen Zwanziger Jahren«, der für den österreichischen Geistes- und Kulturbereich gleichermaßen gilt, war es eine Zeit produktiver geistiger Spannung der Extreme; Sorge, Angst, Zynismus, Verzweiflung standen neben »fröhlicher Liberalität« und blühender Kreativität. Auf der einen Seite »ein trübes, aber schäumendes Gebräu von massenwirksamen Parolen«, (59) dessen Ingredienzen aus den Sudelküchen irrationaler völkischer Ideologie stammten; auf der anderen quellfrische Aufbruchsstimmung, in die frühexpressionistische Begeisterung eingeflossen war und die allerorts den neuen strahlenden Menschen zu erblicken hoffte. (60) Stark waren die Strömungen, die (getragen von der Mehrzahl der deutschen Professoren, der akademischen Jugend, der protestantischen Pfarrer, der Masse der Gymnasiallehrer) die Republik diffamierten und sich für einen regressiven Irrationalismus begeisterten; und stark waren die Aufwinde eines Geisteslebens, das von individualistischer Vitalität geprägt war und sich genossenschaftliche Solidarität, die endgültige Befreiung von Fehlleitung und Außensteuerung, von autoritärer Gängelung und Selbstentfremdung, erhoffte. In einer Zeit, die

· mit dem Höhepunkt des Spätkapitalismus zugleich seine tiefste Krise,
· mit dem Aufschwung des Sozialismus zugleich seine größte Vergewaltigung,
· mit der Ausbildung staatsbürgerlicher Aktivität zugleich deren Verkrustung,
· mit der besonderen Subtilität von Intelligenz zugleich die besondere Verführbarkeit des Geistes,
· mit dem Aufstand der Massen zugleich den Elan persönlich geprägter Utopien,
· mit der Entseelung und Veräußerlichung moderner Kultur zugleich ihre hedonistische, sinnenfrohe Ausprägung,

· mit der Kultur als terroristischer Fassade zugleich das Geistige als allein maßgebendes Prinzip,

· mit dem Alptraum vom Automatismus der modernen Massengesellschaft zugleich die Vision humanen Fortschritts erbrachte,

in einer solchen Zeit der Coincidentia oppositorum (im Surrealismus augenfällig visualisiert) wie der permanenten Revolution standen der einzelne wie die Gesellschaft ständig am Scheideweg.

»Sturz-und-Schrei«, »Aufruf-und-Empörung«, »Liebe-den-Menschen« waren dabei die »Eckwerte« eines Psychogramms, das sich in immer neuen »Drehungen« und »Wandlungen«, in Form vielfältigster, vielseitigster, auch vieldeutigster »bunter Bilder«, über die freilich zunehmend die Schatten der Vermassung fielen, darbot.

Um diese seelische Komplexität zu strukturieren, verwenden wir als Gliederungsprinzip die Kapiteleinteilung der 1919 unter dem Titel »Menschheitsdämmerung – Symphonie jüngster Dichtung« erschienenen, von Kurt Pinthus edierten Anthologie, die der Herausgeber im Rückblick (beim Nachdruck 1959) mit Recht in Hinblick auf die Wirkungsgeschichte des Buches als »explosives Pionierwerk, als avantgardistisches Experiment« bezeichnete. (61) Der Band, der Dichtungen, die vor dem Weltkrieg, im Weltkrieg und kurz danach entstanden waren, in sich vereinte (Dichtungen, die in ihrer revolutionären Wirkung erst jetzt nach dem traumatisch empfundenen Ende des Krieges zu voller Wirkung kamen), war – wie es im Vorwort 1919 hieß – eine »Sammlung der Erschütterungen und Leidenschaften, Sammlung von Sehnsucht, Glück und Qual einer Epoche – unserer Epoche«. (62) »Es ist gesammelte Projektion menschlicher Bewegung aus der Zeit in die Zeit. Es soll nicht Skelette von Dichtern zeigen, sondern die schäumende, chaotische, berstende Totalität unserer Zeit. Stets war die Lyrik das Barometer seelischer Zustände, der Bewegung und Bewegtheit der Menschheit, voranzeigend kündete sie kommendes Geschehen, die Schwingungen der Gemeinschaftsgefühle, das Auf, Ab und Empor des Denkens und Sehnens ... Man horche in die Dichtung unserer Zeit, man horche quer durch, man blicke rund herum, nicht vertikal, nicht nacheinander, sondern horizontal; man scheide nicht das Aufeinanderfolgende auseinander, sondern man höre zusammen, zugleich, simultan. Man höre den Zusammenklang dichtender Stimmen: man höre symphonisch. Es ertönt die Musik unserer Zeit, das dröhnende Unisono der Herzen und Gehirne.« (63)

Keine »mechanische, historische Folge« wird von Pinthus angestrebt, sondern »dynamisches, motivisches Zusammenklingen: Symphonie!«

(64) Erfaßt vom Sprachduktus der in der Anthologie vertretenen erup-
tiv-expressionistischen Lyrikergeneration, wird der »Vorredner« der
Anthologie selbst zum Rhapsoden. (65) »Man möge also nicht nur auf
die einzelnen Instrumente und Stimmen des lyrischen Orchesters lauschen: die aufschwebende Sehnsucht der Violinen, die herbstlich-kla-
gende Melancholie der Celli, die purpurnen Posaunen der Erweckung,
das ironische Staccato der Klarinetten, die Paukenschläge des Zusam-
mensturzes, das zukunftslockende Marciale der Trompeten, das tiefe,
dunkle Raunen der Oboen, den brausenden Sturzbach der Bässe, das
rapide Triangelgeklingel und die bleckenden Beckenschläge genußgieri-
gen Totentanzes. Sondern es kommt darauf an, aus den lärmenden
Dissonanzen, den melodischen Harmonien, dem wuchtigen Schreiten
der Akkorde, den gebrochensten Halb- und Vierteltönen – die Motive
und Themen der wildesten wüstesten Zeit der Weltgeschichte herauszu-
hören. Diese bewegenden Motive (zeugte sie ein inneres Geschehen aus
uns heraus, oder ließ nur ein gleichgültiges Wesen sie ungeheuer in uns
erklingen?) variieren sich je nach Wesen und Wollen der Dichter, rau-
schen empor zum zersprengenden Fortissimo oder schwinden hin im
beglückenden Dolce. Das Andante des Zweifels und der Verzweiflung
steigert sich zum befreienden Furioso der Empörung, und das Modera-
to des erwachenden, erweckten Herzens erlöst sich zum triumphalen
Maestoso der menschenliebenden Menschheit.« (66)
Inmitten solchen Metaphernglanzes trat das Strukturgerüst der Zeit
dennoch deutlich zutage: es war eine Zeit, in der die Menschen als
Einzelwesen und Gruppen, als Individualisten und Kollektive zu einem
neuen Bewußtsein sich durchzuringen hofften, indem sie bald auf die
idealistische Substanz rekurrierten, bald voll zu einer ungewissen Zukunft sich bekannten – im Rückblick wie Fortschreiten um die Polarität
von Masse und Ich, um die Frage, inwieweit Masse das Ich zu verschlin-
gen, oder das Ich die Masse zu bewältigen vermöge, kreisend.

Sturz und Schrei

Dergestalt pessimistisch ist das erste Kapitel der Anthologie überschrieben. Immer deutlicher fühle man die »Unmöglichkeit einer Menschheit«, die sich ganz und gar abhängig gemacht habe von ihrer eigenen
Schöpfung, von ihrer Wissenschaft, von Technik, Statistik, Handel und
Industrie, von einer erstarrten Gemeinschaftsordnung, bourgeoisen
und konventionellen Bräuchen. Diese Erkenntnis bedeute zugleich den

Beginn des Kampfes gegen die Zeit und gegen ihre Realität. Man beginne, die Um-Wirklichkeit zur Un-Wirklichkeit aufzulösen, durch die Erscheinungen zum Wesen vorzudringen, im Ansturm des Geistes den Feind zu umarmen und zu vernichten, oder mit ironischer Überlegenheit sich der Umwelt zu erwehren, ihre Erscheinungen grotesk durcheinander zu würfeln. Die gereizten und überempfindlichen Nerven und Seelen dieser Dichter fühlten »auf der einen Seite das dumpfe Heranrükken der liebe- und freudeberaubten proletarischen Massen, von der anderen Seite den heranrollenden Zusammenbruch einer Menschheit, die ebenso hochmütig wie gleichgültig war. Aus der strotzenden Blüte der Zivilisation stank ihnen der Hauch des Verfalls entgegen, und ihre ahnenden Augen sahen bereits als Ruinen eine wesenlos aufgedunsene Kultur und eine ganz auf dem Mechanischen und Konventionellen aufgetürmte Menschheitsordnung. Ein ungeheurer Schmerz schwoll empor.« (Kurt Pinthus) (67)
Einsam und verloren fühlte sich der Mensch:

>>Wie du tot oder tausendfach unbekannt
Mein schwarzes Bett umlangst,
Nirgends durchbrochen von menschlicher Hand,
Gottlose Angst.« (68)

Als verdammt empfand sich die Jugend:
>>Hier Antlitze wie Tiere fremd
Und Augen wie in Eis geklemmt
Und Augen, die nur sich besehn,
Hier Antlitze, von nichts gehemmt!« (69)

Menschen waren Kadaver; die Substanz zerfiel; Mann und Frau gingen durch die Krebsbaracke:
>>Komm, hebe ruhig diese Decke auf.
Sieh, dieser Klumpen Fett und faule Säfte
das war einst irgendeinem Mann groß
und hieß auch Rausch und Heimat.« (70)

Hineingleiten wollte man in den Strom der Vergessenheit:
>>Der Strom trägt weit sie fort, die untertaucht,
Durch manchen Winters trauervollen Port.
Die Zeit hinab. Durch Ewigkeiten fort,
Davon der Horizont wie Feuer raucht.« (71)

Immer wieder erscheint die Stadt als das große Rieselfeld abgestandener und verdorbener Sehnsüchte, zugleich aber auch als Dorado, als Ort des Glücks; Metropolis – das war faszinierender Topos für tötende Langeweile und ausschweifende Phantasie, enervierende Monotonie und elektrisierende Erregung.In der Stadt blieben die Einsamen einsam:

> »Und wie stumm in abgeschloßner Höhle
> Unberührt und ungeschaut
> Steht doch jeder fern und fühlt: alleine.« (72)

In der Stadt suchten die Massen ihre neue Heimat. Da war Bewegung. Oft ohne Richtung. Die neuen Flammenzeichen rauchten Der »Gott der Stadt« hatte ein Janus-Gesicht:

> »Auf einem Häuserblocke sitzt er breit.
> Die Winde lagern schwarz um seine Stirn.
> Er schaut voll Wut, wo fern in Einsamkeit
> Die letzten Häuser in das Land verirrn.
>
> Vom Abend glänzt der rote Bauch dem Baal,
> Die großen Städte knieen um ihn her.
> Der Kirchglocken ungeheure Zahl
> Wogt auf zu ihm aus schwarzer Türme Meer.
>
> Wie Korybanten-Tanz dröhnt die Musik
> Der Millionen durch die Straßen laut.
> Der Schlote Rauch, die Wolken der Fabrik
> Ziehn auf zu ihm, wie Duft von Weihrauch blaut.
>
> Das Wetter schwält in seinen Augenbrauen.
> Der dunkle Abend wird in Nacht betäubt.
> Die Stürme flattern, die wie Geier schauen
> Von seinem Haupthaar, das im Zorne sträubt.
>
> Er streckt ins Dunkel seine Fleischerfaust.
> Er schüttelt sie. Ein Meer von Feuer jagt
> Durch eine Straße. Und der Glutqualm braust
> Und frißt sie auf, bis spät der Morgen tagt.«
> (Georg Heym) (73)

Der Stil dieser durch »Sturz und Schrei« bestimmten Lyrik ähnelt in vielem der Montage- und Schnitt-Technik des Films, der nach dem Ende des Ersten Weltkriegs als Massenkunst seinen Aufschwung erlebte. Die Epoche der Nachkriegszeit stellt Arnold Hauser insgesamt unter das Motto: »Im Zeichen des Films«. Das Gegenwartsbewußtsein – als Zeiterlebnis der Gegenwart – erfährt im Film seine besondere Verdichtung. Alles Aktuelle, Zeitgenössische, im gegenwärtigen Moment miteinander Verbundene gewinnt hier eine den heutigen Menschen besonders ansprechende Plausibilität, wird als Bewußtsein von Gleichzeitig-

keit – mit Hilfe des optischen Erlebnisses – verinnerlicht. »Die Faszination des ›Zugleich‹, die Entdeckung, daß einerseits der gleiche Mensch
in ein und demselben Augenblick soviel Verschiedenes, Unzusammen-
hängendes und Unvereinbares erlebt und daß andererseits verschiedene
Menschen an verschiedenen Orten oft dasselbe erleben, daß sich an
verschiedenen, voneinander völlig isolierten Punkten der Erde gleichzeitig dasselbe ereignet« (74), diesen Universalismus vermittelte damals
die moderne Technik vor allem mit Hilfe des Mediums Film. Die
Millionen und Abermillionen, die täglich und stündlich in den Kinos
der Welt sich einfanden, verbanden sich zu einer neuen Qualität von
Masse – »verkabelte Menschen«, die in ungeheuerem Maße visuell
steuerbar wurden.

In seinem Beitrag zur »Geschichte des deutschen Films« »Von Caligari
bis Hitler« stellt Siegfried Kracauer bei seiner Schilderung der Nachkriegszeit von 1918 bis 1924 als besonders prägende Motive heraus:
Schock der Freiheit, Aufmarsch der Tyrannen, Macht des Schicksals,
Stummes Chaos, Am Kreuzweg, Von der Auflehnung zur Unterwerfung. Unfähig, die neugewonnene künstlerische und menschliche Freiheit nach 1918 zu nutzen, hatte man sich zunächst in die Abwechslung
der Sexualfilme gestürzt; »ein Dunst wie von Trauer und Trübsinn lag
über den Sexualfilmen. Ihre Epidemie wütete am stärksten während des
Jahres 1919 und ließ dann nach.« (75) Man setzte dann auf trivialroman-
tische Ablenkung und beschwor Schreckensgestalten historischer oder
fiktiver Provenienz; rückte Schicksalsgewalt in den Mittelpunkt und
zeichnete das Kleinbürgertum als die eigentliche Heimat bedrückter wie
benommen dahintaumelnder Geschöpfe, denen die Bewältigung ihrer
Triebe nicht mehr gelang. – »Noch zur Blütezeit der Tyrannen- und
Triebfilme wandte der deutsche Film sich Stoffen und Themen zu,
deren Wahl von dem starken inneren Verlangen sprach, einen Ausweg
aus dem Zwiespalt zu finden. In verschiedener Richtung tastete man
sich vor und bemühte sich um einen ›modus vivendi‹, eine dauerhaftere
Form inneren Daseins«. (76) Mit dem Rückgriff auf romantische Sujets
und Formen wollte man den Bedrängnissen des Kollektivbewußtseins
abhelfen. »Ein zweiter Versuch, festere seelische Lebensformen zu
schaffen, ging von den Gedanken aus, daß alles aus Tyrannei und Chaos
entstehende Leiden im Geiste christlicher Nächstenliebe zu ertragen
und zu überwinden sei. Dieser Gedanke drängte sich auch deshalb auf,
weil ihm die Vorstellung zugrunde lag, daß inneren Wandlungen ein
höherer Wert zukomme als jeglichen Veränderungen äußerer Lebensbedingungen – eine Vorstellung, durch die sich zumal der Mittelstand in

seiner Abneigung gegen soziale und politische Umwälzungen bestärkt fand ... Ein dritter Versuch, der herrschenden Nöte und Bedrängnisse Herr zu werden, trat an einer Filmgattung zutage, die ausschließlich deutscher Herkunft war: die Hochgebirgsfilme.« (77)

Schließlich ist ein vierter Versuch besonders erwähnenswert; er zielte darauf ab, vernunftvollem Denken auch eine bestimmte praktische Vollzugskraft zu erteilen, um so die mehr oder minder unbewußten Verdrängungen und ungehemmten Triebe, die sich der Kollektivseele bemächtigt hatten, beseitigen zu können.

Bald zeigte sich, daß in zunehmendem Maße die »Auflehnung« zur Unterwerfung sich wandelte. Diese Filme »setzten sich für eine Rückkehr zu autoritärem Verhalten ein und unterstellten auf seiten des Publikums eine Gesinnung, nach der selbst eine Diktatur dem Chaos vorzuziehen wäre.« (78) »Sturz und Schrei«: das war, filmgeschichtlich gesprochen, ein Weg bzw. Scheideweg, der durch Titel wie »Carmen« – »Madame Dubarry« – »Das Cabinet des Dr. Caligari« – »Nosferatu« – »Wachsfigurenkabinett« – »Dr. Mabuse« – »Der müde Tod« – »Hintertreppe« – »Der letzte Mann« – »Im Kampf mit den Bergen« – »Die Nibelungen« – »Fridericus Rex« markiert war.

Die flimmernde Leinwand in den Kinos korrespondierte mit der Reklamewelt, die mit Theodor Königs Buch »Reklame-Psychologie, ihr gegenwärtiger Stand – ihre praktische Bedeutung« (79) 1924 ihre erste zusammenfassende wissenschaftliche Darstellung erfuhr. Die Voraussetzung von Reklamemaßnahmen sei die Gleichförmigkeit des psychischen Geschehens. Reklamefeldzüge würden fehlgehen, wenn man nicht auf die gleichförmige Reaktion der Geschlechter, Völker und Rassen und Bevölkerungsklassen rechnen könne. Die Indolenz der Masse sei für die Einwirkungen der Reklame offen; solche »Trägheit« mache Reklame überhaupt erst möglich.

Auf den gemeinsamen Nenner der Masse bezogen, war sowohl der Erfolg des Films wie der Erfolg der Reklame »verständlich«. Der Regelkreis funktionierte: da Massen vorhanden waren, reüssierte Reklame; da Reklame immer mehr expandierte, wurde Masse immer »massenhafter«. Die Politik bemächtigte sich der Reklame; als Propaganda ist sie gleichermaßen wie Werbung darauf aus, im Gedächtnis einen möglichst nachhaltigen Eindruck mit Hilfe starker Metaphern zu hinterlassen, die Individualität des Denkens auszuschalten, die Selbstentscheidung des Menschen zu verhindern. Die Reklame versteht es dabei, lustvolle Gefühle hervorzurufen, indem sie mit der ihr eigenen, von König freilich noch nicht so genannten »Warenästhetik« die schönere Welt als bessere Welt ausgibt. In Königs Buch wird die Reklamepsychologie vornehmlich noch mit der Naivität des Werbefachmannes und weniger mit der Sorge des Sozialpsychologen betrachtet: »Die Reklamepsychologie vermag heute bereits über die meisten Vorbedingungen für das Gelingen eines ›Reklamefeldzuges‹ mit Sicherheit Aufschluß zu geben, wie die vorliegende Arbeit zeigen dürfte, und was noch zu klären und festzustellen wünschenswert erscheint, wird uns die Weiterarbeit auf diesem Gebiete bringen. Je systematischer die Reklamepsychologie nach den Bedürfnissen des wirtschaftlichen Lebens ausgestaltet wird, um so mehr wird ihre Wertschätzung seitens der Praxis wachsen und sie von dieser zu Rate gezogen werden.« (80)

»Im Dickicht der Städte«, mit den Delirien des »Jazz-Zeitalters«, wurde bald ironisch, bald zynisch, bald elegisch die Verlorenheit im Massendasein beklagt; zugleich aber entstand eine neue Form von Widerstand angesichts des entpersönlichenden Sogs, eine neue Form von Geborgenheit inmitten der Anonymität der Häuserwüsten. Gottfried Benn etwa verkörperte diese Form der Resistance. Von seiner Arztpraxis, einer Vierzimmerwohnung in der Belle-Alliance-Straße in Berlin, in der er von 1918 bis 1935 arbeitete, schreibt der Dichter: »Von diesen Räumen gingen drei auf die Straße, einer in den Hof. In den Hof ergoß sich ein Musikcafé, da belauschte ich oft entführende Weisen. Manchmal, wenn ich nachts in mein Schlafzimmer trat, ertönte die Musik. Ich öffnete das Fenster, ich löschte das Licht. Ich stand und atmete den Laut. Lange stand ich. Ich sah in die Nacht, die nichts mehr für mich barg, nichts mehr als den Dämmer meines Herzens, eines Herzens, das altert: vage Luft, Ergrauen der Affekte, wem man gibt, dem verfällt man, aber Geben und Verfallen, das war sehr weit.

In die anderen Räume fiel die Röte der Stadt, da ich Ninive nicht sah mit seinem Grund aus Jaspis und Rubin, da ich Rom nicht sah im Arm der Antonine, betrachtete ich diese, sie trug die Mythe, die in Babylon begann.« (81)

Im Frühwerk Bertholt Brechts findet die »unendliche Vereinzelung« und Vereinsamung in der Massenhaftigkeit der Großstadt immer wieder ihren Widerstand im Verhalten asozialer Gestalten (Vagabunden und Außenseiter), die mit abenteuerlicher Gelassenheit und ohne Bedauern sehen, wie die große Sintflut über die bürgerliche Welt hereinbricht; ausgestattet mit der Fähigkeit zum Trotz und zur Verweigerung, klettern sie ungerührt über die zivilisatorischen Trümmerhaufen und Schutthalden hinweg – gerade in der Anonymität sich ihre ganz besondere Eigenart und Individualität bewahrend. So erwächst dem Dandy aus der Zeit der Doppelmoral wie dem strahlenden jünglingshaften Kriegshelden im Asozialen ein kongenialer Gegentypus:

»Ich, Bertolt Brecht, bin aus den schwarzen Wäldern.
Meine Mutter trug mich in die Städte hinein
Als ich in ihrem Leibe lag. Und die Kälte der Wälder
Wird in mir bis zu meinem Absterben sein.

In der Asphaltstadt bin ich daheim. Von allem Anfang
Versehen mit jedem Sterbesakrament:
Mit Zeitungen. Und Tabak. Und Branntwein.
Mißtrauisch und faul und zufrieden am End.

Ich bin zu den Leuten freundlich. Ich setze
Einen steifen Hut auf nach ihrem Brauch.
Ich sage: es sind ganz besonders riechende Tiere
Und ich sage: es macht nichts, ich bin es auch.

In meine leeren Schaukelstühle vormittags
Setze ich mir mitunter ein paar Frauen
Und ich betrachte sie sorglos und sage ihnen:
In mir habt ihr einen, auf den könnt ihr nicht bauen.

Gegen Abend versammle ich um mich Männer
Wir reden uns da mit ›Gentleman‹ an.
Sie haben ihre Füße auf meinen Tischen
Und sagen: es wird besser mit uns. Und ich frage nicht: Wann?

Gegen Morgen in der grauen Frühe pissen die Tannen
und ihr Ungeziefer, die Vögel, fängt an zu schrein.
Um die Stunde trink ich mein Glas in der Stadt aus und schmeiße
Den Tabakstummel weg und schlafe beunruhigt ein.

Wir sind gesessen ein leichtes Geschlechte
In Häusern, die für unzerstörbare galten
(So haben wir gebaut die langen Gehäuse des Eilands Manhattan

Und die dünnen Antennen, die das Atlantische Meer unterhalten).

Von diesen Städten wird bleiben der durch sie hindurchging,
                                            der Wind!
Fröhlich machet das Haus den Esser: er leert es.
Wir wissen, daß wir Vorläufige sind
Und nach uns wird kommen: nichts Nennenswertes.

Bei den Erdbeben, die kommen werden, werde ich hoffentlich
Meine Virginia nicht ausgehen lassen durch Bitterkeit
Ich, Bertolt Brecht, in die Asphaltstädte verschlagen
Aus den schwarzen Wäldern in meiner Mutter in früher Zeit.« (82)

Wozzeck und Steppenwolf

Im Mai 1914 sah Alban Berg im Wiener Residenztheater die Erstaufführung von Georg Büchners »Woyzeck«. Auf der Suche nach einem Opernstoff war er vom Thema sofort begeistert und entschlossen, das Stück zu komponieren. Der Weltkrieg brach aus. Alban Berg wurde Soldat; die Identifikation mit dem Soldaten Woyzeck wuchs. »Steckt doch auch ein Stück von mir in dieser Figur, seit ich ebenso abhängig von verhaßten Menschen, gebunden, kränklich, unfrei, resigniert, ja gedemütigt diese Kriegsjahre verbringe«, schrieb er am 7. August 1918 seiner Frau Helene. (83) Die Texteinrichtung der Oper war 1917 beendet; nach der Entlassung aus dem Wehrdienst ging die Arbeit im November 1918 zügig voran. »Es ist nicht nur das Schicksal dieses von aller Welt ausgenützten und gequälten armen Menschen, was mir so nahegeht, sondern auch der unerhörte Stimmungsgehalt der einzelnen Szenen«. (84) Der Klavierauszug erschien 1923; 1925 kam das Werk in der Berliner Staatsoper »Unter den Linden« zur Uraufführung. Es gab einen Skandal. Politische Motive spielten dabei eine große Rolle. Jüdisch-bolschewistische Agitation wurde dem Werk unterstellt. Der preußische Kultusminister C. H. Becker war einer der wenigen Vertreter des öffentlichen Lebens, die sich auf die Seite des Künstlers stellten. Der Ästhet Alban Berg, der verfeinerten Wiener Bürgerwelt entstammend, hatte ein tiefes Sozialempfinden entwickelt, ja war zum Sozialrevolutionär geworden. »Der blutige Unflat, der seit dreieinhalb Jahren über den Planeten spült, hat viel Urväterhausrat weggeschwemmt ... Die Zukunft jedoch, so hören wir's, wird umso schöner sein. Muß schöner sein; damit die furchtbaren Opfer nicht umsonst gebracht worden sind: Die Kultur wird blühen. Daß sie blühe, wurden ein paar Millionen Menschen zum Ackerdünger einrückend gemacht. Sie starben, auf daß kommende Geschlechter schön und gut leben. Aber das ist eine verfluchte Lüge. Sie starben überhaupt nicht, auf daß'. Sie starben, weil man sie nicht leben ließ.« (85)

Das revolutionäre Aufbegehren gegen die Vatergesellschaft wandelt sich bei Berg in ein revolutionäres Mitleid für die geschundene Kreatur. Mit dem »Wozzeck« als Oper wurde das expressionistische »Sturz-und-Schrei«-Empfinden insofern besonders provokant artikuliert, als eben hier ein Medium eingesetzt war, das bislang ganz der kulinarisch-affirmativen Kultur der Herrschenden gedient hatte. Die Saturiertheit derjenigen, die hinter der Kulturfassade weder um Ich-Identität sich mühten, noch bereit waren, die Massenstimmung in ihrer Realität zur

Kenntnis zu nehmen, sah in solcher Kunst die »klangliche Häßlichkeit« anstelle der Schönheit auf den Thron gesetzt. Die von »diesen giftigen Treibhausprodukten überreizten Nerven« würden durch derartige Musik mit der Zeit vollständig abgestumpft. »Dreimal wehe einer Kunst, die sich auf solchen Wegen bewegt.« (86) In Alban Bergs Musik gäbe es nicht die Spur einer Melodie, nur Brocken, Fetzen, Schluchzer und Rülpser. »Ich halte Alban Berg für einen musikalischen Hochstapler und für einen gemeingefährlichen Tonsetzer ... Es handelt sich im Bereich der Musik um ein Kapitalverbrechen,« hieß es in der rechtskonservativen »Deutschen Zeitung«. (87) Die ästhetische Reaktion war in Wirklichkeit politisch fundiert. Elitäre Gesinnung fühlte sich mit brodelndem revolutionären Geist konfrontiert. Freilich, darauf hat Hansgünther Heyme mit Recht hingewiesen, ist Bergs feinsinniges, den höchstmöglichen Grad musikalischer Perfektion erreichendes Werk auch ein Beitrag zur verpaßten revolutionären Situation von 1918. Nicht die Wirklichkeit wird verändert, sondern in die Kunst hinausund hinwegprojiziert. (88) Zugleich aber erstand im »Wozzeck« ein Sinnbild für die mißlichen Bedingungen und Bedingtheiten gesichtslosen Massendaseins, für die Konfrontation des einzelnen mit anonymer Macht und Ausbeutung, für die Ausweglosigkeit des Individuums im Bannstrahl autoritärer Befehlsgewalt – wodurch der revolutionäre Charakter von Kunst, als Kunst nämlich, sich erneut erwies.

Das »Tierische« erwacht in Bergs »Wozzeck« (in Nachfolge Büchners) aus seiner Dumpfheit nicht; es geht in ihr reflexionslos zugrunde – was von besonderer Provokation gerade für eine Zeit war, die trotz extremster Regression (wie sie der Weltkrieg erbracht hatte) am »Kulturglauben« und an der Überzeugung von einer kontinuierlichen, sich weiter und höher entwickelnden abendländischen Tradition festhielt.

Das »Tierhafte« in Hesses »Steppenwolf« ist von einer ganz anderen Qualität: nämlich »wölfische Intelligenz«. Die Beschreibung des Umhergetriebenseins (mit einem starken antibürgerlichen Affekt, gleichzeitig gekoppelt mit der Sehnsucht nach bürgerlicher Geborgenheit), zielt sowohl auf Provokation als auch auf Therapie. Die »Aufzeichnungen« Harry Hallers (das Buch ist als Rahmenerzählung angelegt) werden vom Dichter als »Dokument der Zeit« empfunden, »denn Hallers Seelenkrankheit ist – das weiß ich heute – nicht die Schrulle eines einzelnen, sondern die Krankheit der Zeit selbst, die Neurosen jener Generation, welcher Haller angehört, und von welcher keineswegs nur die schwachen und minderwertigen Individuen befallen scheinen, sondern gerade die starken, geistigsten, begabtesten. Die Aufzeichnungen –

einerlei wie viel oder wenig realen Lebens ihnen zugrunde liegen mag – sind ein Versuch, die große Zeitkrankheit nicht durch Umgehen und Beschönigen zu überwinden, sondern durch den Versuch, die Krankheit selber zum Gegenstand der Darstellung zu machen. Sie bedeuten, ganz wörtlich, einen Gang durch die Hölle, einen bald angstvollen, bald mutigen Gang durch das Chaos einer verfinsterten Seelenwelt, gegangen mit dem Willen, die Hölle zu durchqueren, dem Chaos die Stirn zu bieten, das Böse bis zu Ende zu erleiden.

Ein Wort Hallers hat mir den Schlüssel zu diesem Verständnis gegeben. Er sagte einmal zu mir, nachdem wir über die sogenannten Grausamkeiten im Mittelalter gesprochen hatten: ›Diese Grausamkeiten sind in Wirklichkeit keine. Ein Mensch des Mittelalters würde den ganzen Stil unseres heutigen Lebens noch ganz anders als grausam, entsetzlich und barbarisch verabscheuen. Jede Zeit, jede Kultur, jede Sitte und Tradition hat ihren Stil, hat ihre ihr zukommenden Zartheiten und Härten, Schönheiten und Grausamkeiten, hält gewisse Leiden für selbstverständlich, nimmt gewisse Übel geduldig hin. Zum wirklichen Leiden, zur Hölle, wird das Leben nur da, wo zwei Zeiten, zwei Kulturen und Religionen einander überschneiden … Es gibt nun Zeiten, wo eine ganze Generation so zwischen zwei Zeiten, so zwischen zwei Lebensstile hineingerät, daß ihr jede Selbstverständlichkeit, jede Sitte, jede Geborgenheit und Unschuld verlorengeht. Natürlich spürt das nicht ein jeder gleich stark. Eine Natur wie Nietzsche hat das heutige Elend um mehr als eine Generation voraus erleiden müssen, – was er einsam und unverstanden auszukosten hatte, das erleiden heute Tausende‹.« (89) Die Chiffre des »Steppenwolfs« – verweisend auf moderne Existenz, wie sie umhergetrieben war zwischen versinkender alter europäischer Kultur und wuchernder moderner Technologie, zwischen humanistischer Idealität bzw. dem Anspruch darauf und atavistisch-animalischer Regression – ist die der Apörie (der »Ratlosigkeit«). Die Heroen idealistischer Geistigkeit, Goethe vor allem, bieten inmitten einer sich zersetzenden Welt keine Hilfe; die Enklaven bzw. Risiduen bürgerlicher Kultur (»ich vermutete hinter diesem Vorplatz, gewissermaßen im heiligen Schein der Araukarie eine Wohnung voll von strahlendem Mahagoni und ein Leben voll Anstand und Gesundheit, mit Frühaufstehen, Pflichterfüllung, gemäßigt heiteren Familienfesten, sonntäglichem Kirchengang mit frühem Schlafengehen«) (90) sind dem »Steppenwolf« verschlossen. Ihm bleibt die Wildheit des Asphaltdaseins, das immer wieder mit ungebändigter Sinnlichkeit und Gewalt heranbrandet. »Aus einem Tanzlokal, an dem ich vorüberkam, scholl mir, heiß und roh wie der Dampf von rohem Fleisch, eine heftige Jazz-Musik entgegen. Ich blieb einen Augenblick stehen; immer hatte diese Art von Musik, so sehr ich sie verabscheute, einen heimlichen Reiz für mich. Jazz war mir zuwider, aber sie war mir zehnmal lieber als alle akademische Musik von heute, sie traf mit ihrer frohen rohen Wildheit auch bei mir tief in die Triebwelt und atmete eine naive redliche Sinnlichkeit.

Ich stand einen Augenblick schnuppernd, roch an der blutigen grellen Musik, witterte böse und lüstern die Atmosphäre dieser Säle. Die eine Hälfte dieser Musik, die lyrische, war schmalzig, überzuckert und troff von Sentimentalität, die andere Hälfte war wild, launisch und kraftvoll, und doch gingen beide Hälften naiv und friedlich zusammen und gaben ein Ganzes. Untergangsmusik war es, im Rom der letzten Kaiser mußte es ähnliche Musik gegeben haben. Natürlich war sie, mit Bach und Mozart und wirklicher Musik verglichen, eine Schweinerei – aber das war all unsre Kunst, all unser Denken, all unsere Scheinkultur, sobald man sie mit wirklicher Kultur verglich. Und diese Musik hatte den Vorzug einer großen Aufrichtigkeit, einer liebenswerten unverlogenen Negerhaftigkeit und einer frohen, kindlichen Laune. Sie hatte etwas vom Neger und etwas vom Amerikaner, der uns Europäern in all seiner Stärke so knabenhaft und kindlich erscheint. Würde Europa auch so werden? War es schon auf dem Weg dazu? Waren wir alten Kenner und Verehrer des einstigen Europas, der einstigen echten Musik, der ehemaligen echten Dichtung, waren wir bloß eine kleine dumme Minorität von komplizierten Neurotikern, die morgen vergessen und verlacht würden? War das, was wir ›Kultur‹, was wir Geist, was wir Seele, was wir schön, was wir heilig nannten, war das bloß ein Gespenst, schon lange tot und nur von uns paar Narren noch für echt und lebendig gehalten? War es vielleicht überhaupt nie echt und lebendig gewesen? War das, worum wir Narren uns mühten, schon immer vielleicht nur ein Phantom gewesen?« (91)

Die Analyse der Zeit, die Hesse mit seinem Roman zu geben versucht, dekuvriert den Analysator gleichermaßen. Die Masse fasziniert – und wird zugleich verachtet; die abendländische Kultur wird wegen ihres fassadenhaften Epigonentums verachtet – und zugleich in ihrem Unsterblichkeitswert gepriesen; das Wölfische wird als Befreiung bejaht – und zugleich als Tierisches abgewertet. »Sturz-und-Schrei« reduziert sich hier auf unausgegorene Metaphern, welche die kulturpubertäre Situation der Welt vor dem Weltkrieg in die Nachkriegszeit zu transponieren suchen; den Verwirrungen der Epoche wird letztlich nur das konservative Festhalten an den bürgerlichen Wertvorstellungen als the-

rapeutische Hilfe zuteil. In einem »magischen Theater«, einer visionä-
ren Rauschgiftorgie, soll Harry Haller am Ende wieder das Lachen
lernen, das Lachen Mozarts. Die Mischung der realen mit der übersinn-
lichen, der zeitkritischen mit der phantastischen Sphäre, mit der Absicht, Geist und Trieb, Kultur und Sexualität zu amalgieren und das
Wölfische auf eine höhere Stufe von Bewußtheit zu heben, läßt die
»Lösung« als weltanschauliches Potpourri erscheinen.

Der Mensch habe die Möglichkeit, sich ganz und gar dem Geistigen,
dem Annäherungsversuch ans Göttliche hinzugeben, und er habe umgekehrt auch die Möglichkeit, sich ganz und gar dem Triebleben, dem
Verlangen seiner Sinne auszuliefern, sein ganzes Streben auf den Gewinn von augenblicklicher Lust zu richten. Der eine Weg führe zum
Heiligen, zum Märtyrer des Geistes, zur Selbstaufgabe an Gott; der
andere Weg führe zum Wüstling, zum Märtyrer der Triebe, zur Selbstaufgabe an die Verwesung. Zwischen beiden nun versuche, in temperi-
erter Mitte, der Bürger zu leben. Er gebe sich nicht auf, er gebe sich nicht
hin, weder dem Rausch noch der Askese; er werde kein Märtyrer sein,
nie in seine Vernichtung willigen; sein einziges Ideal sei die Erhaltung
des Ichs. Sein Streben gelte weder der Heiligkeit noch deren Gegenteil.
Unbedingtheit sei ihm unerträglich; er wolle zwar Gott dienen, aber
auch dem Rausche; er wolle zwar tugendhaft sein, aber auch ein bißchen
gut und bequem auf Erden leben. »Kurz, er versucht es, in der Mitte
zwischen den Extremen sich anzusiedeln, in einer gemäßigten und
bekömmlichen Zone ohne heftige Stürme und Gewitter, und dies gelingt ihm auch, jedoch auf Kosten jener Lebens- und Gefühlsintensität,
die ein aufs Unbedingte und Extreme gerichtetes Leben verleiht. ... Der
Bürger ist deshalb seinem Wesen nach ein Geschöpf von schwachem
Lebenstrieb, ängstlich, jede Preisgabe seiner selbst fürchtend, leicht zu
regieren. Er hat darum an Stelle der Macht die Majorität gesetzt, an
Stelle der Gewalt das Gesetz, an Stelle der Verantwortung das Abstim-
mungsverfahren.« (92) Genau in solcher Mitte ist jedoch Hesses Standort dann selbst angesiedelt, die bürgerliche Spießigkeit durch die Koketterie mit dem machtvollen Leben abmildernd. Kaleidoskop ist der
Roman: eine schillernde, sich in den Einzelelementen widersprechende,
kulturpessimistische Rhapsodie, und zugleich Option auf Geborgenheit. Die Masse wird verachtet, und zugleich als Heimat ersehnt; der
Individualismus lächerlich gemacht und zugleich gepriesen. Harry Hallers (Hermann Hesses?) Ich-Analyse ergibt nur, was das bürgerliche
Kulturbewußtsein verinnerlichte. – Obwohl Haller (Hesse?) gewillt ist,
die Hölle seines Inneren »nochmals und noch oft zu durchwandern«,

würden solche Streifzüge – psychoanalytisch bzw. sozialtherapeutisch gesehen – sehr erfolgreich nicht verlaufen können. Er, dem Rhetorik mehr ist als Substanz, kulturpessimistische oder kulturkritische Larmoyanz mehr als die Bereitschaft zum sozialen Engagement, wird seine bürgerliche Identität eben doch vorwiegend im Schein der Araukarie finden. »Mozart wartet auf mich.«

»Sturz und Schrei« – das war hier »nur« ein zwar sensibles, aber letztlich unverbindliches, wortreiches Aufblühen individualistischen Seelenreichtums. (93)

Der Untergang des Abendlandes

Markiert Alban Bergs »Wozzeck« eine gerade in ihrer Ästhetisierung provokante Sturz-und-Schrei-Bewegtheit, so ist Hermann Hesses »Steppenwolf« zwar auf Sturz-und-Schrei angelegt, aber aufgrund des ihm inhärenten Kulturpessimismus auf dem Weg zu einer reaktionären Mentalität. Der Sogwirkung der Vermassung soll nicht durch Ich-Analyse und Ich-Stärkung, sondern durch Ich-Rausch (einschließlich der Mystifikation gesellschaftlicher Tatbestände) standgehalten werden; dies bedeutete ein Eintauchen in den Strom des Irrationalismus, der, aus den Quellen des 19. Jahrhunderts gespeist, in den Zwanziger Jahren breit anschwillt.

Was dem »Steppenwolf« Mozart, ist für Oswald Spengler Goethe. Sein Hauptwerk »Der Untergang des Abendlandes. Umrisse einer Morphologie der Weltgeschichte« erschien in den Jahren 1918-1922. Auch hier erfolgt eine metaphernreiche Kontrastierung von Kultur und Zivilisation, Bürgertum und Boheme, Untergangsangst und Zukunftsvision. Die Lebensphasen der Kulturen werden den organischen Lebensabläufen gleichgesetzt; nun sei die Endzeit des Abendlandes gekommen. Zum ersten Mal, meint Spengler, würde der Versuch gewagt, Geschichte vorauszubestimmen. Im Rahmen seines morphologischen Schemas ist dies in der Tat verhältnismäßig einfach: mit der Zivilisation erreicht die Kultur, die jeweilige Kultur, ihren höchsten Stand, der zugleich Peripetie ist; die Katastrophe (der Untergang) folgt auf dem Fuß. »Der Untergang des Abendlandes, so betrachtet, bedeutet nichts Geringeres als das Problem der Zivilisation. Eine der Grundfragen aller höheren Geschichte liegt hier vor. Was ist Zivilisation, als organisch-logische Folge, als Vollendung und Ausgang einer Kultur begriffen? Denn jede Kultur hat ihre eigene Zivilisation. Zum ersten Male werden hier die beiden Worte, die bis jetzt einen unbestimmten Unterschied ethischer Art zu bezeichnen hatten, in periodischem Sinne, als Ausdrücke für ein strenges und notwendiges organisches Nacheinander gefaßt. Die Zivilisation ist das unausweichliche Schicksal einer Kultur. Hier ist der Gipfel erreicht, von dem auch die letzten und schwersten Fragen der historischen Morphologie lösbar werden. Zivilisationen sind die äußersten und künstlichsten Zustände, deren eine höhere Art von Menschen fähig ist. Sie sind Abschluß; sie folgen dem Werden als das Gewordene, dem Leben als der Tod, der Entwicklung als die Starrheit im Lande und der seelischen Kindheit, wie sie Dorik und Gotik zeigen, als das geistige Greisentum und die steinerne, versteinernde Weltstadt. Sie sind ein Ende, unwiderruflich, aber sie sind mit innerster Notwendigkeit immer wieder erreicht worden.« (94) Die Stimmungslage, aus der heraus Oswald Spengler die Seelenbilder des Untergangs malt, im besonderen auf die zivilisatorische Endphase des Abendlandes hinzielend, ist die einer »optimistischen Untergangsstimmung«. Das »Herabstürzen« ist eingefangen in den Dithyramben einer poetisierenden (Nietzsche nacheifernden) Historiographie.

Die Demokratie habe das Buch aus dem Geistesleben der Volksmassen mit Hilfe der Zeitung verdrängt. Das Volk lese die eine »seine« Zeitung, die in Millionen Exemplaren täglich in alle Häuser drängt; die Geister vom frühen Morgen an in ihren Bann zieht, durch ihre Anlage die Bücher in Vergessenheit bringt und, wenn das eine oder andere doch einmal in den Gesichtskreis tritt, seine Wirkung durch eine vorhergenommene Kritik ausschaltet. »Kein Tierbändiger hat seine Meute besser in der Gewalt. Man läßt das Volk als Lesermasse los, und es stürmt durch die Straßen, wirft sich auf das vorbezeichnete Ziel, droht und schlägt Fenster ein. Ein Wink an den Pressestab, und es wird still und geht nach Hause. Die Presse ist heute eine Armee mit sorgfältig organisierten Waffengattungen, mit Journalisten als Offizieren, Lesern als Soldaten. Aber es ist hier wie in jeder Armee: der Soldat gehorcht blind, und die Wechsel in Kriegsziel und Operationsplan vollziehen sich ohne seine Kenntnis. Der Leser weiß nichts von dem, was man mit ihm vorhat, und er soll es auch nicht, und er soll auch nicht wissen, welch eine Rolle er damit spielt. Eine furchtbarere Satire auf die Gedankenfreiheit gibt es nicht. Einst durfte man nicht wagen, frei zu denken; jetzt darf man es, aber man kann es nicht mehr. Man will nur noch denken, was man wollen soll, und eben das empfindet man als seine Freiheit.« (95) Auch an diesem Beispiel zeigt sich deutlich, wie sehr der Kulturpessimismus dem antidemokratischen Affekt verschwistert ist. Wollte man

Spengler selbst, so stellt Theodor W. Adorno fest, in der Formensprache der von ihm denunzierten Zivilisation benennen, so müßte man den
»Untergang des Abendlandes« mit einem Warenhaus vergleichen, wo
die getrockneten Lesefrüchte feilgeboten werden, die der intellektuelle
Disponent von der Konkursmasse der Kultur billig eingekauft habe. Es
stecke darin der erbitterte, ressentimenterfüllte Drang des mittelständ-
lerischen deutschen Gelehrten, den Schatz seines Wissens endlich in
Kapital zu verwandeln und in den meistversprechenden Zweigen der
Wirtschaft, der Schwerindustrie nämlich, zu investieren. Die Erkenntnis von der Hilflosigkeit der liberalen Intellektuellen unterm Schatten
der heraufziehenden totalitären Macht lasse Spengler zum Überläufer
werden. Durch Selbstdenunziation mache der Geist sich tauglich, anti-
ideologische Ideologien zu liefern. Hinter der Spenglerischen Prokla-
mation des Untergangs der Kultur stehe der Wunsch als Vater des
Gedankens. Der Geist, der sich verneine und auf die Seite der Gewalt
stelle, hoffe auf Pardon. Lessings Diktum vom Klugen, der klug genug
war, nicht klug zu sein, erfülle sich an Spengler. (96)
Die Einleitung zum »Untergang des Abendlandes« enthält einen Satz,
der berühmt werden sollte: »Wenn unter dem Eindruck dieses Buches
sich Menschen der neuen Generation der Technik statt der Lyrik, der
Marine statt der Malerei, der Politik statt der Erkenntniskritik zuwenden, so tun sie, was ich wünsche, und man kann ihnen nichts Besseres
wünschen.« (97) Damit war parallel zum expressionistischen Aufbegehren die Anpassung vollzogen; eingefärbt mit elitärem Stolz, überantwortete man sich dem Zeitgeist – mit technokratischer Lust am Untergang. Kontrapunktorisch zur »Aktion Vatermord« wird der Weg zum
preußischen Führerstaat gewiesen.
Solches Denken entspricht insgesamt dem »tragischen Bewußtsein« der
deutschen Soziologie in den Zwanziger Jahren. (98) In Furcht vor der
organisierten Arbeiterschaft, vor den sozialistischen Massen, sollte der
Kulturpessimismus die Anpassung an die faschistischen Massen legitimieren, da diese eben nicht nivellierte Massen, sondern elitär geleitete
Massen waren. Die Träger eines derartigen tragisch-soziologischen Lebensgefühls entstammten ihrem geistigen Habitus nach durchwegs der
geistigen Welt des monarchistischen Staatswesens: der bevorstehende
Kulturtod befriedigt sie, da sie damit auch ihre eigene Neurotik zu
überwinden hoffen. Von dem erhabenen Sitz ihrer Einsicht aus beobachten sie mit Freude, wie die Dämmerung über die Menschen hereinbricht. Der Soziologe erweist sich als Religion, die dem Opfergang der
Massen die szientistisch-ritualistische Aura verleiht.

Aufruf und Empörung
Arbeiterseele

Das kulturelle Kaleidoskop der Zeit bietet unter dem Aspekt »Sturz-und-Schrei« eine Szenerie, die durchflackert ist von eruptiver O-Mensch-Erschütterung wie von tragisch-stilisierter Untergangseuphorie, von suggestiv ermittelter Massenkraft wie von elitär-eskapistischer Massenverachtung, von verzweifelten wie überheblichen Versuchen des Ich, der Masse zu widerstehen bzw. sie zu demütigen bzw. ihr in ideologische Phantasmagorien zu entfliehen.

»Aufruf und Empörung« ist ein weiterer Hauptteil der Anthologie »Menschheitsdämmerung« überschrieben. Der Zustand der Menschheit wird beklagt, verflucht, verhöhnt, »vernichtet«. Im Aufruhr werden neue Möglichkeiten zukünftiger Daseinsgestaltung gesucht. Die politische Kunst dieser Zeit, so schreibt Pinthus, darf nicht versifizierter Leitartikel sein; sondern sie will der Menschheit helfen, die Idee ihrer selbst zur Vervollkommnung, zur Verwirklichung zu bringen. »Daß die Dichtung zugleich dabei mitwirke, gegen realpolitischen Irrsinn und eine entartete Gesellschaftsordnung anzurennen, war nur ein selbstverständliches und kleines Verdienst. Ihre größere und überpolitische Bedeutung ist, daß sie mit glühendem Finger, mit weckender Stimme immer wieder auf den Menschen selbst wies, daß sie die verlorengegangene Bindung der Menschen untereinander, miteinander, das Verknüpftsein des einzelnen mit dem Unendlichen – zur Verwirklichung anfeuernd – in der Sphäre des Geistes wiederschuf.« (99)

Aufruf und Empörung – sie entstanden aus der Unsicherheit des eigenen Standortes, der drohenden Identitätskrise:

»Aus meinen Tiefen rief ich: ›Wo bin ich, wo sind wir?‹
Umstellt, von Unabänderlichkeit, verstoßen in erbarmungslose Gelächter, verschlagen aufs Eiland schiffsbrüchiger Kartenspieler!« (100)

Wer so aus »seiner Tiefe« herausschrie (»der metallische Geschmack des ganzen Irrtums auf meiner Zunge«), (101) der empfand seine Situation zugleich stellvertretend für eine Generation, die sich mit »denen da drunten« verbunden wußte, mit den proletarischen Massen, die »gleichwo: in der Fabrik im Gefängnis im Lazarett in der Kaserne auf dem Friedhof« nur Nummern waren (102).

»Arbeiter! Dich an Rad, Drehbank, Hammer, Beil, Pflug geschmie-
deten

Lichtlosen Prometheus rufe ich auf!
Dich mit der rauhen Stimme, dem groben Maul.
Dich Mensch voll Schweiß, Wunden, Ruß und Schmutz
Der du gehorchen mußt.« (103)
Solchen Gehorsam galt es nun aufzubrechen, die »Aktion Vatermord«
steigert sich zum allgemeinen Revolutionsaufruf:
»Renne renne renne gegen die alte, die elende Zeit.« (104)
»Mensch stehe auf!« (105) – zur Revolte gegen die Unterdrücker; in
Solidarität mit den Massen (Brüdern und Schwestern):
»Noch, noch ist's Zeit!
Zur Sammlung! Zum Aufbruch! Zum Marsch!
Zum Schritt zum Flug zum Sprung aus kananitischer Nacht!!!
Noch ist's Zeit –
Mensch Mensch Mensch stehe auf stehe auf!!!« (106)
1920 veröffentlichte Max Barthel seine »Verse von Fabrik, Landstraße,
Wanderschaft, Krieg und Revolution« »Arbeiterseele«. 1893 bei Dres-
den als Sohn eines Maurers geboren, war er nach der Volksschule als
ungelernter Arbeiter zur Fabrik gegangen. Er gehörte der sozialisti-
schen Jugendbewegung an, durchwanderte als Tippelbruder weite Teile
Europas. In der Fabrik entstanden die ersten Verse. Vier Jahre war er als
Infanterist an der Westfront, 1919 kam er als Spartacusmann ins Gefängnis. Er siedelte nach seinem Freispruch nach Berlin über und berei-
ste 1920/22 Rußland. Zusammen mit Lersch und Bröger gehörte er zu
den bekanntesten Arbeiterdichtern. Das Vorwort des Gedichtbandes
charakterisiert die mentale Situation; es spiegelt (wie der Inhalt: Die
Stadt, Die Wanderschaft, Der Krieg, Das vielverliebte Herz, Die Revo-
lution) die »poetisierte« Aufruhrstimmung in aller Deutlichkeit.
»Die ersten Gedichte! Ein junger Fabrikarbeiter schreibt sie mit zittern-
der Hand. Wald saust in der Nacht. Ah! Entkettung von der Maschine.
Bücher grüßen zärtlich. Bilder liebkosen. Erstes Stammeln der Seele, in
dem schon Musik tönt.
Lange Wanderjahre in Italien, Österreich, Holland und Deutschland,
Monate in der Schweiz, in einer Züricher Vorstadt. Fünfter Stock hoch;
Ausblick auf See und Alpen. Freier Schriftsteller mit knapp 20 Jahren.
Politik, Kunst, Arbeit und Wanderschaft. Geläutert in der sozialistischen Jugendbewegung. Und dann der Krieg. Diese Verse, obgleich
nicht alle edle Kunst, sind typisch für die neue Jugend, die in der
kommunistischen Partei mit in der ersten Reihe steht. Sie zeigen die
geistige Erhebung der proletarischen Jugend an. Diese Gedichte um-
schließen die Arbeiten von 1911–14, die keine Zeitung oder Zeitschrift

drucken wollte, abgesehen von einigen sozialen Versen, die meist in der Arbeiterpresse erschienen. Wenn in diesem Band ›Arbeiterseele‹ auch Gedichte aus Krieg, Gefängnis und Revolution gesammelt sind, so nur um eine Entwicklungskurve zu zeigen. Die Entwicklungskurve nicht eines einzelnen, sondern einer ganzen Generation.« (107) Diese Kurve gipfelte zu Utopia auf; die Kraft der Maschine war auf die Seelen übergesprungen:

> »Mein Dynamo der Sehnsucht saust.« (108)
> »Utopia! umrauscht von Melodien,
> Selige Insel in des Zeitmeers Flucht!
> Umbettet und von Haß bespien:
> Wie habe ich nach dir gesucht!« (109)

Die Begeisterung für den Aufstand der proletarischen Massen war bei denjenigen, die diesen Massen selbst angehörten und sich dichterisch artikulierten, vom gleichen realitätsfremden Pathos getragen wie bei den bürgerlichen Literaten und Dichtern. Georg Kaiser zum Beispiel hat mit seinem Werk den »Berge versetzenden Glauben an die Kraft des Menschen« in immer neuen Anläufen verkündet – ein geradezu monomanischer Kraftakt humaner Gesinnung.

Seine einzige Vision war die von der Erneuerung des Menschen. Ein Leben lang zehrte er von der Hoffnung auf Welterneuerung, auf eine Entspannung des Verhältnisses von Mensch zu Mensch und Mensch und Welt. Er war gierig nach dem Gefühl, wirklich zu leben, da zu sein, in sich selbst zu sein. Der Ruf nach Erneuerung war ein Ruf nach Heilung, nach Wiederherstellung, nach neuer Größe, Selbstlosigkeit und Selbstgefühl, nach gesellschaftlicher Rolle; nach Identität.

1917 wurde Kaisers Drama »Die Koralle« veröffentlicht, 1918 »Gas I«, 1920 »Gas II«. (110) Die drei Schauspiele bilden eine Trilogie; sie zeigen Aufgang und Untergang des »neuen Menschen«, seine Herkunft, seine Heilsbotschaft, sein Scheitern in dieser Welt. Eine Geschlechterabfolge hält die Dramen zudem in den Personen zusammen. Der Held des zweiten Schauspiels ist der Sohn der Hauptperson des ersten Dramas; der Held des dritten Spiels sein Urenkel. Bereits in dieser Genealogie wird sich das dialektisch-dramatische Prinzip deutlich, das Kaiser auch hier bestimmt: Fortschritt in Form von These und Antithese. War der Milliardär des ersten Stücks noch ein reaktionärer, brutaler und unbarmherziger »alter Mensch«, sein Sohn ist – im Umschlag – ein sozial denkender und sozial handelnder Typ, der sich mit den armen Menschen verbrüdert und ihnen helfen will; der Urenkel nun erscheint als reiner Idealist, der freilich sein Weltverbesserungswerk nicht zu Ende bringen kann – ein Scheitern, das durch das Opfer und im Opfer seinen Sinn erhält.

Der Klassenkampf ist suspendiert zugunsten des natürlichen sozialen Entwicklungsprozesses der gesamten Menschheit; über den Appell zur Menschlichkeit, den Aufruf zur Empörung gegenüber Unmenschlichkeit findet die neue Generation, mag sie kapitalistisch-bourgeoisen oder proletarischen Kreisen entstammen, den Weg zur sozialen Veränderung. Zugleich aber durchschlägt die Angstvision, daß alles vergebens sei, daß die geknechteten und sich nun befreienden Massen erneut verführt und ihrem Untergang zugeführt würden, die Utopie und dreht sie in ihr Gegenteil um.

In »Gas I« will der »Milliardärsohn« eine neue Welt schaffen. In den großen Fabrikanlagen, die nun ihm gehörten, »gibt es keinen Chef« ... gibt es keine Lohnlisten mehr. Die Arbeiter haben am Gewinn vollen Anteil. »Wir arbeiten für uns – nicht mehr in andere Tasche. Keine Trägheit – kein Streik. Ununterbrochen treibt das Werk. Das Gas wird nie fehlen.« Gas ist ein neuer, geheimnisvoller Stoff, Antriebsmittel für die Maschinen auf der ganzen Erde. Aber das Arbeiterparadies ist nur von kurzer Dauer. Eines Tages kommt der Ingenieur mit der furchtbaren Botschaft: »Meldung von Kontrollstation – Gas färbt mit Sekunden stärker. In Minuten – bei gleichem Fortschritt kräftiges Rot!« Das weist auf eine kurz bevorstehende Katastrophe. Die Glocken hämmern Alarm, die Transportwagen sausen aus den Hallen, aber es ist zu spät: eine furchtbare Explosion legt alles in Trümmer. »Vorher wölbten sich dort Hallen und stießen Schlote in den Himmel, die einen feurigen Atem fauchten. War das nicht so hinter dieser grünen Kulisse?« Der Milliardärsohn, der erschüttert vor den Ruinen seiner Fabrik steht, faßt neue Pläne: »Ich messe und male ... « Und während die empörten überlebenden Arbeiter die Entlassung des Ingenieurs verlangen, die der Milliardärsohn verweigert (»Das Gas ist explodiert ... Mit seiner Schuld? Nein. Die Formel ist richtig. Jetzt noch«), die Weltmächte und ihre Regierungen die Forderung nach weiteren Gaslieferungen mit immer größerem Nachdruck erheben, entwirft *er* ein großes Werk des Friedens (»Umkehr, Umkehr ... «): wo einst die Schlote rauchten und die Menschen der Maschine fronten, sollen herrliche Siedlungen entstehen, Stätten des Friedens und des Glückes. Den trauernden und klagenden Arbeitern, den Männern, Frauen, Müttern, Kindern, verkündet er den Beginn einer neuen Epoche: »Sammelt euch aus der Zerstreuung – und aus der Verletzung heilt euch – seid Menschen!! ... Was ihr fordert – erfülle ich: – Menschen in Einheit und Fülle seid ihr morgen! – Triften von Breite und Grüne sind neuer Bezirk! Über Schutt und Trümmer, die liegen, erstreckt sich die Siedlung. Ihr seid alle entlassen aus Fron und Gewinn! – Siedler mit kleinstem Anspruch – und letzter Entlohnung: Menschen!!« Dem Ingenieur jedoch gelingt es, in einem großen Streitgespräch die Menge für seine Argumente zu gewinnen. »Ihr müßt ins Werk«, ruft er ihnen zu. »Kennt euren Sieg – der euch rühmt: – Gas!!« Da schlägt die Gewinnsucht der Menschen wieder durch; angestachelt von den fanatischen Worten des Ingenieurs, verurteilen sie den Friedensplan des Milliardärsohnes. Die Menschheit ist nicht reif für die neue Idee. »Zuletzt allein wie jeder, der sich mit allen mischen wollte.« Die Menge aber jubelt: »Der Ingenieur soll uns führen!! Der Ingenieur soll uns führen!!!« Resignierend muß der Milliardärsohn erkennen: »Ich habe den Menschen gesehen – ich muß ihn vor sich selbst schützen.« Als er jedoch vor die Tochter hintritt – ihr Gemahl, »der Offizier«, hat sich erschossen, unfähig, in Zeiten der Gefahr und Not zu bestehen –, seine Verzweiflung gesteht (»Wo ist der Mensch? Wann tritt er auf – und ruft sich mit Namen: – Mensch? Wann begreift er sich – und schüttelt aus dem Geäst sein Erkennen?«), da sinkt die Tochter in die Knie: »Ich will ihn gebären.« Die Hoffnung auf den »neuen Menschen« ist noch nicht erloschen. (111)

Die Mystifikation des Arbeiters

Für viele Söhne aus bürgerlichem wie proletarischem Haus, die vor 1914 im Rahmen der strengen Klassentrennung nicht miteinander in Berührung gekommen waren, hatte der Weltkrieg eine gegenseitige Entdeckung gebracht. Er war ein Schmelztiegel gewesen: man erkannte die Klassengegensätze und brachte die Überzeugung mit nach Hause, daß diese im Geiste einer Volksgemeinschaft aufzuheben seien. So bot sich die idealistisch-soziale Erfahrung dar. Zugleich aber hatte man die Macht des politischen Potentials der Arbeiterschaft kennengelernt. Kriege, aber auch die Macht im Staat, waren offenbar nur mit Hilfe der Arbeiterschaft zu gewinnen. »Der Industriearbeiter ist der erste und stärkste Faktor beim Aufmarsch des modernen Nationalismus,« formulierte Ernst Jünger programmatisch; (112) »der Klassenstaat wird vernichtet werden durch den nationalsozialistischen Staat«. (113)
Jünger verlangte eine Fragestellung, durch die der Arbeiter in die nationale Front einbezogen werde. Hier wurde, wenn auch mit wesentlich tieferer Fundierung als es die Publizisten und Propagandisten der Rech-

ten normalerweise taten, der Arbeiter vom konservativen und reaktionären Standpunkt aus vereinnahmt, der »totalen Mobilmachung« (mit ihrer Ausrichtung auf »Kriegsarbeit«) integriert. »Und so sehe ich ein neues, führendes Geschlecht im alten Europa auftauchen, ein Geschlecht furchtlos und fabelhaft, ohne Blutscheu und rücksichtslos, gewohnt, Furchtbares zu erdulden und Furchtbares zu tun und das Höchste an seine Ziele zu setzen. Ein Geschlecht, das Maschinen baut und Maschinen trotzt, dem Maschinen nicht totes Eisen sind, sondern Organe der Macht, die es mit kaltem Verstand und heißem Blute beherrscht. Das gibt der Welt ein neues Gesicht.« (114)

Ernst Jüngers Schrift »Der Arbeiter. Herrschaft und Gestalt« erschien zwar erst im Jahre 1932, aber die ihr zugrundeliegende Philosophie und Analyse sind in den Jahren des Krieges und der unmittelbaren Nachkriegszeit gewachsen. (115) Für Jünger hatten die Materialschlachten des Weltkrieges das Bild des Zusammenbruchs eines hoffnungslos verlorenen Zeitalters gebracht. Er war überzeugt von dem Heraufziehen einer nationalistisch-kriegerischen Welt, welche die bürgerlich-dekadente abzulösen im Begriffe war. Humanität, friedliche Geschäftigkeit, Vernunftglaube, internationale Wirtschaftsordnung, Demokratie, Parlamentarismus, liberaler Rechtsstaat, all das, was nach dem Ersten Weltkrieg mit so viel Hoffnung bedacht wurde, galten ihm als »ausgebrannte Fassade«. Hierin trafen sich die Kommunisten und aktivistischen Nationalisten; doch während jene sich dem Kern der Masse angehörig und damit als deren Vollzugsorgan empfanden, waren diese überzeugt, daß die Masse für elitäre Zwecke manipuliert werden müsse. Der lebensfeindliche, seinsvergessene Intellekt war im Kult des autonomen, unantastbaren Individuums genauso am Werk wie im bürgerlichen Utilitarismus, in der positivistischen Wissenschaft wie in der sensitiv-verfeinerten Kunst. Dem bürgerlichen Verfall wurde die Hoffnung auf einen Zukunftsstaat entgegengestellt, welche die kriegerisch-nationalistische Diktatur antizipierte bzw. (wenn auch in ganz anderer Form als sie dann der Nationalismus erbrachte) ersehnte. Vier Grundpfeiler sollten den neuen Staat stützen: »der nationale, der soziale, der kriegerische und der diktatorische Gedanke.« (116) Der Arbeiter war Träger und damit Garant des neuen Staates. In ihm schlossen sich Sozialismus und Nationalismus auf der Basis von Heldentum zusammen. Ähnlich hatte Oswald Spengler bereits 1919 in »Preußentum und Sozialismus« die Ideologie eines »Kriegssozialismus« propagiert. (117) Immer wieder erfolgte der Rückgriff auf die Erfahrungen des Krieges, da, wie Hans Zehrer 1931 in der »Tat« schrieb, diese Generation sozialistisch nach Hause zurückgekommen sei, »nicht, weil sie Karl Marx gelesen und verstanden hatte, sondern weil sie in einer Gemeinschaft auf Tod und Leben zutiefst das soziale Unrecht erspürt und die Berechtigung des sozialen Ressentiments, das in der Arbeiterschaft lebte, begriffen hatte.« (118) Wenn Jünger von der Arbeit spricht, so meint er damit weder die körperliche noch geistige, weder Arbeit im ökonomischen Verständnis, noch technische Tätigkeit; Arbeit ist ihm Ausdruck eines neuen Seins: »eines besonderen Seins, das seinen Raum, seine Zeit, seine Gesetztätigkeit zu erfüllen sucht.« Arbeit ist ihm alles: »das Tempo der Faust, der Gedanken, des Herzens, das Leben bei Tag und Nacht, die Wissenschaft, die Liebe, die Kunst, der Glaube, der Kultus, der Krieg; Arbeit ist die Schwingung des Atoms und die Kraft, die Sterne und Sonnensysteme bewegt.« (119) Eine solche Mythisierung wie Mystifikation von Arbeit mußte all jenen willkommen sein, die, anstelle der konkreten Veränderung sozialer Verhältnisse, die Massen als Stimmvieh für sich zu gewinnen hofften, indem sie tiefgreifende Sehnsüchte auf das Über-Ich des Führers hinweg zu projizieren suchten.

Topoi antidemokratisches Denkens

So wie einerseits Ernst Jüngers Ideen-Syndrom als »preußischer Leninismus« (120) empfunden wurde, andererseits Sozialismus wie Kommunismus mit dem Nationalismus sich liierten, zeigte generell die Parole von »Aufruf und Empörung« widersprüchliche, ambivalente Züge. Es gab den Aufruf für den Sozialismus wie gegen ihn; Empörung für die Freiheit wie gegen sie. Immer mehr wurde deutlich, daß das, was im Gegensatz zu »Potsdam« mit »Weimar« begonnen werden sollte, wieder auf »Potsdam« zuglitt; daß die von der Solidarität der Massen getragene humane Utopie auf revanchistische Gewalt hin sich umorientierte. Die politischen Ideen des deutschen Nationalismus zwischen 1918 und 1933 waren die eines antidemokratischen Denkens; sie breiteten sich vehement aus. In der Strömung des politischen Irrationalismus mit seinem Antiintellektualismus und seiner Politik aus dem Gemüt heraus, war der wahre Staat der autoritäre bzw. totalitäre Staat. Die sich selbst bestimmende Genossenschaft suspensierte ihren Sozietätsbegriff im Ruf nach dem Führer. Die Demokratie von Weimar erwies sich als Produkt einer Aporie, war »eine Demokratie quasi aus Verlegenheit«. (121) So war es nicht allzu schwer, den »nationalen Durchbruch« zu bewirken.

Nach Kurt Sontheimer, der die umfassendste Studie zum antidemokratischen Denken in der Weimarer Republik verfaßt hat, stehen im Zentrum des antidemokratischen Denkens eine Reihe von Grundbegriffen und Wesenszüge, die als Topoi durch die gesamte rechte Literatur und Politik ziehen; sie machten die Substanz dieses Denkens aus und gaben ihm Ziel und Inhalt. Es waren die Begriffe des Volkes, der Gemeinschaft, der Nation, des Organismus, einer neuen Politik, einer neuen Freiheit, des nationalen Sozialismus. (122)

Im Volksgedanken artikulierte sich das spezifisch Deutsche, Antiwestliche des antidemokratischen Denkens. Die Zerrissenheit des Volkes in Parteien und Klassen wurde als bedrückend empfunden. Wenn gerade das Bürgertum sich mit besonderer Inbrunst dem Volksgedanken ergab, so war dies im Grunde ein Versuch, den gesellschaftlichen und politischen Wandel im Übergang vom 19. ins 20. Jahrhundert zu verdrängen. »Das Bürgertum war nach 1919 aus seinem nationalen, staatstragenden Stand zu einer Klasse unter anderen geworden, seine verlorene Vormachtsstellung hoffte es sich mit Hilfe des völkischen Gedankens wieder sichern zu können, wenn auch unter Verleugnung der liberalen Ideen, mit denen es groß geworden war.« (123) Zugleich glaubte man, der Kompliziertheit und Problematik der industriellen Gesellschaft mit Hilfe des Mythos vom Volksgeist entgehen zu können – mit einer neuen Totalität des Lebens, einer gemeinschaftlichen Ganzheit, die anstelle der »Zerklüftung« hochdifferenzierter staatlicher Institutionen und Organisationen eine einfache Lösung anbot.

»Der Mythos vom Volke war aufs innigste verknüpft mit der Idee der Gemeinschaft. Man wies nicht allein nach, daß sich das Wesen des Deutschen nur in der Gemeinschaft erfülle, sondern beschrieb ungeachtet der offen zutage liegenden spezifischen Existenzbedingungen der modernen Industriegesellschaft die Gemeinschaft als durchaus realisierbares soziales Ideal.« (124) Gesellschaft war böse, Gemeinschaft gut; Gesellschaft war künstlich, Gemeinschaft organisch; Gesellschaft ein Gebilde von Menschenhand, Gemeinschaft Gottes Schöpfung. »Volksgemeinschaft! Die Jugend erbebt in hohem, höchstem Gefühl, wenn dieses Wort fällt, denn es ist ihr ein Wort, das höchste Vergangenheit über die entartete bourgeoise Epoche hinweg mit fruchtbar Zukünftigem verbinden soll. Es ist der heilige Wille der Jugend, das Ich münden und sich vollenden lassen im Wir. Denn sie weiß, daß in der Vereinzelung die Welt der Väter zerbrochen ist, nachdem sie sich immer mehr veräußerlicht und liberalistisch verhärtet hatte. Nur in der Gemeinschaft kann ein Volk und jeder Einzelne sich erfüllen und sein Leben steigern.« (Jonas Lesser) (125)

Mit dem Begriff der »Nation« wurde von einem anderen Denkansatz aus die Einheit betont. Nation bedeutete nicht nur völkische Einheit im politischen Sinne, sondern Einheit des Geistes, gemeinsames Festhalten an überlieferten Werten, gemeinsames Arbeiten zur Kräftigung und Stärkung des volkhaften deutschen Staates. Mochte das Volk auch reich sein an Ausdrucksmöglichkeiten und vielfältig in seinen Bestrebungen, als nationale Größe mußte es von *einem* Willen beseelt, von *einem* verbindlichen historischen Bewußtsein getragen werden. Da gerade die Weimarer Republik die Vielfalt der geistigen Standpunkte und Entwicklungen betonte, entbehrten die Massen eines einheitlichen nationalen Wertbewußtseins, das ihnen eine handfeste Lösung ihrer Frustrationen hätte anbieten können. Die Nation war das große Über-Ich, an dem die Furcht vor individueller Selbstbestimmung Halt fand.

Die Vokabel »organisch« stammte aus der romantischen Staatsphilosophie des frühen 19. Jahrhunderts. Der durch Technik und Vermassung bewirkten »Entseelung« wurden organische Ideologien gegenübergestellt, die den »einfachen« Prozeß des »Stirb-und-Werde« in allen Bereichen des menschlichen Daseins am Werke sahen (selbst – wie bei Oswald Spengler – in der Kulturentwicklung). Mit dem Wort »organisch« wurde auch der Kampf gegen die Ratio geführt: der Geist sei Widersacher der Seele, Glauben wichtiger als Denken. Den Kräften des Gemüts und der Instinkte sollte freie Bahn gegeben und Vernunft möglichst weitgehend ausgeschaltet werden. Entscheidung und Tat: das antidemokratische Denken der Weimarer Republik war ein Denken des Entweder-oder. Es verteufelte die rationale Darlegung von Gründen und Begründungen; es forderte die charismatische Führergestalt, die aus instinktivem oder intuitivem Erleben heraus die »richtigen« Maßstäbe setzte, die »richtigen« Handlungen bewirkte. Die dezisionistischen »Philosophien« waren die Vorbedingungen für den sich anbahnenden Führerstaat. (126) »Der Glaube an die Dezision schließt den demokratischen Glauben an die Möglichkeit des Kompromisses aus. Dem dezisionistischen Denken wohnt ein ästhetizistisches Moment inne. Es hat seine Lust an der Eindeutigkeit, der Klarheit und Konsequenz der Entscheidung. Es findet Gefallen an einer Ordnung, die widerspruchslos von oben nach unten durchkonstruiert ist und kann einen Zustand, in welchen sich viele verschiedene Kräfte um Anteil an der Macht bemühen, nur als unschönes Durcheinander begreifen, das sich keiner eindeutigen und übersichtlichen Struktur mehr fügt.« (127)

Unter »neuer Politik« verstand man die Abfolge von großen Taten

266

großer Männer. Aus diesem Grunde war das antidemokratische Denken auch fast ausschließlich auf Außenpolitik bezogen, denn das, was im Innern geschah, war sowieso geprägt durch die Einheit des Volkswillens und nationalen Gemeinschaftsgeiste; hier hatte alles seinen Standort und seine ihm zugedachte Funktion. Nach außen hin aber galt es, den Ruhm und die Kraft des Staates zu nähren. »Volk ohne Raum« wurde zum Motto einer Politik, die auf Expansion und Weltherrschaft ausging. (128) »Politik wird letztlich zum geforderten Vollzug eines schicksalsmäßig vorgeschriebenen Weges deutscher Geschichte, wird zur Erfüllung der deutschen Sendung.« (129)

Die »neue Freiheit« verachtete den individualistischen, liberalen Freiheitsbegriff. Dieser galt als Wurzel der politischen Misere der liberalen Demokratie; denn die liberalen Freiheiten des einzelnen gegenüber dem Staat würden dessen Schwäche und innere Zerrissenheit bedingen. Sie müßten in letzter Konsequenz zur Anarchie führen. Ein Staat, in dem regiert werden und Ordnung herrschen solle, könne individuelle Freiheiten seinen Bürgern nicht zubilligen. Der Staat sei kein Dienstleistungsinstitut, kein Vertrag, abgeschlossen zur Sicherung der Freiheitssphäre des Bürgers und zum Schutze gegenüber dem Mitmenschen, sondern ein souveräner Herrschaftsverband, der sich selbst wähle. Freiheit: das war in Wirklichkeit die rückhaltlose Bejahung von Ordnung und Unterordnung. »Diese neue Freiheit ist erst die wahre Freiheit; sie ist nicht äußerlich, nicht festgelegt in Grundrechten, sondern ruht auf der Bindung an das Ganze. Es handelt sich um eine innere sittliche Freiheit, die zugleich organische Bindung ist.« (130) Freiheit bestand letztlich darin, daß sie nicht mehr bestand, d. h. nicht mehr als Freiheit des einzelnen. Die Autonomie des Menschen, seine »Selbstherrlichkeit« sollte zugunsten staatlicher Ordnung gebrochen werden. »Die Idee der Freiheit wird ausgelöscht als individuelle Freiheit, weil diese individuelle Freiheit das Ganze in seiner Kraft und Geschlossenheit beeinträchtigt, weil, wie F. G. Jünger an einer Stelle sagt, diese Freiheiten dazu ausgebeutet werden, den Staat zu bekämpfen. Die neue Freiheit hingegen erfüllt sich im Aufgehen des einzelnen im Ganzen, sie will die Unterordnung und Einordnung in das Ganze. Der als Freiheit verbrämte Dienst des einzelnen für das Ganze sichert erst die Freiheit des Ganzen. ›Frei ist der Mensch, wenn er in seinem Volke frei ist. Frei ist der Mensch, wenn er in einem konkreten Gemeinwillen steht.‹ (H. Freyer)« (131)

Der »nationale Sozialismus« verband den antibourgeoisen Affekt und die Ablehnung des kapitalistischen Wirtschaftssystems mit nationalistischen Ressentiments und kriegerischem Enthusiasmus. Das Bürgertum wurde vom nationalen Sozialismus genauso bekämpft wie der internationale Kommunismus. Wo der Marxismus ende, da beginne Sozialismus; der deutsche Sozialismus sei berufen, in der Geistesgeschichte der Menschheit allen Liberalismus abzulösen, meinte Moeller van den Bruck in seinem Buch »Das Dritte Reich« (1923), das – einem Brennglas gleich – alle Topoi des antidemokratischen Denkens zusammenfaßt oder vorwegnimmt.

Paradoxerweise war dem Hauptwerk des Traktats, dem der nachfolgende Absatz entnommen ist, das Motto vorangestellt: »Wir müssen die Kraft haben, in Gegensätzen zu leben.« Gerade diese jedoch, die Antinomien und Aporien der Epoche, sollten im neuen Mythos »aufgehoben«, das heißt hier: vernichtet werden.

»Die dritte Partei will das dritte Reich.

Sie ist die Partei der Kontinuität deutscher Geschichte.

Sie ist die Partei aller Deutschen, die Deutschland dem deutschen Volke erhalten wollen.

Die Deutschen aller Parteien werden hier rufen: dies wollen wir auch! Wir glauben Euch gerne. Aber wir wissen zu gut, daß Ihr dabei an das Deutschland Eurer Partei denkt und ein Leben in ihm nach dem Zuschnitte Eurer Parteiprogramme wollt.

Ihr zieht mit Euren Fahnen auf, die ihr dem Lande aufzwingen möchtet. Ihr kommt mit der roten Fahne, die nur ein Tuch ist, das reizt, und die Farbe von Blut ohne Geist. Sie kann unsere Fahne auch dann nicht sein, wenn Ihr sie mit Hammer und Sichel und einem Menschheitssterne verziert. Oder Ihr habt die schwarzrotgoldene Fahne hervorgeholt, die einst der schöne Irrtum von Romantikern für die Fahne unseres ersten Reiches hielt. Aber sie hat längst den Goldglanz verloren, den ihr damals eine schwarmstürmende Jugend gab. Oder Ihr haltet noch immer zu der schwarzweißroten Fahne unseres zweiten Reiches, die über einem Machtgedanken flatterte, der das Weltmeer zu befahren gedachte, ehe ihm das Festland gehörte. Aber wir erlebten den Tag, an dem diese Fahne, die unsere ehrenvollste blieb, in den Wirbeln von Scapa Flow versank.

Über Deutschland weht heute nur eine Fahne, die Zeichen von Leid und ein Gleichnis unseres Daseins ist: nur eine einzige Fahne, die keine Farben neben sich verträgt und den Menschen, die in ihrer Düsterheit gehen, alle Lust an bunten Wimpeln und frohen Standarten nimmt: nur die schwarze Fahne der Not, der Demütigung und einer letzten Erbitterung, die Gefaßtheit ist, um nicht Verzweiflung zu sein – Banner der

Unrast von Gedanken, die bei Tage und in der Nacht um das Schicksal kreisen, das eine verschworene Welt unserem entwaffneten Lande zugedacht hat – Banner des Widerstandes von Männern, die nicht in Ergebung ein Vernichtungswerk hinnehmen wollen, das mit der Zerreißung des Landes beginnen und mit der Austilgung unseres Volkstums enden soll – Banner des Aufbruches von Deutschen, die entschlossen sind, den Betrug auf die Betrüger zurückzulenken, die Nation zu retten und das Reich zu bewahren.« (132)

Liebe den Menschen

»Sturz-und-Schrei«, »Aufruf-und-Empörung« schlossen sich mit »Liebe-den-Menschen« (als dem dritten Hauptmotto der Pinthus-Anthologie »Menschheitsdämmerung«) zum Triptychon der Zeitseele zusammen.

Die Generation, die mit »leidenschaftlicher Inbrunst nach dem edleren, menschlicheren Menschen« schrie, die das »freudig beginnende, früh verschüttete, zerstörte Leben« und die »Unmöglichkeit einer Menschheit«, die sich ganz und gar abhängig gemacht hatte von ihrer eigenen Schöpfung, beklagte, die den »Hauch des Verfalls« spürte und die »Ruinen einer wesenlos aufgedunsenen Kultur« vor sich sah – diese Generation wollte ihre Stimme der »Erweckung des Herzens«, der Menschenliebe widmen. »Laßt es nicht genug sein! Sondern helft, alle, voraneilend, dem Menschheitswillen, einfacheres, klareres, reineres Sein zu schaffen. Denn jener Augenblick wird, muß kommen, da aus Beethovens Symphonie, die uns den Rhythmus unserer Jugend gab, im wildesten Chaos der tobenden Musik plötzlich die vox humana emporsteigt: Freunde, nicht diese Töne! Lasset uns andere anstimmen und freudenvollere.« (133)

Die zukünftige Menschheit sollte, wenn sie im Buche »Menschheitsdämmerung« von diesen »Chaos-Zeiten« las, auch von der Sehnsucht der Verdammten erfahren, »denen nichts blieb als die Hoffnung auf den Menschen und der Glaube an die Utopie.« (134) In die Söhne wurde hineinprojiziert, was die Väter als Söhne nicht hatten erfahren dürfen: Die Freiheit der Selbstbestimmung, das Glück der Zufriedenheit, der Friede der Menschen.

»Ja, dann wird Sterben mir erst zum durchfühlten Wort.
Mein Tod löscht Feind und bunte Ländergrenzen fort, und
alles Leben kennt nur ›Welt‹ und ›Bruder‹ –: Dich, mein Sohn!« (135)

Mit dem Schreiten des Menschen sollte »Gottes Anmut und Wandel aus allen Herzen und Toren treten« (136):

> »Die Welt fängt im Menschen an.« (137)

Der Seuche und dem Mord erstieg der neue Mensch, zerprengte die »Stahlkasematten der Einsamkeit« (138).

> »O Lichtmensch aus Nacht. Ihre Brüder sind wach. Und ihr Mund laut offen ruft zur Erde den ersten göttlichen Gruß.« (139)

Das Liebesbekenntnis war Abschwur:

> »Ich schwöre ab:
> jegliche Gewalt
> jedweden Zwang,
> Und selbst den Zwang,
> zu andern gut zu sein.« (140)

Das »Maß der Dinge«, das in den Materialschlachten des Weltkrieges verschüttet worden war, sollte wieder entdeckt, »ausgegraben«, werden:

> »Alles *ist,* wenn du liebst!« (141)

In ergreifenden Dithyramben wird der »schöne strahlende Mensch« besungen; es war ein Gesang, der diesen angesichts der bitteren Erfahrung der Zeit magisch *erzwingen* wollte:

> »Ich will mich auf den Rasen niedersetzen
> Und mit der Erde in den Abend fahren.
>
> O Erde, Abend, Glück, O auf der Welt sein!!« (142)

»Es gibt eine schaffende Kraft, von welcher alles Leben ausgeht, die von unserem Willen unabhängig ist: wir nennen sie Gott«, schreibt Ricarda Huch in ihrem 1922 erschienenen Buch »Entpersönlichung«, in dem sie aus religiöser Sicht der Entpersönlichung, die so bedrängend in Erscheinung trete, mit dem Rückgriff auf Tradition, vor allem auf christliche Tradition, entgegenzuwirken sucht. (143) Gott offenbare sich im Ganzen *und* im einzelnen, der das Ganze vertrete. Dem einzelnen wohne jedoch auch der angeborene Trieb inne, sich als ein Ganzes selbständig zu machen und über das allgemeine Ganze zu setzen oder sich sogar ganz davon abzusondern. Dadurch, daß alle einzelnen ihren Machttrieb frei äußerten, kämen sie zu ihren Nächsten und dem Ganzen in Wechselbeziehung von Wirkung und Gegenwirkung, welche dem gesunden Stoffwechsel in einem Organismus zu vergleichen sei. Dieser natürliche Zusammenhang eines Volkes würde durch bewußtes Eingreifen, welches das Älterwerden der Völker wie des einzelnen bezeichne, zunächst gefördert, dann gehemmt, bis endlich gefährliche Stockungen und Krämpfe entstünden. »In diesem Falle wird es notwendig, daß das natürliche Zusammen- und Gegeneinanderwirken wieder entstehe, welches herbeizuführen aber bewußter Absicht nicht gelingen wird, die vielmehr das Übel nur verschlimmert. Der Irrtum des modernen Menschen besteht darin, daß er glaubt, Einzelne könnten, indem sie sich freier äußern, persönliches Leben schaffen oder durch Verbindungen der Idee der Volksgemeinschaft dienen.« (144) Nur die Not der Zeit könne helfen, in dem sie jeden einzelnen auf sich selbst stelle und zwinge, sich persönlich für sich und andere einzusetzen. (145) In einem solchen Kampfe würde auch die Gemeinsamkeit bildender Instinkte naturgemäß wirken.

Diesen seltsam verschlungenen, in manchem idealistisch verquollenen, unter dem Pathos der Erneuerung stehenden Ausführungen Ricarda Huchs läßt sich kontrapunktisch das Denken Rosa Luxemburgs vergleichen, die eine gleichermaßen sensible Persönlichkeit war, aber zum »persönlichen Einsatz«, zum gestaltenden Leben und politischen Handeln sich voll bekannte. Und dann in ihrer Ermordung das Schicksal erlitt, das der Republik insgesamt zugedacht war. (146) Gerade ihre Briefe zeigen die anrührend menschliche, in vielem poetische Mentalität einer Frau, die jedoch der Verinnerlichung nicht traute und sich schon früh zum Tätigsein entschloß. »Ich habe eine verdammte Sehnsucht nach Glück und bin bereit, um meine tägliche Portion Glück mit der ganzen Beharrlichkeit eines Maultieres zu feilschen.« (147) Sie wußte, daß nicht der »Gesang«, sondern nur die »Tat« solches Glück, das sie nicht für sich, sondern für alle zu erringen hoffte, bewirken konnte. Nicht um ihre politische Konzeption im einzelnen geht es hier in diesem Zusammenhang, sie mag mit manchem Irrtum behaftet gewesen sein, sondern um das in ihrer Person verkörperte ethisch-soziale Potential der Epoche. Eine individualistische Außenseiterin, polnische Jüdin in einem Lande, das ihr mißfiel, in einer Partei, die sie bald verachtete, ganz Frau in einer wieder dem Männlichkeitswahn verfallenden wie am Über-Ich des Vaters (am Vater-Imago) sich orientierenden Gesellschaft, suchte sie »Heimat« für die vielen zu erreichen, da sie Heimat als einzelne erfahren hatte – ihre bürgerliche Herkunft ins Soziale (mit all den damit verknüpften Schwierigkeiten) zum Transzendieren bringend: »Der verbogene Generalnenner für diese Menschen, die einander, aber kaum jemand anderen als ebenbürtig betrachteten, war das im Grunde ganz einfache Erlebnis einer Kindheit, in der wechselseitige Achtung und uneingeschränktes Vertrauen, eine allumfassende Menschlichkeit und eine echte, fast naive Verachtung für alle sozialen und nationalen Unterschiede als Selbstverständlichkeit betrachtet wurden. Allen Mitgliedern dieser peer group war etwas gemeinsam, was man nur als ›moralische Haltung‹ bezeichnen kann und was grundverschieden von ›moralischen Prinzipien‹ ist. Die Authentizität ihrer Moral verdankten sie dem Umstand, in einer Welt aufgewachsen zu sein, die nicht aus den Fugen war. Sie gab ihnen das seltene Selbstbewußtsein, das für die Welt, in die sie später gerieten, etwas so Beunruhigendes haben und so peinlich als Arroganz und Einbildung empfunden werden mußte. In diesem Milieu und niemals in der deutschen Partei war und blieb Rosa zu Hause. Diese Heimat war bis zu einem gewissen Maße beweglich, und da sie in erster Linie jüdisch war, fiel sie mit keinem bestimmten Vaterland zusammen.« (Hannah Arendt) (148)

Der böse häßliche Mensch

Der Glaube an die »Liebe-den-Menschen«, an die »Erweckung-des-Herzens« war Kraftakt – nicht nur Kraftakt des lyrischen Bewußtsein dieser Zeit, sondern vieler einzelner wie gesellschaftlicher Gruppen. Die sich formierenden »ethischen Massen« erhofften den »Durchbruch zum Menschen« und wollten Bedingungen schaffen, unter denen der Mensch endlich Mensch sein konnte. Die sich formierenden nationalen Massen dagegen beschworen erneut den Teufelskreis der Aggressivität. Individuen gegen Individuen, Massen gegen Massen, Aufstand gegen Aufstand – in solche »Felder« (Dualismen) gliederte sich das Kaleidoskop der Zeit. Dem »schönen strahlenden Menschen« stand der »immer böse häßliche Mensch« entgegen. Wo der gute Mensch seinen Fuß hinsetzte, hatte der böse schon Tritt gefaßt.
Stumpf und dumpf zur Fabrik marschierende Proleten, verbrauchte Dirnen, die mit kalt-geilem Tierblick ihr männliches Gegenüber taxieren, stiernackige Unternehmer, die die Zigarre im Maul wie den erigierten Penis befingern, dickwanstige Rechtsputschisten, monokelbewehrte Reichswehroffiziere, die mit erhobenem Sektglas den Tod der jungen Revolution feiern – für George Grosz war die Gesellschaft eine Menagerie von Schweinehunden, Eseln, Bulldoggen, gebißbleckenden Affen; dem Gesicht der herrschenden Klassen hielt er den Spießer-Spiegel vor. (149) Er hat die Täter-Gesellschaft entlarvt, aber er hat auch die anderen, die Opfer, die schale Armee der Arbeitslosen, Invaliden, Bettler, Prostituierten in ihrer lauernden Häßlichkeit nicht verschont. Wen er zeichnete, der war gezeichnet. Die »goldenen Zwanziger Jahre« haben in seinen Zeichnungen die »teuflischen Zwanziger« zum Pendant. Die

O-Mensch-Gesinnung der Expressionisten, mit ihrem vielfach realitätsblinden, esoterischen Glauben an Armut (als ein großer Glanz von innen), kontrastierte er mit dem tränenlosen Elend der wirklich Geschundenen. Mit der Unberührtheit des Anatomen sezierte er seine Gesellschaft bis auf ihren Kern hin: er bestand im großen Vakuum. »Ein kleines Ja und ein großes Nein«, Titel von Grosz' Autobiographie, waren symptomatisch auch für das Schicksal der Weimarer Demokratie, in dem das Ja zur Selbstgeltung und Selbstbestimmung des Menschen immer kleiner, und das Nein als Verdikt über die Hoffnung auf den neuen guten Menschen immer größer wurde. In dem Kapitel seiner Lebenserinnerungen »Von deutscher Republik« schreibt Grosz, und das Zitat kann noch einmal das Kaleidoskop der Zeit verdeutlichen – einer Zeit,

· in der die Massen entdeckt und die Ichs um ihren Standpunkt im Massendasein rangen,

· in der das Glück als Vision herbeigezwungen werden sollte und der Untergang sich bereits konkret ankündigte,

· in der die Seelenbilder mit ihrer Hell- und Dunkelfärbung in ungewöhnlichem Kontrast sich gegenüberstanden,

· in welcher der Anblick des schönen strahlenden Menschen und des bösen häßlichen Menschen den Kraftakt der Utopie wie die Ratlosigkeit der Verzweiflung bewirkten –:

»Wir waren wie Segelboote im Wind, mit weißen, mit schwarzen, mit roten Segeln. Manche Boote führten Wimpel, darauf sah man drei Blitze oder einen Hammer mit Sichel oder ein Hakenkreuz am Stahlhelm – auf die Entfernung sahen all diese Zeichen einander ähnlich. Wir hatten wenig Gewalt über unsere Boote und mußten fleißig manövrieren, damit sie bei dem herrschenden Sturm nicht umkippten. So manches Boot sahen wir schon kieloben treiben. Der Sturm tobte ununterbrochen, aber wir segelten drauflos; seine Melodie verstanden wir nicht, denn unser Gehör war vom vielen ›mal Hinhören‹ abgestumpft. Wir wußten nur, daß ein Wind vom Osten hereinwehte und ein anderer vom Westen – und daß der Sturm um die ganze Erde blies ...

Aber auch wie ein brodelnder Kessel war die Hauptstadt unserer neuen deutschen Republik. Wer den Kessel heizte, sah man nicht; man sah ihn nur lustig brodeln und fühlte die immer stärker werdende Hitze. An allen Ecken standen Redner. Überall erschollen Haßgesänge. Alle wurden gehaßt: die Juden, die Kapitalisten, die Junker, die Kommunisten, das Militär, die Hausbesitzer, die Arbeiter, die Arbeitslosen, die Schwarze Reichswehr, die Kontrollkommissionen, die Politiker, die

Warenhäuser und nochmals die Juden. Es war eine Orgie der Verhetzung, und die Republik war schwach, kaum wahrnehmbar. Das mußte mit einem furchtbaren Krach enden. Es war eine völlig negative Welt, mit buntem Schaum obenauf, den viele für das wahre, das glückliche Deutschland vor dem Anbruch der neuen Barbarei hielten. Fremde, die uns damals besuchten, ließen sich nur zu leicht durch das scheinbar sorglose, lustige, wirbelnde Leben an der Oberfläche täuschen, durch die Nachtlokale und die sogenannte Freiheit und Kunstblüte. Aber das war eben doch nur bunter Schaum, nichts weiter. Dicht unter dieser lebendigen Oberfläche, die so schön wie ein Sumpf schillerte und ganz kurzweilig war, lagen der Bruderhaß und die Zerrissenheit, und die Regimenter formierten sich für die endgültige Auseinandersetzung. Es war, als sei Deutschland in zwei Teile geteilt und beide haßten sich wie in der Nibelungensage. Und das wußten wir, oder wir fingen an, es zu ahnen ...

Ja, jetzt durften sie frei reden. Jahrelang hatte man sie ans Marschieren gewöhnt, und so marschierten sie einfach weiter, ein bißchen weniger stramm, ein bißchen weniger ausgerichtet als zuvor. Jahrelang hatten sie auf Kommandos gehört; jetzt marschierten sie, aber noch kommandierte keiner. Marschieren mußten sie. Dazu waren sie ja angetreten. Aber ihnen allen fehlte etwas: die scharfe Befehlsstimme. Mit der langersehnten Freiheit wußten sie überhaupt nichts anzufangen. Jeder hatte eine politische Meinung, aus Angst, Neid und Hoffnung gemischt – aber was sollte ihm die so ohne Führung? Die Gewerkschaften? Die reichten da nicht mehr aus. Drohend klang der Leute Murren und gefährlich. Denn da man sich selbst nicht schuldig fühlte – ein ganzes Volk tut das nie –, suchte man einen Sündenbock, und alte, einst harmlose Lieder wie ›Wir woll'n dem Juden den Biedel afsnieden‹ bekamen plötzlich eine pogromhafte Bedeutung.

Es waren nicht nur junge Menschen, die da auf den Straßen hin- und hermarschierten. Viele waren dabei, die konnten die Niederlage nicht verwinden. Dann waren viele dabei, die konnten in die normale Arbeitswelt, die sie verlassen hatten, nicht zurückfinden. Denn diese Welt war versunken oder in Auflösung, und regelrechte Arbeit gab es nicht, selbst wenn einer zu arbeiten gewillt war. Es wimmelte von Arbeitslosen. Um sie zu beruhigen, gab man ihnen Schachspiele statt Arbeit. Von 100 lebten 80 von der Unterstützung durch den Staat ... Bei größeren Menschenansammlungen muß ich immer an Insekten denken. Ich bin nicht der erste, der diese Ähnlichkeit festgestellt hat, aber man erschrickt doch jedesmal ein wenig, wenn man sie von neuem wahrnimmt.

Zum Beispiel bei einem offiziellen Empfang: welches Bild einer durch-
einanderwimmelnden Insektenwelt! Wie buntschillernde Käferflügel
sind die Kleider der Frauen, wie dunkle Mistkäfer dazwischen die
Fräcke der Männer. Und welch insektenhafte Gefräßigkeit entwickeln
alle vor vollbesetzten Büfetts! Unheimlicherweise kann man sich selbst
nicht absondern. Man wird an- und hineingezogen und plötzlich auch
in einen gierigen Käfer verwandelt, wie alle ...« (150)

Masse als Regression

Sigmund Freud beginnt seine Abhandlung »Massenpsychologie und
Ich-Analyse«, indem er ausführlich Gustav Le Bons Buch »Psychologie
der Massen« rekapituliert. »Zweckmäßiger als eine Definition voranzu-
stellen scheint es, mit einem Hinweis auf das Erscheinungsgebiet zu
beginnen und aus diesem einige besonders auffällige und charakteristische Tatsachen herauszugreifen, an welche die Untersuchung anknüpfen kann. Wir erreichen beides durch einen Auszug aus dem mit Recht
berühmt gewordenen Buch von Le Bon.« (151)
Die Zitate, die Freud auswählt und mit verbindenden Worten versieht,
wenden sich der Frage zu: Was ist nun eine »Masse«, wodurch erwirbt
sie die Fähigkeit, das Seelenleben des einzelnen so entscheidend zu
beeinflussen, und worin besteht die seelische Veränderung, die sie den
einzelnen aufnötigt? Die Psychologie, welche die Anlagen, Triebregungen, Motive und Absichten eines einzelnen Menschen bis zu seinen
Handlungen und in die Beziehung zu seinen Nächsten verfolge, müsse
beobachten, daß sich hier, wenn sie ihre Aufgabe gelöst habe, eine neue
ungelöste Aufgabe stelle: nämlich zu ergründen, wie Individuen als
Massenwesen sich darstellten; fühlten, dächten und handelten diese
doch ganz anders, als es die Individualpsychologie zunächst analysiert
habe.
Für Freud war die Familie der Ort des Übergangs der Natur in die
Kultur. Die »intrapsychischen Instanzen« würden Konflikte gebären,
gerade weil sie Vertreter der antagonistisch werdenden Kräfte des Bios
und der Sozietät seien. Die Persönlichkeit erwies sich so als Schauplatz
des Kampfes der Natur mit sozialer »Vertretung«. Vom Standpunkt der
Psychoanalyse aus ist die Neurose ein Unbehagen der Kultur an der
Natur des Menschen oder auch ein Unbehagen der Kultur an der
wiederkehrenden Natur. Das Ich ist nämlich die einzige intrapsychische
Instanz, die offenkundig eine soziale Rolle übernimmt. (152)

Die Grundthese der Einleitung von Freuds Buch (Massenpsychologie sei – bei allen zunächst sich ergebenden Unterschieden – auf Individualpsychologie zurückführbar), wird in Form einer variantenreichen »Befragung« Le Bons angegangen. »An einer psychologischen Masse ist das Sonderbarste dies: welcher Art auch die sich zusammensetzenden Individuen sein mögen, wie ähnlich oder unähnlich ihre Lebensweise, Beschäftigung, ihr Charakter oder ihre Intellegenz ist; durch den bloßen Umstand ihrer Umformung zur Masse besitzen sie eine Kollektivseele, vermöge deren sie in ganz anderer Weise fühlen, denken und handeln, als jedes von ihnen für sich fühlen, denken und handeln würde. Es gibt Ideen und Gefühle, die nur bei den zu Massen verbundenen Individuen auftreten oder sich in Handlungen umsetzen. Die psychologische Masse ist ein provisorisches Wesen, das aus heterogenen Elementen besteht, die für einen Augenblick sich miteinander verbunden haben, genauso wie die Zellen des Organismus durch die Vereinigung ein neues Wesen mit ganz anderen Eigenschaften als den der einzelnen Zellen bilden.« (Le Bon) (153)

In der Masse, meint Le Bon, vermischten sich die individuellen Erwerbungen der einzelnen und damit verschwinde deren Eigenart. Das massenmäßige Unbewußte trete hervor, das Heterogene versinke im Homogenen. »Wir würden sagen, der psychische Oberbau, der sich bei den Einzelnen so verschiedenartig entwickelt hat, wird abgetragen, entkräftet, und das bei allen gleichartige unbewußte Fundament wird bloßgelegt (wirksam gemacht).« (154) Der Massenmensch zeige vordergründig neue Eigenschaften. Le Bon suchte den Grund in drei Momenten. Die erste dieser Ursachen bestehe darin, daß das Individuum in der Masse schon durch die Tatsache der Menge ein Gefühl unüberwindlicher Macht erlange, welches ihm gestatte, Trieben zu frönen, die es allein notwendig gezügelt hätte. Es werde dies nun umso weniger Anlaß haben, als bei der Anonymität und demnach auch Unverantwortlichkeit der Masse das Verantwortlichkeitsgefühl, welches die Individuen zurückhalte, völlig schwinde. Freud legt freilich – seiner Ausgangsthese entsprechend – weniger Wert auf das Auftauchen *neuer* Eigenschaften. Aufgrund der psychoanalytischen Erkenntnisse glaubt er feststellen zu können, daß das Individuum in der Masse lediglich besondere Bedingungen erfahre, die es ihm gestatteten, die Verdrängung seiner unbewußten Triebregungen abzuwerfen. Die »neuen« Eigenschaften, die es zeige, seien in Wirklichkeit die Äußerungen dieses Unbewußten, in dem »alles Böse der Menschenseele« in der Anlage enthalten sei. Das Schwinden des Gewissens oder Verantwortlichkeitsgefühls unter diesen Umständen macht Freuds Verständnis keine Schwierigkeit. »Wir hatten längst behauptet, der Kern des sogenannten Gewissens sei ›soziale Angst‹.« (155)

Le Bon stellt eine zweite Ursache für den Eigencharakter des Massenindividuums heraus: die Ansteckung. Diese sei ein leicht zu konstatierendes, aber unerklärliches Phänomen, das man den Phänomenen hypnotischer Art zurechnen müsse. In der Menge wirke jedes Gefühl, jede Handlung ansteckend, und in so hohem Grade, daß das Individuum sehr leicht sein persönliches Interesse dem Gesamtinteresse opfere.

Le Bon spricht schließlich von der dritten, und zwar wichtigsten Ursache: der Suggestibilität, von der die erwähnte Ansteckung nur eine Wirkung sei. »Zum Verständnis dieser Erscheinung gehört die Vergegenwärtigung gewisser neuer Entdeckungen der Physiologie. Wir wissen jetzt, daß ein Mensch mittels mannigfacher Prozeduren in einen solchen Zustand versetzt werden kann, daß er nach Verlust seiner ganzen bewußten Persönlichkeit allen Suggestionen desjenigen gehorcht, der ihn seines Persönlichkeitsbewußtseins beraubt hat, und daß er die zu seinem Charakter und seinen Gewohnheiten im schärfsten Gegensatz stehenden Handlungen begeht ... Die bewußte Persönlichkeit ist völlig geschwunden, Wille und Unterscheidungsvermögen fehlen, alle Gefühle und Gedanken sind nach der durch den Hypnotisator hergestellten Richtung orientiert.« (156)

Die Hauptmerkmale des in der Masse sich befindlichen Individuums sind nach Le Bon demnach: Schwund der bewußten Persönlichkeit, Vorherrschaft der unbewußten Persönlichkeit, Orientierung der Gedanken und Gefühle in derselben Richtung durch Suggestion und Ansteckung, Tendenz zur unverzüglichen Verwirklichung der suggerierten Ideen.

Der Massenmensch – als willenloser Automat – steige mehrere Stufen auf der Leiter der Zivilisation herab. Die Masse sei impulsiv, wandelbar, reizbar; leichtgläubig, kritiklos; sie werde fast ausschließlich vom Unbewußten geleitet; sie denke in Bildern, die einander assoziativ hervorriefen; sie kenne weder Zweifel noch Ungewißheit. Da die Masse betreffs des Wahren oder Falschen nicht im Zweifel sei und dabei das Bewußtsein großer Kraft habe, gebärde sie sich als ebenso intolerant wie autoritätsgläubig. Im Grunde durchaus konservativ, habe sie tiefe Abscheu vor allen Neuerungen und Fortschritten und unbegrenzte Ehrfurcht vor der Tradition. »Um die Sittlichkeit der Massen richtig zu beurteilen, muß man in Betracht ziehen, daß im Beisammensein der Massenindividuen alle individuellen Hemmungen entfallen und alle grausamen, brutalen, destruktiven Instinkte, die als Überbleibsel der Urzeit im Einzelnen schlummern, zur freien Triebbefriedigung geweckt werden.« (157) Die Massen hätten nie den Wahrheitsdurst gekannt; sie forderten Illusionen, auf die sie nicht verzichten könnten. Das Irreale habe bei ihnen stets Vorrang vor dem Realen, das Unwirkliche beeinflusse sie fast ebenso stark wie das Wirkliche. Sie hätten die sichtliche Tendenz, zwischen beiden keinen Unterschied zu machen.

Ethische Massen

Sigmund Freud referiert ausführlich die Gedanken Le Bons, weil sie in ihrer Betonung des unbewußten Seelenlebens sehr mit seiner eigenen Psychologie zusammengingen. Er war der Meinung, daß das Individuum zur Masse regrediere, und dann auf dieser regressiven Stufe die von der moralischen wie kulturellen Zensur entbundenen primitiv-archaischen Triebe voll zur Geltung kämen. Dies war zugleich auch der Standpunkt des kulturpessimistischen Bürgertums, das in der Masse a priori einen Abfall von der Idee liberaler Individualität, bürgerlicher Moral und eines gesittet, geordneten, vernunftdurchdrungenen Daseins erblickte.

Da jedoch Freud die Fragwürdigkeit dieser bürgerlichen Welt gleichermaßen erkannt und analysiert hatte, meldete er Zweifel an der Beschreibung der Massenseele durch Le Bon an. So richtig die beschriebenen Phänomene schienen, es ließen sich andere, geradezu entgegengesetzte Gründe für Massenbildung, aus denen man eine höhere Einschätzung der Massenseele ableiten mußte, erkennen. Allerdings sei auch Le Bon bereit gewesen zu gestehen, »daß die Sittlichkeit der Masse unter Umständen höher sein kann als die der sie zusammensetzenden Einzelnen und daß nur die Gesamtheiten hoher Uneigennützigkeit und Hingebung fähig sind.« (158) Während der persönliche Vorteil beim isolierten Individuum so ziemlich die einzige Triebfeder abgebe, sei er bei den Massen sehr selten vorherrschend. Gegenüber dem kulturpessimistisch eingefärbten Bild der Massen wird von Freud somit die Bedeutung »ethischer Massen« herausgestellt.

Freud fährt unter Bezug auf eine Reihe anderer Untersuchungen zunächst jedoch fort, weitere wichtige negative Merkmale der Masse aufzuzeigen: sie sei überaus erregbar, impulsiv, leidenschaftlich, wankelmütig, inkonsequent, unentschlossen und dabei in ihren Handlungen zum Äußersten bereit, zugänglich nur für die gröberen Leidenschaften und einfacheren Gefühle, in ihren Überlegungen leichtsinnig, heftig in ihren Urteilen, aufnahmefähig nur für die einfachsten und unvollkommensten Schlüsse und Argumente, leicht zu lenken und zu erschüttern, ohne Selbstbewußtsein, Selbstachtung und Verantwortlichkeitsgefühl, aber bereit, sich von ihrem Kraftbewußtsein zu allen Untaten fortreißen zu lassen.

Sigmund Freud wäre bei seinem Versuch, die Le Bonsche Einseitigkeit zu korrigieren, fündiger geworden, wenn er Massenpsychologie auch unter historischen, politischen und ökonomischen Aspekten betrieben hätte. Ganz fixiert auf anthropologische Axiome, schenkt er der geschichtlichen Problemherkunft und Problementfaltung kaum Beachtung. Unberücksichtigt bleiben etwa das Heraufkommen der bürgerlich-liberalen Gesellschaft in England und die Entfaltung der arbeitsteiligen Industrie- und Wirtschaftsgesellschaft insgesamt, die im Gefolge der Auseinandersetzungen zwischen parlamentarischer und königlicher Macht, zwischen bürgerlichen Selbstbestimmungstendenzen und kirchlich-religiösen Suprematsansprüchen das Problem von Konformismus – Nonkonformismus in den Mittelpunkt rückten. Unbeachtet läßt Freud die Tatsache, daß Nonkonformismus und bürgerliche industrielle Gesellschaft insofern zunächst einander voraussetzten, als eben der Ausschluß vom Establishment die Orientierung an der Orthodoxie reduzierte und politische Bindung unterbrach, was dann andere Interessen freisetzte; das Handeln wurde dadurch sozusagen in die Wirtschaft »entlassen« und jener abgetrennte, gegenstaatliche oder staatsindifferente Bereich konstituiert, der bürgerliche Gesellschaft hieß. (159)

Soziologische Selbstanalyse hätte Freud auch erkennen lassen, daß der Le Bonsche massenpsychologische Denkansatz (wie der seiner Nachfolger) im bürgerlichen Bewußtsein verankert war. – In dem Augenblick jedoch, in dem das Bürgertum der politischen Macht sich integrierte bzw. selbst zur Macht kam, wurde der ursprüngliche Nonkonformismus Teil einer Anpassungsstrategie, die den Wertkosmos des Individuums, bei gleichzeitiger Ablehnung der Massen (der unteren Schichten, die nun ihrerseits von der Politik abgehalten bzw. ausgesperrt wurden), zur Abschirmung von Herrschaftsansprüchen benützte. Dies lief parallel mit der »Verwandlung« emanzipatorischer Kultur in affirmative, bei der die ursprünglich fortschrittlichen, über die erreichte Organisation des Daseins hinausweisenden Ideen von Freiheit, Gleichheit, Brüderlichkeit in den Dienst der sich stabilisierenden Macht des Bürgertums und seiner bloßen rechtfertigenden Selbsterhebung gestellt wurden. (160) Eine Möglichkeit, der Massenpsychologie eine eigene, die bürgerliche »Befangenheit« transzendierende Dimension zu erschließen, hätte darin bestehen können, daß Freud das Problem des Konformismus und Nonkonformismus im Bereich der USA (den er durch vielerlei Kontakte kannte) näher verfolgt hätte. Schon Alexis de Tocqueville hatte an der amerikanischen Gesellschaft die Züge der Gleichförmigkeit, der »Uniformität« des Verhaltens festgestellt, wie sie bis heute das Bild und die Interpretation Amerikas bestimmt haben. (161) Amerika, das Land der Freiheit und Ziel nonkonformistisch denkender, fühlender, »glaubender« Auswanderer, verinnerlichte Anpassung als Haupttugend. Ein Volk, das sich selbst beherrschte, begab sich potentiell in die Vormundschaft neuer Tyrannen: der Diktatur der »öffentlichen Meinung«, ja, des »demokratischen Despotismus«. (162) Die Hinwendung zu dem privaten – im besonderen wirtschaftlichen, später »sozialen« – Interesse lieferte sich in dem Maße, in dem sie sich der Mühe, »allgemein« (d. h. Freiheit im »politischen Sinne«) zu sein, entzog, genau ihrem Gegenteil, dem Druck und der Schwerkraft der Gleichheit aus. Je mehr die bürgerliche Gesellschaft auf ihr individuelles Glück zuging, desto stärker wurden die Gefahren des Konformismus, da eben das Interesse an Mitwirkung im gesellschaftlichen Leben zurückging. Das soziale Dasein, vom Gleichheitsprinzip und Zwang zum Konformismus erfaßt, geriet in Gefahr, seine freiheitlichen Institutionen zu verlieren und sich gegengerichteten Kräften, dem Anspruch und Zugriff von Massen, anheimzugeben – wobei der Aufstand der proletarischen Massen mit dem Aufstand der bürgerlichen Mittelmäßigkeit (der mediocracy und silent majority) zusammenfiel. Paradigmatisch war die amerikanische Gesellschaft aus der Epoche des Nonkonformismus in die des Konformismus übergetreten; »die intermediären, korporativen Formen der Freiheit begannen zu verschwinden; einer Masse von Bürgern, die sich ebenso gleichförmigen individuellen Interessen zuwandten, wie sie gesteigerte Gratifikationen von der Gleichförmigkeit selbst erwarteten, traten mehr und mehr die Gleichschaltungsmechanismen eines Staates gegenüber, der potentiell totalitäre Züge trug. Die spätere Theorie und Soziologie der Masse, die sich teils eigenständig, teils in Anknüpfung an Tocqueville entwickelt hat, hat die Grundeinsichten dieses Autors nur insofern modifiziert, als sie das neue Phänomen nicht nur ›politisch‹, sondern auch ökonomisch, ja psychologisch behandelte und als sie zeigte – wie namentlich am Gegensatz kritischer und affirmativer Positionen deutlich wurde –, daß Nonkonformismus dialektisch einen neuen – massendynamischen – Stellenwert errungen hatte.« (Wolfgang Lipp) (163)

Nach den ökonomischen Bedingtheiten zu fragen, lag ebenfalls außerhalb Freuds Interesse. Sein Agnostizismus gegenüber dem Marxismus war notorisch. Jener ging von Anfang an von der Vorstellung aus, daß nicht Gruppen oder Individuen, nicht spekulative Ideen oder freischwebende Kritik, sondern Massen und Massenbedürfnisse die Welt bewegten; der Umstand, daß die Massen in der bürgerlichen Gesellschaft »entfremdet«, daß sie von den Möglichkeiten des Menschsein, eines praktischen Humanismus, offenbar abgeschnitten waren, hat solche Vorstellung nur bestärkt, ja das Votum der Massen für den Marxismus (als Sozialismus oder Kommunismus) radikal befestigt. Während die bürgerliche Massenkritik die Tatsache der Entfremdung und die Existenz der Massen als Ergebnis eines Verfalls, nämlich als Nachlassen individualistischer Prinzipien (sei es nonkonformistischer, sei es asketischer Eliten) ansah und dementsprechend bestrebt war, zur Behebung der Situation auf diese Prinzipien selbst zurückzugehen, »verfolgte der Marxismus die entgegengesetzte Strategie: die Züge der Entfremdung – nicht bloß die morbide Miene des Kulturverfalls –, die gerade er den Massen attestierte, sollten durch den Fortschritt auf die Massengesamtheit überhaupt, die umfassende Menschheit, überwunden werden. Das Mal der Knechtschaft, das die Massen betraf, ihr Vergessen- und Verlorensein, ihr zum triebhaften Dasein herabgedrückter Status, waren für den Marxismus nur dann in das Wirken der Freiheit, in Menschenwürde, umzuwandeln, wenn die Massen sich gegen die Romantik des bürgerlichen ›Individuums‹ auf sich selbst besannen, wenn sie das ihnen konträre, schlechte Moment der Besonderung vernichteten, revolutionär zum Allgemeinen selbst vorstießen und sich ›kommunistisch‹ organisierten.« (164)

Die historischen, ökonomischen und politologischen Defizits von Sigmund Freuds Massenpsychologie sind nicht als »Wissenslücke« zu monieren; sie sind der Psychoanalyse als »bürgerlicher Wissenschaft« inhärent, wenn auch freilich Freud, als bürgerlicher Revolutionär, die Bedeutung »ethischer Massen« durchaus hervorhebt – ohne jedoch die sozialrevolutionäre Kraft solcher ethischer Massen, die gerade Anfang der Zwanziger Jahre als Hoffnung auf eine, weltanschaulich unterschiedlich abgeleitete (vaterlose) »Brudergesellschaft« zutage trat, zu erkennen. Die Defizits ermöglichten es allerdings Freud, auf Le Bon sich berufend, Massenphänomene auf Gruppenphänomene und diese auf individualpsychologische Phänomene zurückzuführen und damit den Blick auf etwas zu lenken, was im Zeitalter der Massen verloren gegangen schien: die Rolle und Bedeutung des Ich, gerade innerhalb der

Masse und in Gegensteuerung zu ihr. Während die historisch oder ökonomisch orientierte Sozialpsychologie durch die Konstatierung von »Tatsachen«, nämlich zwanghafter Abläufe, dem Fatalismus oder (wie im Marxismus) der Utopie sich überantwortete, ausmündend in pessimistische oder optimistische, dem Realitätsprinzip ferne stehende Prognosen, das heraufziehende Massenzeitalter als individuelle Entfremdung beklagte oder als kollektive Selbstfindung begrüßte, erschloß Freuds Verbindung der Massen- mit der Individualpsychologie eine ganz konkrete Möglichkeit von Therapie. Es handelte sich um ein Heilungsverfahren, das bei aller Ausklammerung des historischen Bezugsrahmens, die Freuds Analyse prägt, gerade in den Zwanziger Jahren unter dem Einfluß und Eindruck der expressionistischen O-Mensch-Gesinnung besonders »aktuell« war: in Ich-Analyse sollte der einzelne »regeneriert« und für den Widerstand gegen die Anpassungswelle, die von überall herankam, konditioniert werden.

Von der Ich-Analyse zur Gruppenanalyse fortschreitend, diese als Baustein in die Massenpsychologie einbringend, bot sich so die große Chance, historisch oder ökonomisch begründete Faktizität wie Fatalität, auch Ideologie, durch Seelenarbeit zu überwinden. Sigmund Freuds unhistorische bzw. ahistorische Position konnte in einem Augenblick, da der »Persönlichkeit« inmitten »totaler Mobilmachung« Eigenwert und Eigenkraft abgesprochen wurden, das Ich ermutigen, vom Überbau des Bewußtseins her verändernd einzugreifen, etwa der drohenden Gefahr durch nationalistisch aufgeputschte Massen mit Ich-Bewußtheit (Rationalität, Vernunft, Ideologiekritik) entgegenzutreten. Freilich wurde auch diese Möglichkeit vertan: die Stimme der Vernunft war noch zu leise, um vom Ich her ins allgemeine Bewußtsein eindringen zu können – hatten doch die »Agenturen der Gesellschaft« über Jahrzehnte hinweg jeden Nonkonformismus und damit jede Selbstreflexion wie jedes Eigenwertigkeitsgefühl unterbunden. Da die Vatergesellschaft so dominant und repressiv gewesen war, konnte die »vaterlose Gesellschaft«, die im Sinne Freuds ihre Brüderlichkeit aus der dem Massengeist entgegenstehenden individuellen Libido hätte »beziehen« müssen, nicht gelingen.

Identifizierung, Herdentrieb, Urhorde

Ausgehend von zwei »künstlichen Massen«, nämlich Kirche und Heer, trifft Sigmund Freud eine, in dieser Schrift ansonsten kaum anzutreffende, auf die deutschen politischen Verhältnisse bezogene aktuelle Feststellung: der preußische Militarismus habe die affektiven Bedingungen, die den wahren Massenzusammenhalt herstellten, sträflich vernachlässigt. »Die Kriegsneurosen, welche die deutsche Armee zersetzten, sind ja großenteils als Protest des einzelnen gegen die ihm in der Armee zugemutete Rolle erkannt worden, und nach den Mitteilungen von E. Simmel (1918) darf man behaupten, daß die lieblose Behandlung des gemeinen Mannes durch seine Vorgesetzten obenan unter den Motiven der Erkrankung stand. Bei besserer Würdigung dieses Libidoanspruchs hätten wahrscheinlich die phantastischen Versprechungen der 14 Punkte des amerikanischen Präsidenten nicht so leicht Glauben gefunden, und das großartige Instrument wäre den deutschen Kriegskünstlern nicht in der Hand zerbrochen.« (165) Wenn eben affektiv-libidinöse Bindungen in der Masse nicht bestünden, werde sie sich, sobald die Befehle der Vorgesetzten nicht mehr mit genug Nachdruck durchdrängen oder aus irgendwelchen Gründen ausblieben, in Panik zersetzen. Ethische Massen (»verdächtig« freilich, daß Freud vom »großartigen Instrument der deutschen Kriegskünstler« spricht und die vierzehn Punkte Wilsons als phantastische Versprechungen abwertet!) bedürften einer starken emotionalen Bindung. »Nun wird aber unser Interesse dringend fragen, welcher Art diese Bindungen in der Masse sind. In der psychoanalytischen Neurosenlehre haben wir uns bisher fast ausschließlich mit der Bindung solcher Liebestriebe an ihre Objekte beschäftigt, die noch direkte Sexualziele verfolgen. Um solche Sexualziele kann es sich in der Masse offenbar nicht handeln. Wir haben es hier mit Liebestrieben zu tun, die, ohne damit minder energisch zu wirken, doch von ihrem ursprünglichen Ziel abgelenkt sind. Nun haben wir bereits im Rahmen der gewöhnlichen sexuellen Objektbesetzung Erscheinungen bemerkt, die einer Ablenkung des Triebes von seinem Sexualziel entsprechen. Wir haben sie als Grade von Verliebtheit beschrieben und erkannt, daß sie eine gewisse Beeinträchtigung des Ichs mit sich bringen.« (166)

Die zum Zweck der Sexualbefriedigung aufeinander angewiesenen Personen demonstrierten gegen den Herdentrieb, indem sie die Einsamkeit aufsuchten (167); je verliebter sie seien und je vollkommener sie einander genügten, umso weniger könnten die Sexualziele auf Massenbindung umorientiert werden. Freud führt, um die der Ich-Du-Beziehung entgegenstehende bzw. diese ablösende Gefühlsbindung der Masse erklären zu können, den Begriff der Identifizierung ein. Die Identifizierung sei an die Stelle der Objektwahl getreten, die Objektwahl zur

Identifizierung regrediert. Die Identifizierung sei die früheste und ursprünglichste Form der Gefühlsbindung; unter den Verhältnissen der Symptombildung, also der Verdrängung, und der Herrschaft der Mechanismen des Unbewußten komme es oft vor, daß die Objektwahl wieder zur Identifizierung werde, also das Ich die Eigenschaften des Objekts an sich nehme. In der Masse handle es sich somit um eine Anzahl von Individuen, die ein und dasselbe Objekt an die Stelle ihres Ich-Ideals gesetzt und sich infolgedessen in ihren Ichs miteinander identifiziert hätten. Die Identifizierung, als die ursprünglichste Form der Gefühlsbindung an ein Objekt, werde auf regressivem Weg zum Ersatz für eine libidinöse Objektbindung (gleichsam durch Introjektion des Objekts ins Ich); sie könne bei jeder neu wahrgenommenen Gemeinsamkeit mit einer Person, die nicht Objekt der Sexualtriebe sei, entstehen. Je bedeutender diese Gemeinsamkeit sei, desto erfolgreicher muß solche partielle Identifizierung werden können und so dem Anfang einer neuen Bindung entsprechen.«Wir ahnen bereits, daß die gegenseitige Bindung der Massenindividuen von der Natur einer solchen Identifizierung durch eine wichtige affektive Gemeinsamkeit ist und können vermuten, diese Gemeinsamkeit liege in der Art der Bindung an den Führer.« (168)

Sigmund Freud vergleicht die Masse mit der Urhorde, da ihre Psychologie (der Schwund der bewußten Einzelpersönlichkeit, die Orientierung von Gedanken und Gefühlen nach gleichen Richtungen, die Vorherrschaft von Affektivität und des unbewußten Seelischen, die Tendenz zur unverzüglichen Ausführung auftauchender Absichten) einen Rückfall auf eine primitive Seelentätigkeit darstelle. So wie der Urvater seine Söhne an der Befriedigung ihrer direkten sexuellen Triebe verhindert habe, sie zu Abstinenz und infolgedessen zu den Gefühlsbindungen an ihn und aneinander zwang, also die in ihren Sexualzielen gehemmten bzw. des Sexualziels beraubten Strebungen zugunsten der Hordenbildung nutzte, so arbeite auch der Massenführer heute. Alle Bindungen, auf denen die Masse beruhe, seien von der Art gehemmter Triebe. In der gleichen Weise, wie der Urmensch in jedem einzelnen virtuell erhalten ist, kann sich aus einem beliebigen Menschenhaufen die Urhorde wieder herstellen; soweit die Massenbildung die Menschen habituell beherrscht, erkennen wir den Fortbestand der Urhorde in ihr. Wir müßten schließen, daß die Psychologie der Masse die älteste Menschenpsychologie sei; was man unter Vernachlässigung aller Massenreste als Individualpsychologie isolierte, habe sich erst später, allmählich und sozusagen immer noch nur partiell, aus der alten Massenpsychologie herausgehoben. Der unheimliche, zwanghafte Charakter der Massenbildung, der sich in ihren Suggestionserscheinungen zeige, könne so mit Recht auf ihre Abkunft von der Urhorde zurückgeführt werden. »Der Führer der Masse ist noch immer der gefürchtete Urvater, die Masse will immer noch von unbeschränkter Gewalt beherrscht werden, sie ist im höchsten Grade autoritätssüchtig, hat nach Le Bons Ausdruck den Durst nach Unterwerfung. Der Urvater ist das Massenideal, das an Stelle des Ichideals das Ich beherrscht. Die Hypnose hat ein gutes Anrecht auf die Bezeichnung: eine Masse zu zweit; für die Suggestion erübrigt sich die Definition einer Überzeugung, die nicht auf Wahrnehmung und Denkarbeit, sondern auf erotische Bindung gegründet ist.« (169)

Freud geht nicht darauf ein, daß das regressive Triebpotential gern von den Manipulatoren der Masse mit gewissen Über-Ichattributen ausgestattet wird; diese haben an sich mit dem Triebpotential nichts zu tun, geben jedoch der Individualität die Möglichkeit, den Ich-Verlust, der freilich kaum in seiner ganzen Größe und Bedeutsamkeit empfunden wird, vor dem »Restgewissen« zu rechtfertigen. In diesem Restgewissen vollzieht sich allerdings keine freie Entscheidung; es ist Teil der gesellschaftlichen Norm und Moral; es akzeptiert demnach nur die Wertvorstellungen und Ideale bzw. Idole, die dem Kodex entsprechen. Daß das Restgewissen, um ein Beispiel zu geben, den Begriff der Nation als Über-Ich-Vorstellung, als »Abdeckung« der durch Ich-Verlust und Vermassung bewirkten Denaturierung, akzeptiert, ist Ausdruck der bürgerlichen Moral – sind doch Nation und Nationalismus in der spätbürgerlichen Ära die »besten« Topoi, die Unterdrückung der anderen zu legitimieren.
Freud bricht seine Abhandlung verhältnismäßig abrupt ab. In Nachträgen versucht er, einzelne Gedanken weiter auszuführen; ein stringentes Konzept fehlt; doch ergibt sich gerade aus dem letzten Teil seiner Schrift eine Reihe von »Leitsätzen«, die als therapeutische Nutzanwendung verstanden werden können und sich in ihrem Strukturmuster mit den Seelenbildern der Zeit assoziieren. Aufruf und Empörung, Erweckung des Herzens, Liebe den Menschen – das hieß in der nüchternen Sprache der psychoanalytischen Massenpsychologie: daß der einzelne sein Ich-Ideal nicht aufgeben und gegen das im Führer verkörperte Massenideal vertauschen dürfe; daß er vielmehr mit Ich-Stärke dem Sog der Vermassung entgegenzutreten habe; das bedeutete den Willen und die Bereitschaft, sich aus dem massenpsychologischen Identifikationsprozeß mit Hilfe von Liebe und Schamgefühl herauszuhalten. »Die

Ablehnung des Einflusses der Masse äußert sich als Schamgefühl.« (170) Privatheit und Intimität (bei Freud freilich nur sexuell gemeint) werden zum Gegenpol von Vermassung und kollektiver »Vereinnahmung«.

Wendepunkt

Mit dem Ende des Krieges war von Freud zwar der große seelische Druck, wie ihn die entsetzlichen Vorgänge in der Welt hervorgerufen hatten, gewichen; doch glaubte er von der Zukunft nicht mehr viel erwarten zu können. »Eine Art von grimmiger Resignation bleibt übrig!« (171) Am Ende des Krieges lag seine Praxis beinahe still; nur langsam stellte sich eine Verbesserung ein; gegen Ende des Jahres 1920 kamen die ersten Anzeichen für eine Gesundung seiner finanziellen Lage; er verdiente nun wieder zwei Drittel seines Vorkriegseinkommens. Die deprimierenden Umstände dieser Zeit – die Nahrungsmittelknappheit dauerte an, ja verstärkte sich noch – bewirkten keine gute Arbeitsstimmung; doch empfand er es als großes Glück, daß bei so viel furchtbaren Geschehnissen die Söhne unversehrt den Krieg überstanden hatten. – 1920 erlitt er den härtesten Schlag seines bisherigen Lebens mit dem Tod seiner zweiten Tochter Sophie, die an einer schweren Grippe starb. 1924 kam Freuds sechster und letzter Enkel zur Welt.

Die durch den Krieg unterbrochenen internationalen Verbindungen konnten verhältnismäßig rasch wieder geknüpft werden. 1919 wurde der »Internationale Psychoanalytische Verlag« gegründet, 1920 die »Internationale Zeitschrift für Psychoanalyse«; im gleichen Jahr fand in Den Haag der 6. Internationale Psychoanalytische Kongreß statt. Die Zerwürfnisse innerhalb der Psychoanalytischen Bewegung setzten sich fort, aber es gab auch neue Kontakte und Erfolge, die den Verlust der Abtrünnigen milderten. Besonders tief berührte ihn die, wenn auch nur zeitweilige Entfremdung von Ernest Jones und der Konflikt mit Otto Rank. 1924 schreibt Freud in einem Brief: »Bei einem halben Dutzend Männern von verschiedenem Temperament ist die vollständige Übereinstimmung in allen wissenschaftlichen Einzelfragen und über alle neu auftauchenden Themen ganz unmöglich und nicht einmal wünschenswert. Die einzige Bedingung für eine ersprießliche Zusammenarbeit ist die, daß keiner von uns den gemeinsamen Boden der psychoanalytischen Grundsätze verlasse. Dazu kommt noch eine Sache, die Ihnen ja bekannt sein muß und die mich für die Aufgabe eines immer wachsamen despotischen Zensors besonders ungeeignet macht: ich finde nicht leicht den Zugang zu anderen Denkweisen und mache es mir zur Regel, zu warten, bis ich irgendeine Beziehung zu meinen eigenen verschlungenen Wegen gefunden habe. Wollten Sie also bei jeder neuen Idee warten, bis ich sie mir angeeignet habe, müßten Sie damit rechnen, hübsch alt zu werden.« (172) Solche Gelassenheit war freilich mehr Oberflächenverhalten; im Innersten, im Unbewußten, traf ihn jede Abweichung tief.

1923 stand er in seiner persönlichen Existenz am Scheideweg. Die Anzeichen der tödlichen Krankheit, die ihm unsägliche Schmerzen bereiten sollte, zeigten sich. Eine Geschwulst an Kiefer und Gaumen, die entfernt wurde, war bösartig, was Freud zunächst verschwiegen wurde. Im gleichen Jahr starb sein Enkel Heinz Rudolf, Sophie Freuds zweites Kind, an Tuberkulose. »Der Verlust muß in seinem Inneren etwas besonders Tiefliegendes angerührt haben ... Ein paar Jahre danach sagte er Marie Bonaparte, er habe seit dem Unglück nie mehr jemanden liebgewinnen können und nur seine alten Bindungen aufrechterhalten. Er hatte den Schlag ganz unerträglich empfunden, viel schrecklicher als seinen Krebs. Im folgenden Monat schrieb er, er leide an der ersten Depression in seinem Leben, und es läßt sich kaum bezweifeln, daß sie auf diesen Verlust zurückging, der so bald nach seiner eigenen tödlichen Erkrankung eingetroffen war.« (173) Eine zweite Operation war bald notwendig; die Hoffnung auf Heilung sank.

1926 feierte Freud seinen 70. Geburtstag. Viele Zeitungen brachten anerkennende Berichte; einer der besten stammte von Stefan Zweig. Der Bürgermeister von Wien gratulierte; die offizielle akademische Welt Wiens ignorierte jedoch den Anlaß vollständig. Freud kommentierte: »Ich hätte ihre Glückwünsche und Auszeichnungen doch nicht für ehrlich gehalten.« (174) Einige seiner Schüler überreichten ihm 30000 Mark, das Ergebnis einer Kollekte unter den Mitgliedern der Psychoanalytischen Vereinigung. Vier Fünftel übergab er dem Verlag und ein Fünftel dem Wiener Ambulatorium. In seinen Dankesworten sagte er, daß man davon Kenntnis nehmen möge, daß er nun von der aktiven Beteiligung an der Psychoanalytischen Bewegung sich zurückzuziehen gedächte, daß er dankend bezeuge, wie viele gute Freunde er gehabt habe und daß er all seine Schüler und Nachfolger bäte, sich von scheinbaren Erfolgen nicht täuschen zu lassen und die Stärke der noch zu überwindenden Anfeindungen nicht zu unterschätzen. (175)

Zu seinem 70. Geburtstag am 6. Mai 1926 schrieb Fritz Wittels in der »Neuen Rundschau« des S. Fischer-Verlags, daß Freud ein »Kopernikus der Psychologie« genannt werden könne. »Er ist siebzig Jahre alt.

Aber er steht nicht am Ende, sondern am Anfang seiner Wirksamkeit.« (176) Kein Zweig der menschlichen Beziehungen zueinander könne so bleiben wie jetzt; die Erziehung der Kinder fordere Reform vom Grunde auf; die Ehe werde von ihm lernen müssen; der Sozialismus mit seiner Zukunftshoffnung auf bessere Menschen sei einer Revision zu unterziehen. »Freud ist von tiefem Pessimismus erfüllt, was die Zukunft und den Aufstieg der Menschheit anbelangt. Er sieht das unerschöpfliche Reservoir der egoistischen Triebe und hat nirgends etwas gesehen von dem gepriesenen Gemeinschaftsgefühl, das uns retten soll. Es existiert nur bei einigen wenigen und auch bei diesen nicht originär, sondern infolge günstiger Verhältnisse durch Sublimierung entstanden. Das Ich-Ideal kann sich an Gewalt und Ursprünglichkeit dem Trieb-Ich nicht vergleichen. Und selbst vom Ideal-Ich bis zum Gemeinschaftsgefühl ist noch ein weiter Weg. Man kann das Gemeinschaftsgefühl züchten wie einen edlen Keim, aber die Stürme des Narzißmus werden es immer wieder wegfegen. Die Menschen werden nicht besser und können nicht besser werden. Ihre Natur ist bestialisch. Alle Hoffnung liegt darin, daß die gesellschaftlichen Einrichtungen der Menschen besser werden.« (177) Wie aber die unbestreitbare Tatsache zustande komme, daß Einrichtungen der Menschen wie Gesetze, Fürsorge, Religion und Schule gut seien, obgleich das originäre Gemeinschaftsgefühl fehle, das sei eine metaphysische Frage, die zu beantworten der Naturforscher Freud nicht unternehme.

Die Weimarer Republik, von der 1919 Heinrich Mann erhofft hatte, »daß in dem redlich und wahr sich mühenden Deutschland des kommenden Lehr- und Prüfungsalters aus gesammelter Volkskraft Helden des Geistes entkeimen, Beherrscher einer Zeit, die nicht mehr trennt, was eins sein sollte: Macht und Weisheit« (178), gab eine »weltliche« Antwort: als Demokratie ohne Demokraten, als vaterlose Gesellschaft ohne ausreichende Brudergesinnung hielt sie den Massenstürmen nicht stand; der Individualismus wie Narzißmus der Epoche verlängerte freilich den Schwebezustand des »Normaltags« noch einige Zeit; die Privatheit des kleinen Mannes widersetzte sich – wenn auch mit schwindender Kraft – ein paar Jahre den Welterlösungsparolen charismatisch sich gerierender Massenführer. Das Unbehagen in der (in dieser) Kultur wuchs jedoch.

Biographisch gesehen, hatte Freud den Zenit seines Lebens überschritten; die Kraft seines Denkens blieb jedoch auch in den langen Jahren des Leidens ungebrochen, ja steigerte sich noch.

Das Unbehagen in der Kultur
Euphorie
Der Normaltag geht zu Ende

Was die Menschen durch ihr Verhalten als Zweck und Absicht ihres Lebens erkennen lassen, was sie vom Leben fordern, in ihm erreichen wollen – das sei, stellt Sigmund Freud fest, ein unbeirrbares Streben nach Glück: »sie wollen glücklich werden und so bleiben.« Aber mit der Kultur sei auch das Unbehagen gegeben – der Mensch müsse seine Triebe bändigen, überwinden und damit gegen seine Natur leben. Freuds antinomisches Denken, sowohl kulturpessimistisch ausgerichtet als auch die Kultur als höchste Leistung des Menschen preisend, ist von einer euphorischen Heiterkeit geprägt; gelassene Deskription des Unabänderlichen. Die biographische Befindlichkeit, ein der schweren Krankheit abgerungenes »Trotzdem« (mit entsprechendem Durchhaltevermögen), spiegelt zugleich die Seelenlage der Zeit, die im »Normaltag« aufging, aufs kleine Glück ausgerichtet war, aber zugleich die Gefährdung dieses Glücks dunkel oder dumpf erspürte.

Kleiner Mann – was nun? *Die große* Masse der Angestellten *wurde zur politisch maßgeblichen Schicht, war jedoch gesellschaftlich unkritisch, aufs private und berufliche Wohl allein bedacht, den »Prothesengöttern« der Zivilisation, die eine »schöne neue Welt« verhießen, im besonderen anheimgegeben. Anders gab sich das proletarische Bewußtsein, das im klassenkämpferischen Boden wurzelte –* ramponiert, aber zurechtgebogen.

Oszillierend zwischen furchenschwerer Wirklichkeit und den Träumen von der großen Welt *(wie sie von einer »amerikanisierten« Kultur- und Vergnügungsindustrie verführerisch feilgeboten wurden),* war den Menschen der religiöse Halt, den Freud als große Illusion *zu dekuvrieren suchte,* genauso zerronnen wie die Immanenz der Vernunft, die – *wäre sie der »verspäteten Nation« als kollektive Bewußtheit von Realität zuteil geworden –* den Gefahren der Welt und Zeit hätte standhalten können. Freud spricht vom milden berauschenden Empfindungscharakter der Schönheit, *denn, so meint er, das Lebensglück werde eben im Genusse der Schönheit gesucht, wo immer sie sich unseren Sinnen zeige. Konkret und zeitbezogen hieß dies, daß das Unbehagen in der Kultur in gefälliger Warenästhetik verpackt war, die Reklamewelt dem Menschen ein »flottes Vorankommen« signalisierte, während doch die bittere Not*

289

der Arbeitslosigkeit und berufliche Stagnation immer mehr um sich griffen. Die kleinen Ladenmädchen gingen ins Kino – die Surrogatwelt mußte für viele Enttäuschungen und vereitelte Zielvorstellungen entschädigen.

Der Mythos als große Verheißung, als Erlösung vom Hier und Jetzt, konnte rapide an Boden gewinnen, zumal die sensibilisierte, urbane Intelligenz, auch wenn sie gesellschaftskritisch ihr Herz auf Taille brachte, ihren Elfenbeinturm kaum verließ. Der Geist als Widersacher der Seele: der vielläufigen irrationalen Strömung, die, aus dem 19. Jahrhundert herkommend, nun die demokratische Rationalität und Sozietät überflutete, gehörte Freud in einem gewissen Sinne an – zugleich aber stand er ihr in skeptischer Distanz gegenüber; er war der Rationalist der Irrationalisten.

Der Normaltag mit seinem kleinen Glück glich bald mehr einem unheimlichen, denn einem heimeligen Idyll. Spießer und Kleinbürger gaben einer »wurzellosen« Intelligenz gegenüber den Ton an. Der »Geist des total platten Landes« (Alfred Döblin) drang vor allem in die Kleinstädte ein. Der Appell an die Vernunft, als Aufforderung, Logos und Mythos, Liebe und Politik, Geist und Trieb, Vernunft und Gefühl miteinander zu versöhnen – wie ihn z. B. Thomas Mann an eine sich zum triebdynamischen Ausbruch formierende Nation richtete – verhallte ungehört. Freud sollte mit seinem Pessimismus recht behalten. Thanatos behielt gegenüber Eros wieder einmal die Oberhand.

Normaltag. Werktagsgesinnung. Trampelpfad zum kleinen Glück. Die Frustrationen überwogen. Die Aggressivität schuf sich Bahn. »Heiter« brach das Ende der Weimarer Republik an. Vom Unbehagen in der Kultur war keine Rede mehr. Nur noch vom Glück eines erwachenden Deutschland. Die Wahrheit war anders (für Freud die gleiche wie seit eh und je): Homo homini lupus; der Regression kein Kraut gewachsen.

Kleiner Mann – was nun?

Im Sommer 1929 begann Sigmund Freud mit der Niederschrift einer Abhandlung, die zunächst »Das Unglück in der Kultur« genannt wurde und bei Erscheinen den Titel »Das Unbehagen in der Kultur« erhielt. Die ersten Kapitel wurden in der im gleichen Jahr gegründeten Zeitschrift »Die Psychoanalytische Bewegung«, November/Dezember-Heft, veröffentlicht. Das Buch brachte der Wiener Internationale Psychoanalytische Verlag Ende 1929 heraus; es trägt jedoch die Jahreszahl 1930. Freud nahm Gedanken seines Traktats »Die Zukunft einer Illusion«, das er als wichtigste wissenschaftliche Arbeit 1927 verfaßt hatte, wieder auf. – 1928 war ein Jahr der zunehmenden körperlichen Leiden gewesen und des verzweifelten Versuchs, sie zu lindern. (1) Dies dürfte auch der Grund gewesen sein, warum Freud in diesem Jahr offensichtlich überhaupt nichts geschrieben hat, was in den letzten fünfundzwanzig Jahren nie vorgekommen war. 1929 erbrachte Freud die Begegnung mit dem Internisten Dr. Max Schur, in dessen ärztlicher Behandlung er bis zum Ende seines Lebens bleiben sollte. Die volle Wahrheit über seinen Zustand dürfe ihm nicht vorenthalten werden; Schmerzen könne er viele ertragen, »doch wenn es mal so weit ist, werden Sie mich nicht unnötig quälen lassen.« (2)

»Das Unbehagen in der Kultur« ist auf dem Hintergrund jahrelangen schweren Leidens zu sehen. Der gelassene Pessimismus, wie er in vielen Äußerungen dieser Jahre zutage tritt, der Fatalismus dem Tode gegenüber, an den die quälenden Schmerzen fast zu jeder Stunde des Tages erinnerten, sind in das Werk eingebracht, wobei die fast heiter anmutende »Erzählweise« den sublimierten Leidensstand sprachlich widerspiegelt. Im Zentrum von Freuds Überlegungen steht die Frage, ob und in welchem Maße es der Kulturentwicklung der Menschenart gelingen wird, der Störung des Zusammenlebens durch den menschlichen Aggressions- und Selbstvernichtungstrieb Herr zu werden. Die Menschen hätten es in der Beherrschung der Naturkräfte inzwischen so weit gebracht, daß sie es mit deren Hilfe leicht hätten, einander bis auf den letzten Mann auszurotten. Nun aber ginge es darum, daß nicht der Todestrieb, sondern der andere der beiden »himmlischen Mächte«, der »ewige Eros«, eine Anstrengung unternehme, um sich im Kampf mit seinem ebenso unsterblichen Gegner zu behaupten. (3)

Die biographische Befindlichkeit, mit dem Leben abgeschlossen zu haben und dennoch mit Neugierde »dran« bleiben zu wollen, »wo die Welt heute hält« – im Wesen dem, in der Diktion freilich pessimistisch-rhapsodischeren Zeitgenossen Gottfried Benn nicht unähnlich – bestimmt den Tenor der Schrift.

> »Astern –, schwälende Tage,
> alte Beschwörung, Bann,
> die Götter halten die Waage
> eine zögernde Stunde an.
>   Noch einmal die goldenen Herden

der Himmel, das Licht, der Flor,
was brütet das alte Werden
unter den sterbenden Flügeln vor?
   Noch einmal das Ersehnte,
den Rausch, der Rosen Du –,
der Sommer stand und lehnte
und sah den Schwalben zu,
   noch einmal ein Vermuten,
wo längst Gewißheit wacht:
die Schwalben streifen die Fluten
und trinken Fahrt und Nacht.« (4)

Gottfried Benn schrieb dieses Gedicht (»Astern«) zwar erst einige Jahre
später; die Verse treffen jedoch die Stimmung des »Normaltages« dieser
Jahre, in denen – nach überstandener Inflation, aber gleichbleibender
internationaler Spannungen – viele Menschen das Gefühl von der Möglichkeit glücklicherer Tage ergriff. »Die Götter halten die Waage /eine
zögernde Stunde an«: Die Dichtung dieser Zeit bekundet häufig das
Anrecht auf ein Stückchen Idyll im Augenblick verhältnismäßiger
Windstille. Die Schrecken des Weltkrieges waren verblaßt, zur Literatur geworden. 1929 erscheinen Erich Maria Remarques Roman »Im
Westen nichts Neues« und Ernest Hemingways Erzählung »In einem
anderen Land«. Das heraufziehende *neue* Unheil hatte noch keine
klaren Konturen gewonnen. So wie in der Mitte des Orkans Ruhe
herrscht, so verbreitete sich das Gefühl, daß man es »irgendwie« schon
schaffen werde. Der kleine Mann, wenn auch auf seinem Weg zum
Aufstieg immer wieder von den Wirrnissen der Zeit und wirtschaftli-
chem Mißgeschick verfolgt, setzte sich mit erstaunlicher Beharrlichkeit
auf den Trampelpfad zur Geborgenheit, und es schien, daß die zivilisatorische Situation seine Mühen begünstigte.
Hans Falladas 1932 erschienener Roman »Kleiner Mann – was nun?«
beschreibt solche Beharrlichkeit auf dem Weg zum (kleinen) Glück
genauso, wie er den fragwürdigen Grund offenbart, auf dem das kleine
Glück beruhte. Inmitten von Arbeitslosenelend und Wirtschaftskrise,
versucht der Angestellte Pinneberg mit »Lämmchen«, seiner jungen,
aus einer klassenbewußten Arbeiterfamilie stammenden Frau, und seinem Kind »Murkel« den Traum vom kleinbürgerlichen Idyll zu verwirklichen. »Ein Buch vom armen, geduldigen kleinen Mann, der zwischen der Not seines bedrückten Lebens und den Werbungen der
Parteien sich an das einzige hält und klammert, was er als wirklich, als

Leben inmitten von all dem Papier und Schwindel erkennt: an seine Frau, an sein Kind, an sein bißchen bedrohtes Glück und Menschentum.« (Hermann Hesse) (5) Im »Vorspiel« wird berichtet, wie Pinneberg, als Buchhalter in bescheidener Stellung, und »Lämmchen«, die schwanger geworden ist, heiraten und trotz äußerster Sparsamkeit kaum den minimalen Lebensunterhalt bestreiten können. Pinneberg fällt dem Personalabbau zum Opfer; beide ziehen nach Berlin, zur verwitweten Mutter Mia, die dort einen Zirkel von Falschspielern und Amüsiermädchen unterhält. Über den Liebhaber seiner Mutter erhält Pinneberg eine Stellung in der Herrenkonfektionsabteilung eines Warenhauses. Auch dort wird er wieder »abgebaut«; die Familie muß in ein Schreberhäuschen vor der Stadt ziehen. Den verwahrlost aussehenden Pinneberg weist ein Polizist eines Tages vom Gehsteig; nun bricht sein Selbstbewußtsein vollends zusammen. Aber die familiäre Geborgenheit gibt noch einmal Halt. Kleiner Mann – was nun? Die Frage bleibt, sozialpsychologisch gesehen, offen; individualpsychologisch betrachtet, läßt Pinneberg mit Hilfe von »Lämmchen« und »Murkel« sich nicht unterkriegen:

»Sie wartet. Sie wartet lange. Sie sagt behutsam: ›Wir können vielleicht gut Geld verdienen. Wir sind vielleicht raus aus dem Dreck.‹

Er macht eine Bewegung, aber dann steht er wieder still und sagt nichts.

Lämmchen wartet, ihr Herz wird so schwer, es ist kalt. Sie kann nicht mehr trösten. Sie weiß nichts mehr. Es ist alles umsonst. Was hilft kämpfen? Für was denn? Er hätte mit den andern Holz stehlen gehen sollen.

Noch einmal wirft sie den Kopf zurück, sie sieht die vielen Sterne, es ist still und feierlich, aber furchtbar fremd und groß und weit weg. Sie sagt: ›Der Murkel hat heute Nachmittag immer nach dir gefragt. Er sagt plötzlich nicht mehr Pepp-Pepp, er sagt Pappo.‹

Der Junge sagt nichts.

›Oh Junge! Junge!‹ ruft sie. ›Was ist denn? Sag doch ein Wort zu deinem Lämmchen! Bin ich denn nichts mehr? Sind wir denn ganz allein?‹

Ach, es hilft nichts. Er kommt nicht näher, er sagt nichts, ferner scheint er zu sein, immer ferner.

Die Kälte ist hochgestiegen an Lämmchen, sie sitzt ganz in der Kälte, es ist nichts mehr. Hinten ist die warme rötliche Helle des Laubenfensters, da schläft der Murkel. Ach, auch Kinder gehen vorbei, sie gehören uns nur eine kurze Zeit – sechs Jahre? Zehn Jahre? Alles ist Alleinsein.

Sie geht auf die rötliche Helle zu, sie muß es ja, was gibt es sonst? Hinter ihr ruft eine Stimme ferne: ›Lämmchen!‹

Sie geht weiter, es hilft nichts mehr, sie geht weiter.
›Lämmchen!‹
Sie geht weiter. Da ist die Laube, da ist die Tür, nun ein Schritt noch, die Hand, die nach dem Drücker faßt ...
Sie wird festgehalten, der Junge hält sie fest, er schluchzt, er stammelt: ›Oh, Lämmchen, was haben sie mit mir gemacht ... Die Polizei ..., heruntergestoßen haben sie mich vom Bürgersteig ..., weggejagt haben sie mich ..., wie kann ich noch einen Menschen ansehen ...?‹
Und plötzlich ist die Kälte weg, eine unendlich sanfte grüne Woge hebt sie auf und ihn mit ihr. Sie gleiten empor, die Sterne funkeln ganz nahe; sie flüstert: ›Aber du kannst mich doch ansehen! Immer und immer. Du bist doch bei mir, wir sind doch beisammen ...‹
Die Woge steigt und steigt. Es ist der nächtliche Strand zwischen Lehnsahn und Wiek, schon einmal waren die Sterne so nah. Es ist das alte Glück, es ist die alte Liebe. Höher und höher, von der befleckten Erde zu den Sternen. Und dann gehen sie beide ins Haus, in dem der Murkel schläft.« (6)
Der Aufstiegswille Pinnebergs, seine immer wieder scheiternden Versuche, eine solide Existenz sich zu schaffen, sein apolitisches Denken, die Illusion über seine soziale Lage, die passive Anpassung, die private Anständigkeit und das Beharren auf einem bescheidenen, von außen stark bedrohten Familienglück, spiegeln die Situation der Angestellten, die nun zum entscheidenden Faktor geworden waren. Ständig den politischen »Anschlägen« ausgesetzt (die »Plakatwelt« der politischen Indoktrination und Manipulation erreicht in diesen Jahren einen besonderen Höhepunkt! (7)), versucht der kleine Mann dem zu folgen, was er auf dem »Kompaß zum kleinen Glück« in sich glaubt wahrhaben zu können.
»Anderswo ist der Tag nur lauter geworden, nicht voller. Das Leben der großen Stadt schäumt mehr, schwindelt dafür besser. Täuscht dem schlecht Bezahlten, der alles bezahlen muß, was man ihm vormacht. Die Arbeiter sind draußen in den Fabriken, die Angestellten bewohnen die Läden, Büros der großen Stadt selbst. Täglich graues, abends zerstreutes Leben bestimmt ihr Bild, füllt sie ... Merkwürdig nur, wie leicht sich der mittlere Mann darüber täuschen läßt, wo er lebt. Die Angestellten haben sich in der gleichen Zeit verfünffacht, in der sich die Arbeiter nur verdoppelt haben. Auch ist ihre Lage seit dem Krieg eine durchaus andere geworden; doch ihr Bewußtsein hat sich nicht verfünffacht, das Bewußtsein ihrer Lage gar ist völlig veraltet. Trotz elender Entlohnung, Mechanisierung, äußerster Unsicherheit der Existenz, Angst des Alters,

Versperrung der ›höheren‹ Schichten, kurz, Proletarisierung de facto, fühlen sie sich noch als bürgerliche Mitte. Ihre öde Arbeit macht sie mehr stumpf als rebellisch. Berechtigungsnachweise nähren ein Standesbewußtsein, das keinerlei reales Klassenbewußtsein hinter sich hat; nur mehr die Äußerlichkeiten, kaum mehr die Gewalt eines verschollenen Bürgertums spuken nach … Dieses falsche Bewußtsein (noch in der Revolte falsch) reicht zwar auch unter Bauern, und Studenten geben ihm den Wichs hinzu; doch Angestellte sind ihm vor allem verfallen. Unsagbares Pack aus dem älteren Spießertum mischt seine Instinkte ein, gar keine völkischen, sondern hämische, fossile, erst recht gegenstandslose, die von Antikapitalismus nur soviel haben, daß sie den Juden als ›Wucherer‹ totschlagen. Aber die Ablenkung ist hier das Größere daran, die duldende Ablenkung aus dem wirklichen Leben. Sie staut das Leben auf nichts als Jugend zurück, auf übersteigerte Anfänge, damit die Frage nach dem Wohin gar nicht aufkomme. Sie fördert den Sport und den Abendglanz der Straße, den exotischen Film oder den sonstwie glitzernden, ja, noch die ›neusachliche‹ Fassade aus Nickel und Glas. Nichts ist dahinter als schmutzige Wäsche: doch gerade diese soll durch die gläserne Offenheit verdeckt werden (gleichwie das viele Licht nur der Vermehrung der Dunkelheiten dient). Cafés, Filme, Lunaparks weisen dem Angestellten die Richtung, die er zu gehen hat: – Zeichen, viel zu überbeleuchtet, als daß sie nicht verdächtig wären, der wahren Richtung auszuweichen, nämlich der zum Proletariat. Mit dem der Angestellte jetzt alles teilt: Not, Sorge und Unsicherheit, nur nicht das klare Bewußtsein dieses seines Zustands.« Mit diesen Worten charakterisierte Ernst Bloch 1929 in einer Besprechung (»Künstliche Mitte«) Siegfried Kracauers Buch »Die Angestellten«. (8)

Die Welt der Angestellten

Kracauers Studie über das Leben der Angestellten war in Fortsetzungen 1929 im Feuilleton der »Frankfurter Zeitung« erschienen, einem liberalen Blatt, das gesellschaftliche Vorgänge mit Distanz beobachtete, jedoch die soziologische Erkundung der »Exotik des Alltags«, vor allem, wenn sie in geistreicher Weise vorgenommen wurde, seinen Lesern, die sich vornehmlich aus dem Bereich der höheren Angestellten und der »Stützen wie Spitzen« der Gesellschaft rekrutierten, durchaus zumutete. Die Veröffentlichung als Buch erfolgte im Frühjahr 1930; enthusiastischen Würdigungen auf der einen Seite entsprachen auf der anderen wütende Verrisse; (so etwa von Ernst Niekisch, der im Organ des deutschnationalen Handlungsgehilfenverbandes Kracauers Untersuchung mit antisemitisch unterlegter Polemik ablehnte). Das Werk war von einer beißenden Aktualität, denn die Angestellten waren bei der Auseinandersetzung zwischen Rechten und Linken in eine Schlüsselstellung geraten. Die Konservativen reklamierten sie zum Mittelstand, also ins quasi bürgerliche Lager, während sie in marxistisch-revolutionärer Sicht berufen schienen, das Schicksal des Proletariats zu teilen. Das politische Verhalten des »Stehkragen-Proletariers« mußte eines Tages den Klassenkampf entscheiden. Kracauers Untersuchung rückte das theoretisch erzeugte Gesellschaftsbild der Parteistrategen in ein fragwürdiges Licht. Er konfrontierte ihre Konstruktionen mit Erkenntnissen, die mit einer bis dahin noch wenig geübten, am Beginn ihrer Entwicklung stehenden Methodik gewonnen worden waren: mit empirischer Sozialforschung. Kracauer, der die Aufmerksamkeit der Öffentlichkeit auf die öffentlichen Zustände der Angestellten lenken wollte, war zugleich ein Kundschafter »in das Innere der modernen Großstadt«. Seine Schrift deckte damit auch die Kalamität einer Gesellschaft auf, die durch Krieg, Revolution, Inflation, wachsende Technik, strukturelle Veränderungen der Wirtschaft aus den Fugen geraten war. Seine Schrift erspürte mit feinem Witterungssinn das geistige und politische Klima der ausgehenden 20er Jahre, im besonderen das der »Kulissenwelt« von Berlin, in der die Weimarer Republik vollendet repräsentiert war. (9)

Das Zahlenmaterial, das Kracauer vorlegt – 3,5 Millionen Angestellte, davon 1,2 Millionen Frauen – schlüsselt er wie folgt auf: zur Hälfte seien die gewaltigen Angestelltenmassen im Handel, bei Banken und im Verkehr beschäftigt; die Zahl der Industrieangestellten habe verhältnismäßig rasch zugenommen, sie betrage jetzt 1,35 Millionen; der verbleibende Rest von einer halben Million entfalle auf Behörden, Organisationen usw. Was die Berufsgliederung betrifft, so sei die weitaus bedeutendste Gruppe die der kaufmännischen Angestellten mit 2¼ Millionen; ihr folgten im erheblichen Abstand die übrigen, fast gleichgroßen Gruppen der Büroangestellten, Techniker und Werkmeister, deren jede sich auf rund eine Viertelmillion belaufe. (10) Die Gründe für die ungeheuere Vermehrung der Angestellten lägen im wesentlichen in den Strukturwandlungen der Wirtschaft. »Die Entwicklung zum modernen Großbetrieb bei gleichzeitiger Veränderung seiner Organisationsform; das Anschwellen des Verteilungsapparats; die Ausdehnung der Sozialversicherung und der großen Verbände, die das Kollektivleben zahlreicher

Gruppen regeln – das alles hat, jedem Abbau zum Trotz, die Ziffern nach oben getrieben. Daß gerade so viele Frauen in die Angestelltenberufe geströmt sind, läßt sich noch im besonderen aus der Erhöhung des Frauenüberschusses, den wirtschaftlichen Folgen von Krieg und Inflation und dem Bedürfnis der neuen Frauenorganisation nach wirtschaftlicher Selbständigkeit erklären.« (11)

Die Zeit von 1925 bis 1928 habe das Eindringen der Maschine und der Methoden des »fließenden Bandes« in die Angestelltensäle der Großbetriebe gebracht und eine Umstellung bewirkt, die großen Teilen der neuen Angestelltenmassen nur noch eine, gegen früher herabgeminderte Funktion im Arbeitsprozeß ermögliche. Es gäbe nun un- und angelernte Angestellte in Menge, die eine mechanische Tätigkeit versähen, aber noch den Qualitätsbegriff des Angestellten als Sozialprestige verinnerlicht hätten – während sie doch bereits zum proletarischen Sklavenheer gehörten. »Jedenfalls gelten für die breite, im Angestelltenverhältnis befindliche Schicht ähnliche soziale Bedingungen wie für das eigentliche Proletariat.« (12) Die Durchschnittsgehälter bei Ausgelernten hebe mit 150 Mark an und erreiche bei berufsälteren Kräften in gehobener Stellung kaum je 500 Mark. Das Einkommen der weiblichen Angestellten läge in der Regel 10 bis 15 Prozent niedriger.

Siegfried Kracauer stellt heraus, daß die großen deutschen Städte heute keine Industrie- bzw. Arbeiterstädte, sondern Angestellten- und Beamtenstädte seien. Berlin verdeutliche dies im besonderen Maße. Hier sei der wirtschaftliche Prozeß, der die Angestelltenmassen bewirkt habe, am weitesten gediehen; hier fänden die entscheidenden praktischen und ideologischen Auseinandersetzungen statt. Hier würde besonders auffällig die Gestalt des öffentlichen Lebens von den Bedürfnissen der Angestellten und denen bestimmt, die ihrerseits diese Bedürfnisse bestimmen möchten. »Berlin ist heute die Stadt der ausgesprochenen Angestelltenkultur; das heißt einer Kultur, die von Angestellten für Angestellte gemacht und von den meisten Angestellten für eine Kultur gehalten wird. Nur in Berlin, wo die Bindungen an Herkunft und Scholle so weit zurückgedrängt sind, daß das Weekend große Mode werden kann, – ist die Wirklichkeit der Angestellten zu erfassen. Sie ist auch ein guter Teil von der Wirklichkeit Berlins.« (13)

Bei seinem Psychogramm der neuen Schicht bzw. Klasse geht Kracauer davon aus, daß die Blütenträume der Angestellten – Kopfarbeit, gerne verkaufen, leichte und saubere Arbeit – zwar nicht reiften, aber ständig durch Illusionen, durch Tagträume, die zur »Beute der Betrüger« würden (wie es Ernst Bloch formulierte), am Leben erhalten würden.

»Ganze Persönlichkeit«, »richtiger Mensch« und »richtige Stelle«: die aus dem Diktionär der verblichenen idealistischen Philosophie geschöpften Worte würden bei den Prüfungsverfahren zur Auslese der Angestellten von den Arbeitgebern dazu verwendet, um Herrschaftsinteressen mit Hilfe von Ideologie aufrecht zu erhalten, wobei die Angestellten die Fiktion von der »abgerundeten Persönlichkeit« als Selbstwertgefühl internalisierten. »Außerordentlich lehrreich ist die Auskunft, die ich in einem bekannten Berliner Warenhaus erhalte.

›Wir achten bei Engagements von Verkaufs- und Büropersonal‹, sagt ein maßgebender Herr der Personalabteilung, ›vorwiegend auf ein angenehmes Aussehen.‹ Von fern her erinnert er etwas an Reinhold Schünzel in älteren Filmen. Was er unter angenehm verstehe, frage ich ihn; ob pikant oder hübsch. ›Nicht gerade hübsch. Entscheidend ist vielmehr die moralisch-rosa Hautfarbe, Sie wissen doch ...‹« (14) – Die moralisch-rosa Hautfarbe, die vor allem die weiblichen Angestellten aufweisen sollten, war mit der Verdummung der »jungen Dinger«, die jetzt als Stenotypistinnen und Lochkartenmädchen ihre Fingergeschicklichkeit so einsetzten wie früher beim Spielen der Etüden auf den häuslichen Pianos, identisch. Die »Mädchen mit den kunstseidenen Strümpfen«, um mit dem Titel eines Romans von Irmgard Keun, einer beliebten Schriftstellerin dieser Zeit, zu sprechen (1932), waren Geschöpfe, die sowohl von ihrer Arbeitskraft wie von ihrer Sexualität her ausgebeutet wurden. Seinem Buch stellt Siegfried Kracauer zwei anekdotische Beobachtungen voraus, welche die Situation der weiblichen Angestellten als symptomatisch für die Angestelltenwelt insgesamt charakterisierten:

I.

»Eine entlassene Angestellte klagt vor dem Arbeitsgericht auf Weiterbeschäftigung oder Abfindung. Als Vertreter der beklagten Firma ist ein Abteilungsleiter erschienen, der frühere Vorgesetzte der Angestellten. Um die Entlassung zu rechtfertigen, erklärt er unter anderem: ›Die Angestellte wollte nicht als Angestellte behandelt werden, sondern als Dame.‹ – Der Abteilungsleiter ist im Privatleben sechs Jahre jünger als die Angestellte.«

II.

»Ein eleganter Herr, zweifellos ein höherer Konfektionär, betritt abends in Begleitung seiner Freundin den Vorraum eines weltstädtischen Vergnügungsetablissements. Der Freundin ist auf den ersten Blick anzusehen, daß sie im Nebenberuf acht Stunden hinter dem

Ladentisch steht. Die Garderobenfrau wendet sich an die Freundin:
›Wollen gnädige Frau nicht den Mantel ablegen?‹« (15)

Innerhalb der Angestelltenwelt wird »Jugend« fetischartig aufgewertet.
Die Inserate der Angestelltenzeitungen verdeutlichten, wie in den
Phantasmagorien von Glanz und Kraft, Bildung und Persönlichkeit
vexierhaft eingebettet sind: Konversationslexika und Betten, Krepp-
sohlen, Anti-Schreibkrampffederhalter, Qualitätspianos, Verjüngungs-
mittel und weiße Zähne – verdinglichte Seelenrequisiten für den Weg
zur höheren Existenz. (16) Der ältere oder alte Angestellte wird rasch
gekündigt und in die Verelendung gestoßen. Man nenne dies Rationalisierung bzw. »natürlicher Abgang«. Das Damoklesschwert der Entlassung schwebe über allen; früher glaubte jeder, eine Lebensstellung zu
haben; heute habe er Angst vor der Kündigung. Nun erführen die
Angestellten, wie dem Arbeiter zumute ist; sie verdrängten jedoch
immer wieder dieses Bewußtsein. Kracauer berichtet über die Antworten Stellungsloser, wie sie auf eine Rundfrage des Gewerkschaftsbundes
der Angestellten eingegangen seien. Diese Stellungsnahmen geben
wichtige Hinweise auf die allgemeine sozialpolitische Misere der damaligen Zeit:
»Früher Betriebsleiter mit etwa 400 RM Gehalt. Mußte Möbel und Pelz
verkaufen und ein Zimmer vermieten. Ich bin 40 Jahre alt und verheiratet. Vater von zwei Kindern (Junge 3½, Mädchen ½ Jahr). Stellenlos seit
1. 4. 25.«
»39 Jahre, verheiratet, drei Kinder (14, 12, 9 Jahre). Drei Jahre nichts
verdient. Zukunft? Arbeit, Irrenanstalt oder Gashahn.«
»Die Kündigung erfolgte, weil Militäranwärter eingestellt wurden. Ich
verkaufte meine Möbel. Vor dem Kriege mehrere eigene Geschäfte, die
ich infolge des Krieges und meiner Einberufung aufgeben mußte. Als
ich zurückkam, starb meine Frau. Meine ganzen Ersparnisse sind mir
durch den großen Volksbetrug (Inflation) geraubt. Jetzt bin ich 51 Jahre
alt und muß deshalb überall hören: ›So alte Leute stellen wir nicht ein.‹
Der letzte Schritt ist für mich Selbstmord. Der deutsche Staat ist unser
Mörder.«
»Ich bin seelisch gebrochen und beschäftige mich ab und zu mit Selbst-
mordgedanken. Außerdem habe ich das Vertrauen zu sämtlichen Menschen verloren. 38 Jahre alt, geschieden, vier Kinder.«
»Zukunft? Trostlos, falls nicht bald etwas für uns ältere, doch noch voll
arbeitsfähige und durchgebildete Angestellte in irgendeiner Art und
Weise getan wird. 44 Jahre, verheiratet.«

»Zukunft trostlos und aussichtslos. Der baldige Tod dürfte das beste sein. – Das schreibt ein Zweiunddreißigjähriger (!), Verheirateter und Vater zweier Kinder.« (17)

Auf die in der Diskrepanz von Fassade und Wirklichkeit manifest werdende Abgründigkeit der Angestelltenwelt verweist Siegfried Kracauer an einer Stelle, indem er Franz Kafka erwähnt. »Wird sonst nach der Wirklichkeit gedichtet, so geht hier die Dichtung der Wirklichkeit voran. In den Werken Franz Kafkas ist der verworrene menschliche Großbetrieb, dessen Entsetzlichkeit an die für Kinder hergerichteten Pappmodelle vertrackter Raubritterburgen erinnert, ist die Unerreichbarkeit der höchsten Instanz ein für allemal dargestellt. Die Klage des verarmten Kleinbürgers, die bis in die Sprache hinein Kafka entlehnt scheint, betrifft zweifelsohne einen extremen Fall, deutet aber doch haarscharf auf den typischen Ort hin, den der mittlere Vorgesetzte, also in der Regel der Abteilungsleiter, im modernen Großunternehmen einnimmt.« (17) Sieht man von der metaphysischen Dimension von Kafkas Werken ab, so war in der Tat vor allem im »Prozeß« (unvollendet von Max Brod 1925 herausgegeben) die Situation verkümmerter, im Getriebe der modernen Massengesellschaft und ihrer Bürokratie hoffnungslos verirrter wie verwirrter Menschen eingefangen. Immer auf der Suche nach Lösung und Erlösung, blieb der kleine Mann im Labyrinth stecken, auf der Wartebank hocken, den unerfindlichen Urteilen der »Oberen« ausgeliefert.

»›Auf das Publikum nimmt man nicht viel Rücksicht‹, sagte er. ›Man nimmt überhaupt keine Rücksicht‹, sagte der Gerichtsdiener, ›sehen Sie nur hier das Wartezimmer.‹ Es war ein langer Gang, von dem aus roh gezimmerte Türen zu den einzelnen Abteilungen des Dachbodens führten. Obwohl kein unmittelbarer Lichtzutritt bestand, war es doch nicht vollständig dunkel, denn manche Abteilungen hatten gegen den Gang zu statt einheitlicher Bretterwände bloße, allerdings bis zur Decke reichende Holzgitter, durch die einiges Licht drang und durch die man auch einzelne Beamte sehen konnte, wie sie an Tischen schrieben oder geradezu am Gitter standen und durch die Lücken die Leute auf dem Gang beobachteten. Es waren, wahrscheinlich weil Sonntag war, nur wenig Leute auf dem Gang. Sie machten einen sehr bescheidenen Eindruck. In fast regelmäßigen Entfernungen voneinander saßen sie auf den zwei Reihen langer Holzbänke, die zu beiden Seiten des Ganges angebracht waren. Alle waren vernachlässigt angezogen, obwohl die meisten nach dem Gesichtsausdruck, der Haltung, der Barttracht und vielen, kaum sicherzustellenden, kleinen Einzelheiten den höheren Klassen angehörten. Da keine Kleiderhaken vorhanden waren, hatten sie die Hüte, wahrscheinlich einer dem Beispiel des anderen folgend, unter die Bank gestellt. Als die, welche zunächst der Tür saßen, K. und den Gerichtsdiener erblickten, erhoben sie sich zum Gruß, da das die Folgenden sahen, glaubten sie auch grüßen zu müssen, so daß alle beim Vorbeigehen der beiden sich erhoben. Sie standen niemals vollständig aufrecht, der Rücken war geneigt, die Knie geknickt, sie standen wie Straßenbettler. K. wartete auf den ein wenig hinter ihm gehenden Gerichtsdiener und sagte: ›Wie gedemütigt die sein müssen.‹ ›Ja‹, sagte der Gerichtsdiener, ›es sind Angeklagte, alle, die Sie hier sehn, sind Angeklagte.‹ ›Wirklich!‹ sagte K. ›Dann sind es ja meine Kollegen.‹ Und er wandte sich an den nächsten, einen großen, schlanken, schon fast grauhaarigen Mann. ›Worauf warten Sie hier?‹ fragte K. höflich. Die unerwartete Ansprache aber machte den Mann verwirrt, was um so peinlicher aussah, da es sich offenbar um einen welterfahrenen Menschen handelte, der anderswo gewiß sich zu beherrschen verstand und die Überlegenheit, die er sich über viele erworben hatte, nicht leicht aufgab. Hier aber wußte er auf eine so einfache Frage nicht zu antworten und sah auf die anderen hin, als seien sie verpflichtet, ihm zu helfen, und als könne niemand von ihm eine Antwort verlangen, wenn diese Hilfe ausbliebe. Da trat der Gerichtsdiener hinzu und sagte, um den Mann zu beruhigen und aufzumuntern: ›Der Herr hier fragt ja nur, worauf Sie warten. Antworten Sie doch.‹ Die ihm wahrscheinlich bekannte Stimme des Gerichtsdieners wirkte besser: ›Ich warte –‹ begann er und stockte. Offenbar hatte er diesen Anfang gewählt, um ganz genau auf die Fragestellung zu antworten, fand aber jetzt die Fortsetzung nicht. Einige der Wartenden hatten sich genähert und umstanden die Gruppe, der Gerichtsdiener sagte zu ihnen: ›Weg, weg, macht den Gang frei.‹ Sie wichen ein wenig zurück, aber nicht bis zu ihren früheren Sitzen. Inzwischen hatte sich der Gefragte gesammelt und antwortete sogar mit einem kleinen Lächeln: ›Ich habe vor einem Monat einige Beweisanträge in meiner Sache gemacht und warte auf die Erledigung.‹« (18)

Ramponiert, aber zurechtgebogen

Alfred Döblins Roman »Berlin Alexanderplatz«, 1929 veröffentlicht, bis zu seinem Verbot 1933 durch die Nationalsozialisten ein großer Erfolg, vielfach übersetzt, mit Heinrich George verfilmt, schildert die

Welt des kleinen Mannes aus der Perspektive des Proletariats, wobei sich freilich die zeitgenössischen sozialrevolutionären Schriftsteller mit Döblins Vorstellungen von der Arbeiterklasse nicht identifizieren wollten; (»der Alexanderplatz liegt weder am Kurfürstendamm noch im vorherigen Jahrhundert. Weder die heutigen, noch die ehemaligen Transportarbeiter sind belastet mit Freudschen Komplexen und einer umgestülpten Hamletseele. In diesem seinen Buch hat Döblin das ramponierte Ich eines komplizierten Kleinbürgers aufs Proletarische verkleidet. Dabei ist er von seinem eigenen Einfall wild begeistert und behauptet strikt, das sei ein waschechter Proletarier.« (19)). In der Tat geht es Döblin weniger um ein Soziogramm als um ein Psychogramm. Für ihn ist der Mensch ein individuelles Wesen, bevor er ein soziales wird. Ehe er zu den anderen stößt und seinen sozialen Standort findet, muß Hans Biberkopf, der Held des Romans, mit sich selbst fertig werden. Er ist ein Idealist mit seelischem Defekt, ein Ich-Mensch und Ich-Problematiker. Damit war jedoch durchaus die Situation des kleinen Mannes insgesamt angesprochen; der Roman »verdiente« nicht nur, sondern bekam auch ein Publikum, »das ebenso groß ist, wie die Masse der Menschen, die in ihm lebt und in ihm leidet und ringend hofft.« (20) In der »Neuen Rundschau« 1929 resümierte Willy Haas den Inhalt des Romans mit folgenden Worten:

»Das ist Franz Biberkopf, der ehemalige Transportarbeiter. Er ist eben aus dem Zuchthaus in Tegel entlassen worden. Er steht torkelnd und blinzelnd, des Lichtes ungewohnt, auf dem Alexanderplatz. Er schwört, ein anständiger Mensch zu werden. Er lebt in die Welt hinein. Weiber, Straßenhandel, Politik, Freunde, Essen, Saufen. Da saust ein Hammer herab: ein Freund namens Lüders verrät ihn. Er verstummt. Er verschwindet. Beginnt mühsam nochmals von neuem: Weiber, Straßenhandel, Politik, Essen, Saufen. Da: zum zweitenmal. Wieder ein Freund, namens Reinhold. Bei einem Einbruch, zu dem Franz Biberkopf gar nicht gehört, wird er von diesem Freund gemein aus dem Auto geschmissen, verliert einen Arm. Fast erledigt.

Doch noch nicht ganz. Eine lange Zeit völliger Apathie. Nach dem starken Schlag kommt das stärkste Heilmittel: ein kleines Mädchen mit der äußersten Kraft der Liebe, eine kleine Nutte aus Bernau.

Sie hat für ihn alle Instinkte der großen Leidenschaft. Jetzt ist er gerettet, wie Faust durch Grete.

Ist er es? Nein. Rätselhaft fühlt er sich zu Reinhold wieder hingezogen, der ihn damals aus dem Wagen geschmissen hat. Der will sie ihm wegnehmen, erwürgt sie, als sie sich wehrt. Jetzt ist es wirklich aus.

Jedesmal nach dem Schlag war er lange stumm und allein und apathisch und hat sich in dieser langen Stummheit immer noch einmal gesammelt. Aber jetzt ist die Apathie ein Starrkrampf, und die einzige Erlösung: der Tod. Doch in Franz, der jetzt ganz wehrlos und entkräftet ist, vollkommen ausgeliefert dem Tod: in ihm ist etwas doch noch stärker als der Tod. Nicht er, er hat ja gar nichts mehr; aber sein Schicksal, denn er ist auserwählt, sich zu Ende zu leben. Der Tod brüllt ihn an, zerfetzt ihn, reißt ihm das Herz heraus. Aber Franz Biberkopf steht zum letztenmal auf: jetzt weiß er, er muß anders leben. Nicht blind, sondern sehend. Nicht mit der bloßen Gewalt, sondern mit der Einsicht in die Kräfte. Nicht auf sich allein bauend, sondern auf alle. Nicht sich passiv mitreißen lassend vom Strom des Lebens, sondern aktiv schwimmend in ihm.

Wieder steht er auf dem Alexanderplatz. Um ihn tobt, heult, keucht, lacht und stirbt der maßlose Strom des Lebens, das ihn über den Tod hinweg, endgültig an sein Herz gerissen hat.« (21)

Die Großstadt erscheint als modernes Babylon, als Heimat der Gauner, Huren, Hehler und Zuhälter. Die Handlung kreist um Verbrechen und Unzucht, um das Elend der Slums, um Prostitution, Krankheit, Hunger und Sorge. In den Häusern ist der Unrat der Welt zusammengeschwemmt. Der Himmel »blickt auf die dunklen Stätten der Menschheit«. Sehen wir in irgendein Haus hinein: »Ganz oben ein Darmhändler, wo es natürlich schlecht riecht und wo es viel Kindergeschrei und Alkohol gibt. Daneben ein Bäckergeselle mit seiner Frau, die Anlegerin ist in einer Druckerei und eine Eierstockentzündung hat. Was die beiden vom Leben haben? Na, erstens einer den andern, dann letzten Sonntag Bühnenschau und Film, dann mal die und mal die Vereinssitzung und Besuch bei seinen Eltern.« Der Mensch selbst wird auf seine animalischen Funktionen festgelegt: »Er geht herum, blüht, säuft, frißt, verspritzt seinen Samen, verbreitet weiter Leben.« (22) Unübertroffen erweist sich Döblin in der Schilderung des Berliner Schlachthofes: mit den ekligen roten Backsteingebäuden, der Erbarmungslosigkeit, mit der hier maschinell und routiniert tierisches Leben vernichtet wird, ein aufrüttelndes Symbol der modernen Großstadt und ihrer Dämonie: »Denn es geht dem Menschen wie dem Vieh, wie dies stirbt, so stirbt er auch.« (23)

Stilistisch geht der Döblinsche Roman neue Wege: an Stelle einer ruhig dahingleitenden Erzählform ist eine Form getreten, die dem Schnitt im modernen Film vergleichbar ist. (24) Die Bewegung der Lichter, die Geräusche der Motoren der Großstadt spiegeln sich in der Seele des

Menschen, die so keinen Augenblick Ruhe findet. Die Berliner Unterwelt, die Döblin schildert, ist zwar Zerrspiegel, aber auch als solcher noch durchaus Konterfei der Wirtschafts- und Sozialordnung einer Gesellschaft, die aus den Fugen geraten ist und in der die Gewalt regiert. (25) Immer wieder durchbrechen in Döblins Roman die Fanfaren und Losungen der Marschkolonnen, die »Gesänge« der sich formierenden Ideologien, das Gewirr der Wirklichkeit.

Döblins Menschenbild ist jedoch bei aller Wirklichkeitsnähe auf Transzendenz angelegt. Von der »Öffentlichkeit«, den Organisationen, Kollektiven, müsse man sich hüten! Sie seien unwahre Gebilde, falsche Öffentlichkeit, falsche Organisationen und Kollektive. »Sie sind das Übel von heute und die wirklichen Verhinderer eines wirklichen Daseins.« (26) Am Ende ist Franz Biberkopf auch keineswegs gebrochen oder vernichtet, im Dickicht der Großstadt verloren, vom Moloch Großstadt verschlungen. Döblin glaubt – und er vermittelt diesen Glauben in ekstatischer Weise – an die Kraft des Individuums, an die individuelle Einsicht, an die Selbstanalyse, die für Franz Biberkopf die Katharsis erbringt. Im Vorwort des Romans schreibt Döblin: »Es wird ihm, der nun die Irrenanstalt, in die er eingeliefert war, verläßt und eine Anstellung als Hilfsportier bekommen hat, aufs deutlichste klargemacht, woran alles lag. Und zwar an ihm selbst, man sieht es schon, an seinem Lebensplan, der wie nichts aussah, aber jetzt plötzlich ganz anders aussieht, nicht einfach und fast selbstverständlich, sondern hochmütig und ahnungslos, frech, dabei feige und voller Schwäche. Das furchtbare Ding, das sein Leben war, bekommt einen Sinn. Es ist eine Gewaltkur mit Franz Biberkopf vollzogen. Wir sehen am Schluß den Mann wieder am Alexanderplatz stehen, sehr verändert, ramponiert, aber doch zurechtgebogen. Die zu betrachten und zu hören, wird sich für viele lohnen, die wie Franz Biberkopf in einer Menschenhaut wohnen und denen es passiert wie diesem Franz Biberkopf, nämlich vom Leben mehr zu verlangen als das Butterbrot.« (27)

Die Annahme des Schicksals, die Bereitschaft, nicht zu flüchten, sondern standzuhalten (28), der Armut und der Angst sich nicht wehrlos auszuliefern, sondern aus »Ich-Stärke« heraus zu bestehen – das war durchaus »freudianisch« gedacht; es war ein Beitrag zu dem, was Freud schon in »Massenpsychologie und Ich-Analyse« als möglichen Heilungsweg aufgezeigt hatte und was ihm nun auch im »Unbehagen in der Kultur« als Schicksalsfrage der Menschheit erschien – nämlich ob der einzelne in der Lage sein würde, die Kulturentwicklung so zu gestalten, daß nicht der Destruktionstrieb überhand nähme, sondern der Liebestrieb das Schicksal aufs Glück hin, und wenn es nur das kleine Glück war, zu lenken vermöchte.

Döblins Roman transzendiert noch in einem anderen Sinne: er zielt aufs Kosmische. Das fünfte Buch des Romans endet mit einer »Anrede« an die Sonne; und bei der Beschreibung einer Berliner Kneipe heißt es: »Der Sonnenschein aber, der lautlos die vorderen Tische und den Fußboden belegt, in zwei lichte Massen geteilt von dem Schild ›Löwenbräu Patzenhofer‹, der ist uralt, und eigentlich wirkt alles vergänglich und bedeutungslos, wenn man ihn sieht. Er kommt über x Meilen her, am Stern y ist er vorbeigeschossen, die Sonne scheint seit Jahrmillionen, lange vor Nebukadnezar, vor Adam und Eva, vor dem Ichthyosaurus, und jetzt scheint sie in das kleine Bierlokal durch das Fensterglas, wird von einem Blechschild ›Löwenbräu Patzenhofer‹ in zwei Massen geteilt, legt sich über die Tische und auf den Boden, rückt unmerklich vor. Er legt sich auf sie, und sie wissen es. Er ist beschwingt, leicht, überleicht, lichtleicht, vom Himmel hoch, da komm ich her.« (29) Wert oder Unwert einer Gemeinschaftsorganisation hingen für Döblin davon ab, wie weit diese den Prozeß der individuellen Personwerdung ermöglichte und begünstigte, oder aber verhinderte und unmöglich machte. »Der Mensch, Stück und Gegenstück der Natur, ist verbunden mit der Natur, der Geschichte der Erde und einer eigenen Gesellschaft – und setzt sich ihnen gegenüber.« (30) Und dieser Mensch sollte sich auch immer wieder der Natur und Kultur gegenüber als Ich durchsetzen.

Max Schelers Werk »Die Stellung des Menschen im Kosmos« erschien 1928; es war als Basis für eine umfassende philosophische Anthropologie gedacht. (31) Die Problematik des Menschen ist nach Scheler wesentlich dadurch bestimmt, daß der Mensch im Hinblick auf das Tierreich sowohl dessen Höhepunkt wie dessen Gegensatz darstellt. Die Stufenfolge des psychophysischen Seins (Gefühlsdrang, Instinkt, Intelligenz) zeige diese Zwischenstellung auf. Gefühlsdrang sei schon bei der Pflanze erkennbar – als blinder, empfindungsloser Drang zu Wachstum und Fortpflanzung, wie ihn das Leben ausmache; Empfindung, Reflex und Gedächtnis zeigten sich erst beim Tier. Mag das Tier auch Intelligenz haben, der Mensch allein verfüge über Geist und Personsein. Geist ist nach Scheler die Fähigkeit des Ideendenkens, der Anschauung von Urphänomenen und Wesensgehalten sowie die Möglichkeit zur Güte und Liebe. So wie Freud stellt er die Frage, wie man über die Liebe und in Absage an den Haß auf eine höhere Stufe der Menschheitsentwicklung gelangen könne. Er glaubt daran, daß man einen Menschen unter Umständen mehr lieben könne als sich selbst. Für Scheler waren Geist und Leben aufeinander hingeordnet. Erst im Einsatz der Person eröffne sich die Möglichkeit »um das Sein des Durch-sich-Seienden auch zu ›wissen‹«. (32) Dem Gegensatz von Leib und Seele sei überlegen der nie gegenständlich werdende, aber alles »vergegenständlichende« Geist. Sei schon das Leben unräumliches Sein, wohl aber zeitliches Sein, so erscheine das, was wir Geist nennen, nicht nur überräumlich, sondern auch überzeitlich; die Intentionen des Geistes gestalteten sozusagen den Zeitablauf des Lebens. So wesensverschieden auch Leben und Geist sich darböten, so seien doch beide Prinzipien im Menschen aufeinander angewiesen: Der Geist ideiere das Leben; den Geist aber, von seiner einfachsten Aktregung an bis zur Leistung eines Werkes, dem wir geistigen Sinngehalt zuschreiben, in Tätigkeit zu setzen und zu verwirklichen, vermöge das Leben allein. (33)

»Auf alle Fälle ist der Mensch im Verhältnis zum Tiere, dessen Dasein das verkörperte Philisterium ist, der ewige ›Faust‹, die bestia cupidissima rerum novarum, nie sich beruhigend mit der ihn umringenden Wirklichkeit, immer begierig, die Schranken seines Jetzt-Hier-Soseins zu durchbrechen, immer strebend, die Wirklichkeit, die ihn umgibt, zu transzendieren – darunter auch seine eigene jeweilige Selbstwirklichkeit. In diesem Sinne sieht auch Sigmund Freud den Menschen als ›Triebverdränger‹. Und nur weil er das ist, durch dieses nicht gelegentliche, sondern konstitutionelle ›Nein‹ zum Triebe, kann der Mensch seine Wahrnehmungswelt durch ein ideelles Gedankenreich überbauen, und eben hierdurch seinem ihm einwohnenden Geiste, die in den verdrängten Trieben schlummernde Energie steigend zuführen. D. h. der Mensch kann seine Triebenergie zur geistigen Tätigkeit ›sublimieren‹.« (34)

Ramponiert, aber zurechtgebogen – das war eine Anthropologie, die am Menschen als Personalität und Geistwesen gegenüber den immer mehr andrängenden kulturpessimistischen, die Kraft des einzelnen wie des Geistes überhaupt negierenden Strömungen festhielt; das war das »Zurechtbiegen« eines anthropologischen »Defaitismus« auf ein Ichbewußtsein hin, das, ähnlich wie in Freuds Ich-Analyse, den futurischen Aspekt, nämlich den Glauben an die Kraft des Individuums und seiner Vernunft, in eine Welt einbrachte, die unter dem Zwang der Verhältnisse immer mehr der Geistlosigkeit, der Mechanisierung, der Apparathaftigkeit, Normierung und Standardisierung verfiel und dabei kafkaeske Züge annahm. (35) Nicht der »Prozeß« sollte dem Menschen und dem Ich gemacht werden, sondern das Ich sollte selber wieder »prozeßhaft«, kraft seines Eigenwertes, gestaltend einzugreifen lernen. (36)

Die Zukunft einer Illusion

Sigmund Freuds Schrift »Das Unbehagen in der Kultur« ist im Inhalt und Stil euphorisch; »Heiterkeit vor dem Ende«; panischer Augen-Blick, der jedoch in der Einsicht des Psychoanalytikers als Teil des Stroms der Zeit sich offenbart. Oberflächenphänomene werden auf Essenz hin durchschaut. »Im Interesse unserer Untersuchung wollen wir aber auch nicht daran vergessen, daß der heutige Mensch sich in seiner Gottähnlichkeit nicht glücklicher fühlt.« (37) Damit war in Freuds Pessimismus die Säkularisierung des religiösen Gefühls, die er zwei Jahre vorher (in der Schrift »Die Zukunft einer Illusion«), freilich auch damals schon skeptisch, als große Möglichkeit erhofft hatte – daß der Mensch sich nämlich aus den religiösen Banden lösen, die religiöse Illusion aufgeben und ganz aus sich selbst, aus seiner geistigen, seeli-schen Personalität bzw. Ich-Substanz heraus zur Gestaltung seiner Welt gelangen könne, ohne freilich sich selbst in Gottähnlichkeit hinein zu steigern –, relativiert worden.

In »Die Zukunft einer Illusion« (1927) hatte Freud, wie er in seiner Selbstdarstellung 1935 im Rückblick bemerkte, die Religion hauptsäch-lich negativ gewürdigt. »Ich fand später die Formel, die ihr bessere Gerechtigkeit erweist: ihre Macht beruhe allerdings auf ihrem Wahr-heitsgehalt, aber diese Wahrheit sei keine materielle, sondern eine histo-rische.« (38)

Wenn man frage, welches fernere Schicksal dieser Kultur bevorstehe, so komme es darauf an, ob der Triebverzicht, den die Kultur auferlege, bewältigt werde. Im Vorgriff auf spätere Überlegungen stellt Freud fest: »Während die Menschheit in der Beherrschung der Natur ständige Fortschritte gemacht hat und noch größere erwarten darf, ist ein ähnli-cher Fortschritt in der Regelung der menschlichen Angelegenheiten nicht sicher festzustellen, und wahrscheinlich zu jeder Zeit, wie auch jetzt wieder, haben sich viele Menschen gefragt, ob denn dieses Stück des Kulturerwerbs überhaupt der Verteidigung wert ist. Man sollte meinen, es müßte eine Neuregelung der menschlichen Beziehungen möglich sein, welche die Quellen der Unzufriedenheit mit der Kultur versagen macht, indem sie auf den Zwang und die Triebunterdrückung verzichtet, so daß die Menschen sich ungestört durch inneren Zwist der Erwerbung von Gütern und dem Genuß derselben hingeben könnten. Das wäre das goldene Zeitalter, allein es fragt sich, ob ein solcher Zustand zu verwirklichen ist. Es scheint vielmehr, daß sich jede Kultur auf Zwang und Triebverzicht aufbauen muß; es scheint nicht einmal gesichert, daß beim Aufhören des Zwanges die Mehrzahl der menschlichen Individuen bereit sein wird, die Arbeitsleistung auf sich zu nehmen, deren es zur Gewinnung neuer Lebensgüter bedarf. Man hat, meine ich, mit der Tatsache zu rechnen, daß bei allen Menschen destruktive, also antisoziale und antikulturelle Tendenzen vorhanden sind und daß diese bei einer großen Anzahl von Personen stark genug sind, um ihr Verhalten in der menschlichen Gesellschaft zu bestimmen.« (39) Freud wirft die Frage auf, woher denn die Anzahl überlegener, unbeirrbarer und uneigennütziger Führer kommen solle, die als Erzieher der künftigen Generationen wirken müßten, damit die Massen aus ihrer Quantität in die ethische Qualität umschlügen.

Die Kulturfeindseligkeit sei ungeheuer groß, erzeugt durch den Druck, den die Kultur ausübe, durch die Triebverzichte, die sie verlange. Denkt man sich ihre Gebote aufgehoben – und für Freud ist solche Aufhebung vor allem identisch mit »Libertinage« (daß man zum Sexualobjekt jedes Weib wählen dürfe, das einem gefalle; daß man seinen Rivalen beim Weib, oder denjenigen, der sonst im Wege steht, ohne Bedenken erschlagen, dem anderen auch irgendeines seiner Güter wegnehmen könne) –, dann werde deutlich, daß die Menschen in ihrem unmündigen Zustand der Religion bedürften. Die Kulturvorschriften erhalten vom religiösen Über-Ich her die Abstützung, die notwendig ist, um die Kulturfeindseligkeit auszugleichen. Die Götter hätten die dreifache Aufgabe: die Schrecken der Natur zu bannen; mit der Grausamkeit des Schicksals, besonders wie es sich im Tode zeige, zu versöhnen; und für die Leiden und Entbehrungen zu entschädigen, die den Menschen durch das kulturelle Zusammenleben auferlegt werden. (40) »Göttliche Aufgabe wird es nun, die Mängel und Schäden der Kultur auszugleichen, die Leiden in acht zu nehmen, die die Menschen im Zusammenleben einander zufügen, über die Ausführung der Kulturvorschriften zu wachen, die die Menschen so schlecht befolgen. Den Kulturvorschriften selbst wird göttlicher Ursprung zugesprochen, sie werden über die menschliche Gesellschaft hinausgehoben, auf Natur und Weltgeschehen ausgedehnt.« (41) Mit der Suggestion, daß über uns eine gütige, nur scheinbar gestrenge Vorsehung wache, die es nicht zulasse, daß wir zum Spielball der überstarken und schonungslosen Naturkräfte würden, daß der Tod selbst keine Vernichtung sei, keine Rückkehr zum anorganisch Leblosen, sondern der Anfang einer neuen Art von Existenz, die auf dem Wege der Höherentwicklung liege, vermittle die Religion ein Geborgenheitsgefühl, das man als Teil einer »moralischen Ökonomie« bezeichnen kann. »Alles Gute findet endlich seinen Lohn, alles Böse seine Strafe, wenn nicht schon in dieser Form des Lebens, so in den späteren Existenzen, die nach dem Tod beginnen. Somit sind alle Schrecken, Leiden und Härten des Lebens zur Austilgung bestimmt; das Leben nach dem Tode, das unser irdisches Leben fortsetzt, wie das unsichtbare Stück des Spektrums dem sichtbaren angefügt ist, bringt all die Vollendung, die wir hier vielleich vermißt haben.«(42) Im kritischen Dialog mit sich selbst kommt Freud zu dem Ergebnis, daß die religiösen Vorstellungen aus demselben Bedürfnis hervorgegangen seien wie alle anderen Errungenschaften der Kultur, nämlich aus der Notwendigkeit, sich gegen die erdrückende Übermacht der Natur zu verteidigen. Dazu sei ein zweites Motiv gekommen, nämlich der Drang, die peinlich verspürten Unvollkommenheiten der Kultur zu korrigieren. Wenn man die psychische Genese der religiösen Vorstellungen ins Auge fasse, dann seien diese, die sich als Lehrsätze ausgäben, nicht Niederschläge der Erfahrung und Endresultate des Denkens; es seien Illusionen, Erfüllungen der ältesten, stärksten, dringendsten Wünsche der Menschheit. »Das Geheimnis ihrer Stärke ist die Stärke dieser Wünsche.« (43) Die religiösen Lehren seien unbeweisbar; niemand dürfe gezwungen werden, sie für wahr zu halten, an sie zu glauben. Einige von ihnen seien so unwahrscheinlich, so sehr im Widerspruch zu allem, was wir mühselig über die Realität der Welt erfahren haben, daß man sie mit entsprechender Berücksichtigung der psychologischen Unterschiede den Wahnideen vergleichen könne.

Nun bestünde natürlich die Gefahr, daß die Menschen, wenn man lehre, daß es keinen allgerechten und allmächtigen Gott gäbe, keine göttliche Weltordnung und kein künftiges Leben, sich aller Verpflichtung zur Befolgung der Kulturvorschriften ledig fühlten und jeder ungehemmt, angstfrei seinen asozialen, egoistischen Trieben zu folgen und seine Macht zu bestätigen suche. Das Chaos, das in viel tausendjähriger Kulturarbeit gebannt worden sei, werde dann wieder beginnen. Nicht geleugnet solle werden, daß die Religion der menschlichen Kultur große Dienste geleistet, im besonderen zur Bändigung der asozialen Triebe viel beigetragen habe; dies sei aber nicht genug. »Wenn es ihr gelungen wäre, die Mehrzahl der Menschen zu beglücken, zu trösten, mit dem Leben auszusöhnen, sie zu Kulturträgern zu machen, so würde es niemand einfallen, nach einer Abänderung der bestehenden Verhältnisse zu streben. Was sehen wir stattdessen? Daß eine erschreckend große Anzahl von Menschen mit der Kultur unzufrieden und in ihr unglücklich ist; sie als ein Joch empfindet, das man abschütteln muß, daß diese Menschen entweder alle Kräfte an eine Abfindung dieser Kultur setzen oder in ihrer Kulturfeindschaft so weit gehen, daß sie von Kultur und Triebeinschränkung überhaupt nichts wissen wollen.« (44) Zweifelhaft sei, ob die Menschen zur Zeit der uneingeschränkten Herrschaft religiöser Lehren im ganzen glücklicher gewesen wären als heute, da diese religiösen Lehren offensichtlich ihren Einfluß verlören; »sittlicher waren sie gewiß nicht.« Sie hätten es immer verstanden, die religiösen Vorschriften zu veräußerlichen und damit deren Absichten zu vereiteln. Man sündigte, und dann brachte man Opfer oder tat Buße, und dann war man frei, um von neuen zu sündigen. (45)

Freud plädiert für eine rein rationale Begründung der Kulturvorschriften, also für ihre Zurückführung auf soziale Notwendigkeit. Möge die religiöse Lehre auch eine historische Wahrheit mitteilen, heute komme es darauf an, die gesellschaftliche in eine rationale Wahrheit, in eine allgemein gültige zu verwandeln, und diese bestünde eben darin, daß man der Illusion der Religion entsagen müsse. Der menschliche Intellekt möge zwar als kraftlos im Vergleich zum menschlichen Triebleben angesehen werden, aber es sei doch etwas besonderes um diese Schwäche. Die Stimme der Vernunft ruhe nicht, ehe sie sich Gehör verschafft habe. Am Ende, nach unzählig oft wiederholten Abweisungen, dringe sie durch und befreie von der »Leibeigenschaft« der religiösen Illusion. Der Mensch könne durchaus den Trost der religiösen Illusion entbehren und die Schwere des Lebens und die grausame Wirklichkeit ertragen, wenn ihm nicht das süße bzw. bittersüße Gift der Religion von Kindheit an eingeflößt werde. Er müsse »nüchtern« aufgezogen werden. Derjenige, der nicht an einer Neurose leide, bedürfe auch keiner Intoxikation, um sie zu betäuben.

»Gewiß wird der Mensch sich dann in einer schwierigen Situation befinden, er wird sich seine ganze Hilflosigkeit, seine Geringfügigkeit im Getriebe der Welt eingestehen müssen, nicht mehr der Mittelpunkt der Schöpfung, nicht mehr das Objekt zärtlicher Fürsorge einer gütigen Vorsehung. Er wird in derselben Lage sein wie das Kind, welches das Vaterhaus verlassen hat, in dem es ihm so warm und behaglich war. Aber nicht wahr, der Infantilismus ist dazu bestimmt, überwunden zu werden? Der Mensch kann nicht ewig Kind bleiben, er muß endlich hinaus ins ›feindliche Leben‹. Man darf das ›die Erziehung zur Realität‹ heißen, brauche ich Ihnen noch zu verraten, daß es die einzige Absicht meiner Schrift ist, auf die Notwendigkeit dieses Fortschritts aufmerksam zu machen?

Sie fürchten wahrscheinlich, er wird die schwere Probe nicht bestehen? Nun, lassen Sie uns immerhin hoffen. Es macht schon etwas aus, wenn man weiß, daß man auf seine eigene Kraft angewiesen ist. Man lernt dann, sie richtig zu gebrauchen. Ganz ohne Hilfsmittel ist der Mensch nicht, seine Wissenschaft hat ihn seit den Zeiten des Diluviums viel gelehrt und wird seine Macht noch weiter vergrößern. Und was die großen Schicksalsnotwendigkeiten betrifft, gegen die es eine Abhilfe nicht gibt, die wird er eben mit Ergebung ertragen lernen. Was soll ihm die Vorspiegelung eines Großgrundbesitzes auf dem Mond, von dessen Ertrag doch noch nie jemand etwas gesehen hat? Als ehrlicher Kleinbauer auf dieser Erde wird er seine Scholle zu bearbeiten wissen, so daß sie ihn nährt. Dadurch, daß er seine Erwartungen vom Jenseits abzieht und alle freigewordenen Kräfte auf das irdische Leben konzentriert, wird er wahrscheinlich erreichen können, daß das Leben für alle erträglich wird und die Kultur keinen mehr erdrückt. Dann wird er ohne Bedauern mit einem unserer Unglaubensgenossen sagen dürfen:

Den Himmel überlassen wir
Den Engeln und den Spatzen.« (46)

Die Zukunft einer Illusion (nämlich der Religion) müsse das Ende dieser Illusion sein. Damit knüpft Sigmund Freud indirekt an Gotthold Ephraim Lessings Schrift »Die Erziehung des Menschengeschlechts« an, in der dieser seiner Überzeugung Ausdruck gegeben hatte, daß die Zeit der Vollendung kommen werde, »da der Mensch, je überzeugter sein Verstand einer immer bessern Zukunft sich fühlet, von dieser Zukunft gleichwohl Bewegungsgründe zu seinen Handlungen zu erborgen, nicht nötig haben wird; da er das Gute tun wird, weil es das Gute ist, nicht weil willkürliche Belohnungen darauf gesetzt sind, die seinen flatterhaften Blick ehedem bloß heften und stärken sollten, die inneren besseren Belohnungen desselben zu erkennen.« (47)

Die verordneten Träume

Sigmund Freuds antireligiöser, aufklärerischer Impetus bricht sich immer wieder in seinem Skeptizismus. Der Blick auf die Wirklichkeit hindert ihn daran, an das Ende einer Illusion, das er sich als die Zukunft einer Illusion erhofft, in Form einer Illusion zu glauben. In seiner Schrift »Das Unbehagen in der Kultur« stellt er fest, daß der Mensch, der sich seit langen Zeiten eine Idealvorstellung von Allmacht und Allwissenheit gebildet habe, die er zunächst in seinen Göttern verkörpert sah (wobei diese Götter Kulturideale waren), nun sich der Erreichung dieses Ideals so sehr angenähert habe, daß er sich beinahe selbst zum Gott berufen fühle. Nicht die »leise Stimme des Intellekts« habe sich durchgesetzt, sondern die Hybris des Menschen, der gottähnlich sein wolle, aber darin nicht glücklich sein könne.

Vom zeitgenössischen Menschen ist zwar, was seine Hoffnungen und Ängste betrifft, bei Sigmund Freud konkret nicht die Rede. Doch trifft Freud die Misere in einem zentralen Punkt: Der Mensch sei eine Art Prothesengott geworden, recht großartig, wenn er alle seine Hilfsorgane anlege, aber sie seien nicht mit ihm verwachsen und machten ihm gelegentlich noch viel zu schaffen. Ferne Zeiten würden neue, wahrscheinlich unvorstellbar große Fortschritte auf dem Gebiet der Kultur mit sich bringen, die Gottähnlichkeit noch weiter steigern. Schönheit, Reinlichkeit und Ordnung nähmen dabei eine besondere Stellung unter den Kulturanforderungen ein. (48)

Seit Beginn der industriellen Revolution hatte erfinderische Ingeniosität praktisch jedes Jahr den Menschen solche neuen »Prothesen« erbracht. Eine »wackere neue Welt« war entstanden, die nach Aldous Huxley, der 1932 im gleichnamigen Roman ausführlich den futurischen Alptraum beschrieb und damit der beliebten, bald optimistischen, bald pessimistischen technologischen Spekulation Tribut zollte, zur geistig-seelischen Verödung führen werde. Der »Prothesengott« ist gerade ob seiner Prothesen nicht glücklich; das Unbehagen in der Kultur ist zunächst und vornehmlich ein Unbehagen in der Zivilisation, die unter dem Fluch entfremdeter Arbeit steht, mit ihrem Hygiene- und Schönheitskult, als Reklamewelt materialisiert, der Selbsttäuschung wie der Täuschung über den wirklichen Zustand der Welt verfällt.

Von drei Seiten, stellt Freud fest, drohe das Leiden:

·| vom eigenen Körper her, der zu Verfall und Auflösung bestimmt sei, dabei Schmerz und Angst als Warnungssignale nicht entbehren könne;

·| von der Außenwelt, die mit übermächtigen, unerbittlichen, zerstörenden Kräften gegen den Menschen wüte;

·| aus den Beziehungen des Menschen zu anderen Menschen.

Das Leiden, das gerade aus letztgenannter Quelle stamme, empfänden wir vielleicht schmerzlicher als jedes andere; wir seien geneigt, es als eine gewissermaßen überflüssige Zutat anzusehen, obwohl es nicht weniger schicksalsmäßig unabwendbar sein dürfte als das Leiden anderer Herkunft. Die Frage, ob Leiden schicksalshaft oder »machbar«, damit auch aufhebbar sei, die Menschen Opfer unabänderlichen Geschehens wären oder das Paradies wieder hergestellt werden könne, bleibt bei Freud offen. Abwägend zwischen Leidverhütung und Lustgewinn neigten die Menschen bald dieser, bald jenem zu. »Die Überlegung lehrt, daß man die Lösung dieser Aufgabe auf sehr verschiedenen Wegen versuchen kann; alle diese Wege sind von den einzelnen Schulen der Lebensweisheit empfohlen und von den Menschen begangen worden.« (49) Freud erwähnt dabei auch als »roheste, aber auch wirksamste Methode solcher Beeinflussung« die chemische, die Intoxikation. »Die Leistung der Rauschmittel im Kampf um das Glück und zur Fernhaltung des Elends wird so sehr als Wohltat geschätzt, daß Individuen wie Völker ihnen eine feste Stellung in ihrer Libidoökonomie eingeräumt haben.« (50)

In »Wackere neue Welt«, dem bereits erwähnten ironischen Zukunftsroman von Aldous Huxley, erfüllt die Wunderdroge »Soma« die Funktion psychopharmakologischer Enthebung: » ... Das köstliche Soma! Ein halbes Gramm genügt für einen halbfreien Tag, ein Gramm fürs Wochenende, zwei Gramm für einen Ausflug in die Pracht des Orients, drei Gramm für eine dunkle Ewigkeit auf dem Mond. Und wenn sie zurückkehren, sind sie bereits über den Abgrund hinweg, stehen auf dem sicheren Boden täglicher Arbeit und Unterhaltung, eilen von einem Fühlkino ins andere, von einem pneumatischen Mädchen zum nächsten.« (51)

Die Tranquilizer der Zeit waren jedoch weniger psychopharmakologischer, denn techno-mentaler Art. Hineingestellt in eine Kultur, die ihren religiösen Bezug verloren hatte, aber die eigene Gottähnlichkeit mit Hilfe von technischen Prothesen zu etablieren suchte, die an die Kraft des Geistes und individueller bzw. personaler Substanz immer weniger glaubte, sondern eingepaßt wurde in den apparathaften Charakter der Zeit, versuchte man »sein« (kleines) Glück als Lustgewinn dadurch zu erreichen, daß man sich der Flucht in die säkularisierte Illusion überantwortete. Der »kleine Mann«, der etwa in der Gestalt des »Adamson« (durch den Zeichner O. Jakobsson) ständig mit der Tücke des Objekts, mit der Tücke von Welt und Umwelt, zu kämpfen hatte, (52) wollte sich mit Hilfe zivilisatorisch-technischer Prothesen aus dem miserablen Dasein in die große Fiktion hinweg bewegen.

Siegfried Kracauer bringt in seinem Buch »Die Angestellten« eine in diesem Zusammenhang aufschlußreiche Fallstudie eines Mädchens, das von seinen Freundinnen »Heimchen« genannt wird:
»Heimchen ist ein am Gesundbrunnen wohnhaftes Proletarierkind und arbeitet in der Registratur einer Fabrik. Der Zauber des bürgerlichen Lebens erreicht sie gerade noch in seiner schäbigsten Gestalt, und gedankenlos nimmt sie alle Segnungen auf, die von oben herabträufeln.

Bezeichnend für sie ist, daß sie, im Tanzsaal oder im Vorstadtcafé, kein Musikstück anhören kann, ohne sofort den ihm zubestimmten Schlager mitzuzirpen. Aber nicht sie ist es, die jeden Schlager kennt, sondern die Schlager kennen sie, holen sie ein und erschlagen sie sanft. In einem Zustand völliger Betäubung bleibt sie zurück. Von ihren jungen und jüngsten Kolleginnen sind manche widerstandsfähiger. Sie wehren sich zwar nicht eigentlich gegen die Verlockungen, die sie doch nicht meistern, scheinen aber einstweilen von einer unsichtbaren Hülle umgeben zu sein, in der sie ungefährdet einhergehen. Man trifft sie in den Warenhäusern, in den Rechtsanwaltsbüros und in allen möglichen Firmen – anspruchslose Geschöpfe, die bei ihren Eltern im Norden oder Osten hausen und noch kaum ahnen, wohin die Fahrt in Wirklichkeit geht. Es ist leicht, mit ihnen fertig zu werden. Jedenfalls haben mehrere Mädchen dieser Art, Lehrlinge und Ausgelernte, einen ganz zufriedenen Eindruck auf mich gemacht. Von einer rührenden Winzigkeit sind ihre Erlebnisse im Geschäft. Eine erzählt mir, daß sie nicht addieren könne, wenn draußen eine Drehorgel spiele. Ihre Gefährtin ist darüber beglückt, daß sie neulich im Auftrag der Firma hat Taxi fahren dürfen, und eine dritte erhält mitunter Freikarten für den Lunapark und ein Varieté. Natürlich wissen sie, daß sie bei dem geringen Einkommen einen Freund haben müßten, wenn sie keine Angehörigen besäßen. Aber vorerst haben sie Angehörige, und der Freund ist meist ein Verlobter, mit dem sie sonntags draußen im Zelt lagern. In Lokale gehen sie aus Geldmangel fast nie, und überhaupt sind sie ziemlich solide. Man muß hören, wie Trude, eine Verkäuferin in Moabit, von den geschminkten Kolleginnen abrückt, denen, nebenbei bemerkt, auch das kaufende Arbeiterpublikum gram ist; wie sie mit ihrer Freundin zusammen über die leichtfertigen Mädchen urteilt, die abends in Herrengesellschaft feudal bei Kempinski speisen. Später seien diese Mädchen schlecht daran, wenn sie ihresgleichen heiraten, meinen die unreifen Dinger, die sich selber gern das Glück erträumen, einmal Frau heißen zu dürfen. Ihr Ideal ist spießbürgerlich: ein Zukünftiger, der Familiensinn entwickelt und so viel verdient, daß sie nicht mehr zu arbeiten brauchen; nur Kinder wollen sie keine haben.« (53) Den »süßen Mädeln« der zwanziger und dreißiger Jahren wurden die Träume von einer Kultur- bzw. Vergnügungsindustrie verordnet, die mit Hilfe des Schlagers, der Schönheitskonkurrenz, der Revue und all den »faszinierenden Abenteuern«, welche die Großstadt anbot, Surrogate für ein entleertes Dasein bereit hielt. Exemplarisch kann man diese Scheinwelt auch am Beispiel von Scherl's »Magazin« nacherleben – eine Publikation, die den

»Aufbruch der Frau«, warenästhetisch besonders geschickt verpackt, feilbot; das »Magazin« begleitete die Frau bei ihrem »Aufstieg« in die großstädtischen Bürosilos, an die Verkaufsstände der großen Warenhäuser und bei ihren Amüsements in den Tanzpalästen, Kinos, Theatern und Varietés. (54)

Das »moderne Leben« ließ in der Frau die Erwartung entstehen, daß sie in den neugeschaffenen Stellen und Arbeitsbereichen nicht länger schicksalhaft der »Bestimmung als Frau« verhaftet bleiben müsse: Mit dem Bubikopf – dem Bubenkopf – sollte Eigenwertigkeit signalisiert werden. Die Wirklichkeit der Angestelltenwelt entsprach dieser »flotten« Phantasie nicht im geringsten. Der Sprung aus der Unterwerfung landete in einer neuen Versklavung – die der vorgetäuschten Emanzipation. Der »Weg ins Freie« endete in den Vorzimmern, im Kontor, an der Schreibmaschine, in der Telefonzentrale; die Hoffnung auf die »Farbigkeit« von Daseinsgestaltung wurde angesichts der Uniformierung der Wirklichkeit in die Welt der Wünsche verlagert, Geld, Luxus, Männer, Hygiene (die Szenerie der all-plastic-people) von den Medien der Kulturindustrie vorgegaukelt.

»Scherl's Magazin, geschrieben von Männern für Frauen des städtischen Mittelstandes (für ›mittlere‹ Angestellte, heiratsfähige Töchter und die Frauen selbständiger Unternehmer), schafft seinen Leserinnen einen Rahmen, in den sie sich hineinträumen können. So zwischen Schmuckstück und Frau ›mit Grundsätzen‹. Beide Klischees sind brauchbar, um den weiblichen Lebenszusammenhang unter systematische Kontrolle zu bringen. Die Wirklichkeit der Körpererfahrung, das Leben der Gefühle und Wünsche, hält Einzug in das fremdartige ›Geheimnis‹, in das lockend-frivole ›Inkognito‹. Die Kehrseite ist der ›sachliche‹ Zuschnitt der Frauen, geformt nach der zeitgemäßen Linienführung der ›Neuen Sachlichkeit‹. Sehen möchte sie die Menschen, wie S. Kracauer in seinen Untersuchungen über die zwanziger Jahre schrieb, als ›rational konstruierte Komplexe‹, ›so glatt und geleckt wie ein Auto‹. Die Frau lernt sagen: ›Fabelhaft!‹, beim Anblick eines gutsitzenden Konfektionskostüms; sie kennt sich aus in ›wetterfester‹, ›frischgestärkter‹ Kleidung; ihr sportlicher, gestählter Körper macht ›gute Figur‹. ›Man lebt nur einmal!‹ Das ist ›up to date‹. Der sachlich-knappe Umriß ihrer Gestalt, des Gesichts und des Gesäßes, des Lächelns und der Hüte gibt den Frauen das feeling, in einer mit den Männern gemeinsamen Realität zu stehen: nicht mehr verspätet zu sein, sondern hautnahe Zeitgenossinnen des Jahrzehnts.

›Komfort‹ ist das Stichwort – für außen und innen. Die Seele und der

Körper müssen mithalten. Die neue ›Sachlichkeit‹ der Frau bekämpft die Spuren ihrer Natur als abtrünnige Reste, als letzten Posten ihrer Unbotmäßigkeit. Wer ins Bild der Zeit ›passen‹ will, muß auch dem Körper eine neue Silhouette geben. Das stahlharte Schönheitsideal: ›Der Kraftwagen als Folie des Menschen‹, verlangt nach einer Haut der zweiten Natur, dem weiblichen Gummianzug ›Hautana‹.« (Gisela Wysocki) (55)

Wer die Mode und Moden mitmachte, konnte mitsprechen; das hieß aber auch: sich fügen und anpassen. Der Weg zur Schönheit und Anmut, der Aufstieg im Leben zu Reichtum und Macht wurden fiktiv vermittelt über die billige Tube Handcreme und das imitierte Pariser Parfum, die den Mief der Wohnküchen mit dem Duft der großen weiten Welt überdeckten. Der Mensch als Massenteilchen, der »an Tabellen emporklettern« und Maschinen bedienen mußte, war reibungslos in die Reklamewelt, insgesamt ins »Ornament der Masse«, eingefügt. »Den Beinen der Tiller-girls entsprechen die Hände in der Fabrik. Über das Manuelle hinaus werden auch seelische Dispositionen durch die psychotechnischen Eignungsprüfungen zu errechnen gesucht. Das Massenornament ist der ästhetische Reflex der von dem herrschenden Wirtschaftssystem erstrebten Rationalität.« (56)

Die kleinen Ladenmädchen gehen ins Kino

Je mehr die kapitalistische Epoche sich auf dem Weg zur Entzauberung befand, umso mehr fanden die Zaubermittel Anklang, welche die »Prothesengötter« in Form der »technischen Reproduzierbarkeit« von Glück zur Verfügung stellten. Der Film als das typischste »Kunstwerk im Zeitalter seiner technischen Reproduzierbarkeit« (Walter Benjamins gleichnamiger Essay erschien 1936!), »entauratisierte« das Idyll und machte es so der Masse wie dem Massengeschmack zugänglich. Man schätzt, daß 1930 wöchentlich 250 Millionen Menschen in aller Welt ins Kino gingen; 115 Millionen allein in den USA. Die Desintegration der Wirklichkeit, manifest im pointillistischen Geflimmer der Leinwand, wird wieder zusammengefügt im Entwurf einer Traumlandschaft und im Aufbau künstlicher Persönlichkeiten, den Stars – Identifikationsfelder und -punkte für eine Gesellschaft, die, zwischen Frustration und Hoffnung hin und hergerissen, einen stabilen Halt in der Fiktion suchte. Die Kulturindustrie blühte auf durch das Geschäft mit latenten Sehnsüchten. »Indem der Film durch Großaufnahmen aus dem Inventar, durch Betonung versteckter Details an den uns geläufigen Requisiten, durch Erforschung banaler Milieus unter der genialen Führung des Objektivs auf der einen Seite die Einsicht in die Zwangsläufigkeiten vermehrt, von denen unser Dasein regiert wird, kommt er auf der anderen Seite dazu, eines ungeheuren und ungeahnten Spielraums uns zu versichern! Unsere Kneipen und Großstadtstraßen, unsere Büros und möblierten Zimmer, unsere Bahnhöfe und Fabriken schienen uns hoffnungslos einzuschließen. Da kam der Film und hat diese Kerkerwelt mit dem Dynamit der Zehntelsekunden gesprengt, so daß wir nun zwischen ihren weitverstreuten Trümmern gelassen abenteuerlich Reisen unternehmen. Unter der Großaufnahme dehnt sich der Raum, unter der Zeitlupe die Bewegung. Und so wenig es bei der Vergrößerung sich um eine bloße Verdeutlichung dessen handelt, was man ohnehin undeutlich sieht, sondern vielmehr völlig neue Strukturbildungen der Materie zum Vorschein kommen, so wenig bringt die Zeitlupe nur bekannte Bewegungsmotive zum Vorschein, sondern sie entdeckt in diesen bekannten ganz unbekannte ›die gar nicht als Verlangsamungen schneller Bewegungen, sondern als eigentlich gleitende, schwebende, überirdische wirken.‹ « (Walter Benjamin) (57) Der Film mit seiner großen transzendierenden Wirkungskraft trägt Glanz als käufliche Ware, nie befriedigend, aber immer neu reproduzierbar, in den normalen Hausstand. Dieses billige und in vielem schäbige Glück bestimmt in ausschlaggebendem Maße die Seelenlage der dreißiger Jahre – eine Welt der kleinen Vergnügungen, welche die realiter unerreichbar große Welt des Wohlstands auf Zelluloid besitzbar machen.

Siegfried Kracauer schrieb März 1928 in der »Frankfurter Zeitung« den Beitrag »Die kleinen Ladenmädchen gehen ins Kino«, wobei er die lustvolle Selbstentäußerung des unterprivilegierten Menschen an Hand der Analyse typischer »Verzauberungsfilme« aufzeigte. – Wenn die kleinen Ladenmädchen ins Kino gehen, so werden ihre Seelen in den Traumkitsch »einmöbliert«; Geborgenheit und Heimat, die sie sonst nicht mehr haben, werden im Film für sie vorfabriziert »angeliefert« und von ihnen – in Ermangelung eines individuellen Lebenssinns – surrogathaft konsumiert. »Die Filme sind der Spiegel der bestehenden Gesellschaft. Sie werden aus den Mitteln von Konzernen bestritten, die zur Erzielung von Gewinnen den Geschmack des Publikums um jeden Preis treffen müssen.« (58) Kein Kitsch könne erfunden werden, den das Leben nicht überträfe. Die Dienstmädchen benützten nicht die Liebesschriftsteller, sondern diese umgekehrt sind nach den Briefen der Dienstmädchen komponiert, und Jungfrauen gehen noch ins Wasser, wenn sie ihren Bräutigam untreu wähnen. Filmkolportage und Leben entsprächen einander gewöhnlich, weil die Tippmamsells sich nach den Vorbildern auf der Leinwand modeln; »vielleicht aber sind die verlogensten Bilder aus dem Leben gestohlen.« (59) Die blödsinnigsten und irrealsten Filmphantasien seien die »Tagträume der Gesellschaft«, in denen ihre eigene Realität zum Vorschein komme, ihre sonst unterdrückten Wünsche sich gestalteten. Die Misere wird auf Zeit erträglich, wenn der Tranquilizer des großen Film-Glücks inkorporiert werden kann. In der unendlichen Reihe der Filme kehre eine begrenzte Zahl typischer Motive immer wieder; sie zeigten an, wie die Gesellschaft sich selber zu sehen wünscht. »Der Inbegriff der Filmmotive ist zugleich die Summe der gesellschaftlichen Ideologien, die durch die Deutung dieser Motive entzaubert werden.« (60)

Vorgegaukelt wird die »freie Bahn«, so als ob es Klassenunterschiede nicht gäbe, überall die Möglichkeit des Aufstiegs bestünde. »Den kleinen Ladenmädchen eröffnen sich ungeahnte Einblicke in das Elend der Menschen und die Güte von oben.« (61)

»Geschlecht und Charakter« werden zur Identifikation gebracht; aus dem Erdreich der Bar blühen Treueschwüre zwischen den Existenzen auf, die es nicht gibt, und aus dem Revuemilieu zaubert man Verlobungsapotheosen, deren Glanz nicht von Pappe ist: »Die armen kleinen Ladenmädchen greifen im dunklen Zuschauerraum nach der Hand ihres Begleiters und denken an den kommenden Sonntag.« (62)

Ein »Volk in Waffen« täuscht Heldenstärke und patriotische Kraft vor. »Die kleinen Ladenmädchen können sich nur mühsam des Glanzes der Masse und Uniformen erwehren.« (63)

Die Welt liegt offen zu Füßen; das Reisen erscheint als eine der großen Möglichkeiten der Gesellschaft, sich in einem dauernden Zustand von Geistesabwesenheit zu halten, der sie vor der Auseinandersetzung mit sich selbst bewahrt. Die illustrierten Zeitungen streuen unentwegt Bilder aus allen Ländern über das Bewußtsein; im Film kann man überall sein; man wird aus der Enge seines trostlosen Daseins in die exotische Ferne transportiert. »Die kleinen Ladenmädchen möchten sich so gerne an der Riviera verloben.« (64)

Nicht brutaler Konkurrenzdruck bestimmt die Gesellschaft; überall ist das »goldene Herz« am Werk. Aus den Filmen lasse sich aktenmäßig belegen, daß mit dem Wachstum der Prosperität die Naturschutzparks für das Gemüt sich stetig vermehrten. »Die kleinen Ladenmädchen gelangen zu der Erkenntnis, daß ihr glänzender Chef auch inwendig aus

Gold ist, und harren des Tages, an dem sie einen jungen Berliner mit ihrem dummen Herzchen erquicken dürfen.« (65)

Der »moderne Harun Al Raschid« will nicht wegen seiner Millionen geliebt, sondern von Herzen verstanden werden. »Wenn die kleinen Ladenmädchen heute abend von einem fremden Herrn angesprochen werden, halten sie ihn für einen der berühmten Millionäre aus der Illustrierten.« (66)

Die ökonomisch bestimmten »stillen Tragödien« werden metaphysisch aufgewertet; der Tod, der die Macht der herrschenden Institutionen bestätigt, verhindert den Tod im Dienste ihrer Bekämpfung. »Um diesen unmöglich zu machen, wird jener verherrlicht. Verstohlen wischen sich die kleinen Ladenmädchen die Augen und pudern sich rasch, ehe es hell wird.« (67)

Die Filme zeigen erschreckende Gesichter; sie schleudern Bilder hervor, die das wirkliche Antlitz der Gesellschaft enthüllen; dies währt nur Augenblicke; dann strahlen sie gleich wieder mit roten Wangen. Die Wirklichkeit bleibt vom Kitsch überlagert. »Liebe ist stärker als Geist, wenn das Geld Sympathien gewinnen soll. Die kleinen Ladenmädchen hatten sich geängstigt. Nun atmen sie auf.« (68)

Der milde, berauschende Empfindungscharakter der Schönheit

Sigmund Freud fragt, »was die Menschen selbst durch ihr Verhalten als Zweck und Absicht ihres Lenens erkennen lassen, was sie vom Leben fordern, in ihm erreichen wollen.« (69) Die Antwort darauf sei kaum zu verfehlen: »Sie streben nach Glück, sie wollen glücklich werden und so bleiben.« (70) Dieses Glücksstreben habe zwei Seiten – eine positive und eine negative: es ziele einmal auf das Erleben starker Lustgefühle und zum anderen auf die Abwesenheit von Schmerz und Unlust. Der Bereitschaft, auch im Leid Identität sich zu erhalten und sich seines Menschseins im Standhalten von Grenzsituationen zu vergewissern, stand in dieser Zeit ein Glückgefühl gegenüber, das ganz in der Illusion aufging. Nicht das Ende einer falschen (religiösen) Illusion und die Zukehr zum Realitätsprinzip, sondern ein neuer Kult mit der Fetischisierung von »Prothesengöttern« war die Devise! Phantasmagorien herrschten vor, die umso wirksamer sich erwiesen, je unüberschaubarer, verwirrender und »gefährlicher« das Dasein sich gestaltete. Gerade weil Freuds anthropologisch-metaphysischer Grund-Satz, daß im Plane der Schöpfung das Glück des Menschen nicht vorgesehen sei, in den zwanziger Jahren auf sozioökonomische Weise besonders eindringlich verifiziert wurde, mußte »Glück« als die Fiktion von der plötzlichen Befriedigung hoch aufgestauter Bedürfnisse von besonderer Strahl- und Verführungskraft sich erweisen. Dies sei – so Freud – aber lediglich als episodisches Phänomen möglich. »Jede Fortdauer einer vom Lustprinzip ersehnten Situation ergibt nur ein Gefühl von lauem Behagen.« (71) In der Tat erwies sich in dieser Ära die große Sehnsucht nach dem kleinen Glück von episodischer Bedeutung. Die Frustrationsaggressivität stieg. Die Illusionen einer »wackeren neuen Welt« konnten bald die Realität nicht mehr oder nurmehr höchst unvollkommen überspielen. Der Kulturmensch habe für ein Stück Glücksmöglichkeit ein Stück Sicherheit eingetauscht, meint Freud. Im besonderen stelle sich die Frage, ob das psychische Elend der Massen, ihre geistig-seelische Unfähigkeit zur Synthese, zur Verarbeitung von Umwelt und zur Bewältigung von Innenwelt (ein Defizit, das sie zum widerstandslosen Objekt der Manipulation mache), überhaupt noch zu kurieren sei. »Der gegenwärtige Kulturzustand Amerikas gäbe eine gute Gelegenheit, diesen befürchteten Kulturschaden zu studieren.« (72) Freud vermeidet es freilich, auf den Kulturzustand Amerikas näher kritisch einzugehen; er hätte gerade an diesem Beispiel die mit dem Aufstieg der »Kulturindustrie« verbundene Depravation des Kulturellen, also die »Dialektik der Aufklärung« (die Verkehrung ehemals aufklärerischer Bemühungen ins schiere Gegenteil), gut belegen können. Er hätte, wie seinerzeit schon bei seiner Abhandlung über »Die ›sexuelle‹ Kulturmoral und die moderne Nervosität« von der »Amerikanisierung des Lebens« sprechen können, die nun voll die europäischen Gefilde überflutete. Gerade in den USA wurden die Selbstentfremdung des Menschen, der weitverbreitete Verlust der Transzendenz, die Vermassung und der Erfolg der Anpassungsideologie, also die Sinnkrise der westlichen Welt, exemplarisch »vorgeführt«. Die Folge war eine tiefe Vereinsamung, die sich vor allem als gestörte Beziehung zum anderen, zum Du und zum Wir, aber auch zur Umwelt, im besondern zur Natur und zu den »Dingen«, manifestierte. Während die Stadtlandschaften in die Breite und Höhe wuchsen, symbolisiert durch das Chrysler-Building 1930 und das Empire Statebuilding 1931 in New York, verstärkte sich das Gefühl der »Unbehaustheit«, das mit der Lieferung immer neuer Illusionen beruhigt werden sollte – wobei die Expansion der Hollywood-Film-Fabrik (in Deutschland der Ufa-Stadt in Neubabelsberg) (73) von besonderer Signifikanz sich erweist.

Dieter Oberndörfer spricht – am Beispiel der USA – von vier Möglichkeiten des Weiterlebens für den »einsamen Menschen«, für den Menschen in seinem Man-Dasein:

· der müde Skeptizismus: man bejaht die öde Sinnlosigkeit des Lebens;
fristet in qualvoller Einsamkeit das Leben und zählt die Tage bis zum
Tode, der vom sinnentleerten Dasein erlöst;

· die Autonomie: Der Mensch akzeptiert all die Vorgegebenheiten und
versucht, ohne Transzendenz und ohne eine außermenschliche Norm
zu bestehen; da sich der Mensch hier nur innerweltlich sieht, erscheinen seine beklemmenden Zweifel, seine Einsamkeit und innere Verzweiflung als seelische Krankheit, die es zu bewältigen gilt;

· der stoische Mut: hier wagt der Mensch den Blick ins Nichts; er
erkennt die Tage seines Daseins; er sieht seine Verstricktheit in Sünde
und Schuld und weiß um sein Ausgeliefertsein an übermächtige Gewalten; er strauchelt und scheitert, gibt aber nicht auf, sondern
bemüht sich wie Sisyphus stets von neuem; er wartet und tut dabei
seine Pflicht;

· schließlich, in unserem Zusammenhang (für das Psychogramm der
Zwanziger Jahre) besonders bedeutsam: der wilde Ausbruch in die
Vitalität: in sinnlosen Ausbrüchen physischer Lebenskraft wird die
Lebensenergie verbrannt; der Mensch will sich in einem gänzlich
irrationalen Verschleiß der Energien bewußt werden, daß er über-
haupt noch lebt. (74)

»Amerikanisierung«, das hieß: Entfremdung vom eigenen Ich inmitten
eines vorgetäuschten technischen Dorado; Sinnkrise inmitten hekti-
scher, hochgeputschter Vergnügungssucht; Suggestion von Glück inmitten zunehmender Wirrnisse.

Hatte Grabbe (im »Hannibal«) das »organische« Lebensgefühl – ein
Gefühl, das zwar nicht mehr auf die bergende Kraft des Religiösen,
wohl aber auf die chthonische »Geschlossenheit« der Welt vertraute –
noch mit dem Satz charakterisiert: »Ja, aus der Welt werden wir nicht
fallen. Wir sind einmal darin« (einen Satz, den Freud zu Beginn seiner
Abhandlung in einer Fußnote zitiert), (75) so war es nun gerade dieses
Empfinden des Aus-der-Welt-Fallens, einer negativen Exorbitanz also,
das, tiefenpsychologisch gesehen, das kollektive Unbehagen strukturierte. Wie sich in einer Welt zurechtfinden, die der Triebdynamik im
zunehmenden Maße Beschränkungen auferlegen mußte, damit das Spiel
gesellschaftlicher Verflechtung reibungslos funktionieren konnte (im
besonderen das einer kapitalistisch oder staatssozialistisch orientierten
Ökonomie) – in einer Welt, die der Sublimierung der Triebe so wenig

Hilfe lieh, da die dafür notwendige Ausbildung in der Handhabung von »Kulturtechniken« den Massen im Rahmen der ökonomischen Ausbeutung nicht zugestanden wurde?

Freud erkennt offensichtlich die gegenseitige Bedingtheit von Sublimierung und sozialer Emanzipation nur ungenügend. Zwar spricht er, wiederum anmerkungsweise, von der Möglichkeit, ein starkes Ausmaß libidinöser Komponenten, narzißtische, aggressive und selbst erotische, auf die Berufsarbeit und auf die mit ihr verknüpften menschlichen Beziehungen zu verschieben; er unternimmt es jedoch nicht, die Tatsache, daß die Arbeit als Weg zum Glück von den Menschen nur wenig geschätzt werde, mit dem zeit- und gesellschaftsbedingten Wesen dieser Arbeit in expliziten Zusammenhang zu setzen. Daß die Arbeit, wie sie sich darbot, nichtrepressive Sublimierung verhinderte, war eben Folge einer bestimmten Form von Arbeit, die als entfremdete Arbeit den humanen Möglichkeiten von Arbeit sich entzog. Die Dimension des Ökonomischen, etwa die Analyse der Produktionsverhältnisse und Produktionsbedingungen kapitalistischer Wirtschaft, fehlt bei Freud, wodurch die allgemeine sozialpsychologische Aussage ohne soziologische Relevanz (die Situation der Gesellschaft in einer bestimmten historischen Situation berücksichtigend) bleibt. Dies ist um so überraschender, als sowohl die Überzeugung von der »ewigen Prosperity«, die sich in den Zwanziger Jahren auf dem Hintergrund steter wirtschaftlicher Expansion einwurzelte, als auch die Erschütterung dieses Glaubens durch die Weltwirtschaftskrise eine stärkere Durchdringung ökonomischer Vorgänge bei einem scharfsinnigen Zeitbeobachter, wie ihn Freud darstellte, hätten erwarten lassen. Man wird, psychoanalytisch gesehen, dies auf die Mentalität Freuds selbst zurückführen müssen, der eben den Status bürgerlicher Existenz so internalisiert hatte, daß er ihn nicht kritisch zu reflektieren vermochte, weshalb der Sturz in die Krise auch so abrupt und tief war. Der Flucht in die affirmative Kultur, welche lange Zeit die wirtschaftliche Krise abzudecken vermochte, schloß sich Freud freilich nicht an; er flüchtete statt dessen in die allgemeinmenschliche Betrachtungsweise, indem er all das, was als ökonomisch zeitbedingt sich hätte erweisen können, in die seelische Grundbefindlichkeit »zurückstellte« – letztlich Ausdruck einer regressiven Analyse, wie sie, bei aller Prognostik im einzelnen, die Abhandlung »Das Unbehagen in der Kultur« durchaus kennzeichnet.

Das Lebensglück werde – so Freud – vorwiegend im Genusse der Schönheit gesucht, wo immer sie sich unseren Sinnen und unserem Urteil zeige (in der Schönheit menschlicher Formen und Gesten, von

Naturobjekten und Landschaften, von künstlerischen und selbst wissenschaftlichen Schöpfungen). Diese ästhetische Einstellung zum Lebensziel biete freilich wenig Schutz gegen drohendes Leiden, vermöge aber für vieles zu entschädigen. Der Genuß an der Schönheit habe einen »besonderen, milde berauschenden Empfindungscharakter«. (76) Hatte die Schönheit idealtypisch in der Klassik einen zentralen ethischen Wert ausgemacht, so war sie im Laufe der geistesgeschichtlichen Entwicklung des 19. und 20. Jahrhunderts im Rahmen des bürgerlichen Kulturverständnisses immer mehr »säkularisiert« und trivialisiert, zugleich aber auch »pathetisiert« worden. Das Eigentümliche der bürgerlich-affirmativen Kultur bestand nicht zuletzt darin, daß das »Gute, Schöne und Wahre« im Bereich offiziell vermittelter bzw. interpretierter Kunst eine dekorative Unverbindlichkeit erhielt, gegen die dann die »Häßlichkeit« der revolutionären Kunstströmungen aufbegehrte. Schönheit, das war die Hülse, die beliebig ideologisch aufgefüllt werden konnte. Wenn Freud davon spricht, daß die ästhetische Einstellung wenig Schutz gegen drohendes Leiden bieten könne, dafür aber für vieles entschädige, so bezieht er sich damit auf eine Ästhetik, die weit vom klassischen Kalokagathiebegriff (von der Schön-Gutheit) entfernt war: eben auf eine spätbürgerliche Ästhetik, die der existentiellen Wirkungskraft des Schönen sich verschloß. (77)
Von solchem Standort aus ist es angebracht, noch einmal auf jene geistig-kulturellen Strömungen der Weimarer Republik »zurückzublicken«, die der Ungerechtigkeit der Welt- und Gesellschaftsordnung durch Ästhetik standzuhalten und die Häßlichkeit der Welt durch die Schönheit der »Bilder« zu bewältigen trachteten. Die Kluft zwischen der »unästhetischen« (häßlichen) sozialen Wirklichkeit und der schönen erhebenden Idealität sollte dadurch überbrückt werden – schien doch gerade die »Bildlosigkeit« des neuen Menschengeschlechts, der proletarischen Massen wie der Massen der Angestellten, also die Stillosigkeit der Epoche, die größte Gefahr zu sein. Hugo von Hofmannsthal kann auch in diesem Zusammenhang als »Kronzeuge« eines als tragisch empfundenen stil-vollen Konservatismus inmitten stil-loser Modernität herangezogen werden. (78)

> »Manche freilich müssen drunten sterben,
> Wo die schweren Ruder der Schiffe streifen,
> Andre wohnen bei dem Steuer droben,
> Kennen Vogelflug und die Länder der Sterne.
> Manche liegen immer mit schweren Gliedern
> Bei den Wurzeln des verworrenen Lebens,

Andern sind die Stühle gerichtet
Bei den Sibyllen, den Königinnen,
Und da sitzen sie wie zu Hause,
Leichten Hauptes und leichter Hände.« (79)

Das Unbehagen in *dieser* Kultur (die den »Bettler« zur dekorativen
Figur macht wie sie die Armut als »großen Glanz von innen« hinweg-
zuideologisieren versucht) ist hier mit Empfindungsreichtum unterlegt;
es vermag sich jedoch aus seinen Klassenschranken nicht zu befreien;
die Schönheit des Gedichts wird zum Alibi für die nicht-geleistete
soziale Handlung. Schönheit erweist sich als interesseloses ästhetisches
Wohlgefallen an einer Welt, deren konkrete Mißgestalt durchaus er-
ahnt, aber in ihren Gründen nicht erkannt wird.

> »Doch ein Schatten fällt von jenem Leben
> In die anderen Leben hinüber,
> Und die leichten sind an die schweren,
> Wie an Luft und Erde gebunden:
> Ganz vergessener Völker Müdigkeiten
> Kann ich nicht abtun von meinen Lidern
> Noch weghalten von der erschrockenen Seele
> Stummes Niederfallen ferner Sterne.«

Das Unbehagen in der Kultur vermag zum aktuellen Zugriff des Handelns sich nicht auszubilden; es bleibt die »Unvergänglichkeit« von
Dichtung, die – mit welkem Charme – ihre eigene soziale Unzulänglich-
keit in schöner Klage versteckt.

Herz auf Taille · | Im Elfenbeinturm

Man kann freilich in dieser Zeit nicht nur von einem Eskapismus der
»konservativen Bewahrer« sprechen; der Elfenbeinturm wurde auch
von denjenigen bewohnt, die sich am »Puls der Zeit« wähnten, die als
Publizisten zeitkritisch analysierten, »wo die Welt hielt«. Siegfried
Kracauer kann dafür Beispiel sein. Die geistsprühende linke Intelligenz,
die er verkörperte, war die des aphoristischen Feuilletonismus, der
genau diejenigen *nicht* erreichte, die angesprochen werden sollten: die
Angestellten. Er reüssierte, wie viele der linksorientierten Schriftsteller

der damaligen Zeit, in den bürgerlichen Blättern, die unter dem Strich das duldeten bzw. sich »leisteten«, was in den Wirtschaftsteilen – der Allianz zwischen Kapital und Faschismus wohlgewogen – verpönt blieb. Nicht nur die Denkungsart, auch die Sprache, mit der Kracauer zu Werke ging, gehört unverkennbar der späten Weimarer Republik an. Seine Prosa datiert sich nach der Ablösung des literarischen Expressionismus; »es lag im Zeitgeschmack, wieder manierlich, mit beinahe übertriebener Geschliffenheit zu formulieren, ein teils dreistes, teils phantastisch-sentimentales Vokabularium zu benutzen und Pointen mit der handwerklichen Sorgfalt eines Ziseleurs herauszuarbeiten.« (Erich Peter Neumann) (80)

In diesem Sinne war auch Erich Kästners Zeitkritik beste (»feinste«) Kabarettmanier, frech und ausgelassen, zart und zuweilen obszön, gerichtet an eine bürgerliche Gesellschaft, die, obwohl inhaltlich die Zielscheibe des Spotts und der Satire, das ironische Sprachmuster mit der ihr eigenen ästhetischen Sensibilität »verstand« und genoß.

»Maskenball im Hochgebirge

Eines schönen Abends wurden alle
Gäste des Hotels verrückt, und sie
rannten schlagerbrüllend aus der Halle
in die Dunkelheit und fuhren Ski.
Und sie sausten über weiße Hänge.
Und der Vollmond wurde förmlich fahl.
Und er zog sich staunend in die Länge,
So etwas sah er zum erstenmal.
Manche Frauen trugen nichts als Flitter.
Andre Frauen waren in Trikots.
Ein Fabrikdirektor kam als Ritter.
Und der Helm war ihm zwei Kopf zu groß.
Sieben Rehe starben auf der Stelle.
Diese armen Tiere traf der Schlag.
Möglich, daß es an der Jazzkapelle –
denn auch die war mitgefahren – lag.
Die Umgebung glich gefrornen Betten.
Auf die Abendkleider fiel der Reif.
Zähne klapperten wie Kastagnetten.
Frau von Cottas Brüste wurden steif.
Das Gebirge machte böse Miene.

Das Gebirge wollte seine Ruh.
Und mit einer mittleren Lawine
deckte es die blöde Bande zu.
    Dieser Vorgang ist ganz leicht erklärlich.
Der Natur riß einfach die Geduld.
Andre Gründe gibt es hierfür schwerlich.
Den Verkehrsverein trifft keine Schuld.
    Man begrub die kalten Herrn und Damen.
Und auch etwas Gutes war dabei:
Für die Gäste, die am Mittwoch kamen,
wurden endlich ein paar Zimmer frei.« (81)

In diesem Zusammenhang ist es auch typisch, daß Kurt Tucholsky, der
neben seiner Neigung zu Schopenhauer keinen Denker mehr respek-
tierte als Sigmund Freud, seine mit höchst subtilem Witz, mokantem
Charme und sozialkritischer Schärfe vorgetragene Gesellschaftsanalyse
von der »Tribüne«, d. h. vom fernen Paris aus, vornahm und 1932, als
Carl von Ossietzky, der Herausgeber der »Weltbühne«, eine Gefäng-
nisstrafe antreten mußte, trotz seiner Verbundenheit mit dieser Zeitschrift, zum Ergebnis kam, daß es sich nicht lohne, zurückzukehren
und konkret in dieser Notlage einzuspringen. Die funkelnden Essays,
Geschichten, Artikel, Gedichte, Chansons, Aphorismen wurden, von
ihm weiterhin aus dem Elfenbeinturm versandt – herübergesandt.
» ›Schadet es mir mehr, wenn ich komme und also moralisch den großen
Mann mache, oder schadet es mir mehr, wenn ich nicht komme, dafür
aber meine Knochen gesund aus der Affäre ziehe?‹ Die Antwort lautet
klar und unmißverständlich: es gibt hier nur ein Entweder-Oder. Entweder kommen, aber nicht allein, um nach dem Rechten zu sehen, sich
der Justiz zu stellen und im Zeichen einer redaktionellen Krise das Blatt
nicht im Stich zu lassen, sondern ganz, ohne Vorbehalte, um den
deutschen Alltag mit allen Risiken der Zukunft zu teilen. Oder ganz
draußen bleiben, den endgültigen Schnitt vollziehen, das Gesetz des
Lebens sich weiterhin selbst bestimmen. Tucholsky entscheidet sich für
das Oder. Abgesehen von seinem Leiden, fühlt er sich Deutschland seit
Jahr und Tag zu entfremdet, um noch einmal mit vollen Segeln einzu-
steigen. Außerdem glaubt der ›Hellseher‹ in ihm auch nicht mehr daran,
daß es sich lohnt. Was seine Freunde vorne im Schützengraben als
strategische Operation mit Durchbruchs- und sogar Siegeschancen ansehen, erscheint ihm nur noch als ehrenwertes, aber hoffnungsloses
Rückzugsgefecht.« (Klaus-Peter Schulz) (82)

Ludwig Marcuse hat in seiner Autobiographie »Mein Zwanzigstes Jahrhundert« die abgekapselte Situation der linken Intellektuellen vor dem Ausbruch des Dritten Reiches eindrucksvoll beschworen – jene Mischung aus geistiger Brillanz und narzißtischer Koketterie mit dem eigenen Witz, aus unverbindlicher, da lediglich »literarischer« Zeitkritik und Nach-uns-die-Sintflut-Stimmung, wie sie die sowohl bedrückende als auch faszinierende Atmosphäre der damaligen Weltläufigkeit und Urbanität ausmachte; es war ein Klima, in dem z. B. Bert Brechts Spelunken-Songs mehr amüsierten als enragierten. (»Denn wovon lebt der Mensch? Indem er stündlich den Menschen peinigt, auszieht, anfällt, abwürgt und frißt. / Nur dadurch lebt der Mensch, daß er so gründlich / vergessen kann, daß er ein Mensch doch ist. / Ihr Menschen, bildet euch nur da nichts ein: / der Mensch lebt nur von Missetat allein!«) (83) Die soziale Misere, intellektuell erkannt, wurde existentiell in einer Operettenstimmung »aufgehoben«, die, mit tragikomischen Effekten reichlich ausgestattet, den Tanz auf dem Vulkan beflügelte. (84)

»Es war ein kalter Bürgerkrieg, der sich von Monat zu Monat erwärmte. Doch war man so anpassungsfähig, daß mit der Zeit auch das Knallen den übrigen Umwelt-Geräuschen eingeordnet wurde. Die Zeitungen geben ein falsches Bild vom Tag; sie bringen alle erreichbaren Unglücksfälle auf der sichtbarsten Seite und zaubern für die empfängliche Phantasie eine katastrophale Aktivität, die nur in dieser Inszenierung existiert. Auch der Kleine Plötz und der Große spiegeln nicht unser Dasein von damals; sie tun, als hätte sich der Weltgeist ununterbrochen in bösen Zeiten offenbart. Tatsächlich war es ganz anders, wir lebten gar nicht von Angesicht zu Angesicht mit dem Untergang aller Sonnen. Schatten kamen herauf und wurden auch düster kommentiert. Aber dann dachten wir wieder: wenn nur erst dies Wölkchen vorbei ist ... Es war die Henkersmahlzeit – aber wir aßen uns auch satt und freuten uns des Lebens! Denn ganz universal-geschichtlich leben wohl nur die Nachtwächter in den Ämtern für welthistorische Unfälle; sie haben berufsmäßig daran zu denken, daß es noch in dieser Nacht passieren kann ...

Wir waren also nicht mehr als ›pessimistisch‹ – mit längeren Strecken von Sorglosigkeit. Es rückte uns auf den Leib, wir sagten es auch – hielten es aber für ausgeschlossen. Wir waren nur prophylaktisch Verkünder des kommenden Unheils. Es war, wie es heute mit der Atombombe ist. Man malt den Welt-Untergang an den Horizont, um ihn abzuwenden; nicht weil man ihn ernstlich vorwegnimmt. 1930,

1931, 1932 waren gefährliche Jahre – mit sehr viel gemütlichem Zwischenspiel.« (85)

Der Weimarer Kultur als einer, wenn nicht *der* Hauptstätte der Moderne, ist ihr Platz in der Geschichte sicher – es war ein Tribünen-, ein Zuschauerplatz. Auf dem Spielfeld der Aktivität tummelten sich andere Kräfte und bestimmten das Geschehen. »Es war eine Zeit des Experimentierens, eine ruhelose, extrovertierte Epoche, nicht jener ruhigen inneren Beschauung hingegeben, die man gewöhnlich mit dem Begriff ›wahre Größe‹ verbindet, eine Zeit des Auseinanderstrebens, nicht der Zusammenführung, reich an Begabungen, bar echter Genies, faszinierend, von Leben vibrierend, bei aller Aufgeschlossenheit Einflüssen von außen gegenüber doch in vielerlei Hinsicht von sehr deutscher Art und aus diesem Grunde letztlich doch für andere Kulturen und Traditionen von begrenztem Interesse. Insofern Weimars Anziehungskraft universell war, ist sein Erbe in den allgemeinen kulturellen Bestand unserer Zeit fest eingebettet. Ein drittes Weimar wird wie ein drittes Rom wohl nie mehr erstehen.

Gottfried Benn, der Dichter, der über die Republik und ihre Kultur, solange sie am Leben waren, wenig Gutes zu sagen wußte, schrieb 1955 im Rückblick auf die Weimarer Zeit an einen Freund: ›Die wundervollsten Jahre Deutschlands und Berlins, seine Pariser Jahre, voll von Talenten und Kunst – es kommt nicht wieder.‹ « (Walter Laqueur) (86)

Der Geist als Widersacher der Seele

Der großbürgerliche Duktus, mit dem Sigmund Freud sein Unbehagen in und an der Kultur artikuliert, steht der nervösen linken Urbanität, die später als »Asphaltkunst« disqualifiziert wurde, ziemlich ferne. Als Psychoanalytiker fördert er die kulturelle Problematik nur auf eine sehr detachierte Weise zutage. Dem Offenbarungsdrang der Einzelanalyse widersteht die Diskretion der Gesellschaftsanalyse. Freud zeigt kein spezifisches und spezielles Unbehagen in der zeitgenössischen Kultur, etwa in der stil-losen, mit Surrogaten durchsetzten Angestelltenkultur; *sein* Unbehagen ist genereller Art und damit sowohl dem reformorientierten als auch dem revolutionären Veränderungswillen entzogen. Unter solchem Blickwinkel betrachtet, erweist sich Freuds Denkansatz, obwohl an sich der Aufklärung verpflichtet, dennoch als Teil der irrationalen Strömung, die – aus der Gegenaufklärung erwachsend – den Geist als Widersacher der Seele begreift und die Befreiung des Menschen in der Regeneration seiner Ursprünglichkeit sieht.

Diese aus dem 19. Jahrhundert kommende Strömung des Irrationalismus, bald kraftvoll gespeist aus romantischen Quellen, bald auf den Rieselfeldern der Traktätchenliteratur versumpfend, vielfach vereint mit der europäischen Philosophie des Vitalismus (»seelenloser«, mechanistischer Weltanschauung entgegengesetzt), aber auch vertrackt-sektiererischen Läufen folgend, hat die geistige Landschaft der Weimarer Republik entscheidend geprägt. »Es geht ein Keimen über die Erde wie nie seit Menschengedenken. Es schießt wild und bunt an den Tag. Triebe drängen empor, von denen noch keiner weiß, wie die Blüten sein sollen«, so Franz Mariaux in seinem 1931 erschienenen, schon vom Titel her aufschlußreichen Buch »Der Schutthaufen. Aufruhr einer Welt – Volk im Raum – Das Werden des Reiches«. (87) Die bald raunend, bald mit begrifflicher Sprengkraft, bald mythisch-mystisch, bald stringent-ideologisch sich artikulierende neue Gläubigkeit ist als politischer Irrationalismus antidemokratisch, als anthropologischer Irrationalismus anti-intellektuell und anti-kulturell eingestellt. Der Begriff des »Lebens«, dem die subjektive Form des Erlebens entspricht, wird zum großen Gegenpol des analytischen Durchdringens und Durchdenkens einer Sache. »Alles ist gut, was dem Leben frommt, alles schlecht, was seiner Fülle Eintrag tut. Doch dieser Lebensbegriff ist in sich selbst nicht erklärt. Er hat etwas Rauschhaftes, Dionysisches; er duldet nicht, daß nach seinem eigentlichen Sinn gefragt werde. Er steht als zentraler Modebegriff des populären antidemokratischen Denkens ungefragt und unangefochten da.« (Kurt Sontheimer) (88)

1929/30 erscheinen – neben Freuds »Unbehagen in der Kultur« – Ludwig Klages' »Der Geist als Widersacher der Seele« und Alfred Rosenbergs »Der Mythus des 20. Jahrhunderts«. Der zeitliche Zusammenfall der Herausgabe dieser drei Werke ist symptomatisch für die seelische Situation des Dezenniums. Im Niveau höchst unterschiedlich, enthalten sie gewissermaßen in nuce das Resümee langer geistesgeschichtlicher Entwicklungsprozesse, bringen sie den Irrationalismus auf einen (bei Freud) höchst sublimen, (bei Klages) provokativ fragwürdigen und (bei Rosenberg) trivialbrutalen Stand.

Für Klages hat der Erzteufel »Geist« mit Hilfe der Technik den Menschen aus dem Paradies vertrieben – aus dem lebendigen Kosmos, der durch die Seele und deren Ausprägung, den Leib, bestimmt war. Die harmonische Lebenswelt (das echte Erlebnis läge vor jedem Bewußtsein!) werde durch den Geist verändert und verfälscht. Bewußtsein erscheint als Lebensstörung. Gedanken von Nietzsche und Bergson aufgreifend und zugleich vergröbernd, Spenglers »Untergang des

Abendlandes« auf die Seelenlandschaft übertragend, etabliert Klages den Dualismus Geist-Seele als unüberbrückbare Kluft. Nicht Begriffe, fatale Produkte des Geistes, sondern nur »Bilder«, als Ur-Vorstellungen von Vor-Welt und Lebenskraft, könnten den Menschen »retten«.

Klages war unter den Lebensphilosophen der radikalste; sein Erfolg beruhte auf seiner simplen Grundkonzeption: Einst gab es ein allgemeines kosmisches Leben, an dem die Menschen beteiligt waren; der Leib ist Ausdruck jenes natürlichen kosmischen Zustandes und damit zugleich auch Ausdruck der lebendigen Seele; die kosmische Welt ist eine Welt der Bilder; alle ihre äußeren Erscheinungen verweisen auf einen innerlich erlebten Sinn. Leib und Seele, Bild und Sinn sind die natürlichen Pole der Wirklichkeit. Die kosmische Ordnung wird durch den Geist gestört und zersetzt. Der Einbruch des Geistes ist entsprechend eine kosmische Katastrophe; die Herrschaft des Geistes verfolgt den Zweck, das Leben zu töten. Nur dort, wo der Geist ausgeklammert bleibt, ist Leben wirklich und ursprünglich. Der Geist bzw. die Vernunft ist Störenfried.

»Geist und Gegenstand sind die Hälften des Seins; Leben und Bild die Pole der Wirklichkeit –

Der Geist ›ist‹; das Leben vergeht –

Der Geist urteilt; das Leben erlebt –

Das Urteil ist eine Tat, das Erleben ein Pathos –

Der Geist erfaßt das Seiende; das Leben erlebt das Geschehen –

Das (reine) Sein ist außerraumzeitlich, und so ist es auch der Geist; das Geschehen ist raumzeitlich, und so ist es auch das Leben –

Das Sein ist grundsätzlich denkbar, aber nie unmittelbar zu erleben; das Geschehen ist grundsätzlich erlebbar, aber nie unmittelbar zu begreifen –

Die Urteilstat bedarf des erlebenden Lebens, worauf sie sich stütze; das Leben bedarf nicht des Geistes, damit es erlebe –

Der Geist als dem Leben innewohnend bedeutet eine gegen dieses gerichtete Kraft; das Leben, sofern es Träger des Geistes wurde, widersetzt sich ihm mit einem Instinkt der Abwehr –

Das Wesen des ›geschichtlichen‹ Prozesses der Menschheit (auch ›Fortschritt‹ genannt) ist der siegreich fortschreitende Kampf des Geistes gegen das Leben mit dem logisch absehbaren Ende der Vernichtung des letzteren. – « (89)

Für Klages ist entsprechend der »tief erlebende Mensch« ein seelenvoller Mensch, der sich gegen den geschichtlichen Prozeß des Fortschritts wenden müsse, in Absage an den geist-reichen Menschen.

Für Alfred Rosenberg war es Klages Verdienst, darauf hingewiesen zu haben, wie sehr eine entartete Technik früherer Jahrzehnte die Natur vergewaltigt habe, und wie der Profitgeist, in der ganzen Welt mit furchtbaren Ausrottungswerkzeugen ausgerüstet, das Tier- und Pflanzenwesen der Erde zu vernichten trachte. »Das ganze Werk von Klages hat ferner das große Verdienst, die Kraft der Phantasie gegenüber dem abstrakten Denken stärken zu helfen; der Hinweis auf das Erlebnis einer bilddurchtränkten Anschauung und die Schönheit der dichterischen Darstellung dieses Erlebens wird wohl immer ein wertvolles Gut des deutschen Schrifttums bleiben. Damit ist die Welt der inneren Erfahrung gegenüber dem äußeren Experiment in nachdrücklichster Weise hervorgehoben worden, und die Gesamtsumme dieser Tatsachen berechtigt uns zweifellos, in Klages einen tapferen Menschen und kühnen Verteidiger der Natur in der Reihe der innerlich reichen Gestalten unserer Zeit zu begrüßen.« (90) – In seinem eigenen Buch »Der Mythus des 20. Jahrhunderts«, dessen Theorien selbst ein Mann wie Goebbels als »weltanschauliche Rülpser« bezeichnete, »unterbot« Rosenberg noch weit das Niveau der gängigen Lebensphilosophen. Leben und Rasse waren ihm identisch. Die durch kulturelle Perversion »verkrüppelte Ursprünglichkeit« müsse durch den Mythus des Blutes wieder auf die einstige germanische Höhe zurückgebracht werden; aus der großen Erneuerung der Seele sollte der deutsche Glaube erstehen, der wiederum ein rassereines (nationalsozialistisches) Imperium gebäre. Rosenberg faßte damit zusammen, was die weltanschauliche Trivialliteratur zum Thema Zivilisationsfeindschaft über Jahrzehnte hinweg »erspintisiert« hatte, und was nun im Nationalsozialismus sich anschickte, staatlich legitimiert zu werden. Mit besonderem Haß wandte er sich dabei gegen die »Asphaltkultur«, die der Primitivität seiner Denkweise besonders konträr war. (»Seele bedeutet Rasse von innen gesehen. Und umgekehrt, ist Rasse die Außenseite einer Seele.«) (91) »Entweder steigen wir durch Neuerleben und Hochzucht des uralten Blutes, gepaart mit erhöhtem Kampfwillen, zu einer reinigenden Leistung empor, oder aber auch die letzten germanisch-abendländischen Werte der Gesittung und Staatenzucht versinken in den schmutzigen Menschenfluten der Weltstädte, verkrüppeln auf dem glühenden unfruchtbaren Asphalt einer bestialisierten Unmenschlichkeit oder versickern als krankheitserregender Keim in Gestalt von sich bastardisierenden Auswanderern in Südamerika, China, Holländisch-Indien, Afrika.« (92) – Der neue Mythus und die neue typenschaffende Kraft, die heute bei uns nach Ausdruck ringen würden, könnten überhaupt nicht »widerlegt« werden; sie würden sich bahnbrechen und Tatsachen schaffen. »Der Matrose, welcher auf dem Kiel der ›Leipzig‹ stehend, vor den Augen des Feindes mit der wehenden Flagge in der Hand in den Fluten versank, der namenlose Offizier von der ›Magdeburg‹, der die Geheimchiffre zu sich steckte und sich mit ihr ertränkte, das sind Gleichnisse, Mythen, Typen, die im heutigen Chaos noch nicht erkannt worden sind. Ob wir die Gotik, den Barock, die Romantik richtig würdigen, bleibt sich zum Schluß gleich, wichtig ist nicht diese Form der Äußerung des nordischen Bluts, sondern daß dieses Blut überhaupt noch vorhanden ist, daß der alte Blutswille noch lebt … Der Gott, den wir verehren, wäre nicht, wenn unsere Seele und unser Blut nicht wären, so würde das Bekenntnis eines Meisters Eckehart für unsere Zeit lauten. Deshalb ist die Sache unserer Religion, unseres Rechtes, unseres Staates alles, was die Ehre und Freiheit dieser Seele und dieses Blutes schützt, stärkt, durchsetzt. Deshalb sind heilige Orte alle die, an denen deutsche Helden für diese Gedanken starben; heilig sind jene Orte, wo Gedenksteine und Denkmäler an sie erinnern, und heilige Tage sind die, an denen sie einst am leidenschaftlichsten dafür kämpften. Und die heutige Stunde des Deutschen wird dann eintreten, wenn das Symbol des Erwachens, die Fahne mit dem Zeichen des aufsteigenden Lebens das allein herrschende Bekenntnis des Reiches geworden ist.« (93)

Der Rationalist der Irrationalisten

Wenn Sigmund Freuds Schrift »Das Unbehagen in der Kultur« in den Kontext einer derartigen zeitgenössischen Kulturkritik gestellt wird (die man freilich bei Rosenberg nicht einmal als eine solche bezeichnen kann, sondern mit dem ideologisch-rhetorischen Amoklauf eines fanatisierten geistigen Kleinbürgers vergleichen muß), so deshalb, um deutlich zu machen, wie weit er, auch wenn es durchaus den Anschein erwecken mag, daß er tendenziell dem Irrationalismus und Kulturpessimismus nahe steht, diesem Zusammenhang im Kern entrückt ist. *Ihn* kann der Triumph der Seele bzw. des Triebes versus Vernunft nicht faszinieren; was er *beklagt*, ist ihm zugleich *Beglückung*: Kultur erweist sich als Antinomie – als Verfehlung des eigentlich Menschlichen, des Triebhaften, und zugleich als Erfüllung des eigentlich Menschlichen, des geistigen Prinzips. Das Hauptthema von Freuds Buch, der unversöhnliche Gegensatz zwischen den Triebanforderungen und den von der Zivilisation auferlegten Einschränkungen, zwischen dem erotischen und dem geistigen Prinzip (in Hermann Hesses Roman »Narziß und Goldmund« 1930 plakativ personalisiert), ist schon in Freuds frühen Schriften gegenwärtig. Auf der einen Seite die Spontaneität der Triebwünsche, auf der anderen die Dämme, die Kulturmoral und kulturelle Erziehung aufbauen. Das Schuldgefühl erweist sich als wichtigstes Problem der Kulturentwicklung – dem Menschen vom Über-Ich auferlegt, wodurch freilich die Schubkraft zur Sublimierung und damit die Kraft zur »Kulturleistung« erst freigesetzt wird.

In der Mai-Juni-Nummer 1929 der Zeitschrift »Die Psychoanalytische Bewegung« veröffentlichte Thomas Mann einen Aufsatz, der die Stellung Freuds in der modernen Geistesgeschichte behandelte. Kurz ehe Freud mit der Niederschrift seiner Abhandlung »Das Unbehagen in der Kultur« begann, hat Mann bereits die zentrale Frage dieser Schrift aufgegriffen und in den allgemeinen geisteswissenschaftlichen Zusammenhang gestellt: die Frage nämlich, ob Freud Protagonist der irrationalen Strömung sei, die kulturfeindlich sich geriere und die Aufklärung zurückzunehmen sich anschicke, oder ob er von dieser Strömung des Irrationalismus sich absetze, sie bekämpfe und zu überwinden trachte. Freud, als Tiefenforscher und Psychologe des Triebes, füge sich zunächst durchaus in die Reihe der Schriftsteller des 19. und 20. Jahrhunderts ein, die, sei es als Historiker, Philosophen, Kulturkritiker und Archäologen, gegen den Rationalismus, Intellektualismus, Klassizismus, also gegen den Geistglauben des 18. und auch noch des 19. Jahrhunderts, die Nachtseite der Natur und der Seele als das eigentlich Lebensbestimmende und Lebensschaffende betonten, kultivierten, wissenschaftlich hervorkehrten und den Primat alles Erdgöttlich-Vorgeistigen, des Willens, der Leidenschaft, des Unbewußten, oder wie Nietzsche gesagt habe, des »Gefühls« vor der »Vernunft« revolutionär vertraten. Das große Zurück ins Nächtige, Heilig-Ursprüngliche, Lebensträchtig-Vorbewußte, in den mythisch-historisch-romantischen Mutterschoß sei freilich das Wort der Reaktion. Der Wille, im Vorzeichen heiliger Vergangenheit und Todesfruchtbarkeit, einem als seicht und überaltert empfundenen Idealismus und Optimismus des Zukunftskults und apollinischer Tageshelle die Mächte des Lebens, der Seele, der Leidenschaft, schlichtweg des Irrationalen entgegenzusetzen – eine Linie, die sich fortsetze »bis zu Klages, dem Wiederentdecker, Wiedererwecker Bachofens, und zu dem Geschichtspessimismus Spenglers, bis hinein also in gegenwärtigste Stimmungen und Denkformen, welche aktuelle Gelegenheit gewähren, das eigentümlich psychologische Zusammenfallen von Geistesunglauben und Geisteshaß zu studieren«, (94) – dieser Wille sei Ausdruck einer umfangreichen deutschen antiaufklärerischen Tradition. Man könne sich dabei nicht auf die Romantik berufen, denn diese habe die »Nachtseiten« des Lebens und menschlicher Existenz im Zeichen des Geistes angegangen und bewältigt. Geistliebe, leidenschaftlicher Utopismus, Zukunftsorientierung, Bewußtheitsrevolutionarismus seien viel zu entscheidende Elemente und Merkmale der Romantik, als daß ihr Name hier anwendbar sein könne. Nur dem durch Bewußtmachung und analytische Auflösung führenden Willen zur Zukunft gebühre der Name der Revolution. Man müsse das heute der Jugend sagen. Es gäbe keine Predigt und keinen Imperativ des großen Zurück, keine Inbrunst zur Vergangenheit um der Vergangenheit willen, die anders als zu dem offenkundigen Zwecke der Verwirrung diesen Namen für sich in Anspruch nehmen könnten – womit nicht gesagt sein solle, daß etwa der revolutionäre Wille von Vergangenheit und Tiefe nichts wüßte. Wir erlebten heute in dem vor allem auch politisch agierenden Irrationalismus die Reaktion als Revolution, »das große Zurück, geputzt und aufgeschminkt als stürmendes Vorwärts.« (95)

Ist Freud dieser fatalen Geistesströmung zuzurechnen? Ist er einer ihrer entscheidenden Vertreter? Thomas Mann wendet sich entschieden gegen eine solche Deutung: »Freuds Forscherinteresse fürs Affektive artet nicht in die Verherrlichung seines Gegenstandes auf Kosten der intellektuellen Sphäre aus. Sein Antiirrationalismus bedeutet die Einsicht in die tatsächlich-machtmäßige Überlegenheit des Triebes über den Geist; er bedeutet nicht das bewunderungsvolle Auf-dem-Bauch-liegen vor dieser Überlegenheit und die Verhöhnung des Geistes.« (96) Er verkörpere, was er selbst die »leise Stimme des Intellekts« nenne. Indem Freud auf Heilung, auf Wahrheit, auf Analyse bedacht sei, wirke er im Sinne echter Aufklärung und aufklärerisch-revolutionärer Gesinnung. Seine Lehre – in bedeutender Verwandtschaft zur Bewußtwerdungsphilosophie der Romantik, wie sie Novalis vertreten habe – suche die Gewissensempfindlichkeit gegen die Inhumanität des Dumpfheitskonservativismus zu erhalten, bejahe die Notwendigkeit der Auflockerung und Auflösung der auf Bewußtlosigkeit unsicher beruhenden Lebensformen; sie glaube an die Transzendenz der Unordnung, an höhere Stufen, an die Zukunft. »Der Weg, den sie vorschreibt, ist der der Bewußtmachung, der Analyse, auf welchem es kein Halt und kein Zurück, keine Wiederherstellung des ›Guten-Alten‹ gibt; das Ziel, das sie zeigt: eine

neue, verdiente, durch Bewußtheit gesicherte, auf Freiheit und Wahrhaftigkeit beruhende Lebensordnung. Man kann sie aufklärerisch nennen nach ihren Mitteln und Zielen; aber ihr Aufklärertum ist durch zu vieles hindurchgegangen, als daß seine Verwechslung mit heiterer Seichtheit vollziehbar wäre. Man kann sie antirational nennen, da ihr Forschungsinteresse der Nacht, dem Traum, dem Triebe, dem Vorvernünftigen gilt und an ihrem Anfang der Begriff des Unbewußten steht; aber sie ist weit entfernt, sich durch dies Interesse zur Dienerin des verdunkelnden, schwärmenden, zurückbildenden Geistes machen zu lassen. Sie ist diejenige Erscheinungsform des modernen Irrationalismus, die jedem reaktionären Mißbrauch unzweideutig widersteht.« (97) Thomas Mann definiert Freuds Stellung in der modernen Geistesgeschichte als Position irrationaler Rationalität, eines »fortgeschriebenen« und fortgeschrittenen, d. h. den aufklärerischen Optimismus infrage stellenden Skeptizismus. Er bezieht sich bei seiner Deutung auch auf einen Aphorismus Nietzsches (in der »Morgenröte«), in dem dieser die Feindschaft der Deutschen gegen die Aufklärung behandelt hat. Die Geister, die lange Zeit hilfreiche Gesellen des verdunkelnden, schwärmenden, zurückbildenden Geistes gewesen wären, hätten nun freilich wieder eine andere Natur angenommen und flögen mit den breitesten Flügeln an ihren alten Beschwörern vorüber und hinaus, als neue und stärkere Genien eben jener Aufklärung, wider welche sie beschworen waren. Diese Aufklärung, sagt Nietzsche, »haben wir jetzt weiterzuführen – unbekümmert darum, daß es eine ›große Revolution‹ und wiederum eine ›große Reaktion‹ gegen dieselbe gegeben hat, ja, daß es beides noch gibt: es sind doch nur Wellenspiele im Vergleich mit der wahrhaft großen Flut, in welcher wir treiben und treiben wollen.« (98) Mag der Aphorismus, angewandt auf die Zeit, für die Nietzsche von Thomas Mann zitiert wird, auch zu optimistisch gewesen sein, denn die Woge des Irrationalismus erreichte ihren Höhepunkt ja nun erst in den dreißiger Jahren, hinsichtlich Freud und seiner Stellung in der Geistesgeschichte trifft er voll zu: Freud ist ein Geist, der mit breitesten Flügeln an den alten Beschwörern vorüberfliegt, ein starkes Genie eben jener Aufklärung, gegen die er mißverständlich in Anspruch genommen werden mag. Die Stunde der Gefahr sei – meint Th. Mann – zwar nicht vorüber. Man atme im Umkreis Freuds jedoch wieder freie Luft.
Eingangs der Schrift »Das Unbehagen in der Kultur« bezieht sich Freud auf Äußerungen senies Freundes Romain Rolland, der vom Ursprünglichen als dem »Ozeanischen« im Menschen spricht. »Ein Gefühl, das er die Empfindung der ›Ewigkeit‹ nennen möchte, ein Gefühl wie von

etwas Unbegrenztem, Schrankenlosem, gleichsam Ozeanischem.« (99) Nüchtern stellt Freud für sich fest: »Ich selbst kann dies ›ozeanische Gefühl‹ nicht in mir entdecken.« (100) Dies wird nicht mit der Attitüde des Naiven festgestellt, der das Ozeanische nicht zu verspüren vermag, weil er zu wenig introspektiv ist, sich zu wenig selbst erforscht hat; sondern mit der Überzeugung des aufgeklärten Seelenarztes, der gerade im Verlust dieses Grundgefühls die mentale Entwicklung sieht. »Haben wir ein Recht zur Annahme des Überlebens des Ursprünglichen neben dem Späteren, das aus ihm geworden ist?« (101) Nach Arkadien könne man nicht mehr zurückkehren, meinte Schiller; die Regression sei eine Selbsttäuschung, welcher der sentimentalische Denker nicht verfalle. – Freud hält aufklärerische Distanz zu all denjenigen, die sich das Eintauchen in den Elan vital als Befreiung suggerieren und inmitten von Kultur und Zivilisation so tun, als ob die Rückkehr zu den Müttern möglich, ja von »Eingeweihten« schon vollzogen sei. Zwar wären zum Beispiel Trance und Ekstase reale Mächte, aber in ihrer Überwindung werde die eigentliche Kulturleistung erbracht – was sowohl Unbehagen wie Erfüllung erbringe. So drängt es Freud mit den Worten des Schillerschen Tauchers auszurufen: »Es freue sich, wer da atmet im rosigen Lichte.« (102) Der Künder des Unbehagens in der Kultur bejaht zugleich dieses Unbehagen, da es eben Kultur signalisiert – Bewußtheit, wenn auch den Trieben entgegengesetzte und damit leidvolle, daß die Leistung gelungen, die Sublimierung erfolgt ist.

Homo homini lupus

Freud ist bei der Beurteilung der negativen Seiten des Fortschritts weder zelotisch noch larmoyant. Die Grenzen des Wachstums werden bei ihm nicht ökonomisch, sondern rein psychologisch gesehen. Die herangezogenen Beispiele sind allerdings von einer geradezu rührend zu nennenden Naivität: »Gäbe es keine Eisenbahn, die die Entfernungen überwindet, so hätte das Kind die Vaterstadt nie verlassen; man brauchte kein Telefon, um seine Stimme zu hören. Wäre nicht die Schiffahrt über den Ozean eingerichtet, so hätte der Freund nicht die Seereise unternommen, ich brauchte den Telegraphen nicht, um meine Sorge um ihn zu beschwichtigen. Was nützt uns die Einschränkung der Kindersterblichkeit, wenn gerade sie uns die äußerste Zurückhaltung in der Kindererzeugung aufnötigt, so daß wir im ganzen doch nicht mehr Kinder aufziehen als vor der Herrschaft der Hygiene, dabei aber unser

Sexualleben in der Ehe unter schwierige Bedingungen gebracht und wahrscheinlich der wohltätigen natürlichen Auslese entgegengearbeitet haben? Und was soll uns endlich ein langes Leben, wenn es beschwerlich, arm an Freuden und so leidvoll ist, daß wir den Tod nur als Erlöser bewillkommen können?« (103)

Besonders aufschlußreich ist der mittlere Teil des Zitats, der auf tragikomische Weise die Situation der (klein)bürgerlichen Ehe beschreibt. Die wirtschaftliche Beschränktheit jenseits der Großfamilie lege äußerste Zurückhaltung bei der Kinderzeugung auf. Die Tabus der Religion und eine noch ungenügend entwickelte Empfängnisverhütung lassen diese Zurückhaltung identisch erscheinen mit der Begrenzung des ehelichen Sexuallebens, das somit ständig durch Zeugungskraft bedroht erscheint.

Wenn Freud seinen »Spaziergang« durch die Bereiche der kulturellen Errungenschaften macht, so wirft er dabei ständig den Blick auf die diesen Errungenschaften zugrundeliegenden Versagungen. Die Domestikation fordert eben ihre Opfer. So relativiert er auch immer wieder die Bilder kulturparadiesischer Zustände, wie sie von utopischer Literatur entworfen worden sind. Die individuelle Freiheit sei kein Kulturgut. »Sie war am größten vor jeder Kultur, allerdings meist ohne Wert, weil das Individuum kaum im Stande war, sie zu verteidigen.« (104)

Das Zurück-zur-Natur wird jedoch, kaum daß es ausgesprochen, schon wieder zurückgenommen. Mag auch der Freiheitsdrang eine Auflehnung gegen die »Unnatürlichkeit« bestehender Ungerechtigkeit und so der weiteren (dialektischen) Entfaltung der Kultur förderlich bzw. verträglich sein; er kann auch dem Rest der ursprünglichen, von der Kultur ungebändigten Persönlichkeit entstammen und so zur Grundlage der Kulturfeindseligkeit werden. Der Freiheitsdrang richtet sich also entweder gegen bestimmte Formen und Ansprüche der Kultur oder gegen Kultur überhaupt. Der Anspruch des Menschen auf individuelle Freiheit wird als Auflehnung gegen kulturelle Massenansprüche interpretiert, sozusagen als Naturrecht in die Kulturentwicklung eingebracht. Wenn Freud hier wiederum von einem Schicksalsproblem spricht (den Ausgleich zwischen individuellen und kollektiven Strebungen betreffend), so werden die menschliche Willensleistung wie der metaphysische »Eingriff« gleichermaßen gering geachtet. Der geschichtliche Prozeß, bei Hegel der einer transzendierenden Dialektik, bei Marx gewissermaßen materialistische Entelechie (dem Höheren der sittlichen Idee bzw. dem irdischen Paradies der klassenlosen Gesellschaft sich zuentwickelnd) ist bei Freud agnostisch verstellt. Der Glaube an personelle Verwirklichung mit Hilfe von Staat und Gesellschaft ist abhanden gekommen; am Ende eines Jahrhunderts mißlungener Revolutionen resigniert der bürgerliche Geist in Form von Regression. Die Natur ist eben doch das Bessere. Die Hoffnung auf die Kultur als Möglichkeit der liberalen Befreiung des Individuums wird als Wahn erkannt, ohne daß deshalb die Hinwendung zum Sozialistischen als Aufhebung der gesellschaftlichen und ökonomischen Bedingtheiten von kultureller Repression vollzogen wird.

Die Sublimierung als das von der Kultur erzwungene Triebschicksal wird in diesem Traktat von Freud pessimistischer beurteilt, als in manchen anderen Ausführungen. Da nun einmal die durch Kultur (»Kultivierung«) bewirkte »Versagung« das große Gebiet der sozialen Beziehungen der Menschen beherrsche, sei auch die Feindseligkeit groß, gegen die alle Kulturen zu kämpfen hätten. Der Circulus vitiosus der modernen Kulturentwicklung wird damit lapidar angesprochen. Indem Kultur naturwidrig sich verhalte, oder sich derart verhalten müsse, um Kultur zu sein, entwickle sich aus der Frustration, d. h. der Vereitelung der ursprünglichen natürlichen Triebdynamik, ein hohes Maß an Aggressivität, die wiederum die Dämme der Kultur zum Einbrechen bringen könne. Da die westeuropäische Kultur in ihrem hohen Niveau auch ein hohes Maß von Sublimierung voraussetze, sei hier die Unterdrükkung der Sexualität – welche die Frau mehr treffe als den Mann, da eben der Mann den schwierigen Aufgaben der »Kulturarbeit« mehr gewachsen sei als die Frau – mit einem allgemeinen Verlust der Liebesfähigkeit zu bezahlen. Immer wieder klingt als Leitmotiv in Freuds Ausführungen die Klage über die Vertreibung aus dem Paradies auf. Erotische Zweisamkeit, in sich selbst ruhend und sich genügend, geht im Haß der Kulturgesellschaft unter. »Das gern verleugnete Stück Wirklichkeit hinter alledem ist, daß der Mensch nicht ein sanftes, liebebedürftiges Wesen ist, das sich höchstens, wenn angegriffen, auch zu verteidigen vermag, sondern daß er zu seinen Triebbegabungen auch einen mächtigen Anteil von Aggressionsneigung rechnen darf. Infolgedessen ist ihm der Nächste nicht nur möglicher Helfer und Sexualobjekt, sondern auch eine Versuchung, seine Aggression an ihm zu befriedigen, seine Arbeitskraft ohne Entschädigung auszunützen, ihn ohne seine Einwilligung sexuell zu gebrauchen, sich in den Besitz seiner Habe zu setzen, ihn zu demütigen, ihm Schmerzen zu bereiten, zu martern und zu töten. Homo homini lupus, wer hat nach allen Erfahrungen des Lebens und der Geschichte den Mut, diesen Satz zu bestreiten?« (105)

Die besondere Schuld und Tragik gerade des 20. Jahrhunderts ist damit angesprochen – eines Jahrhunderts, das mit Hilfe der »Prothesen«, wie sie die Technologie zur Verfügung stellt, und mit der Hybris angemaßter Göttlichkeit ein Ausmaß von Brutalität und Sadismus entwickelt hat wie nie zuvor. Dieses »Wölfische« der Zivilisation wird von Freud, der pessimistischen Grundstimmung seines Denkens entsprechend, beklagt, während die Philosophen der Gewalt den Ausbruch der (blonden) Bestie rhapsodisch bejubelten. Freud will einen anthropologischen Tatbestand ansprechen, der mit der Entfaltung des Menschen grundsätzlich gegeben sei, zumindest als solcher die Kultur immanent bedrohe. Die Verkünder des »Wölfischen«, dieses nicht wie Freud resignativ beklagend, sondern als eigentliche Verwirklichung des Menschen lobpreisend, wollten die Gitterstäbe der Kultur, die Freud als leidvolle Notwendigkeit, als Einengung für den Menschen bejaht, lustvoll (im Aufbruch zur »wahren Freiheit«) durchbrechen.

Der Ausweg, den die Kommunisten als Erlösung vom Übel gefunden hätten, daß man nämlich das Privateigentum aufhebe, alle Güter allen gemeinsam mache und alle Menschen an deren Genuß teilhaben lasse, bezeichnet Freud von den psychologischen Voraussetzungen her als haltlose Illusion. Das Eigentum habe den Aggressionstrieb nicht geschaffen. »Räumt man das persönliche Anrecht auf dingliche Güter weg, so bleibt noch das Vorrecht aus sexuellen Beziehungen, das die Quelle der stärksten Mißgunst und der heftigsten Feindseligkeiten unter den sonst gleichgestellten Menschen werden muß. Hebt man auch dieses auf durch die völlige Befreiung des Sexuallebens, beseitigt also die Familie, die Keimzelle der Kultur, so läßt sich zwar nicht vorhersehen, welche neue Wege die Kulturentwicklung einschlagen kann. Aber eines darf man erwarten, daß der unzerstörbare Zug der menschlichen Natur ihr auch dorthin folgen wird.« (106)

Immer scheitert der humane Fortschritt an dem, was schicksalshaft gegeben ist. Freuds Denken begibt sich dabei freilich in einen Widerspruch, indem es, um den kommunistischen Lösungsversuch ablehnen zu können, die eigenen Axiome mit aufhebt. Das, was im kommunistischen Ideal aufgezeigt wird, würde ja die Rücknahme der kulturellen Errungenschaften, zumindest der westlichen Kultur, z. B. Besitz, Familie, Staat, bedeuten. Wenn nun die Kultur vor allem verantwortlich ist für die in ihr herrschende (aus dem Unbehagen in der Kultur erwachsende) Feindseligkeit, so müßte das Fortschreiten nach Elysium mit der dort zu erreichenden ursprünglichen Natürlichkeit auch der Natürlichkeit des Eros wieder zum Durchbruch verhelfen und somit wieder ein Behagen in der Kultur herstellen können.

Die Ehrlichkeit, mit der Freud seinen Kulturpessimismus ausbreitet, sollte nicht dazu führen, ihn unter Ideologieverdacht zu stellen. Gerade die Widersprüchlichkeit, mit der er teils die Kultur für die Unnatur des Menschen, teils die Natur selbst dafür verantwortlich macht, zeigt zwar die Konfusion dieses Kulturskeptizismus auf, der – mit dem Ziel, auf jeden Fall am Pessimismus festzuhalten – die Stringenz der Beweisführung der eigenen Grundbefindlichkeit opfert; die existentielle Deutung dieses Denkmusters läßt freilich eine tiefere Wahrheit zutage treten: die Weltuntergangsstimmung dieser Zeit ist gerechtfertigt, auch wenn ihre kulturphilosophische Begründung vielfach brüchig erscheint. Wohin auch der Blick fiel, die Resignation fand allenthalben Nahrung.

Der Faschismus war in die Epoche seiner Vollendung eingetreten. Einmal sich als Gipfel kultureller Entwicklung selbst beweihräuchernd, zum anderen auf die Vernichtung von Kultur angelegt, zeigt er das gleiche verwirrende Bild wie die kulturmorphologische Analyse selbst. Stellte er die Inkarnation der »kulturellen«, durch Triebverzicht hervorgerufenen Feindseligkeit dar (was ihn dann als »Begleitphänomen« von Kultur erscheinen läßt), oder war er möglich geworden, weil eben diese Kultur ihre Sublimierungsfähigkeit nur unzulänglich ausgebildet hatte und dem kompakten Ansturm der Barbarei nicht gewachsen war? »Ästhetisierung der Politik« nannte Walter Benjamin ein wesentliches Phänomen des Faschismus. Politik nur als Politik zu verstehen, hätte einem deutschen Grundgefühl widersprochen, das mit seinem Drang zum Guten, Schönen und Wahren seit den Tagen der epigonalen Klassik die Wirklichkeit zu erhöhen bzw. die Wirklichkeit mit Hilfe des Mediums der Schönheit zu verachten trachtete. Gerade die zeitgenössische Kunst wurde von den nationalistischen und nationalsozialistischen Propagandisten immer wieder herangezogen, die ganze Trostlosigkeit der Gesellschaft, den der Kultur drohenden Ruin zu demonstrieren. Dadaismus, Expressionismus, Futurismus, Surrealismus, Atonalität, Kinos, Revue etc. waren Zeichen des »Untergangs des Abendlandes«, da sie eben dem affirmativen Kulturbegriff widersprachen. »Die Büchse der Pandora ist geöffnet, und heulend und brausend ergießen sich die Dämonen wie eine dunkle Kaskade über die in langer Arbeit fruchtbar gemachten und gepflegten Fluren der Menschheit.« (Paul Schultze-Naumburg) (107) Zum anderen konnte die (einer faschistischen Ästhetik entsprechende) »saubere« Kunst ideologisch in ein Vehikel umgebaut werden, das die Inhalte der Politik mit sich transportierte. Man muß den Blick dabei weniger auf die offizielle Kunst richten, wie sie nach 1933 von den braunen Machthabern dekretiert und oktroyiert wurde, sondern viel mehr an die seit langem die bürgerliche Fluchtbewegung begleitende Trivialkunst denken. Was sich hier an weltanschaulicher Wirrnis visualisierte – die pathetischen bzw. fanatisierten Lichtgebete nackter Jünglinge, die nationalreligiösen Rituale sich kopulierender Edelpaare –, spiegelt die Angst vor kommunikativer Differenzierung genauso wider, wie die Abneigung gegenüber pluralistischer Gesellschaftsordnung. Erhofft wird – in dekorativer Überantwortung an eine Natur, die ihre Künstlichkeit nirgends verleugnen kann – ein Eintauchen in den Lebensstrom, der zu den Gestaden der Geistferne und Seelenekstase hinwegzutragen vermag.

Friedrich Schiller hatte vom »ästhetischen Staat« gesprochen und damit – wenn man es in der Terminologie Freuds formuliert – die Möglichkeit einer libidinösen Moral, der Versöhnung von Pflicht und Neigung im Zeichen der Schönheit, als reale Utopie aufgezeigt. Der von den Nationalsozialisten erstrebte Schönheitsstaat – nicht zuletzt umgesetzt in eine nicht mehr abreißende Flut von politischen Spektakeln, von denen der Reichsparteitag das herausragendste war – galt der Umkehrung idealistischer Ästhetik; die Vermählung von Kunst und Politik erwies sich als deren Vergewaltigung. Politiker hat Hitler, auch wenn er pathetisch beschloß, ein solcher zu werden, eigentlich nie sein wollen; als Künstler fühlte er sich berufen – wobei die »künstlerischen« Spekulationen ihn immer mehr in die Wahnwelt einer Weltanschauung entführten, die ihrerseits insofern als künstlerisch sich begriff, als sie nicht an der Wirklichkeit sich orientierte, sondern diese als trivial verachtete. Das Bild des Künstlers als Prometheus, zu dem sich die Künstler des 19. Jahrhunderts und hier wiederum im besonderen die Münchner Schule um die Jahrhundertwende hinaufstilisiert hatten, prägte in menschlich banaler, aber höchst wirksamer Form das geistig-seelische Profil der NS-Elite, die sich nun anschickte, das Untermenschentum auszumerzen und dem strahlenden Licht der Schönheit zum Durchbruch zu verhelfen. Es erstaunt, daß Freud vom »milde berauschenden Empfindungscharakter der Ästhetik« spricht, während diese bereits einen wild um sich schlagenden Rauschcharakter angenommen hatte. Freuds Absicht, statt Zeitanalyse Menschheitsgeschichte zu schreiben, führte auch hier eben wieder dazu, daß die Aktualität der Fragestellung nur in »Verschleierung« erschien und konkretes »Zupacken« suspendiert blieb.

Von Spießern, Kleinbürgern
und Kleinstädtern

Die Flucht der Zeitseele in die vielfältigen Formen der Scheinwelt, in
Oberflächenvergnügungen und in die Surrogate ästhetischer Ablenkung, wurde bereits mehrfach angesprochen. Der Aufbau ideologischer
Wahnwelten erwies sich als eine noch wesentlich gefährlichere Illusion.
Das »Glück«, das Hitler in den dreißiger Jahren seinen Anhängern
verspricht, läßt die »himmlische Macht« des Eros völlig außer Acht; es
zielt dafür umso mehr auf das Lustgefühl, das Aggressivität zu vermitteln vermag. Schmerz und Unlust, die Frustration, nichts zu sein und
nichts werden zu können, wurden auf den rassischen Übermenschen,
der von allen Minderwertigkeitskomplexen frei schien, projiziert.
Freud, der unter dem Heraufkommen des Nationalsozialismus sehr litt,
geht auf den Aufstieg der ideologischen »Glücksbringer« (die zugleich
die Zerstörer wahren Glücks waren) kaum ein, obwohl doch gerade
Freuds Besuche in Berlin, seit 1928 zur Konsultation des bekannten
Zahnarztes Professor Dr. Schroeder, ihm »nebenbei« einen sehr starken
Eindruck von der politischen Unsicherheit im Deutschen Reich vermittelt hatten. Immerhin fügt Freud 1931 bei der 2. Auflage seiner Schrift
unter dem Eindruck des bedrohlichen Aufstiegs des Nationalsozialismus dem Absatz, in dem er die Frage aufwirft, ob wohl Eros oder
Thanatos den Sieg erringen werde, den Satz hinzu: »Aber wer kann den
Erfolg und Ausgang voraussehen?« (108)
Während Freud an die Niederschrift seiner Abhandlung ging, vollzog
sich, von ihm nicht unbemerkt, aber in der Aktualität »zurückgestellt«,
der Aufstand derjenigen, die ihr Unbehagen in der Kultur in nationali-
stische Abreaktion umsetzten. Was ihm als Leidensweg kultureller
Entwicklung *schlechthin* erschien, war zentrales Ereignis *seiner* Zeit.
Lustvoll durchbrach das »Tier aus der Tiefe« die Gitterstäbe der Zivilisation und schickte sich an, in Regression auf die sogenannte »Natur«,
die Ergebnisse menschlicher Domestikation und damit auch im besonderen die Hoffnung auf Fortschritt durch Aufklärung, zunichte zu
machen. Das Unbehagen in der Kultur gebar die Revolution der Triebe,
die von der Freudschen Einsicht, daß Kultur notwendig sei, nichts mehr
wissen wollte. Der Aufstand der Provinz, beflügelt vom »Geist des total
platten Landes« (Alfred Döblin), war in vollem Gange. Unter der
Kruste jahrzehntelangen apolitischen Verhaltens hatten sich gewaltige
pervertierte Energien gebildet, die in dem Augenblick, in dem das
bürgerlich-kleinbürgerliche Unterbewußtsein durch ein Über-Ich, in

das man die verbotenen und verbogenen Sehnsüchte (vornehmlich verdrängter Sexualität und unerfüllter Identitätsbildung) hineinprojizierte, »geöffnet« wurde, zum Aufbruch der Nation, der in Wirklichkeit ein Ausbruch verdrängter Triebenergie war, führten. Als Hitler sich an die Stelle dieses kleinbürgerlichen Über-Ichs setzen konnte, wurden seine Vorstellungen, seine Ziele, seine Wahnideen als Emanation eines höchsten Wesens tabuiert. Die von seinem Absolutheitsanspruch abgeleitete Rechtfertigung für aggressiv-sadistisches Tun blieb dementsprechend unreflektiert. »Im Nationalsozialismus sind primär die Wünsche des Publikums, sekundär ist die Ideologie … Die Massen verlangten nicht die Rassenlehre, sondern sie wollten sich überlegen fühlen … Im Nationalsozialismus haben sich die menschlichen Triebe verselbständigt. Dadurch aber, daß die nationalsozialistischen Propagandisten ihre Triebbefriedigung in das Gewand einer Ideologie hüllten, deren außerordentliche Vorzüge sie priesen, gaben sie der Triebbefriedigung die Weihe einer hohen Autorität.« (E. G. Reichmann) (109)

Bei der Kleinstadt, meinte Ernst Bloch, gäbe es gewiß Ausnahmen: »kleine Städte mit Menschen, die sich eingerichtet haben, die im Wein die Wahrheit und im Kino die große Welt finden« (110), Städte also, in denen die Menschen das kleine Glück »erreicht« hatten, in denen sie ohne Frustrationen (und somit auch ohne Frustrationsaggressivität) zu leben verstünden. »Aber die meisten Krähwinkel sind heute so gehässig, tot und konventionell wie eine unglückliche Ehe. Hier ist frühes Altern und so wenig Platz, daß es nicht einmal rechte Leere gibt, außer der inwendigen, die sich der Handwerker, der Angestellte, der Chef in verschiedenen Verbänden, geeintem Brustgefühl, vertreiben. Viele Kugeln rollen, jeder wirft die seine, doch alle meinen den König.« (111)

Der Spießer ist nach Ödön von Horváth ein »hypochondrischer Egoist«, der danach trachtet, »sich überall feige anzupassen und jede neue Formulierung der Idee zu verfälschen, indem er sie sich aneignet.« Wenn ich mich nicht irre, so schrieb Horváth 1930, »so hat es sich allmählich herumgesprochen, daß wir ausgerechnet zwischen zwei Zeitaltern leben. Auch der alte Typ des Spießers ist es nicht mehr wert, lächerlich gemacht zu werden, – wer ihn heute noch verhöhnt, ist bestenfalls ein Spießer der Zukunft. Ich sage ›Zukunft‹, denn der neue Typ des Spießers ist erst im Werden, er hat sich noch nicht herauskristallisiert.« (112) Beiträge zur »Biologie dieses werdenden Spießers« leistete Horváth sowohl mit seiner Prosa wie mit seinen Dramen. (113) Für ihn war der »Mittelstand eine Klasse, eine eigene zwischen zwei anderen, heute. Seine Grenzen verwischen sich, aber er ist doch eine

Klasse, kein Übergang, eine Klasse mit eigener Ideologie. Mit einer Ideologie, die nur scheinbar ramponiert worden ist.« (114)

Der Kleinbürger, Angestellte, Spießer, wie Horváth ihn schildere, meinte Franz Werfel, sei der dumpf-gebundene, dem Geiste Widerstrebende, der schlechthin verstockte Mensch. Während der sozial Tiefer- und auch Höherstehende der Wahrheit sich öffne, kämpfe der erbitterte »Mittelmensch« um den Bestand der Lüge, denn ohne sie gehe er zugrunde. Er sei ein kleiner, ordinärer Teufel. Dennoch sei seine Erfindungskraft im Sinnlich-Bösen unerschöpflich. Der Wille weh zu tun, sei sein Grundtrieb. (115)

In einer süddeutschen Kleinstadt um das Jahr 1930 spielt Ödön von Horváths »Italienische Nacht«. Die charakteristischen Eigenschaften des herabgekommenen mittelständischen Menschen, Konformismus, Feigheit und Sentimentalität, Lüge, Tücke und Verstellung, machen ihn besonders anfällig für den aufsteigenden Faschismus. Das Ereignis eines vom Vorstand des Republikanischen Schutzbundes veranstalteten sommerlichen Gartenfestes, mit kleinbürgerlich verformtem Kunstgeschmack als Kitsch inszeniert, führt zu politischen Streitereien im demokratischen wie faschistischen Lager; Schlägereien sind die Folge. Sexualität und Aggressivität gehen Hand in Hand. – Die einzelnen Szenen aus dieser »geschlossenen« kleinstädtischen Welt zeigten die »Faschisierbarkeit« des Kleinbürgers. (116)

Mit dem 1932 aufgeführten Volksstück »Kasimir und Karoline« wurden »Figuren« auf die Bühne gebracht, die ein Stück Liebe und Vergnügen inmitten einer elenden Wirklichkeit sich zu bewahren suchen, wobei freilich solches Glück als Scheinwelt zerbricht. – Der Lastwagenfahrer Kasimir, der wegen der Wirtschaftskrise seine Arbeit verloren hatte, und seine Braut Karoline, eine kleine Angestellte, besuchen das Münchner Oktoberfest. Beide kommen in Streit; Kasimir läßt das Mädchen stehen; Karoline fährt mit dem Kanzlisten Schürzinger, der die Überzeugung hat, daß die Liebe einer Frau nachläßt, wenn der Mann arbeitslos ist, zusammen auf der Achterbahn. Der Chef Schürzingers, der Kommerzienrat Rauch interessiert sich ebenfalls für die hübsche Karoline; er lädt sie ins Hippodrom und ins Kuriositätenkabinett ein. Kasimir hilft inzwischen einem Freund beim Ausrauben eines Autos; er tröstet sich mit einer anderen Braut; Karoline mit Schürzinger.

Der melancholische Szenen-Reigen hält impressionistisch das Bewußtsein einer Schicht fest, die sich über ihre soziale Lage nicht klar ist und sich an Illusionen klammert. Der Rummelplatz ist symbolischer Topos für unglückliche, verstörte Menschen, die früher einmal Volk waren, und nun ein entwurzeltes, kleinbürgerlich korrumpiertes Proletariat darstellen; die Sprache spiegelt das seelisch-geistige Vakuum der ständig auf ihre Bewußt-losigkeit zurückgeworfenen Deklassierten, die nicht mehr in der Lage sind, selbständig zu denken, dafür um so mehr, im Streben nach dem »Höheren«, die sprachlichen Versatzstücke der »tonangebenden« Schichten sich anzueignen suchen:

· Ein jeder intelligente Mensch ist ein Pessimist.
· Überhaupt sind alle Weiber minderwertige Subjekte.
· Der Mensch ist halt ein Produkt seiner Umgebung.
· Wir sind halt heutzutage alle älter als wie wir sind.
· Die Welt ist halt unvollkommen.
· Wenn es dem Manne schlecht geht, dann hängt das wertvolle Weib nur noch intensiver an ihm – – könnt ich mir schon vorstellen.
· Ich hab mir das überlegt und habe mich genau geprüft.
· Menschen ohne Gefühl haben es viel leichter im Leben.
· Ich habe es mir halt eingebildet, daß ich mir einen rosigeren Blick in die Zukunft erringen könnte. Aber ich müßt so tief unter mich hinunter, damit ich höher hinauf kann.
· Man hat halt oft so eine Sehnsucht in sich – aber dann kehrt man zurück mit gebrochenen Flügeln, und das Leben geht weiter, als wär man nie dabei gewesen.
· Ich denke ja gar nichts, ich sage es ja nur.

»In ihrem Sprechen drückt sich aus, was mit ihrem Leben ist: Wie beschädigt sie sind, immerzu geprellte, niedergehaltene Menschen, kleine Leute, furchtbar abhängig von den materiellen Dingen, aber am meisten leiden sie an einer großen, unscharfen Sehnsucht. Die äußert sich in den Pausen, stillen, offenen Enden der in Schüben sich entwickelnden Dialoge. Die Brüche und Intervalle zwischen den Wörtern – es sind nicht zufällige Gesprächspausen, sondern Risse in einem größeren Zusammenhang, Lebensrisse.« (Peter Iden) (117)
In einem Rundfunkinterview 1932 sagte Horváth zur Charakteristik des Volksstücks, wie er es verstand: »Also: zu einem heutigen Volksstück gehören heutige Menschen, und mit dieser Feststellung gelangt man zu einem interessanten Resultat: nämlich, will man als Autor wahrhaft gestalten, so muß man der völligen Zersetzung der Dialekte durch den Bildungsjargon Rechnung tragen.« (118)
Diese Auskunft charakterisiert den zentralen Angelpunkt von Horváths Werk: seine Volksstücke, in der Inflations- und Nachkriegswelt der zwanziger und dreißiger Jahre angesiedelt, in Dörfern, Kleinstäd-

ten, Wiener Vorbezirken und auf dem Münchner Oktoberfest spielend, zeigen eine Welt, die so in Unordnung geraten ist, wie die Sprache ihrer Personen in Unordnung geraten ist. Durch die scheinbare Gemütlichkeit des Dialektes drängt sich die Brutalität der von der Bewußtseinsindustrie über diese Leute verhängten Phrasen: Horváth ist der Dramatiker, der die Unmündigkeit auf der Bühne mündig gemacht hat, der mit der verschleiernden Phrase Entschleierung betreibt, der die Unbeholfenheit und Wortlosigkeit seiner Figuren geradezu unheimlich beredt gemacht hat.

Seine Stücke handeln von einem verdorbenen Bewußtsein, das denkt, zu reden, wie ihm der Schnabel gewachsen ist, und dabei in Wahrheit alle sozialen Zwänge nachsprechen muß. Der ›saure Kitsch‹, den Herbert Ihering aufzuspüren meinte, war in Wahrheit das, was Horváth selber einmal die ›Demaskierung des Bewußtseins‹ nannte. Horváth zeigt – und dabei ist er durchaus auf den Spuren Nestroys und Anzengrubers – eine Welt von Entwurzelten und Depravierten. Er schrieb Volksstücke, die den Ersten Weltkrieg hinter sich hatten, deren ›Gemütlichkeit‹ auf die krasse Soziallandschaft der Inflations- und Arbeitslosenjahre stieß und auf die politische Landschaft der sich als volkstümlich tarnenden neuen Nationalisten.

So entsteht in seinen Stücken ein gespenstisch wahres Bild der zwanziger und dreißiger Jahre. Horváth ist auf andere Weise ein ähnlich verläßlicher Chronist seiner Zeit, wie es Tschechow für die seine war. Er hat die verzweifelte Fröhlichkeit des Oktoberfestes (›Kasimir und Karoline‹) festgehalten, jenes alkoholgeschwängerte Vergessensuchen, während das tägliche Elend den Wies'n-Besuchern mit jedem Schluck näher rückt und sich in Aggressionen entlädt. Er hat die politische Stammtischseligkeit der Republik (›Italienische Nacht‹) gezeichnet, die sich die Angst vor den draußen marschierenden Nazihorden mit Vereinsmeierei und krampfhafter Geselligkeit vom Hals halten möchte. Er hat in den ›Geschichten aus dem Wienerwald‹ gezeigt, wie ein Wiener Mädchen unter die Räder des goldenen Wiener Gemüts gerät.« (Hellmuth Karasek) (119)

Die »Hölle der Provinz« beschrieb zur gleichen Zeit Marieluise Fleißer am Beispiel der Stadt Ingolstadt. (120) Die enge bigotte Welt, Gerüchten, Intrigen, Verleumdungen ausgesetzt, von Sehnsüchten durchwoben, durch Psychoterror bestimmt, mit selbstgerechter Moral aufgebläht, bedeutet »Fegefeuer«, das sexualpathologisch und religiös bestimmte Deformationen als unheilbare Traumata hinterläßt.

In dem Stück »Pioniere in Ingolstadt« zerfallen die ländlichen Tugend-

begriffe der Dienstbotenwelt wie die der kleinbürgerlichen Geschäfts-
welt und Angestellten unter dem Ansturm einer Kompanie Soldaten,
die eine Brücke über die Donau zu bauen haben.
»Korl legt seinen Arm um sie, sie lehnt sich daran zurück. Berta *schmach-
tend:* Jetzt hab ich eine Lehne und weiß nicht, wie sie heißt.
Korl: Korl.
Berta *schmachtend:* Korl heißt sie.
Korl: So bist du schon öfter gesessen.
Berta: So nicht.
Korl: Das machst dem Nächsten weis, aber mir nicht.
Sie schweigt, er schubst sie ein wenig. Sei kein Roß. So, dann bist du auch
schon verraten worden. *Sie schweigt noch immer.* Auf einmal weißt du
nichts ...
Korl *versucht handgreiflich zu werden.*
Berta: Nicht! Das tut man nicht.
Korl: Warum nicht? Das gewöhnst.
Berta *wird energisch:* Ich habe es nie getan. Ich geh sonst nicht mit die
Herren. Wenn ein Herr so ist, zeige ich ihn an.« (121)
Aber niemand zeigt jemanden an. Bürger stehlen den Pionieren die
Bohlen, um im Schwimmbad »Männerturnverein« einen Steg bauen zu
können; Pioniere genießen die (vorgegebene) Unschuld der Dienstmäd-
chen. Lust und Aggression gehen die traditionelle sozialpathologische
Allianz ein; man schikaniert sich gegenseitig. Was sich in der Nähe des
Stadttors, in einigen Wohnzimmern, im Bierzelt, im Schwimmbad, im
Luitpold-Park und auf der Baustelle »Brückenbau« ereignet, ist die
»übliche« Bosheit. Die angeritzte Solidität wird wieder zugekittet. Es
bleiben ein paar Erinnerungsphotos, ein paar uneheliche Kinder und ein
Mord, der als Unfall ausgegeben wird. Die Fassadenwelt bleibt intakt
(»Ingolstadt steht für viele Städte«). »Die Pioniere stellen sich zum
Abmarsch auf ... Der Soldat muß wissen, daß er als Staatsbürger in
Uniform immer im Blickfeld der Öffentlichkeit steht. Vor dem Verlassen der Kaserne prüft der Soldat seine Uniform. Die Taschen sind
zugeknöpft, die Schuhe blank, die Mütze sitzt gerade und ist ohne
Kniffe. Es ist ungehörig, in Trupps den Gehsteig zu blockieren und
andere Personen an den Straßenrand zu drängen. Singen und auffälliges
Benehmen unterbleibt. Rauchen auf der Straße ist unsoldatisch. Betrun-
kenen, Aufläufen und Schlägereien geht der Soldat aus dem Weg. Bei
der Auswahl von Lokalen ist er vorsichtig, vor den Eingängen steht er
nicht herum. Ausschweifende Tänze passen nicht zur Uniform. Politische Versammlungen darf der Soldat in Uniform nicht besuchen. Das

sind Heeresvorschriften, das muß euch durch Mark und Bein gehen, da gibts keine Lockerung, da gibts kein eigenmächtiges Verhalten. Jedes Zuwiderhandeln wird disziplinarisch bestraft. Fertig zum Abmarsch. Links schwenkt im Gleichschritt – Marsch! Die Pioniere marschieren über die Bühne. Wir singen: zicke zacke, zicke zacke, hoi hoi hoi. Die Pioniere singen.« (122)

Die kleinstädtische Welt ist wieder im Lot.

Die nationalsozialistische Machtergreifung in einer Kleinstadt 1930–1935 beschreibt William Sheridan Allen in der politologischen Studie »Das haben wir nicht gewollt«. Der Name des Ortes und die Namen der handelnden Personen sind fingiert, verfremdet; ansonsten handelt es sich um eine empirische Studie. »Schlägt man in einem Atlas eine Karte von Mitteleuropa auf und setzt den Finger etwa in die Mitte des Deutschland von 1937, dann besteht durchaus die Möglichkeit, daß man auf Thalburg, eine Stadt im früheren Preußen, stößt. Zur Zeit der Weimarer Republik war es immer noch eine Kleinstadt mit ungefähr zehntausend Einwohnern. Damals gab es in Deutschland etwa tausend Städte dieser Größe und jeder siebte Deutsche lebte in einem solchen Ort.« (123) Thalburg ist Prototyp der deutschen Kleinstadt; das zeigt seine innere und äußere Topographie. Der Ort schmiegt sich an eine Reihe bewaldeter Hügel; das Tal ist nur einige Kilometer breit, der Ort erhält dadurch etwas Geborgenes, Abgeschlossenes, vor der Außenwelt Geschütztes. Von den Hügeln über der Stadt sieht man die Hauptstrekke der nach Norden führenden Eisenbahnlinie; ein Teil der Stadt ist mit Mauer und Graben umgeben; dahinter liegen winkelige Straßen mit Kopfsteinpflaster, saubere Fachwerkhäuser mit Ziegeldächern. »Jede Hausfront ist durch die Balken des Fachwerks geometrisch aufgegliedert. Die oberen Stockwerke sind von kleinen unregelmäßig angeordneten Fenstern erhellt, und darüber die steilen Dächer, die mit ihren verwinkelten Giebeln und den Schornsteinen eine abwechslungsreiche Silhouette bieten.« (124) Außerhalb des mittelalterlichen Stadtkerns liegen Mühlbach und Getreidemühle, kleine Einfamilienhäuser, der Schützenplatz für Bälle, Feste und Massenversammlungen, einige industrielle Unternehmungen, gemäßigt-feudale Villen für die Honoratioren. Seit 1900 gibt es eine Abwasserkanalisation. Auf dem Markt wurde für neuntausend Mark ein Brunnen mit der Bronzestatue des alten Grafen von Thalburg errichtet; das Kriegerdenkmal erhielt eine bronzene Germania. 253 Thalburger fielen im Ersten Weltkrieg für »Deutschlands Ehre«. Das harmonische Bild trügt: die Wahlstatistik zeigt harte Gegensätze. Bei der Reichspräsidentenwahl des Jahres 1925 erhielt der

Kandidat der Sozialdemokraten und des Zentrums 2080 Stimmen, Hindenburg 3375, der kommunistische Kandidat 19 Stimmen. »Obwohl Thalburg aussah wie eine Stadt aus dem Bilderbuch und der Welt scheinbar so fern lag, fanden sich in dieser Kleinstadt all die gegensätzlichen Überzeugungen und Spannungen der Weimarer Republik.« (125) Die alten Thalburger – familiär vielfach miteinander verbunden – schauen überheblich auf die Zugezogenen herab; Bürgertum und Proletarier sind klar geschieden; die Arbeiterschaft bildet eine Subkultur, die patriarchalisch gegängelt wird. Das gesellschaftliche und kulturelle Leben spielt sich in einer Reihe von Vereinen ab: es gibt sieben bürgerliche Vereine und einen Arbeitergesangsverein, die »Liedertafel« als Verein der Oberschicht; ferner Sportvereine, Schützengilde und Gartenbauverein, Stammtisch und Bierverein mit nationalem Anspruch – insgesamt 161 verschiedene Vereine. Ein kleinstädtisches Idyll – am Horizont steht jedoch das Unwetter der Wirtschaftskrise: »Der durchschnittliche Thalburger sah sich als Nachkomme der mittelalterlichen Spießbürger: ruhig, uninteressiert an großen Problemen, zufrieden mit dem Leben, angenehm gefüllt mit gutem Essen, bescheidenen Hoffnungen und der Überzeugung, daß eine überschaubare Ordnung herrsche. Am Sonntag waren die Thalburger gewohnt, nach Tisch einen Familienspaziergang in die gepflegten alten Wälder oberhalb der Stadt zu unternehmen und langsam über die sauberen Wege zu Aussichtspunkten zu schlendern, wo sie über das Gradtal zu den dunstigen Hügeln im Westen hinüberblicken konnten. Wenn dann das sonntägliche Mahl verdaut war, kehrten sie in die schmucke Stadt mit ihren mittelalterlichen Häusern zurück. Die Umgebung verlieh ihnen ein Gefühl für die Kontinuität des Lebens; alten Gewohnheiten durfte und konnte man vertrauen; Stabilität war ebenso wünschenswert wie rechtmäßig. Doch im Jahr 1930 erschütterte eine neue Furcht die Stadt, denn die Weltwirtschaftskrise verbreitete sich, und die stürzenden Kurse an der New Yorker Börse zogen sogar dieses abgelegene Tal in Mitleidenschaft.« (126) Überdeckte und verdrängte Aggressivität bricht auf. Frustration gebiert Angst. Spießerliches Wohlbehagen ist verflogen; Haß und Neid breiten sich aus. Handgreifliche Auseinandersetzungen prägen das politische Leben, das in Saal- und Straßenschlachten gipfelt. Versager und gescheiterte Existenzen aus bürgerlichen oder kleinbürgerlichen Familien stellen sich an die Spitze der Bewegung. Die SA beginnt zu marschieren. Das kleinstädtische Pflaster liefert Wurfgeschosse; Messer, Totschläger, auch Pistolen gehören zur Standardausrüstung der politisch-militanten Gruppen; aus einer verschlafenen Provinzkleinstadt wird Thalburg zu einem Zentrum explosiver Gewalttätigkeit. Auf die wenigen Juden fixiert sich das Bedürfnis nach aggressiver Enthemmung.

Appell an die Vernunft

Es sei heute, so schrieb Karl Jaspers am Ende seines 1930 verfaßten, das Bewußtsein der Epoche umfassend analysierenden Buches »Die geistige Situation der Zeit« eine Enge fühlbar geworden, welche den existentiellen Möglichkeiten den Atem zu rauben scheine. Seitdem dieses bewußt geworden sei, wäre eine Verzweiflung oder in deren Vergessen eine Bewußtlosigkeit in das menschliche Treiben gekommen, die objektiv betrachtet ebensogut Ende wie Anfang sein könnten. Der Mensch dürfe jedoch der Situation nicht ausweichen, nicht zurückfallen in unwirkliche, weil vergangene Bewußtseinsformen. Er könne sich zwar beruhigen in selbstvergessenem Daseinsgenuß, vermeintlich heimgekehrt zur Natur und in den Frieden der Zeitlosigkeit, aber eines Tages würde die eherne Wirklichkeit ihm wieder vor Augen stehen und ihn ratlos machen. Im Scheitern solle der Mensch das Sein ergreifen, sich zur Wahrheit durchringen. Die erweckende Prognose des Möglichen habe die Aufgabe, den Menschen an sich selbst zu erinnern. »Sofern bewußter Wille mitspricht, hängt alle Zukunft vom politischen und pädagogischen Tun ab. In der Ohnmacht vor dem Gang der Dinge doch den Willen anspannen, auf sie zu wirken, ist der Mut des Selbstseins im politisch handelnden Menschen; in der Ohnmacht vor der Artung des Menschen doch alles tun, um ihn durch Vermittlung des tiefsten Gehalts der Überlieferung zu seinem Adel zu bringen, die Kraft des Erziehers.« (127) Dieses Buch, so stellte Karl Jaspers in einem Nachwort 1946 fest, »ist 1930 geschrieben. Ich hatte damals kaum Kenntnis vom Nationalsozialismus, etwas mehr Kunde vom Faschismus. In der Befriedigung über den gerade erreichten Abschluß des Manuskripts war ich bei den Septemberwahlen 1930 erstaunt und erschrocken über den damals ersten Erfolg der Nationalsozialisten. Das Manuskript blieb ein Jahr liegen, da ich es nicht an die Öffentlichkeit lassen wollte ohne meine Philosophie, die 1931 in drei Bänden einige Wochen nach dieser Schrift erschien.« (128)

Der Normaltag der Epoche ging zu Ende. Mit dem Schwarzen Freitag, dem 25. Oktober 1929, an dem mit dem New Yorker Börsenkrach die Weltwirtschaftskrise »eingeläutet« wurde, endete der Glaube an die

Möglichkeiten von Austerity und Prosperity. (129) Der Tod Stresemanns im gleichen Jahr überschattete die Politik der Aussöhnung
Deutschlands mit Frankreich. Aus den Photographien Erich Salomons,
der die internationale und innenpolitische Szenerie des politischen Geschehens aus menschlicher Nähe dokumentierte, (130) spricht zugleich
die Physiognomie einer Epoche, die auf der Basis bürgerlicher Solidität
das Staatswesen zu ordnen und zu gestalten versuchte und dann – wie
Heinrich Brüning es formulierte – »hundert Meter vor dem Ziel« scheiterte.

Der Durchbruch zur großen Sammelbewegung war der NSDAP bei
den Reichstagswahlen 1930 gelungen. Unter dem Eindruck solchen
Stimmenzuwachses richtete Thomas Mann im gleichen Jahr in einer in
Berlin gehaltenen Rede einen »Appell an die Vernunft«, mit dem er die
für viele Intellektuelle der damaligen Zeit typische Distanzierung von
politischer Festlegung bei gleichzeitiger Flucht in Kunst und Ästhetik,
Feuilletonismus und Artistik, zu durchbrechen und dem Sog der
Gleichgültigkeit sich entgegenzustellen suchte: »... ich weiß nicht, ob
ich auf ihr Verständnis rechnen darf für den vielleicht phantastisch
anmutenden Schritt, den ich unternahm, indem ich bitten ließ, mich
heute abend anzuhören. Dieser Schritt könnte als Anmaßung und Nar-
retei aufgefaßt werden, er könnte – ich mag es kaum aussprechen – dahin
verstanden werden, als gäbe es hier jemanden, der nach der Rolle des
praeceptor patriae griffe und den neuen Fichte spielen möchte«. (131)
Aber in solcher Zeit wolle er nicht nach Berlin kommen, um ein Roman-
kapitel vorzulesen; obwohl selbst kein Anhänger des »unerbittlichen
sozialen Aktivismus«, käme es ihm jetzt darauf an, konkret und politisch zu agieren. Es gäbe eben Stunden, Augenblicke des Gemein-
schaftslebens, wo die Rechtfertigung der Kunst praktisch versage, »wo
der Künstler von innen her nicht weiterkann, weil unmittelbare Notge-
danken des Lebens den Kunstgedanken zurückdrängen, krisenhafte
Bedrängnis der Allgemeinheit auch ihn auf eine Weise erschüttert, daß
die spielend leidenschaftliche Vertiefung ins Ewig-Menschliche, die
man Kunst nennt, wirklich das zeitliche Gepräge des Luxuriösen und
Müßigen gewinnt und zur seelischen Unmöglichkeit wird.« (132) So sei
es vor sechzehn Jahren gewesen, als der Krieg ausbrach, und so sei es
heute wieder, nach Jahren, in denen Gutmütige an Erholung, an die
langsame Rückkehr gemächlicherer und gesicherterer Zustände glauben
mochten, »während doch das durch den Krieg zerschlagene und mit
Füßen getretene Wirtschaftssystem der Welt keineswegs geheilt war,
noch seiner Heilung entgegensah, sondern in einer Unordnung zurück-

geblieben war, die durch eine archaische und blinde Tributpolitik der den Frieden diktierenden Staaten verschärft wurde.« (133)

Von einem wirtschaftlich kranken Volk ein gesundes politisches Denken zu fordern, sei wohl zuviel verlangt; dennoch müsse der Versuch gemacht werden, der in solcher Notzeit besonders faszinierenden Kraft des Irrationalismus, der sich unerfüllbaren vagen Hoffnungen überantworte, mit machbaren politischen Konzeptionen entgegenzutreten. Die Chancen hierfür seien freilich nicht besonders gut (Thomas Mann rekapituliert bei seiner Analyse Gedanken seines Freud-Essays): »Mit dem wirtschaftlichen Niedergang der Mittelklasse verband sich eine Empfindung, die ihm als intellektuelle Prophetie und Zeitkritik vorangegangen war: die Empfindung einer Zeitwende, welche das Ende der von der französischen Revolution datierenden bürgerlichen Epoche und ihrer Ideenwelt ankündigte. Eine neue Seelenlage der Menschheit, die mit der bürgerlichen und ihren Prinzipien: Freiheit, Gerechtigkeit, Bildung, Optimismus, Fortschrittsglaube, nichts mehr zu schaffen haben sollte, wurde proklamiert und drückte sich künstlerisch im expressionistischen Seelenschrei, philosophisch als Abkehr vom Vernunftglauben, der zugleich mechanistischen und ideologischen Weltanschauung abgelaufener Jahrzehnte aus, als ein irrationalistischer, den Lebensbegriff in den Mittelpunkt des Denkens stellender Rückschlag, der die allein lebenspendenden Kräfte des Unbewußten, Dynamischen, Dunkelschöpferischen auf den Schild hob, den Geist, unter dem man schlechthin das Intellektuelle verstand, als lebensmörderisch verpönte und gegen ihn das Seelendunkel, das Mütterlich-Chthonische, die heilig gebärerische Unterwelt, als Lebenswahrheit feierte. Von dieser Naturreligiosität, die ihrem Wesen nach zum Orgiastischen, zur bacchischen Ausschweifung neigt, ist viel eingegangen in den Neo-Nationalismus unserer Tage, der eine neue Stufe gegen den bürgerlichen, durch stark kosmopolitische und humanitäre Einschläge doch ganz anders ausgewogenen Nationalismus des neunzehnten Jahrhunderts darstellt. Er unterscheidet sich von diesem eben durch seinen orgiastisch naturkultischen, radikal humanitätsfeindlichen, rauschhaft dynamistischen, unbedingt ausgelassenen Charakter. Wenn man aber bedenkt, was es, religionsgeschichtlich, die Menschheit gekostet hat, vom Naturkult, von einer barbarisch raffinierten Gnostik und sexualistischen Gottesausschweifung des Moloch-Baal-Astarte-Dienstes sich zu geistiger Anbetung zu erheben, so staunt man wohl über den leichten Sinn, mit dem solche Überwindungen und Befreiungen heute verleugnet werden, – und wird zugleich des wellenhaften, fast modisch-ephemeren und, ins

Große gerechnet, bedeutungslosen Charakters eines solchen philosophischen Rückschlages inne.« (134)

Die Reichstagswahlen vom 14. September 1930 seien Warnung, Sturmzeichen, »eine Mahnung, daß einem Volke, welches zum Selbstgefühl soviel Anlaß hat wie irgendeines, nicht auf beliebige Zeit das zugemutet werden kann, was dem deutschen in der Tat zugemutet worden ist, – ohne aus seinem Seelenzustand eine Weltgefahr zu machen.« (135) Das Ende der bürgerlichen Vernunft könnte gekommen sein, wenn nicht Besinnung um sich greife. »Wessen Teil in helleren Tagen die freie Pflege des Übernützlichen war, sieht sich verstört und gelähmt; denn wie soll er freimütig und menschlich vertrauensvoll wirken in einem zerrissenen und zerspaltenen Volk, dem der Haß, das kranke Erzeugnis der Not, jede Unbefangenheit des Blickes raubt? Kein Wunder vielleicht und keine unbegreifliche Regung, wenn es ihn unter solchen Umständen treibt, über Dinge, von denen man nicht mehr sagen kann, daß sie irgend jemandem ›fernliegen‹ – denn sie brennen uns allen auf den Nägeln –, zur Gemeinschaft, oder doch zu der Gemeinschaftsschicht, die ihn hervorgebracht hat, der er sich gesellschaftlich zugehörig und geistig verbunden fühlt, zu sprechen, als führe er ein Selbstgespräch. Ich bin ein Kind des deutschen Bürgertums, und nie habe ich die seelischen Überlieferungen verleugnet, die mit einer solchen Herkunft gegeben sind; von der Sympathie breiter deutscher bürgerlicher Gesittung war meine Arbeit getragen, von dem sittlichen Vertrauen jenes Deutschland also, das immer noch für die innere Haltung, das geistige Gesamtbild Deutschlands entscheidend ist; und es heißt nur Vertrauen gegen Vertrauen setzen, wenn ich mich mit meinem bedrängten Selbstgespräch an das deutsche Bürgertum wende, nicht als Klassenmensch – das bin ich nicht –, auch nicht als Parteigänger irgendeines politisch-wirtschaftlichen Interessenbundes – ich gehöre keinem an. Sondern auf jener geistigen Ebene möchte ich mich mit Ihnen finden, auf welcher selbst der Begriff deutscher Bürgerlichkeit eigentlich angesiedelt ist und die deutsch-bürgerlicher Denkungsart wenigstens bis gestern noch natürlich war. Wie wenig hätte ich mich der Exzentrizität meines Schrittes zu schämen, wenn diese Begegnung im geringsten, mit irgendeinem Wort beitragen könnte zu jener Besinnung, die mir noch immer als etwas Deutscheres erscheint als die schrille Parole, die heute zur Rettung und Wiedererhebung des Vaterlandes ausgegeben wird: als die Parole des Fanatismus.« (136)

Thomas Mann greift indirekt auf Sigmund Freuds »Unbehagen in der Kultur« zurück, wenn er die »abenteuerliche Entwicklung der Technik mit ihren Triumphen und Katastrophen, Lärm und Sensation des Sport-rekords, Überschätzung und wilde Überbezahlung des Massen anzie-henden Stars, Box-Meetings mit Millionen-Honoraren vor Schaumen-gen in Riesenzahl« – wenn er »dies und dergleichen« mit dem Nieder-gang, dem Abhandenkommen von sittigenden und strengen Begriffen wie »Kultur, Geist, Kunst, Idee« in Verbindung bringt. (137) »Der exzentrischen Seelenlage einer der Idee entlaufenen Menschheit ent-spricht eine Politik im Groteskstil mit Heilsarmee-Allüre, Massen-krampf, Budengeläut, Halleluja und derwischmäßigem Wiederholen monotoner Schlagworte, bis alles Schaum vor dem Munde hat. Fanatis-mus wird Heilsprinzip, Begeisterung epileptische Ekstase, Politik wird zum Massenopiat des Dritten Reiches oder einer proletarischen Escha-tologie, und die Vernunft verhüllt ihr Antlitz.« (138) Nicht Fanatismus und die »orgiastische Verleugnung von Vernunft«, sondern der von Goethe im »Epilog zur Glocke« angesprochene Mut und Widerstand, der die »stumpfe Welt besiege«, täten not. Solchen Mut und Widerstand verkörperten in dieser Zeit und Lage die Sozialdemokraten. Die soziali-stische Klasse sei, im geraden Gegensatz zum bürgerlich-kulturellen Volkstum, geistfremd nach ihrer ökonomischen Theorie, aber sie sei geistfreundlich in der Praxis, – »und das ist, wie heute alles liegt, das Entscheidende.« (139)

Die Sozialdemokratie habe bewiesen, daß sie das Chaos zu bannen und Deutschlands Wiederaufbau zu bewerkstelligen vermöge. So wie sie damals, nach dem verlorenen Kriege, »als die Zügel der Herrschaft und Selbstbeherrschung im blutigen Kote schleiften und niemand da war, sie zu ergreifen«, diese herrenlosen Zügel aufnahm und »die tragische und namenlos undankbare Verantwortung für die Bereinigung des Krieges« (140) getragen habe, so eröffne sie auch jetzt, im Gegensatz zum Natio-nalsozialismus, einen gangbaren Weg staatlicher und gesellschaftlicher Konsolidierung. Thomas Mann entwirft dabei ein von tiefer Sympathie getragenes Bild Gustav Stresemanns (wobei er allerdings beklagt, daß die SPD ihm innerlich nur »notdürftig« gefolgt sei): »Die Geschichte dieses außerordentlichen Mannes gehört zu den merkwürdigsten, er-greifendsten, die das deutsche Leben zu bieten hat. Aus rechts-bürgerli-cher Sphäre kommend, die geistigen und politischen Überlieferungen dieser Herkunft im Blut, als nationaler Wirtschaftsbürger, wenn auch als ein über den Durchschnitt gebildeter und intellektuell bedürftiger, dem Gedanken der Machtexpansion verbunden und noch im Kriege ein überzeugter Fürsprecher imperialer Eroberung, ist er vermöge einer zugleich vitalen und durch Krankheit verfeinerten Verstandeskraft,

geführt und getrieben von einer bildsamen Lebenswilligkeit, die phy-
sisch den Tod in sich trug, geistig hinausgewachsen über alles, was
Herkunft an ihm war, hineingewachsen rascher und rascher – ein Ge-
triebener und Ergriffener, der nicht viel Zeit hatte – in eine Gedanken-,
Überzeugungs- und Tatwelt europäischer Sozialität, von der sein frühe-
res Mannesalter sich nichts hatte träumen lassen.« (141)
Thomas Manns »Appell an die Vernunft« war in einer Zeit entstanden,
in der er sich wie nie zuvor mit Sigmund Freuds Werk beschäftigt hatte.
Die Rede zeigt die Ähnlichkeiten und Unterschiede in beider Denken in
nuce auf. (142) Mann und Freud waren Angehörige der bürgerlichen
Geistesschicht, an kultureller Tradition orientiert und von höchster
Sensibilität. Beide sahen die Gefahren des Irrationalismus, im besonderen, wie politische Agitation der Mythen sich bemächtigte und diese
sich nutzbar machte. Freud ging es von Anfang an im Rahmen seiner –
wie P. Ricoeur es nennt – »destruktiven Hermeneutik« (143) darum, das
Bewußtsein zu entmythologisieren, während Thomas Mann in einem
langen inneren Klärungsprozeß mit dem Mythos und seiner Wirkung
sich auseinandersetzte. In der Zeit, in der Mann seinen Freud-Essay
schrieb und die Rede »Appell an die Vernunft« hielt, arbeitete er vorwiegend am Josephs-Roman, mit dem Ziel, den »Mythos ins Humane
umzufunktionieren«. (144) Seine Absicht bestand darin, als »ironischer
Mythenbewahrer« um die »Fleischwerdung des Mythos« sich zu bemühen, den Mythos von seinen gefährlichen Seiten zu befreien. Solches
Unterfangen stand im Gegensatz zum Denken Freuds, der an den mit
der Kultur gesetzten, unüberwindbaren Widerspruch von Geist und
Seele, Geist und Trieb glaubte, worin auch seine, aller politischen
Aktivität fernstehende Mentalität ihren Grund gehabt haben dürfte.
Thanatos versus Eros: »Wird aus diesem Weltfest des Todes, auch aus
der schlimmen Fieberbrunst, die rings den regnerischen Abendhimmel
entzündet, einmal die Liebe entsteigen?« heißt es am Ende von Thomas
Manns »Zauberberg«; und an anderer Stelle dieses Romans schreibt der
Dichter: »Die Liebe steht dem Tod entgegen, nur sie, nicht die Vernunft, ist stärker als er ... Der Mensch soll um der Güte und Liebe
willen, dem Tode keine Herrschaft einräumen über seine Gedanken«.
(145)
Für Sigmund Freud war Pessimismus letzlich unüberwindlich, da eben
beide konträren Triebe, Eros und Thanatos, mit dem Leben gegeben
und damit »unsterblich« waren – wobei das Pendel der Geschichte bald
mehr dem einen Pol, bald mehr dem anderen zuschwang. Für Thomas
Mann dagegen waren Liebe und Humanität (im Gegensatz zu seinem

früheren Denken) zu politischen bzw. politisch verwirklichbaren Kräften geworden. Ihm ging es nicht nur, wie Freud, darum, den (falschen) Mythos, den (falschen) Irrationalismus zu demaskieren; aus einer neuen Allianz von Geist und (echtem) Mythos sollte die Kraft für politisches Handeln erstehen. »Mythos ist Lebensbegründung; er ist das zeitlose Schema, die fromme Formel, in die das Leben eingeht, indem es aus dem Unbewußten seine Züge reproduziert.« (146) Dies schloß auch ein, die eigene Geschichte (einschließlich ihres Irrationalismus) als solche anzunehmen.

Der Pessimismus der Freudschen Psychoanalyse erschien Thomas Mann insofern berechtigt, als sich hier »Reaktion« als Fortschritt erwies: als Mittel, zu einem neuen vertieften Welt- und Menschenbilde zu gelangen. An eine »Versöhnung« von Einsicht und Aktivität, Leben und Trieb, Geist und Energie, Analyse und Engagement wollte Sigmund Freud seinerseits freilich zeitlebens nicht glauben.

Um 1910 hatte Thomas Mann Geist und Natur, Geist und Kunst, Kultur und Natur, Zivilisation und Kunst, Vorstellung und Wille, Idealismus, Christentum und Heidentum, Kritik und »Plastik« als Antinomien registriert; (147) nun, bei der Arbeit am Josephsroman, beschäftigte ihn die Einheit des Widersprüchlichen. »Es ist vielmehr ihre Aufhebung im Geheimnis der Vertauschung von Überlieferung und Prophezeiung, welche dem Worte ›Einst‹ seinen Doppelsinn von Vergangenheit und Zukunft und damit seine Ladung potentieller Gegenwart verleiht.« (148) Warum will – fragt Mann – unser neugierig-feiges Herz sich nicht stillen lassen von der Vernunft (von der Vernunft allein)? Und er antwortet: »Doch wohl, weil das Element des Vergangenen, von dem uns dahin und weit dahin tragen zu lassen wir freilich gewohnt sind, ein anderes ist als die Vergangenheit, in die wir nun mit Leibziehen fahren, – die Vergangenheit des Lebens, die gewesene, die verstorbene Welt, der auch unser Leben einmal tiefer und tiefer gehören soll, der seine Anfänge schon in ziemlicher Tiefe gehören. Sterben, das heißt freilich die Zeit verlieren und aus ihr fahren, aber es heißt dafür Ewigkeit gewinnen und Allgegenwart, also erst recht das Leben. Denn das Wesen des Lebens ist Gegenwart, und nur mythischer Weise stellt sein Geheimnis sich in den Zeitformen der Vergangenheit und der Zukunft dar. Dies ist gleichsam des Lebens volkstümliche Art, sich zu offenbaren, während das Geheimnis den Eingeweihten gehört. Das Volk sei belehrt, daß die Seele wandere. Dem Wissenden ist bekannt, daß die Lehre nur das Kleid des Geheimnisses ist von der Allgegenwart der Seele, und daß ihr das ganze Leben gehört, wenn der Tod ihr

Einzelgefängnis brach. Wir kosten vom Tode und seiner Erkenntnis, wenn wir als erzählende Abenteurer in die Vergangenheit fahren: daher unsere Lust und unser bleiches Bangen. Aber lebhafter ist die Lust, und wir verleugnen nicht, daß sie vom Fleische ist, denn ihr Gegenstand ist der erste und letzte unseres Redens und Fragens und all unserer Angelegentlichkeit: das Menschenwesen, das wir in der Unterwelt und im Tode aufsuchen, gleichwie Ischtar den Tammuz dort suchte und Eset den Usiri, um es zu erkennen dort, wo das Vergangene ist.

Denn es ist, ist immer, möge des Volkes Redeweise auch lauten: Es war.

So spricht der Mythus, der nur das Kleid des Geheimnisses ist; aber des Geheimnisses Feierkleid ist das Fest, das wiederkehrende, das die Zeitfälle überspannt und das Gewesene und Zukünftige seiend macht für die Sinne des Volks. Was Wunder, daß im Feste immer das Menschliche aufgärte und unter Zustimmung der Sitte unzüchtig ausartete, da darin Tod und Leben einander erkennen? – Fest der Erzählung, du bist des Lebensgeheimnisses Feierkleid, denn du stellst Zeitlosigkeit her für des Volkes Sinne und beschwörst den Mythus, daß er sich abspiele in genauer Gegenwart! Todesfest, Höllenfahrt, bist du wahrlich ein Fest und eine Lustbarkeit der Fleischesseele, welche nicht umsonst dem Vergangenen anhängt, den Gräbern und dem frommen Es war. Aber auch der Geist sei mit dir und gehe ein in dich, damit du gesegnet seiest mit Segen oben vom Himmel herab und mit Segen von der Tiefe, die unten liegt!« (149)

Das zerbrochene Haus

Thomas Manns »Appell an die Vernunft«, als Appell, den Mythos mit dem Geist zu versöhnen, um daraus sowohl Kraft für den Widerstand gegen den verderblichen (weil geistfeindlichen) Irrationalismus als auch Kraft für ein, in politischer Aktivität sich ausprägendes Realitätsprinzip schöpfen zu können, verhallte ungehört. 1932 wählten bereits 37 Prozent der Bevölkerung die Nationalsozialistische Partei. »Das ganze politische Leben schien in einen Bürgerkrieg hineinzuleiten. Die Bayern befürchteten jetzt einen baldigen Staatsstreich gegen Bayern und rüsteten sich darauf. Der mangelnde Widerstand gegen den Staatsstreich in Preußen deprimierte die sozialdemokratischen Massen; ein Teil bewaffnete sich, ein anderer ging zu den Kommunisten über. Erreicht wurde nur, daß der gemäßigte Teil der Arbeiterschaft jeden Einfluß verlor. Bei Versammlungen in Breslau, Liegnitz, Glatz und in Oberschlesien konnte ich mich von der Siedehitze der Stimmung überzeugen. In einem Falle waren tatsächlich Ausschreitungen des Reichsbanners, wenn ich mich nicht irre in Brieg, vorgekommen. Sonst waren die meisten der Erschossenen Kommunisten und Sozialdemokraten und in Oberschlesien auch einige Zentrumsanhänger. Dort wurden Männer, die mit der Waffe in der Hand für die Freiheit Oberschlesiens gekämpft hatten, in ihren Wohnungen von SA-Leuten, die früher bei den polnischen Insurgenten gewesen waren, nachts erschossen.

In meinen Versammlungen war es nur zu Krawallen gekommen. In Ratibor jedoch sprang plötzlich bei der Abfahrt ein junger Mann aus der Volksmenge heraus und warf aus einem Meter Entfernung ein pfundschweres und mit Zacken versehenes Messingstück gegen meinen Kopf. In dieser Sekunde zog der Wagen schnell an; das Messingstück prallte an dem Gelenk der abklappbaren Wagendecke nach vorn ab, flog an meinem Kopf vorbei, durchschlug die Scheibe und fiel neben dem Chauffeur nieder, ohne jemand zu verletzen. Der Chauffeur gab Vollgas und sauste ab. Ich konnte noch sehen, wie der junge Mann von den Schupos verhaftet wurde. Es war ein Angestellter des Finanzamtes in Ratibor. Der Staatsanwalt mußte die Verfolgung des Delinquenten einstellen – eine Aufforderung zu straffreien Attentaten gegen mich.

Ich warnte in den Massenversammlungen vor weiteren Verfassungsbrüchen und vor der Naßforschheit, die zu einem Nervenzusammenbruch führen würde. Die frühere preußische Regierung und die Länderregierungen von Bayern und Baden erhoben beim Staatsgerichtshof Klage gegen die Reichsregierung. Die moralische Autorität der Obrigkeit wurde durch die autoritäre Regierung restlos zertrümmert. Nirgendwo wurde dem Morden der SA Einhalt geboten. Deshalb entschloß ich mich, vor der Wahl im Sportpalast ein detailliertes Angebot an die Reichsregierung zu machen, sie dann zu unterstützen, wenn sie unter Zustimmung zur Abänderung der Reichsverfassung in zwei oder drei Punkten, wie der Auslegung des Art. 54, wieder in verfassungsmäßige Bahnen einlenkte. Es kam keine öffentliche Antwort, aber Papen soll sich wiederholt privatim geäußert haben: ›Jetzt haben wir das Zentrum geleimt. Man muß dem Volke nur den Stiefelabsatz durch die Schnauze ziehen, dann pariert es schon.‹

Es war wie in einem Tollhaus. Mit Politik hatten diese Dinge überhaupt nichts mehr zu tun. Einige Herren der Reichswehr außerhalb des Schleicher-Kreises ließen mir sagen, sie verstünden den Staatsstreich gegen Preußen nicht. Die Reichswehr wäre, selbst zusammen mit der Schutzpolizei, nicht mehr in der Lage, Ruhe und Ordnung zu sichern, wenn ihr zwei Drittel des deutschen Volkes entgegenständen.« (Heinrich Brüning) (150)

In einem Vortrag, den Wilhelm Röpke, damals Ordinarius der National-ökonomie in Marburg, am 8. Februar 1933, eine Woche nach der Machtergreifung hielt, hat er den Zusammenbruch des Liberalismus und der auf genossenschaftlicher Sozietät beruhenden Weimarer Staats-idee mit folgenden Feststellungen kommentiert:

An die Stelle der Freiheitsidee sei das Verlangen nach einer neuen Persönlichkeitsknechtung und die Sehnsucht nach einem Staatssklaven-tum getreten.

Zum ersten Element des Illiberalismus sei der Servilismus geworden; eine neue Sehnsucht nach Bevormundung und Kommando, die fast schon an Masochismus grenze, habe die Menschen ergriffen. Ein bei-spielloser Götzendienst am Staat werde getrieben; es bleibe ein Götzen-dienst, so sehr sich protestantische Theologen auch bemühten, ihn aus dem Willen Gottes abzuleiten. Mit riesenhaften Tentakeln umschlinge der moderne Staat zusehends alle Gebiete des privaten und gesellschaft-lichen Lebens, jede Individualität immer enger einschnürend und der Gesellschaft damit schließlich den Lebenssaft aussaugend. Die techni-schen Machtmittel des modernen Staates seien so vernichtend gewor-den, daß eine Revolution von unten von vorneherein aussichtslos und nur noch ein Staatsstreich von oben möglich wäre. Die Maschinerie der Verwaltung und der Polizei sei so vollkommen ausgebildet worden, daß als Grenzen der Staatsallmacht fast nur noch diejenigen übrig blieben, die sie sich selbst setze.

Wenn sich die nationale Abschließung mit einem blindwütigen Haß auf alles Fremde, der Servilismus mit dem Brutalismus verbinde, dann gäbe es kaum noch Scheidewände, die die Menschen vom nackten Kanniba-lismus trennten. Der kulturzerstörende Charakter des Nationalismus, der natürlich nichts gemein habe mit dem selbstverständlichen Gemein-schaftsgefühl und Gemeinschaftswillen, den wir Vaterlandsliebe nen-nen würden, führe unweigerlich zur provinziellen Verspießerung, so wie der ökonomische Nationalismus zur materiellen Verarmung und der politische zum Kriege. – Der Idee zur Vernunft setze der Illiberalis-mus den Irrationalismus entgegen. Der Erfolg dieser Gegenoffensive der Unvernunft gegen die Vernunft, müsse jedem bekannt sein, der auch nur einigermaßen mit den politischen und geistigen Tendenzen der Gegenwart vertraut sei. »Mythos«, »Stimme des Volkes«, »Urseele«, »Blut«, »Reich« – das seien einige Vokabeln des modernen illiberalen Jargons, der statt des Klaren das Wirre, statt des Hellen das Dunkle, statt der Logik und des Beweises Stimmungsmache und Gefühlserregung bevorzuge. Eine Verdummung und Verdumpfung habe eingesetzt, die jeder Beschreibung spotte und für die Zukunft der davon ergriffenen Gesellschaft das Schlimmste befürchten lasse. –

Dem Humanitätsgedanken der Liberalen entspräche der Brutalismus der Illiberalen. Das Raubtier im Menschen werde in einem beispiellosen Zynismus gefeiert, und mit demselben Zynismus glaube man jede Immoral und Brutalität durch die Heiligkeit des politischen Zwecks gerechtfertigt.

Im Sinne Sigmund Freuds kommt Wilhelm Röpke zu dem deprimierenden sozialpathologischen Ergebnis:

»Es gehört zur Definition des Massenmenschen, daß er intolerant und nicht geneigt ist, in Diskussionen einzutreten, daß er mehr dem Gefühl als dem Verstand folgt und für den Gedanken der Humanität nur ein geringschätziges Lächeln hat. Und dieser Massenmensch – der vor allem im Kleinbürgertum und paradoxerweise unter den ›Intellektuellen‹ zu finden ist – steht im Begriff, die Herrschaft an sich zu reißen. Jedermann kennt die Symptome seiner Herrschaft, die mit den Symptomen des herrschenden Illiberalismus im wesentlichen identisch sind: den Qualm der Gefühle, der Schlagworte und des wirren Gestammels, die Verherrlichung der ›direkten Aktion‹, die Vergewaltigung der Andersdenkenden, die Verpöbelung auf allen Gebieten, die hohle Rhetorik und die verlogene Theatralik. Der Massenmensch ist nicht gewohnt, selbst zu denken, sondern sich das Denken von anderen annehmen zu lassen. Das wäre kein Unglück, wenn die Gedanken, die er konfektioniert bezieht, die Gedanken der Besten wären, aber leider sind es gerade die Gedanken derjenigen, die den Stimmungen und Gefühlen der Masse am meisten entgegenzukommen wissen. Diese Masse steht im Begriff, den Garten der europäischen Kultur zu zertrampeln, skrupellos, verständnislos.« (151)

»Wir grüßen die Verfolgten und Bedrängten. Wir grüßen unsere Freunde im Reich. Ihre Standhaftigkeit und Treue verdienen Bewunderung. Ihr Bekennermut, ihre ungebrochene Zuversicht verbürgen eine hellere Zukunft«, sagte der Abgeordnete Wels anläßlich der Debatte zum »Ermächtigungsgesetz« am 23. 3. 1933. (152) Die Hoffnung (in letzter Minute nochmals aufsteigend) blieb unerfüllt. Der Ausgang des Kampfes zwischen Eros und Thanatos war wieder einmal zugunsten der Destruktion von Humanität entschieden.

1930 war Sigmund Freud der Goethepreis der Stadt Frankfurt verliehen worden; die Summe von 10 000 Mark konnte gerade die Unkosten von

Freuds langem Aufenthalt in Berlin decken; (er hatte kurz vorher sich dort eine neue Gaumenprothese anfertigen lassen müssen). Die Auszeichnung bedeutete ihm eine besondere Ehre und Freude, für die er sich mit einer Rede über die Beziehung der Psychoanalyse zum Studium Goethes, die seine Tochter Anna Freud am 28. August im Goethehaus in Frankfurt verlas, bedankte. 1930 verbrachte Sigmund Freud die letzten Ferien seines Lebens außerhalb Wiens – in Rebenburg am Grundlsee im Salzkammergut. Was biographisch bedingt war, die Krankheit wurde zunehmend schlimmer, erscheint wie ein Abschied von bürgerlichem Glück und bürgerlicher Geborgenheit. Das Ritual betulichen Lebensarrangements, dem »kleinen Glück« verpflichtet – Ferien auf dem Lande im trauten Familienkreis, unterlegt mit der Freude an der Dinglichkeit und geprägt durch heitere Besinnlichkeit – wurde als humanes Brimborium vom Massengeist erdrückt. Was die bürgerliche Epoche an seelischer Verfeinerung entwickelt, tradiert und auch in schweren Zeiten sich erhalten hatte, war dem Untergang geweiht; der Normaltag neigte sich dem Ende zu.

Euphorie der Zeit: das war eine widerstandslos bzw. resignativ das Unbehagen auskostende Befindlichkeit, die das Ende erahnte, es aber nicht mehr als Wirklichkeit wahrhaben wollte. Die Phantasmagorien greifen um sich; es herrscht eine spätzeitliche Betroffenheit, die jede aktuelle Härte nur verschleiert erleben läßt. Auch die scharfsinnigen zeitgenössischen philosophisch-soziologischen Traktate, die das Ende der Epoche prognostizieren und die Gründe des Niedergangs analysieren, sind meist, was die Dimension des Handelns betrifft, von einer eigentümlichen Resignation.

Euphorie: das ist die Stunde des Feuilletons; impressionistische spätbürgerliche Wehmut darüber, daß es so ist, wie es ist. Hotel Abgrund; von dem aus man dem Sonnenuntergang zusieht. Diejenigen, die – ramponiert, aber zurechtgebogen – in diesem Normaltag dahinwerkelten, die vergilbte Stimmung selbst annehmend, wie sie sich uns aus den Fotografien der Zeit darbietet, merkten bald, daß sie eben doch nicht »dranwaren«. Glück und Freiheit waren vorübergezogen.

Was aus ihnen selber kam – der Aufstand der Vereitelung –, empfanden sie als dunkle Mächte der Verschwörung, die dem Idyll kleinbürgerlichen Schrebergartenglücks mit Waldmeisterbowle und Lampionfest immer drohender zu Leibe rückten. Dem Marschtritt der militanten Kolonnen konnten die Nischen der Privatheit und des Retirements nicht standhalten. Und da Geborgenheit nicht sein sollte, überantwortete man sich dem Sog eines neuen Aufbruchs, dessen Kraft mehr einem letzten Aufbäumen, denn substantieller Erneuerung glich. Strahlend. Verführerisch. Hoffnungsvoll-hoffnungslos. Unbehagen? Davon war nun nicht mehr die Rede. Eine neue Gläubigkeit brach an; getragen von der Kraft der Selbsttäuschung, welche die ausbrechende Agonie im Lichte der Morgenröte erglänzen ließ. (153)

»Im Herrenzimmer sitzt meine Mutter und liest meinem Vater aus einem Buch vor. Der Raum ist klein, niedrig und auf jene unbeschreiblich dissonante Weise möbliert, die man damals bürgerlich nannte; Warenhausramsch mit Erbstücken aus der guten alten Zeit angereichert. Runder Pilztisch mit Spitzendecke, Stehlampe mit Pappschirm, billiger Kiefernschreibtisch, kantig und mit Messingnägeln beschlagen. Ein viel zu großer Kronleuchter aus Buckow. Ein riesiger Eichenschrank füllt fast ein Drittel des Zimmers: Erbstück aus Stralau: ›unser Barockschrank‹ hieß es zu Hause. Mein Vater sitzt teilnahmslos an seinem schwarzlackierten Schreibtisch. Er hat wie immer Akten vor sich, er kratzt sich wie immer am Kopf, an seiner ›Wunde‹: Verdun 1916. Meine Mutter versinkt hinter dem runden Pilztisch in einem stoffbezogenen fleckigen Sessel: ›unser Klubsessel‹ hieß es. Das Licht der Lampe fällt mild über das Buch. Ihre Hände sind schmal, die Finger lang und feingliedrig und huschen nervös über die Zeilen. Sie hat katholische Augen: dunkel, gläubig, basedowstark. Etwas Verkündigendes liegt in ihrer Stimme. Sie liest aus einem Buch vor, das den Titel trägt: ›Mein Kampf‹. Es ist Spätsommer 1933.« (Horst Krüger) (154)

Warum Krieg?
Agonie
Spätes Ende und gleiches Leid

Ein erfülltes Leben ging zu Ende. Exodos. Ausgang, Auszug, Schluß-
lied. Hautnah mußte der Erforscher menschlicher Aggressivität in ho-
hem Alter die Macht des Destruktionstriebes erfahren; die dünne bür-
gerliche Schutzschicht konnte das Schlimmste gerade noch verhüten. In
der Emigration blieb Freud freilich nur eine kurze Spanne Zeit.
Im Briefwechsel mit Einstein, »Warum Krieg?«, wird das Jahrhundert-
thema: der Kampf von Eros gegen Thanatos, noch einmal angeschlagen.
Ist es aussichtslos, der Stimme der Vernunft zu vertrauen? Kann Rettung
nur von einer Diktatur der Vernunft erwartet werden? Sind es äußere
Einflüsse, die Agressivität konstituieren, oder ist es innere Unabdingbar-
keit, die den Menschen »böse« macht? Gibt es eine realistische Friedens-
erziehung, *die über die appellative Moral hinaus gelangt und die Anti-*
nomie des Menschen als Natur- und Kulturwesen zu lösen vermag? Die
Forschung nach Freud hat sich zwischen der Polarität exogener und
endogener Begründungen von Aggressivität bewegt.
Ein Jahrhundert der Angst *ist dieses Zwanzigste Jahrhundert gewesen.*
In der nachfreudianischen Epoche ist die Bedrohung keineswegs gerin-
ger geworden; im Gegenteil: der Mensch hat es nun in der Hand, die
Menschenart völlig auszulöschen. Der Einsicht, daß das Wissen um die
verderbliche Kraft der Aggressivität vor ihr zu schützen vermag, gilt alle
Hoffnung.
Während Gottfried Benn, ein anderer Phänotyp dieses Zeitalters, in der
Absage an Geschichte und Geschichtlichkeit dem Irrationalismus sich
überantwortete, aus seiner Einsamkeit in den Strom des Unbewußten
einzutauchen suchte oder in der artistischen Leistung, in Form und Stil,
die alleinige Gegenposition zum andrängenden Nichts sah, hat Freud
den Glauben an die Möglichkeit von Aufklärung nie verloren. Er hat
eine neue Ethik des Standhaltens vorgelebt und vorgedacht; Eschato-
logie zwar nicht betrieben, aber deutlich gemacht, daß ohne die Offen-
legung des Noch-Nicht-Bewußten das Noch-Nicht-Gewordene ver-
schlossen bleibt. In der Erinnerung steckt die Zukunft.
Das Bekenntnis zum Da-sein versagt sich jeden Fluchtgedanken. Eros
verweist auf Heimat: auf ein Sich-finden in der Selbstreflexion. Freud
hat sich darum bemüht, daß der Mensch zu sich selber findet – und dabei

363

seinen »Schatten« annimmt. Man braucht, sagt Ernst Bloch, »das stärkste Fernrohr, das des geschliffenen utopischen Bewußtseins, um gerade
die nächste Nähe zu durchdringen«.

Exodos

Die große Wirtschaftskrise und ihre politischen Folgen wirkten sich
bald auch auf Sigmund Freuds Existenz aus. Die finanziellen Verluste
der bürgerlichen Schicht reduzierten deren Möglichkeit, sich in psychoanalytische Behandlung zu begeben; (den Praxis-Rückgang bekamen
die Psychoanalytiker in allen Ländern zu spüren). Dazu kam, daß der
Umsatz des Psychoanalytischen Verlags, vor allem wegen des mangelnden Verkaufs von Freuds Büchern in Deutschland nach der Machtüber-
nahme durch die Nationalsozialisten, stark zurückging. »Im Sommer
muß ich irgend etwas schreiben, denn ich werde von Analysen wenig
haben. Gegenwärtig sind es 4 Stunden, anfangs Mai nur 3, Neuanmel-
dungen überhaupt keine. Die Leute haben natürlich recht, ich bin zu alt
und die Arbeit mit mir zu unsicher. Ich sollte nicht mehr arbeiten
brauchen. Andererseits ist es auch erfreulich, daß mein Angebot länger
ausgehalten hat als die Nachfrage«, heißt es in einen Brief Freuds vom
14. 4. 1932. (1) Freud schob den Gedanken von sich, daß die Ereignisse
in Deutschland sich auf Europa insgesamt auswirken könnten. »In
unseren Kreisen ist die Zaghaftigkeit ziemlich groß. Man befürchtet,
daß die nationalistischen Ausschreitungen in Deutschland auf unser
kleines Land übergreifen. Man hat mir sogar schon zur Flucht nach der
Schweiz oder Frankreich geraten. Das ist Unsinn, ich glaube nicht an die
Gefahr hier, und wenn sie doch kommen sollte, bin ich fest entschlossen, sie hier zu erwarten. Wenn sie mich totschlagen, gut; es ist eine
Todesart wie die andere. Aber wahrscheinlich ist es billige Prahlerei.«
(Am 16. März 1933 an Marie Bonaparte). (2)
Freud verkannte freilich, wie tief der Nationalsozialismus bzw. Faschismus im kollektiven Bewußtsein der europäischen Völker Wurzeln gefaßt hatte. Obwohl er zeitlebens Wien und Österreich gegenüber eine
kritische Haltung eingenommen hatte, sah er nicht, daß gerade dort
nach dem verlorenen Krieg enorme Aggressivität triebdynamisch sich
aufgestaut hatte, die auf Explosion oder Abventilierung »wartete«.
Zumindest war Freud der Meinung, daß, wenn das Hitlerregime auch
Österreich überwältigen würde, es dort nicht das Ausmaß der Brutalität
wie in Deutschland erreichen würde. »Persönliche Gefahr für mich

besteht wohl nicht, und wenn sie das Leben in der Bedrückung für uns Juden als reichlich unbequem vermuten, so vergessen sie doch nicht daran, wie wenig Behaglichkeit das Leben in der Fremde, sei es Schweiz oder England, den Flüchtlingen verspricht,« schreibt Freud in seinem letzten Brief an Sandor Ferenczi, der kurz darauf starb. (3) Der Tod des Freundes, der fünfundzwanzig Jahre lang mit ihm eng verbunden gewesen, freilich gegen Ende seines Lebens von feindseligen Wahnvorstellungen heimgesucht worden war, traf Freud tief. »Ferenczi nimmt ein Stück der alten Zeit mit sich, dann wird wohl mit meinem Abtreten eine andere beginnen, in die Sie noch hineinragen werden. Schicksal, Ergebung, das ist alles.« (Am 29. Mai 1933 an Ernest Jones) (4)

Ein an Freud herangetragener Vorschlag, eine intimere Selbstbiographie zu schreiben, um sich dadurch auch finanziell besser stellen zu können, lehnte er mit der (für sein eigenes Psychogramm charakteristischen) Bemerkung ab, daß er »schon das, was es an Selbstbiographie (Exhibitionismus) zum Verfassen der ›Traumdeutung‹« bedurft hätte, beschwerlich genug gefunden habe; er glaube nicht, daß jemand aus einer solchen Veröffentlichung viel lernen könne. Die Welt solle ihn in Ruhe lassen und ihr Interesse lieber der Psychoanalyse zuwenden. (Obwohl doch gerade die Psychoanalyse auf der Darlegung und »Exhibition« des intimen Seelenlebens basierte!) (5)

Immer wieder betont Freud in dieser Zeit, daß er aus Österreich nicht weichen wolle, daß er sich in relativer Sicherheit fühle. Als man im Mai 1933 in Berlin seine Bücher verbrannte, nahm er dies mit Humor hin: »Was wir für Fortschritte machen! Im Mittelalter hätten sie mich verbrannt, heutzutage begnügen sie sich damit, meine Bücher zu verbrennen.« (6) Solche Äußerungen müssen jedoch als Formen der Verdrängung der auf ihn zukommenden Gefahr gewertet werden. Er wies den Gedanken, die Heimat in den letzten Lebensjahren verlassen zu müssen, von sich, obwohl die Kunde aus Deutschland immer betrüblicher wurde: die Psychoanalyse war liquidiert; ihre Anhänger waren der Verfolgung ausgesetzt, viele zur Emigration gezwungen.

1936 feierte Freud seinen 80. Geburtstag; (im gleichen Jahr wurde er zum korrespondierenden Mitglied der »Royal Society« in England ernannt). Den Feierlichkeiten stand er skeptisch gegenüber; sie hätten nur einen Sinn, wenn der Überlebende trotz aller Wunden und Narben als »ganzer Kerl« mittun könne; sie verlören diesen Sinn, wenn er ein Invalide sei, mit dem sich kein Staat machen lasse. »Und da dies letztere mein Fall ist und ich mein Schicksal für mich ertrage, möchte ich, daß mein 80. Geburtstag als meine Privatsache behandelt werde – von meinen Freunden.« (7) Selbstironisch tröstete sich Freud, da die Ehrungen eben doch nicht »möglichst kurz und formlos« vonstatten gingen, mit der Bemerkung: »Nachher wird es wunderbare Ruhe geben und kein Hahn wird mich mehr stören.« (8) – Von besonderem Gewicht war eine von Thomas Mann, Romain Rolland, Jules Romains, H. G. Wells, Virginia Woolf, Stefan Zweig und hunderteinundneunzig anderen Schriftstellern und Künstlern unterzeichnete Dankadresse, die man ihm an seinem 80. Geburtstag überreichte: »Wir grüßen den achtzigsten Geburtstag Sigmund Freuds als willkommenen Anlaß, um dem schöpferischen Initiator eines neuen und tieferen Wissens vom Menschen unseren Glückwunsch und unsere Ehrfurcht auszusprechen. In jeder Sphäre seines Wirkens bedeutend, als Arzt und Psychologe, als Philosoph und Künstler, ist dieser mutige Erkenner und Heiler Wegweiser und Führer für zwei Generationen gewesen in bisher ungeahnte Welten der menschlichen Seele. Ein ganz auf sich selbst gestellter Geist, ein ›Mann und Ritter mit erzenem Blick‹, wie Nietzsche von Schopenhauer sagt, ein Denker und Forscher, der allein zu stehen wußte und dann freilich viele an sich und mit sich zog, ist er seinen Weg gegangen und zu Wahrheiten vorgestoßen, die deshalb gefährlich erschienen, weil sie ängstlich Verdecktes enthüllten und Dunkelheiten erleuchteten. Allerorts legte er neue Probleme frei und änderte die alten Maße; er hat im Suchen und Finden den Raum der geistigen Forschung vervielfacht und sich noch seine Gegner verpflichtet durch schöpferischen Denkantrieb, den sie von ihm erfuhren.« (9)

Anders die Feinde: Sie trachteten danach, alles das niederzumachen, was ihrer stiernackigen Engstirnigkeit entgegenstand. Es sei, meinte Freud im März 1937, nun eine Situation entstanden, die das Eindringen der Nazis auch in Österreich nicht mehr aufhalten werde; seine einzige Hoffnung sei, daß man dies nicht mehr erleben müsse. Die Lage ähnle der, als die Türken 1683 vor Wien standen; aber eine Entsatzarmee über den Kahlenberg sei heute nicht mehr zu erwarten. Falle Wien, so würden die preußischen Barbaren Europa überschwemmen. Und auch die bisherige Schutzmacht Österreichs, Mussolinis Italien, lasse jetzt Deutschland freie Hand. (10) – Am 11. März 1938 marschierten die Nationalsozialisten in Österreich ein.

Die Vorbemerkung I zur dritten Abhandlung seines Werkes »Der Mann Moses und die monotheistische Religion« schrieb Freud in Wien noch vor dem März 1938; (die Abhandlung selbst wurde erst im August 1938, also nach seiner Emigration, in Holland gedruckt); darin bemerkt er ironisch – nach einem Exkurs über die Situation in Sowjetrußland, wo der Fortschritt ein Bündnis mit der Barbarei geschlossen habe, man etwa 100 Millionen in Unterdrückung festgehaltener Menschen zu besseren Lebensformen zu »erheben« trachte, ihnen dabei aber jede Möglichkeit der Denkfreiheit raube –, daß man im Fall des deutschen Volkes mit »Erleichterung« feststellen könne, daß der Rückfall in nahezu vorgeschichtliche Barbarei wenigstens ohne Anlehnung an irgendeine fortschrittliche Idee vor sich gehe. Die konservativen Demokratien seien heute die Hüter des kulturellen Fortschritts geworden; sonderbarer Weise setze gerade die Institution der katholischen Kirche der Ausbreitung der faschistischen Gefahr eine kräftige Abwehr entgegen. Sie, bisher die unerbittliche Feindin der Denkfreiheit und des Bemühens zur Erkenntnis der Wahrheit, biete Österreich als katholischem Lande einen gewissen Schutz. Solange er bestehe, habe er Bedenken, etwas zu tun, was die Feindschaft der Kirche erwecken müsse. »Es ist nicht Feigheit, sondern Vorsicht; der neue Feind, dem zu Dienst zu sein wir uns hüten wollen, ist gefährlicher als der alte, mit dem uns zu vertragen wir bereits gelernt haben. Die psychoanalytische Forschung, die wir pflegen, ist ohnedies der Gegenstand mißtrauischer Aufmerksamkeit von seiten des Katholizismus. Wir werden nicht behaupten, es sei so mit Unrecht. Wenn unsere Arbeit uns zu einem Ergebnis führt, das die Religion auf eine Menschheitsneurose reduziert und ihre großartige Macht in der gleichen Weise aufklärt wie den neurotischen Zwang bei den einzelnen unserer Patienten, so sind wir sicher, den stärksten Unwillen der bei uns herrschenden Mächte auf uns zu ziehen. Nicht, daß wir etwas zu sagen hätten, was neu wäre, was wir nicht schon vor einem Vierteljahrhundert deutlich genug gesagt haben, aber das ist seither vergessen worden, und es kann nicht wirkungslos bleiben, wenn wir es heute wiederholen und an einem für alle Religionsstiftungen maßgebenden Beispiel erläutern. Es würde wahrscheinlich dazu führen, daß uns die Betätigung in der Psychoanalyse verboten wird. Jene gewalttätigen Methoden der Unterdrückung sind der Kirche ja keineswegs fremd, sie empfindet es vielmehr als Einbruch in ihre Vorrechte, wenn auch andere sich ihrer bedienen. Die Psychoanalyse aber, die im Laufe meines langen Lebens überallhin gekommen ist, hat noch immer kein Heim, das wertvoller für sie wäre, als eben die Stadt, in der sie geboren und herangewachsen ist.« (11)

Solche pragmatischen Überlegungen waren freilich illusorisch; denn die österreichische katholische Kirche setzte dem Einmarsch der Nationalsozialisten nicht nur keinen Widerstand entgegen, sondern begrüßte ihn teilweise mit Enthusiasmus. In der Vorbemerkung II, im Juli 1938 in

London verfaßt, hat Freud dann auch mit Recht festgestellt: »Und dann kam plötzlich die deutsche Invasion; der Katholizismus erwies sich, mit biblischen Worten zu reden, als ein ›schwankes Rohr‹.« (12) Und als Hitler am 15. 3. 1938 in Wien die »Heimkehr« des deutsch-österreichischen Menschen in die große deutsche Volksgemeinschaft verkündete, jubelte ihm der größte Teil der Einwohner Wiens (der Stadt, in der die Psychoanalyse »geboren und herangewachsen« war) frenetisch zu: »Die wunderbare Ordnung und Disziplin dieses gewaltigen Geschehens ist aber auch ein Beweis für die Kraft der diese Menschen beseelenden Idee. Ich kann somit in dieser Stunde dem deutschen Volk die größte Vollzugsmeldung meines Lebens abstatten. Als der Führer und Kanzler der deutschen Nation und des Reiches melde ich vor der Geschichte nunmehr den Eintritt meiner Heimat in das deutsche Reich. Deutschland und sein neues Glied, die Nationalsozialistische Partei und die Wehrmacht unseres Reiches: Sieg Heil.« (13)

Die Szene, die sich abspielte, als die braunen »niederen Dämonen« das Haus Freuds, des bürgerlichen Revolutionärs, heimsuchten, hat Ernest Jones wie folgt beschrieben: »Auch in Freuds Wohnung war solch eine SA-Bande eingedrungen, und zwei oder drei von ihnen waren ins Eßzimmer gestürmt. Frau Freud hatte bei dieser Gelegenheit, wie man es in Notlagen tut, mit dem innersten Wesen ihrer Persönlichkeit reagiert. In ihrer so gastfreundlichen Art forderte sie den Mann, der an der Wohnungstür Wache stand, auf, Platz zu nehmen; wie sie später sagte, war es ihr unangenehm, in ihrem Hause einen Fremden zu sehen. Dadurch entstand einige Verlegenheit, die sich bei ihrem nächsten Schritt noch verstärkte. Sie holte das Haushaltsgeld und legte es mit den ihr beim Essen geläufigen Worten auf den Tisch: ›Wollen sich die Herren nicht bedienen?‹ Dann begleitete Anna Freud die Bande zu dem Safe im anderen Zimmer und öffnete ihn. Die Beute belief sich auf 6000 Schilling (840 Dollar), wozu Freud später, als er davon erfuhr, mit Bedauern bemerkte, das sei mehr, als er je für einen einzelnen Besuch bekommen habe. Die Eindringlinge waren gerade dabei, die Pläne zur Fortsetzung ihrer kleinen Räubereien zu besprechen, als eine zerbrechliche, hagere Gestalt auf der Schwelle erschien: es war Freud, der durch die Unruhe im Haus aufgestört wurde. Er hatte eine Art, mit flammenden Blicken dreinzuschauen, um die ihn ein Prophet des Alten Testaments hätte beneiden können, und unter der Wirkung seiner finsteren Miene gerieten die Besucher vollends in Verwirrung. Sie sagten, sie würden ein andermal kommen, und machten sich hastig davon. (Als sie aber in das Hauptquartier zurückkehrten, wurde ihnen für ihren Kleinmut ein Rüffel erteilt, und eine Woche später erschien die Gestapo zu einer gründlichen Haussuchung, angeblich, um politische, antinationalsozialistische Dokumente aufzuspüren; bezeichnenderweise betraten sie Freuds eigene Räume nicht. Bei ihrem Fortgehen nahmen sie Anna Freud mit.)« (14)

Die sofort einsetzenden Versuche einflußreicher Freunde, Freud und seine Familie aus dem Würgegriff der nationalsozialistischen Gewalt zu befreien, hatten – vor allem auf Grund diplomatischer Vermittlung – Erfolg. W. C. Bullitt, damals amerikanischer Botschafter in Frankreich, bat als persönlicher Freund von Präsident Roosevelt diesen um Hilfe; die daraufhin erfolgenden Bemühungen des amerikanischen Geschäftsträgers in Wien, Bullitts eigene Demarchen (dem deutschen Botschafter in Frankreich gegenüber) sowie eine offensichtlich durch Edoardo Weiß erreichte Intervention Mussolinis bewirkten, daß die Nationalsozialisten Freud die Ausreisegenehmigung gaben, da sie offensichtlich bei Verweigerung einen weltweiten Skandal befürchteten.

Nachdem Freuds Schwägerin Minna Bernays, sein ältester Sohn mit Frau und Kindern und seine älteste Tochter mit ihrem Mann schon im Mai aus Österreich hatten weggehen können, verließ Siegmund Freud zusammen mit seiner Frau und seiner Tochter Anna sowie zwei Hausangestellten, versehen mit den nötigen Papieren und der Ausreisebewilligung, »für immer die Stadt, in der er neunundsiebzig Jahre gelebt und an die er sich so gebunden gefühlt hatte.« (15) Vorher hatte er noch ein Dokument folgenden Wortlauts unterschreiben müssen: »Ich, Professor Freud, bestätige hiermit, daß ich nach dem Anschluß Österreichs an das Deutsche Reich von deutschen Behörden und im besonderen von der Gestapo mit der meinem wissenschaftlichen Ruf gebührenden Achtung und Rücksicht behandelt wurde; daß ich meiner Tätigkeit ganz meinen Wünschen entsprechend frei nachgehen konnte und nicht den geringsten Grund zu einer Beschwerde habe.« (16) Als der Nazikommissar das Papier brachte, fragte Freud, ob er noch den Satz hinzufügen solle: »Ich kann die Gestapo jedermann aufs beste empfehlen.« (17) (In Wien ließ Freud seine vier alten Schwestern zurück. Versuche, sie nach Frankreich zu bringen, scheiterten, da die französischen Behörden die Einreisebewilligung nicht gaben; fünf Jahre später wurden sie vergast.)

Mit dem Orientexpreß fuhren die Freuds nach Paris, und von dort nach London, der neuen Heimat, weiter. Ernest Jones hatte beim Minister des Innern, Sir Samuel Hoare, die Einreisebewilligungen besorgen können. – Das »British Medical Journal« schrieb: »Der Ärztestand

Großbritanniens wird stolz sein, daß sein Land Professor Freud Asyl gewährt und daß er es zu seiner neuen Heimat gewählt hat.« (18)

Am 27. September zog Freud in das Haus Maresfield Gardens 20 ein. »Er fand, es sei wirklich schön, aber eigentlich zu gut für jemanden, der es nicht lange bewohnen werde. Große Freude hatte er auch an dem hübschen Garten hinter dem Haus, obwohl dieser keine weite Aussicht bot. Er war recht ausgedehnt, und die Beete und Böschungen trugen reichen Blumen- und Staudenschmuck; Reihen hoher Bäume trennten ihn gegen die Nachbarhäuser ab. Freud verbrachte soviel Zeit wie möglich darin, wo ihm eine Art überdachtes Schaukelsofa zur Verfügung stand. Sein Sprechzimmer, voll von seinen geliebten Sammlungen ... führte durch eine Glastüre direkt in den Garten.« (Ernest Jones) (19)

In seinem Sprechzimmer ist Freud dann ein Jahr später, am 23. September 1939, nach vierundzwanzigstündiger Bewußtlosigkeit, gestorben. Am Vormittag des 26. September wurde seine Leiche im Krematorium Golder's Green eingeäschert. Bei der Trauerfeier sprachen Stefan Zweig und Ernest Jones (der die Grabrede hielt).

»Ein großer Mensch ist aus der Welt gegangen. Wie kann das Leben für die, denen er den Mittelpunkt des Lebens bedeutete, noch einen Sinn haben? Und doch empfinden wir es nicht als wirkliches Scheiden im vollen Sinne des Wortes, denn Freud hat uns mit seiner Persönlichkeit, seinem Charakter und seinen Ideen so erfüllt, daß wir nicht eigentlich von ihm scheiden können, ehe wir von uns selbst, in denen er noch lebt, scheiden müssen. Sein schöpferischer Geist war so stark, daß er in andere einströmte. Wenn jemals von einem Menschen, so kann von Freud gesagt werden, er habe den Tod selbst besiegt und weitergelebt, trotz des Herrn der Finsternis, der ihn nicht schreckte.

Und so nehmen wir Abschied von einem Menschen, wie wir seinesgleichen nicht mehr finden werden. Von ganzem Herzen danken wir ihm für sein Leben, sein Werk und seine Liebe.« (Ernest Jones) (20)

Diktatur der Vernunft?
Mythologie und Antinomie der Ratio

Was Sigmund Freud am Ende seines Lebens »hautnah«, freilich immer noch mit einer dünnen bürgerlichen Schutzschicht umgeben, erfahren mußte: die ungeheure Gefährlichkeit des Aggressionstriebs und die damit korrespondierende Schwäche menschlicher Vernunft, hat er im letzten seiner gesellschaftskritischen Traktate, »Warum Krieg?« (1933),

– seine Forschungen auf diesem Gebiet resümierend – konzentriert angesprochen. Im Jahre 1931 hatte das Comité permanent des Lettres et des Arts de la société des Nations einen Briefwechsel zwischen auf »geistigem Gebiet führenden Persönlichkeiten« angeregt, »damit Fragen, die in hohem Maße gemeinsamen geistigen Interessen und dem Völkerbund dienen, erörtert würden«. (21) Die »Internationale Kommission für geistige Zusammenarbeit« des Völkerbundes wandte sich bei der Realisation dieser Idee unter anderem an Albert Einstein, wobei man ihm freistellte, sich Thema und Briefpartner selbst zu wählen. Einstein schlug Freud vor; dieser sagte zu, obwohl er Einstein nicht besonders nahestand; (er hatte ihn Ende 1926 einmal in Berlin getroffen: »Er ist heiter, sicher und liebenswürdig, versteht von Psychologie soviel wie ich von Physik, und so haben wir uns sehr gut gesprochen.« (22)). Freud war vom Ablauf des Briefwechsels nicht begeistert; er nannte ihn »eine langweilige und sterile, sogenannte Diskussion mit Einstein« (23) – was jedoch der Qualität und Präzision seiner Ausführungen keinen Abbruch tat. – Der Briefwechsel wurde im März 1933 in Paris dreisprachig veröffentlicht: deutsch, französisch und englisch, seine Verbreitung in Deutschland jedoch verboten.

Das Hauptproblem der Zivilisation sei, so beginnt Einstein seinen Brief vom 30. Juli 1932, ob es einen Weg gebe, die Menschen von dem Verhängnis des Krieges zu befreien. (24) Die Politiker seien sich ihrer Unfähigkeit, dieses Problem zu bewältigen, bewußt und infolgedessen bereit, die objektiveren Ansichten der Männer der Wissenschaft anzuhören. Er hoffe, daß Freud, jenseits der politischen Sphäre, Erziehungsmaßnahmen vorschlagen könne, welche die einer Lösung entgegenstehenden psychologischen Hindernisse zu beseitigen vermöchten. Als »ein von Affekten nationaler Natur freier Mensch« hält Einstein die administrative Seite des Problems für einfach: »Die Staaten schaffen eine legislative und gerichtliche Behörde zur Schlichtung aller zwischen ihnen entstehenden Konflikte«. Freilich müsse ein solches übernationales Recht auch die entsprechende Macht haben. Das Machtbedürfnis der jeweils herrschenden Schicht eines Staates widersetze sich einer Einschränkung der Hoheitsrechte desselben. »Wie ist es möglich, daß die soeben genannte Minderheit die Masse des Volkes ihren Gelüsten dienstbar machen kann, die durch einen Krieg nur zu leiden und zu verlieren hat? ... Wie ist es möglich, daß sich die Masse durch die genannten Mittel bis zur Raserei und Selbstaufopferung entflammen läßt?« (25) Offensichtlich lebe im Menschen ein Bedürfnis zu hassen und zu vernichten. Gäbe es eine Möglichkeit, die psychische Entwicklung des Menschen so zu leiten, daß sie den Psychosen des Hassens und Vernichtens gegenüber widerstandsfähiger werde?

Damit waren die politischen Grundfragen, im besonderen dieses 20. Jahrhunderts, angesprochen:

- Das Verhältnis von Recht und Macht; die Gewalt der Aggression; die Gefährdung des Rechts angesichts rechtloser Brutalität;
- die Chancen einer Friedenserziehung, die das Unbehagen in der Kultur zu überwinden und den Menschen individuelle wie kollektive Geborgenheit zu vermitteln hätte;
- der Kampf zwischen Es und Ich; ob die Kräfte des Unbewußten (triebdynamischer Gewalt) zu bändigen seien; ob Eros endlich doch Thanatos zu überwinden vermöge.

In seiner Antwort stellt Freud fest, daß das Verhältnis von Recht und Macht wohl den richtigen Ausgangspunkt für die gemeinsame Untersuchung darstelle. Er wolle jedoch das Wort »Macht« durch das grellere, härtere Wort »Gewalt« ersetzen. »Recht und Gewalt sind uns heute Gegensätze. Es ist leicht zu zeigen, daß sich das eine aus dem anderen entwickelt hat, und wenn wir auf die Uranfänge zurückgehen und nachsehen, wie das zuerst geschehen ist, fällt uns die Lösung des Problems mühelos zu.« (26)

Freud gibt dann eine kurzgefaßte Darstellung sowohl der Entwicklungsgeschichte der Aggression wie der dieser Deutung zugrundeliegenden Anthropologie – daß nämlich der Mensch von Natur, vom Triebe her, ein aggressives Wesen sei:

»Interessenkonflikte unter den Menschen werden also prinzipiell durch die Anwendung von Gewalt entschieden. So ist es im ganzen Tierreich, von dem der Mensch sich nicht ausschließen sollte; für den Menschen kommen allerdings noch Meinungskonflikte hinzu, die bis zu den höchsten Höhen der Abstraktion reichen und eine andere Technik der Entscheidung zu fordern scheinen. Aber das ist eine spätere Komplikation. Anfänglich, in einer kleinen Menschenhorde, entschied die stärkere Muskelkraft darüber, wem etwas gehören oder wessen Wille zur Ausführung gebracht werden sollte. Muskelkraft verstärkt und ersetzt sich bald durch den Gebrauch von Werkzeugen; es siegt, wer die besseren Waffen hat oder sie geschickter verwendet. Mit der Einführung der Waffe beginnt bereits die geistige Überlegenheit die Stelle der rohen Muskelkraft einzunehmen; die Endabsicht des Kampfes bleibt die nämliche, der eine Teil soll durch die Schädigung, die er erfährt, und durch die Lähmung seiner Kräfte gezwungen werden, seinen Anspruch oder Widerspruch aufzugeben. Dies wird am gründlichsten erreicht, wenn die Gewalt den Gegner dauernd beseitigt, also tötet. Es hat zwei Vorteile, daß er seine Gegnerschaft nicht ein andermal wiederaufnehmen kann und daß sein Schicksal andere abschreckt, seinem Beispiel zu folgen. Außerdem befriedigt die Tötung des Feindes eine triebhafte Neigung, die später erwähnt werden muß. Der Tötungsabsicht kann sich die Erwägung widersetzen, daß der Feind zu nützlichen Dienstleistungen verwendet werden kann, wenn man ihn eingeschüchtert am Leben läßt. Dann begnügt sich also die Gewalt damit, ihn zu unterwerfen, anstatt ihn zu töten. Es ist der Anfang der Schonung des Feindes, aber der Sieger hat von nun an mit der lauernden Rachsucht des Besiegten zu rechnen, gibt ein Stück seiner eigenen Sicherheit auf. Das ist also der ursprüngliche Zustand, die Herrschaft der größeren Macht, der rohen oder intellektuell gestützten Gewalt.« (27)

Ist Aggression – weil »natürlich« und damit unabdingbar – eigentlich gar nicht mehr das Böse, sondern nur das »sogenannte Böse«, das mit dem Menschen »Gesetzte«, mit dem er auszukommen und das er zu erleiden hat? Geschichte erwiese sich dann als »Naturgeschichte«, als ständige Wiederholung von Gewalt, Terror, Aggression; wäre endogener Vorgang – im Innern entstehend, von innen kommend. –

Für Freud war das Ziel des Lebens der Tod. In »Jenseits des Lustprinzips« stellt er fest, daß es der konservativen Natur der Triebe widerspräche, wenn das Ziel des Lebens ein noch nie zuvor erreichter Zustand wäre. Es müsse vielmehr ein alter, ein Ausgangszustand sein, den das Leben einmal verlassen habe und zu dem es über alle Umwege der Entwicklung zurückstrebe. »Wenn wir es als ausnahmslose Erfahrung annehmen dürfen, daß alles Lebende aus inneren Gründen stirbt, ins Anorganische zurückkehrt, so können wir nur sagen: Das Ziel alles Lebens ist der Tod, und zurückgreifend: das Leblose war früher da als das Lebende.« (28) Zwar stehe die Aufstellung der Selbsterhaltungstriebe, die wir jedem lebenden Wesen zugestehen, in merkwürdigem Gegensatz zur Voraussetzung, daß das gesamte Triebleben der Herbeiführung des Todes diene, aber die theoretische Bedeutung der Selbsterhaltungs-, Macht- und Geltungstriebe schrumpfe, in diesem Licht gesehen, ein; es seien Partialtriebe, dazu bestimmt, den eigenen Todesweg des Organismus zu sichern und andere Möglichkeiten der Rückkehr zum Anorganischen als die immanenten fernzuhalten. »Dabei kommt das Paradoxe zustande, daß der lebende Organismus sich auf das energischste gegen Einwirkungen (Gefahren) sträubt, die ihm dazu verhelfen könnten, sein Lebensziel auf kurzem Wege (durch Kurzschluß sozusagen) zu erreichen, aber dieses Verhalten charakterisiert eben ein rein triebhaftes im Gegensatz zu einem intelligenten Streben.« (29) Der im Innern wirkende Todestrieb erscheint in seiner nach außen gekehrten Modifikation als Aggressions- oder Destruktionstrieb. Dem Organismus eigne eine Komponente, die mit Wiederholungszwang selbstmörderisch nach innen gerichtet sei, deren selbstzerstörerische Impulse sich aber, würden sie nach außen gewandt, als Aggression äußerten. Dem Todestrieb stehe Eros, der Repräsentant des»Lebenstriebs«, gegenüber; seine Triebkräfte werden Libido genannt. (30)

In seinem Brief an Einstein stellt Freud fest: »Wir nehmen an, daß die Triebe des Menschen nur von zweierlei Art sind, entweder solche, die erhalten und vereinigen wollen – wir heißen sie erotische, ganz im Sinne des Eros im Symposium Platos, oder sexuelle, mit bewußter Überdehnung des populären Begriffs von Sexualität – und andere, die zerstören und töten wollen. Wir fassen diese als Aggressionstrieb oder Destruktionstrieb zusammen.« (31) Die beiden Grundtriebe gingen Mischungen in den verschiedensten Formen ein und bestimmten somit das individuelle wie kollektive Lebensgeschehen. Ganz selten sei eine menschliche Handlung das Werk einer einzigen Triebregung, die an und für sich bereits aus Eros und Destruktion zusammengesetzt sein müsse. In der Regel würden mehrere in der gleichen Weise aufgebaute Motive zusammentreffen, um die Handlung zu ermöglichen. »Einer Ihrer Fachgenossen hat das bereits gewußt, ein Prof. G. Ch. Lichtenberg, der zur Zeit unserer Klassiker in Göttingen Physik lehrte; aber vielleicht war er als Psychologe noch bedeutender denn als Physiker. Er erfand die Motivenrose, indem er sagte: ›Die Bewegungsgründe, woraus man etwas tut, könnten so wie die 32 Winde geordnet und ihre Namen auf eine ähnliche Art formiert werden, z. B. Brot-Brot-Ruhm oder Ruhm-Ruhm-Brot.‹ Wenn also die Menschen zum Krieg aufgefordert werden, so mögen eine ganze Anzahl von Motiven in ihnen zustimmend antworten, edle und gemeine, solche, von denen man laut spricht, und andere, die man beschweigt. Wir haben keinen Anlaß, sie alle bloßzulegen. Die Lust an der Aggression und Destruktion ist gewiß darunter; ungezählte Grausamkeiten der Geschichte und des Alltags bekräftigen ihre Existenz und ihre Stärke. Die Verquickung dieser destruktiven Strebungen mit anderen, erotischen und ideellen, erleichtert natürlich deren Befriedigung. Manchmal haben wir, wenn wir von den Greueltaten der Geschichte hören, den Eindruck, die ideellen Motive hätten den destruktiven Gelüsten nur als Vorwände gedient, andere Male, z. B. bei den Grausamkeiten der heiligen Inquisition, meinen wir, die ideellen Motive hätten sich im Bewußtsein vorgedrängt, die destruktiven ihnen eine unbewußte Verstärkung gebracht. Beides ist möglich.

Ich habe Bedenken, Ihr Interesse zu mißbrauchen, das ja der Kriegsverhütung gilt, nicht unseren Theorien. Doch möchte ich noch einen Augenblick bei unserem Destruktionstrieb verweilen, dessen Beliebtheit keineswegs Schritt hält mit seiner Bedeutung. Mit etwas Aufwand von Spekulation sind wir nämlich zu der Auffassung gelangt, daß dieser Trieb innerhalb jedes lebenden Wesens arbeitet und dann das Bestreben hat, es zum Zerfall zu bringen, das Leben zum Zustand der unbelebten Materie zurückzuführen. Er verdiente in allem Ernst den Namen eines Todestriebes, während die erotischen Triebe die Bestrebungen zum Leben repräsentieren. Der Todestrieb wird zum Destruktionstrieb, indem er mit Hilfe besonderer Organe nach außen, gegen die Objekte, gewendet wird. Das Lebewesen bewahrt sozusagen sein eigenes Leben dadurch, daß es fremdes zerstört. Ein Anteil des Todestriebes verbleibt aber im Innern des Lebewesens tätig, und wir haben versucht, eine ganze Anzahl von normalen und pathologischen Phänomenen von dieser Verinnerlichung des Destruktionstriebes abzuleiten. Wir haben sogar die Ketzerei begangen, die Entstehung unseres Gewissens durch eine solche Wendung der Aggression nach innen zu erklären. Sie merken, es ist gar nicht so unbedenklich, wenn sich dieser Vorgang in allzu großem Ausmaß vollzieht, es ist direkt ungesund, während die Wendung dieser Triebkräfte zur Destruktion in der Außenwelt das Lebewesen entlastet, wohltuend wirken muß. Das diene zur biologischen Entschuldigung all der häßlichen und gefährlichen Strebungen, gegen die wir ankämpfen. Man muß zugeben, sie sind der Natur näher als unser Widerstand dagegen, für den wir auch noch eine Erklärung finden müssen. Vielleicht haben Sie den Eindruck, unsere Theorien seien eine Art von Mythologie, nicht einmal eine erfreuliche in diesem Fall. Aber läuft nicht jede Naturwissenschaft auf eine solche Art von Mythologie hinaus? Geht es Ihnen heute in der Physik anders?« (32)

Freud stellt dann, im Rahmen seiner »mythologisch«-antinomischen Trieblehre, die Bedeutung des Eros heraus. Sein pessimistischer Denkansatz manifestiert sich, wenn er davon spricht, daß er nicht daran glaube, daß die aggressiven Neigungen des Menschen je abgeschafft oder überwunden werden könnten; doch solle man versuchen, sie so weit abzulenken, daß sie nicht ihren Ausdruck im Kriege fänden. Wenn die Bereitwilligkeit zum Kriege ein Ausfluß des Destruktionstriebes sei, läge es nahe, gegen sie den Gegenspieler dieses Triebes, den Eros, anzurufen. Alles, was Gefühlsbindungen unter den Menschen herstelle, müsse dem Kriege entgegenwirken. Diese Bindungen könnten von zweierlei Art sein: einmal Beziehungen, wie zu einem Liebesobjekt, wenn auch ohne sexuelle Ziele, »Die Psychoanalyse braucht sich nicht zu schämen, wenn sie hier von Liebe spricht, denn die Religion sagt dasselbe: ›Liebe deinen Nächsten wie dich selbst.‹ Das ist nun leicht gefordert, aber schwer zu erfüllen.« (33) Die andere Art von Gefühlsbindung sei die durch Identifizierung. »Alles, was bedeutsame Gemeinsamkeiten unter den Menschen herstellt, ruft solche Gemeingefühle, Identifizierungen, hervor. Auf ihnen ruht zum guten Teil der Aufbau menschlicher Gesellschaft.« (34) Wenn die den Kulturprozeß prägenden psychischen Veränderungen, nämlich die fortschreitende Verschiebung der Triebziele und Triebregungen, im Sinne der Sublimierung erfolgten, so bestünde Hoffnung, daß Friede entstünde, denn der seine Triebe sublimierende Mensch könne sein Aggressionspotential bezähmen, nicht aber der Mensch, der seine Triebe verdränge.

In seiner Schrift »Das Unbehagen in der Kultur« hatte Freud noch davon gesprochen, daß es eine gefährliche Meinung sei, wenn man glaube, daß das Ich des Menschen psychologisch alles möglich machen könne, was man ihm auftrage bzw. daß dem Ich die unumschränkte Herrschaft über sein Es zustehe. Auch bei den sogenannt »normalen Menschen« lasse sich die Beherrschung des Es nicht über bestimmte Grenzen steigern. Fordere man mehr, so erzeuge man beim einzelnen Auflehnung oder Neurose oder mache ihn unglücklich. Das Gebot, »liebe deinen Nächsten wie dich selbst«, sei ein ausgezeichnetes Beispiel für das unpsychologische Vorgehen des Kultur-Über-Ichs. Das Gebot in solcher Schärfe sei undurchführbar. Eine so großartige Inflation der Liebe könne nur deren Wert herabsetzen, nicht die Not beseitigen. »Die Kultur vernachlässigt all das; sie mahnt nur, je schwerer die Befolgung der Vorschrift, desto verdienstvoller ist sie. Allein wer in der gegenwärtigen Kultur eine solche Vorschrift einhält, setzt sich nur in Nachteil gegen den, der sich über sie hinaussetzt. Wie gewaltig muß das Kulturhindernis der Aggression sein, wenn die Abwehr derselben ebenso unglücklich machen kann wie die Aggression selbst! Die sogenannte natürliche Ethik hat hier nichts zu bieten außer der narzißtischen Befriedigung, sich für besser halten zu dürfen, als die anderen sind. Die Ethik, die sich an die Religion anlehnt, läßt hier ihre Versprechungen eines besseren Jenseits eingreifen. Ich meine, solange sich die Tugend nicht schon auf Erden lohnt, wird die Ethik vergeblich predigen. Es scheint auch mir unzweifelhaft, daß eine reale Veränderung in den Beziehungen der Menschen zum Besitz hier mehr Abhilfe bringen wird als jedes ethische Gebot; doch wird diese Einsicht bei den Sozialisten durch ein neuerliches idealistisches Verkennen der menschlichen Natur getrübt und für die Ausführung entwertet.« (35)

In seinem Brief »Warum Krieg?« ist Freud optimistischer. Er gibt der Erstarkung des Intellekts, der das Triebleben zu beherrschen beginne, und der Verinnerlichung der Aggressionsneigung – als den beiden wichtigsten »psychologischen Charakteren der Kultur« – größere Chancen. Zumindest stehe fest, daß der Krieg als Regression in grellster Weise dem Kulturprozeß widerspreche. Notwendig wäre, daß *alle* zur Kulturentwicklung sich bekennen würden, also der Pazifismus (hier mit Kulturentwicklung gleichgesetzt) sich stetig ausbreite.

Oszillierend zwischen Pessimismus und Optimismus, gewissermaßen den letzten Satz der Schrift »Das Unbehagen in der Kultur«: »Aber wer kann den Erfolg und Ausgang voraussehen?« (36) aufgreifend, beendet Sigmund Freud seinen Brief an Albert Einstein mit dem Satz: »Wie lange müssen wir nun warten, bis auch die anderen Pazifisten werden? Es ist nicht zu sagen, aber vielleicht ist es keine utopische Hoffnung, daß der Einfluß dieser beiden Momente, der kulturellen Einstellung und der berechtigten Angst vor den Wirkungen eines Zukunftskrieges, dem Kriegführen in absehbarer Zeit ein Ende setzen wird. Auf welchen Wegen oder Umwegen, können wir nicht erraten. Unterdes dürfen wir uns sagen: Alles, was die Kulturentwicklung fördert, arbeitet auch gegen den Krieg.« (37)

Zur Unterstützung seines Optimismus bedient sich Freud freilich einer fragwürdigen Feststellung; er meint, daß der ideale Zustand eine Gemeinschaft von Menschen wäre, die ihr Triebleben der *Diktatur* der Vernunft unterworfen hätten. Nichts anderes könne eine so vollkommene und widerstandsfähige Einigung der Menschen hervorrufen, selbst unter Verzicht auf die Gefühlsbindungen zwischen ihnen. Freud verkennt dabei, daß die Diktatur der Vernunft, die an das platonische Staatsideal anknüpft, einen Widerspruch in sich selbst darstellt – da eben Diktatur auch die Vernunft vergewaltigt und von ihrem Verabsolutierungsanspruch nicht mehr abzugehen vermag. Würde man Vernunft aus der ständigen »Befragung«, vor allem durch Selbstreflexion, herausnehmen und als rationales Absolutum dekretieren, würde dadurch eben dieser Begriff von Vernunft denunziert.

Da Freud der enge Zusammenhang zwischen Recht und Macht bzw. Recht und Gewalt stets präsent bleibt, verweist er mit Nachdruck auf die Utopie einer nur appellativen Moral, wie sie dem machtlosen Völkerbund zugrundelag und später in der Organisation der UNO wieder aufleben sollte. – Die größere Einheit, die durch Gefühlsbindungen ihrer Mitglieder zusammengehalten wird, ist wichtig und muß gefördert werden, wenn man den Gefahren des Aggressions- bzw. Destruktionstriebes wirksam entgegentreten will; aber auch eine derartige, libidinös strukturierte Gesellschaft, welche der expressionistischen Vision von der »Brudergesellschaft« (in Überwindung der Vatergesellschaft) entspricht, bedarf, um der divergierenden Elemente Herr zu werden, der Macht. Unter dem Aspekt des Durchsetzungsvermögens von Vernunft gewinnt Freuds »Diktatur der Vernunft« so durchaus eine gewisse Legitimation. »Eine sichere Verhütung der Kriege ist nur möglich, wenn sich die Menschen zur Einsetzung einer Zentralgewalt einigen, welcher der Richtspruch in allen Interessenkonflikten übertragen wird. Hier sind offenbar zwei Forderungen vereinigt, daß eine solche übergeordnete Instanz geschaffen und daß ihr die erforderliche Macht gegeben werde. Das eine allein würde nichts nützen. Nun ist der Völkerbund als solche Instanz gedacht, aber die andere Bedingung ist nicht erfüllt: der Völkerbund hat keine eigene Macht und kann sie nur bekommen, wenn die Mitglieder der neuen Einigung, die einzelnen Staaten, sie ihm abtreten. Dazu scheint aber derzeit wenig Aussicht vorhanden.« (38) Man stünde der Institution des Völkerbundes freilich ganz ohne Verständnis gegenüber, wenn man nicht wüßte, daß hier ein Versuch vorläge, der in der Geschichte der Menschheit nicht oft – vielleicht noch nie in diesem Maß – gewagt worden sei: »Es ist der Versuch, die Autorität – d. i. den zwingenden Einfluß –, die sonst auf dem Besitz der Macht ruht, durch die Berufung auf bestimmte ideelle Einstellungen zu erwarten.« (39) Der Versuch, reale Macht durch die Macht der Ideen zu ersetzen, mag heute noch zum Fehlschlagen verurteilt sein, stellt Freud fest; diese Skepsis gegenüber appellativer Moral ist seinem Wirklichkeitssinn zu verdanken; auf der anderen Seite verläßt ihn, die Diktatur der Vernunft damit als *Notwendigkeit* wieder aufhebend, das »Prinzip Hoffnung« nie. Freud, der Rationalist der Irrationalisten, ist auch ein Optimist der Pessimisten. Eines Tages mag sie doch kommen, die Zeit des Friedens und des Menschenglücks – bewirkt allein durch die Kraft der Vernunft. Die »Mythologie der Ratio« impliziert ein credo-quia-absurdum: den Glauben an die Stimme der Vernunft, auch wenn dies widersinnig scheint; (der Trieblehre wie der Geschichte als Naturgeschichte widersprechend). »Antinomie der Ratio«, das heißt, daß auch der Gegen-Satz (die Annahme von der Unabänderlichkeit des Destruktionstriebes) seine Wahrheit behält. (40)

Da, wie es in »Der Mann Moses und die monotheistische Religion«

(1939, entstanden 1934–1938) heißt, das Es älter ist als das Ich und dieses sich aus dem Es wie eine Rindenschicht durch den Einfluß der Außenwelt entwickelt hat, ist das Ich besonders anfällig für Regression, d. h. für den Rückfall aufs Es. »Was den Verkehr zwischen beiden seelischen Provinzen betrifft, so nehmen wir also an, daß einerseits der unbewußte Vorgang im Es aufs Niveau des Vorbewußten gehoben und dem Ich einverleibt wird, und daß andererseits Vorbewußtes im Ich den umgekehrten Weg machen und ins Es zurückversetzt werden kann.« (41) Das kulturelle Ich muß ständig auf Ichstärkung bedacht sein, um den »Verkehr« zwischen den beiden seelischen Provinzen möglichst in Richtung »Bewußtheit« lenken zu können. Es gibt die Lust der Regression; es gibt aber auch – erfreulicher Weise – die Lust der Sublimierung; (ähnlich dem, was Herbert Marcuse später »libidinöse Moral« nennt (42)). Erhebt das Es in einem menschlichen Wesen einen Triebanspruch erotischer oder aggressiver Natur, so ist das Einfachste und Natürlichste, daß das Ich, dem der Denk- und Muskelapparat zur Verfügung steht, ihn durch eine Aktion befriedigt. Diese Befriedigung des Triebes wird vom Ich als Lust empfunden, wie die Unbefriedigung unzweifelhaft Quelle von Unlust geworden ist. Das kulturelle Über-Ich aber veranlaßt das Ich, ehe es die vom Es geforderten Triebbefriedigungen ins Werk setzt, nicht nur auf die Gefahren der Außenwelt, sondern auch auf den Einspruch des Über-Ichs Rücksicht zu nehmen; es wird dadurch nur um so mehr Anlässe haben, die Triebbefriedigung zu unterlassen. Während aber der Triebverzicht aus äußeren Gründen nur unlustvoll ist, hat er aus inneren Gründen, aus Gehorsam gegen das Über-Ich, eine andere ökonomische Wirkung. »Er bringt außer der unvermeidlichen Unlustfolge dem Ich auch einen Lustgewinn, eine Ersatzbefriedigung gleichsam. Das Ich fühlt sich gehoben, es wird stolz auf den Triebverzicht wie auf eine wertvolle Leistung. Den Mechanismus dieses Lustgewinns glauben wir zu verstehen. Das Über-Ich ist Nachfolger und Vertreter der Eltern (und Erzieher), die die Handlungen des Individuums in seiner ersten Lebensperiode beaufsichtigt hatten; es setzt die Funktion derselben fast ohne Veränderung fort. Es hält das Ich in dauernder Abhängigkeit, es übt einen ständigen Druck auf dasselbe aus.« (43) Damit wird die Vision der Brudergesellschaft wieder »zurückgenommen« zugunsten einer Art Vatergesellschaft; denn allein das Über-Ich scheint in der Lage, den Kulturanspruch – eben die Sublimierung durch Kultur – mit dem notwendigen Nachdruck zu versehen. Am Ende seines Lebens greift Freud die Ursprünge seiner geistig-seelischen Existenz noch einmal auf. In Auseinandersetzung mit dem jüdischen Vaterbild, in Moses verkörpert, zeigt er sowohl die Gefahren als auch den wohltätigen Einfluß des Über-Ich auf. Ohne die mosaische Religion hätte das jüdische Volk die Zeiten nicht überdauert. Die Stärke des Über-Ichs in der jüdischen Religion ergab die Möglichkeit, sowohl durch Sanktion als auch durch Gratifikation Charakterzüge auszubilden, die Zähigkeit, Selbstvertrauen und die Kraft zum Überleben beinhalteten. Die psychologische Wahrheit sei zwar die, daß Religion nach wie vor eine Illusion darstelle; die historische Wahrheit bestehe aber darin, daß gerade eine solche Illusion die Realität bestimmte: nämlich den Fortbestand des jüdischen Volkes garantierte. Die Führergestalt der Juden, an der sich Freuds Phantasie entzündet, Moses, der große Mann, der Religionsstifter, repräsentierte zugleich das kulturelle Über-Ich, dem sich emanzipatorischer Agnostizismus entziehen wollte. Freud ist auch am Ende seines Lebens nicht bereit, seine Entmythologisierungsbemühungen aufzugeben; zugleich aber zollt er der jüdischen Vergeistigung Anerkennung; er zeigt stolz auf den religiösen und ethischen Genius seines Volkes, der es befähigte, jene Lehre zu übernehmen und aufs höchste zu sublimieren – weit über das hinaus, was die Ägypter oder andere je angestrebt hatten. (44) Dem großen Mann wird eine Stelle im »Netzwerk der Verursachungen« eingeräumt; (45) seine Persönlichkeit und die Ideen, für die er sich einsetzte, waren aber zugleich fragwürdig, weil sie die Gefährdung durch das Vaterimago beschworen: »Wir wissen, es besteht bei der Masse der Menschen ein starkes Bedürfnis nach einer Autorität, die man bewundern kann, der man sich beugt, von der man beherrscht, eventuell sogar mißhandelt wird. Aus der Psychologie des Einzelmenschen haben wir erfahren, woher dies Bedürfnis der Masse stammt. Es ist die Sehnsucht nach dem Vater, die jedem von seiner Kindheit her innewohnt, nach demselben Vater, den überwunden zu haben der Held der Sage sich rühmt. Und nun mag uns die Erkenntnis dämmern, daß alle Züge, mit denen wir den großen Mann ausstatten, Vaterzüge sind, daß in dieser Übereinstimmung das von uns vergeblich gesuchte Wesen des großen Mannes besteht. Die Entschiedenheit der Gedanken, die Stärke des Willens, die Wucht der Taten gehören dem Vaterbilde zu, vor allem aber die Selbständigkeit und Unabhängigkeit des großen Mannes, seine göttliche Unbekümmertheit, die sich zur Rücksichtslosigkeit steigern darf. Man muß ihn bewundern, darf ihm vertrauen, aber man kann nicht umhin, ihn auch zu fürchten. Wir hätten uns vom Wortlaut leiten lassen sollen; wer anders als der Vater soll denn in der Kindheit der ›große Mann‹ gewesen sein!« (46)

Aggressivität und Friedenserziehung

Sigmund Freuds Intentionen, seit der Jahrhundertwende bis zu seiner letzten (religionskritischen) Schrift, gesellschaftliche Doppelmoral, die Regulationen der Kulturmoral, den Anspruch des väterlichen Über-Ichs zu dekuvrieren und dadurch abzubauen – antinomisch korrespondierend mit der Überzeugung, daß ohne eine »Diktatur der Vernunft«, ohne Über-Ich, ohne Vaterimago der Fortschritt zur humanen Kultur hin kaum zu verwirklichen sei –, liefen parallel mit der geschichtlichen Entwicklung dieses Jahrhunderts, das aus der patriarchalischen Vatergesellschaft mit Hilfe der Vision von der Brudergesellschaft sich zu befreien suchte, doch darüber zur Führergesellschaft wurde und danach bei einer (menschlicher Bindungen in hohem Maße entbehrenden) vaterlosen Gesellschaft endete. Freuds Denken zielt, ohne daß er dies expressis verbis so formuliert, auf die Verwirklichung von »Kompetenz«, die ohne charismatische, unreflektierte, »vernunftlose« Autorität auszukommen vermag, die aber auch das Realitätsprinzip, wonach zur Durchsetzung vernünftiger Gesichtspunkte Macht notwendig ist, respektiert. Kompetenz: das bedeutet eine stets befragbare und zu befragende Autorität, eine Mentalität, die das Gemeinwohl zu wahren, aber dem einzelnen den notwendigen Spielraum zu geben bereit ist. Die »Diktatur der Vernunft« schlüge so um in die Kompetenz der Vernunft, ohne die Friedenserziehung nicht gelingen kann. »Friedensforschung ist eine neue Stufe der wissenschaftlichen Analyse des ›Politischen‹ als der Tabuzone der Macht. Die letzten Bastionen politischer Theologie müssen geschleift werden. Es versteht sich von selbst, daß dieser wissenschaftliche Zugriff nicht nur Eulen und Fledermäuse aus säkularem Dämmer scheuchen wird: es wird auch geschossen werden! Demystifizierung der ›Politik‹ im Hinblick auf ihre Domestizierung. Das ist das Programm der Friedensforschung. In dem Vorstoß in die Tabuzonen des herrschenden Gesellschaftssystems kann sie – wissenschaftsgeschichtlich und theoretisch – verglichen werden mit der Psychoanalyse, die den abenteuerlichen Schritt gewagt hat, hinter die traditionelle Psychologie zurückzufragen und Methoden der rationalen Aufhellung und Artikulierung bis dahin unzugänglicher und dem Verständnis entzogener Zusammenhänge und Mechanismen zu erarbeiten. Man könnte sagen, daß die Friedensforschung für die Soziologie leisten muß, was die Psychoanalyse für die Psychologie geleistet hat – nur müßte man sofort hinzufügen, daß die Psychoanalyse eines der wichtigsten methodischen Instrumente der Friedensforschung sein wird und daß beide Disziplinen entscheidend dazu beigetragen haben, jenen Bewußtseinsschub zu fördern, von dem wir zu Anfang sprachen und der eine neue Phase der rationalen Daseinserhellung und Daseinsbewältigung in der Entwicklungsgeschichte der Gattung darstellt.

Friedensforschung vollzieht sich an der ›Grenze‹. Ihr Forschungsgebiet liegt notwendigerweise in Grenzgebieten und damit auch in interdisziplinären Grenzzonen. Wir müssen uns damit abfinden, daß sie sich um so mehr der Grenzüberschreitungen und Grenzverletzungen wird zeihen lassen müssen, als sie ihren eigentlichen Intentionen treu bleibt.

Die Erforschung der Widerstände muß an drei Schwerpunkten einsetzen:

Dort, wo neue Grade rationaler Daseinserhellung neue Techniken der Daseinsbeherrschung freisetzen und somit neue Organisationsformen und ›Institutionen‹ möglich machen. Friedensforschung hat es zu tun mit Systemforschung, Planungs- und Organisationstheorie, Kybernetik und Informationslehre.

Der zweite Schwerpunkt der Friedensforschung liegt an der Nahtstelle der ›innerstaatlichen‹ und der ›außerstaatlichen‹ Zone; jener Grenze also, wo sich die Organisation des Planeten an den Strukturen der überkommenen internationalen und nationalen Gesellschaft stößt; Strukturen, die ihren Niederschlag in Rechts- und Verfassungssystemen, ihre Begründung aber in einer Theorie des Staats- und Verfassungsrechts finden, die den neuen Erfordernissen nicht mehr entspricht.

Der dritte Schwerpunkt der Friedensforschung – der sich als der vielleicht wichtigste erweisen wird – liegt dort, wo individualpsychologische in kollektivpsychologische Phänomene übergehen, wo es also darauf ankommt, den Zusammenhang soziologischer und tiefenpsychologischer Strukturen und Mechanismen aufzuweisen. Hier bleibt fast alles zu tun.« (Nicolaus Sombart) (47)

Wie kann aber – angesichts der »ewig umwandelbaren Natur des Menschen« (und diese impliziert in Freuds Denken das Faktum der Aggressivität) – die Menschheit domestiziert, pazifiziert werden? Können die »Institutionen« des Menschen den Menschen vor sich selbst schützen, ihn vor seiner »Natur« abschirmen helfen?

Für Freud ist die biologische, lang hingezogene Hilflosigkeit des Menschen besonders signifikant. »Die Intrauterinexistenz des Menschen erscheint gegen die der meisten Tiere relativ verkürzt; er wird unfertiger als diese in die Welt geschickt. Dadurch wird der Einfluß der realen Außenwelt verstärkt, die Differenzierung des Ichs vom Es frühzeitig gefördert, die Gefahren der Außenwelt in ihrer Bedeutung erhöht und der Wert des Objekts, das allein gegen diese Gefahren schützen und das verlorene Intrauterinleben ersetzen kann, enorm gesteigert. Dies biologische Moment stellt also die ersten Gefahrensituationen her und schafft das Bedürfnis, geliebt zu werden, das den Menschen nicht mehr verlassen wird«, heißt es in »Hemmung, Symptom und Angst«. (48) – Nach Arnold Gehlen (in Absage an alle biologisch evolutionistischen Kontinuitätstheorien) ist der Mensch in Unterscheidung von der Natur des Tieres das »ungesicherte Wesen«, ohne Instinktsicherheit, ohne Umweltstabilität, ein Mängelwesen; allein die Institutionen, die vorsorgliche Planung, moralische Steuerung und naturbewältigende Arbeit ermöglichen, könnten die »natürlichen« Defizits ausgleichen und die kulturelle Entwicklung ermöglichen. (49)

Für Friedrich Hacker sind die Institutionen ambivalent: Aggression verberge sich in ihnen, werde jedoch durch sie auch absorbiert. »Einsehbar«, eingefangen, gelenkt und »abgerichtet« werde Aggression latent, domestiziert und kontrolliert. Da dem Menschen von einem gewissen Quantum an freie Aggression lebensgefährlich sei, müsse er sie institutioneller Regulierung unterwerfen.

»Verleugnung, Verdrängung und Verheimlichung der Aggression durch Rechtfertigung brutalisiert, weil alternativlose Aggression zur Gewalt werden muß. Im Kreislauf der Aggression ist Gewalt die Kreislaufstörung. Gewaltalternativen sind wiederum Institutionen und Organisationen, die auch im Idealfall niemals gänzlich ohne Macht, Kontrolle und Zwang auskommen, niemals völlig aggressionsfrei sein können. Aber bewußte und vernünftige Planung kann die unumgänglich notwendigen aggressiven Faktoren eben durch deren Erkennung und Zurkenntnisnahme auf ein Minimum reduzieren und überschüssige eigene Aggression ausschalten. Die Befreiung von Gewalt kann nur durch Institutionen, die Gewaltäquivalente darstellen, stattfinden. Das ist die dritte Aufklärung zur Weltverbesserung.« (50)

Auf lange Sicht sei die *Er*kenntnis der Aggression besser als das *Be*kenntnis zu nichtaggressiven Verhaltensformen. Nur ein gewisses Maß freier, intrapsychischer oder zwischenmenschlicher Aggression könne mit produktiver Reifung und Entwicklung vereinbart werden. Daher bedürfe Aggression der Bindung und Kontrolle durch äußere und innere Organisationen; doch fördere andererseits die völlige Unterdrückung und das Verschwinden jeder freien Aggression die Tendenz zu Apathie, Erstarrung und Paralyse oder zur explosiven Gewalt. Jede Art der Aggressionskontrolle neige zum Verlust ihrer Kontrollfunktionen und zu ihrer regressiven Umformung in Gewalt, falls sie nicht selbst kontrolliert werde. Der Mangel an erzieherischer Vorbereitung für den aggressiven, aber nicht-gewaltsamen Ausdruck von Spannungen, von Ärger, Wut und enttäuschten Erwartungsvorstellungen erhöhe die Gewaltwahrscheinlichkeit, da ohne frühe Vertrautheit die Alternativen zur Gewalt weder erkannt noch eingeübt werden könnten, außer unter dem Etikettenschwindel der Verteidigung, welche die Aggression im anderen verteufelt, aber die eigene Gewalt rechtfertigt. Die strategischen Funktionen der Gewalt als Signal, Alarmzeichen, Hilferuf, Ventil, Langeweilebekämpfung oder als drastisch effektive Wirklichkeitsbeeinflussung seien häufiger und viel gefährlicher als symptomatische Gewalt um ihrer selbst willen oder als explosiver Kontrollverlust. Historische, soziologische und psychologische Erfahrung zeige, daß die Wahrscheinlichkeit von Gewalt trotz all ihrer Anziehungskraft und Faszination durch Beistellung und Erarbeitung von gewaltfreien Alternativen, die strategische Gewaltanwendung überflüssig machten, verringert werde. (51) Auf aggressive Weise könne man Kinder (Menschen) nicht zur Nicht-Aggressivität erziehen.

Zu den, aus solchen Erkenntnissen sich ergebenden Möglichkeiten bemerkt Theodor Ebert: »Die Entwicklung der Technik im 20. Jahrhundert scheint einseitig die Machtmittel der Herrschenden potenziert zu haben; die Furcht vor der revolutionären Macht der bloßen Zahl der Köpfe und Hände vermag die Herrschenden heute nicht mehr zur Mäßigung oder zur Räumung von Positionen zu bewegen. Die Technik gab ihnen neue Mittel zur Propagierung ihrer Ideologien, zur Kontrolle abweichenden Verhaltens und zur physischen Unterdrückung derjenigen, die sich noch der Illusion hingeben, die Herrschenden mit deren eigenen Waffen bekämpfen zu können. Dies dürfte nicht nur für kommunistische Regime, konservative Diktaturen im Westen und feudalistische Herrschaften in der Dritten Welt gelten, sondern in mancher Hinsicht selbst für die traditionsreichen rechtsstaatlichen Demokratien im Westen und jüngere, sich demokratisch legitimierende Regime in den Entwicklungsländern.

Gegenüber dieser technischen, bürokratischen und wirtschaftlichen Übermacht der Etablierten wurden im 20. Jahrhundert zwei Kampftechniken bewußt entwickelt, um latente Konflikte öffentlich zu machen und Änderungen im sozialen System herbeizuführen: einerseits der agitatorische Terror mit dem Ziel des revolutionären Guerillakrieges und andererseits die gewaltfreie Aktion mit dem Ziel des gewaltfreien Aufstands.

Beide Methoden beanspruchen, die adäquate Antwort auf die modernen Herrschaftsformen zu sein, und was für die einen ›Papiertiger‹, sind für die anderen ›Kolosse auf tönernen Füßen‹. Der chinesische Verteidigungsminister Lin Piao sieht in der Kampftechnik der Guerillas ›eine geistige Atombombe, die in der Hand des revolutionären Volkes eine viel mächtigere und nützlichere Waffe ist als die physikalische Atombombe‹, und der Friedensnobelpreisträger Martin Luther King hofft, daß die ›gewaltlose Aktion, zu der die Neger in ihrer Notlage griffen, zur Antwort auf das dringendste Bedürfnis der gesamten Menschheit wird‹ …

Die Protagonisten des agitatorischen Terrors und des Guerillakrieges ignorieren normalerweise das Potential gewaltfreier Kampftechniken, von denen Mohandas K. Gandhi, deren wichtigster Vertreter in der Dritten Welt, behauptete, sie seien ›ein vollwertiger Ersatz für den bewaffneten Aufstand‹ … Schlechte Erfahrungen mit legalistischen und gewaltsamen Methoden der sozialen Veränderung könnten jedoch Anlaß zu einer neuen Rezeption und Revision von Gandhis politischer Theorie und Kampftechnik sein, nicht zuletzt auch aus dem Grunde, daß die Weiterentwicklung seiner Methodik der Austragung von Konflikten auch nach seinem Tode nie ganz abgerissen ist. Auf die zunehmenden Schwierigkeiten, auf legalistischen Pfaden einen sozialen Wandel herbeizuführen, wurde schon hingewiesen, aber auch die Methode des agitatorischen Terrors und des Guerillakriegs scheint ihre Versprechungen nicht zu halten. Sie führt zu einer Brutalisierung beider Kontrahenten, und ihre Siege werden mit horrenden Opfern der – oft in den Krieg hineingezwungenen – Zivilbevölkerung erkauft.« (52)

Subjekt der Aggression, stellt Herbert Marcuse fest – in Widerspruch zu den »Institutionalisten« (die von der aggressionsbindenden Kraft der Institutionen überzeugt sind) –, sei der »Apparat«, der jetzige Stand der Zivilisation und Politik, nicht das Individuum. Die gesellschaftlichen Institutionen in ihrer historischen Form dienten im besonderen Maße dazu, Aggression zu fördern. Institutionen legitimierten sich human jedoch erst dann, wenn sie das Aggressionspotential, statt es zu steigern, abzubauen vermöchten. (53) Die Psychoanalyse könne zwar keine politischen Alternativen bieten, aber dazu beitragen, private Autonomie und Rationalität wieder herzustellen. »So zieht die Psychoanalyse ihre Stärke aus ihrem Verhalten: aus ihrer Insistenz auf den individuellen Bedürfnissen und Möglichkeiten, die von der gesellschaftlichen und politischen Entwicklung überholt worden sind. Was veraltet ist, ist deswegen nicht falsch. Wenn die fortschreitende Industriegesellschaft und ihre Politik das Freudsche Modell des Individuums und seiner Beziehung zur Gesellschaft haben hinfällig werden lassen, wenn sie die Kraft des Individuums, sich von den anderen abzulösen, ein Selbst zu werden und zu bleiben, untergraben haben, dann beschwören die Freudschen Begriffe nicht nur eine hinter uns liegende Vergangenheit, sondern auch eine neu zu gewinnende Zukunft. In seiner kompromißlosen Denunziation dessen, was eine repressive Gesellschaft dem Menschen antut, in seiner Voraussage, daß mit dem Fortschreiten der Zivilisation die Schuld wachsen und Tod und Zerstörung immer wirksamer die Lebensinstinkte bedrohen werden, hat Freud eine Anklage ausgesprochen, die seither erhärtet worden ist: durch die Gaskammern und Arbeitslager, durch die in Kolonialkriegen und Polizeiaktionen praktizierten Foltermethoden, durch das Geschick und die Eilfertigkeit des Menschen, sich auf ein unterirdisches ›Leben‹ vorzubereiten. Es ist nicht die Schuld der Psychoanalyse, wenn sie ohnmächtig ist, gegen diese Entwicklung anzukämpfen. Ebensowenig kann sie ihre Kraft erhöhen, indem sie Moden wie Zen-Buddhismus, Existentialismus usw. in sich aufnimmt. Die Wahrheit der Psychoanalyse liegt darin, daß sie ihren herausforderndsten Hypothesen die Treue hält.« (54)

Das Wesen wie die Entstehung von Aggressivität werden seit Freud sowohl endogen als auch exogen gedeutet: die Forschung ist bestimmt sowohl durch Theorien, die den von innen kommenden Charakter der Aggressivität herausstellen, als auch durch solche, die einen von außen bewirkten, milieubedingten Ursprung von Aggressivität annehmen. (55)

»Über den Ursprung der Aggression ist es bisher zu keiner übereinstimmenden Auffassung in der Forschung gekommen. Mit der Neigung, den Menschen weniger als Wesen auch mit einer Naturgeschichte, sondern nur mit sozialer Geschichte zu sehen, tritt in neuerer Zeit wieder die Auffassung in den Vordergrund: feindselig reagiere der Mensch nur auf das, was die Gesellschaft ihm als Individuum an Enttäuschungen und Leid zufüge. Von Natur aus sei er friedfertig. Ich teile diese Auffassung nicht. Was ist das für eine ›Natur‹, die bis heute nie endgültig zum Zuge gekommen ist? Woher kommt es, daß der Mensch friedfertig sein soll, die Menschen aber von Generation zu Generation voller destruktiver Phantasien sind, die sie auch ausleben? Ist dieser Glaube an die gute Natur nicht eine Illusion, die das Erkennen der psychischen wie der sozialen Realität verstellt? Da scheint es mir besser, Feindseligkeit gegen seinesgleichen als ein leicht weckbares seelisches Bedürfnis des Menschen im Rahmen der Aggressivität als Artmerkmal anzuerkennen und der Gesellschaft die Aufgabe zuzusprechen, sie zu mildern.« (Alexander Mitscherlich) (56) Aggression bedeute ein vitales Grundvermögen, eine Triebausstattung, die aber in der sozialen Realität die vielfältigsten Umwandlungen und Verstärkungen, aber auch Abschwächungen erfahre. »Reaktivität« spielt dabei eine große Rolle: der Mensch ist nicht nur zur Aggression geboren, er wird auch mit Aggression »begabt«, bzw. von Aggression befreit, wenn die Umwelt entsprechend sich verhält. Spontaneität ist zwar auf triebhafte und affektive Reizungen angewiesen, aber ihre Eigenart besteht in der Kombinationsfreiheit der Antwort auf diese Reize, zu der auch die Freiheit der Entscheidung über die Sublimierungsrichtungen gehört. (57)

In Erweiterung von Freuds These, wonach die Stärkung des Intellekts und der damit verknüpfte Triebverzicht ein Gegengewicht zu Krieg und Destruktion darstellen, fordert Mitscherlich, Aggression durch Sublimierung in »gekonnte Aktivität« umzuformen, die sie am ungezügelten Ausbrechen hindere. Dies könne durch »Anpassung an das eigene Denken« erreicht werden. Dem Ich falle es im Rahmen der Erlebnisvorgänge und des Erinnerns zu, das Denken von den Zumutungen der inneren Bedürfnisspannungen wie der Übergriffe aus der Umwelt frei zu halten. »Man bewahrt sich die Freiheit seines Denkens, aber dieses (gleiche) Denken schützt meinen Nachbarn vor meinem Angriff.« (58) Man könne aktiv sozial leben, wenn man eigene Denkfähigkeit entwikkelt habe und so zu Triebmischungen gelange, in denen der libidinöse Anteil in der führenden Funktion bleibe. Es ist dies ein Plädoyer für die Sozialisierung der Aggression. Jeder einzelne wird aufgefordert, von sich selbst in einem gewissen Maße abzusehen und sich auf den anderen verständnisvoll einzustellen. Eine liebend-tolerante Zuwendung zum Mitmenschen, soziale Sensibilität wie die Rücksicht auf ihn, sind ein wirksamer Schutz vor der Triebentmischung zerstörerischer Art.

Rational gezügelte Aggressivität ist im Willen zu sinnvoller (= partnerschaftliches bzw. genossenschaftliches Zusammenleben ermöglichender) Ordnung verankert. Gegenseitige Rücksicht gründet im gemeinsamen Interesse an einer derart geordneten, aggressionshemmenden Sozietät. Wenn die Gesellschaften nicht mehr, wie in der Vergangenheit, durch ihre Lebensbedingungen Aggressivität anheizen, läßt sich solcher Fortschritt erreichen. Wenn Pessimismus präsent bleibt, wird Friedenserziehung zur machbaren Möglichkeit, da sie sich dann nicht in Illusionen verrennt. (59)

Müssen wir hassen? (60) In der modernen Industriegesellschaft sind nach Herbert Marcuse die fundamentalen Institutionen und Beziehungen so geartet, daß sie die Nutzung der vorhandenen materiellen und intellektuellen Mittel für die optimale Entfaltung der menschlichen Existenz (Humanität) nicht gestatten. Der einzelne ist hier Spannungen und Belastungen ausgesetzt, die sich nicht aus individuellen Störungen und Erkrankungen, sondern aus dem *normalen* Funktionieren der Gesellschaft (und des Individuums) ergeben. Je größer die Diskrepanz zwischen humaner Möglichkeit und Tatsächlichkeit in gesamtgesellschaftlicher Hinsicht sich erweist, desto größer wird auch das Bedürfnis nach dem, was »zusätzliche Repression« genannt werden könne: d. h. nach Triebunterdrückung, die nicht mehr der Bewahrung und Entfaltung der Kultur dient, sondern dem sanktionierten Interesse am Fortbestand der etablierten Gesellschaft. (61)

Eine der gefährlichsten Einflüsse der gesellschaftlichen Umwelt (welcher Ausformung auch immer) kann darin bestehen, daß diese die Zielsetzungen des Individuums, seine Selbstfindung und Selbstverwirklichung, verhindert: d. h. Frustration bewirkt, die dann in Aggressivität umschlägt. »Wenn Freuds Theorie stimmt, daß die destruktiven Triebe danach drängen, das eigene Leben des Individuums zu vernichten, ohne den ›Umweg‹ über andere Leben und Ziele zu scheuen, dann können wir in der Tat von einer selbstmörderischen Tendenz dieser Gesellschaft sprechen, und das weltweite Spiel mit der totalen Zerstörung mag dann in der Triebstruktur der Individuen eine feste Basis gefunden haben.« (Herbert Marcuse) (62)

Für die Verhaltensforschung eines Konrad Lorenz gilt die spontaneistische Konzeption. Die Annahme eines Todestriebs sei nicht nur unnötig, sondern falsch. Die durch intraspezifische Selektion in grauer Vorzeit angezüchtete Aggression finde in der heutigen Gesellschaftsordnung kein adäquates Ventil mehr, die der »natürlichen« Aggressivität durchaus innewohnende »Tötungshemmung« habe mit der Waffenentwicklung nicht Schritt halten können. »Sähe man als voraussetzungsloser Beobachter den Menschen, wie er heute dasteht, in der Hand die Wasserstoffbombe, die ihm sein Geist beschert hat, im Herzen den von Anthropoiden-Ahnen ererbten Aggressionstrieb, den seine Vernunft nicht zu meistern vermag, man würde ihm kein langes Leben voraussagen! Betrachtet man nun gar diese Situation als mitbetroffener Mensch, so erscheint sie als irrer Angsttraum.« (63) Auch Lorenz betont die Freiheit und Denkfähigkeit des Menschen, die diesen nicht aus der Verantwortung für sein Tun entlassen würden. Die Hoffnung beruhe auf der »vernünftigen Verantwortlichkeit« des Menschen, die den ständig wachsenden Gefahren steuern könne. Die Einsicht in die Ursachenketten aggressiven Verhaltens ermögliche es, Aggression neu zu orientieren bzw. zu sublimieren. Der Sport etwa könne Aggression ab- und umlenken. Kunst und Wissenschaft bändigten und veredelten Triebenergetik. Das Lachen habe, wie die Begeisterung, eine positive soziale Funktion – schaffe das Gefühl brüderlicher Zusammengehörigkeit. Eine realistische Friedenserziehung, die das »Böse« weder als das (da endogen gegebene) »sogenannte Böse«, noch als ein von vornherein nur exogen gesetztes Faktum begreift, wird die stete Notwendigkeit von Emanzipation herausstellen müssen – als eine dem Menschen innewohnende Kraft, sich als »fortentwerfendes« Wesen zu verwirklichen, das sich von den Fixierungen der Natur wie der gesellschaftlichen Umwelt zu lösen und auf den Weg zur humanen realen Utopie zu begeben vermag. Die Institutionen müssen dementsprechend Aufhebung (Überwindung, Bewahrung, Erhöhung) ermöglichen. (64) Eine solche Coincidentia oppositorum bedeutet den Zusammenfall von statischen und dynamischen Elementen, von Bindung und Freiheit, von Ordnung und Spielraum. Aggressivität kann als Teil der menschlichen Natur weder geleugnet noch verdrängt, wohl aber durch die Artung menschlicher Gesellschaft gezügelt, umorientiert, sublimiert werden.

Ein Jahrhundert der Angst

Sigmund Freuds Zwanzigstes Jahrhundert war ein Jahrhundert der Aggression und der Angst. (65) Solche Befindlichkeit (als Ungesichertheit im Sein, im Dasein, in der Geschichte) antizipierend, hat Sören Kierkegaard festgestellt: »Man steckt den Finger in die Erde, um zu riechen, in welchem Land man ist. Ich stecke den Finger ins Dasein; es riecht nach gar nichts. Wo bin ich? Was will das heißen: Welt? Wer hat mich in das Ganze hineingelockt und läßt mich nun da stehen? Warum wurde ich nicht gefragt, sondern ins Glied gestellt, als sei ich von einem Seelenverkäufer verkauft?« (66)

Die Angst, Ausdruck existentieller Grenzsituation, Schnittpunkt zweier Welten im Menschen, des Geistes und des Triebes, Gottes und des Tieres, ist zugleich ein gesellschaftliches und politisches Phänomen. Sigmund Freud spricht davon, daß das Angstproblem ein Knotenpunkt sei, an welchem die verschiedensten und wichtigsten Fragen zusammenträfen. (67) Er selbst ging jedoch zunächst von einem physiologisch eng begrenzten Angstbegriff aus. Wo Freud expressis verbis von der Angst handelt, argumentiert er oft einseitig-psychoanalytisch – auch wenn ihm das Verdienst zufällt, mit Nachdruck die Bedeutung der Sexualität, im besonderen sexueller Hemmungen, für das Angstsyndrom herausgestellt zu haben (etwa in Form der für ihn zentralen Kastrationsangst). (68) Die Dimension philosophischen Denkens aber blieb ihm in solchem Zusammenhang weitgehend verschlossen. (69) Doch lassen sich Freuds Erkenntnisse vom Wesen und den Ursprüngen der Angst durchaus ins Existentielle transponieren.

Wie Kierkegaard vor ihm (und Karl Jaspers nach ihm) hat Freud zwischen Furcht, die auf etwas gerichtet, und Angst, die gegenstandslos sei, unterschieden. »Die Angst hat eine unverkennbare Beziehung zur Erwartung; sie ist Angst vor etwas. Es haftet ihr ein Charakter von Unbestimmtheit und Objektlosigkeit an; der korrekte Sprachgebrauch ändert selbst ihren Namen, wenn sie ein Objekt gefunden hat, und ersetzt ihn dann durch Furcht.« (70) Eine solche Feststellung war nicht nur Ausdruck definitorischer Logik; sie bot den Schlüssel zur Deutung von Angst als traumatischer Grundbefindlichkeit. Der Mensch, der geboren wird, ist damit auch schon in die Angst »geworfen«; der Geburtsakt ist das erste Angsterlebnis, das den Menschen »besetzt« hält und nicht mehr losläßt. »Die Angst ist ein besonderer Unlustzustand mit Abfuhraktionen auf bestimmte Bahnen. Nach unseren allgemeinen Anschauungen werden wir glauben, das der Angst eine Steigerung der Erregung zugrunde liegt, die einerseits den Unlustcharakter schafft, andererseits sie durch die genannten Abfuhren erleichtert. Diese rein physiologische Zusammenfassung wird uns aber kaum genügen; wir sind versucht anzunehmen, daß ein historisches Moment da ist, welches die Sensationen und Innervationen der Angst fest aneinander bindet. Mit anderen Worten, daß der Angstzustand die Reproduktion eines Erlebnisses ist, daß die Bedingungen einer solchen Reizsteigerung und der Abfuhr auf bestimmte Bahnen enthielt, wodurch also die Unlust der Angst ihren spezifischen Charakter erhält. Als solches vorbildliches Erlebnis bietet sich uns für den Menschen die Geburt, und darum sind wir geneigt, im Angstzustand eine Reproduktion des Geburtstraumas zu sehen.« (71)

Angst wird durch das Über-Ich bewirkt, wenn es sich dem Ich entzieht oder ihm entzogen wird – Folge des Zorns, der Strafe, des Liebesverlustes, was das Ich als Gefahr wertet und mit dem Angstsignal beantwortet. Letzte Wandlung solcher Angst ist die Todes-(Lebens-)Angst. (72) Angst ist hier Ausdruck existentiellen Verlassenseins, der Entbergung, des Verlusts des Über-Ich-Schutzes (der vor allen Gefahren zu bewahren scheint).

Aber auch im Es vollziehen sich Vorgänge, die dem Ich Anlaß zur Angstentwicklung geben: »In der Tat sind die wahrscheinlich frühesten Verdrängungen, wie die Mehrzahl aller späteren, durch solche Angst des Ichs vor einzelnen Vorgängen im Es motiviert. Wir unterscheiden hier wiederum mit gutem Grund die beiden Fälle, daß sich im Es etwas ereignet, was eine der Gefahrsituationen fürs Ich aktiviert und es somit bewegt, zur Inhibition das Angstsignal zu geben, und den anderen Fall, daß sich im Es die dem Geburtstrauma analoge Situation herstellt, in der es automatisch zur Angstreaktion kommt.« (73)

Die Über-Ich-Angst »verdinglichte« sich als Furcht vor der rigorosen kulturellen Sexualmoral der Jahrhundertwende, vor patriarchalischer Dominanz, die den Emanzipationsprozeß der »Söhne« und »Töchter« zu verhindern suchte; sie schlug sich nieder als Furcht vor einer Kulturentwicklung, die immer mehr Abhängigkeit verbreitete und den Menschen in ein Glücksstreben einband, das nicht erfüllt werden konnte. Die Mystifikation der technischen Prothesengötter (verführerischer Surrogate, Psychopharmaka und audiovisueller Tranquilizer) versetzte die ihrer Arbeit und sich selbst entfremdeten Menschen in eine Welt der Unwirklichkeit und Vereinsamung, aus der heraus der Amoklauf ins Kollektiv losbrach. Die in die Orientierungslosigkeit hineingetriebenen Massen projizierten ihre Hilflosigkeit auf Führernaturen, die ihrerseits durch Terrorpropaganda, Schuldverkettung und gemeinsam begangene Verbrechen das Angstpotential weiter steigerten. Reale Gefahren wurden dabei übertrieben; Verschwörertheorien förderten neurotische Verfolgungsangst und verbauten oder verhinderten Lösungsmöglichkeiten. Die derart emotional abgestützten Ideologien dienten zugleich dazu, die ökonomischen und gesellschaftlichen Privilegien der Herrschaftsschichten abzusichern. Solche Repression, die im besonderen die Libidostrebungen mit erfaßt bzw. sich auf diese konzentriert, um die in der Befriedigung sich vollziehende Befriedung des Menschen zu verhindern, impliziert Regression: ein Zurückfallen auf eine anarchische Frühstufe, von der aus dann die aggressiven Ausbruchsversuche erfolgen; Verdrängung und Entfremdung »explodieren« – das Versagen der rationalen Steuerung verhilft dem Destruktionstrieb zum Durchbruch. Im Amoklauf wie in der Panik schlägt die Empfindung höchster Furcht in einen chaotischen Fluchtwillen um, der jede Hoffnung auf Progression hinwegfegt.

Doch bewirkt nicht nur Unsicherheit Furcht; auch das Gefühl »gesicherter Existenz« muß teuer erkauft werden: das isolierte Individuum ist gezwungen, sich in der modernen Industriegesellschaft mit den anderen Individuen der gleichen Gruppe ständig in einen Kampf einzulassen, um sie zu überragen und zur Seite zu schieben. Was Freud als familiäres Problem erkannte, die Rolle des Rivalentums in der Familie, die Rivalität zwischen Vater und Sohn, Mutter und Tochter, zwischen dem einen Kind und dem anderen, ist weniger ein allgemein menschliches Phänomen, vielmehr Reaktion auf historisch »festgelegte«, kulturbedingte Anreize – nämlich auf solche der Konkurrenz- und Konsumgesellschaft unserer Zeit. »Der Vorteil des einen ist oft der Nachteil des anderen. Das seelische Resultat dieser Situation besteht in der einer allgemein feindlichen Spannung zwischen den Einzelnen. Jeder ist der wirkliche oder potentielle Konkurrent jedes anderen. Diese Situation wird deutlich zwischen Mitgliedern der gleichen Berufsgruppe sichtbar, trotz aller gegenseitigen Bemühungen, sich fair zu benehmen oder Versuchen, seine Gefühle hinter höflicher Rücksichtnahme zu verbergen. Jedoch muß betont werden, daß der Wettbewerb und die potentielle Feindseligkeit, die er im Gefolge hat, sämtliche menschlichen Beziehungen durchdringt. Der Wettbewerb ist einer der allerwesentlichsten Faktoren in sozialen Beziehungen. Er durchdringt die Beziehungen von Mann zu Mann, von Frau zu Frau und ob der Anlaß des Wettbewerbs Popularität, Kompetenz, Anziehungskraft oder irgendein anderer sozialer Wert ist, er erschwert die Möglichkeit einer verläßlichen Freundschaft beträchtlich.« (Karin Horney) (74) Diese potentiell feindselige Spannung zwischen Individuen führt zu einer steten Erregung von Furcht – Furcht vor der potentiellen Feindseligkeit anderer, verstärkt durch eine Vergeltungsfurcht angesichts der eigenen Feindseligkeiten.

Eine andere wichtige Quelle der Furcht in der modernen Wohlstandsgesellschaft ist die Furcht vor Mißerfolg, wobei im allgemeinen die Möglichkeiten eines Mißlingens viel größer sind als eines Gelingens, und jeder Mißerfolg in einer konkurrierenden Gesellschaft eine realistische Vereitelung von Bedürfnissen mit sich bringt. Dies bedeutet nicht nur ökonomische Unsicherheit, sondern auch Prestigeverlust und alle möglichen gefühlsmäßigen Enttäuschungen. Das Unbehagen in der Kultur ist die Wurzel von Kulturneurosen; Kulturneurosen verstärken ihrerseits wiederum das Unbehagen in der Kultur.

Indem Freud vom »Katastrophencharakter« der Geburt sprach, artikulierte er die Stimmungslage einer Gesellschaft, die sich vom religiösen Glauben genauso abgetrennt fühlte, wie vom Gefühl kosmischer Geborgenheit. Das Empfinden der Diskrepanz von Natur und Geist, Trieb und Vernunft, das den allgemeinen »Weltriß« ausmachte, verdrängte

Freud nicht; im Gegenteil: immer wieder hat er das »Grunderlebnis« der Sinnkrise beschrieben.

Die Philosophie und Psychologie der Angst, von Kierkegaard über Freud zu Heidegger, Sartre und Jaspers, hat einen gemeinsamen Bezugspunkt. Die angstvolle Erfahrung des »Daseinmüssens« verknüpft sich mit der Vorstellung, daß alles Sein ein Sein zum Tode sei. Die »Entziehung der Grundlage« bedeutete eine Loslösung vom metaphysischen Überbau; und auch eine »Abtrennung« vom idealistischen Glauben an die Weltvernunft. Der Hegelsche Satz, daß, was vernünftig, auch wirklich, und was wirklich, auch vernünftig sei, galt nicht mehr. Die Perversionen des Weltgeschehens, die Aggressionswut einer Menschheit, die alle Sicherungen der Kultur durchschlagen hatte, legte den »Abschied an die Geschichte« nahe.

Ein anderer »Phänotyp dieser Stunde«, dieses Jahrhunderts, durch die »Erbanlagen« und Umwelteinflüsse der Epoche geprägt, mit dem Denken Freuds immer wieder konvergierend, aber im Gegensatz zu diesem sich den Gefahren der Zeit, die er faszinierend beschwor, überantwortend – Gottfried Benn –, hat in einem Prosastück aus dem Nachlaß, das 1942 oder 1943 entstand, die Sinnlosigkeit von Geschichte dahingehend beschrieben, daß wir nicht im entferntesten wüßten, was gespielt werde, universal nicht und individuell nicht, wer oder was wir überhaupt seien, woher wir kämen und wohin wir gingen, warum wir lebten und warum wir stürben.

»Der Inhalt der Geschichte. Um mich zu belehren, schlage ich ein altes Schulbuch auf, den sogenannten kleinen Ploetz: Auszug aus der alten, mittleren und neuen Geschichte, Berlin 1891, Verlag A. G. Ploetz. Ich schlage eine beliebige Seite auf, es ist Seite 337, sie handelt vom Jahre 1805. Da findet sich: einmal Seesieg, zweimal Waffenstillstand, dreimal Bündnis, zweimal Koalition, einer marschiert, einer verbündet sich, einer vereinigt seine Truppen, einer verstärkt etwas, einer rückt heran, einer nimmt ein, einer zieht sich zurück, einer erobert ein Lager, einer tritt ab, einer erhält etwas, einer eröffnet etwas glänzend, einer wird kriegsgefangen, einer entschädigt einen, einer bedroht einen, einer marschiert auf den Rhein zu, einer durch ansbachisches Gebiet, einer auf Wien, einer wird zurückgedrängt, einer wird hingerichtet, einer tötet sich – alles dies auf einer einzigen Seite, das Ganze ist zweifellos die Krankengeschichte von Irren.

Seite 369, das Jahr 1849: einer wird abgesetzt, einer wird Gouverneur, einer wird zum Haupt ernannt, einer hält einen pomphaften Einzug, einer verabredet etwas, einige stellen gemeinsam etwas fest, einer überschreitet etwas, einer legt etwas nieder, einer entschließt sich zu etwas, einer verhängt etwas, einer hebt wieder etwas auf, einer trennt, einer vereint, einer schreibt einen offenen Brief, einer spricht etwas aus, einer kommt zu Hilfe, einer dringt vor, einer verfügt einseitig, einer fordert etwas, einer besteigt etwas, überschritten wird in diesem Jahr überhaupt sehr viel – im ganzen ergibt sich auf dieser Seite dreimal Waffenstillstand, einmal Intervention, zweimal Einverleibung, dreimal Aufstand, zweimal Abfall, zweimal Niederwerfung, dreimal Erzwingung – man kann sich überhaupt keine Tierart vorstellen, in der so viel Unordnung und Widersinn möglich wäre, die Art wäre längst aus der Fauna ausgeschieden.« (75)

Gottfried Benn sah im Irrationalismus der action pure, der Tat um der Tat willen, in der Selbstauslöschung, im Rausch, in der Ekstase, in der mystischen Versenkung oder in der Abkapselung im Asyl einer sublimen Phantasiewelt, im Rückzug auf den Intimbereich stiller Freuden und einfachen Dinge eine Möglichkeit von Erlösung. (76) Für Gottfried Benn, dessen Denken durch die Stichworte Wirklichkeitsverlust, forciertes Chaos, Untergangsbewußtsein, provoziertes Leben, artistische Existenz charakterisiert werden kann, (77) der von Rilkes Vers: »Wer spricht von Siegen? Überstehn ist alles« (77) schrieb, seine Generation werde ihn nie vergessen, und den Satz prägte, daß wir an unseren Neurosen hingen, denn sonst hätten wir gar nichts – für diesen ganz anderen Phänotyp des gleichen Freudschen Jahrhundert bleibt nur das Nichts, aber darüber Glasur. »Wir wissen nicht, wer oder was Cäsar ermordete, Napoleon das Magenkarzinom erst auf St. Helena schickte, den Nebel sandte, als die Nivellesche Offensive beginnen sollte, wer manche Winter so hart machte oder die Winde so stellte, daß die Armada zerschellte. Was sich abhebt, ist immer nur das durcheinandergehende Spiel verdeckter Kräfte. Ihnen nachzusinnen, sie zu fassen in einem Material, das die Erde uns an die Hand gibt, in ›Stein, Vers, Flötenlied‹, in hinterlassungsfähigen abgeschlossenen Gebilden –: diese Arbeit an der Ausdruckswelt, ohne Erwarten, aber auch nicht ohne Hoffnung –: etwas anderes hat die Stunde für uns nicht.« (78)

Während Gottfried Benn, angesichts der Erfahrungen dieses Jahrhunderts mit Geschichte, der Faszination der Regression (als Ichzerfall, Destruktion von Bewußtsein, Eintauchen ins Bewußtlose) verfiel – »O so möchte ich wieder werden: Wiese, Sand, blumendurchwachsen, eine weite Flur. In lauen und kühlen Wellen trägt einem die Erde alles zu. Keine Stirne mehr. Man wird gelebt« (79) – hat Sigmund Freud der Selbervergessenheit wie dem Fatalismus, nurmehr überstehn, nicht mehr siegen zu können, sich entzogen und mit der Sonde der Vernunft im Zeitalter der Angst die Möglichkeiten des Standhaltens eruiert. Es war eine pessimistische Position, die aber, indem sie sich als solche wahrnahm, den eigenen Schatten übersprang und Möglichkeiten neuer Identität, wie sie aus der Einsicht in die Tiefen und Höhen des Ich hervortrat, wahrnahm. Kollektive Identität ist – stellt Jürgen Habermas fest – innerhalb komplexer Gesellschaften nur in reflexiver Gestalt möglich, nämlich so, »daß sie im Bewußtsein allgemeiner und gleicher Chancen der Teilnahme an solchen Kommunikationsprozessen begründet ist, in denen Identitätsbildung als kontinuierlicher Lernprozeß stattfindet.« (80)

Freud hat dem einzelnen wie der Gesellschaft ein Instrumentarium für Selbstreflexion an die Hand gegeben, das freilich noch – vor allem im Bereich politischer Psychologie – seiner Nutzung harrt. Der Kampf um die Erinnerung, als das Wahrnehmen und Wahrhaben der seelischen Entwicklungsgeschichte dieses Jahrhunderts, der faszinierend-gefährlichen Seelenbilder dieser Epoche, ist Trauerarbeit, die zu leisten uns aufgetragen ist. Nicht nur die Angst als Sein zum Tode, sondern die Angst, die aus der Verdrängung des Todes erwuchs (da die damit erwirkte Scheinsicherheit den Menschen nicht trug, sondern mit der Desillusionierung ihn in die tiefste Verelendung und Todesangst zurückstieß), kennzeichnen die vorletzten Tage der Menschheit. Mit dem »Entzug der Grundlage«, der Herauslösung aus den religiösen und kosmischen Bindungen, stieg die Angst vor der radikalen Freiheit, da nun der Mensch sich nicht mehr dem Charisma der Autoritäten anvertrauen konnte, sondern sich selbst aufgerufen fand, Wirklichkeit zu gestalten – und nicht vor ihr zu flüchten. Von hier aus wird dann Angst (das Schicksal, mit »Furcht und Zittern« die Welt erleben zu müssen) freilich zur großen heuristischen Möglichkeit. Im Jahrhundert der Angst kann Angst die Gründe der Furcht beseitigen helfen. Die Angst ist nach Freud Warnungssignal vor der Gefahr und Mittel, »das Eingreifen des Lust-Unlust-Mechanismus« wachzurufen. Die Angst ist allgemeine Reaktion auf die Situation der Gefahr. (81) »Die Gefahrensituation ist die erkannte, erinnerte, erwartete Situation der Hilflosigkeit. Die Angst ist die ursprüngliche Reaktion auf die Hilflosigkeit im Trauma, die dann später in der Gefahrsituation als Hilfssignal reproduziert wird. Das Ich, welches das Trauma passiv erlebt hat, wiederholt nun aktiv eine abgeschwächte Reproduktion desselben, in der Hoffnung, deren Ablauf selbständig leiten zu können.« (82) Heidegger hat in »Sein und Zeit« (1927) dazu festgestellt:

„In der Angst vor dem Tode wird das Dasein vor es selbst gebracht als überantwortet der unüberholbaren Möglichkeit. Das Man besorgt die Umkehrung dieser Angst in eine Furcht vor einem ankommenden Ereignis. Die als Furcht zweideutig gemachte Angst wird überdies als Schwäche ausgegeben, die ein selbstsicheres Dasein nicht kennen darf … Das Sein zum Tode gründet in der Sorge. Als geworfenes In-der-Welt-sein ist das Dasein je schon seinem Tode überantwortet … Das Sein zum Tode ist Vorlaufen in ein Seinkönnen des Seienden, dessen Seinsart das Vorlaufen selbst ist. Im vorlaufenden Enthüllen dieses Seinkönnens erschließt sich das Dasein ihm selbst hinsichtlich seiner äußersten Möglichkeit. Auf eigenstes Seinkönnen sich entwerfen aber besagt: sich selbst verstehen können im Sein des so enthüllten Seienden: existieren … Die Befindlichkeit aber, welche die ständige und schlechthinnige, aus dem eigensten vereinzelten Sein des Daseins aufsteigende Bedrohung seiner selbst offen zu halten vermag, ist die Angst. In ihr befindet sich das Dasein vor dem Nichts der möglichen Unmöglichkeit seiner Existenz. Die Angst ängstigt sich um das Seinkönnen des so bestimmten Seienden und erschließt so die äußerste Möglichkeit. Weil das Vorlaufen das Dasein schlechthin vereinzelt und es in dieser Vereinzelung seiner selbst der Ganzheit seines Seinkönnens gewiß werden läßt, gehört zu diesem Sichverstehen des Dasein aus seinem Grunde die Grundbefindlichkeit der Angst. Das Sein zum Tode ist wesenhaft Angst … Das Vorhaben enthüllt dem Dasein die Verlorenheit in das Man-selbst und bringt es vor die Möglichkeit, auf die besorgende Fürsorge primär ungestützt, es selbst zu sein, selbst aber in der leidenschaftlichen, von den Illusionen des Man gelösten, faktischen, ihrer selbst gewissen und sich ängstigenden Freiheit zum Tode." (83)

Besondere Angst mußte dieses Jahrhundert dann einflößen, als es die Angst verloren hatte; als seine Akteure nicht mehr in der Phantasie Aggression vorwegnahmen und aufhoben, sondern – bestimmt durch den Mangel an Phantasie, also angstlos – den anderen wie sich selbst realiter zu vernichten trachteten; als Schmerz und Trauer suspendiert blieben und der Wahn der Selbstsicherheit und Selbstherrlichkeit sich ausbreitete. (84)

Das Selbstsein in der Form eines standhaften, vom »Man« gelösten, sich ängstigenden und dabei sich selbst gewissen Pessimismus hat Freud vorgedacht und vorgelebt. Kierkegaard spricht davon, daß in der unendlichen Resignation Friede und Ruhe läge: »Jeder Mensch, der es will und der sich selbst dadurch genötigt hat – was noch schrecklicher ist, als zu stolz zu sein –, daß er sich selbst verachtet, kann sich dazu erziehen, diese Bewegung zu machen, die in ihrem Schmerz mit dem Dasein versöhnt. Die unendliche Resignation ist jenes Hemd, von welchem in der alten Volkssage erzählt wird. Der Faden wird unter Tränen gesponnen, mit Tränen gebleicht, das Hemd in Tränen genäht, aber dann sitzt es auch besser als Stahl und Eisen.« (85) Und an anderer Stelle stellt Kierkegaard fest, und der Satz charakterisiert, was auch den großen Desillusionisten Sigmund Freud prägte: »Die unendliche Resignation ist das letzte Stadium, das dem Glauben vorausgeht, derart, daß keiner, der diese Bewegung nicht vollzogen hat, den Glauben hat; denn erst in der unendlichen Resignation werde ich mir selbst klar in meiner ewigen Gültigkeit, und erst dann kann die Rede davon sein, mit der Kraft des Glaubens das Dasein zu ergreifen.« (86)

Glaube bei Freud war freilich nicht der religiöse Glaube, sondern der Glaube an die Kraft des Intellekts – ein Transzendieren aufs Vernünftige hin, obgleich doch diesem die Natur- wie Kulturgeschichte des Menschen widersprach.

»Evolution zum Bewußtsein heißt Aufklärung. Der Bedeutungsgehalt des Wortes hat sich entscheidend geändert. Im klassischen Gebrauch kündigt er die Leistung einer souverän gedachten ›Vernunft‹ an. Rückblickend erscheint uns die Souveränität, die von den Aufklärern der Vernunft zugesprochen wurde (ebenso wie die Geistsouveränität des deutschen Idealismus), sehr zeitgebunden vom Bild des absoluten Herrschers, des Souveräns beeinflußt. Entsprechend wird auch unser anthropologisches Konzept von der gesellschaftlichen Lage mitbestimmt sein, in der wir denken, und zwar vom wachsenden Eingeständnis, daß nur eine funktionierende Interdependenz aller produktiven Elemente der Gesellschaft diese am Leben erhalten kann. Deshalb nehmen wir auch nicht zu einem abstrakten Vernunftbegriff Zuflucht, sondern sprechen von einem Ich, das seiner selbst kritisch inne werden kann, sei es zu dem, was er erlernt hat, sei es zu dem, was es wahrnimmt, im Selbst empfindet, fühlt … Aufklärung, als Aufklärung über den Menschen, bedeutet also in der zeitgenössischen Formulierung Einsicht in die Abhängigkeit der ›Willensentscheidungen‹ von den Vorgegebenheiten der Triebkonstitution und von den Triebschicksalen, wie sie sich unter den Bedingungen der sozialen Mitwelt gestalten. An die Stelle einer im Menschen sich selbst verwirklichenden Vernunft tritt also der Versuch, in beharrlicher Analyse zu erforschen, wieviel Vernunft zu eigen ihm seine Welt eigentlich gestattet.« (Alexander Mitscherlich) (87)

Die neue Ethik des Standhaltens

Die neue Ethik im Zeitalter der Angst war eine des einsamen Da-seins und Standhaltens. »Früh streifte der Tod alles von mir ab, woran sich meine Jugend gebunden hatte, es kostete Blut und Tränen, aber dann war ich allein«, heißt es bei Gottfried Benn. (88) Freud bewältigte dieses Alleinsein, angesichts der vielfältig undurchschaubaren, unverständlichen, »unsäglichen« und darum bedrohlichen Wirklichkeit, durch Einsicht; bei aller Faszination des Irrationalismus, des Mythos, gelang es seiner »vernünftigen Analyse«, inmitten bodenloser Orientierungslosigkeit Grund zu finden. Das Lehrstück, das er vorführte, war das der Entmythologisierung, Entdogmatisierung und Entillusionierung. Freud entdeckte, um mit Ernst Bloch zu sprechen, daß alles Gegenwärtige mit Gedächtnis beladen ist, mit Vergangenheit im Keller des Nicht-mehr-Bewußten. (89) Er hat damit aber auch (was Bloch der Psychoanalyse nicht zugesteht) entdeckt, daß im Gegenwärtigen, ja im Erinnerten »selber ein Auftrieb und eine Abgebrochenheit, ein Brüten und eine Vorwegnahme von Noch-Nicht-Gewordenem« vorhanden ist, das Abgebrochen-Angebrochene nicht im Keller des Bewußtseins, sondern »an seiner Front« geschieht. Es ging ihm vor allem um die »psychischen Vorgänge des Herauskommens«, wie sie z. B. für die Jugend, für die Wendezeiten und die »Abenteuer der Produktivität« so charakteristisch sind – »für alle Phänomene mithin, worin Ungewordenes steckt und sich artikulieren will.« (90) Das »Prinzip Hoffnung«, das aus dem Kampf mit der und um die Erinnerung erwächst, wird bei Freud (im Gegensatz zu Bloch) nur in einer sehr zurückhaltenden Weise manifest; es ist ständig durch Pessimismus und Resignation gehemmt; aber es ist vorhanden. »Im Dialog mit dem Zweifel begegnen wir uns selbst. Unsere früheren Vorstellungen von der Allmacht der Gedanken enthüllt die Psychologie als eine kindliche Reminiszenz. Wir begegnen jenem Gott, den wir uns selbst zu unseren Vorstellungen passend zurechtgemacht haben. Und wir erschrecken, wenn wir in uns selbst wahrnehmen, wie wenig dieses Bild stimmt. Die Ergebnisse der Psychologie zwingen uns, ein neues Verständnis der Welt und unser selbst zu entwickeln. Das ändert aber nicht das geringste an unserer Selbstverantwortlichkeit. Im Gegenteil: die Psychologie hat uns gelehrt, daß wir für viel mehr selbst verantwortlich sind, als wir zuvor glaubten – auch für unsere unbewußten Wünsche und Vorstellungen. Es ist unbequem, solche neuen Fähigkeiten zur Einsicht entwickeln zu müssen. Wir werden jedoch nicht überleben, wenn wir es versäumen.« (Brocher) (91)

Die neue Ethik des einsamen Da-seins und Standhaltens umschloß die Forderung, die alte Ethik mit ihrer repressiven, oktroyierten Moral zu überwinden, Verdrängung aufzuheben und im Stadium individueller wie sozialer Angst (evoziert durch »Angstsignale«) über den Schatten des alten Gewissens zu springen. Der gesellschaftlichen Norm, mit der übereinzustimmen das kulturelle Über-Ich als gutes Gewissen deklarierte, galt es, im Vorgriff auf die Möglichkeiten personaler Entscheidung, ein neues Wertgefühl entgegenzustellen, das den Anbruch von Freiheit am Horizont immer wieder enttäuschter, immer wieder mißbrauchter Hoffnung aufleuchten ließ. Der Revolutionär jeder Art steht auf seiten der inneren Stimme und gegen das Gewissen seiner Zeit, das jeweils Ausdruck der alten herrschenden Werte ist. (92) Sigmund Freud war ein Revolutionär, der aber, als ein bürgerlicher, als ein jüdischer Revolutionär, auch immer wieder die Notwendigkeit der Konvention und der Institution für die Lebensgemeinschaft der Menschen und die humane Ordnung der Gesellschaft erkannte. Um die Norm zu überwinden, mußte sie gesetzt sein; in ihrer Setzung liegt jedoch die Aufforderung zu ihrer Überwindung. Freuds Denken war ein Denken der Emanzipation.

Der desillusionierende Effekt der Begegnung mit dem eigenen »Schatten«, dem unbewußten negativen Teil der Persönlichkeit, tritt überall da auf, wo das Ich in Identifikation mit den Kollektivwerten, mit den kulturellen Über-Ich-Vorstellungen der Zeit, lebt. (93) Die analytische Arbeit Freuds hat die Schattenseite der menschlichen Psyche in ihrem Gegensatz zur illusionistischen, scheinhaften Stabilität des Ich ins Licht gerückt und damit den Weg frei gemacht für eine Ethik des Über-den-Schatten-Springens, für eine Ethik des Sprungs in die Freiheit. »Die Liebe zum Schatten und sein Annehmen ist psychologisch erst die Basis für eine realisierbare ethische Haltung auch dem Du gegenüber, das außer uns ist. Die Negierung des Negativen führt in der Sündenbockpsychologie mit der ihr eigenen Selbstrechtfertigung gleichzeitig auch zur Negation der Nächstenliebe. Die christliche Ethik im Gegensatz zur urchristlichen des Jesus von Nazareth ist über diese Spaltung niemals hinausgekommen, weil sie grundsätzlich dualistisch gnostizierend an einem oberen und einem unteren Menschen, einer Zweiheit von dieser und jener Welt im Menschen und in der Welt festgehalten hat. Erst indem ich mich auch als dunkel – nicht als Sünder – erfahre, gelingt es mir, das dunkle Ich des anderen anzunehmen, weil ich meine Zusammengehörigkeit mit ihm gerade in meinem Auch-dunkel-Sein, nicht nur in meinem Auch-hell-Sein, realisiere.

In der Selbsterfahrung des tiefenpsychologischen Weges, auf dem die Verbindung mit dem Schatten das erste Stadium darstellt, wird der Mensch illusionsärmer, aber auch verständnis- und einsichtsvoller, weil die Persönlichkeitserweiterung durch den Schatten nicht nur einen neuen Zugang zur eigenen Tiefe vermittelt, sondern damit auch zur dunklen Seite der Menschheit überhaupt. Das Annehmen des Schattens ist ein Hineinwachsen in die Tiefe des eigenen Urgrunds, und mit dem Verlust der schwebenden Illusion eines Ich-Ideals wird eine neue Vertiefung, Verwurzelung und Standfestigkeit erworben.

Die Verbindung mit dem Schatten erlebt das Ich als seine Zusammengehörigkeit mit der Spezies Mensch und ihrer Geschichte in der inneren Erfahrung, indem es eine Fülle vorzeitiger seelischer Strukturen als Triebe, Instinkte, Urbilder, Symbole, archetypische Auffassungen und primitive Verhaltensweisen in sich selber vorfindet.« (94)

Freilich ist es Sigmund Freud nicht gelungen, diese neue Ethik über den individualpsychologischen Bereich hinaus zur sozialen Ethik systematisch auszubauen. Seine Befangenheit als *bürgerlicher* Revolutionär verhinderte, daß er über endzeitlichen Pessimismus sich hinwegsetzte und seine psychologischen Einsichten als konkret machbare soziale Wirklichkeit postulierte. Nach Erich Fromm war es das Problem des 19. Jahrhunderts, daß Gott tot ist; das des Zwanzigsten sei es, daß der Mensch tot ist. Im neunzehnten Jahrhundert bedeutete Unmenschlichkeit soviel wie Grausamkeit; im zwanzigsten Jahrhundert bestehe die Inhumanität in schizoider Selbstentfremdung. »Die einstige Gefahr war, daß der Mensch zum Sklaven werde, die künftige ist, daß Menschen zu Robotern werden.« (95) Wenn aber Krieg und Robotertum die großen Gefahren sind, und Freud sah sie – unzeitgemäß – mit aller Deutlichkeit vor sich, welche Alternativen bieten sich an? Freud wußte letztlich keinen Rat. Ihm fehlte das, was Fromm einen humanistisch-demokratischen Sozialismus nennt. Verhaftet in der bürgerlichen Schicht, war er zwar im eminenten Maße fähig, mit Hilfe der bürgerlichen Vernunft solche Befangenheit zu transzendieren; doch ging ihm das Bewußtsein ab, daß der Wandel nicht nur im geistig-seelischen Sein des Menschen, in seinem Bewußtsein, sondern gleichzeitig in der wirtschaftlichen, politischen und kulturellen Sphäre sich vollziehen muß; daß, bei aller Notwendigkeit, vom Überbau her das Dasein zu bestimmen, es auch notwendig ist, vom Unterbau her Veränderung in Gang zu setzen. In der modernen Gesellschaft liegt die Verwirklichung des Humanen durchaus in der Reichweite des Menschen; dennoch sind die Gefahren der Zerstörung aller Kultur und Zivilisation ungeheuer groß.

»Unsre einzige Alternative zu Robotertum ist humanistischer, demokratischer Sozialismus. Das Problem liegt nicht in erster Linie in der gesetzlichen Regelung der Besitzverhältnisse noch im Teilen der Profite; es geht um das Teilen der Arbeit und des Erlebens. Veränderungen der Eigentumsverhältnisse müssen in dem Maße vorgenommen werden, wie sie nötig sind, um eine Werkgemeinschaft zu schaffen und zu verhindern, daß das Gewinnmotiv die Produktion in sozial schädliche Bahnen lenkt. Die Einkommen müssen einander so weit angenähert werden, daß sie jedermann eine würdige Existenz ermöglichen und verhüten, daß wirtschaftliche Unterschiede fundamental verschiedene Lebenserlebnisse bedingen. Der Mensch muß in seinen obersten Platz in der Gesellschaft wieder eingesetzt werden, er darf nie mehr ein Mittel, niemals ein Ding zur Benutzung durch andere oder durch sich selber sein. Der ›Gebrauch‹ des Menschen durch den Menschen muß aufhören; die Wirtschaft muß der Höherentwicklung des Menschen dienen. Das Kapital hat im Dienst der Arbeit, die Dinge haben im Dienste des Lebens zu stehen. An Stelle der ausbeutenden und hortenden Orientierung, die im 19. Jahrhundert vorherrschte, und der heutigen Marktorientierung muß die produktive Orientierung das Ziel werden, auf das alle gesellschaftlichen Maßnahmen gerichtet sind.« (96)

Um die Sinnkrise zu bewältigen, bedarf es der Anstrengung der Utopie, zu der Freud nur zaghaft fähig war. Der Weg in die eigene innere Vergangenheit impliziert oft – und insofern hat Ernst Bloch auch wiederum Recht, wenn er das Rückwärts-gerichtetsein der romantischen Psychologie im Widerspruch zum »Prinzip Hoffnung« sieht – eine zeitweilige Lockerung der Beziehungen zur gegenwärtigen sozialen Wirklichkeit. Lange Zeit wurde dieser »Rückzug« sogar demjenigen nahegelegt, der sich der Psychoanalyse unterziehen wollte. »Die soziale Gegenwart – außer der Person des Analytikers – blaßt in ihrer Bedeutung ab. Die psychoanalytische Besinnung führt denjenigen, der sich ihr unterzieht, zu dem Schluß, daß er bislang für soziale Wirklichkeit hielt, was eigentlich weitgehend eine Projektion seiner inneren Situation war. Ohne daß er es gemerkt hatte, hatte er die Szenerie der jeweiligen Gegenwart automatisch unter dem Einfluß seiner inneren Konflikte fehlgedeutet. Wie die momentane Wirklichkeit eigentlich beschaffen ist, das kann anscheinend überhaupt nicht verläßlich erkennen, wer nicht eine gründliche Aufräumungsarbeit an seinem tief in der kindlichen Vorgeschichte verankerten inneren Konfliktmaterial geleistet hat.« (Horst E. Richter) (97) Bezogen auf die sozialpsychologische bzw. sozialpathologische Situation, ergibt sich aus dem sozialen Defizit der

Freudschen Psychoanalyse die Forderung, den Kampf um die Erinnerung so zu führen, daß die Auseinandersetzung mit der Vergangenheit in die Bewußtheit von den gesellschaftlichen Aufgaben der Gegenwart und Zukunft einmündet. Richter, an Mitscherlich anknüpfend, stellt diese Verbindung von Vergangenheit und Zukunft, von Innen- und Außenwelt, Individuum und Gesellschaft her, wenn er schreibt (und diese Sätze sind auf eine psychoanalytische Soziologie voll übertragbar): »Wir verstehen unter Psychoanalyse im weiteren Sinne eine Methode der Wahrnehmung der inneren Realität des einzelnen Menschen, zugleich aber auch der Wahrnehmung der unbewußt vermittelten Beziehungen zwischen verschiedenen Menschen wie zwischen dem Individuum und seinen sozialen Bedingungen überhaupt. Als Wissenschaft vom Unbewußten beschäftigt sich die Psychoanalyse nicht nur mit den unbewußten Niederschlägen früherer Erfahrungen, sondern ebenso mit den unbewußten Auswirkungen der augenblicklichen sozialen Realität. Die Psychoanalyse versucht, die unzugänglich gewordenen Erinnerungen an die eigene Lebensgeschichte wieder erfahrbar zu machen, sie versucht aber auch, alle sich im Unbewußten auswirkenden Einflüsse der momentanen realen Situation bewußt zu machen.

In dieser Perspektive ist Psychoanalyse nach wie vor und zu einem großen Teil Kampf des Menschen um seine Erinnerung, sie ist aber zu einem anderen sehr entscheidenden Teil auch ein Kampf des Menschen um die eigene Zukunft, eine Auseinandersetzung mit den psychisch entfremdenden Mächten der augenblicklichen sozialen Wirklichkeit.

Die Psychoanalyse hat sich also gegen zwei Gefahren zugleich zu wenden. Einmal gegen die Gefahr, daß Menschen anstatt mit sozialer Wirklichkeit immer nur mit Abspiegelungen ihrer unbewältigten, aus der kindlichen Vergangenheit herrührenden inneren Schwierigkeiten umgehen. Im anderen Falle gegen die Gefahr, daß Menschen umgekehrt selbst unbewußt zu psychischen Spiegelbildern der sozialen Mächte werden, die von außen auf sie wirken.

Beide Perspektiven stehen nicht in einem Gegensatz, sondern in einem wechselseitigen Ergänzungsverhältnis zueinander: Ich kann die soziale Realität erst vollkommen erkennen, wenn ich in sie nicht mehr meine unerledigte psychische Vergangenheit hineinprojizieren muß. Ich kann aber wiederum auch nur meine eigene Innenwelt voll erfassen, wenn ich auseinanderhalten kann, was zu mir selbst gehört und was lediglich ein psychisches Resultat momentaner Außeneinflüsse ist.« (98)

Flüchten oder standhalten? Das war die Frage dieses Jahrhunderts; es war die Frage von Sigmund Freuds Zwanzigstem Jahrhundert. Freud hat die Möglichkeit des Standhaltens vorgezeigt und vorgelebt; im Überstehen lag dann doch der Sieg beschlossen. Die Utopie blieb ihm präsent, wenn auch in ihrer Vorstufe nur – in der Festigkeit des Daseins, die dem Wagemut für den Sprung in die Zukunft erst zur konsistenten Basis verhilft.

Bei dem Versuch, das Leben und Denken Sigmund Freuds, seine grenzüberschreitende geistige Leistung, die Größe und Tragik, die Armut und Besessenheit, die Verlorenheit und Verzweiflung dieses Mannes, die Durchbrüche und Widersprüche, Perspektiven und Einseitigkeiten seines Schaffens – also den Stellenwert seiner Existenz im Zeitalter der Angst – zu resümieren, bietet sich ein Wort von Ernst Bloch aus dem Vorwort zum »Prinzip Hoffnung« an:

»Das utopische Bewußtsein will weit hinaussehen, aber letzthin doch nur dazu, um das ganz nahe Dunkel des gerade gelebten Augenblicks zu durchdringen, worin alles Seiende so treibt wie sich verborgen ist. Mit anderen Worten: man braucht das stärkste Fernrohr, das des geschliffenen utopischen Bewußtseins, um gerade die nächste Nähe zu durchdringen. Als die unmittelbarste Unmittelbarkeit, in der der Kern des Sich-Befindens und Da-Seins noch liegt, in der zugleich der ganze Knoten des Weltgeheimnisses steckt. Das ist kein Geheimnis, das etwa nur für den unzulänglichen Verstand bestünde, während die Sache an und für sich selbst völlig klarer oder in sich ruhender Inhalt wäre, sondern es ist jenes Realgeheimnis, das sich die Weltsache noch selber ist und zu dessen Lösung sie überhaupt im Prozeß und unterwegs ist. Das Noch-Nicht-Bewußte im Menschen gehört so durchaus zum Noch-Nicht-Gewordenen, Noch-Nicht-Herausgebrachten, Herausmanifestierten in der Welt. Noch-Nicht-Bewußtes kommuniziert und wechselwirkt mit dem Noch-Nicht-Gewordenen, spezieller mit dem Heraufkommenden in Geschichte und Welt. Wobei die Untersuchung des antizipierenden Bewußtseins grundsätzlich dazu zu dienen hat, daß die eigentlichen, nun folgenden Spiegelbilder, gar Abbildungen des erwünscht, des antizipiert besseren Lebens psychisch-materiell verständlich werden. Vom Antizipierenden also soll Kenntnis gewonnen werden, auf der Grundlage einer Ontologie des Noch-Nicht …

Der letzte Wille ist der, wahrhaft gegenwärtig zu sein. So daß der gelebte Augenblick uns und wir ihm gehören und ›Verweile doch‹ zu ihm gesagt werden könnte. Der Mensch will endlich als er selber in das Jetzt und Hier, will ohne Aufschub und Ferne in sein volles Leben. Der echte utopische Wille ist durchaus kein unendliches Streben, vielmehr er will das bloß Unmittelbare und derart so Unbesessene des Sich-Befindens und Da-Seins als endlich vermittelt, erhellt und erfüllt, als glücklich-adäquat erfüllt. Das ist der utopische Grenzinhalt, der im ›Verweile doch, du bist so schön‹ des Faustplans gedacht ist. Die objektiven Hoffnungsbilder der Konstruktion drängen so unweigerlich zu denen der erfüllten Menschen selber und ihrer mit ihnen vermittelten Umwelt, also Heimat.« (99)

»Wahrhaft gegenwärtig« war dieser Sigmund Freud, indem er das Noch-Nicht-Bewußte des Menschen »herausmanifestierte« und so das Noch-Nicht-Gewordene ermöglichte. Als die Geschichte des Menschen sich wieder einmal als katastrophaler Irrweg erwies, hat er im Rückgriff auf die wahre Natur des Menschen das Streben nach Kultur (als schwere Bürde, aber Not-wendigkeit) neu begründet.

Damit der gelebte Augenblick uns und wir ihm gehören, ist es notwendig, einen ständigen Selbstaufklärungsprozeß zu betreiben, der die Unbewußtheit in die Bewußtheit, das Es in das Ich zu erheben und jeder Individualität im Jetzt und Hier, ohne die Illusion von Transzendenz, eine »volle Existenz« zu gewährleisten vermag. Der Mensch will – darum kämpfte Freud – endlich er selber sein; das Unbesessene des Sich-Befindens und Da-seins soll im Denken und durch Ein-sicht vermittelt und erhellt werden.

Dem eigenen jahrzehntelangen schweren Leiden abgerungen, die individuelle Angst bewältigend, die kollektive Furcht in ihren Wurzeln und Bedingtheiten deutend und damit zugleich relativierend, hatte Freud mit der ihm eigenen, wenn auch rigoros-asketischen Mentalität die »Schönheit des Verweilens«, eine glückliche Diesseitigkeit, seinem Leben zugrundegelegt. Er war ein erfüllter Mensch. Man kann solche Erfüllung an seinem Werk, so »anstößig« und widerspruchsvoll es auch ist, so oft es sich auch in seiner Einseitigkeit dem Zugang zunächst verschließt, beglückend nachvollziehen.

Heimat: das war ihm ganz konkret die häuslich-familiäre Geborgenheit und der Topos der ungeliebt-geliebten Stadt Wien. Heimat: das war ihm vor allem Eros, die Liebe zur geistigen Durchdringung des Ungeistigen, das Beharren auf der Möglichkeit, mit der Kraft des Denkens die Dunkelheit seelischer Wirklichkeit zu durchdringen und den Realitätszerfall zu bannen. (100) Während Gottfried Benn als Phänotyp des artistischen Irrationalismus die Verzweiflung nur dadurch bezwang, daß er auf Ausdruck, Prägung, Stil rekurrierte, erwies sich Sigmund Freud als der Phänotyp einer neuen Vernunftethik – getragen von der Überzeugung, daß die Stimme des Intellekts das uns umgebende Dikkicht scheinbar unfaßbarer Zusammenhänge zu durchdringen vermag.

Er war einer der (letzten?) universalen Denker der Aufklärung. Sein Jahrhundert hat es ihm wenig gedankt; aber auch dies war seiner Lehre, welche die Regression des Menschen, den ständigen Rückfall des Ich aufs Es einschloß, adäquat. Es scheint, daß er, der zur Deutung »augenblicklicher« Mentalität, zum Psychogramm dieser Epoche, so viel beitrug und zugleich von den Erscheinungen des Augenblicks sich radikal zu distanzieren wußte (so daß in seinem Werk diese Wirklichkeit zwar in ihren Grundsttrukturen klar konturiert, in ihrer Aktualität aber nur andeutungsweise in Erscheinung tritt) –, daß er die Mißachtung der erhellenden Kraft der Vernunft mit Gelassenheit ertrug, und, da er glaubte, Glück sei im Schöpfungsplan nicht vorgesehen, auf seine Weise glücklich war. Es war ein Glück, wie es Jean Paul, den Freud nur selten und dann nur anmerkungsweise zur Kenntnis nahm, in die Worte faßt: »... so fühlt' ich unser aller Nichts und schwur, ein so unbedeutendes Leben zu verachten, zu verdienen und zu genießen.« (101)

Anmerkungen

Einleitung
Psychoanalyse und politische Psychologie ·
Sigmund Freud und seine Zeit

1 Soweit nicht anders angegeben, wird Sigmund Freud zitiert nach der Studienausgabe des S. Fischer Verlags: A. Mitscherlich/A. Richards/J.
Strachey (Hrsg.): Sigmund Freud. Studienausgabe. Band I–X und Ergänzungsband. Frankfurt am Main 1969ff. (Nachfolgend abgekürzt als
»Freud«.) Vgl. auch: Sigmund-Freud-Konkordanz und -Gesamtbibliogra-
phie. Zusammengestellt von I. Meyer-Palmedo. Frankfurt am Main 1975.
Die dreibändige Biographie von E. Jones: Das Leben und Werk von Sigmund Freud. Band I–III. Bern und Stuttgart 1960ff. wird als »Jones«
abgekürzt zitiert.
Vgl. auch L. Marcuse: Sigmund Freud. Sein Bild vom Menschen. Hamburg
1956.
M. Robert: Die Revolution der Psychoanalyse. Frankfurt am Main 1967.
O. Mannoni: Sigmund Freud. In Selbstzeugnissen und Bilddokumenten.
Reinbek 1971.L
M. Schur: Sigmund Freud. Leben und Sterben. Frankfurt am Main 1973.
2 L. Marcuse: Sigmund Freud. Sein Bild vom Menschen. Hamburg 1956, S.
69.
3 A. Mitscherlich: Der Kampf um die Erinnerung. Psychoanalyse für fortgeschrittene Anfänger. München 1975, S. 20.
4 H.-U. Wehler (Hrsg.): Geschichte und Psychoanalyse. Frankfurt am Main,
Berlin, Wien 1974, S. 22.
5 Freud, IX, S. 270.
6 I. Grubrich-Simitis (Hrsg.): Sigmund Freud. Selbstdarstellung. Schriften
zur Geschichte der Psychoanalyse. Frankfurt am Main 1971, S. 15.
7 Ausführlich über Es, Ich, Über-Ich in »Neue Folge der Vorlesungen zur
Einführung in die Psychoanalyse«, im besonderen 31. und 32. Vorlesung.
Freud, I, S. 496ff.
Absicht der Psychoanalyse sei es, das Ich zu stärken, »es vom Über-Ich
unabhängiger zu machen, sein Wahrnehmungsfeld zu erweitern und seine
Organisation auszubauen, so daß es sich neue Stücke des Es aneignen kann.
Wo Es war, soll Ich werden. Es ist Kulturarbeit etwa wie die Trockenlegung
der Zuydersee.« (S. 516)
8 »›Die Menschen machen ihre Geschichte‹, sagt Marx in der ›Deutschen
Ideologie‹, ›sie wissen aber nicht, daß sie sie machen.‹ Dieser großenteils
unbekannt bleibende Prozeß ist die ideologisch bedingte, auf ideologische

Ziele gerichtete Geschichte. Die Menschen, die sie machen, wissen nicht, was sie tun, weil für das, was dabei herauskommt, nicht ihre bewußten Ziele und Absichten und die von ihnen gebilligten Grundsätze und Wertungen, sondern jene verborgenen und oft der Bemäntelung bedürftigen Motive verantwortlich sind, die sich in den inneren Widersprüchen der Gesellschaftsordnungen, den unauflöslichen Antinomien der Wirtschaftssysteme, den unterirdischen Klassengegensätzen und den zum Teil sublimierten Formen der Klassenkämpfe geltend machen. In dieser verborgenen Gestalt setzen sich zumeist die wirklichen Triebkräfte der Geschichte durch, so daß die Menschen gar nicht ahnen, in welchem Maße sie ihr Ursprung und ihr Instrument sind.« (A. Hauser: Kunst und Gesellschaft. München 1973, S. 86.)

9 K. Marx: Zur Kritik der Hegelschen Rechtsphilosophie. Einleitung. In: K. Marx: Werke – Schriften – Briefe Band 1. Stuttgart 1962, S. 492.
Vgl. M. Horkheimer: Anfänge der bürgerlichen Geschichtsphilosophie. Stuttgart 1930.
Hierzu K. Horn: Psychoanalyse – Anpassungslehre oder kritische Theorie des Subjekts? I: Lukács' Theorie des Klassenbewußtseins. II: Gegen den antipsychologischen Affekt der Marx-Epigonen. In: Frankfurter Hefte 7, 1971, S. 532 ff. und 8, 1971, S. 617 ff.

10 A. Mitscherlich: Der Kampf um die Erinnerung. Psychoanalyse für fortgeschrittene Anfänger. München 1975, S. 101.

11 Vgl. »Die endliche und die unendliche Analyse«. Freud, Ergänzungsband, S. 366 f.

12 Nach A. Lorenzer (Sprachzerstörung und Rekonstruktion. Vorarbeiten zu einer Metatheorie der Psychoanalyse. Frankfurt am Main 1970) gehört zur hermeneutischen Leistung der Psychoanalyse der Reichtum der allmählich erworbenen Antizipationen, das Schärfen und Wachhalten der Beobachtungsfähigkeit, die Flexibilität, mit der die Modelle des Verstehens verändert und die Beziehungen von Theorie, Theoriebildung und therapeutischer Operation diskutiert werden. Auf die Aufgabe »assoziativer Hermeneutik« kann auch nachfolgende Feststellung bezogen werden (wobei der »Patient« in unserem Zusammenhang mit »Zeitseele« zu substituieren wäre):
»Der Psychoanalytiker steuert auf dieses Ziel zu mit der Entschlossenheit, wie sie z. B. den Kulturanthropologen bei seinen Forschungen oder den Historiker bei der Erfassung einer Epoche auszeichnet. Der Psychoanalytiker muß dieselbe abstinente Geduld üben bei seinem Bemühen, die Details der Wirklichkeit zu fixieren. So wie im Falle jener Forscher ein Einzelsymbol in seiner ›wirklichen Bedeutung‹ sich erst feststellen läßt nach einer langwierigen Erkundung des Gesamtzusammenhanges, des Gesamt-Textes einer Kultur, einer Epoche oder eines geschlossenen Systems, so ist es auch in der Psychoanalyse. Die im allgemeinen Bedeutungshof eines Symbols auszumachende besondere Wirklichkeit dieses Patienten ergibt sich aus der

Erfassung des Gesamtfeldes der Symbole. Die Besonderung der Rolle des Patienten, ihre je eigene Bedeutung, bestimmt sich aus der Kenntnis des ›dramatischen Entwurfes‹, den der Patient Szene für Szene mitteilt.« (S. 201 f.)

J. Hauff u. a.: Methodendiskussion. Arbeitsbuch zur Literaturwissenschaft. Band 2: Hermeneutik. Marxismus. Frankfurt am Main 1972.

13 Vgl. hierzu auch L. Löwenthal: Literatur und Gesellschaft. Neuwied, Berlin 1964. Da sich die »imaginären Gestalten der Dichtung mit der spezifischen Situation, der sie entstammen«, gut zueinander in Beziehung setzen ließen, sei das literarische Werk von großem Aufschluß für die Deutung des Psychogramms der Zeit. (S. 248)
Vgl. auch P. v. Matt: Literaturwissenschaft und Psychoanalyse. Freiburg 1972.

14 A. Mitscherlich: Der Kampf um die Erinnerung. Psychoanalyse für fortgeschrittene Anfänger. München 1975.
Ausführlich über Geschichte und Psychoanalyse, und historische Biographie und Psychoanalytische Geschichtsschreibung bei H.-U. Wehler: Geschichte und Psychoanalyse. Frankfurt am Main, Berlin, Wien 1974.

15 Freud, IX, S. 186.
Vgl. hierzu auch R. Wollheim: Sigmund Freud. München 1972, S. 205 f.:
»Freud glaubte an die Vernunft. In ›Die Zukunft einer Illusion‹ schrieb er: ›auf die Dauer kann der Vernunft und der Erfahrung nichts widerstehen.‹ Er glaubte also, daß der menschliche Geist so beschaffen ist, daß er sich von Argumenten und Vernunfterwägungen beeinflussen läßt, sobald er solche hört. Aber eben wegen dieser Macht der Argumente und Vernunfterwägungen wird der Mensch ihnen nicht zuhören, wenn sie seine Ruhe stören. Freuds Lebenswerk war, so können wir sagen, die Erforschung der Taubheit des menschlichen Geistes. Freud war Rationalist, aber nicht Optimist. Er glaubte zwar, daß am Ende die Vernunft siegen wird, aber er sah noch keinen Anlaß zu einer Abschätzung dieses Zeitpunkts oder einer Voraussage darüber, was inzwischen noch geschehen wird. Er hielt es für unvereinbar mit dem wissenschaftlichen Denken, die allgemeine Versicherung, daß die Menschheit eines Tages auf die Vernunft hören würde, in eine Vorhersage auf absehbare Zeit umzuwandeln. Es gab Grund zum Handeln und Erkennen, aber nicht zum Hoffen. Freud schrieb: ›So sinkt mir der Mut, vor meinen Mitmenschen als Prophet aufzustehen, und ich beuge mich ihrem Vorwurf, daß ich ihnen keinen Trost zu bringen weiß, denn das verlangen sie im Grunde alle, die wildesten Revolutionäre nicht weniger leidenschaftlich als die bravsten Frommgläubigen.‹ Man kann Freud keinen schlechteren Dienst leisten, als ihn, wie das manche im Dienste dieses oder jenes frommen Glaubens tun, für den leichtfertigen, geistlosen Optimismus in Anspruch zu nehmen, der seiner pessimistisch-heroischen Grundhaltung so völlig widerspricht.«

16 Zu Fragen der psychoanalytischen Terminologie vgl.:

W. Hehlmann: Wörterbuch der Psychologie. Stuttgart 1968.

F. W. Doucet: Psychoanalytische Begriffe. Vergleichende Testdarstellung Freud, Adler, Jung. München 1972.

J. Laplanche/J. B. Pontalis: Das Vokabular der Psychoanalyse. 1. und 2. Band. Frankfurt am Main 1973.

H. Nagera (Hrsg.): Psychoanalytische Grundbegriffe. Eine Einführung in Sigmund Freuds Terminologie und Theoriebildung. Frankfurt am Main 1974.

Zum Themenkreis Psychoanalyse und Tiefenpsychologie (einschließlich Einzelfragen):

K. Horney: Neue Wege in der Psychoanalyse. Stuttgart 1951.

G. Pfahler: Der Mensch und seine Vergangenheit. Eine Bestimmung über die Psychologie der Tiefe für Helfer und Hilfesuchende. Stuttgart ³/1953.

C. G. Jung: Versuch einer Darstellung der psychoanalytischen Theorie. Zürich ²/1955.

F. Seifert: Tiefenpsychologie. Die Entwicklung der Lehre vom Unbewußten. Düsseldorf, Köln 1955.

F. Riemann (Hrsg.): Die Bedeutung Sigmund Freuds für das Verstehen des Menschen. München 1956.

L. S. Kubie: Psychoanalyse ohne Geheimnis. Hamburg 1956.

L. Szondi (Hrsg.): Heilwege der Tiefenpsychologie. Bern, Stuttgart 1956.

I. A. Caruso (Hrsg.): Bios. Psyche. Person. Eine Einführung in die allgemeine Tiefenpsychologie. Freiburg, München 1957.

P. Federn/H. Meng (Hrsg.): Das psychoanalytische Volksbuch. Bern, Stuttgart ⁵/1957.

M. Horkheimer/Th. W. Adorno (Hrsg.): Freud in der Gegenwart. Ein Vortragszyklus der Universitäten Frankfurt und Heidelberg zum 100. Geburtstag. Frankfurt am Main 1957.

D. Rapaport: Die Struktur der psychoanalytischen Theorie. Versuch einer Systematik. Stuttgart 1959.

G. Bally: Einführung in die Psychoanalyse Sigmund Freuds. Reinbek 1961.

D. Wyss: Die tiefenpsychologischen Schulen von den Anfängen bis zur Gegenwart. Entwicklung, Probleme, Krisen. Göttingen 1961.

J. H. Phillips: Psychoanalyse und Symbolik. Bern, Stuttgart 1962.

R. Waelder: Die Grundlagen der Psychoanalyse. Bern, Stuttgart 1963.

Ch. Brenner: Grundzüge der Psychoanalyse. Frankfurt am Main 1967.

E. Jones: Was ist Psychoanalyse? München 1967.

K. Abraham: Psychoanalytische Studien. Ges. Werke in 2 Bänden. Frankfurt am Main 1969 und 1971.

S. Bernfeld: Antiautoritäre Erziehung und Psychoanalyse. Ausgewählte Schriften. Darmstadt 1969.

C. G. Jung: Über Grundlagen der analytischen Psychologie. Zürich, Stuttgart 1969.

S. Ferenczi: Schriften zur Psychoanalyse. Hrsg. und eingeleitet von M. Balint. Frankfurt 1970 (1. Band).

A. Lorenzer: Kritik des psychoanalytischen Symbolbegriffs. Frankfurt am Main 1970.

S. Elhardt: Tiefenpsychologie. Eine Einführung. Stuttgart, Berlin 1971.

A. Freud: Psychoanalyse für Pädagogen. Eine Einführung. Bern, Stuttgart [5]/1971.

G. Jappe: Über Wort und Sprache in der Psychoanalyse. Frankfurt am Main 1971.

D. Lagache: Psychoanalyse. München 1971.

W. J. Schraml: Einführung in die Tiefenpsychologie für Pädagogen und Sozialpädagogen. Stuttgart [4]/1971.

C. H. Bachmann (Hrsg.): Psychoanalyse und Verhaltenstherapie. Frankfurt am Main 1972.

W. Bitter (Hrsg.): Freud, Adler, Jung. Einführung in die Tiefenpsychologie für Theologen, Mediziner und Pädagogen. München 1972.

F. Fanai: Systematische Einführung in die moderne Psychoanalyse. Grundlagen menschlichen Verhaltens und Befindens mit neuropsychologischen Bemerkungen. Frankfurt am Main 1972.

H. Hartmann: Die Grundlagen der Psychoanalyse. Stuttgart 1972 (Erstausgabe 1927).

W. Loch: Zur Theorie, Technik und Therapie der Psychoanalyse. Frankfurt am Main 1972.

M. Perrez: Ist die Psychoanalyse eine Wissenschaft? Bern, Stuttgart 1972.

L. Schlegel: Grundriß der Tiefenpsychologie. Unter besonderer Berücksichtigung der Neurosenlehre und Psychotherapie. München 1972 (Band 1).

H. Schultz-Hencke: Einführung in die Psychoanalyse. Göttingen 1972 (Erstausgabe 1927).

K. Dienelt: Von der Psychoanalyse zur Logotherapie. Tiefenpsychologie und Pädagogik. Eine einführende Übersicht. München, Basel 1973.

S. Goeppert/H. C. Goeppert: Sprache und Psychoanalyse. Reinbek 1973.

R. R. Greenson: Technik und Praxis der Psychoanalyse. Stuttgart 1973 (Band 1).

C. G. Jung: Versuch einer Darstellung der psychoanalytischen Theorie. Olten, Freiburg 1973.

A. Lorenzer: Über den Gegenstand der Psychoanalyse oder: Sprache und Interaktion. Frankfurt am Main 1973.

R. R. Pokorny: Grundzüge der Tiefenpsychologie. Freud. Adler. Jung. München 1973.

W. Salber: Entwicklungen der Psychologie Sigmund Freuds. Bonn 1973 (Band 1).

J. Sandler/Ch. Dare/A. Holder: Grundbegriffe der psychoanalytischen Therapie. Stuttgart 1973.

J. Cremerius: Psychoanalytische Textinterpretation. Hamburg 1974.

L. Knoll: Die Sache mit Freud. Mittel, Wege und Wirkungen der Psychoanalyse. Köln 1974.

A. Mitscherlich: Der Kampf um die Erinnerung. Psychoanalyse für fortgeschrittene Anfänger. München 1975.

M. Barclay: Psychopathologie. München 1976.

L. Berkowitz: Grundriß der Sozialpsychologie. München 1976.

17 Zit. nach Jones, I, S. 141.

18 Vgl. J. Habermas: Theorie und Praxis. Sozialphilosophische Studien. Frankfurt am Main 1971, S. 33 f.

19 H. J. Giegel: Reflexion und Emanzipation. In: Hermeneutik und Ideologiekritik (Sammelband). Frankfurt am Main 1971. Zit. nach Habermas a. a. O., S. 35 f.

20 J. Rattner: Tiefenpsychologie und Politik. Einführung in die politische Psychologie. Freiburg 1970, S. 48.

21 B. W. Reimann: Psychoanalyse und Gesellschaftstheorie. Darmstadt und Neuwied 1973, S. 18.
Vgl. auch: »Wiewohl eine nicht nur institutionell ansetzende Soziologie Überlagerungen von institutionellen Momenten und sozialpsychologischen Faktoren thematisiert, muß im Rahmen einer kritischen Gesellschaftstheorie auf die verhältniskonstituierenden Momente verwiesen werden, die nicht im sozialpsychologischen Modus der Bildung, Integration und Dynamik von Gruppen aufgehen und sich in institutionell verfestigter – nicht charismatisch bestimmter – Herrschaft manifestieren. Schließlich hat Freud, der keinesfalls ein Apologet der bürgerlichen Gesellschaft war, ›die Gesellschaft‹ kritisiert, in seiner Kulturtheorie von der ›Kulturgesellschaft‹ gesprochen, ohne aus der materialen Erörterung und Kenntnisnahme eines Arbeits- und Organisationszusammenhanges zur Abwehr einer allerdings ontologisch konstruierten ›Lebensnot‹ und dessen Eigengesetzlichkeit methodologische und wissenschaftstheoretische Konsequenzen zu ziehen.« (B. W. Reimann: a. a. O., S. 14).

22 H. Plessner: Die verspätete Nation. Über die politische Verführbarkeit bürgerlichen Geistes. Stuttgart 1959, S. 127.

23 Zu Sigmund Freuds revolutionärer Bedeutung für die Anthropologie stellt H. Kilian (Psychoanalyse und Anthropologie. In F. Riemann (Hrsg.): Lebendige Psychoanalyse. München 1956, S. 65 f.) fest:
»Tatsächlich kann man die Bedeutung Freuds für das Werden der Wissenschaft vom Menschen in unserer Zeit nicht erfassen, solange man sich – sei es als Gegner oder auch als Anhänger – um Irrtum oder Wahrheit seiner Lehren nur mit psychologischen Begriffen streitet, ohne das Wesen seiner Erkenntnisse im Zusammenhang der kulturgeschichtlichen Gesamtentwicklung ins Auge gefaßt zu haben. Seine Bedeutung liegt jenseits der mehrfach von ihm widerrufenen, revidierten und modifizierten Einzelheiten seines theoretischen Lehrgebäudes darin, daß er nicht nur eine Umwäl-

zung der Anthropologie im engeren Sinne angebahnt hat, sondern darüber hinaus eine anthropologische Revolution der ganzen Wissenschaft, soweit sie sich mit dem Menschen beschäftigt. Obwohl Freud zumindest während der ersten Jahrzehnte seiner Laufbahn noch völlig in den Vorstellungen eines naturwissenschaftlichen Monismus befangen war und sich von ihnen auch später nicht ganz befreien konnte, trug er mehr als jeder andere Forscher des 20. Jahrhunderts zur Überwindung dieses Monismus, zur Synthese der gesamten Wissenschaft vom Menschen und zu einem geschichtlichen Vorgang bei, den ich als anthropologische Revolution der modernen Kultur schlechthin und als deren Übergang von der ›kollektiven Pubertät‹ zu ihrem geschichtlichen Erwachsenenalter – zur Phase ihrer sozialen Reife im Sinne Freuds – bezeichnen möchte.«

24 Identifizierung: Aneignung von Umwelt; Projektion: »Ausspucken« dessen, was unangenehm ist; Sublimierung: Ziel oder Objekt eines Triebs verändern; Reaktionsbildung: sich einer übertriebenen Tendenz, einem unbewußten Wunsch entgegenstemmen; Rationalisierung: Triebbedürfnisse sozial akzeptabel machen; Isolierung: Vorstellungen von Emotionen oder Wirklichkeit abtrennen; Regression: durch Rückkehr auf eine frühere Phase mit Versagung sich abfinden. (Vgl. A. C. MacIntyre: Das Unbewußte. Eine Begriffsanalyse. Frankfurt am Main 1968. S. 11 ff.)

25 H. Marcuse: Psychoanalyse und Politik. Frankfurt am Main, Wien 1968, S. 22 f.

26 Vgl. F. Weinstein/G.M.Platt: Psychoanalytische Soziologie. München 1975.
Hierzu auch:
L. Mann: Sozialpsychologie. Weinheim 1972.
H.C. Lindgren: Einführung in die Sozialpsychologie. Weinheim 1973.
L. Berkowitz: Grundriß der Sozialpsychologie. München 1976.

27 Über das »Wechselspiel« innerer und äußerer Bedingtheiten, »natürlicher« Konstanten und historischer Variablen vgl. H. Hartmann: Ich-Psychologie. Studien zur psychoanalytischen Theorie. Stuttgart 1972, S. 37 f.:
»Der historische Aspekt des psychoanalytischen Denkens bewahrt die Analyse davor, nichts anderes als eine Lehre von ›der Natur des Menschen‹ zu sein, in dem Sinn, in dem zum Beispiel die Philosophen des 18. Jahrhunderts dies Problem sahen. Die Psychoanalyse befaßt sich mit den Modifikationen, die wechselnde Bedingungen auf die allgemeinen menschlichen Situationen und Eigenschaften ausüben. Unter diesen Bedingungen spielen die sozialen Faktoren eine einzigartige Rolle. Obwohl wir das Vorhandensein aggressiver Triebimpulse bei allen Menschen voraussetzen, können wir nicht den Schluß ziehen, daß ein völlig umgrenzter Ausdruck dieses Impulses, Kriegführen zum Beispiel, in der menschlichen Geschichte unvermeidlich sei. Der Ausdruck grundlegender aggressiver Tendenzen wird durch Faktoren bestimmt, die sich im Laufe der Generationen verändern können. Andererseits wird natürlich die Negation aller konstanten Elemente unter

denjenigen, von denen man nachweisen kann, daß sie den Prozeß der Menschwerdung beeinflussen, durch die Erfahrung widerlegt. Die Psychoanalyse kann noch weitergehen und nachweisen, daß das Es, das Ich und das Über-Ich den Einflüssen der Außenwelt und ganz besonders den Einflüssen kultureller Faktoren Widerstände verschiedenen Ausmaßes entgegensetzen.«

28 H. Marcuse: Trieblehre und Freiheit. In: M. Horkheimer/Th. W. Adorno (Hrsg.): Freud in der Gegenwart. Ein Vortragszyklus der Universitäten Frankfurt und Heidelberg zum hundertsten Geburtstag. Frankfurt am Main 1957, S. 401.
Hierzu auch F. Borkenau: Freud und seine Kritiker: In: Der Monat, 90/1956, S. 63 ff.

29 Vgl. A. Mitscherlich: Der Kampf um die Erinnerung. Psychoanalyse für fortgeschrittene Anfänger. München 1975, S. 18.

30 In diesem Sinne etwa R. Reiche: Ist der Ödipuskomplex universell? In: Kursbuch 29, 1972, S. 163.
M. Schneider: Neurose und Klassenkampf.
Materialistische Kritik und Versuch einer emanzipatorischen Neubegründung der Psychoanalyse. Hamburg 1973.
Vgl. hierzu auch K. Lüderssen/F. Sack (Hrsg.): Abweichendes Verhalten. Band I: Die selektiven Normen der Gesellschaft. Band II: Die gesellschaftliche Reaktion auf Kriminalität. Frankfurt am Main 1975.

31 Th. W. Adorno: Zum Verhältnis von Soziologie und Psychologie. In: Aufsätze zur Gesellschaftstheorie und Methodologie. Frankfurt am Main 1970, S. 20.
Hierzu auch H. Nolte: Der Beitrag der Psychoanalyse zur Verwissenschaftlichung der Erziehung. In: Frankfurter Hefte 12, 1974, S. 902.

32 Vgl. zum Problemkreis Marx – Freud:
D. Wyss: Marx und Freud. Göttingen 1969.
H. G. Sandkuehler: Bernfeld, Reich, Jurinetz, Sapir, Stoljarov.
Psychoanalyse und Marxismus. Dokumentation einer Kontroverse. Frankfurt am Main 1970.
H.-P. Gente (Hrsg.): Marxismus, Psychoanalyse, Sexpol. Frankfurt am Main 1970 (Band 1). Frankfurt am Main 1972 (Band 2).

33 B. W. Reimann: Psychoanalyse und Gesellschaftstheorie. Darmstadt und Neuwied 1973, S. 18.

34 Vgl. hierzu H. Wieser/J. Beyer: Psychoanalyse, Kapitalmystifikation und Ideologie. In: Kursbuch 29, 1972 (Das Elend mit der Psyche. Psychoanalyse), S. 126.

35 Zit. nach H.-P. Gente: Marxismus, Psychoanalyse, Sexpol; a. a. O., S. 168 (1. Band).

36 Zit. nach J. M. Brohm: Psychoanalyse und Revolution. In: H.-P. Gente: Marxismus, Psychoanalyse, Sexpol; a. a. O., S. 245 (2. Band).

37 Vgl. J.-M. Brohm: a. a. O., S. 247.

38 Vgl. Dossier. Auf der Couch (und dahinter). In: Kursbuch 29, 1972, S. 58.

39 Vgl. Dossier. Auf der Couch (und dahinter); a. a. O., S. 44.

40 J.-M. Brohm: Psychoanalyse und Revolution; a. a. O., S. 284.

41 Zit. von I. A. Caruso: Psychoanalyse, Ideologie, Ideologiekritik. In: Marxismus, Psychoanalyse, Sexpol; a. a. O., S. 73 (2. Band).

42 Vgl. I. A. Caruso: Psychoanalyse, Ideologie, Ideologiekritik; a. a. O., S. 62 f.

43 E. Morin: Der revolutionäre und der revolutionierte Mensch. In: Marxismus, Psychoanalyse, Sexpol; a. a. O., S. 161 (2. Band)

44 E. Morin: a. a. O., S. 160 f.

45 Vgl. K. Horn: Psychoanalyse – Anpassungslehre oder kritische Theorie des Subjekts? In: Marxismus, Psychoanalyse, Sexpol; a. a. O., S. 120 (2. Band).

46 I. A. Caruso: Psychoanalyse, Ideologie, Ideologiekritik; a. a. O., S. 76 f.

47 Zur Neopsychologie ausführlich bei J. Rattner: Tiefenpsychologie und Politik. Einführung in die politische Psychologie. Freiburg 1970.
Ferner J. Rattner: Selbsterkenntnis und Menschenkenntnis. Praxis und Theorie der neuen Psychoanalyse. München 1973.
J. Rattner: Psychologie der zwischenmenschlichen Beziehungen. Eine Einführung in die neopsychoanalytische Sozialpsychologie von Harry Stack Sullivan. Freiburg 1969.

48 Vgl. M. Sperber: Alfred Adler oder Das Elend der Psychologie. Wien, München, Zürich 1970.

49 M. L. von Franz: Vorwort zu W. W. Odajnyk: C. G. Jung und die Politik. Stuttgart 1975, S. 11.

50 M. L. von Franz: a. a. O., S. 12.

51 Zit. nach W. W. Odajnyk: a. a. O., S. 62.

52 Zit. nach W. W. Odajnyk: a. a. O., S. 41.

53 Zit. nach W. W. Odajnyk: a. a. O., S. 23.

54 Zit. nach H. Dahmer: Wilhelm Reich – Seine Stellung zu Freud und Marx. In: Marxismus, Psychoanalyse, Sexpol; a. a. O., S. 86 (2. Band).

55 W. Reich: Charakteranalyse. Berlin 1933, S. 12. Zit. nach J. Rattner: a. a. O., S. 54 f.

56 W. Reich: Dialektischer Materialismus und Psychoanalyse. 1934.
Zit. nach H. Wieser/J. Beyer: Psychoanalyse, Kapitalmystifikation und Ideologie. In: Kursbuch 29, 1972, S. 145 f.

57 M. Mead: Geschlecht und Temperament in primitiven Gesellschaften. Hamburg 1959.
M. Mead: Mann und Weib. Reinbek 1962.
R. Benedict: Urformen der Kultur. Reinbek 1960.

58 P. Parin: Der Ausgang des ödipalen Konflikts in drei verschiedenen Kulturen. Eine Anwendung der Psychoanalyse als Sozialwissenschaft.
In: Kursbuch 29, 1972, S. 199 ff.

59 E. Fromm: Jenseits der Illusionen. Konstanz, Zürich 1967, S. 18 f.
Über die von Max Horkheimer im Auftrag des Instituts für Sozialforschung 1932–1941 herausgegebene »Zeitschrift für Sozialforschung« als besonde-

rer »Ort« der Auseinandersetzung mit dem Freudschen wie marxistischen Denken sowie entsprechender Integrationsversuche vgl. A. Schmidt: Die »Zeitschrift für Sozialforschung«. Geschichte und gegenwärtige Bedeutung. In A. Schmidt: Zur Idee der kritischen Theorie. Elemente der Philosophie Max Horkheimers. München 1974, S. 36 ff. (Über Erich Fromms Arbeiten in der Zeitschrift S. 77 ff.)

60 E. Fromm: Jenseits der Illusionen. Konstanz, Zürich 1967, S. 20 ff.

61 E. Fromm: Die Furcht vor der Freiheit. Frankfurt am Main 1966, S. 287 ff.

62 Th. W. Adorno/E. Frenkel-Brunswik/D. J. Levison/R. N. Sanford: The Authoritarian Personality. New York 1950.
Daraus Auszüge Th. W. Adorno: Studien zum autoritären Charakter. Frankfurt am Main 1973.

63 H. Marcuse: Triebstruktur und Gesellschaft. Ein philosophischer Beitrag zu Sigmund Freud. Frankfurt am Main 1965, S. 12.

64 H. Marcuse: a. a. O., im besonderen S. 171 ff.

65 H. Marcuse: a. a. O., S. 232 f.

66 Vgl. Glaser: Eros in der Politik. Eine sozialpathologische Untersuchung. Köln 1967, S. 260.

67 J.-M. Benoist: Marcuse – ein ›Aufklärer‹ gegen die Aufklärung. In H.-P. Gente (Hrsg.): Marxismus, Psychoanalyse, Sexpol. 2. Band. Frankfurt am Main, 1972, S. 206.

68 Vgl. J. M. Benoist: a. a. O., S. 211 ff.

69 R. Steigerwald: Eine Kritik an Herbert Marcuses Schrift: »Triebstruktur und Gesellschaft«. In: Marxismus, Psychoanalyse, Sexpol, a. a. O., S. 237 f (2. Band).

70 Vgl. Jones, I, S. 17.

71 Die Vokabel »Zeitgeist« wurde vor allem durch das »Junge Deutschland« zum vielbenutzten Schlagwort!

72 H. Heine: Werke und Briefe in zehn Bänden. Hrsg. von H. Kaufmann. Band 7. Berlin 1962, S. 99.

73 Vgl. S. Freud in »Formulierungen über die zwei Prinzipien des psychischen Geschehens«: »Der Künstler ist ursprünglich ein Mensch, welcher sich von der Realität abwendet, weil er sich mit dem von ihr zunächst geforderten Verzicht auf Triebbefriedigung nicht befreunden kann und seine erotischen und ehrgeizigen Wünsche im Phantasieleben gewähren läßt. Er findet aber den Rückweg aus dieser Phantasiewelt zur Realität, indem er dank besonderer Begabung seine Phantasien zu einer neuen Art von Wirklichkeiten gestaltet, die von den Menschen als wertvolle Abbilder der Realität zur Geltung zugelassen werden.« (III, S. 22.)

74 Zit. nach D. Riesman: Freud und die Psychoanalyse. Frankfurt am Main, S. 15. Dort auch ausführlich über »Arbeit und Spiel in der Gedankenwelt Freuds«.
Vgl. auch J. J. Spector: Freud und die Ästhetik. München 1973.

75 Wilhelm Bölsche, 1861–1939, Romanschriftsteller und Autor populärwis-

senschaftlicher Werke; u. a.: Das Liebesleben in der Natur, 1898 ff.; Charles Darwin, 1898; Vom Bazillus zum Affenmenschen, 1900; Die Eroberung des Menschen, 1900; Die Abstammung des Menschen, 1903; Weltblick, 1904; Auf dem Menschenstern, 1908.

76 L. Marcuse: Sigmund Freud. Sein Bild vom Menschen. Hamburg 1956, S. 7f.

77 Vgl. auch A. Greiner: Zwischen Biedermeier und Bourgeoisie. Göttingen 1953.

78 C. Enders (Hrsg.): Schillers philosophische Schriften und Dichtungen. Berlin o. J. (Über naive und sentimentalische Dichtung, S. 217ff., im besonderen S. 304.)

79 Ausführlich hierzu H. Glaser: Kleinstadt-Ideologie. Zwischen Furchenglück und Sphärenflug. Freiburg im Breisgau 1969.

80 Zit. nach: Die Gartenlaube als Dokument ihrer Zeit. Zusammengestellt und mit Einführungen versehen von M. Zimmermann. München o. J., S. 11.

81 Vgl. Das große Conversations-Lexikon für die gebildeten Stände. In Verbindung mit Staatsmännern, Gelehrten, Künstlern und Technikern herausgegeben von J. Meyer. (Stichworte »Seele« und »Seelenheilkunde«, 8. Band.) Hildburghausen, Amsterdam, Paris und Philadelphia 1851, S. 729 und 721.

82 Zit. nach H. Altrichter/H. Brack/R. Feuerlein/H. Glaser: Geschichtliches Werden, III: Von der absoluten Monarchie zum bürgerlichen Nationalstaat. Bamberg 1973, S. 172.

83 Zit. nach L. Binswanger: Mein Weg zu Freud. In: M. Horkheimer/Th. W. Adorno (Hrsg.): Freud in der Gegenwart. Ein Vortragszyklus der Universitäten Frankfurt und Heidelberg zum hundertsten Geburtstag. Frankfurt am Main 1957, S. 217.

84 »Die Mischlingsstadt von Orient und Okzident, das war das jüdische Wien …; als ein Himmel auf Erden, als ein Raum totaler Sicherheit, als ein einzigartige Chance des Aufstiegs erschien dieses Wien Juden, die aus Galizien, Polen, Rumänien, Rußland, aber auch aus dem nahen feudalen und ländlichen Ungarn nach Wien kamen. Als ein furchterweckendes Ungeheuer erschien das jüdische Wien einem klein- und mittelbürgerlichen christlichen Volke.« (F. Heer: Der Glaube des Adolf Hitler. Anatomie einer politischen Religiosität. München, Esslingen 1968, S. 127)

85 Jones, I, S. 24.
Hierzu: E. Neumann: Freud und das Vaterbild. In: Merkur 2, 1956.
E. Fromm: S. Freuds Sendung. Frankfurt am Main, Berlin 1961, S. 85 ff.
Einen guten (optischen) Einblick in den jüdischen Familienalltag geben F. Hubmann/K. Musulin: Das jüdische Familienalbum. Wien, München 1974.

86 M. Robert: Sigmund Freud – Zwischen Moses und Ödipus. München 1975.

87 »Daß Freud Frauen gefühlsmäßig nicht nahekam, hatte zur Folge, daß er von Frauen sehr wenig verstand. Seine Theorien über die Frau waren naive

Rationalisierungen männlicher Vorurteile, namentlich der Vorurteile des Mannes, dem es ein Bedürfnis ist, Frauen zu beherrschen, damit seine Angst vor Frauen verborgen bleibe.« (E. Fromm: Sigmund Freuds Sendung. Frankfurt am Main, Berlin 1961, S. 55. Dort auch ausführlich über Freuds Beziehungen zu Frauen, zur Liebe und zur Mutter. S. 29 ff.)

88 »Er war ein vorbildlicher Gatte und Familienvater; treu, liebevoll und voller Teilnahme. Obwohl er Jahrzehnte hindurch von acht Uhr früh bis zehn Uhr abends arbeitete, führte er mit seiner Frau und den sechs Kindern ein harmonisches Leben, in dem es selten oder nie ernste Auseinandersetzungen gegeben zu haben scheint.« (A. Salomonson: Sigmund Freud als Mensch. In: Hochland, 6, 1962, S. 539 ff.)

89 Darüber ausführlich bei Jones, II, S. 88 ff., 134 ff., 156 ff., 186 ff., III, S. 61 ff. Ferner M. Sperber: Alfred Adler oder Das Elend der Psychologie. Wien, München, Zürich 1970.
P. Roazan: Sigmund Freud und sein Kreis. Eine biographische Geschichte der Psychoanalyse. Bergisch-Gladbach 1976.

90 Jones, I, S. 43.

91 A. Mitscherlich: Über mögliche Mißverständnisse bei der Lektüre der Werke Sigmund Freuds. In Freud (Studienausgabe), I, 24 f.

92 Über »Freud und seine Gegner« vgl. den gleichnamigen Aufsatz von W. Seitz in F. Riemann (Hrsg.): Lebendige Psychoanalyse. München 1956, S. 19 ff. (»Freud wurde nur langsam verstanden, er blieb ein großer Einsamer. Er, der die bis dahin tiefsten Blicke in die Antriebskräfte der menschlichen Seele geworfen hat, erfuhr immer neue Ablehnung. Er litt unter dieser Diffamierung.«)
C. G. Jung hat das »Ungesunde« von Freuds Denken häufig herausgestellt: »Ich möchte demgegenüber den Menschen lieber aus seiner Gesundheit verstehen und auch den Kranken eben aus jener Psychologie, die Freud auf jeder Seite seiner Werke darstellt, befreien. Ich kann nicht sehen, wo Freud irgendwo über seine eigene Psychologie hinausreicht und wie er den Kranken von seinem Leid entlastet, an dem der Arzt selber noch krankt. Seine Psychologie ist die Psychologie eines neurotischen Zustandes von bestimmter Prägung, daher eine nur innerhalb des entsprechenden Zustandes gültige Wahrheit.« (C. G. Jung: Seelenprobleme der Gegenwart. Vorträge und Aufsätze. Zürich 1931, S. 68.)
Vgl. zum »Abfall« C. G. Jungs auch: S. Freud/C. G. Jung: Briefwechsel. Hrsg. von W. McGuire. Frankfurt am Main 1974.
1934 stellte C. G. Jung fest: »Meines Erachtens ist es ein schwerer Fehler der medizinischen Psychologie gewesen, daß sie jüdische Kategorien unbesehen auf den christlichen Germanen anwandte. Damit hat sie nämlich das kostbare Geheimnis des germanischen Menschen, seinen schöpferisch-ahnungsvollen Seelengrund als kindlich-banalen Sumpf erklärt. Diese Verdächtigung ist von Freud ausgegangen. Er kannte die germanische Seele nicht, so wenig wie alle seine Nachfolger sie kannten. – Hat die gewaltige

Erscheinung des Nationalsozialismus, auf die die ganze Welt mit Erstaunen blickt, sie endlich eines besseren belehrt? Wo war die unerhörte Spannung und Wucht, als es noch keinen Nationalsozialismus gab? Sie lag damals noch verborgen in der germanischen Seele, in jenem tiefen Grunde, der alles andere ist als der Kehricht unerfüllbarer Kinderwünsche. «(Zit. nach H. Kilian: Die Entdeckung des Unbewußten. Zum 100. Geburtstag Sigmund Freuds. In: gehört – gelesen, Mai 1956, S. 411.)

Zu C. G. Jung ferner:

Welt der Psyche. Eine Auswahl zur Einführung. Zürich 1954.

Mensch und Seele. Aus dem Gesamtwerk 1905–1961. Auswahl und hrsg. von J. Jacobi. Olten, Freiburg 1971.

Die Beziehungen zwischen dem Ich und dem Unbewußten. Zürich, Stuttgart [7.]/1977.

93 »Freud war sein Leben lang ein bewußter Jude, der seine Abstammung in keiner Situation verhehlte, geschweige denn verleugnete. Er behauptete oft, Wien von ganzem Herzen zu hassen; er fühlte sich wie befreit, sobald er sich von seiner Heimatstadt entfernte, mit der er indes untrennbar verbunden blieb. So war sein jüdisches Identitätsbewußtsein intakt, und das bedeutet unter anderem, daß es nicht eine Quelle von Minderwertigkeitsgefühlen war. Es blieb dennoch problematisch, weil seine Abstammung ihm zusätzlich persönliche Schwierigkeiten verursachte. Freud war nicht judaeozentrisch, aber im Grunde glaubte er, sich nur auf die Treue seiner jüdischen Freunde und Mitarbeiter verlassen zu können.« (M. Sperber: Alfred Adler oder Das Elend der Psychologie. Wien, München, Zürich 1970, S. 45.)

Vgl. auch Freud in einem Brief vom 22. 9. 1888: »Es war wohl Zeit, daß ich heimkehre, ich bin aber kaum drei Tag hier, und schon hat mich der ganze Mißmut des Wienertums ergriffen. Es ist ein Elend hier zu leben und keine Atmosphäre, in der die Hoffnung, etwas Schweres zu Ende zu bringen, sich erhalten kann.«

In einem Brief vom 11. 3. 1900: »Ich haßte Wien geradezu persönlich, und im Gegensatz zum Riesen Anthäus sammle ich frische Kräfte, so oft ich den Fuß vom vaterstädtischen Boden abgehoben habe.«

(Zit. nach F. Hansen-Löve: Sigmund Freud und Wien. In: gehört – gelesen 3, 1962, S. 245, 246.)

94 Zit. nach H. Kilian: Die Entdeckung des Unbewußten. Zum 100. Geburtstag Sigmund Freuds. In: gehört – gelesen, 1956, S. 403.

95 Neue Freie Presse, 1. Mai 1875. Zit. nach: Jugend in Wien. Literatur um 1900. Sonderausstellungen des Schiller-Nationalmuseums. Katalog Nr. 24; (hrsg. von B. Zeller). Stuttgart 1974, S. 28.

96 Jones, III, S. 290.

Vgl. auch M. Schur: Sigmund Freud. Leben und Sterben. Frankfurt am Main 1973.

97 Vgl. H. Kilian: Die Entdeckung des Unbewußten. Zum 100. Geburtstag Sigmund Freuds. In: gehört – gelesen, Mai 1956, S. 412.

98 Jones, III, S. 289.

99 Vgl. hierzu auch:
A. Mitscherlich (Hrsg.): Das Wirken Sigmund Freuds in die Gegenwart. Stuttgart 1956.
M. Horkheimer/Th. W. Adorno (Hrsg.): Freud in der Gegenwart. Ein Vortragszyklus der Universitäten Frankfurt und Heidelberg zum hundertsten Geburtstag. Frankfurt am Main 1957.
A. Mitscherlich: Lagebericht. Psychoanalyse heute in Deutschland. In: Versuch, die Welt besser zu bestehen. Fünf Plädoyers in Sachen Psychoanalyse. Frankfurt am Main 1970.

100 J. Améry: Ein Heldenleben. Urvater des Jahrhunderts. In: Die Zeit, 28. Dezember 1973.

101 C. Enders (Hrsg.): Schillers philosóphische Schriften und Dichtungen. Berlin o. J., S. 62. (Über die ästhetische Erziehung des Menschen, in einer Reihe von Briefen.)

Die ›kulturelle‹ Sexualmoral und die moderne Nervosität
Pubertät · Die Welt im Zwielicht

Soweit nicht anders in Klammer angegeben, bezieht sich in diesem Kapitel die abgekürzte Zitierung von Freud auf die Abhandlung »Die ›kulturelle‹ Sexualmoral und die moderne Nervosität« (1908), Studienausgabe Band IX, S. 13 ff.

1 Was Anna Freud in: Das Ich und die Abwehrmechanismen (München o. J., erstmals 1936, S. 107) individualpsychologisch über den Zustand der Pubertät ausführt, ist in einem sozialpsychologischen Sinne gut geeignet, das kulturpubertäre Psychogramm der Zeit um die Jahrhundertwende zu skizzieren:
»Der Jugendliche ist gleichzeitig im stärksten Maße egoistisch, betrachtet sich selbst als den Mittelpunkt der Welt, auf den das ganze eigene Interesse konzentriert ist, und ist doch wie nie mehr im späteren Leben opferfähig und zur Hingabe bereit. Er formt die leidenschaftlichsten Liebesbeziehungen, bricht sie aber ebenso unvermittelt ab, wie er sie begonnen hat. Er wechselt zwischen begeistertem Anschluß an die Gemeinschaft und unüberwindlichem Hang nach Einsamkeit; zwischen blinder Unterwerfung unter einen selbstgewählten Führer und trotziger Auflehnung gegen alle und jede Autorität. Er ist eigennützig und materiell gesinnt, dabei gleichzeitig von hohem Idealismus erfüllt. Er ist asketisch, mit plötzlichen Durchbrüchen in primitivste Triebbefriedigungen. Er benimmt sich zuzeiten grob und rücksichtslos gegen seine Nächsten und ist dabei selbst für Kränkungen aufs äußerste empfindlich. Seine Stimmung schwankt von leichtsinnigstem

Optimismus zum tiefsten Weltschmerz, seine Einstellung zur Arbeit zwischen unermüdlichem Enthusiasmus und dumpfer Trägheit und Interesselosigkeit.«

2 Freud, IX, S. 14.

3 In einem Brief an Berthold Otto stellt Rudolf Pannwitz 1905 fest: »Oft ist nicht einmal der gesündeste Körper der leistungsfähigste, oft auch der an irgend etwas Kranke auf Grund seiner Krankheit gerade leistungsfähig. Was man schwache Nerven nennt, sind oft nicht nur die in der einzelnen Anspannung leistungsfähigsten, sondern auch die bei dauernder Anspannung ausdauerndsten. Also geht es nicht an, die Nerven schwach zu nennen; reizbar, das wäre schon besser. Vielleicht sind die Nerven gerade stark entwickelt, sodaß sie leicht in Aktion treten. Im selben Maße können sie dann angreifbar sein.« (R. Pannwitz: Kultur, Kraft, Kunst. Charon-Briefe an Berthold Otto. Leipzig 1906, S. 95.)

4 Freud, IX, S. 14 f.

5 Freud, IX, S. 15 f.

6 Freud, IX, S. 16

7 H. Bahr: Die Überwindung des Naturalismus. 1891. Zit. nach R. Geissler/ E. Hülse: Vom Naturalismus zur Neuromantik. Frankfurt am Main, Berlin, München ²/1972, S. 40, 42 f.

8 S. Lublinski: Der Ausgang der Moderne. Ein Buch der Opposition. Dresden 1909. Neuausgabe durch G. Wunberg, Tübingen 1974. (»In der Tat, hier wird Literatursoziologie getrieben, lange bevor der Begriff gängig und zur Mode wurde. Hier werden die verwirrend vielfältigen Erscheinungsformen des schöpferischen Bewußtseins in einer Weise auf das gesellschaftliche Sein dieser Zeit bezogen, wie es kein anderes Werk so früh, so umfassend und so weitsichtig getan hat.« G. Schulz)

9 S. Lublinski: a. a. O., S. 59 f.

10 W. Hellpach: Nervosität und Kultur. Berlin 1902, S. 45 f.

11 W. Hellpach: a. a. O., S. 91.

12 W. Hellpach: a. a. O., S. 106, 115, 134, 180.

13 W. Hellpach: a. a. O., S. 133.

14 Hierzu und zu Folgendem u. a.

H. Pross (Hrsg.): Die Zerstörung der deutschen Politik. Dokumente 1871–1933. Frankfurt am Main 1959.

G. Katowski/W. Pöls/G. A. Ritter: Das Wilhelminische Deutschland. Stimmen der Zeitgenossen. Frankfurt am Main, Hamburg 1965.

R. Hamann/J. Hermand: Epochen deutscher Kultur von 1870 bis zur Gegenwart. Band 1. Gründerzeit. München 1971.

A. Briggs (Hrsg.): Das neunzehnte Jahrhundert. Politik, Wirtschaft, Wissenschaft und Kunst im Zeitalter des Imperialismus. München, Zürich 1972.

E. Roters u. a.: Aspekte der Gründerzeit. Ausstellungskatalog der Akademie der Künste. Berlin 1974.

H.-U. Wehler: Das deutsche Kaiserreich 1871-1918. Göttingen 1974.

F. Stern: Das Scheitern liberaler Politik. Studien zur politischen Kultur Deutschlands im 19. und 20. Jahrhundert. Berlin 1974.

Zum Psychogramm des Bürgers, der bürgerlichen Familie bzw. der Bourgeoisie vgl.:

W. Sombart: Der Bourgeois. Zur Geistesgeschichte des modernen Wirtschaftsmenschen. München 1913.

D. Sternberger: Panorama oder Ansichten vom 19. Jahrhundert. Hamburg 1955 (Neuausgabe Frankfurt am Main 1974).

E. H. Maurer: Der Spätbürger. Bern 1963.

R. Engelsing: Zur Sozialgeschichte deutscher Mittel- und Unterschichten. Göttingen 1973.

E. Kofler: Zur Geschichte der bürgerlichen Gesellschaft. Versuche verstehender Deutung der Neuzeit. Neuwied 1966.

W. Weber-Kellermann: Die deutsche Familie. Versuch einer Sozialgeschichte. Frankfurt am Main 1974.

G. Richter: Die gute alte Zeit im Bild. Alltag im Kaiserreich 1871-1914. Gütersloh 1974.

Ein wichtiger Beitrag zur »Psychologie des Komforts, des Besitzes und bürgerlichen Gehorsams« ist in den »feinen mürben Romanen« (K. H. Kramberg) des Eduard Graf Keyserling zu sehen. Vgl. E. Graf Keyserling: Werke. Hrsg. von R. Gruenter. Frankfurt am Main 1973.

Ferner:

C. Sternheim: Chronik von des zwanzigsten Jahrhunderts Beginn. Erzählungen. Werkauswahl. Hrsg. von W. Emrich und M. Linke. Darmstadt, Neuwied 1973.

C. Sternheim: Essays. Werkauswahl. Darmstadt, Neuwied 1973.

Aufschlußreich auch Carl Sternheims Dramen aus dem bürgerlichen Heldenleben (darunter »Die Hose«, 1909); M. Kesting bezeichnet den Dichter als »Zirkusdirektor einer brutal-deformierten Menagerie«.

Schließlich H. Mann: Ein Zeitalter wird besichtigt. Düsseldorf 1974.

15 E. Roters u. a.: Aspekte der Gründerzeit. Ausstellungskatalog der Akademie der Künste. Berlin 1974, S. 105. [Ausführliche Literaturhinweise]

16 F. Nietzsche: Götzendämmerung. Der Antichrist. Ecce homo. Gedichte. Stuttgart 1964, S. 122 f.

17 Vgl. hierzu:

H. Graf Kessler: Walther Rathenau. Sein Leben und sein Werk. Berlin 1928. Neuausgabe Wiesbaden o. J. (Mit einem Kommentar von H. Fürstenberg).

W. Rathenau: Ein preußischer Europäer. Briefe. Eingeleitet und herausgegeben von M. v. Eynern. Berlin 1955.

E. Schulin: Walther Rathenau. In: Der Monat 237/1968, S. 45 ff.

W. Rathenau: Werke und Briefe. Kommentierte, historisch-kritische Ausgabe in 6 Bänden. Hrsg. von E. Schulin/H. D. Hellige. München, Heidelberg 1972 ff.

18 W. Rathenau: Zur Kritik der Zeit. In: Gesammelte Schriften in 5 Bänden. 1. Band. Berlin 1918, S. 129f.

19 W. Rathenau: a. a. O., S. 139f.

20 A. Adler: Über den nervösen Charakter. Grundzüge einer vergleichenden Individualpsychologie und Psychotherapie. München ³/1922, S. 3.

21 A. Adler: a. a. O., S. 209.

22 Hierzu ausführlich E. Roters u. a.: a. a. O., S. 121 ff.

23 Die Bilderfabrik. Dokumentation zur Kunst- und Sozialgeschichte der industriellen Wandschmuckherstellung zwischen 1845 und 1973 am Beispiel eines Großunternehmens. Ausstellungskatalog [mit ausführlichen Literaturhinweisen]. Hrsg. vom Institut für Volkskunde der Universität Frankfurt am Main und dem Historischen Museum Frankfurt am Main. Frankfurt am Main 1973.
Ferner:
H. Schilling: Wandschmuck unterer Sozialschichten. Empirische Untersuchungen zu einem kulturalen Phänomen und seiner Vermittlung. Frankfurt am Main 1971.
Ch. Pieske: Bürgerliches Wandbild 1840-1920. Populäre Druckgraphik aus Deutschland, Frankreich und England (Ausstellungskatalog). Göttingen 1975.
Zu »literarischen Bilderfabriken« vgl. W. Killy (Hrsg.): Deutscher Kitsch. Göttingen 1961.

24 Vgl. hierzu E. Bornemann: Psychoanalyse des Geldes. Eine kritische Untersuchung psychoanalytischer Geldtheorien. Frankfurt am Main 1973.

25 Vgl.
J. Bertram: Mythos, Symbol, Idee in Richard Wagners Musikdramen. Hamburg 1957.
F. A. Loos: Richard Wagner. Vollendung und Tragik der deutschen Romantik. Bern und München 1952.
C. v. Westernhagen: Richard Wagner. Sein Werk, sein Wesen, seine Welt. Zürich 1956.
R. W. Gutman: Richard Wagner – Der Mensch, sein Werk, seine Zeit. München 1970.
Th. Mann: Wagner und unsere Zeit. Aufsätze, Betrachtungen, Briefe. Hrsg. von E. Mann. Frankfurt am Main 1963.
Th. W. Adorno: Versuch über Wagner. Berlin, Frankfurt 1952.
H. Barth/D. Mack/E. Voss (Hrsg.): Wagner – sein Leben, sein Werk und seine Welt in zeitgenössischen Bildern und Texten. Wien 1975. (»Er wurde das Opfer seines eigenen Bildes, denn man zwängte die nordischen Mythen, zu deren Wiederbelebung er beitrug, ob sie wollten oder nicht, in einen ideologischen Panzer, für den sie ursprünglich gewiß nicht bestimmt waren. Von der griechischen Tragödie zum rassistischen Manifest vollzog sich ein Abstieg, für den man ihn nur teilweise verantwortlich machen kann; verantwortlich aber doch.« [P. Boulez in H. Barth u. a.: a. a. O.])

26 R. Wagner: Der Ring des Nibelungen. Ein Bühnenfestspiel für drei Tage und einen Vorabend. Das Rheingold und die Walküre. Mit Bildern von Arthur Rackham. Frankfurt am Main 1910, S. 33.

27 F. A. Lange: Geschichte des Materialismus und Kritik seiner Bedeutung in der Gegenwart. Iserlohn 1877. S. 456 f.

28 M. Weber: Die protestantische Ethik und der Geist des Kapitalismus. Tübingen 1934, S. 198 f.

29 Vgl. H. Lüthy: Protestantismus und Kapitalismus. Die These Max Webers und die Folgen. In: Merkur 203, 1965, S. 104.

30 G. Simmel: Philosophie des Geldes. Leipzig 1907, S. VIII.

31 G. Simmel: a. a. O., S. 98.

32 G. Simmel: a. a. O., S. 99.

33 G. Simmel: a. a. O., S. 128.

34 G. Simmel: a. a. O., S. 531.

35 Zu Darwins Lehre als der »mächtigsten, populärsten und einflußreichsten ideologischen Neuerung des 19. Jahrhunderts«, als »eine ungeheure Bestätigung und Rechtfertigung des Konkurrenzkampfes« vgl. D. Sternberger: Panorama oder Ansichten vom 19. Jahrhundert. Hamburg 1955., S. 94 ff.

36 H. G. Zmarzlik: Der Sozialdarwinismus in Deutschland als geschichtliches Problem. In: Vierteljahreshefte für Zeitgeschichte 3/1963, S. 250 f.

37 Freud (Formulierungen über die zwei Prinzipien des psychischen Geschehens), III, S. 17.

38 Th. Mann: Buddenbrooks. Zürich o. J. (Aus Anlaß des Nobelpreises 1929), S. 598.
Vgl. auch M. Zeller: Bürger oder Bourgeois? Eine literatursoziologische Studie zu Thomas Manns ›Buddenbrooks‹. In: Aus Politik und Zeitgeschichte. Beilage zur Wochenzeitung ›Das Parlament‹ 31. 5. 1975.
P. d. Mendelssohn: Der Zauberer. Das Leben des deutschen Schriftstellers Thomas Mann. Band 1: 1875–1918. Frankfurt am Main 1975.

39 Freud, IX, S. 16.

40 Freud, IX, S. 18.

41 Freud, IX, S. 17.

42 J. Rattner: Tiefenpsychologie und Politik. Einführung in die politische Psychologie. Freiburg 1970, S. 45 f.

43 Zu O. Weininger vgl. H. Mayer: Außenseiter. Frankfurt am Main 1975.

44 O. Weininger: Geschlecht und Charakter. Wien und Leipzig 1908, S. 254, 403, 144.
Vgl. hierzu auch L. Andreas-Salomé: In der Schule bei Freud. Tagebuch eines Jahres. 1912/13. München 1965, S. 66: »Deshalb kann sowohl Asket als auch lasterhaft im Grunde nur der Mann sein – das Weib (dessen Geist Geschlecht, dessen Geschlecht Geist ist) wird dazu nur in dem Maße imstande sein, als es sich entweibt.«
Im Prolog zum »Erdgeist« (Tragödie in vier Aufzügen, 1893) schreibt Frank Wedekind:

»Das wahre Tier, das wilde, schöne Tier,
Das – meine Damen! – sehn Sie nur bei mir.«
(F. Wedekind: Gesammelte Werke. Dritter Band. München und Leipzig 1913, S. 8.)

45 O. Weininger: a. a. O., S. 113 f., 307.
46 O. Weininger: a. a. O., S. 402 f.
47 O. Weininger: a. a. O., S. 258 f.
48 O. Weininger: a. a. O., S. 466, 469 f.
49 O. Weininger: a. a. O., S. 418, 451, 450.
50 O. Kokoschka: Vier Dramen. Berlin 1919, S. 130 f.
   In: Mein Leben. München 1971, berichtet O. Kokoschka über die Aufführung seines Stücks in Wien 1909:
   »Der Wiener Pressesturm, der nach meiner Theatervorstellung einsetzte, hat noch die schmähenden Kritiken über meine Malereien im sogenannten Prangerkabinett von 1908 überboten. ›Degenerierter Künstler‹, ›Bürgerschreck‹, ›Jugendverderber‹, ›Zuchthauspflanze‹ nannte man mich; in den Tageszeitungen wurden Ausdrücke gebraucht, die später in der Hitlerzeit üblich waren.
   Ich begreife wohl, daß die Wiener Gesellschaft damals, wie später nach dem Krieg auch die Berliner, meine Stücke nicht verstehen konnten. In der jüngsten Zeit erst versucht man aus ihnen Einflüsse von Sigmund Freud oder Claudel herauszulesen oder sie als Sonne-und-Mond-Mythos zu deuten; aber solche Interpretationen gefallen mir nicht. Ich wollte ja nur Theater spielen, weil ich damals nicht Geld genug hatte, um ins Theater zu gehen.« (S. 69)
51 W. G. Fischer: Wohnungen. München 1969, S. 112.
52 W. G. Fischer: a. a. O., S. 7.
53 W. G. Fischer: a. a. O., S. 13.
54 W. G. Fischer: a. a. O., S. 22.
55 Th. Mann: Bekenntnisse des Hochstaplers Felix Krull. In: Gesammelte Werke, Band VII; o. O. 1960, S. 268 f.
56 W. Benjamin: Berliner Kindheit um Neunzehnhundert. Frankfurt am Main 1962, S. 107.
57 Zum bürgerlichen Wohnzimmer vgl.:
   H. Glaser: Kleinstadt-Ideologie. Zwischen Furchenglück und Sphärenflug. Freiburg 1969.
   D. Sternberger: Panorama oder Ansichten vom 19. Jahrhundert. Hamburg 1955 (Neudruck Frankfurt am Main 1974).
   H. G. Helms: Die Ideologie der anonymen Gesellschaft. Max Stirners »Einziger« und der Fortschritt des demokratischen Selbstbewußtseins vom Vormärz bis zur Bundesrepublik. Köln 1966, vor allem S. 237 ff.
   H. J. Hansen: Das pompöse Zeitalter. Oldenburg 1970.
   H. Kreisel (Hrsg.): Kunst des deutschen Möbels. 3. Band: Klassizismus, Historismus, Jugendstil. Von G. Himmelheber. München 1973.

Unsere Bourgeoisie. Kursbuch 42/1975, bes. S. 45 ff.

58 G. Hirth: Das Deutsche Zimmer der Renaissance. Anregungen zu häuslicher Kunstpflege. München 1880, S. 76.

59 Vgl. E. Friedell: Kulturgeschichte der Neuzeit. Dritter Band. München 1954, S. 366f.

60 Vom Standpunkt des Jugendstils aus hat Paul Schultze-Naumburg die »armseligen Karikaturen von Wohnungen«, wie sie keine Zeit außer der damaligen geschaffen hätte, kritisiert – vor allem das Prunk-Bedürfnis des Bürgertums, das mit seiner Prestigesucht seine Stellung, seine Mittel und seine Möglichkeiten weit überschreite. Das Parvenütum sei zutiefst verwurzelt.

»Da gibt es das Vorzimmer, den Audienzsaal, den Thronsaal en miniature und, wenn man will, humoristisch umgestaltet. Alles ist da: pompös geschnitzte Holzdecken (sie sind zwar aus Pappe und billig bronziert), riesenhafte Prachtkamine, die noch viel mehr Ornament zeigen, als die im Schlosse, samtne Thronhimmel, Zopf-Baldachine mit Quasten, und die buntscheckigen Tapeten könnten die Bauern vielleicht gar für Brokat halten. Alles Fabrikware, Imitation, ›Dekoration‹, Schwindel. – Die Wohnung will ja nichts sein, sie will lediglich imponieren. Den Sinn dafür, daß alles, was da ist, vom Besten, vom Echtesten sein soll, gibt es auf diesem Gebiet im großen und ganzen überhaupt nicht mehr. Wenn's nur aus der Entfernung halb so aussieht, wie was Vornehmes. Und wie wahrhaft vornehm und imponierend könnte doch die schlichte, einfache Bürgerwohnung sein, in der auf jeden Prunk – das Symbol des hier fehlenden Reichtums – stolz verzichtet wäre, in der aber alles bis auf jede Kleinigkeit herab echt und von einem auserlesenen Geschmack geschaffen wäre! Man sollte meinen, daß ein jeder ›gebildeter‹ Mensch solch Programm unterschreiben müßte, wenn er nur ein wenig Wahrheitsgefühl, Selbstbewußtsein und Schönheitssinn im Leibe hätte.« (Häusliche Kunstpflege. Jena 1906, S. 15.)

61 Vgl. hierzu:
H. Schwerte: Deutsche Literatur im Wilhelminischen Zeitalter. In: H. J. Schoeps (Hrsg.): Das Wilhelminische Zeitalter. Zeitgeist im Wandel. Band 1. Stuttgart 1967.
K. Bergmann: Agrarromantik und Großstadtfeindschaft. Meisenheim 1970.

62 R. Eucken: Der Kampf um einen geistigen Lebensinhalt. Neue Grundlegung einer Weltanschauung. Leipzig 1896, S. 374.

63 M. Halbe: Jahrhundertwende. Geschichte meines Lebens 1893–1914. Danzig 1935, S. 68.

64 A. Bartels: Ein Wort zur Verständigung. In: Grüne Blätter für Kunst, Volkstum und Heimatkunst 8/1904, S. 18.

65 S. Lublinski: Die Bilanz der Moderne. Berlin 1904, S. 295.

66 Rembrandt als Erzieher. Von einem Deutschen. Leipzig 1912, S. 316f.

67 H. Löns: Heidbilder. In: Sämtliche Werke in 8 Bänden 2. Band. Leipzig
   1923, S. 328 f.

68 H. Löns: a. a. O., S. 319.

69 L. Ganghofer: Waldrausch. Roman in zwei Bänden. Stuttgart 1920, S. 11 f.
   und 275 f. (Erstmals erschienen 1908).

70 H. Schwerte: Ganghofers Gesundung. Ein Versuch über sendungsbewußte
   Trivialliteratur. In: H. O. Burger (Hrsg.): Studien zur Trivialliteratur.
   Frankfurt am Main 1968, S. 154 ff.

71 R. M. Rilke: Die Aufzeichnungen des Malte Laurids Brigge. In: Sämtliche
   Werke. Sechster Band. Frankfurt am Main 1966, S. 710.

72 R. M. Rilke: a. a. O., S. 749 f.

73 R. M. Rilke: a. a. O., S. 750 f.

74 Vgl. hierzu:
   W. Hofmann: Das irdische Paradies. Kunst im 19. Jahrhundert. München
   1960
   P. Vogt: Was sie liebten. Salonmalerei im 19. Jahrhundert. Köln 1969.
   A. Selebonovic: Bürgerlicher Realismus. Die Meisterwerke der Salonmalerei. Berlin 1975. (»Wer kritisch das in diesem Band gesammelte Material
   untersucht, dem wird deutlich, weshalb es zum August 1914 kommen
   mußte.« K. Schwedhelm)

75 H. Marcuse: Über den affirmativen Charakter der Kultur. In: Kultur und
   Gesellschaft, I. Frankfurt am Main 1965.

76 Zit. nach: Jugend in Wien. Literatur um 1900. Katalog einer Ausstellung des
   Deutschen Literaturarchivs im Schiller-Nationalmuseum Marbach a. N.
   Hrsg. von L. Greve/W. Volke. Stuttgart 1974, S. 285.
   Dazu auch:
   Gustav Klimt. 150 bed. Zeichnungen. Galerie Nebehay. Wien 1962.
   W. Hofmann: Gustav Klimt und die Wiener Jahrhundertwende. Salzburg
   1970. (Der »Fall Klimt« hineingestellt in die totale Ambivalenz und Durch-
   lässigkeit der Formen und Motive, in die »doppelte Optik«, die Vieldeutig-
   keit und Relativität der Erscheinungen und Haltungen sowie in die Reversi-
   bilität aller Phänomene.)
   W. Kandinsky versuchte mit seinem 1912 erschienen Werk »Über das
   Geistige in der Kunst« (Bern 1952) gegen die in bloßer Sinnenhaftigkeit
   veräußerlichte Kunst zu opponieren und die Unabhängigkeit der Kunst
   vom Stofflichen zu erweisen, somit innerhalb der menschlichen Existenz-
   krise Ästhetik durch Abstraktion neu zu begründen.

77 W. Ross: Ekstasen unserer Großeltern. Die Literatur der Jugendstilzeit. In:
   Die Zeit 16. 8. 1968.
   Hierzu auch W. Rasch: Zur deutschen Literatur seit der Jahrhundertwende.
   Gesammelte Aufsätze. Stuttgart 1968.
   F. Rothe: Frank Wedekinds Dramen. Jugendstil und Lebensphilosophie.
   Stuttgart 1968.

78 Zum Nachfolgenden:

J. Frecot/J. F. Geist/D. Kerbs: Fidus, 1868-1948. Zur ästhetischen Praxis
bürgerlicher Fluchtbewegungen. München 1972.

79 Zit. nach J. Frecot u. a.: a. a. O., S. 290.

80 Hierzu:

Jugend in Wien. Literatur um 1900; a. a. O.

O. Friedländer: Letzter Glanz der Märchenstadt. Bilder aus dem Wiener
Leben um die Jahrhundertwende. Wien 1948.

K. Ziak: Wien vor Hundert Jahren oder Rausch und Katzenjammer. Wien
1973.

H. Broch: Hofmannsthal und seine Zeit. Frankfurt am Main 1974.

Wien um die Jahrhundertwende. Critique (Paris) 8/9, 1976.

Der »Wiener Typus« und die Atmosphäre Wiens um die Jahrhundertwende finden auch ausführliche Berücksichtigung in A. Elon: Theodor Herzl.
Sein Leben und Werk. München, Wien 1975.

Vgl. ferner G. Masur: Propheten von gestern. Zur europäischen Kultur
1890-1914. Frankfurt am Main, 1961, u. a. S. 319: »Kultureller Müdigkeit
geht manchmal eine Art Euphorie voraus, ein letztes Aufflackern, das den
schon bevorstehenden Kollaps ankündigt. Man ist versucht, diese Vorstellung auf die österreichische Monarchie anzuwenden.«

81 H. Scheible: Aus dem Wien der Jahrhundertwende. In: Süddeutsche Zeitung 18./19. 10. 1975.

Vgl. auch H. Scheible: Arthur Schnitzler in Selbstzeugnissen und Doku-
menten. Reinbek 1976.

82 H. Bahr: Zur Überwindung des Naturalismus. Theoretische Schriften
1887-1904. Ausgewählt, eingeleitet und erläutert von G. Wunberg. Stuttgart, Berlin, Köln, Mainz 1968, S. 143 (Studien zur Kritik der Moderne,
1895), 192 (Dialog vom Tragischen, 1904).

83 H. Broch: Hofmannsthal und seine Zeit. Frankfurt am Main 1974, S. 69.
Vgl. auch S. 7: »Die Wesensart einer Periode läßt sich gemeiniglich an ihrer
architektonischen Fassade ablesen, und die ist für die zweite Hälfte des 19.
Jahrhunderts, als für die Periode, in die Hofmannsthals Geburt fällt, wohl
eine der erbärmlichsten der Weltgeschichte; es war die Periode des Eklektizismus, die des falschen Barocks, der falschen Renaissance, der falschen
Gotik. Wo immer damals der abendländische Mensch den Lebensstil bestimmte, da wurde dieser zu bürgerlicher Einengung und zugleich zum
bürgerlichen Pomp, zu einer Solidität, die ebensowohl Stickigkeit wie
Sicherheit bedeutet. Wenn je Armut durch Reichtum überdeckt wurde, hier
geschah es.«

84 Vgl. F. Weigand-Abendroth: Der Monarch, der ohne Eigenschaften sein
mußte. Kaiser Franz Josef starb vor einem halben Jahrhundert. In: Frankfurter Allgemeine Zeitung 19. 11. 1966.

85 Freud, IX, S. 14.

86 B. Zeller in: Jugend in Wien: a. a. O., S. 5.

87 Zit. nach: Jugend in Wien: a. a. O., S. 146.

88 »Der große Hofmannsthal war – und er hat das mit auffallend vielen
Dichtern der Jahrhundertwende gemein – ein ganz großer Snob, freilich
paradoxerweise nicht einer sine, sondern cum nobilitate.« (M. Reich-Ra-
nicki: Hofmannsthal in seinen Briefen. In: Neue Rundschau 1/1974,
S. 144.)
Hierzu H. v. Hofmannsthals Briefwechsel mit:
H. v. Nostiz. Frankfurt am Main 1965.
Leopold von Andrian. Frankfurt am Main 1968.
Willy Haas. Berlin 1968.
Harry Graf Kessler. Frankfurt am Main 1968.
Josef Redlich. Frankfurt am Main 1971.
Anton Wildgans. Heidelberg 1971.
Richard Beer-Hofmann. Frankfurt am Main 1972.
Ottonie Gräfin Degenfeld. Frankfurt am Main 1974.
Ferner:
H. Broch: Hofmannsthal und seine Zeit; a. a. O.
H. Schumacher: Leopold Andrian. Werk und Weltbild eines österreichi-
schen Dichters. Wien 1967.
(»So bewußt die zwei aus der Wiener jeunesse dorée sich als Literaten
gerieren, sich als dichtende Nervenbündel aufführen, so vorsätzlich kulti-
vieren sie unter sich den kalkuliert lässigen durchdringend herzigen Intim-
ton des adligen Wien: ›Du, wenn du kommst, bring ein bisserl Verse mit.
Verse sind doch noch schöner als gescheite Sachen. Leb wohl. Hugo
Hofmannsthal‹. Diese Melodie, die Gebärde hängender Augenlider, die den
beiden von Hans auf natürliche Weise zu Gebot stand, wird schließlich, vor
allem von Andrian her, zum ›Parfum‹, zum ›enervierenden‹ Programm.
Was Hofmannsthal später im ›Schwierigen‹ wissend in die sprachliche
Krisis führt, ist hier noch genußvoll abgeschmecktes Ritual. Hier über-
schlägt sich die Rede des abgedichteten ›cercle‹, des exclusiven Wiener
Salons zur aggressiven Liebenswürdigkeit, zum kunstvoll blasierten par-
lando, zum entnervenden Charme, der von sich selber weiß.« (K. Jezior-
kowski))
89 Hierzu:
Stefan George: Werke. Ausgabe in zwei Bänden. München, Düsseldorf
1958.
E. Salin: Um Stefan George. Erinnerung und Zeugnis. Godesberg 1948.
J. Linke: Das Kultische in der Dichtung Stefan Georges und seiner Schule.
Düsseldorf 1960.
P. G. Klussmann: Stefan George. Zum Selbstverständnis der Kunst und des
Dichters in der Moderne. Bonn 1961.
W. Picht: Besinnung auf Stefan George. Düsseldorf, München 1964.
E. v. Kahler: Stefan George. Größe und Tragik. Pfullingen 1964.
E. Landmann: Gespräche mit George. Düsseldorf 1965.
90 Zit. nach: Jugend in Wien: a. a. O., S. 148.

91 Ein Musterbeispiel hierfür: Arthur Schnitzlers »Leutnant Gustl«. In: M. Reich-Ranicki (Hrsg.): Aufbruch der Gegenwart. Deutsche Geschichten 1900-1918. München 1971. (Enthält auch weitere wichtige literarische Zeugnisse für das Psychogramm der Jahrhundertwende und der Zeit bis 1914; u.a. R.M. Rilke: Die Turnstunde; A. Döblin: Die Ermordung einer Butterblume; L. Thoma: Onkel Peppi.)

92 St. Zweig: Die Welt von Gestern. Erinnerungen eines Europäers. Frankfurt am Main 1970, S. 81.

93 F. Salten: Das österreichische Antlitz. Berlin 1909, S. 113.

94 Wiener Literatur-Zeitung, 15. 5. 1891. Zit. nach: Jugend in Wien: a.a.O., S. 92.

95 H. v. Hofmannsthal: Der Brief des Lord Chandos. In: Gesammelte Werke in drei Bänden. 3. Band. Berlin 1934, S. 194f.

96 Vgl. K. Kraus: Briefe an Sidonie Nadherny von Borutin 1913-1936. Hrsg. von H. Fischer und M. Lazarzs. 2 Bände. München 1974.
(»In Karl Kraus entfachte Sidi Nadherny einen gewaltigen, lodernden, sengenden, den ganzen Mann verzehrenden Liebessturm, der zwanzig Jahre lang tobte und erst mit seinem Tod verlöschte ... Kraus heizte einen rotglühenden erotischen Höllenkessel an, vor dem die Vergötterte, die ›Braut vor Gott‹, die ›Heilige‹, die ›Herrlichste‹, ›Theuerste‹ wie es scheint, sich immer nur im letzten Moment bewahrte, ehe seine Wortkatarakte sie unwiederbringlich hineinstürzten.« P. de Mendelssohn)

97 Vgl. hierzu auch E. Heller (Frankfurter Allgemeine Zeitung 27. 4. 1974): »Karl Kraus gehörte zu jener erstaunlichen Generation von Männern, die trotz ihrer großen Unterschiedlichkeit unverkennbar den letzten Jahren der Habsburg-Monarchie angehörten. Sie waren Propheten von deren Ende oder Boten eines radikalen neuen Beginnens oder subtile Analytiker der Dekadenz. Oder sie trachteten nach einer letzten Klarheit und Überhelligkeit, die, auch wenn sie die Augen schmerzte, allem Staub- und Schnörkelwesen heimleuchten sollte. Zwei Jahrtausende vorher hatte sich ähnliches ereignet: daß nämlich der Zerfall eines großen Reichs außergewöhnliche geistige Energien in Menschen auslöste, die von Vorahnungen der Katastrophe erfüllt waren; und so wie damals, als es mit Rom zu Ende ging, waren auch die Zeugen der österreichischen Apokalypse vornehmlich Juden oder doch wenigstens nicht ganz Nichtjuden: Karl Kraus, Otto Weininger, Franz Kafka, Gustav Mahler, Arnold Schönberg, Hugo von Hofmannsthal, Arthur Schnitzler, Sigmund Freud, Joseph Roth, Hermann Broch, Ludwig Wittgenstein; und fast wirkt es wie rassische Entrechtung, daß diese Aufzählung nicht auch die Namen von Adolf Loos, Alban Berg und Robert Musil enthält.«
Ferner:
W. Kraft: Das Ja des Neinsagers. Karl Kraus und seine geistige Welt. München 1975.

98 Zit. nach F. Heer: Der Glaube des Adolf Hitler. Anatomie einer politischen Religiosität. München, Esslingen 1968, S. 58.

99 Zit. nach F. Heer: a.a.O., S. 132.
Zum Vergleich Berlin:
»1871 wohnten nach dem Bericht eines Stadtmissionars in einem Berliner Haus 250 Familien, auf einem Korridor 36 Wohnparteien. Um die Mieten aufbringen zu können, waren viele Familien gezwungen, Zimmer an Schlafburschen weiterzuvermieten, was die Überbelegungen der Wohnungen erhöhte. Nach Angaben des Vereins für Sozialpolitik, der sich um die Verbesserung der sozialen Verhältnisse bemühte, hatten 1880 von allen Haushaltungen in Berlin 7,1 % Einmieter und 15,3 % Schlafleute, denen der Aufenthalt also nur zur Schlafenszeit eingeräumt wurde. In einem Fall drängten sich acht Schlafleute in einem Raum, in anderen Fällen entfielen auf einen Haushalt 34 Schlafburschen. 38 % der Haushaltungen, die Schlafburschen beherbergten, hatten nur einen Raum zur Verfügung, in dem auch die Familie mit den Kindern wohnen mußte. Noch 1900 waren 43 % aller Haushaltungen in Berlin einräumig, 28 % zweiräumig. Ähnliche Tatbestände wurden um 1900 in Barmen, Königsberg, Magdeburg, Posen, Görlitz, Halle und Breslau festgestellt.«
In: Das 19. Jahrhundert. Industrialisierung – Soziale Frage. Informationen zur Politischen Bildung. Bonn 164, 1975, S. 19.
Vgl. auch:
E. Schraepler (Hrsg.): Quellen zur Geschichte der sozialen Frage. Band 1 und 2. Göttingen 1957.
H. Pross (Hrsg.): Die Zerstörung der deutschen Politik. Dokumente 1871-1933. Frankfurt am Main 1959.
G. Kotowski / W. Pöls / G. A. Ritter (Hrsg.): Das Wilhelminische Deutschland. Stimmen der Zeitgenossen. Frankfurt am Main 1965.
R. Höhn (Hrsg.): Die vaterlandslosen Gesellen. Der Sozialismus im Licht der Geheimberichte der preußischen Polizei 1878-1914. Köln, Opladen 1964.
G. A. Ritter/J. Kocka: Deutsche Sozialgeschichte. Band 1: 1815-1870. Band 2: 1870-1914. München 1973f.

100 Ein Ausspruch H. v. Hofmannsthals; zit. nach F. Heer: a.a.O., S. 132.

101 Vgl. F. Heer: a.a.O., S. 133: »Sigmund Freud ist der große Gegendenker gegen Hitler«.

102 A. Hitler: Mein Kampf. München 1934, S. 20, 28, 60, 61, 70.

103 Zit. nach F. Heer: a.a.O., S. 133.

104 Freud, IX, S. 20ff.

105 Freud, IX, S. 21.

106 H. Mann: Der Untertan. Leipzig, Wien 1918, S. 153.

107 H. Mann: a.a.O., S. 386.

108 Aufschlußreich in diesem Zusammenhang das Heiratsinserat der damaligen Zeit. Vgl.:

431

K. Kraus: Beethoven und Goethe – Vorbilder und Lebensführer. In: Auswahl aus dem Werk. München 1957.
Ferner:
P. Kaupp: Das Heiratsinserat im sozialen Wandel. Ein Beitrag zur Soziologie der Partnerwahl. Stuttgart 1968.

109 Freud, IX, S. 22.

110 F. Salten: Das österreichische Antlitz. Berlin 1909, S. 86 f.

111 Thema immer wieder bei Arthur Schnitzler. Bes. in seiner Novelle »Leutnant Gustl«. In: Gesammelte Werke. Erzählende Schriften. Band 1. Wien 1912.

112 S. Freud: Briefe. 1873–1939. Frankfurt am Main ²·/1960, S. 266 f.

113 A. Schnitzler: Jugend in Wien. Eine Autobiographie. Wien, München, Zürich 1968, S. 273 f.

114 A. Schnitzler: a. a. O., S. 282.

115 Deutsche Chansons von Bierbaum, Dehmel, Falke, Finckh, Heymel, Holz, Liliencron, Schröder, Wedekind, Wolzogen. Leipzig 1917, S. 12.

116 Chansons: a. a. O., S. 14.

117 Chansons: a. a. O., S. 55.

118 Chansons: a. a. O., S. 55.

119 Chansons: a. a. O., S. 19 (Otto Julius Bierbaum).

120 E. Friedell: Kulturgeschichte der Neuzeit. 3. Band. München 1954, S. 522.

121 Vgl. H. Politzer: Hatte Ödipus einen Ödipus-Komplex? Versuche zum Thema Psychoanalyse und Literatur. München 1974, S. 78.
Was Politzer von Hugo von Hofmannsthals »Elektra« feststellt, daß der Dichter, trotz seiner Ablehnung der Freudschen Psychoanalyse, »klinisches Material in bürgerliches Bildungstheater« verwandelt habe (die »Geburt der Tragödie aus dem Geist der Psychopathologie«), gilt auch für viele andere Werke der Wiener Neuromantik; (a. a. O., S. 78 ff).

122 Hugo von Hofmannsthal: Die Beiden. In: Gesammelte Werke. 1. Band. Berlin 1934, S. 7.

123 Freud, IX, S. 22.

124 Freud (Die Traumdeutung), II, S. 22.

125 Freud (Die Traumdeutung), II, S. 217.

126 Über Freuds »Forschungsmaterial« – vornehmlich Patienten und Patientinnen aus der bürgerlichen Schicht – schreibt Erik H. Erikson (Einsicht und Verantwortung. Die Rolle des Ethischen in der Psychoanalyse. Stuttgart 1966, S. 19 f.):
»Freuds Forschungsmaterial bestand also in Patienten, vor allem in Frauen. Sie boten ihm Symptome, in denen nur ein ungewöhnlich ernsthafter und tiefschürfender Beobachter das Wirkungsfeld ›würdiger Kräfte‹ entdecken konnte. Die Damen litten an neuralgischen Schmerzen und Anästhesien, an Teillähmungen und Krämpfen, an Übelkeit und Überempfindlichkeit, an Verlust der Sehkraft und an visuellen Halluzinationen, an Gedächtnisschwund und an qualvollen Überflutungen durch Erinnerungen. In der

landläufigen Meinung galten diese Damen oft als verwöhnte und eingebildete Kranke – ›nach Aufmerksamkeit gierend‹, würde mancher von uns noch heute sagen. Die herrschende neuropathologische Meinung jener Tage aber faßte einen Teil ihrer Störungen als Folge erblicher degenerativer Hirnveränderungen auf ...

Es paßt zu unserer Vorstellung jener viktorianischen Epoche – in der Kinder unter allen und Frauen unter den meisten Umständen sichtbar, aber nicht hörbar zu sein hatten –, daß sich die Mehrzahl der Symptome auf Ereignisse zurückführen ließen, wo leidenschaftlich erregte Gefühle (von Liebe, sexueller Erregung, Wut oder Angst) in Konflikt mit strengen Anstandsregeln und Erziehungsgrundsätzen geraten waren. So waren die Symptome also verspätete, unwillentliche Mitteilungen. Den gesamten Körper als Ausdrucksmittel benutzend, sagten sie das aus, was die gewöhnliche Sprache gewöhnlichen Leuten unumwunden zu äußern erlaubt: ›Der macht mich krank‹, ›da wird einem übel‹, ›sie erdolcht einen mit ihren Augen‹, ›diese Beleidigung kann ich nicht schlucken‹, ›den kann ich nicht riechen‹. Der Neurologe Freud war nun ›wie besessen‹ von der Überzeugung, daß jedes neurotische Symptom, wenn man es entlang einer Reihe zusammenstimmender Erlebnisse (nicht entlang den neurologischen Wegen der Nervenfasern) verfolgte, zu der Wiederbelebung früherer und immer früherer Konflikte im Gedächtnis führen, und dabei die vollständige Geschichte seines Ursprungs liefern müßte.«

Zur Psychoanalyse als »Produkt« einer »verkehrten Menschenwelt«, die lediglich diese verkehrte Menschenwelt zu reproduzieren vermag (und somit das kulturpubertäre Psychogramm nicht dechiffriert, sondern ein Teil davon ist) vgl. K. Jaspers: Marx und Freud. In: Der Monat 26/1950, S. 141 ff. (Zitat S. 147):

»Man kann sagen: Innerhalb dieses Zeitalters verlangt eine verkehrte Menschenwelt nach Befreiung. Die Psychoanalyse gibt ihr eine täuschende Befreiung, die so unwahr ist wie diese Menschenwelt selbst, die sich darin nur spiegelt. Jener Anspruch, aus der Verkehrtheit herauszukommen, ist wahr. Eine gültige Antwort durch eine Ordnung der Welt, in die aufgenommen der Mensch sich gewiß wird, ist in diesem Zeitalter nicht da. Sie wird ersetzt durch Gewaltsamkeiten, Fanatismen, Terrorismen. Wie sie in Wahrheit möglich ist durch eine Erhellung des Seins mit der Verwirklichung, in der menschliche Existenz sich erfüllt und steigert ins unendlich Offene, das ist die große Frage dieser Zeit. Sie findet, solange der Zerfall dauert, Antwort nur vom Einzelnen mit den Einzelnen aus der Tiefe unseres menschheitlichen geschichtlichen Grundes. Aber dieses Wahre hinzustellen, ist viel schwerer, als den Irrtum zu durchschauen. Auf dem Wege der Psychoanalyse gibt es, soweit ich sehe, nur Scheinlösungen ...
Es handelt sich um einen gewaltigen, zeitbedingten Selbsttäuschungsprozeß mit einer Bezauberung der Menschen, die hier ihren Lebensgehalt finden,

aber bei der Falschheit des Ursprungs in eine heillose Verwirrung nicht nur ihres Wissens, sondern ihres Wesens selbst geraten müssen.«

127 Freud (Die Traumdeutung), II, S. 292.

128 Freud (Die Traumdeutung), II, S. 198, 250, 262, 317, 322, 368, 388, 355, 350, 348 f.

129 Freud (Der Witz und seine Beziehung zum Unbewußten), IV, S. 92 f.

130 Vgl. P. H. Neumann: Der kleine Heilsweg der Fanny Hill. Vom ideologischen Charakter pornographischer Romane. In: Neue Rundschau 1, 1975, S. 78 ff.

131 St. Zweig: Die Welt von Gestern. Erinnerungen eines Europäers. Frankfurt am Main 1970, S. 65.
Vgl. auch E. Norgaard/M. Schiff: In Liebe Dein. Sexpostkarten aus Großvaters Pornokiste. München 1970.

132 Josefine Mutzenbacher: Die Lebensgeschichte einer wienerischen Dirne, von ihr selbst erzählt. München 1968 (Neuausgabe).

133 H. Ostwald: Rinnsteinsprache. Lexikon der Gauner-, Dirnen- und Landstreichersprache. o. O. 1906, S. 7.

134 Freud, IX, S. 22.

135 Freud, IX, S. 21 f.

136 Freud, IX, S. 23.

137 Freud, IX, S. 24.

138 Freud, IX, S. 24.

139 St. Zweig: Die Welt von Gestern. a. a. O., S. 72 f.

140 W. Fischer: Die Prostitution. Ihre Geschichte und ihre Beziehungen zum Verbrechen und die kriminellen Ausartungen des modernen Geschlechtslebens. Stuttgart, Leipzig 1903, S. 2.

141 K. Kraus: Sittlichkeit und Kriminalität. München o. J., S. 9.

142 K. Kraus: a. a. O., S. 27 f.

143 K. Kraus: a. a. O., S. 248 f.

144 Hierzu:
A. Hauser: Sozialgeschichte der Kunst und Literatur. Band II. München 1953, S. 439 ff.
H. Kreuzer: Die Boheme. Beiträge zu ihrer Beschreibung. Stuttgart 1968.
T. Neumann: Der Künstler in der bürgerlichen Gesellschaft. Stuttgart 1968.

145 A. Hauser: a. a. O., S. 442.

146 Th. Mann: Tonio Kröger. o. O. 1952, S. 82.

147 Th. Mann: a. a. O., S. 80, 32.

148 Zit. nach H. Naumann: Der Einsame. Zu Stefan Georges 25. Todestag. In: Frankfurter Allgemeine Zeitung 6. 4. 1958.

149 Für das Nachfolgende vor allem O. Mann: Der Dandy. Ein Kulturproblem der Moderne. Heidelberg 1962 (Erstausgabe 1925), S. 38, 39, 91 ff.

150 O. Mann: a. a. O., S. 41.

151 O. Mann: a. a. O., S. 39.

152 Hierzu: F. Schonauer: Stefan George in Selbstzeugnissen und Bilddokumenten. Reinbek bei Hamburg 1960, S. 27f.

153 H. Bahr: Studien zur Kritik der Moderne, 1894. In: Zur Überwindung des Naturalismus. Theoretische Schriften 1887–1904. Ausgewählt, eingeleitet und erläutert von G. Wunberg. Stuttgart, Berlin, Köln, Mainz 1968, S. 161.

154 R. M. Rilke: Selbstbildnis aus dem Jahre 1906. In: Gedichte. 3. Teil. Leipzig 1927, S. 70.
Hierzu auch Rainer Maria Rilkes »Bild« im Tagebuch der Lou Andreas-Salomé: »Zum Entzückendsten an Rainers Wesen gehört, daß trotz der Zartheit, die ihm alles Starke zur unterjochenden Gefahr macht, ihn doch jegliches Unterjochen nicht weibisch verführt, sondern ihn bricht. Es ist das zugleich durchaus Männliche an ihm, weswegen man so zart allem aus dem Wege gehen muß, was ihn unterjochen könnte – weswegen man eigne Kraft nur heiter benutzen darf, um ihm Freiheit zu geben, zu verschaffen.« (L. Andreas-Salomé: In der Schule bei Freud. Tagebuch eines Jahres 1912/13. München 1965, S. 142.)
Ferner:
J.-F. Angelloz: Rainer Maria Rilke. Leben und Werk. München 1955.
E. Buddeberg: Rainer Maria Rilke. Eine innere Biographie. Stuttgart 1955.
H. E. Holthusen: Rainer Maria Rilke in Selbstzeugnissen und Bilddokumenten. Hamburg 1958.
J. W. Storck u. a. (Hrsg.): Rainer Maria Rilke 1875–1975. Texte und Dokumente. München 1975.

155 O. Mann: a. a. O., S. 91 f.

156 O. J. Bierbaum: Prinz Kuckuck. Leben, Taten, Meinungen und Höllenfahrt eines Wollüstlings. Hrsg. von P. Scher. München 1922, S. 447, 449.

157 Zit. nach O. Mann: a. a. O., S. 129f.

158 Vgl. A. Thomalla: Die ›Femme Fragile‹. Ein literarischer Frauentypus der Jahrhundertwende. Düsseldorf 1972.
Nach Hans Mayer zeigt sich das Scheitern der Aufklärung um die Wende des 19. Jahrhunderts gerade auch darin, daß die weiblichen Außenseiter (Aristokratinnen, Maitressen, Literatinnen, Jüdinnen) ihren Minderheitenstatus nicht zu überwinden vermögen. In Literatur und Kunst erscheint die Frau als Femme fatale und Femme fragile – kindhaft-fühlloses oder madonnengleiches Geschöpf, das (so oder so) von männlicher Vernunft nicht ansprechbar ist. »Unerreichbar und unerklärlich sind alle, mag der Rahmen der dramatischen Aktion ... durch antiken oder biblischen Mythos, Märchenwelt oder die Interieurs eines bürgerlichen Salons bestimmt sein.« (H. Mayer: Salome, Judith und Dalia. Archetypen der Verderberinnen. Das zweite Geschlecht und seine Außenseiter. In: Frankfurter Allgemeine Zeitung 10. 5. 1975.)

159 Freud, IX, S. 27.

160 Freud, IX, S. 26.

161 Freud, IX, S. 28.

162 Freud, IX, S. 28.

163 Den Starrsinn und die borniert Überheblichkeit der oberen Klassen, die
Prüderie der »guten Familien« und das Aufbegehren einer Jugend, die
ausbrechen will und dabei doch auch die repressive Mentalität verinnerlicht
weiter in sich trug, spiegeln die Briefe der Franziska Gräfin zu Reventlow
1890–1917. Hrsg. von E. Reventlow. München, Wien 1975.

Vgl. auch das »freie Leben« der Helen Deutsch, die um die Jahrhundertwende (ehe sie als eine der ersten Frauen zu Sigmund Freud stieß) aus ihrem
gutbürgerlichen Elternhause durchbrannte, ein Jurastudium durchsetzte
und mit einem verheirateten prominenten Sozialistenführer in einem »ille-
gitimen Verhältnis« zusammenlebte.

(H. Deutsch: Selbstkonfrontation. München 1975.

Ferner H. Deutsch: Psychologie der Frau. 2 Bände. Bern, Stuttgart 1948 ff.)

164 G. Hauptmann: Einsame Menschen. In: Gesammelte Werke in acht Bänden. 1. Band. Berlin 1922. S. 213.

165 G. Hauptmann: a. a. O., S. 228.

166 G. Hauptmann: a. a. O., S. 240.

167 G. Hauptmann: a. a. O., S. 268.

168 W. Bölsche: Das Liebesleben in der Natur. Hannover 1955, S. 9.

169 O. J. Bierbaum: Lavendel-Ehe. In: C. Flaischlen: Neuland. Ein Sammelbuch moderner Prosadichtung. Berlin 1894, S. 1.

170 O. J. Bierbaum: a. a. O., S. 3.

171 O. J. Bierbaum: a. a. O., S. 5.

172 O. J. Bierbaum: a. a. O., S. 4.

173 Freud, IX, S. 30.

174 Freud, IX, S. 31.

175 Max Halbe »Jugend« (1893), Lou Andreas-Salomé »Ruth« und »Im Zwi-
schenland« (1895 bzw. 1905), Emil Strauß »Freund Hein« (1902), Hermann
Hesse »Unterm Rad« (1905), Heinrich Mann »Professor Unrat« (1905),
Robert Musil »Die Verwirrungen des Zöglings Törleß« 1906).

Vgl. auch:

H. Hesse: Kindheit und Jugend vor Neunzehnhundert. In Briefen und
Lebenszeugnissen. 1877-1895. Frankfurt am Main, 1966.

S. Freud: Zur Psychologie des Gymnasiasten (1914), V, S. 235 ff.

H. H. Muchow: Sexualreife und Sozialstruktur der Jugend. Hamburg 1959.
(U. a. mit den Kapiteln: Idealismus/Liebe und Freundschaft/Sexuelle Rei-
fung/Sehnsucht/Weltschmerz/Väter und Söhne/Lektüre/Kriegsfreiwilli-
ge/Die ungewöhnliche Stärke der Sexualkomponente/Ursachen der Trieb-
intensität/Der Katastrophencharakter der sexuellen Reifung).

»Sexuelles Tabu und fast komplicenhaftes Einverständnis der Erwachsenen
über die Aufrechterhaltung der herrschenden Scheinmoral hielten den Vorhang fest geschlossen, hinter dem ›Jugend in Not‹ lebte. Jeder Versuch,
diese Not aufzudecken, wurde, wie heute, verharmlost, belächelt oder
begeifert. Aber auch die Jugend selbst verriet im alltäglichen familiären oder

schulischen Leben kaum etwas von dem, was sie eigentlich bewegte: die gerade in Deutschland vor dem Ersten Weltkrieg stark verfestigten, ja verkrusteten Institutionen Familie und Schule modellierten nur ein ganz bestimmtes Verhaltensrelief heraus und ließen die Konturen der jugendlichen Persönlichkeit kaum hervortreten.« (H. H. Muchow: a. a. O., S. 21.) Um eine liberale Erziehung bemühte sich Georg Kerschensteiner. Vgl. G. Kerschensteiner: Staatsbürgerliche Erziehung der Jugend. Erfurt 1901. M. Kerschensteiner: Georg Kerschensteiner. Der Lebensweg eines Schulreformers. München ³1954.

176 Hierzu:

F. Rothe: Frank Wedekinds Dramen – Jugendstil und Lebensphilosophie. Stuttgart 1968.

G. Rühle: Zeit und Theater. 1913-1945. Berlin 1975.

177 F. Wedekind: Frühlings Erwachen. Eine Kindertragödie. München, Leipzig 1914, S. 21.

„Das Stück von Wedekind ist verdienstvoll. Es ist kein großes Kunstwerk, aber es wird als Dokument der Zivilisations- und Sittengeschichte überdauern", bemerkte Freud in einer Diskussion der Psychologischen Mittwoch-Gesellschaft; (Wien, 13. Februar 1907; anwesend waren Adler, Federn, Heller, Hitschmann, Kahane, Rank, Reitler, Sadger; die Diskussion war eingeleitet worden mit einem Vortrag von Rudolf Reitler über „Frühlings Erwachen".) Zit. nach: Programmheft 6. Spielzeit 1975/76, Kammerspiele München, zu F. Wedekind: Frühlings Erwachen.

178 F. Wedekind: a. a. O., S. 58 f.

179 F. Wedekind: a. a. O., S. 63 ff.

180 E. Key: Das Jahrhundert des Kindes. Studien. Berlin 1905 (Motto).

181 E. Key: a. a. O., (Motto).

182 E. Key: a. a. O., S. 59.

183 E. Key: a. a. O., S. 48.

184 Freud (Zur Einführung des Narzißmus, 1914), III, S. 57. Hierzu auch:

L. Pfandl: Der Narzißbegriff. Versuch einer neuen Deutung. In: Imago 21, 1935.

R. Mühlher: Narziß und der phantastische Realismus. In R. Mühlher: Dichtung der Krise. Mythos und Psychologie in der Dichtung des 19. Jahrhunderts. Wien 1951.

H. Kohut: Narzißmus. Frankfurt am Main 1974.

E. Grunberger: Vom Narzißmus zum Objekt. Frankfurt am Main 1976.

185 H. Stierlin: Adolf Hitler. Familienperspektiven. Frankfurt am Main 1975.

186 H. Stierlin: a. a. O., S. 19.

187 A. Hitler: Mein Kampf. München 1934, S. 2.

188 H. Stierlin: a. a. O., S. 154.

189 H. Stierlin: a. a. O., S. 154 f.

190 H. Stierlin: a. a. O., S. 155.

191 H. Stierlin: a. a. O., S. 155 f.

192 H. Stierlin: a. a. O., S. 156.

193 Vgl. H. Krüger: Das zerbrochene Haus. Eine Jugend in Deutschland. München 1966.

194 Zu Jugendbewegung und Jugendstil vgl.:

K. O. Paetel: Jugendbewegung und Politik. Godesberg 1961.

G. Ziemer/H. Wolf (Hrsg.) Wandervogel und freideutsche Jugend. Bad Godesberg 1961.

W. Laqueur: Die deutsche Jugendbewegung. Köln 1962.

Jugendbewegung. Welt und Wirkung. Festschrift zur fünfzigsten Wiederkehr des Freideutschen Jugendtages auf dem Hohen Meißner. Düsseldorf 1963.

W. Kindt (Hrsg.): Grundschriften der deutschen Jugendbewegung. Düsseldorf 1963.

H. Pross: Jugend. Eros. Politik. Die Geschichte der deutschen Jugendverbände. Bern, München, Wien 1964.

H. H. Hofstätter: Geschichte der europäischen Jugendstilmalerei. Köln 1963.

W. Rasch: Zur deutschen Literatur der Jahrhundertwende. Stuttgart 1968.

D. Jost: Literarischer Jugendstil. Stuttgart 1969.

G. Wunberg: Die literarische Moderne. Dokumente zum Selbstverständnis der Literatur um die Jahrhundertwende. Frankfurt am Main 1971.

D. Sternberger: Über den Jugendstil und andere Essays. Hamburg 1956.

G. Selle: Jugendstil und Kunstindustrie. Zur Ökonomie und Ästhetik des Kunstgewerbes um 1900. Ravensburg 1974.

W. Rüegg: Kulturkritik und Jugendkult. Studien zur Philosophie und Literatur des 19. Jahrhunderts. Frankfurt am Main 1974.

G. Sterner: Jugendstil. Kunstformen zwischen Individualismus und Massengesellschaft. Köln 1975.

R. Hamann/J. Hermand: Stilkunst um 1900. München 1975.

M. Wallis: Jugendstil. München 1975.

Zum Wiener Jugendstil Ch. M. Nebehay: Ver sacrum. Wien 1975.

195 Vgl. D. Jost: a. a. O., S. 15 ff.

196 H. Vogeler: Erinnerungen. Hrsg. von E. Weinert. 1952. Zit. nach D. Jost: a. a. O., S. 11.

197 Zit. nach D. Jost: a. a. O., S. 72.

198 R. M. Rilke: Gedichte. 1. Teil. Leipzig 1927, S. 306.

199 St. Zweig: Silberne Saiten. Gedichte und Nachdichtungen. Hrsg. und eingeleitet von R. Friedenthal. Frankfurt am Main 1966, S. 15 f.

200 St. Zweig: a. a. O., S. 36.

201 D. Jost: a. a. O., S. 23.

202 W. Benjamin: Rückblick auf Stefan George. In: Schriften. Band 2. Frankfurt am Main 1955, S. 325.

203 Zit. nach Jugend in Wien. Literatur um 1900. Katalog einer Ausstellung des Deutschen Literaturarchivs im Schiller-Nationalmuseum Marbach a. N. Hrsg. von L. Greve/W. Volke. Stuttgart 1974, S. 140, 144.

204 Zit. nach L. Koreska-Hartmann: Jugendstil – Stil der »Jugend«. München 1969, S. 37.
Vgl. auch Facsimile-Querschnitt durch die Jugend. Eingeleitet von F. Ahlers-Hestermann. Hrsg. von E. Zahn. München, Bern, Wien 1966.

205 Zit. nach L. Koreska-Hartmann: a. a. O., S. 42.

206 L. Koreska-Hartmann: a. a. O., S. 46.

207 St. Zweig: Die Welt von Gestern. Erinnerungen eines Europäers. Frankfurt am Main 1970, S. 36.

208 St. Zweig: a. a. O., S. 37.

209 St. Zweig: a. a. O., S. 35.

210 L. Marcuse: Mein Zwanzigstes Jahrhundert. Auf dem Weg zu einer Autobiographie. München 1963.

211 Zit. nach P. de Mendelssohn: Der Zauberer. Das Leben des deutschen Schriftstellers Thomas Mann. Band 1: 1875–1918. Frankfurt am Main 1975, S. 1043 f.

212 Hans Breuer. Zit. nach H. Pross: Jugend. Eros. Politik. Die Geschichte der deutschen Jugendverbände. Bern, München, Wien 1964, S. 62.

213 G. Wyneken: Was ist Jugendkultur? Vortrag München 1914. Zit. nach H. Pross: a. a. O., S. 134.

214 H. Blüher: Die Deutsche Wandervogelbewegung als erotisches Phänomen. Ein Beitrag zur Erkenntnis der sexuellen Inversion. Prien 1920, S. 73 f.

215 Nach A. Freud (Das Ich und die Abwehrmechanismen. München 1964, S. 121) führt die Instabilität von Jugendlichen, die in Abwehr ihrer Ängste bei einem asketischen Ideal Zuflucht suchen, oft zum Umschlag der Askese in den Triebexzeß, »in dem ohne alle Rücksicht auf Einschränkungen von außen her plötzlich alles erlaubt wird, was vorher verboten war«. Damit ist auch die sozialpsychologische Entwicklung der Jugendbewegung charakterisiert.

216 K. Schwedhelm (Hrsg.): Propheten des Nationalismus. München 1968, S. 266.

217 Rembrandt als Erzieher. Von einem Deutschen. Leipzig 1912, S. 379 f.

218 H. St. Chamberlain: Die Grundlagen des 19. Jahrhunderts. München [29.]1944. 1. Hälfte, S. 320.

219 Vgl. Jones, II, S. 58 ff.
Hierzu auch: S. Freud: Aus den Anfängen der Psychoanalyse 1887–1902. Briefe an W. Fliess. Frankfurt am Main 1950.
H. Nunberg/E. Federn (Hrsg.): Protokolle der Wiener Psychoanalytischen Vereinigung. Band I: 1906-1908. Frankfurt am Main 1976.

220 Jones, II, S. 9.

221 Erich Fromm meint, daß Freuds Theorien häufig lediglich Rationalisie-
rungszwecken dienten; die These z. B., daß Kultur und Zivilisation auf der
Unterdrückung der ursprünglichen triebhaften Instinkte beruhten, habe im
Grunde nur eine persönliche Feststellung enthalten: »Da ich, Freud, mich
so sehr mit Denken und Wahrheit beschäftige, habe ich notwendigerweise
nur wenig Interesse an geschlechtlichen Dingen. Wie so oft, verallgemeinerte Freud hier eine höchst persönliche Erfahrung. In Wirklichkeit litt er an
sexuellen Hemmungen, und zwar aus anderen Gründen, nicht weil er sich
so tief in schöpferisches Denken versenkt hatte.« (E. Fromm: Sigmund
Freuds Sendung. Frankfurt am Main, Berlin 1961, S. 54.)
Über Freuds Bürgerlichkeit vgl. auch Stefan Zweig: Heilung durch den
Geist. Mesmer. Mary Baker-Eddy. Freud. Frankfurt am Main 1952, S.
261 f.:
»Die strenge Tür eines Wiener Mietshauses verschließt seit einem halben
Jahrhundert Sigmund Freuds Privatleben: beinahe wäre man versucht zu
sagen, er habe überhaupt keines gehabt, so bescheiden hintergründig verläuft seine persönliche Existenz. Siebzig Jahre in der gleichen Stadt, mehr
als vierzig Jahre in dem gleichen Haus. Dort wieder die Ordination in
demselben Raume, die Lektüre auf demselben Sessel, die literarische Arbeit
vor demselben Schreibtisch. Pater familias von sechs Kindern, persönlich
völlig bedürfnislos, ohne andere Passionen als die des Berufs und der
Berufung. Kein Gran seiner gleichzeitig sparsamen und verschwenderisch
ausgewerteten Zeit jemals vertan an eitles Sichzeigen, an Ämter und Würden, niemals ein agitatorisches Vortreten des schöpferischen Menschen vor
das geschaffene Werk: bei diesem Manne unterwirft sich der Lebensrhyth-
mus völlig und einzig dem pausenlosen, gleichmäßig und geduldig strömen-
den Rhythmus der Arbeit. Jede Woche der tausend und aber tausend seiner
fünfundsiebzig Jahre umschreibt den gleichen runden Kreis geschlossener
Tätigkeit, jeder Tag verläuft zwillingshaft ähnlich dem anderen: in seiner
akademischen Zeit einmal in der Woche Vorlesung an der Universität,
immer einmal am Mittwoch abends nach sokratischer Methode ein geistiges
Symposion in der Runde der Schüler, einmal am Samstagnachmittag eine
Kartenpartie – sonst nur von morgens bis abends, oder vielmehr bis spät in
die Mitternacht, jede Minute bis zur letzten Sekunde ausgenützt für Analyse, Behandlung, Studium, Lektüre und gelehrte Gestaltung. Dieser unerbittliche Arbeitskalender kennt kein leeres Blatt, der weitgespannte Tag
Freuds innerhalb eines halben Jahrhunderts keine ungeistig verbrachte
Stunde. Ständiges Tätigsein ist diesem immer motorischen Hirn so selbstverständlich, wie dem Herzen der blutumschaltende Schlag; Arbeit erscheint bei Freud nicht als willensunterworfenes Tun, sondern durchaus als
natürliche, als ständige und strömende Funktion. Eben aber diese Pausenlo-
sigkeit der Wachheit und Wachsamkeit ist zugleich das Erstaunlichste
seiner geistigen Erscheinung: hier wird Normalität zum Phänomen.«

222 Jones, I, S. 126.
223 Jones, I, S. 138.
224 Jones, I, S. 137.
225 Jones, I, S. 159.
226 Jones, I, S. 179.
227 Jones, I, S. 171.
228 Zu Freuds Zurückhaltung, was die eigene Biographie betrifft, vgl. J. vom
Scheidt: Der unbekannte Freud. Neue Interpretationen seiner Träume
durch E. H. Erikson, A. Grinstein, H. Politzer, L. Rosenkötter, M. Schur
u. a. München 1974, S. 7:

»Der große Enthüller des menschlichen Seelenlebens hat seine eigene Innenwelt stets sorgfältig vor den Blicken anderer bewahrt. Sigmund Freuds
äußerer Lebenslauf war karg an auffälligen Äußerungen, die seinen Zeitgenossen Anlaß zu Tratsch und Kolportage gegeben hätten, wie es bei Männern seines Ranges sonst üblich ist. Kaum, daß er einmal Wien verließ,
kaum, daß er einmal an die Öffentlichkeit trat und irgendwelche publi-
kumswirksamen Bemerkungen machte. Nicht einmal den Goethe-Preis,
den ihm die Stadt Frankfurt 1930 verlieh, nahm er persönlich entgegen, weil
Publicity ihm ein Greuel war. Sieht man von seinen ganz frühen Arbeiten
über das Kokain, die Hypnose und die sexuellen Hintergründe hysterischer
Störungen ab, die unter der Wiener Ärzteschaft heftige Kontroversen und
Attacken provozierten, so hat er eigentlich immer nur durch stille wissenschaftliche Tätigkeit, durch seine Bücher und die persönliche Argumentation im kleinsten Kreis seiner Schüler gewirkt.

Wie ernst er es mit dem Verhüllen der eigenen Intimsphäre meinte, zeigt die
Tatsache, daß er am 28. April 1885 den Großteil seiner wissenschaftlichen
und privaten Aufzeichnungen verbrannte. Er sagt über dieses Autodafé zu
seiner damaligen Braut Martha:

›Ein Vorhaben habe ich allerdings fast ausgeführt, welches eine Reihe von
noch nicht geborenen, aber zum Unglück geborenen Leuten schwer empfinden wird ... meine Biographen. Ich habe alle meine Aufzeichnungen seit
vierzehn Jahren und Briefe, wissenschaftliche Exzerpte und Manuskripte
meiner Arbeit vernichtet ...; alle meine Gedanken und Gefühle über die
Welt im allgemeinen und soweit sie mich betraf im besonderen, sind für
unwert erklärt worden, fortzubestehen. Sie müssen jetzt nochmals gedacht
werden, und ich hatte viel zusammengeschrieben. Aber das Zeug legt sich
um einen herum wie der Flugsand um die Sphinx, bald wären nur mehr
meine Nasenlöcher aus dem vielen Papier herausgeragt; ich kann nicht
reifen und nicht sterben ohne die Sorge, wer mir in die alten Papiere
kommt.‹«

229 Jones, I, S. 185.
230 Jones, I, S. 190.
231 Vgl. hierzu auch H. Maor: Jüdisches in Freuds Brautbriefen. In: Allgemeine
Zeitung der Juden in Deutschland 7. 3. 1969. (»Das Gesetz schreibt jedem

Juden vor, sich jedes kleinen Genusses zu freuen. Der Jude ist für Freude, und Freude ist für den Juden.«)

232 S. Freud: Briefe. 1873–1939. Frankfurt am Main ²·1960, S. 254.
233 Freud (Die Traumdeutung), II, S. 24 (Vorwort zur 2. Auflage 1908).
234 Jones, I, S. 380.
Zu Freuds Selbstanalyse vgl. auch M. Robert: Die Revolution der Psychoanalyse. Frankfurt am Main 1967, S. 100 ff.
Ferner I. Grubrich-Simitis: Sigmund Freud. Selbstdarstellung. Schriften zur Geschichte der Psychoanalyse. Frankfurt am Main 1971.
S. Freud: Aus den Anfängen der Psychoanalyse. Briefe an Wilhelm Fließ. Abhandlungen und Notizen aus den Jahren 1887 bis 1902. Frankfurt am Main 1975.
235 Hierzu J. vom Scheidt: Der unbekannte Freud; a. a. O.:
»Freuds psychische Struktur und Dynamik, wie sie sich in seinen Träumen widerspiegelt, scheint in hohem Maße der Art und Weise zu entsprechen, wie er tagsüber existierte. Nur so kann man verstehen, daß die Selbstanalyse, beginnend mit dem Traum von ›Irmas Injektion‹, brennpunktartig nicht nur Freuds Vergangenheit bis zum damaligen Zeitpunkt (1856-1895) zusammenfaßte, mit all ihren Konflikten und Problemen, sondern auch den Weg nach vorn in die Entwicklung der Psychoanalyse vorzeichnete.
Sieht man sich die Träume ›normaler‹ Menschen und ihre sicher nicht weniger wichtige Rolle für den seelischen Haushalt an, kann man vielleicht sagen: Während der ›Normale‹ des Nachts wirklich ›träumt‹, also sich von der materiellen Außenwelt mehr oder minder stark halluzinierend entfernt, waren Freuds Träume (den von den ›Personen mit Vogelschnäbeln‹ ausgenommen) so nahe an der (für ihn relevanten) äußeren Realität angesiedelt, daß man sie fast schon als ›Arbeitsmaterial‹ bezeichnen muß. Traum und Leben waren bei ihm nicht dissonant oder voneinander abgespalten, sondern in hohem Maße konsonant. Der Antwort auf die Frage, warum dies ausgerechnet bei Freud so war, sind wir durch die Studien in diesem Buch hoffentlich etwas nähergerückt. Ansonsten bleibt nur der, zugegeben unbefriedigende, Schluß: So träumt eben das Genie!«
236 L. Dembicki: Die Entstehungssituation der analytischen Psychologie im 19. Jahrhundert. In: Frankfurter Hefte 6, 1956, S. 382.
237 Zit. nach L. Dembicki: a. a. O., S. 383.
238 Vgl. hierzu H. Politzer: Sigmund Freud als Deuter seiner Träume. In: Merkur 261, 1970.
239 W. Jens: Friedrich Nietzsche. Pastor ohne Kanzel. In: Frankfurter Allgemeine Zeitung 9. 3. 1974.
240 A. Zweig in einem Brief an Sigmund Freud am 2. 12. 1930. In: Sigmund Freud/Arnold Zweig: Briefwechsel. Hrsg. von E. L. Freud. Frankfurt am Main 1968, S. 38. Zweig beschäftigt das Verhältnis von Nietzsche und Freud immer wieder; Freud selbst geht nur zögernd auf die Vergleiche ein. Siehe auch S. 35 ff., 45, 63, 85 ff., 94 ff., 148, 155.

241 Theodor Lessing Affinität zur »Zerrissenheit« Nietzsches ergibt sich eindrucksvoll aus Lessings Autobiographie: Einmal und nie wieder. (Neuausgabe) Gütersloh 1970.

242 Th. Lessing: Schopenhauer. Wagner. Nietzsche. München 1906, S. 475 f.

243 F. Nietzsche: Ecce homo. In: Werke. Hrsg. vom Nietzsche-Archiv. 5.
Band. Erster Teil. Leipzig 1928, S. 236 f.

244 F. Nietzsche: Ecce homo; a. a. O., S. 336 f.

245 F. Nietzsche: Der Wille zur Macht. Versuch einer Umwertung aller Werte.
In: Werke. 5. Band. Zweiter Teil; a. a. O., S. 3.

246 F. Nietzsche: Der Wille zur Macht; a. a. O., S. 3.

247 F. Nietzsche: Der Wille zur Macht, a. a. O., S. 30 ff.

248 F. Nietzsche: Also sprach Zarathustra. Werke. 4. Band. 1. Teil; a. a. O., S.
75.

249 W. Jens: a. a. O.

250 F. Nietzsche: Morgenröte. Werke. 3. Band; a. a. O., S. 151 f.

251 Zu Freuds Humanismus und seine »überpersönliche Beziehung« zum Denken Nietzsches vgl. Th. Mann: Freuds Humanismus. In: H. Meng (Hrsg.):
Psychoanalyse und Kultur. München 1965, S. 11:

»Diese Lehre ist revolutionär nicht nur im wissenschaftlichen Sinne und im
Verhältnis zu früheren Erkenntnismethoden; sie ist es im eigentlichsten,
unmißverständlichsten und unmißbrauchbarsten Sinn: durchaus der Bestimmung gemäß, die das Wort durch die deutsche Romantik erfährt. Es ist
das Rührende, daß Freud den harten Weg seiner Erkenntnisse ganz allein,
ganz selbständig, ganz nur als Arzt und Naturforscher gegangen ist, ohne
der Trost- und Stärkungsmittel kundig zu sein, die die große Literatur für
ihn bereitgehalten hätte. Er hat Nietzsche nicht gekannt, bei dem man
überall Freudsche Einsichten blitzhaft vorweggenommen findet; und daß
er – offenbar – Novalis nicht unmittelbar gekannt hat, wäre fast noch mehr
zu bedauern, gesetzt, daß man wünschen dürfte, er hätte es leichter gehabt.
Aber ein Zusammenhang, in dem der Begriff des Unbewußten eine so
entscheidende psychologische Rolle spielt, erlaubt wohl, von unbewußter
Überlieferung, überpersönlichen Beziehungen zu sprechen.«

252 Ein Macht- und Herrenmensch war freilich Nietzsche nie – so sehr sich auch
seine Schwester Elisabeth Förster-Nietzsche bei der Herausgabe seiner
Werke darum bemühte, die Dekadenz ihres Bruders in Heroentum, seine
Schwäche in Größe und seine Zerrissenheit in strahlende Herrlichkeit
umzufälschen; was die Einvernahme Nietzsche durch den Nationalsozialismus wie dessen Abwertung durch den Antifaschismus förderte.
Vgl. hierzu die Herausgabe der Werke Friedrich Nietzsches durch K.
Schlechta, München 1954 ff., als Versuch, die Ideologisierung und Mytho-
logisierung Nietzsches aufgrund neuer editorischer Erkenntnisse »zurück-
zunehmen«.
Ferner:

K. Schlechta: »Entmythologisierung« des »Willens zur Macht«. In: Frankfurter Hefte 1, 1957, S. 17ff.

253 In einem Brief Nietzsches an Franz Overbeck. Zit. nach W. Kaufmann: Unbekannte Nietzsche-Briefe. In: Der Monat 243, 1968, S. 19.

Zeitgemäßes über Krieg und Tod
Waffengang · Die vorletzten Tage der Menschheit

Soweit nicht anders in Klammer angegeben, bezieht sich in diesem Kapitel die abgekürzte Zitierung von Freud auf die Abhandlung »Zeitgemäßes über Krieg und Tod« (1915), Studienausgabe Band IX, S. 33 ff.

1 Vgl. hierzu:
F. Fischer: Griff nach der Weltmacht. Die Kriegszielpolitik des kaiserlichen Deutschland 1914/18. Düsseldorf 1961.
F. Fischer: Krieg der Illusionen. Die deutsche Politik von 1911 bis 1914. Düsseldorf 1968.
C. Barnett: Anatomie eines Krieges. Eine Studie über Hintergründe und entscheidende Phasen des Ersten Weltkriegs. München, Eßlingen 1963.
I. Geis (Hrsg.): Julikrise und Kriegsausbruch 1914. Eine Dokumentensammlung. Band 1 und 2. Hannover 1963 und 1964.

2 Vgl. hierzu:
Jones, II, S. 134–186 (Opposition. Uneinigkeiten und Abfall.)
J. und R. Gicklhorn: Sigmund Freuds akademische Laufbahn im Lichte der Dokumente. Wien 1960, kommen zu dem Ergebnis, daß von einer ungerechten und unkorrekten Behandlung Freuds durch die Universität nicht gesprochen werden könne. Vielmehr habe Freud seinen Lehrberuf mit erstaunlicher Gleichgültigkeit und Interesselosigkeit ausgeübt.

3 »28. Juni 1914: Ein strahlender Sommertag. Die Ausflugs- und Tanzlokale sind überfüllt. Gegen fünf Uhr nachmittags werden Extrablätter ausgerufen: Erzherzog Franz Ferdinand und Frau in Sarajewo ermordet. ›Ach, wieder einmal hinten weit auf dem Balkan‹, so dachten die Spießer und tranken ihr Bier weiter. Auf dem Orchestrion begann eine neue Walze: ›Es war in Schöneberg im Monat Mai‹, und die Jugend tanzte weiter. Als ich in einer Gruppe, die an der Haltestelle der Straßenbahn wartete, erklärte: ›Das kann Krieg bedeuten‹, hatte ich gleich eine erregte Menge gegen mich. ›Uns wird schon keiner angreifen, die Franzosen haben uns 1870 kennengelernt – und übrigens will der Kaiser eine Nordlandreise machen.‹ Das Volk duldete, wie sein Kaiser, keine Schwarzseher.« (Propst H. Grüber: Zwischen Thron und Altar. Ein Reich der Verblendeten. Erinnerungen zum Ausbruch des Ersten Weltkrieges. In: Die Zeit 31. 7. 1964.)
Vgl. auch:

L. Reiners: In Europa gehen die Lichter aus. München 1954.

August 1914. 50 Jahre Weltrevolution. Der Monat 191, 1964.

4 »Der Expressionismus steht in seiner Zeit als eine hohe und bewunde-
rungswürdige Bekundung junger Menschen, die in einem Zustand äußerster Gefährdung weitreichend alle Verhängnisse in sich selbst verspürend, ja
sie oft als ein Tödliches in sich tragend, doch mit unbedingtem Einsatz
Mensch und Kultur vor dem nahen Chaos und Abgrund zu retten versuchten.« (H. Friedmann/O. Mann: Expressionismus. Gestalten einer literarischen Bewegung. Heidelberg 1956.)

Ferner:

K. Otten (Hrsg.): Ahnung und Aufbruch. Expressionistische Prosa. Darmstadt 1957.

K. Otten (Hrsg.): Schrei und Bekenntnis. Expressionistisches Theater.
Darmstadt 1959.

R. Raabe: Expressionismus. Aufzeichnungen und Erinnerungen der Zeitgenossen. Freiburg 1965.

H. Steffen (Hrsg.): Expressionismus. Kampf um eine literarische Bewegung. München 1965.

P. Pörtner: Literatur-Revolution 1912 bis 1925. Dokumente, Manifeste,
Programme. 1. und 2. Band. Neuwied 1961.

5 Zit. nach Menschheitsdämmerung – Symphonie jüngster Dichtung, 1919.
Hrsg. von K. Pinthus. Neuausgabe: Menschheitsdämmerung. Ein Dokument des Expressionismus. Hrsg. von K. Pinthus. Hamburg 1959, S. 39.

6 Zit. nach P. Raabe: Die Revolte der Dichter. Die frühen Jahre des literarischen Expressionismus 1910–1914. In: Der Monat 191, 1964, S. 88.

7 G. Kaiser: Die Bürger von Calais. Bühnenspiel in drei Akten. Mit einer
Einführung hrsg. von W. Urbanek. Bamberg o. J., S. 109.

8 Zit. nach H. Lüthy: Schicksalstragödie? In: Der Monat 191, 1964, 28.
Nach Georg Heym war es die Krankheit der Zeit, am Ende eines Welttages
zu leben, in einem Abend, der so stickig war, daß man den Dunst seiner
Fäulnis kaum noch ertragen konnte.

Vgl. auch: »Geschähe doch einmal etwas! Würden einmal wieder Barrika-
den gebaut! Ich wäre der erste, der sich darauf stellte, ich wollte noch mit
einer Kugel im Herzen den Rausch der Begeisterung spüren. Sei es nur, daß
man einen Krieg begänne, er kann ungerecht sein – dieser Friede ist so faul,
so ölig und schmierig wie eine Leimpolitur auf alten Möbeln.« (G. Heym)
(Zit. aus G. Heyms Tagebüchern nach B. v. Wiese: Die deutsche Lyrik,
Band 2. Düsseldorf 1956. S. 429.)

Ferner:

G. Heym. Dichtungen und Schriften. Gesamtausgabe. Hrsg. von K. L.
Schneider. Band 3: Tagebücher, Träume, Briefe. Hamburg 1960.

(»Ein kurioses Selbstporträt, das hier gezeichnet wird! Halb ein erotischer
Berserker, halb ein Philister wilhelminischer Art; halb Corps-Student und
halb Prometheus; halb Rabauke, halb Spießer – so präsentiert sich der große

Lyriker, und, wer weiß, größerer Novellist, Georg Heym, ein ebenbürtiger Bruder Stadlers und Trakls, seinen Betrachtern.« W. Jens)

9 Jones, II, S. 207.

10 Freud, IX, S. 33 ff.

11 »Der Weltkrieg, der den Nationalismus überall in Europa auf seinen Höhepunkt trieb, ließ den Prozeß der Entfremdung von Philosophie und Nation in sein Gegenteil umschlagen. Die deutsche Philosophie brach dabei mit der Aufklärungs-Tradition des politischen Denkens, sie entwarf die ›Ideen von 1914‹ in erklärter Opposition zu den Ideen der französischen Revolution. Sie vertiefte, gegen den Widerstand weniger, ihre Differenz gegen die politische Philosophie Westeuropas zum unüberspringbaren Graben und hatte so ihren Anteil an der Erzeugung eines ideologischen Klimas, das dem Gedeihen der parlamentarischen Demokratie in Deutschland nach Kriegsende nicht förderlich sein konnte.« (H. Lübbe: Politische Philosophie in Deutschland. Studien zu ihrer Geschichte. Basel, Stuttgart 1963.)

12 Vgl. Katalog Kunst in Deutschland. 1898-1973. Hrsg. von W. Hofmann u. a. Hamburg 1973, zum Jahr 1914.
   Ferner:
   A. Macke: Aquarelle. Nachwort von W. Macke. München 1958.

13 Zit. nach Kunst in Deutschland; a. a. O., S. zu 1914.
   Vgl. auch O. Dix: Protokolle der Hölle. Zeichnungen. Hrsg. von H. Kinkel. Frankfurt am Main 1968. (Blätter, welche »die Hurramärchen und Heldenlegenden der Lehrbücher, Hetzgedichte, Haßromane, Bierreden als gemeinen Schwindel entlarven und demolieren.« M. Herrmann-Neiße).
   Anders zunächst Max Beckmann. Laut einer Tagebucheintragung aus dieser Zeit »faszinierte« ihn das »wunderbar großartige Geräusch der Schlacht«. »Ich ging hinaus durch Scharen verwundeter und maroder Soldaten, die vom Schlachtfeld kamen und hörte diese eigenartige schaurig-großartige Musik. Wie wenn die Tore zur Ewigkeit aufgerissen werden ist es, wenn so eine große Salve herüberklingt. Alles suggeriert einem den Raum, die Ferne, die Unendlichkeit, ich könnte dieses Geräusch malen. Ah, diese Weite und unheimlich schöne Tiefe! Scharen von Menschen ›Soldaten‹ zogen fortwährend nach dem Zentrum dieser Melodie, der Entscheidung ihres Lebens entgegen.« (M. Beckmann: Briefe im Kriege. München 1955, S. 27 f.)

14 Freud, IX, S. 37.

15 In diesem Zusammenhang einige Hinweise auf Sigmund Freuds Sprache und die Sprache der Psychoanalyse:
   W. Muschg: Freud als Schriftsteller. In: Die Zerstörung der deutschen Literatur. Bern 1958.
   W. Jens: Freuds Briefe. In: Zueignungen. München 1963.
   W. Schönau: Sigmund Freuds Prosa. Literarische Elemente seines Stils. Stuttgart 1968.
   G. Jappe: Über Wort und Sprache in der Psychoanalyse. Frankfurt 1971.
   S. und H. C. Goeppert: Sprache und Psychoanalyse. Hamburg 1973.

446

A. Lorenzer: Über den Gegenstand der Psychoanalyse oder: Sprache und Interaktion. Frankfurt am Main 1973.

H. M. Gauger: Sprache und Sprechen im Werk Sigmund Freud. In: Neue Rundschau 4, 1974, S. 568 ff.

Ferner:

»Freuds Stil wies auch darin in die Zukunft, daß der Autor darauf verzichtete, ihn zu verschönern. Er liebte den Witz und verachtete den Plüsch der Sprache ... Acht Jahre nach der ›Traumdeutung‹ sollte sein Zeitgenosse und engerer Landsmann, der Architekt Adolf Loos, ausrufen: ›Ornamentlosigkeit ist ein Zeichen geistiger Kraft‹. Der Aufsatz, in dem sich dieser Grundsatz findet, ist ›Ornament und Verbrechen‹ überschrieben. Wie die Gebäude, die Adolf Loos entwarf, sind auch die Traumerzählungen Freuds von dieser ›geistigen Kraft‹ getragen, Zeugnisse äußerster intellektueller Sauberkeit und nicht immer frei von der Selbstherrlichkeit eines allzu merkbaren Purismus. Indem diese Deutungen ihrem eigenen Stoff und nichts anderem gehorchen, sind sie materialgerecht.« (H. Politzer: Sigmund Freud als Deuter seiner Träume. In: Merkur 261, 1970, S. 39.)

16 I. Bode: Die Autobiographien zur deutschen Literatur, Kunst und Musik 1900-1965. Bibliographie und Nachweise der persönlichen Begegnungen und Charakteristiken. Stuttgart 1967.

17 In der »Geschichte seines Lebens 1893-1914« »Jahrhundertwende« (Danzig 1935) hat Max Halbe die »Sonnen- und Sommerzeit« des Deutschen Reiches vor dem Ersten Weltkrieg mit den Worten beschrieben (S. 36):
»O glückliches, wohllebiges, genießerisches Deutschland vor vierzig oder dreißig, zuletzt auch noch vor zwanzig Jahren. Deine Städte blühten und wuchsen. Deine Bauern hatten genug, in manchen Gauen sogar im Überfluß. Deine Arbeiter, trotz vieler Not, Beschwerden und Klagen, kannten noch nicht die Hölle der Arbeitslosigkeit. Deine Schiffe zeigten ihre Flagge auf allen Meeren. Dein Handel umspannte den Erdball. Deine Macht war gefürchtet in allen Landen. Deine Wissenschaft rang vor den andern um die Palme des Sieges. Deine Technik eroberte die Welt. Welch eine Sonne, welch ein Glanz über diesem Zeitalter von 1895 bis 1914!«

18 St. Zweig: Die Welt von Gestern. Erinnerungen eines Europäers. Frankfurt am Main 1970, S. 14 f.

19 Freud, IX, S. 60.

20 Freud, IX, S. 49.

21 R. M. Rilke: Das Stundenbuch. 3. Buch: Das Buch von der Armut und vom Tode. 1903; o. O. o. J., S. 86.

22 G. Trakl: Historisch-kritische Ausgabe. Hrsg. v. W. Killy und H. Szklenar. Band 1. Salzburg 1969. S. 167.
Ferner:
G. Trakl: Gesammelte Werke. Band 1: Die Dichtungen. Band 2: Aus goldenem Kelch. Jugenddichtungen. Band 3: Nachlaß und Biographie, Gedichte, Briefe, Bilder, Essays. Salzburg 1957.

447

O. Basil: Georg Trakl in Selbstzeugnissen und Bilddokumenten. Reinbek 1965.

23 Kurz vor Kriegsausbruch schreibt G. Trakl in einem Brief: »Und wenn ich dazu denke, daß mich ein fremder Wille vielleicht ein Jahrzehnt hier leiden lassen wird, kann ich in einen Tränenkrampf trostlosester Hoffnungslosigkeit verfallen. Wozu die Plage. Ich werde endlich doch immer ein armer Kaspar Hauser bleiben.« (Zit. nach W. Killy: Er notierte das Unausdrückbare. Zum fünfzigsten Todestag von Georg Trakl. In Die Zeit 6. 11. 1964.)

24 A. Hitler: Mein Kampf. München 1934, S. 169 f.

25 W. Flex: Der Wanderer zwischen beiden Welten. Ein Kriegserlebnis. München o. J.
Vgl. hierzu auch:
W. Klose: Soldatentod. Interpretationen dreier Texte von Flex, Jünger, Polgar. In: Wirkendes Wort, 1/Jahrgang 8.
H. Just: Sterben für Deutschland – Über die Kriegslyrik des Walter Flex. In: Frankfurter Hefte 4, 1974, S. 285 ff.

26 W. Flex: a. a. O., S. 5 f.

27 W. Flex: a. a. O., S. 21.

28 W. Flex: a. a. O., S. 23.

29 W. Flex: a. a. O., S. 48.

30 »Es gibt zwei Arten, die ›Letzten Tage der Menschheit‹ zu lesen: einmal als die peinigende Einleitung zu den wirklich letzten Tagen, die uns bevorstehen; dann aber auch als ein Gesamtbild dessen, was wir von uns abtun müssen, wenn es nicht zu diesen wirklich letzten Tagen kommen soll. Am besten wäre es, man fände die Kraft, dieses Werk zu verschiedenen Gelegenheiten verschieden, nämlich auf beide Weisen zu erleben.« (E. Canetti: Satire und Mordlust. In: Süddeutsche Zeitung 18./19. 1. 1975.)

31 K. Kraus: Die letzten Tage der Menschheit. Tragödie in fünf Akten. In: Werke. 5. Band. Hrsg. von H. Fischer. München 1957, S. 9.

32 K. Kraus: a. a. O., S. 81.

33 K. Kraus: a. a. O., S. 167.

34 K. Kraus: a. a. O., S. 200.

35 K. Kraus: a. a. O., S. 269 f.

36 K. Kraus: a. a. O., S. 355 f.

37 K. Kraus: a. a. O., S. 450.

38 K. Kraus: a. a. O., S. 453.

39 K. Kraus: a. a. O., S. 723.

40 Freud, IX, S. 51.

41 E. Jünger: Der Kampf als inneres Erlebnis. Berlin [4]1929, S. 8 f.
Vgl. hierzu auch:
H. P. Schwarz: Der konservative Anarchist. Politik und Zeitkritik Ernst Jüngers. Freiburg 1962.
Ch. Graf von Krockow: Die Entscheidung. Eine Untersuchung über Ernst Jünger, Carl Schmitt, Martin Heidegger. Stuttgart 1958.

42 Freud, IX, S. 52.

43 Freud, IX, S. 52.

44 E. Jünger: a. a. O., S. 33.

45 Freud, IX, S. 55.

46 Freud, IX, S. 55.

47 Freud, IX, S. 59.

48 Freud, IX, S. 59.

49 Freud, IX, S. 35.

50 K. Böhme (Hrsg.): Aufrufe und Reden deutscher Professoren im Ersten Weltkrieg. Stuttgart 1975. (Mit ausführlichem Quellenverzeichnis und ausführlicher Bibliographie zum Themenkreis).
Vgl. in diesem Zusammenhang auch:
H. Pross: (Hrsg.): Die Zerstörung der deutschen Politik. Dokumente 1871-1933. Frankfurt am Main 1959, bes. S. 179 ff.
H. Schwerte: Faust und das Faustische. Ein Kapitel deutscher Ideologie. Stuttgart 1962.
K. v. Klemperer: Konservative Bewegungen. Zwischen Kaiserreich und Nationalsozialismus. München, Wien o. J.
G. Kotowski/W. Pöls/G. A. Ritter: Das Wilhelminische Deutschland. Stimmen der Zeitgenossen. Frankfurt am Main, Hamburg 1965, bes. S. 144 ff.
M. Asendorf: Aus der Aufklärung in die permanente Restauration. Geschichtswissenschaft in Deutschland. Hamburg 1974.

51 K. Böhme: a. a. O., S. 6.

52 Zit. nach K. Böhme: a. a. O., S. 12.

53 Zit. nach K. Böhme: a. a. O., S. 17.

54 Zit. nach K. Böhme: a. a. O., S. 49.

55 Zit. nach K. Böhme: a. a. O., S. 50.

56 Zit. nach K. Böhme: a. a. O., S. 56.

57 Zit. nach K. Böhme: a. a. O., S. 67.

58 W. Sombart: Händler und Helden; o. O. 1915.

59 Freud, IX, S. 35.

60 Freud, IX, S. 36.

61 Freud, IX, S. 36.

62 Freud, IX, S. 38.

63 Freud, IX, S. 40.

64 So notiert Thomas Mann in seinem Notizbuch im Kriege: »Freud fortschrittlich-zersetzend, wie alle Psychologen. Die Kunst wird unmöglich, wenn sie durchschaut ist. Er wirkt für den Geist.« Zit. nach P. de Mendelssohn: Der Zauberer. Das Leben des deutschen Schriftstellers Thomas Mann. Erster Teil: 1875-1918. Frankfurt am Main 1975, S. 1069.

65 Th. Mann: Betrachtungen eines Unpolitischen. Berlin 1920, S. IX.
Vgl. hierzu auch:
K. Sontheimer: Thomas Mann und die Deutschen. München 1961.

E. Keller: Der unpolitische Deutsche. Eine Studie zu den »Betrachtungen eines Unpolitischen« von Thomas Mann. Bern und München 1965.

66 Th. Mann: a. a. O., S. 561.

67 Hierzu:
Thomas Mann, Heinrich Mann: Briefwechsel 1900-1949. Frankfurt am Main 1969.

68 Th. Mann: a. a. O., S. 607.

69 Th. Mann: a. a. O., S. XXXII.

70 Th. Mann: a. a. O., S. 470.

71 Vgl. H. Herzfeld: Erster Weltkrieg und Friede von Versailles. In: G. Mann (Hrsg.): Propyläen Weltgeschichte. Eine Universalgeschichte. 9. Band. Berlin, Frankfurt, Wien 1960, S. 75 ff.; bes. 86 ff.
Ferner:
J. H. Lefebvre: Die Hölle von Verdun. Nach den Berichten von Frontkämpfern. Paris 1969.
J. Marot: Die Schlacht von Verdun in Bildern. Französische und deutsche Dokumente. Paris 1975.

72 E. M. Remarque: Im Westen nichts Neues. Berlin 1928. Zit. nach der Ausgabe Berlin 1929, S. 260.

73 Freud (Totem und Tabu. Einige Übereinstimmungen im Seelenleben der Wilden und der Neurotiker, 1912/13), IX, S. 319.

74 Freud (Totem und Tabu), IX, S. 321.

75 Freud (Totem und Tabu), IX, S. 328.

76 Freud (Totem und Tabu), IX, S. 333.

77 Freud (Totem und Tabu), IX, S. 353.

78 Freud (Totem und Tabu), IX, S. 426f.
1909 hatte C. G. Jung in seiner, unter Sigmund Freuds Einfluß entstandenen Schrift »Die Bedeutung des Vaters für das Schicksal des einzelnen« festgestellt: »Die schicksalsdeterminierende Kraft des Vaterkomplexes entstammt dem Archetypus, und dies ist der wirkliche Grund, warum der consensus gentium anstelle des Vaters eine göttliche oder dämonische Gestalt setzt, denn der individuelle Vater verkörpert unvermeidlicherweise den Archetypus, der dessen Bilde die faszinierende Kraft verleiht. Der Archetypus wirkt wie ein Resonator, der die vom Vater ausgehenden Wirkungen, insofern sie mit dem vererbten Typus übereinstimmen, ins Übermäßige steigert.« (C. G. Jung: Der einzelne in der Gesellschaft. Olten und Freiburg 1971, S. 31.)
Vgl. zum Problemkreis auch E. Bornemann: Das Patriarchat. Frankfurt am Main 1975.

79 K. Pinthus (Hrsg.): Menschheitsdämmerung – Symphonie jüngster Dichtung. Vorwort 1919. Neuausgabe: Menschheitsdämmerung. Ein Dokument des Expressionismus. Hamburg 1959.

80 F. Kafka: Brief an den Vater. Mit einem Nachwort von W. Emrich. Frankfurt am Main 1975.

Hierzu:

W. Emrich: Franz Kafka. Bonn 1958.

F. Kafka: Briefe 1902-1924. Hrsg. von M. Brod. Frankfurt am Main 1958.

G. Janouch: Gespräche mit Kafka. Aufzeichnungen und Erinnerungen. Frankfurt am Main 1961.

K. Wagenbach: Franz Kafka in Selbstzeugnissen und Bilddokumenten. Reinbek bei Hamburg 1964.

F. Kafka: Briefe an Felice und andere Korrespondenz aus der Verlobungszeit. Hrsg. von E. Heller und J. Born. Frankfurt am Main 1968.

H. Politzer: Hatte Ödipus einen Ödipus-Komplex? Versuche zum Thema Psychoanalyse und Literatur. München 1974.

Den besten Einblick in die »Familienperspektiven« Franz Kafkas geben seine »Briefe an Ottla und die Familie«. Hrsg. von H. Binder und K. Wagenbach. Frankfurt am Main 1974.

J. Müller: Franz Kafkas Briefe – Zu neuen Veröffentlichungen seines Briefwechsels. In: Universitas Juni, 1975, S. 581 ff.

81 F. Kafka: Brief an den Vater; a. a. O., S. 10 f.

82 F. Kafka: a. a. O., S. 12 ff.

83 W. Emrich im Nachwort zu F. Kafka: a. a. O., S. 84 f.

Franz Kafka – so stellt Th. W. Adorno fest – entwirft das Bild der heraufziehenden Gesellschaft nicht unmittelbar; er montiere es aus Abfallprodukten, welche das Neue, das sich bildet, aus der vergehenden Gegenwart ausscheidet. »Anstatt die Neurose zu heilen, sucht er in ihr selbst die heilende Kraft, die der Erkenntnis: die Wunden, welche die Gesellschaft dem einzelnen einbrennt, werden von diesem als Chiffren der gesellschaftlichen Unwahrheit, als Negativ der Wahrheit gelesen. Seine Gewalt ist eine des Abbaus. Er reißt die beschwichtigende Fassade vorm Unmaß des Leidens nieder, der die rationale Kontrolle mehr stets sich einfügt. Im Abbau – nie war das Wort populärer als in Kafkas Todesjahr – hält er nicht, wie die Psychologie, beim Subjekt inne, sondern dringt auf das Stoffliche, bloß Daseiende durch, das im ungeminderten Sturz des nachgebenden, aller Selbstbehauptung sich entäußernden Bewußtseins auf dem subjektiven Grunde sich darbietet. Die Flucht durch den Menschen hindurch ins Nichtmenschliche – das ist Kafkas epische Bahn.« (Th. W. Adorno: Aufzeichnungen zu Kafka. In: Prismen. Kulturkritik und Gesellschaft. Frankfurt am Main 1963, S. 256 f.)

84 Freud (Totem und Tabu), IX, S. 437.

85 In Franz Kafkas Konflikt mit dem Vater schießen – nach M. Robert (Sigmund Freud – Zwischen Moses und Ödipus. München 1975) alle Komponenten des Zeitkonflikts des geistig und gesellschaftlich entwurzelten Juden zusammen. Die Gegenüberstellung von Kafkas, im »Brief an den Vater« zur allgemeingültigen Metapher verdichteten Familienerfahrung mit Freuds psychoanalytischen wie selbstanalytischen (die Auseinandersetzung mit dem eigenen Vater zentral berührenden) Bemühungen gebe wichtige Hin-

weise auf das Psychogramm einer in ihren menschlichen Beziehungen traumatisch gestörten Gesellschaft.

86 P. Federn: Zur Psychologie der Revolution. Die Vaterlose Gesellschaft. Nach Vorträgen in der Wiener psychoanalytischen Vereinigung und im Monistenbund. Der Aufstieg. Neue Zeit- und Streitschriften Nr. 12/13. Leipzig, Wien 1919, Titelblattrückseite.

P. Federns Arbeit erwähnt A. Mitscherlich in: Auf dem Weg zur vaterlosen Gesellschaft. Ideen zur Sozialpsychologie. München 1963, S. 453.

87 P. Federn: a. a. O., S. 3 f.

88 P. Federn: a. a. O., S. 5.

89 P. Federn: a. a. O., S. 6.

Vgl. H. Mann: »Der Krieg kam durch den Untertan«. (In: Macht und Mensch, München 1919, S. 230.)

90 P. Federn: a. a. O., S. 9.

91 P. Federn: a. a. O., S. 9.

92 P. Federn: a. a. O., S. 11 f.

93 P. Federn: a. a. O., S. 13.

94 P. Federn: a. a. O., S. 14.

95 P. Federn: a. a. O., S. 17.

96 P. Federn: a. a. O., S. 23 f.

97 P. Federn: a. a. O., S. 29.

98 P. Federn: a. a. O., S. 29.

Massenpsychologie und Ich-Analyse.
Am Scheideweg · Das Individuum und seine Gefährdung.

Soweit nicht anders in Klammer angegeben, bezieht sich in diesem Kapitel die abgekürzte Zitierung von Freud auf die Abhandlung »Massenpsychologie und Ich-Analyse« (1921), Studienausgabe Band IX, S. 61 ff.

1 Vgl. hierzu und für das folgende:
   H. Altrichter/H. Glaser: Vom Zeitalter des Imperialismus bis zur Gegenwart. Bamberg 1968, S. 56 ff.
   G. Mann (Hrsg.): Propyläen Weltgeschichte. Eine Universalgeschichte. Neunter Band. Berlin, Frankfurt, Wien 1960. (Das Zwanzigste Jahrhundert)

2 Zit. nach J. Hohlfeld (Hrsg.): Dokumente der Deutschen Politik und Geschichte von 1848 bis zur Gegenwart. Die Weimarer Republik 1919-1933 (III. Band). Berlin und München o. J., S. 30.

3 Zit. nach J. Hohlfeld: a. a. O., S. 29.

4 Zum Problemkreis Masse, Vermassung, Aufstand der Massen, Konformismus vgl.:
   R. Michels: Begriff und Aufgabe der Masse. Frankfurt am Main 1902.

J. L. Taylor: Social Life and the Crowd. Boston 1907.

H. Marr: Proletarisches Verlangen. Ein Beitrag zur Psychologie der Massen, Jena 1921.

J. L. Taylor: Social Life and the Crowd. Boston 1907.

Th. Geiger: Die Masse und ihre Aktion. Stuttgart 1926.

G. Lehmann: Das Kollektivbewußtsein. Systematische und historisch-kritische Vorstudien zur Soziologie. Berlin 1928.

M. Vaerting: Die Macht der Massen. Berlin 1928.

W. Vleugels: Die Masse. Ein Beitrag zur Lehre von den sozialen Gebilden.

München, Leipzig 1930.

H. de Man: Massen und Führer. Potsdam 1932.

E. D. Martin: The Conflict of the Individual and the Mass in the Modern World. New York 1932.

K. Hecker: Mensch und Masse. Berlin 1933.

W. Reich: Massenpsychologie des Faschismus. Kopenhagen [2] 1934.

R. Reiwald: Vom Geist der Massen. Zürich [3] 1948.

Ch. Ertel: Der Kollektivmensch. Limburg 1949.

K. Baschwitz: Du und die Masse. Leiden [2] 1951.

W. Hagemann: Vom Mythos der Masse. Heidelberg 1951.

H. de Man: Vermassung und Kulturzerfall. Bern, München [2] 1952.

E. Guilleaume: Überwindung der Masse. Köln, Opladen 1954.

D. Riesman/R. Denney/N. Glazer: Die einsame Masse. Darmstadt, Berlin-Frohnau, Neuwied 1956.

P. R. Hofstätter: Gruppendynamik. Kritik der Massenpsychologie. Hamburg 1957.

E. Canetti: Masse und Macht. Hamburg 1960.

G. Le Bon: Psychologie der Massen. Stuttgart 1964. (Psychologie des Foules, Paris 1895).

A. Weber: Kulturgeschichte als Kultursoziologie. München 1960.

R. Fischer: Masse und Vermassung. Zürich 1961.

G. Schenk: Panik, Wahn, Besessenheit. Die zügellose Masse gestern und heute. Hannover 1962.

W. Bitter (Hrsg.): Massenwahn in Geschichte und Gegenwart. Stuttgart 1965.

W. Lipp (Hrsg.): Konformismus-Nonkonformismus. Kulturstile, soziale Mechanismen und Handlungsalternativen. Darmstadt und Neuwied 1975. (Mit ausführlichen Literaturangaben zu: Soziologie und Psychologie der Masse/Gruppe, Führung, Kollektivverhalten/Verhältnis von Gruppe und Führung/Theorie des Kollektivverhaltens/Anpassung, Abweichung und Anomie in der neueren soziologischen Forschung/Konformismus-Nonkonformismus-Problematik im Lichte der Zivilisationskritik.)

5 Vgl. hierzu Ortega y Gasset: Der Aufstand der Massen (Madrid 1930). Hamburg 1956, S. 7:

»Es gibt eine Tatsache, die das öffentliche Leben Europas in der gegenwärtigen Stunde – sei es zum Guten, sei es zum Bösen – entscheidend bestimmt: das Heraufkommen der Massen zur vollen sozialen Macht. Da die Massen ihrem Wesen nach ihr eigenes Dasein nicht lenken können noch dürfen und noch weniger imstande sind, die Gemeinschaft zu regieren, ist damit gesagt, daß Europa heute in einer der schwersten Krisen steht, die über Völker, Nationen, Kulturen kommen kann. Eine Krisis solcher Art ist mehr als einmal in der Geschichte eingetreten. Ihre Kennzeichen und Folgen sind bekannt. Sie heißt der Aufstand der Massen. Zum Verständnis des ungeheuren Vorgangs ist es gut, daß man von vornherein vermeidet, den Worten ›Aufstand‹, ›Massen‹, ›soziale Macht‹ einen ausschließlich oder vorzüglich politischen Sinn beizulegen. Das öffentliche Leben ist nicht nur politisch, es ist zugleich, ja zuvor geistig, sittlich, wirtschaftlich, religiös; es umfaßt alle Kollektivbräuche und schließt die Art der Kleidung wie des Genießens ein.«

6 Vgl. H. Glaser: Weltliteratur der Gegenwart. Dargestellt in Problemkreisen. Frankfurt am Main, Berlin, Wien ⁹·1970, S. 143 ff. (Leviathan Staat).

7 E. Nolte: Der Faschismus in seiner Epoche. Die Action française. Der italienische Faschismus. Der Nationalsozialismus. München 1963, S. 51.
W. Laqueur/G. L. Mosse (Hrsg.): Internationaler Faschismus 1920-1945. München 1966.

8 E. Nolte: a. a. O., S. 52.

9 E. Nolte: a. a. O., S. 544.

10 Vgl. H. Altrichter/H. Glaser: Vom Zeitalter des Imperialismus bis zur Gegenwart. Bamberg 1968, S. 75 ff.

11 Vgl. hierzu und für das Folgende E. Maste: Hugo Preuß. Vater der Weimarer Verfassung. In: Aus Politik und Zeitgeschichte. Beilage zur Wochenzeitung »Das Parlament«, 26. 10. 1960, S. 695.
In seiner Ansprache im Politischen Rat geistiger Arbeiter, München, Dezember 1918, »Sinn und Idee der Revolution« hatte Heinrich Mann festgestellt:
»Die Fälschung unseres gesamten Volkscharakters, Prahlerei, Herausforderung, Lüge und Selbstbetrug als tägliches Brot, Raffgier als einziger Antrieb zu leben: dies war das Kaiserreich, daß wir nun glücklich hinter uns haben. Und dies konnte es nur sein, weil unter ihm, nach innen wie nach außen, Macht vor Recht ging. Macht anstatt Recht bedeutet nach außen den Krieg, und bedeutet ihn auch im Innern. Gerechtigkeit verlangt schon längst eine weitgehende Verwirklichung des Sozialismus. Jetzt soll sie ihn verwirklichen. Wir sind dabei – sind nicht nur mit unserer Vernunft, auch mit unseren Herzen dabei. Wir wünschen das materielle Glück unserer Volksgenossen so ehrlich, wie man sein eigenes wünscht. Sie mögen es anerkennen, wenn wir zudem noch ihres seelischen Wohles gedenken. Das seelische Wohl ist wichtiger; denn das Schicksal der Menschen wird mehr von ihrer Art, zu fühlen und zu denken bestimmt als durch Wirtschaftsregeln. Denkt gerecht, Bürgerliche! Solltet ihr in irgendeiner gesetzgebenden

Versammlung je die Mehrheit haben, ergebt euch dennoch niemals dem verhängnisvollen Irrtum, ihr könntet die begründeten Ansprüche der Sozialisten, indem ihr sie niederstimmt, aus der Welt räumen. Denkt aber auch ihr gerecht, Sozialisten! Wolltet ihr die Sozialisierung nur eurer Macht verdanken, anstatt der Einsicht und dem Gewissen der meisten, ihr würdet nichts gewonnen haben. Diktatur selbst der am weitesten Vorgeschrittenen bleibt Diktatur und endet in Katastrophen. Der Mißbrauch der Macht zeigt überall das gleiche Todesgesicht.« (In Heinrich Mann: Macht und Mensch. München 1919, S. 188f.)

Ferner:

W. Apelt: Geschichte der Weimarer Verfassung. München 1946.

A. Rosenberg: Entstehung und Geschichte der Weimarer Republik. Frankfurt am Main 1955.

E. Eyck: Geschichte der Weimarer Republik. 2 Bände. Erlenbach-Zürich 1956f.

K. Buchheim: Die Weimarer Republik. München 1960.

H. Lehmann: Die Weimarer Republik. Darstellung und Dokumente. München 1960.

12 Zit. nach E. Maste: Hugo Preuß. Vater der Weimarer Verfassung; a. a. O., S. 695.

13 Vgl. E. Maste: a. a. O., S. 696f.

14 Zit. nach E. Maste: a. a. O., S. 697.

15 Vgl. A. Schickel: Die Nationalversammlung vom Weimar. Personen, Ziele, Illusionen vor fünfzig Jahren. In: Aus Politik und Zeitgeschichte. In: Beilage zur Wochenzeitung »Das Parlament«, 8. 2. 1969, S. 6f.

16 Vossische Zeitung vom 7. 2. 1919. Zit. nach A. Schickel: a. a. O., S. 6.

17 Zit. nach A. Schickel: a. a. O., S. 9.

18 Zit. nach A. Schickel: a. a. O., S. 9 f.

19 A. Hitler: Mein Kampf. München 1934, S. 510f.

Vgl. hierzu auch:

W. Maser: Hitlers Mein Kampf. Entstehung, Aufbau, Stil, Änderungen, Quellen, Quellenwert. Kommentierte Auszüge. Esslingen am Neckar 1966.

(»Infolge der von Hitler in ›Mein Kampf‹ entwickelten und konsequent befolgten Auffassungen und Richtlinien über Propaganda, hat sie einen erheblichen Beitrag zur ›Beeinträchtigung der Willensfreiheit des Menschen‹ geleistet, wie Hitler die mögliche Auswirkung einer nach seiner Auffassung geschickten Propaganda in ›Mein Kampf‹ selbst nannte. Daß Hitler nicht der Entfaltung der relativierenden und differenzierenden Urteilsfähigkeit und individuellen Freiheit das Wort redete, sondern ausschließlich der Erzwingung des sklavischen Gehorsams, beweist ›Mein Kampf‹ von der ersten bis zur letzten Seite.« S. 210)

20 Vgl. H. Glaser: Spießer-Ideologie. Von der Zerstörung des deutschen Geistes im 19. und 20. Jahrhundert. Neue, ergänzte Ausgabe mit einem einlei-

tenden Essay zur Wirkungsgeschichte des Buches. Köln 1974. (Erstausgabe Freiburg 1964.)

21 A. Hitler: a. a. O., S. 197.

22 A. Hitler: a. a. O., S. 198.

23 Vgl. H. Plessner: Die verspätete Nation. Über die politische Verführbarkeit bürgerlichen Geistes. Stuttgart 1959.

24 W. Näf: Die Epochen der Neueren Geschichte. Band II. Aarau 1946, S. 472 f.

25 Freud, IX, S. 65.

26 Freud, IX, S. 66.

27 E. Friedell: Kulturgeschichte der Neuzeit. Dritter Band. München 1954 (1931), S. 583.

28 B. W. Reimann: Psychoanalyse und Gesellschaftstheorie. Darmstadt und Neuwied, S. 62.

29 B. W. Reimann: a. a. O., S. 63.

30 B. W. Reimann: a. a. O., S. 68.

31 H. Kelsen: Der Begriff des Staates und die Sozialpsychologie. In: Imago. Zeitschrift für Anwendung der Psychoanalyse auf die Geisteswissenschaften (hrsg. von S. Freud) 2, 1922, S. 97 ff.
   Hierzu B. W. Reimann: a. a. O., S. 68 ff.

32 B. W. Reimann: a. a. O., S. 68 f

33 K. Jaspers: Es ist der einzelne, der die Zukunft trägt. In: Süddeutsche Zeitung 8./9./10. 6. 1957.

In seinem 1950 neugeschriebenen Schlußkapitel von »Kulturgeschichte als Kultursoziologie« (München 1960) hat A. Weber seine Ängste vor der drohenden geschichtlichen Entwicklung in den Begriff des »vierten Menschen« gefaßt. Dieser »neue Mensch«, geprägt durch Enthumanisierung, Persönlichkeitsspaltung, »Funktionalisierung« – Opfer des Übergewichts des Apparathaften, der Organisation, der Bürokratisierung – würde die allergrößte Gefahr bedeuten, wenn es ihm gelänge, sich mit den einzig noch vorhandenen bewegenden Kräften dieses Jahrhunderts zu verbünden, die Weber die »Sozialreligionen« nennt; gemeint sind damit vor allem der demokratische Kapitalismus, der demokratische Sozialismus und der Kommunismus. Der »vierte Mensch«, ein »fragmentarisiertes, pluralistisches Wesen, ohne regulierende Menschlichkeitsmitte«, dürfe nicht den Ton angeben. Im Vorgriff auf den späteren Jugendprotest der Sechziger Jahre sah Weber im freikorporativen Sozialismus die einzige Sozialform, die der Gefahr der totalitären Bürokratisierung begegnen könne.

Elias Canetti, dem das Unheimliche der Masse in den Zwanziger Jahren zum ersten Mal deutlich ins Bewußtsein trat (Masse und Macht. Hamburg 1960), begreift sein ganzes Leben als einen »verzweifelten Versuch«, die Arbeitsteilung aufzuheben und »alles *selbst* zu bedenken«. Er will nicht nur den Menschen präzis erfassen, er will ihn »präzis übertreiben«. Der Mensch müsse seine »Provinz« inmitten von Masse und Macht haben. Wie auf den einzelnen in der Vergangenheit, wird es auf den einzelnen auch in der Zukunft ankommen.

34 H. Broch: Massenpsychologie. Gesammelte Werke Hrsg. von W. Rothe. Band 9. Zürich 1959.

35 Vgl. H. v. Zelinsky: Brahmane und Basilisk. München 1974. Hofmannsthals System sei bei aller poetischen Gültigkeit nicht tragfähig gewesen, die sozialen und politischen Probleme seiner Zeit zu erfassen. Seine Befürwortung einer »konservativen Revolution« sei freilich weit entfernt gewesen von den politischen Ideologen dieser Bewegung, mit denen er nichts gemein hatte.

36 Zit. nach H. Glaser/J. Lehmann/A. Lubos: Wege der deutschen Literatur. Eine geschichtliche Darstellung. Frankfurt am Main, Berlin, Wien [13.]1971, S. 289.

37 H. v. Hofmannsthal: Lustspiele II. Gesammelte Werke in Einzelausgaben. Frankfurt am Main 1954, S. 230.

38 H. v. Hofmannsthal: a. a. O., S. 265.

39 H. v. Hofmannsthal: a. a. O., S. 258.

40 L. Wittgenstein: Schriften I (Tractatus logico-philosophicus, Tagebücher 1914–1916, Philosophische Untersuchungen). Frankfurt am Main 1960. Auch Wittgenstein kann mit Leben und Werk als paradigmatisch für die Absage des geistigen Individuums an den »Massengeist« empfunden werden; er löste sich freilich völlig von der großbürgerlichen Gesellschaft, der er entstammte (und der Hofmannsthal weiter anhing). Aus jüdischer Familie, war er nach dem Tode seines Vaters 1912 in den Besitz eines großen Vermögens gekommen. Einer der ersten Schritte, die er nach seiner Heimkehr aus dem Krieg unternahm, war, sein ganzes Vermögen zu verschenken. Er lebte in größter Einfachheit; ein Bett, ein Tisch, einige Klappstühle waren alles, was er sich an Möbeln ins Zimmer stellte. Nach der Ausbildung zum Volksschullehrer war er bis 1926 an verschiedenen Orten in diesem Beruf, dann als Gärtnergehilfe in einem Kloster tätig. Ab 1929 ging er wieder nach Cambridge/England, wo er schon vor dem Krieg studiert hatte; er war dort zunächst Forschungsstudent, dann Ordinarius. Im Zweiten Weltkrieg arbeitete Wittgenstein als medizinischer Helfer in englischen Krankenhäusern; er starb 1951.

41 Zit. nach W. v. Niebelschütz: Ein Wunderkind enttäuscht die Salons. Als Mensch glaubte er sich zu sozial für die Gesellschaft: Vor hundert Jahren wurde Hugo von Hofmannsthal geboren. In: Deutsche Zeitung, 25. 1. 1974.

42 H. E. Holthusen: Rainer Maria Rilke in Selbstzeugnissen und Bilddokumenten. Hamburg 1958, S. 132.

43 Vgl. H. E. Holthusen: a. a. O., S. 149. Dazu auch: J. R. Salis: Rainer Maria Rilkes Schweizer Jahre; o. O., 1952.

44 E. Schwarz: Das verschluckte Schluchzen – Poesie und Politik bei Rainer Maria Rilke. Frankfurt am Main 1972.

Vgl. auch H.L. Arnold: Rilke? Kleine Hommage zum 100. Geburtstag.
München 1975.

R. Hartung: Versuch über Rilke. In: Neue Rundschau 1, 1976, S.
41 ff.

45 St. Zweig: Die Welt von Gestern. Erinnerungen eines Europäers. Frankfurt
am Main, Hamburg 1970, S. 111.

46 R.M. Rilke: Sämtliche Werke. Hrsg. vom Rilke-Archiv. In Verbindung mit
R. Sieber-Rilke, besorgt von E. Zinn. Wiesbaden 1955 ff. 2. Band. 1956, S.
93. (»Es winkt zu Fühlung«)

47 R.M. Rilke: a.a.O., 1. Band 1955, S. 699 f. (Vierte »Duineser Elegie«)
Vgl. hierzu auch R.M. Rilke: Das Testament. Edition und Nachwort von E.
Zinn. Frankfurt am Main o. J.

48 R.M. Rilke: Die Sonette an Orpheus. Geschrieben als ein Grab-Mal für
Wera Ouckama Knoop. Leipzig 1923. S. 24 f. (Sonett XVIII und XIX.)

49 St. George: Drei Gesänge. Berlin 1921, S. 2.

50 St. George: a.a.O., S. 7.

51 Vgl. G. Lukács: Deutsche Literatur im Zeitalter des Imperialismus. In:
Schriften zur Literatursoziologie. Neuwied 1961, S. 471 ff.
Hierzu auch: M. Gsteiger: Anspruch und Resignation. Stefan George in der
Literatur des Symbolismus. In: Neue Rundschau, 3, 1974, S. 425 ff.
Ferner:
F. Schonauer: Stefan George in Selbstzeugnissen und Bilddokumenten
Hamburg 1960. (Mit umfangreicher Bibliographie)
M. Durzak: Zwischen Symbolismus und Expressionismus. Stefan George.
Stuttgart 1974.
G.P. Landmann: Vorträge über Stefan George. Eine biographische Einfüh-
rung in sein Werk. Düsseldorf und München 1974.

52 St. George: a.a.O., S. 8.

53 Vgl. hierzu auch Ortega y Gasset: »Die Städte sind überfüllt mit Menschen,
die Häuser mit Mietern, die Hotels mit Gästen, die Züge mit Reisenden, die
Cafés mit Besuchern; es gibt zu viele Passanten auf der Straße, zu viele
Patienten in den Wartezimmern berühmter Ärzte; Theater und Kinos,
wenn sie nicht ganz unzeitgemäß sind, wimmeln von Zuschauern, die
Badeorte von Sommerfrischlern. Was früher kein Problem war, ist es jetzt
unausgesetzt: einen Platz zu finden.« (Typisch für die Art und Weise, wie
der aristokratische »einzelne« die Masse erlebt und wo sie ihn besonders
»stört«! In: Der Aufstand der Massen. Hamburg 1960 [Madrid 1930], S. 7.)

54 F. Lion: Romantik als deutsches Schicksal. Stuttgart 1963, S. 159.

55 W. Benjamin: Rückblick auf Stefan George. In: Schriften. Band II. Frankfurt am Main 1955, S. 330.

56 Vgl. hierzu auch F. Podszus: Stefan George heute. In: Merkur 130, 1958, S.
1151: »Im Sinne Georges sollte seine ›geheime Kunde‹ nicht für alle sein.
Man hat zum Beispiel das ›geheime Deutschland‹, das er mit feierlichen
Tönen im ›Stern des Bundes‹ und in den späten Gedichten stiftete, als bloße

Geheimniskrämerei eines ›cénacle impuissant‹ (der Ausdruck stammt von einem französischen Rechtspolitiker, der sich leidenschaftlich um die Kenntnis des offenen Deutschland bemühte) abgetan und damit auch ihm einen Teil der Verantwortung für die Geschehnisse des Jahres 1933 aufzubürden versucht. Außer Frage steht aber, daß er in Hitler nicht einen Heros und den bewunderten Täter, nicht den einen Mann gesehen hat, den er ›in den Zeiten der Wirren‹ als Notwendigkeit herbeigerufen hätte, wäre ihm das möglich gewesen.«

57 Zit. nach F. Schonauer: Stefan George in Selbstzeugnissen und Bilddokumenten; a. a. O., S. 170.

58 K. Sontheimer: Weimar – ein deutsches Kaleidoskop. In: W. Rothe (Hrsg.): Die deutsche Literatur in der Weimarer Republik. Stuttgart 1974, S. 9.

59 K. Sontheimer: a. a. O., S. 12.

60 Zum Mythos der »Goldenen Zwanziger Jahre« vgl. Th. W. Adorno (Jene zwanziger Jahre. In: Eingriffe. Neun kritische Modelle. Frankfurt am Main 1963, S. 59 ff.):
»Jenes Imago der zwanziger Jahre im deutschen Sprachbereich ist wahrscheinlich gar nicht so sehr geprägt durch die geistigen Bewegungen. Expressionismus und neue Musik dürften damals weit weniger Resonanz gefunden haben als gegenwärtig die radikalen ästhetischen Tendenzen. Vielmehr war es eine Bilderwelt der erotischen Phantasie. Sie wurde gespeist von Bühnenwerken, die damals für den Geist der Zeit standen und vollends heute dafür gelten, ohne daß sie der eigenen Zusammensetzung nach besonders avanciert gewesen wären. Die Songspiele, an denen Brecht und Weill zusammen arbeiteten, die Dreigroschenoper und Mahagonny, und Ernst Kreneks Jonny stehen für die Sphäre ein. Das Unbehagen an der seitdem in paradoxer Proportion zur gleichzeitigen Auflösung von Tabus fortschreitenden zivilisatorischen Entsexualisierung der Welt überträgt zivilisatorische Wünsche nach sexueller Anarchie, nach red light district und wide open city auf die zwanziger Jahre. Es steckt in alldem etwas maßlos Verlogenes. Die Begeisterung für die Spelunken-Jenny reimt sich auf die Verfolgung der Prostituierten, an denen die glasklare Ordnung, wenn ihr gerade keine passenderen Objekte zur Verfügung stehen, ihr Mütchen kühlt. Wäre es in den zwanziger Jahren so schön gewesen, so brauchte man nur die leichten Mädchen in Ruhe lassen und die Säuberungsaktionen abzublasen.«
Anläßlich der Aufführung von Arthur Schnitzlers »Reigen« 1920 kam es zu einer Folge von Theaterskandalen, die zum sogenannten »Reigen-Prozeß« führten. »Es waren diese Jahre 1918, 1919 und 1920, die im Theater-Skandal, der am dreiundzwanzigsten Dezember begann, die prominenteste Rolle spielten. Damals wurde auch offenkundig, daß die politische Reaktion eine ihrer (unbeachtetsten) Manifestationen im Anstoßnehmen an Sexuellem hat. Aber erst viel später, nach dem Tode von Weimar, gelangte ins allgemeine Bewußtsein, wie mächtig die feindlichen Kräfte gewesen

sind, die von der deutschen Republik nie besiegt, nur unter die Oberfläche gedrückt waren. Obwohl sie schon sehr früh in einer Art Rampenlicht standen im Prozeß gegen das Obszöne auf der Bühne.« (L. Marcuse: Der »Reigen«-Prozeß. Sex, Politik und Kunst 1920 in Berlin. In: Der Monat 168, 1962, S. 48 ff.)

Ferner H. Plessner: Die Legende von den zwanziger Jahren. In: Merkur 1, 1962, S. 33 ff.

»Das Fascinosum der zwanziger Jahre, verdichtet in der Legende ihrer einzigartigen Produktivität, ihrer unvergleichlichen Fülle an Talent und Wagemut, erklärt sich zu einem Teil aus der perspektivistischen Verkürzung, in der eine versunkene, jäh abgebrochene Zeit den Alten und den Jungen gerade heute erscheinen muß. Aber diese Wirkung des zeitlichen Abstandes erklärt nicht alles. Setzt man sie in die Klammer, kommt die geschichtliche Wahrheit zum Vorschein. Sie gibt sich als die einmalige Situation zu erkennen, deren auffallende geistige Dichte, deren ungewöhnliche innere Spannung aus dem Zusammentreffen verschiedener Faktoren resultierte. Da war das große menschliche Reservoir, dessen kulturellen Kräften in einer langen Friedenszeit wirtschaftlichen Aufstiegs, in einer Welt gefestigter Vorurteile und schwer zu erschütternder Maßstäbe genügend Druck, aber auch genügend Muße zuteil geworden war. Ruhe, materielle, staatliche, rechtliche Sicherheit, ungebrochene Konventionen der herrschenden Schichten hatten in den freien Geistern, die ihrer Zeit voraus waren, jene Kraft gespeichert, aus welcher die unverhoffte revolutionäre Nachkriegssituation 1919 sich ihre Energie holen konnte. Ohne den verhältnismäßig langen ungestörten Konsolidierungsprozeß einer zukunftsgewissen geistigen Schicht vor 1914 hätte es den Stau nicht geben können, der nach dem plötzlichen Fortfall staatlich-gesellschaftlichen Drucks im Elan der zwanziger Jahre sichtbar wurde. Ohne den Übergang zur republikanischen Staatsform wiederum nicht die Chance einer Hauptstadt, eines Mittelpunktes für die entbundenen Energien, nicht die Chance einer dem deutschen Staat bis dahin versagten repräsentativen nationalen Urbanität.« (S. 45 f.)

61 K. Pinthus (Hrsg.): Menschheitsdämmerung. Ein Dokument des Expressionismus. Mit Biographien und Bibliographien neu herausgegeben von K. Pinthus. Hamburg 1959, S. 7.

62 K. Pinthus: a. a. O., S. 22.

63 K. Pinthus: a. a. O., S. 22.

Vgl. auch: Lyrik des expressionistischen Jahrzehnts. Von den Wegbereitern bis zum Dada. Einleitung von Gottfried Benn. München 1962. (»Es war eine belastete Generation: verlacht, verhöhnt, politisch als entartet ausgestoßen – eine Generation jäh, blitzend, stürzend, von Unfällen und Kriegen betroffen, auf kurzes Leben angelegt.« G. Benn, S. 15.)

An anderer Stelle seiner Einleitung stellt K. Pinthus fest (a. a. O., S. 30): »Die bildende Kunst dieser Jahre zeigt dieselben Motive und Symptome,

zeigt das gleiche Zersprengen der alten Formen und das Durchlaufen aller
formalen Möglichkeiten bis zur Konsequenz völliger Auflösung der Realität, zeigt den gleichen Einbruch und Ausbruch des Menschlichen und den
gleichen Glauben an die lösende, bindende Macht des menschlichen Geistes, der Idee.«

Hierzu H. Sedlmayr: Verlust der Mitte. Die bildende Kunst des 19. und 20.
Jahrhunderts als Symptom und Symbol der Zeit. Berlin 1955.
H. Sedlmayr: Die Revolution der modernen Kunst. Hamburg 1955.
W. Hess (Hrsg.): Dokumente zum Verständnis der modernen Malerei.
Hamburg 1956.

Eine aufschlußreiche Tour d'horizon der Kunst der damaligen Jahre vermittelte die Ausstellung »Kunst in Deutschland«, Hamburger Kunsthalle
1973/74. Katalog hrsg. von W. Hofmann/E. Reichert/M. Schwarz/G.
Syamken. Hamburg 1974. Es wird hier der Versuch unternommen, jedes
der Jahre 1898 bis 1973 mit *einem* Kunstwerk zu belegen. Dem jeweiligen
Exponat ist eine Dokumentationsseite gegenübergestellt, deren Inhalt in
Wort und Bild auf das Kunstgeschehen des betreffenden Jahres hinweist
und den allgemeinen kulturgeschichtlichen Kontext herstellt.

1918: Wilhelm Lehmbruck: Betende. (»Lehmbrucks Verzweiflung, die den
Tod sucht; an seinem Ende: Barlachs Skepsis, die den ›neuen glatten Formulierungen‹ mißtraut. Dazwischen die Hoffnung, kämpferisch oder
biblisch visionär ausgesprochen, auf radikalen Neubeginn: ›Hinein in die
Menschheitswogen …‹«)

1919: Kurt Schwitters: Merzbild 9 b. Das große Ichbild. (»Aus der chaotisch offenen Situation treten rasch die neuen Schwerpunkte hervor: Dada
in Berlin und Köln, das Bauhaus in Weimar. Die Dadaisten zerfetzen den
Kunstbegriff des Bildungsbürgers, das Bauhaus will ihn im künftigen Gesamtkunstwerk überwinden. Dort anarchische Agitation, hier die Hoffnung auf die Gemeinschaft aller Schaffenden. Das Schlüsselwort: die Ka-
thedrale.«)

1920: Max Beckmann: Fastnacht. (»Todeserklärung und Geburtsmanifeste
lösen einander ab. Alternativen werden gezeichnet, die keine halben Ent-
schlüsse zulassen. Jedem Standpunkt geht es um das Ganze. Beckmann
sucht eine neue Kirche, Klee die ›Kunst im obersten Kreis‹. Doch schon
stehen die Kompromißformeln bereit: Klassizismus … die neuen Nazare-
ner.«)

1921: Ludwig Mies van der Rohe: Glas-Wolkenkratzer. (»Der Höhenflug
der Erneuerung erfaßt auch die Architekten. Wieder gilt der Satz: alles wird
Monument. Der Mercedes-Stern als Ersatz-Kathedrale. Vogeler versucht,
den Expressionismus, dem bürgerlichen Theoretiker das Ende bescheini-
gend, in die Brüderlichkeit der klassenlosen Gesellschaft einzubringen.
Damit beginnt die Expressionismus-Diskussion des marxistischen La-
gers.«)

1922: Max Ernst: Oedipus Rex. (»Der Krieg ist verloren, die Luft gereinigt.

In Berlin, im Bauhaus, um Schwitters herum bilden sich intellektuelle und künstlerische Umschlagplätze, deren Anziehungskraft in Paris ebenso zu verspüren ist wie in Moskau, in Amsterdam wie in Budapest. Alles fluktuiert, jeder beherrscht die Kunst der propagandistischen Selbstdarstellung. Die Russen erobern Berlin, die Dadaisten bringen sich in Weimar in Erinnerung, MERZ will überall sein: in den Vortragssälen, in der Literatur, in der Architektur.«)

1923: E. Lissitzky: Proun G.B.A.A. (»Das Bauhaus legt die erste Bilanz vor, um die Berechtigung seiner bereits bedrohten Existenz nachzuweisen. Noch immer heißt das Ziel ›Gesamtkunstwerk‹, aber die schwärmerische Emphase ist abgeklungen. Der praktische Weg führt über das Kollektiv, doch die Teile sollen nicht im Ganzen verschwinden. El Lissitzky ist zugleich nüchterner und utopischer: Kunstabsichten will er unterdrücken, aber seine Ideen, für die kein Kollektiv zeichnet, in gigantischen Ausmaßen verwirklichen.«)

1924: Lászlò Moholy-Nagy: Vorentwurf zum Lichtrequisit einer elektrischen Bühne. (»Die kühle Schönheit des Apparats: das Konstruierte wird betont, nicht das Gewachsene. Die Plastik täuscht glattes Funktionieren vor: ein Mehrzweckobjekt. Nicht jedem Bauhäusler behagt diese Ingenieur-Ästhetik. Als die thüringische Landesregierung sich gegen das Bauhaus wendet, ruft sie eine illustre Schar von Protestlern auf den Plan. Dennoch erzwingen »parteipolitische Machenschaften‹ [so die Bauhausmeister in einem Brief vom 24. Dez. 1924] die Schließung. Im Frühjahr 1925 beginnt in Dessau eine neue Phase.«)

1925: Otto Dix: Drei Dirnen auf der Straße. (»Die von Hausenstein, 1920, und Worringer, 1921, schon längst angekündigte Rückkehr zum Gegenständlichen wird in einer Ausstellung (Hartlaub) und in einem Buch (Roh) registriert. Dix steht am linken Flügel. Corinth malt ›Ecce Homo‹, ein Musterbeispiel der Kontroverse um die ›moderne‹ Kunst.«)

1926: Walter Gropius: Bauhaus-Gebäude Dessau. (»In Dessau beginnt die zweite Bauhaus-Phase. Die Spannungen zwischen dem Künstler-Flügel und dem der bilderfeindlichen Ingenieure vertiefen sich. Hannes Meyer [1928 Gropius' Nachfolger] spielt die Schönheit der technischen Objektwelt gegen die Kunstästhetik aus. Kandinsky verteidigt die Eigenmacht des Kunstwerks. Justi warnt vor den Strategen linearer Entwicklungsabläufe.«)
Hierzu:

W. Worringer: Abstraktion und Einfühlung. München 1921.

G.F. Hartlaub: Zum Geleit. In: Neue Sachlichkeit. Ausstellungskatalog der Kunsthalle Mannheim 1925.

F. Roh: Nach-Expressionismus, Magischer Realismus, Probleme der neuesten europäischen Malerei. Leipzig 1925.

64 K. Pinthus (Hrsg.): Menschheitsdämmerung. Ein Dokument des Expressionismus. Hamburg 1959, S. 23.

65 Der Lyrik dieser Anthologie (wie Generation) fehlt, was in der Kunst das

Bauhaus hervorstechend verkörperte: die Liebe zur Geometrie, die »Ingenieur-Ästhetik«, das konstruktivistische Understatement, die funktionale Objektivität.

Vgl. zum »Bauhaus«:

H. Bayer/W. und I. Gropius: Bauhaus 1919-1928. Stuttgart 1955.

S. Giedion: Walter Gropius – Mensch und Werk. Stuttgart 1955.

H. M. Wingler: Das Bauhaus Weimar, Dessau, Berlin 1919 bis 1933. Köln 1962.

L. Schreyer: Erinnerungen an Sturm und Bauhaus. München 1965.

Vgl. auch den zunehmenden Einfluß des 1907 in München gegründeten »Deutschen Werkbundes«. »Im Werkbund fanden sich Künstler, Architekten und Politiker der nationalen Erneuerung wie Friedrich Naumann mit Theodor Heuß zusammen. Sie waren beileibe keine Nationalisten alter Prägung. Sie sahen nur endlich die große Möglichkeit, die Unfertigkeiten und Unausgeglichenheiten unseres Lebens, die man nach 1918 unter die Formel des Geistes von Potsdam und Weimar gebracht hat, an den sozialpolitischen Aufgaben der Kultur zu überwinden. Wie der Architekt Künstler und Ingenieur, Organisator und Städtebauer, Landesplaner und gestaltender Volkswirt sein mußte, so sollte die Sozialpolitik sich ihrer unmittelbar kulturschöpferischen Möglichkeiten bewußt werden und die Brücke zwischen den Geistigen und dem Volke bilden.« (H. Plessner: Die Legende von den zwanziger Jahren. In: Merkur 167, 1962, S. 40.)

66 K. Pinthus: a. a. O., S. 23.

67 K. Pinthus: a. a. O., S. 26 f.

68 A. Wolfenstein: Nacht im Dorfe. In K. Pinthus: a. a. O., S. 64.

69 A. Wolfenstein: Verdammte Jugend. In K. Pinthus: a. a. O., S. 54.

70 G. Benn: Mann und Frau gehn durch die Krebsbaracke. In K. Pinthus: a. a. O., S. 96.

71 G. Heym: Ophelia. In K. Pinthus: a. a. O., S. 108.

72 A. Wolfenstein: Städter. In K. Pinthus: a. a. O., S. 46.

73 G. Heym: Der Gott der Stadt. In K. Pinthus: a. a. O., S. 42 f.

74 A. Hauser: Sozialgeschichte der Kunst und Literatur. 2. Band. München 1953, S. 500.

75 S. Kracauer: Von Caligari bis Hitler. Ein Beitrag zur Geschichte des deutschen Films. Hamburg 1958, S. 29. (Zum Film der Nachkriegszeit: S. 29 ff.) Ferner:

L. E. Eisner: Dämonische Leinwand. Die Blütezeit des deutschen Films. Wiesbaden-Biebrich 1955.

H. Scheugl: Sexualität und Neurose. Die Kinomythen von Griffith bis Warhol. München 1974.

76 S. Kracauer: a. a. O., S. 69.

77 S. Kracauer: a. a. O., S. 69 f.

Vgl. auch C. Haensels Tatsachenroman »Der Kampf ums Matterhorn«, der 1928 erschien (über die Erstbesteigung durch Eduard Whymper im Jahre

1865). »In jedem Jahr, da es sich irgend einrichten ließ, kam Whymper nach Zermatt. Noch mit schneeweißen Haaren überschritt er jedes Jahr den Theodulpaß, in ungebeugter Haltung, mit gebräuntem, durch Schicksalsfurchen zerrissenem Gesicht. Er ging immer allein, weit vor seinem Führer; manchmal blieb er minutenlang stehen und schaute hinauf auf seinen Berg. Dann setzte er schweigend, mit langen, regelmäßigen Schritten seinen Weg fort.« (C. Haensel: Der Kampf ums Matterhorn. Hamburg 1952, S. 142 f.)

78 S. Kracauer: a. a. O., S. 74.

79 Th. König: Reklame-Psychologie, ihr gegenwärtiger Stand – ihre praktische Bedeutung. München und Berlin 1924.

80 Th. König: a. a. O., S. 200.

81 Zit. nach W. Lennig: Gottfried Benn in Selbstzeugnissen und Bilddokumenten. Hamburg 1962, S. 68.
Vgl. auch:
»... Es ist die Stadt, deren Glanz ich liebte, deren Elend ich jetzt heimlich ertrage, in der ich das zweite, das dritte und nun das vierte Reich erlebe und aus der mich nichts zur Emigration bewegen wird. Ja, jetzt könnte man ihr sogar eine Zukunft voraussagen: In ihre Nüchternheit treten Spannungen, in ihre Klarheit Gangunterschiede und Interferenzen, etwas Doppeldeutiges setzt ein, eine Ambivalenz, aus der Zentauren oder Amphibien geboren werden.« (G. Benn nach dem Zweiten Weltkrieg in einem Brief aus Berlin. Zit. nach M. Boveri: Tarnung eines Doppellebens. In: Frankfurter Allgemeine Zeitung 2. 11. 1957.)
Hierzu:
G. Benn: Ausgewählte Briefe. Mit einem Nachwort von M. Rychner. Wiesbaden 1957.
Th. Koch: Gottfried Benn. Ein biographischer Essay. München 1955.
D. Wellershoff: Gottfried Benn. Phänotyp dieser Stunde. Eine Studie über den Problemgehalt seines Werkes. Köln, Berlin 1958.

82 B. Brecht: Gesammelte Werke in 20 Bänden. Hrsg. vom Suhrkamp Verlag in Zusammenarbeit mit E. Hauptmann. Band 8, Frankfurt am Main 1967, S. 261 ff.
Hierzu:
B. Brecht: Über Lyrik. Frankfurt am Main 1964.
K. Schuhmann: Der Lyriker Bertolt Brecht 1913–1933. Ost-Berlin 1964.
M. Kesting: Bertold Brecht in Selbstzeugnissen und Bilddokumenten. Hamburg 1959.

83 Zit. nach H. H. Stuckenschmidt: Totgesagt, aber jung wie gestern. Alban Bergs »Wozzeck« nach fünfzig Jahren. In: Frankfurter Allgemeine Zeitung, 13. 12. 1975.
Vgl. auch:
E. A. Berg (Hrgs.): Alban Berg. Leben und Werk in Daten und Bildern. Frankfurt am Main 1976.

84 Zit. nach H. H. Stuckenschmidt: a. a. O.

85 Zit. nach dem Programmheft zu »Wozzeck«. Städtische Bühnen Nürnberg
    1975.
86 Zit. nach dem Programmheft zu »Wozzeck«: a. a. O.
87 Zit. nach H. H. Stuckenschmidt: a. a. O.
88 H. G. Heyme: Wozzeck und der arme Krüppel Woyzeck. In: Daily Singer.
    Eine Zeitung des Nürnberger Musiktheaters, 18. 7. 1975.
    Hierzu auch:
    Th. W. Adorno: Alban Berg. In: Merkur 95, 1956, S. 643 ff.
    K. Oppens: Alban Bergs »Wozzeck«. In: Merkur 12, 1967, S. 1154 ff.
    (»Die Oper reproduziert das Schauspiel in einer Sphäre gesteigerter – wenn
    man will, hysterisch gesteigerter – Intensität. Das mußte sie vor allem
    leisten, um sich ›Musik‹ erlauben zu können; auch um, sei es selbst durch
    die Hintertür, opernhafte Elemente hineinzulassen – jene Elemente, die das
    Werk bühnenfähig gemacht haben, möglicherweise auf Kosten des Wahr-
    heitsgehalts«. S. 1155)
89 H. Hesse: Der Steppenwolf. Berlin 1952 (1927), S. 36 f.
90 H. Hesse: a. a. O., S. 46.
91 H. Hesse: a. a. O., S. 59 ff.
92 H. Hesse: a. a. O. Tractat vom Steppenwolf, S. 15.
93 Zum »schillernden« Werk Hesses vgl.:
    H. Hesse: Gesammelte Briefe. 1. Band 1895-1921. In Zusammenarbeit mit
    H. Hesse, hrsg. von U. und V. Michels. Frankfurt am Main 1973. (»Zu
    Hermann Hesse fallen uns jetzt die Wörter ›Renaissance‹, ›Kult‹, ›Fieber‹,
    ›Phänomen‹, ›Boom‹ ein.« H. Bender)
    H. Hesse – Th. Mann: Briefwechsel. Hrsg. von A. Carlsson. Frankfurt am
    Main 1968, (Thomas Mann übersah »die tiefe politische Entscheidung der
    totalen Negation, die der Steppenwolf Hesses vollzog und übrigens auch,
    mit allen Folgerungen – zur Anarchie wie zur Utopie – in der Einleitung
    zum ›Glasperlenspiel begründete. In seinem Stolz auf das eigene junge
    Politisieren verfehlt Thomas Mann den Sachverhalt, wenn er ausgerechnet
    Hermann Hesse erläutert: ›Ich glaube, nichts Lebendes kommt heute ums
    Politische herum. Die Weigerung ist auch Politik; man treibt damit die
    Politik der bösen Sache.‹« H. Mayer: Der Steppenwolf und der Unpoliti-
    sche. Hermann Hesse und Thomas Mann im Briefwechsel. In: Die Zeit, 22.
    3. 1968)
    W. Ross: Hermann Hesses Mission. Versuch einer Einordnung. In: Merkur
    321, 1975, S. 130 ff. (»So wie Brecht die ›unwürdige Greisin‹ postuliert hat,
    die Frau, die in hohem Alter mit dem Leben von vorn beginnt, so hat Hesse
    den ›unwürdigen Greis‹ vorgelebt. Nichts anderes hat aus dem ›Steppen-
    wolf‹ die neue Hauspostille der jungen Vaganten gemacht. Der Mann von
    fünfzig Jahren benimmt sich nicht, wie Jugend gewohnt ist, Fünfzigjährige
    sich verhalten zu sehen; willentlich läßt er sich zurückfallen in die Pubertät,
    auch in die Lächerlichkeit eines Tanzbären, der, grau geworden, seine
    ersten Sprünge tut, den Step lernt, der noch witzig-bitter im Steppenwolf-

Namen mitklingt … Die Tatsache, daß Hesse ganz und gar Tradition verkörpert, sowohl in seinen Ideen wie in seiner Schreibweise, hat ihm nicht nur nicht geschadet, sondern hat ihm immer neue Leserscharen und Verehrer zugeführt. Denen geht es nicht um Literatur, sondern eben um die Werte, die Hesse anbot: eine freie Religiosität, eine freie Moral, ein neuer Himmel, aber die gute alte Erde. Sein Deutsch, ob gut oder schwach, epigonenhaft nachhinkend oder klassisch geprägt, ist in den Übersetzungen, die seinen Weltruhm bestimmen, ohnehin eingeebnet.« S. 136 f.)

94 O. Spengler: Der Untergang des Abendlandes. Umrisse einer Morphologie der Weltgeschichte. 1. Band. München 1923, S. 42 f.
Vgl. auch S. 386 f.: »›Die Seele‹ ist für den Menschen, sobald er nicht nur lebt und fühlt, sondern aufmerksam wird und beobachtet, ein Bild, das aus ganz ursprünglichen Erfahrungen von Tod und Leben stammt. Es ist so alt, wie das durch die Wortsprachen vom Sehen abgelöste und ihm folgende Nachdenken überhaupt.«

95 O. Spengler: a. a. O., S. 580. (2. Band)

96 Th. W. Adorno: Spengler nach dem Untergang. Zu Oswald Spengler 70. Geburtstag. In: Der Monat 20, 1950, S. 115 ff.; vor allem S. 122.

97 O. Spengler: a. a. O., S. 56.
Zur zeitgenössischen europäischen Kritik an Spengler vgl. M. Schröter: Der Streit um Spengler. München 1922.

98 Vgl. K. Lenk: Das tragische Bewußtsein in der deutschen Soziologie der zwanziger Jahre. In: Frankfurter Hefte 5, 1963, S. 313 ff.

99 K. Pinthus: Menschheitsdämmerung. Ein Dokument des Expressionismus. Hamburg 1959, S. 29.

100 F. Werfel: Aus meiner Tiefe. In K. Pinthus: a. a. O., S. 217.

101 F. Werfel: a. a. O., S. 217.

102 K. Otten: Arbeiter! In K. Pinthus: a. a. O., S. 227.

103 K. Otten: a. a. O., S. 227.

104 F. Werfel: Revolutions-Aufruf. In K. Pinthus: a. a. O., S. 253.

105 J. R. Becher: Mensch stehe auf. In K. Pinthus: a. a. O., S. 253.

106 J. R. Becher: Mensch stehe auf. In K. Pinthus: a. a. O., S. 258.

107 M. Barthel: Arbeiterseele. Verse von Fabrik, Landstraße, Wanderschaft, Krieg und Revolution. Jena 1920, S. 1.

108 M. Barthel: a. a. O., S. 144.

109 M. Barthel: a. a. O., S. 145.

110 G. Kaiser: Werke. 6 Bände. Hrsg. von W. Huder. Berlin 1971 ff.
G. Kaiser: Stücke, Erzählungen, Aufsätze, Gedichte. Hrsg. von W. Huder. Köln 1966.
Zu Nachfolgendem vgl. H. Glaser: Die Koralle, Gas I, Gas II. In L. Büttner (Hrsg.): Das europäische Drama von Ibsen bis Zuckmayer. Dargestellt an Einzelinterpretationen. Frankfurt am Main, Berlin, Bonn o. J., S. 185 ff.
Ferner:

H. F. Königsgarten: Georg Kaiser. Der Dramatiker des Geistes. In: Der Monat 41, 1962, S. 516ff.

111 G. Kaiser: Gas I. Werke, 2. Band; a. a. O., S. 11, 13, 16, 19, 20, 21, 47, 48, 51, 57, 58.

112 Zit. nach H. P. Schwarz: Der konservative Anarchist. Politik und Zeitkritik Ernst Jüngers. Freiburg im Breisgau 1962, S. 68.

113 Zit. nach H. P. Schwarz: a. a. O., S. 69.

114 E. Jünger: Das Wäldchen 125. Eine Chronik aus den Grabenkämpfen 1918. Berlin 1925, S. 19.

115 E. Jünger: Der Arbeiter. Herrschaft und Gestalt. Hamburg 1932.

116 Zit. nach H. P. Schwarz: a. a. O., S. 74.

117 O. Spengler: Preußentum und Sozialismus. München 1921.
(»Ich zähle damit auf den Teil unserer Jugend, der tief genug ist, um hinter dem gemeinen Tun, dem platten Reden, dem wertlosen Plänemachen das Starke und Unbesiegte zu fühlen, das seinen Weg vorwärts geht, trotz allem; die Jugend, in welcher der Geist der Väter sich zu lebendigen Formen gesammelt hat, die sie fähig machen, auch in Armut und Entsagung, römisch im Stolz des Dienens, in der Demut des Befehlens, nicht Rechte von andern, sondern Pflichten von sich selbst fordernd, alle ohne Ausnahme, ohne Unterschied, ein Schicksal zu erfüllen, das sie in sich fühlen, das sie sind. Ein wortloses Bewußtsein, das den einzelnen in ein Ganzes fügt, unser Heiligstes und Tiefstes, ein Erbe harter Jahrhunderte, das uns vor allen anderen Völkern auszeichnet, uns, das jüngste und letzte unsrer Kultur. An diese Jugend wende ich mich.« S. 4f.)

118 Zit. nach H. P. Schwarz: a. a. O., S. 77.

119 E. Jünger: Der Arbeiter. Herrschaft und Gestalt. Hamburg 1932, S. 65.

120 1930 polemisierte Klaus Mann gegen Ernst Jünger (»der uns die Barbarei als neue Gesinnung vorgaukelt«) mit der Feststellung, daß Jünger, wenn er den Begriff der individuellen Freiheit kurzweg für ›antiquiert‹ erkläre, dem Bolschewismus ganz nahe käme: »… ahnen die treuen Herzen nicht, wie unheimlich diese Redensart ihres Heros sich mit der grausig großartigen Formel Lenins berührt, der die Freiheit zu den bürgerlichen Vorurteilen rechnete.« (Zit. nach M. Reich-Ranicki: Schwermut und Schminke. Zum Fall Klaus Mann aus Anlaß der zweibändigen Ausgabe seiner Briefe. In: Frankfurter Allgemeine Zeitung, 13. 3. 1976.)

121 K. Sontheimer: Antidemokratisches Denken in der Weimarer Republik. Die politischen Ideen des deutschen Nationalismus zwischen 1918 und 1933. München 1962, S. 23.
Ferner:
K. Prümm: Die Literatur des soldatischen Nationalismus der 20er Jahre, (1918-1933). Gruppenideologie und Epochen-Problematik. Kronberg 1974.

122 Vgl. K. Sontheimer: a. a. O., S. 306ff.

123 K. Sontheimer: a. a. O., S. 308.

124 K. Sontheimer: a. a. O., S. 315.

125 J. Lesser: Von deutscher Jugend. Berlin 1932, S. 132. Zit. nach K. Sontheimer: a. a. O., S. 316.

126 Vgl. hierzu die Rolle, die der Staatsrechtler Carl Schmitt spielte: »Er sprach
nur noch vom bürgerlichen Rechtsstaat und deutete damit an, daß mit der
Epoche des Bürgertums und der ihm zugeordneten politischen Ideen und
Institutionen auch die bisherige Form der Rechtsstaatlichkeit sich wandeln
müsse.« (K. Sontheimer: a. a. O., S. 197.)
C. Schmitt: Die geistesgeschichtliche Lage des heutigen Parlamentarismus.
München, Leipzig ²1926,
C. Schmitt: Verfassungslehre. München, Leipzig 1928.

127 K. Sontheimer: a. a. O., S. 331.

128 Hans Grimms Buch »Volk ohne Raum« erschien 1926; eine »deutsche, eine
politische Erzählung« sollte es sein. »Vor diesem Buche müssen Glocken
läuten« – ging es doch um Heimat; und um die Enge in der Heimat. Raum
bräuchte das deutsche Volk für seine Wiedergeburt. »Weil nun in dem
Leben, das in diesem Buche geschildert wird, unser gemeinsames deutsches
Schicksal sein Antlitz nackend zeigt, wie es ja zuweilen geschieht, daß die
Geschichte eines einfachen Mannes zugleich das Geschick seines Volkes
enthüllt, weil also in unsere ungeheuerlichste Angelegenheit hier ein breiter
Einblick sein wird, deshalb müssen diesem Buche Glocken vorausläuten!
Oder meinst du, daß es irgendein Größeres gebe auf Erden und im Himmel
als die letzte Schicksalsfrage unseres Volkes? Du aber reckst überlegen den
Kopf, du aber sagst, das deutsche Volk werde jedenfalls leben und allen
Schicksalsfragen entgegen? Was heißt leben, Freund? Es lebt der Sieche und
lebt der Dieb und lebt die Hure und lebt das Gewürm, das einander frißt,
aber der deutsche Mensch braucht Raum um sich und Sonne über sich und
Freiheit in sich, um gut und schön zu werden.« (H. Grimm: Volk ohne
Raum. München 1928, S. 10 f.)

129 K. Sontheimer: a. a. O., S. 336.

130 K. Sontheimer: a. a. O., S. 338.

131 K. Sontheimer: a. a. O., S. 339 f.

132 Moeller van den Bruck: Das Dritte Reich. Hamburg 1932, S. 229 f.
Vgl. hierzu auch: H. J. Schwierskott: Arthur Moeller van den Bruck und der
revolutionäre Nationalismus in der Weimarer Republik. Göttingen, Berlin,
Frankfurt 1962.

133 K. Pinthus (Hrsg.): Menschheitsdämmerung. Ein Dokument des Expressionismus. Hamburg 1959, S. 31.

134 K. Pinthus: a. a. O., S. 32.

135 P. Zech: An meinen Sohn. In K. Pinthus: a. a. O., S. 281.

136 F. Werfel: Lächeln Atmen Schreiten. In K. Pinthus: a. a. O., S. 291.

137 K. Werfel: a. a. O., S. 291.

138 L. Rubiner: Die Ankunft. In K. Pinthus: a. a. O., S. 305.

139 L. Rubiner: a. a. O., S. 305.

140 R. Schickele: Abschwur. In K. Pinthus: a. a. O., S. 311.
141 F. Werfel: Das Maß der Dinge. In K. Pinthus: a. a. O., S. 311.
142 F. Werfel: Der schöne strahlende Mensch. In K. Pinthus: a. a. O., S. 128.
143 R. Huch: Entpersönlichung. Leipzig 1922, S. 223.
144 R. Huch: a. a. O., S. 224.
145 Albert Schweitzers Werk »Verfall und Wiederaufbau der Kultur« erschien
     1923. 1924 nahm er die Arbeit in Lambarene, dessen Zusammenbruch der
     Krieg bewirkt hatte, wieder auf. Für Schweitzer begann die zweite Phase
     des Urwaldspitals – als konkreter Beitrag zur »Ethik der Unmittelbarkeit«,
     in »Ehrfurcht vor dem Leben und Leiden«.
     In einem Gespräch mit Romain Rolland 1907 hat Schweitzer sich hart über
     die Theologen ausgesprochen; sie seien brave Seelen, wohlbestallte Diener
     der Obrigkeit, beflissen – doch ohne »christliches Feuer«. »Ich ersticke in
     dieser Atmosphäre. Die Fronten verlaufen ganz anderswo.« Doch wurde
     diese, ihn zeitlebens bestimmende Aversion gegenüber religiöser Saturiert-
     heit gemildert durch die Absicht, »ohne Polemik durch die Welt zu gehen –
     meine Leidenschaft hätte mich sonst zu weit hingerissen.« Die Verbindung
     von impulsivem Aufschwung, ruhiger Besonnenheit und zähem Willen, die
     sein Denken und Handeln bestimmte, hatte ihre Wurzel in einem Jugender-
     lebnis: Beim Aufwachen an einem strahlendem Pfingstmorgen im Günsba-
     cher Pfarrhaus »überfiel mich der Gedanke, daß ich dieses Glück nicht als
     etwas Selbstverständliches hinnehmen dürfe, sondern etwas dafür geben
     müsse. Indem ich mich mit dem Gedanken auseinandersetzte, wurde ich,
     bevor ich aufstand, in ruhigem Überlegen, während draußen die Vögel
     sangen, mit mir selber dahin eins, daß ich mich bis zu meinem dreißigsten
     Lebensjahr für berechtigt halten wolle, der Wissenschaft und der Kunst zu
     leben, um mich von da an einem unmittelbaren menschlichen Dienen zu
     weihen.«
     »Lesen Sie Schweitzer, er ist ein hervorragender Mann«, sagte gegen Ende
     seines Lebens Sigmund Freud zu seinem Arzt Dr. Schur.
     (Vgl. hierzu R. Minder: Warum Albert Schweitzer nach Lambarene ging. In
     Süddeutsche Zeitung 24./25. 1. 1976.
     Ferner:
     R. Grab (Hrsg.): Albert Schweitzer. Denken und Tat. Hamburg 1951.)
146 »Rosa Luxemburg war zugleich revolutionäre und demokratische Sozial i-
     stin. Das macht die Eigenart ihrer Stellung zwischen deutscher Sozialdemo-
     kratie auf der einen Seite und Lenin und Trotzki auf der anderen aus. Als
     Demokratin wollte sie das politische und soziale Leben nach den Interessen
     und dem Willen der Bevölkerungsmehrheit einrichten. Das bedeutet aber
     nicht, daß sie den Willen der Bevölkerungsmehrheit in seiner jeweiligen
     ›Vorbefindlichkeit‹ als Norm hinzunehmen lehrte. Im Gegenteil: einstwei-
     len drücke die Sozialdemokratie nur den Willen der fortschrittlichsten, der
     revolutionären Schicht des großstädtischen Industrieproletariat‹ aus, es
     komme aber darauf an, ›diesen Willen auszubreiten und ihm den Weg zur

Mehrheit des arbeitenden Volkes zu bahnen, indem sie diesem erst seine eigenen Interessen bewußt macht. Folglich beruht die historische Sendung der Sozialdemokratie vor allem auf der Bildung des Volkswillens, d. h. seiner arbeitenden Mehrheit.‹ ... Eine Revolution von oben war mit ihrem politischen Ethos unvereinbar.« (I. Fetscher: Der irrende Adler. In: Merkur 296, 1972, S. 1257 und 1259.)

Ferner:

R. Luxemburg: Internationalismus und Klassenkampf. Die polnischen Schriften. Neuwied und Darmstadt 1971.

J. P. Nettl: Rosa Luxemburg. Köln 1967.

A. Skriver: War es Mord oder eine patriotische Tat? Die Kontroverse um das Ende von Rosa Luxemburg und Karl Liebknecht. In: Die Zeit, 16. 3. 1962. (»Rosa Luxemburg und Karl Liebknecht, beide steckbrieflich gesucht, wurden am Abend des 15. Januar 1919 aufgespürt, verhaftet und dem Stab der Garde-Kavallerie-Schützen-Division im Berliner Eden-Hotel überstellt.

Auf dem Transport ins Untersuchungsgefängnis Moabit ließen Begleitoffiziere in einer Nebenstraße im Tiergarten anhalten und forderten Liebknecht auf, zu Fuß weiterzugehen. Er wurde in etwa fünfzig Meter Abstand vom Auto »auf der Flucht erschossen« und von den Offizieren als Leiche eines »unbekannten Mannes« auf einer Rettungswache abgeliefert.

Sodann wurde Rosa Luxemburg aus dem Eden-Hotel abtransportiert, beim Verlassen des Hotels mit Gewehrkolben niedergeschlagen und im Auto erschossen. An einer dunklen Stelle des Landwehrkanals wurde die Leiche ins Wasser geworfen. Sie wurde erst Monate später gefunden. Die Schuldigen kamen vor ein mit Offizierskameraden besetztes Gericht und wurden zumeist freigesprochen. Denen, die verurteilt werden mußten, verhalf man zur Flucht.«)

147 Zit. nach H. Arendt: Rosa Luxemburg. In: Der Monat 143, 1968, S. 34.

148 H. Arendt: a. a. O., S. 32.

149 Vgl.:

G. Grosz: Ecce homo. Mit einem Vorwort von G. Anders. Faksimile Ausgabe nach der 1923 im Malik-Verlag Berlin erschienenen Erstausgabe. Hamburg 1966.

G. Grosz: Der Spießer-Spiegel. Neuausgabe Berlin 1955.

(Aus dem Vorwort der Ausgabe Dresden 1932: »Jedenfalls glaube ich, daß heute noch ein ziemlicher Haufen Mist wegzukarren ist – und ich beteilige mich gern an dieser Arbeit. Griechenland ist nun mal zum Teufel, wozu noch klagen – die Quellen aus der Vergangenheit sind trübe und dreckig und verfärbt, und die Gegenwart ist Bauch und Bankscheck und Fordautomobil im Kaffernkral, eine langohrige Masse mit Kopfhörern, und mächtig stolz auf die technische Präzisionsarbeit – dabei in jeder Weise unfähig, diesem ganzen technischen Irrsin einen Sinn zu geben.«)

Hierzu auch K. M. Schneede: George Grosz. Der Künstler in seiner Gesellschaft. Köln 1975.
Vgl. in diesem Zusammenhang überhaupt die Rolle von Satire und Karikatur in dieser Zeit, bes. im »Simplicissimus«.
Hierzu: K. Arnold: Zeichnungen und Karikaturen. Katalog der Akademie der Künste Berlin. Berlin 1975.

150 G. Grosz: Ein kleines Ja und ein großes Nein. Sein Leben von ihm selbst erzählt. Hamburg 1955, S. 143 ff.
(Zum letzten Absatz des Zitats: Franz Kafkas Erzählung »Die Verwandlung« – die Verwandlung des Gregor Samsa in einen Käfer – war 1912 entstanden und 1915 veröffentlicht worden!)

151 Freud, IX, S. 67.
Hierzu auch:
W. W. Odajnyk: C. G. Jung und die Politik. Stuttgart 1975, S. 128 ff. (Über C. G. Jungs Massenpsychologie:
»Es gibt keinen Bereich, in dem zwischen Freud und Jung soviel Übereinstimmung zu herrschen scheint wie in den Fragen der Massenpsychologie. Beide akzeptieren Gustave Le Bons klassische Beschreibung der Masse und sind sich einig, daß das Individuum in der Masse in einen primitiveren und emotionalen geistigen Zustand absinkt. Beide nehmen an, daß Massenpsychologie die ursprünglichste Form des menschlichen Bewußtseins war, und behaupten, daß unter Streßbedingungen oder bei intensiver emotionaler Inanspruchnahme diese Form des Bewußtseins wieder in den Vordergrund tritt.« S. 128)

152 Vgl. I. A. Caruso: Psychoanalyse, Ideologie, Ideologiekritik. In H.-P. Gente: Marxismus, Psychoanalyse, Sexpol. Frankfurt am Main 1972, S. 65.

153 Freud, IX, S. 68.
154 Freud, IX, S. 69.
155 Freud, IX, S. 69.
156 Freud, IX, S. 70.
157 Freud, IX, S. 73.
158 Freud, IX, S. 77.
159 Vgl. hierzu:
W. Lipp: Konformismus-Nonkonformismus. Kulturstile, soziale Mechanismen und Handlungsalternativen. Darmstadt, Neuwied 1975, S. 25.
160 H. Marcuse: Über den affirmativen Charakter der Kultur. In: Kultur und Gesellschaft I. Frankfurt am Main 1965, S. 62.
161 Hierzu ausführlich W. Lipp: a. a. O., S. 29 ff.
162 Hierzu D. Riesman/R. Denney/N. Glazer: Die einsame Masse. Eine Untersuchung der Wandlungen des amerikanischen Charakters. Darmstadt, Berlin-Frohnau, Neuwied 1956.
163 W. Lipp: a. a. O., S. 32.
164 W. Lipp: a. a. O., S. 36.

165 Freud, IX, S. 90.
166 Freud, IX, S. 97.
167 Freud, IX, S. 130f.
168 Freud, IX, S. 100ff.
169 Freud, IX, S. 119.
170 Freud, IX, S. 131.
171 Jones, II, S. 236.
172 Jones, III, S. 79f.
173 Jones, III, S. 115f.
174 Jones, III, S. 151.
175 Jones, III, S. 152.
176 F. Wittels: Sigmund Freud zu seinem 70. Geburtstag am 6. Mai 1926. In: Die Neue Rundschau, 1926, S. 519.
177 F. Wittels: a. a. O., S. 525f.
178 H. Mann: Kaiserreich und Republik. In: Macht und Mensch. München 1919, S. 278.

Das Unbehagen in der Kultur
Euphorie · Der Normaltag geht zu Ende

Soweit nicht anders in Klammer angegeben, bezieht sich in diesem Kapitel die abgekürzte Zitierung von Freud auf die Abhandlung »Das Unbehagen in der Kultur« (1930), Studienausgabe Band IX, S. 191 ff.

1 Vgl. Jones, III, S. 168 ff.
2 Zit. nach Jones, III, S. 175.
3 Freud, IX, S. 270.
   Das »Unbehagen in der Kultur« sei ein Zentralthema der Literatur seit zwei Jahrhunderten, stellt Lionel Trilling in »Freud und die Krise unserer Kultur« (Merkur 8, 1956, S. 774) fest:
   »Ich brauche kaum daran zu erinnern, daß Freud in Hinsicht dieser ›Paranoia‹ durchaus dasselbe Bild bietet wie die Literatur. Diese läßt es sich seit zwei Jahrhunderten besonders angelegen sein, den ständigen Streit des Ich mit der Kultur darzustellen. Wir können keinen großen Schriftsteller der Moderne beim Namen nennen, dessen Werk nicht in irgendeiner, zumeist leidenschaftlichen Weise diesen Widerstreit zu seinem Thema gemacht und sein ›Unbehagen in der Kultur‹ voll Bitterkeit zum Ausdruck gebracht hätte. Diese innerste Überzeugung von der außerkulturellen Existenz des Individuums ist, wie die Kultur wohl weiß, zugleich ihre eigene nobelste und großzügigste Leistung. Wie die Dinge im Augenblick stehen, muß man das als einen befreienden Gedanken anerkennen, ohne den unser in ständigem Wachstum begriffenes Gemeinschaftsideal sich selbst unweigerlich widerlegen würde. Wir können Freud keinen größeren Ruhm zusprechen,

als wenn wir sagen, daß er diese Idee in den Mittelpunkt seiner Gedankenwelt gestellt hat.«

4 Zit. nach H. E. Holthusen/F. Kemp (Hrsg.): Ergriffenes Dasein. Deutsche
   Lyrik 1900-1950. Ebenhausen bei München 1953, S. 196.
   Hierzu auch D. Wellershoff: Gottfried Benn. Phänotyp dieser Stunde.
   Köln, Berlin 1958.

5 H. Fallada: Kleiner Mann – was nun? Hamburg 1950.
   H. Hesse; zit. nach dem Klappentext zu dieser Ausgabe.

6 H. Fallada: a. a. O., S. 289f.

7 Vgl. hierzu auch F. Arnold (Hrsg.): Anschläge. Deutsche Plakate als Dokumente der Zeit 1900-1960. München 1963.
   Als Beispiele für zeitgenössische Plakattexte etwa:
   »So war's 1918. So ist's 1928. Darum wählt Bayerische Volkspartei.«
   »In der Republik ist kein Platz für Korruption, so hieß es im November
   1918. Wer lacht da nicht? Die 10 Jahre Geschichte unseres Volkes seit der
   Revolution sind in Wirklichkeit 10 Jahre Korruption, 10 Jahre Diebstahl,
   10 Jahre Betrug, 10 Jahre Schwindel usw. gewesen. Ein Skandal jagt den
   anderen. Und was früher nie möglich gewesen wäre, hat die deutsche
   Republik fertig gebracht: man konnte ein ganzes Volk, Millionen von
   Menschen um ihre gesamten Spargroschen bestehlen, ohne daß die Täter
   zur Verantwortung gezogen werden, während man in derselben Zeit den
   kleinen Stiefeldieb hinter die Gefängnismauern bringt ... Die Helden ins
   Loch, und die Schieber am Thron, das ist in Neu-Deutschland die Staatsraison! ... Protestiere nicht, flenne nicht und schimpfe nicht, sondern kämpfe
   für die Liste 10. National-Sozialistische Deutsche Arbeiter-Partei.« (1928)
   »Wo ist außer Verbrechen eine einzige positive Leistung der Elemente, die
   mit den schmutzigen Fingern der Demagogie in den blutenden Wunden des
   deutschen Volkskörpers herumwühlen? Ludendorff ist seit 1924 im Reichstag. Wo ist eine Tat von ihm oder seiner in die Volksvertretung gewählten
   Gesinnungsgenossen? Wie ihr Geschrei in Versammlungen und Plakaten,
   war ihre Tätigkeit ideen- und sinnlos in den Parlamenten ... Darum nieder
   mit den Zungenakrobaten! den Verrätern des Ruhrgebiets! den Verkäufern
   Südtirols! den Hetzern zum Bürgerkrieg. Wählt Sozialdemokraten, das
   sind die wahren Freunde des werktätigen Volkes.« (1928)
   »Nationalsozialist. Oder umsonst waren die Opfer.« (1928)
   »Die Deutschnationalen sind insofern konservativ, als sie große Deutsche
   immer bei Lebzeiten bekämpft haben. Man denke an Bismarck, Freiherr
   von Stein und andere. Das ist ihre ›Tradition‹. Sie zetern über den Dawes-
   Plan, dem sie im Parlament zugestimmt und den sie in Versammlungen und
   Presse bekämpfen ... Parteien, die sich national nennen, sollten sich schämen, wirklich nationale Parteien in so gehässiger Form zu bekämpfen, wie
   die Nationalsozialisten und Deutschnationalen es getan haben. Wir fühlen
   uns himmelweit entfernt von diesem verlogensten Nationalismus ... Folgt
   dem Mann, über dessen politische Arbeit der Erfolg entschieden hat:

Dr. Stresemann. Deutsche Volkspartei, nationalliberale Partei.« (1928)
»Mütter, habt ihr dazu eure Kinder geboren? Zeichnet euch ein gegen
Panzerkreuzer und Krieg!« [Das zweite Kabinett Müller, Juni 1928 bis
März 1930, hatte Pläne für den Bau eines Panzerkreuzers entwickelt; die
sozialistischen Parteien opponierten gegen diese Form der Aufrüstung.]
(1928)
»Volksgenossen! Wir hauen sie zusammen. Helft zuschlagen! Das Parla-
ment kracht in seinen Fugen. Wir rütteln an ihm bis es zusammenbricht.
Heraus zu den Riesenkundgebungen der nationalsozialistischen Bewe-
gung. Der letzte Mann, die letzte Frau in unsere Versammlungen!« (1930)
»Das sind die Feinde der Demokratie! Hinweg damit! Deshalb wählt
Sozialdemokraten.« (1930)
»Werktätige Frauen. Kämpft mit uns! Wählt Liste 4, Kommunisten.«
(1930)
»Hindenburg, das ist die Parole des 10. April. Nicht Hitler! Hitler ist der
Schrittmacher des Bolschewismus. Er zerstört den Staat. ... Hitler bringt
mit Sicherheit eine neue Inflation. Denn seine geplante Währung hat keine
Deckung. Hitler täuscht euch. Denn man kann nicht allen alles versprechen,
wie die Nationalsozialisten es tun ... Deshalb keine Stimme dem Volks-
verführer, Regierungsrat Hitler. Wir alle wählen wieder Hindenburg, der
sich in Treue als Führer Deutschlands bewährt hat.« (1932, interfraktionel-
ler Wahlaufruf).

8 E. Bloch: Erbschaft dieser Zeit. Frankfurt am Main 1962, S. 33 ff.
9 Vgl. hierzu E. P. Neumann: Die Angestellten. In: Der Monat 135, 1959,
   S. 82.
   Ferner:
   W. Benjamin: Politisierung der Intelligenz. Zu S. Kracauer »Die Angestellten«. Abgedruckt in S. Kracauer: Die Angestellten. Frankfurt am Main
   1971, S. 116 ff.
10 S. Kracauer: Die Angestellten. Frankfurt am Main 1971, S. 11 f.
11 S. Kracauer: a. a. O., S. 12.
12 S. Kracauer: a. a. O., S. 13.
13 S. Kracauer: a. a. O., S. 15.
14 S. Kracauer: a. a. O., S. 24.
15 S. Kracauer: a. a. O., S. 9.
16 Vgl. W. Benjamin: Politisierung der Intelligenz. In S. Kracauer: a. a. O.,
   S. 121.
17 S. Kracauer: a. a. O., S. 36.
18 F. Kafka: Der Prozeß. New York 1946, S. 73 f.
   Was die tragikomische Seite des Problems betrifft, so hat sich der Schwank
   der Zeit immer wieder – in slap-stick-Manier – die Welt der Angestellten,
   deren erfolgloses Aufstiegsbemühen, die Buchhaltermentalität mit Sehnsucht nach der großen (Revue-)Welt und ihren Starlets, zum Ziel der

Spottlust genommen. Vgl. die »Schwank-Fabrikation« der Autoren Arnold und Bach.

Vgl. auch die folgenden Romane und Theaterstücke aus der Welt der Angestellten der 20er Jahre:

R. Braune: Das Mädchen an der Orga-Privat. (Neuausgabe) München 1974.

M. Fleißer: Mehlreisende Frieda Geier. Roman vom Rauchen, Sporteln, Lieben und Verkaufen. Berlin 1931. (Neuausgabe Gesammelte Werke, Frankfurt am Main 1972).

M. Fleißer: Ein Pfund Orangen und 9 andere Geschichten der Marieluise Fleißer aus Ingolstadt. Berlin 1929. (Neuausgabe Frankfurt am Main 1972).

G. v. Wangenheim: Da liegt der Hund begraben und andere Stücke. (Neuausgabe) Hamburg 1974.

19 So O. Biha in einer Besprechung in »Die Linkskurve«, 6, 1930. (»Herr Döblin verunglückt in einer ›Linkskurve‹«). Zit. nach M. Prangel (Hrsg.): Materialien zu Alfred Döblins »Berlin Alexanderplatz«. Frankfurt am Main 1975, S. 98.

20 A. Kesser: Ein Berliner Roman. In: Die Welt am Abend 242, 1929. Zit. nach M. Prangel: a. a. O., S. 56.

21 W. Haas: Bemerkungen zu Alfred Döblins Roman »Berlin Alexanderplatz«. In: Die Neue Rundschau 1929, S. 835 ff. Zit. nach M. Prangel: a. a. O., S. 79 f.

Vgl. hierzu auch:

W. Muschg: Döblins größter Erfolg. Zu »Berlin Alexanderplatz«. In: Der Monat, 152, 1961, S. 46 ff.

H. Glaser: Weltliteratur der Gegenwart. Frankfurt am Main, Berlin, Wien [9.]1970, S. 116, und (»Dämon Stadt«) S. 113 ff.

22 A. Döblin: Berlin Alexanderplatz. Die Geschichte von Franz Biberkopf. Berlin 1929, S. 141 und 113.

23 A. Döblin: a. a. O., S. 151 ff.

24 Walter Ruttmanns »Montage«-Film »Berlin, die Symphonie einer Großstadt« (ein Querschnitt durch einen Berliner Arbeitstag im Spätfrühling) hatte 1927 Premiere. (Vgl. hierzu S. Kracauer: Von Caligari bis Hitler. Ein Beitrag zur Geschichte des deutschen Films. Hamburg 1958, S. 119 ff.)

25 Vgl. H.-P. Bayerdörfer: Der Wissende und die Gewalt. Alfred Döblins Theorie des epischen Werkes und der Schluß von »Berlin Alexanderplatz«. In M. Prangel: a. a. O., S. 150 ff.

In diesem Zusammenhang auch aufschlußreich E. Lenk/R. Kaever (Hrsg.): Leben und Wirken des Peter Kürten, genannt der Vampir. München 1974.

(Peter Kürten, Düsseldorfer Lustmörder, war im April 1930 vom Schwurgericht Düsseldorf wegen neun vollendeter und sieben versuchter Morde zum Tode verurteilt worden. Die Opfer waren, mit einer Ausnahme, Frauen und Mädchen, im Unterschied zum Fall des homosexuellen Massenmörders Haarmann in Hannover sechs Jahre früher, dessen Opfer junge Männer gewesen waren.

Die Dokumentation gibt einen Einblick in zeitgenössische sexual- wie sozialpathologische Familienverhältnisse und in die grausame Weise des Jugendstrafvollzugs mit Hausstrafen, Dunkelarrest, Fesselung wegen Kleinigkeiten etc. »Wie ein Tier lag ich darin, und ich kann nicht daran vorbei, daß ich sage, ich habe doch damals schon, in der Jugend, von meinem menschlichen Empfinden dadurch, eben dadurch etwas abgestreift und von mir geworfen.«)

26 Zit. nach H.-P. Bayerdörfer. In M. Prangel: a.a.O., S. 168.

27 A. Döblin: a.a.O., Vorwort.

28 Vgl. zu diesem Problem der Individual- wie Sozialpsychologie insgesamt: H. E. Richter: Flüchten oder Standhalten. Hamburg 1976.

29 Zit. nach W. Muschg: Döblins größter Erfolg. Zu »Berlin Alexanderplatz«. In: Der Monat 152, 1961, S. 48.

30 Zit. nach H.-P. Bayerdörfer: Der Wissende und die Gewalt. In: M. Prangel: a.a.O., S. 167.

31 Zu Max Scheler vgl.:
H.-G. Gadamer: Ziehen an Drähten, ziehen von Puppen. In: Frankfurter Allgemeine Zeitung, 24. 8. 1974.
G. R. Hocke: Der Mensch im Kosmos. Zum 100. Geburtstag von Max Scheler. In: Die Zeit, 30. 8. 1974.

32 M. Scheler: Die Stellung des Menschen im Kosmos. München 1947, S. 86.

33 M. Scheler: a.a.O., S. 74.

34 M. Scheler: a.a.O., S. 52.

35 Vgl. hierzu auch K. Vohland: Die Logik der Allmende. Bemerkungen zum anthropologischen Defizit. In: Frankfurter Hefte 1, 1975, S. 9ff.
(»Als 1928 zwei Werke erschienen, die der modernen philosophischen Anthropologie im deutschen Sprachbereich entscheidende Anstöße gaben – Max Schelers schmale Schrift ›Die Stellung des Menschen im Kosmos‹ und Helmuth Plessners ›Die Stufen des Organischen und der Mensch‹ – Werke mit Signalwirkung über die fachphilosophischen Grenzen hinaus, da verwiesen sie beide auf eine aporetische Situation. Dazu Scheler: ›Die immer wachsende Vielheit der Spezialwissenschaften, die sich mit dem Menschen beschäftigen, verdecken … weit mehr das Wesen des Menschen, als daß sie es erleuchten.‹ Plessners lebenslanges Bemühen, die ›exzentrische Position des Menschen‹ zwischen den biologischen und kulturellen Bereichen philosophisch zu verdeutlichen, aus der ›natürlichen Künstlichkeit‹ des Menschen eine offene Theorie vom Menschen zu entwickeln, hat am Ende wiederum in die Aporie geführt, wenn der Philosoph heute feststellt, das Wissen vom Menschen habe sich zwar enorm verändert, aber die Philosophie habe dabei keine Rolle gespielt … Die Humanwissenschaften sind aufgerufen, im Vorfeld aller Wert- und Sinnfragen integriertes Wissen über

den ›homo absconditus‹ bereitzustellen. Und es gehört zu den Paradoxien unsrer geistigen Situation, daß uns dieselben Wissenschaften eindringlich lehren, daß die endlich-unendliche Wirklichkeit des Menschen, wie sie ihm aufgegeben ist, alle wissenschaftliche Erkenntnis weit überschreitet.« S. 15 und 21.)

36 »Hätte Scheler die Jahre nach 1945 noch erlebt, so wäre er vermutlich ähnlich wie Karl Jaspers, Alfred Weber oder Friedrich Meinecke einer der Mahner und Wegbereiter geworden, die es verstanden, das Gewissen der Nation für die von den Siegern verordnete Demokratie als einzig mögliche Lebensform zu sensibilisieren. Wer heute die in den zwanziger Jahren entstandenen kleinen Schriften wieder nachliest, wie zum Beispiel ›Die Idee des Friedens und der Pazifismus‹ oder ›Ausgleich als Schicksal und Aufgabe‹, der wird feststellen müssen, daß Scheler prophetische Einsichten hatte und auch von seinem politischen Engagement heute nichts zurückzunehmen brauchte. ›Die Demokratie‹, heißt es da, ›enthüllt die vorhandenen geschichtlichen Gegensätze von Stämmen, Konfessionen, Klassen, Parteien in einer Nation schonungsloser‹ als jede andere Staatsform; ›aber sie produziert sie nicht – und indem sie sie enthüllt, umreißt sie scharf und klar die zukünftigen Aufgaben‹. Scheler wandte sich strikt gegen alle Diktaturtendenzen von rechts und links, und schließlich war für ihn ›auch der Ausgleich der politischen und wirtschaftlichen Spannungen der Nationen innerhalb Europas ein durch die Auswirkungen des Weltkrieges und durch die veränderte Machtstellung des ganzen Weltteils gegebenes Schicksal. Weit entfernt, die großen geschichtlichen nationalen Kulturindividualitäten in Frage zu stellen, wird der zunehmende Ausgleich ihrer politischen Machtspannungen und ihrer ökonomischen Interessenspannungen ihre geistige und kulturelle Autonomie erst recht entfalten und freisetzen.‹«
(I. Frenzel: Der Philosoph des Ausgleichs. Zum 100. Geburtstag Max Schelers. In: Süddeutsche Zeitung, August 1974.)

37 Freud, IX, S. 222.
38 Freud (Die Zukunft einer Illusion), IX, S. 138.
39 Freud (Die Zukunft einer Illusion), IX, S. 140 f.
40 Freud (Die Zukunft einer Illusion), IX, S. 152.
41 Freud (Die Zukunft einer Illusion), IX, S. 152.
42 Freud (Die Zukunft einer Illusion), IX, S. 153.
43 Freud (Die Zukunft einer Illusion), IX, S. 164.
44 Freud (Die Zukunft einer Illusion), IX, S. 171.
45 Vgl. Freud (Die Zukunft einer Illusion), S. 171.
46 Freud (Die Zukunft einer Illusion), IX, S. 182 f.
47 G. E. Lessing: Werke in sechs Bänden. Hrsg. von Th. Matthias. Band 6. Leipzig o. J., S. 1030.
In einem Brief Freuds an Thomas Mann (wahrscheinlich vom Nov. 1929) heißt es u. a. »Ich habe immer Dichter bewundert und – beneidet, besonders, wenn sie wie das Ideal meiner Jugend, Lessing, ihre Kunst dem

477

Denken unterwarfen und sie in dessen Dienst stellten.« (Zit. nach Th. Mann: Gesammelte Werke. Band X. Frankfurt am Main 1961, S. 467.) Zu Freuds Verhältnis zum Christentum vgl. auch: R. Braun: Sigmund Freuds Unglaube. Sein Verhältnis zum Christentum in seinem Briefwechsel. In: Wort und Wahrheit 2, 1964, S. 450ff.:

»Man ist sich im allgemeinen wenig bewußt, daß Sigmund Freuds Urteil über das Christentum, wie er es nach langem Zögern in ›Die Zukunft einer Illusion‹ zusammengefaßt hat, zum Vernichtendsten gehört, was je über Religion geschrieben wurde. Hier wird nicht nur mehr versucht, mit Argumenten, logischen oder historischen, zu arbeiten, sondern die Religion wird als Ganzes verneint, in ein Nichts aufgelöst. ›Die Wirkungen der religiösen Tröstungen‹ werden der eines ›Narkotikums‹ verglichen und also ebenso abgetan wie von Karl Marx, der sie ›Opium für das Volk‹ nannte. Sie gleicht einer ›kindlichen Zwangsneurose‹, aber ›der Mensch kann nicht ewig Kind bleiben‹, er muß endlich hinaus ins ›feindliche Leben‹. Man darf das ›die Erziehung zur Realität heißen; brauche ich Ihnen noch verraten, daß es die einzige Absicht meiner Schrift ist?‹ Die Religion ist also nach Freud eine Art von Geisteskrankheit, aber er tröstet: Die Menschheit wird ›diese neurotische Phase überwinden, wie so viele Kinder ihre ähnliche Neurose auswachsen: durch Überwindung des Infantilismus. Man muß endlich erlernt haben, was Illusion bzw. Wirklichkeit ist. ... Sigmund Freud bekennt sich zu seinem Resultat als zu einem Fund von historischer Tragweite. Und tatsächlich verblassen daneben Nietzsches ›Antichrist‹ oder gar Haeckels ›Welträtsel‹. Denn die unerhörte Brisanz des von Freud in ruhiger Diskussions-Stimmung vorgebrachten Sprengstoffes besteht darin, daß u. a. das gesamte Christentum auf den natürlichen Mechanismus zurückgeführt wird, der Angst in Wunscherfüllung verwandelt. Er funktioniert wie etwa bei der ›Traumarbeit‹ oder bei seelischen Erkrankungen, die durch Wunschverdrängung entstanden, oder auch bei dem reinen Wahn der Amentia. Wir bekommen sogar den guten ärztlichen Rat, daß unser Glaube sich ebenso ›auswachsen‹, d. h. spurlos verflüchtigen wird, wenn wir uns nur an die Realität halten. ... Unwillkürlich fragt man, was Freud zu einem Urteil von so vernichtender Schlagkraft veranlaßt hat. Radikalismen dieser Art können ja nicht aus nichts entstehen, sie müssen, im Gegenteil, in einem Engagement wurzeln, das den ganzen Menschen erfaßt.

Sigmund Freud schrieb diese Schrift, die er lange erwogen hatte, als 72jähriger Mann. Was mögen psychologisch die Motive gewesen sein? ... Das Bewußtsein, wegen seiner Abstammung ausgesetzt und verfolgt zu sein und Ähnliches bei Schicksalsgenossen zu erleben, erzeugt in Freud nicht verbitterten Haß und Rache – es gibt kein rohes Wort von ihm an solchen Stellen –, er schafft sich vielmehr einen anderen Ausweg. Es schärft seinen Sinn für die unerbittliche Realität des Daseins und erzeugt dadurch eine Überlegenheit gegenüber seiner Umwelt, die entsprechende Dosen von Verachtung und Skepsis enthält. ›Mein Urteil über die Menschennatur, speziell die

christlich-arische, zu ändern, war wenig Anlaß‹ – mit diesen Worten quittiert er die eben erfolgten, ersten Ausschreitungen nach Hitlers Machtergreifung (28. Mai 1933). Daß er schon lange ähnlicher Meinung war, bekundet ein früherer Brief: ›Im tiefsten Innern bin ich ja doch überzeugt, daß meine lieben Nebenmenschen – mit einzelnen Ausnahmen – Gesindel sind.‹ (28. Juli 1929) … Eine tiefe und bittere Ernüchterung, aus den Generationen kommend, denen er sich zugehörig fühlte, und von ihm selber wiederholt persönlich erfahren, erscheint so als akzentuierende Kraft für seine Skepsis. Sie macht sein Urteil über das Christentum, das ihm im Grunde verborgen bleibt, so radikal, daß es sich für ihn in ein Nichts auflöst, sich in den Schaum und Traum einer Illusion, einer Wahnidee, eines Massenwahns verflüchtigt.« (S. 450 f., 453, 456)
Ferner:
K. Stern: Die dritte Revolution. Psychiatrie und Religion. Salzburg 1956.
J. Scharfenberg: Sigmund Freud und seine Religionskritik als Herausforderung für den christlichen Glauben. Göttingen 1968.
E. Stadtler: Psychoanalyse und Gewissen. Von der »Stimme Gottes« zum »Über-Ich«. Stuttgart, Berlin 1970.
H. G. Preuß: Illusion und Wirklichkeit. An den Grenzen von Religion und Psychoanalyse. Stuttgart 1971.

48 »Freud erzählt die Geschichte der erzwungenen Selbst-Instrumentalisierung der Menschen des kapitalistischen Zeitalters, der formell freien Lohnarbeiter und ihrer in innerweltlicher Askese Kapital akkumulierenden Unternehmer-Herren, als Geschichte der fortschreitend rigider gefaßten kulturellen Sexualmoral bzw. des wachsenden Unbehagens in der Kultur.« (H. Dahmer: Wilhelm Reich – Seine Stellung zu Freud und Marx. In: H.-P. Gente: Marxismus, Psychoanalyse, Sexpol. Frankfurt am Main 1972, S. 106).

49 Freud, IX, S. 209.

50 Freud, IX, S. 210.

51 A. Huxley: Schöne neue Welt (Titel der Neuausgabe). Frankfurt am Main 1953, S. 60.
Vgl. auch A. Huxley: Schöne neue Welt. Dreißig Jahre darnach. München 1976.

52 Vgl. O. Jacobsson: Adamson. 51 Bildgeschichten. Hamburg 1954.
»Adamson entstand im Jahr 1920, als der Chefredakteur einer schwedischen Sonntagszeitung den Zeichner O. Jacobsson zu sich lud und ihm sagte: ›Machen Sie eine Serie Zeichnungen von einem Mann!‹ Der Auftrag hörte sich etwas unbestimmt an, aber Jacobsson begriff sofort, was gemeint war. Einige Tage später brachte er die ersten Bildgeschichten mit ›dem Mann‹. Der Mann war klein und trug zum Ausgleich einen großen, hohen Hut, wie Menzel. Er hatte ein Schimpansengesicht: Radieschennase über breitem Mund und auf der Glatze genau drei Haare, wie Bismarck. Er rauchte unablässig Zigarren, wie Churchill, und hieß Adamson, Sohn Adams, zum

Zeichen dafür, daß er ein ganz beliebiger Mann sei, ein Jedermann. Der kleine Adamson wurde ein großer Erfolg; die Leser schrien nach ihm. Er eroberte sich im Triumph zuerst sein Heimatland Schweden, dann Norwegen, dann Dänemark, dann Amerika und schließlich auch Deutschland.« (K. Kusenberg, S. 1 – Vorwort)

53 S. Kracauer: Die Angestellten. Frankfurt am Main, S. 1971, S. 68 f.

54 Hierzu und für das Nachfolgende G. Wysocki: Der Aufbruch der Frauen: verordnete Träume, Bubikopf und ›sachliches Leben«. In: Frankfurter Rundschau, 10. 5. 1975.

55 G. Wysocki: a. a. O.
Vgl. in diesem Zusammenhang auch die Rolle der Illustrierten insgesamt, der »Berliner Illustrirten« im besonderen. Z. B. Themen der Nummer 35 vom 28. August 1927 (Preis des Heftes 20 Pfennig): Die große internationale Schönheitskonkurrenz in Galveston (Texas)/Marcelle Rahna, einer der neuen Sterne in der Revue »Wann und wo« im Berliner Admiralspalast/Beginn der Theater-Saison/Schlager, die jetzt gesungen werden (Wer hat bloß den Käse zum Bahnhof gerollt? Amalie geht mit'nem Gummikavalier ins Bad; Du hast den Gustav angeschaut – darum haste was mit ihm; Was macht der Mayer am Himalaja?)/Was die Zivil-Bevölkerung von einem künftigen Krieg zu erwarten hat/Sitzung der preußischen Dichter-Akademie in Berlin/Charleston/Wunder, die wir vielleicht noch erleben werden: Besichtigung der Welt vom Bett aus durch den Fernseher/Verbotene Bilder/Interessantes aus Afghanistan (u. a. Die Direktoren der Lufthafengesellschaft erklären dem König von Afghanistan die Einrichtungen)/Empfang der Ozeanflieger/Damenwettschwimmen mit Regenschirm/Die Heimkehr des Wannseer Droschkenkutschers Gustav Hartmann von seiner Fahrt nach Paris (Hartmann und Henry Porten beim Willkommensfrühstück im Verlagshaus Ullstein/Berühmtheiten auf der Kaffeehausterasse/Die Welt ist schön. (Vgl. F. Luft/A. B. Baeyer (Hrsg.): Facsimile-Querschnitt durch die Berliner Illustrirte. München, Bern, Wien 1965, u. a. S. 151 ff.)
Gegenort zum »miserablen, gleichförmigen Dasein« war das Hotel – geheimnisvoll umwitterter Treffort der großen Welt: »Gegenbild der eigentlichen Wirklichkeit«. »Die typischen Merkmale der im Detektiv-Roman immer wieder auftauchenden Hotelhalle zeigen an, daß sie als Kehrbild des Gotteshauses gemeint sei. Sie ist eine negative Kirche und kann in diese transformiert werden, wenn man nur die Bedingungen berücksichtigt, denen die verschiedenen Sphären unterstehen«. Das »Geheimnis« dieser Scheinmitte »hindert den Ausbruch der Besonderungen im Dienste der emanzipierten ratio, die ihren Sieg über das Etwas in der Hotelhalle dadurch bekräftigt, daß sie den Konventionen zur Herrschaft verhilft. Diese sind so abgeschliffen, daß das durch sie geborgene Tun zugleich ein verbergendes ist – ein Tun, das dem legalen Leben genau so zum Schutze gereicht wie dem illegalen, weil es als Leerform einer jeden möglichen Gesellschaft sich nicht auf eine bestimmte Sache richtet, sondern in seiner Belanglosig-

keit sich selber genügt.« (S. Kracauer: Die Hotelhalle. Aus einem unveröffentlichten philosophischen Traktat über den Detektivroman 1922. In: S. Kracauer: Das Ornament der Masse. Essays. Frankfurt am Main 1963, S. 159 und 170).

Vicki Baums Bestseller »Menschen im Hotel« erschien 1929 im Ullstein-Verlag. Die Autorin gehörte zu den meistgelesenen und -übersetzten Autoren der Welt.

(»... Der kleine Volontär Georgi hinter seinem Mahagonitisch bewegt ein paar einfältige und tief banale Gedanken. ›Großartiger Betrieb in so einem großen Hotel‹, denkt er; ›kolossaler Betrieb. Immer ist was los. Einer wird verhaftet, einer geht tot, einer reist ab, einer kommt. Den einen tragen sie per Bahre über die Hintertreppe davon, und zugleich wird dem andern ein Kind geboren. Hochinteressant eigentlich. Aber so ist das Leben –‹ Doktor Otternschlag sitzt mitten in der Halle, eine versteinerte Statue der Einsamkeit und des Abgestorbenseins. Er hat seinen Stammplatz, er bleibt. Die gelben Hände aus Blei hängen ihm herunter, und mit dem Glasauge starrt er auf die Straße hinaus, die voll ist von der Sonne, die er nicht sehen kann. Die Drehtür dreht sich, schwingt, schwingt, schwingt ...« V. Baum: Menschen im Hotel. Roman. München, Zürich o. J., S. 333.)

56 S. Kracauer: Das Ornament der Masse. In: Frankfurter Zeitung, 9./10. 6. 1927. Zit. nach S. Kracauer: Das Ornament der Masse. Essays; a. a. O., S. 54.

57 W. Benjamin: Das Kunstwerk im Zeitalter seiner technischen Reproduzierbarkeit. Frankfurt am Main 1963, S. 41 (Zitat im Benjamin-Text von R. Arnheim: Film als Kunst. Berlin 1932, S. 138).
Vgl. hierzu auch A. Hauser: Im Zeichen des Films. In: Sozialgeschichte der Kunst und Literatur. München 1953, S. 481 ff.

58 S. Kracauer: Das Ornament der Masse; a. a. O., S. 279.

59 S. Kracauer: a. a. O., S. 280.

60 S. Kracauer: a. a. O., S. 282.

61 S. Kracauer: a. a. O., S. 284.

62 S. Kracauer: a. a. O., S. 285.

63 S. Kracauer: a. a. O., S. 287.

64 S. Kracauer: a. a. O., S. 288.

65 S. Kracauer: a. a. O., S. 289.

66 S. Kracauer: a. a. O., S. 291.

67 S. Kracauer: a. a. O., S. 292 f.

68 S. Kracauer: a. a. O., S. 294.

69 Freud, IX, S. 208.

70 Freud, IX, S. 208.

71 Freud, IX, S. 208.

72 Freud, IX, S. 244.

73 Vgl. hierzu S. Kracauer: Kaliko-Welt. Die Ufa-Stadt zu Neubabelsberg. In:

Frankfurter Zeitung, 28. 1. 1927. Zit. nach S. Kracauer: Das Ornament der Masse; a. a. O., S. 271 ff.

74 Vgl. D. Oberndörfer: Von der Einsamkeit des Menschen in der modernen amerikanischen Gesellschaft. Freiburg im Breisgau 1961, S. 54.
Hierzu auch (was die gegenwärtigen, in ihrer Genealogie jedoch vor allem in die zwanziger Jahre zurückreichenden Verhältnisse betrifft):
Ph. Slater: The Pursuit of Loneliness. Boston 1970.
S. Gordon: Lonely in America. New York 1976.

75 Freud, IX, S. 198.

76 Freud, IX, S. 214.

77 Hierzu ausführlich H. Glaser: Spießer-Ideologie. Von der Zerstörung des deutschen Geistes im 19. und 20. Jahrhundert. Neue, ergänzte Ausgabe. Köln 1974.

78 Vgl. hierzu im besonderen H. Broch: Hofmannsthal und seine Zeit. In: Dichten und Erkennen. Essays. Band I. Zürich 1955.

79 Zit. nach K. Oppens: Hofmannsthals »Manche freilich ...«. In: Merkur 3, 1974, S. 296 ff.

80 E. P. Neumann: Die Angestellten. In: Der Monat 135, 1959, S. 82.

81 E. Kästner: Gedichte. Gesammelte Schriften. Band 1. Köln 1959, S. 175 f. (Kästners erste vier Gedichtbände – »Herz auf Taille«, »Lärm im Spiegel«, »Ein Mann gibt Auskunft«, »Gesang zwischen den Stühlen« – erschienen in den Jahren 1928–1932.)

82 K.-P. Schulz: Kurt Tucholsky in Selbstzeugnissen und Bilddokumenten. Hamburg 1959, S. 124 f.

83 B. Brecht: Die Dreigroschenoper. Hamburg 1963, S. 88. (1928 mit sensationellem Erfolg in Berlin uraufgeführt.)

84 Von tieferer Bedeutung ist in diesem Zusammenhang, daß S. Kracauer sein »heiterstes«, die Welt der Demimonde und des späten Bürgertums in hervorragender Weise einfangendes Werk »Jacques Offenbach und das Paris seiner Zeit« nach der Emigration in Paris schrieb; (1937 erschienen.)

85 L. Marcuse: Mein zwanzigstes Jahrhundert. Auf dem Weg zu einer Autobiographie. Zürich 1975 (Erstausgabe München 1960), S. 125 f.

86 W. Laqueur: Weimar. Die Kultur der Republik. Frankfurt am Main, Berlin 1976. Eines der kenntnisreichsten Bücher über die Epoche. Mit einer umfangreichen Bibliographie von Primär- und Sekundärliteratur (Zu: Die Linksintellektuellen/Die Rechtsintellektuellen/Literaturtexte/Literaturkritik/Theater/Musik/Die bildenden Künste/Die akademische Szene/Unterhaltung – Film/Leichte Musik und Jazz/Das Ende der Weimarer Republik/Die Weimarer Kultur allgemein/Sozialreportage, Massenkultur/Jugendbewegung/Emigration/Autobiographien und Erinnerungen/Presse und Rundfunk/Zeitschriften.

87 F. Mariaux: Der Schutthaufen. Aufruhr einer Welt – Volk im Raum – Das Werden des Reiches. Hamburg, Berlin 1931, S. 91.

88 K. Sontheimer: Antidemokratisches Denken in der Weimarer Republik.

Die politischen Ideen des deutschen Nationalismus zwischen 1918 und 1933. München 1962, S. 66.
Hierzu auch K. Stern: Kulturpessimismus als politische Gefahr. Eine Analyse nationaler Ideologie in Deutschland. Bern, Stuttgart, Wien 1963.
Zum Kulturpessimismus Gottfried Benns vgl. D. Wellershoff: Gottfried Benn. Phänotyp dieser Stunde. Frankfurt am Main, Berlin 1964, bes. S. 62 ff.

89 L. Klages: Der Geist als Widersacher der Seele. Drei Bände.
Leipzig 1929 ff. Zitat: 1. Band: Leben und Denkvermögen. Leipzig 1929, S. 68 f.
Vgl. hierzu auch:
H. A. Müller: Die Fragwürdigkeit des Geistes. Ludwig Klages zum 100. Geburtstag. In: Die Zeit, 8. 12. 1972.
I. Frenzel: Der Geist als Widersacher. Fragen zum 100. Geburtstag Ludwig Klages. In: Süddeutsche Zeitung, 9. 12. 1972.
K. Corino: Liebe ist Angst, und meine Angst ist groß. Zum 100. Geburtstag von Ludwig Klages. In: Frankfurter Allgemeine Zeitung, 8. 12. 1972.
Über Klages und Scheler vgl. M. Scheler: Die Stellung des Menschen im Kosmos (1928). München 1947, S. 77 ff.: »Im Gegensatz zu all diesen Theorien hat ein neuerer Schriftsteller, der eigenwillig, aber nicht ohne Tiefe ist, den Menschen ähnlich wie wir selbst unter den beiden irreduziblen Grundkategorien von ›Leben und Geist‹ zu verstehen versucht – ich meine Ludwig Klages ... Wäre Klages ganz konsequent – was er nicht ist, da er seltsamer Weise den Geist erst nach der Menschwerdung an einer bestimmten Stelle der Geschichte ›hereinbrechen‹ läßt, sodaß der Geschichte des homo sapiens schon eine gewaltige Vorgeschichte vorhergeht, die mit Bachofen'schen Augen gesehen wird –, so müßte er den Beginn dieser ›Tragödie‹ des Lebens, die nach ihm der Mensch ist, schon in die Menschwerdung selbst hineinlegen.«

90 A. Rosenberg: Gestalt und Leben. Halle an der Saale 1938, S. 9 f.

91 A. Rosenberg: Der Mythus des 20. Jahrhunderts. München [13.–16.] 1933, S. 2. (»Dem Gedenken der zwei Millionen deutscher Helden/die im Weltkrieg fielen/für ein deutsches Leben und ein deutsches Reich/der Ehre und Freiheit.«)

92 A. Rosenberg: a. a. O., S. 82.

93 A. Rosenberg: a. a. O., S. 700 f.

94 Th. Mann: Die Stellung Freuds in der modernen Geistesgeschichte. In: Die psychoanalytische Bewegung 1, 1929, S. 10.
Thomas Mann hatte den Aufsatz zunächst als Rede am 16. Mai 1929 vor dem »Club demokratischer Studenten« in München gehalten.
Zu Thomas Manns Aufsatz bemerkte S. Freud in einem Frief an Lou Andreas-Salomé: »Der Aufsatz von Mann ist ja recht ehrenvoll. Er macht mir den Eindruck, als ob er gerade einen Aufsatz über die Romantik bereit hatte, als die Aufforderung kam, über mich zu schreiben, und so hat er

diesen halben Aufsatz vorne und rückwärts mit Psychoanalyse furniert, wie die Tischler sagen: die Masse ist aus anderem Holz. Immerhin, wenn Mann etwas sagt, hat es Hand und Fuß.« (In S. Freud: Briefe. 1873–1939. Frankfurt am Main 1960, S. 407.)

So geistreich Freuds Bemerkung auch ist, sie erweist sich als Verdrängung: wollte er doch wohl nicht, was Thomas Mann deutlich herausarbeitet, anerkennen, daß er bei aller Rationalität selbst der Strömung des kulturpessimistischen Irrationalismus angehörte, auch wenn er diese zu überwinden vermochte. (Der Pessimismus der Psychoanalyse, meinte Mann, sei »berechtigt und notwendig als Mittel bei ihrer Arbeit zu einem neuen, vertieften Welt- und Menschenbilde.«)

Zu Thomas Mann und Sigmund Freud vgl. die unveröffentlichte Studie von J. F. Madden: Thomas Mann and Sigmund Freud. Similarities and Differences in their thought. Amherst College 1975.

Manns erste gründliche Freud-Lektüre fand 1925 statt. Beide trafen sich insgesamt viermal persönlich; vier Briefe Manns an Freud und zwei von Freud an Mann sind erhalten. Von besonderer Bedeutung erwies sich ein Gespräch, das sich Manns Vortrag »Freud und die Zukunft«, gehalten zum 80. Geburtstag von Freud im Akademischen Verein für medizinische Psychologie in Wien, anschloß (14. 6. 1936). Vgl. hierzu Jones, III, S. 244 ff. Th. Mann: Briefe 1889-1936. Frankfurt am Main 1962, S. 431 f.

95 Th. Mann: a. a. O., S. 22.
96 Th. Mann: a. a. O., S. 25.
97 Th. Mann: a. a. O., S. 37.
98 F. Nietzsche. Zit. nach Th. Mann: a. a. O., S. 6.
99 Freud, IX, S. 197.
100 Freud, IX, S. 198.
101 Freud, IX, S. 200.
102 Freud, IX, S. 205.
103 Freud, IX, S. 219.
104 Freud, IX, S. 226.
105 Freud, IX, S. 240.
106 Freud, IX, S. 242.
107 P. Schultze-Naumburg: Kunst und Rasse. München 1928, S. 101.
108 Freud, IX, S. 270.
109 E. G. Reichmann: Die Flucht in den Haß. Frankfurt am Main o. J., S. 229.
110 E. Bloch: Kleine Stadt (1924). In: Erbschaft dieser Zeit. Erweiterte Ausgabe. Frankfurt am Main 1962, S. 32.
111 E. Bloch: a. a. O., S. 32.
112 O. v. Horváth: Von Spießern, Kleinbürgern und Angestellten. Auswahl und Nachwort von T. Krischke. Frankfurt am Main 1971, S. 166 f. (Nachwort).
113 Vgl. O. v. Horváth: Gesammelte Werke. Hrsg. von D. Hildebrandt, T. Krischke und W. Huder. Band I: Volksstücke, Schauspiele. Band II: Ko-

mödien. Band III: Lyrik, Prosa, Romane. Band IV: Fragmente, Varianten, Exposés, Theoretisches, Briefe, Verse. Frankfurt am Main 1971ff.

114 O. v. Horváth: a. a. O., S. 113.
115 F. Werfel, zit. nach O. v. Horváth: a. a. O., S. 162 (Nachwort).
116 Vgl. hierzu und für das Nachfolgende H. Glaser: Kleinstadt-Ideologie. Zwischen Furchenglück und Sphärenflug. Freiburg im Breisgau 1969, S. 65 ff. (Im besonderen S. 82 ff.)
117 Ö. v. Horváth: Gesammelte Werke. Band I: a. a. O.
Hierzu: Eine Liebe, die nicht aufhört und doch. Horváths »Kasimir und Karoline«. In: Frankfurter Rundschau, 10./11. 4. 1976.
118 Ö. v. Horváth: Gesammelte Werke. Band I; a. a. O.

119 H. Karasek: Des Volksstücks jüngster Tag. Der Anfang einer Gesamtausgabe der Werke Ödön von Horváths. In: Die Zeit. Jahrgang 1970.
120 Vgl. M. L. Fleißer: Gesammelte Werke. Hrsg. von G. Rühle. Drei Bände. Frankfurt am Main 1972.
»Fegefeuer in Ingolstadt« wurde 1924 geschrieben, aber erst 1971 aufgeführt.
»Pioniere in Ingolstadt« kam 1929 in Berlin heraus und bewirkte einen Theaterskandal.
121 M. L. Fleißer: Pioniere in Ingolstadt. Abdruck des Stücks in: Theater heute, 8, 1968, S. 53.
122 M. L. Fleißer: a. a. O., S. 60.
123 W. Sh. Allen: Das haben wir nicht gewollt. Die nationalsozialistische Machtergreifung in einer Kleinstadt 1930-1935. Gütersloh 1966, S. 15.
Vgl. hierzu auch:
H. A. Winkler: Mittelstand, Demokratie und Nationalsozialismus. Die politische Entwicklung von Handwerk und Kleinhandel in der Weimarer Republik. Köln o. J.
M. Schumacher: Mittelstandsfront und Republik. Die Wirtschaftspartei – Reichspartei des deutschen Mittelstandes 1919–1933. Düsseldorf 1933.
124 W. Sh. Allen: a. a. O., S. 16.
125 W. Sh. Allen: a. a. O., S. 19.
126 W. Sh. Allen: a. a. O., S. 32.
127 K. Jaspers: Die geistige Situation der Zeit. Dritter, unveränderter Abdruck der im Sommer 1932 bearbeiteten 5. Auflage. Berlin 1953, S. 86.
128 K. Jaspers: a. a. O., Anmerkung beim Inhaltsverzeichnis.
129 Vgl. hierzu:
J. K. Galbraith: Ein Börsenkrach, der die Welt erschütterte. Vor dreißig Jahren begann in der Wall Street die große Depression. Ein dramatisches Kapitel der Wirtschaftsgeschichte. In: Die Zeit, 30. 10. 1959.
Ferner: R. Nöll von Nahmer: Weltwirtschaft und Weltwirtschaftskrise. In G. Mann (Hrsg.): Propyläen Weltgeschichte. Eine Universalgeschichte. Neunter Band. Berlin, Frankfurt am Main, Wien 1960, S. 351 ff.

H. Mommsen/D. Petzina/B. Weisbrod (Hrsg.): Industrielles System und politische Entwicklung in der Weimarer Republik. Düsseldorf 1974.

130 E. Salomon: Porträt einer Epoche. Berlin, Frankfurt am Main, Wien 1963. (»Briand nannte ihn ›Le Roi des Indiscrets‹. Ein anderer Staatsmann jener Zeit meinte: ›Man kann heutzutage Konferenzen ohne Minister, aber nicht ohne Dr. Salomon abhalten.‹ Über zwei Kontinente hinweg wurde er berühmt für sein Eindringen in geheimste politische Zusammenkünfte und für seine Bilder von Schauplätzen, die noch kein Photograph jemals gewagt hatte aufzusuchen … Salomon entstammte einer wohlhabenden Berliner Bankiersfamilie, verlor nach dem Weltkrieg sein Vermögen und begann von neuem eine brillante Laufbahn. Mit Millionen anderer Opfer fand er durch den Rassenwahn der Nazis den Tod.« Aus dem Vorwort des Bandes)

131 Th. Mann: Politische Schriften und Reden. 2. Band. Frankfurt am Main, Hamburg 1960, S. 185.

132 Th. Mann: a.a.O., S. 186.

133 Th. Mann: a.a.O., S. 186.

134 Th. Mann: a.a.O., S. 190f.

135 Th. Mann: a.a.O., S. 188.

136 Th. Mann: a.a.O., S. 187.

137 Th. Mann: a.a.O., S. 191f.

138 Th. Mann: a.a.O., S. 192.

139 Th. Mann: a.a.O., S. 196.

140 Th. Mann: a.a.O., S. 196.

141 Th. Mann: a.a.O., S. 197.

142 Hierzu vgl. die bislang noch nicht veröffentlichte Arbeit von J.F. Madden: Thomas Mann und Sigmund Freud. Similarities and Differences in their thought. Amherst College 1975.
Ferner:
A. J. Stofer: Th. Mann und die Psychoanalyse. Internationale Zeitschrift für Psychoanalyse, 1, 1925, S. 247ff.
J. Crick: Thomas Mann and Psychoanalysis: The turning point. In: Literatur und Psychologie X, 1960, S. 45ff.
C. Newton: Thomas Mann and Sigmund Freud. Princeton Library Press Chronicle. Winter 1963, S. 135ff.
J. Finck: Thomas Mann und die Psychoanalyse. Paris 1973.
Hierzu auch R. Schafer: The Psychoanalytic Vision of Reality. In: International Psychoanalytic Journal, 51, 1970, S. 279.

143 P. Ricoeur: Freud and Philosophy. New Haven 1970.

144 Th. Mann – K. Kerenyi: Romandichtung und Mythologie. Ein Briefwechsel. Zürich 1945, S. 82.

145 Th. Mann: Der Zauberberg (1924). Frankfurt am Main 1972, S. 599f.

146 Th. Mann: Gesammelte Werke. Band X. Frankfurt am Main 1961, S. 493.

147 Vgl. T. J. Reed: Thomas Mann. The Uses of Tradition. Oxford 1974, S. 139.

148 Th. Mann: Joseph und seine Brüder. Erster Band. Die Geschichten Jakobs. Der junge Joseph. Frankfurt am Main 1971, S. 22.

149 Th. Mann: a. a. O., S. 38 f.
Vgl. hierzu auch:
K. Hamburger: Joseph und seine Brüder. Stockholm 1945.
W. R. Berger: Die mythologischen Motive in Thomas Manns Roman Joseph und seine Brüder. Köln 1971.
M. Dierks: Studien zu Mythos und Psychologie bei Thomas Mann. Bern, München 1972.
Bei ihrem Treffen am 14. 6. 1936 unterhielten sich Freud und Mann vor allem über Fragen der Mythologie und den Josephsroman. Vgl. auch Freuds Brief an Thomas Mann vom 29. 11. 1936. (Jones, III, S. 533.)

150 H. Brüning: Memoiren. 1918-1934. Stuttgart 1970, S. 619 f.
Vgl. hierzu auch:
Th. Eschenburg: Die Rolle der Persönlichkeit in der Krise der Weimarer Republik. Hindenburg, Brüning, Groener, Schleicher. In: Aus Politik und Zeitgeschichte. Beilage zur Wochenzeitung »Das Parlament«, 23. 3. 1961.

151 W. Röpke: Als der Barbarismus siegte. Sonderdruck der Frankfurter Allgemeinen Zeitung vom 30. 1. 1963, S. 4.

152 Zit. nach J. Hohlfeld (Hrsg.): Dokumente der Deutschen Politik und Geschichte von 1848 bis zur Gegenwart. IV. Band. Die Zeit der nationalsozialistischen Diktatur 1933–1945. Berlin und München o. J., S. 40.

153 So Oswald Spengler: »Niemand konnte die nationale Umwälzung dieses Jahres mehr herbeisehnen als ich. Ich habe die schmutzige Revolution von 1918 vom ersten Tag an gehaßt, als den Verrat des minderwertigen Teils unseres Volkes an dem starken, unverbrauchten, der 1914 aufgestanden war, weil er eine Zukunft haben konnte und haben wollte. Alles, was ich seitdem über Politik schrieb, war gegen die Mächte gerichtet, die sich auf dem Berg unseres Elends und Unglücks mit Hilfe unserer Feinde verschanzt hatten, um diese Zukunft unmöglich zu machen. Jede Zeile sollte zu ihrem Sturz beitragen, und ich hoffe, daß das der Fall gewesen ist.« (1933 geschrieben; in O. Spengler: Jahre der Entscheidung. Deutschland und die weltgeschichtliche Entwicklung. München 1961, S. 13)

154 H. Krüger: Das zerbrochene Haus. Eine Jugend in Deutschland. München 1966, S. 13 f.

Warum Krieg?
Agonie · Spätes Ende und gleiches Leid

Soweit nicht anders in Klammer angegeben, bezieht sich in diesem Kapitel die abgekürzte Zitierung von Freud auf die Abhandlung »Warum Krieg?« (1933), Studienausgabe Band IX, S. 271 ff.

1 Zit. nach Jones, III, S. 205.

2 Zit. nach Jones, III, S. 210.

3 Zit. nach Jones, III, S. 213.

4 Zit. nach Jones, III, S. 214.

5 Vgl. Jones, III, S. 215.

6 Zit. nach Jones, III, S. 218.

7 Zit. nach Jones, III, S. 240.

8 Zit. nach Jones, III, S. 241.

9 Zit. nach Jones, III, S. 245.

10 Vgl. Jones, III, S. 253.

11 Freud (Der Mann Moses und die monotheistische Religion), IX, S. 504.

12 Freud (Der Mann Moses und die monotheistische Religion), IX, S. 506.

13 Zit. nach K. Hohlfeld: Dokumente der Deutschen Politik und Geschichte von 1848 bis zur Gegenwart. IV. Band. Die Zeit der nationalsozialistischen Diktatur 1933–1945. Berlin und München o. J., S. 425.

14 Jones, III, S. 260.

15 Jones, III, S. 268.

16 Zit. nach Jones, III, S. 268.

17 Zit. nach Jones, III, S. 268.

18 Zit. nach Jones, III, S. 272.

19 Jones, III, S. 274.

20 Jones, III, S. 292f.

21 Zit. nach Editorische Vorbemerkung zu Freuds »Warum Krieg?«, IX, S. 272.

22 Zit. nach Jones, III, S. 160.

23 Zit. nach Jones, III, S. 210.

24 Vgl. Editorische Vorbemerkung zu Freuds »Warum Krieg?«, IX, S. 273 f.

25 Zit. nach Editorische Vorbemerkung zu Freuds »Warum Krieg?«, IX, S. 274.

26 Freud, IX, S. 275.

27 Freud, IX, S. 276.

28 Freud (Jenseits des Lustprinzips), III, S. 248.

29 Freud (Jenseits des Lustprinzips), III, S. 249.

30 Vgl. Freud (Jenseits des Lustprinzips), III, S. 308.
Hierzu auch:
»Für den Gegensatz der beiden Triebarten dürfen wir die Polarität von Liebe und Haß einsetzen. Um eine Repräsentanz des Eros sind wir ja nicht verlegen, dagegen sehr zufrieden, daß wir für den schwer zu fassenden Todestrieb im Destruktionstrieb, dem der Haß den Weg zeigt, einen Vertreter aufzeigen können. Nun lehrt uns die klinische Beobachtung, daß der Haß nicht nur der unerwartet regelmäßige Begleiter der Liebe ist (Ambivalenz), nicht nur häufig ihr Vorläufer in menschlichen Beziehungen, sondern auch, daß Haß sich unter mancherlei Verhältnissen in Liebe und Liebe in Haß verwandelt. Wenn diese Verwandlung mehr ist als bloß zeitliche Sukzession, also Ablösung, dann ist offenbar einer so grundlegenden Unterscheidung wie zwischen erotischen und Todestrieben, die entgegenge-

setzt laufende physiologische Vorgänge voraussetzt, der Boden entzogen.«
(Freud, Jenseits des Lustprinzips, III, S. 309).
31 Freud, IX, S. 281.
32 Freud, IX, S. 281f.
33 Freud, IX, S. 283.
34 Freud, IX, S. 283.
„Identitätsdiffusion" nennt E. H. Erikson die vorübergehende oder dauernde Unfähigkeit eines Ich zur Bildung einer Identität; gemeint ist die Zersplitterung des Selbst-Bildes, ein Verlust der Mitte, ein Gefühl der Verwirrung und im schweren Fällen die Furcht vor völliger Auflösung – hervorgerufen, wenn die Regeln, Standards, und Normen der Gruppe, Gesellschaft, Kultur in einem zu großen Widerspruch zum Wollen des Ich nach Selbstverwirklichung stehen, das Ich aber diesen Widerspruch nicht erträgt und sich von der Realität abwendet. (Vgl. E. E. Erikson; Identität und Lebenszyklus. Frankfurt am Main 1973.)
35 Freud (Das Unbehagen in der Kultur), IX, S. 268.
36 Freud (Das Unbehagen in der Kultur), IX, S. 270.
37 Freud, IX, S. 286.
38 Freud, IX, S. 279.
Wie gefährlich ist es, wenn Recht nicht auf Macht sich stützen kann, zeigt das alt-neue Phänomen der Folter bzw. Folterung.
1975 stellt A. Mitscherlich fest: »Während also an der bewußten sozialen Vorderfront unzweifelhaft ehrlich und opferbereit um eine humanistische Zukunft gerungen wird, entwickelt sich im Verborgenen – zunächst lange ignoriert – ein Lebensstil brutaler Selbstsucht, überschattet von Terror, staatlichem wie privatem, kapitalistischem wie kommunistischem. Schon kaum noch verborgen breiten sich die elaboriertesten Foltermethoden aus. In dieser Ungeniertheit ein Novum.« (Der Kampf um die Erinnerung. Psychoanalyse für fortgeschrittene Anfänger. München, Zürich 1975, S. 6f.).
Hierzu auch K. H. Stahl: Terror und Terrorismus. In: Tribüne 57, 1976, S. 6662ff.
D. Fomkin: Die Strategie des Terrorismus. In: Aus Politik und Zeitgeschichte. Beilage zur Wochenzeitung »Das Parlament«, 27. 3. 1976.
W. Hill: Terrorismus und Folter. In: Merkur 335, 1976, S. 332ff.: (»Folter ist ein weltweites Phänomen und eine dauerhafte Begleiterscheinung der menschlichen Geschichte, soweit man diese Geschichte als eine auf Freiheit angelegte Entwicklung begreifen kann. Diese Erkenntnis hat die griechische Mythologie schon vorweg genommen: Prometheus, der als Schöpfer des Menschen oder doch als ihr ständiger Förderer und Lehrer angesehen wurde, als der Feuerbringer, er wird, weil Zeus den Menschen das Feuer vorenthalten wollte, zur Strafe an einen Felsen im Kaukasus geschmiedet, wo ihm ein Adler die nachts immer wieder nachwachsende Leber heraushackt. Er wird gefoltert, weil er dem Menschen zur Freiheit, zur Mensch-

lichkeit verhelfen will: Prometheus ist letztlich nichts anderes als der personifizierte Freiheitsdrang des Menschen – des Menschen, der aus Unwissenheit, Unmündigkeit und Unabhängigkeit zur Freiheit strebt. Folter und
Freiheit sind also schicksalhaft miteinander verknüpft. Solange der Kampf
um Freiheit dauert, wird auch gegen das Übel der Folter zu kämpfen sein.
Man kann, der Erklärung der Menschenrechte entsprechend, ein absolutes
Verbot der Folter fordern. Man kann in einer Deklaration der UNO, wie
das jüngst geschehen ist, festlegen, daß Folter durch nichts zu rechtfertigen
sei, daß jeder Gefolterte Anspruch auf eine unparteiliche Untersuchung
seines Falles und auf Wiedergutmachung habe. Jede universelle Konvention
gegen die Folter setzt eigentlich immer schon den Rechtsstaat voraus, den es
gerade dort nicht gibt, wo gefoltert wird.
So dürfte es letztlich keinen anderen Weg zur langsamen Ausmerzung der
Folter geben als den über die immer weitere Verbreitung rechtsstaatlicher
Verhältnisse. Auch dieser Weg scheint, wenn man beispielsweise an einen
so unzugänglichen Machtblock wie die Sowjetunion denkt, unendlich lang
zu sein. Die ökonomischen und sozialen Spannungen, die in vielen Teilen
der Erde noch wachsen, die absehbaren Macht- und Verteilungskämpfe der
Zukunft sind ebenfalls gebirgshohe Hindernisse auf dem Weg zu einer
gewaltfreieren Welt. Aber auch Prometheus wurde einmal von seinen Qualen befreit.« S. 342 f.)

Vgl. auch J. Améry: Die Tortur. In: Merkur 208, 1975, S. 623 ff.

(»Für Georges Bataille ist der Sadismus nicht sexualpathologisch aufzufas-
sen, vielmehr existentialpsychologisch, wobei er sich abzeichnet als die
radikale Negation des Anderen, als die Verneinung zugleich des Sozial- und
des Realitätsprinzips. Der Sadist will diese Welt aufheben, indem er seine
eigene totale Souveränität in der Negation des Mitmenschen zu verwirklichen sucht. Der Mitmensch wird verfleischlicht und in der Verfleischli-
chung schon an den Rand des Todes geführt; allenfalls wird er schließlich
über die Todesgrenze hinausgetrieben ins Nichts. Damit realisiert der
Peiniger zugleich seine eigene zerstörerische Fleischlichkeit, ohne daß er
sich darin, wie der Gemarterte, verlieren müßte: er kann ja mit der Folter
einhalten, wann es ihm paßt. Der Schmerzens- und Todesschrei des Anderen ist in seine Hand gegeben, als Herr über Leben und Tod ist er auch Herr
über Fleisch und Geist. Solcherart wird die Folter zur totalen Umstülpung
der Sozialwelt: denn in dieser können wir nur leben, wenn wir auch dem
Mitmenschen das Leben gewähren, sein Leiden lindern, die Ausdehnungs-
lust unseres Ichs zügeln. In der Welt der Tortur aber besteht der Mensch
nur dadurch, daß er den Anderen vor sich zuschanden macht, den Anderen
samt seinem Kopf, in dem vielleicht Kant und Hegel und alle neun Sympho-
nien und die Welt als Wille und Vorstellung aufbewahrt sind. Der Peiniger
selbst kann, wenn das geschehen ist, wenn er sich ausgedehnt hat in den
Körper des Mitmenschen und ausgelöscht hat, was dessen Geist war – zur
Zigarette greifen oder sich zum Frühstück setzen oder, wenn es ihn danach

490

gelüstet, auch bei der Welt als Wille und Vorstellung einkehren.« S. 634 f.)
Ferner

E. Hoffer: Der Fanatiker. Eine Pathologie des Parteigängers. Reinbek bei
Hamburg 1965.

H. v. Hentig: Terror. Zur Psychologie der Machtergreifung. (Erstmals
1924; Teile davon 1919 ff.) Frankfurt am Main, Berlin 1970.

39 Freud, IX, S. 279.
40 Paul Ricoeur (Die Interpretation. Ein Versuch über Freud. Frankfurt am
Main 1969, S. 300 f.) stellt hierzu fest:

»Freud war zwar immer Dualist gewesen, aber die Verteilung der entgegengesetzten Termini und die Natur des Gegensatzes haben sich immer wieder
verändert. Wenn er Sexualtriebe und Ichtriebe unterschied, so leitete ihn
dabei kein Triebantagonismus, sondern die volkstümliche Unterscheidung
von Liebe und Hunger sowie die Polarität von Objekt und Ich. Als er den
Narzißmus in die Theorie einführte, wurde die Unterscheidung eine
topisch-ökonomische und bezeichnete einen Besetzungskonflikt. Der neue
Dualismus tritt nicht an die Stelle des vorherigen, da er ihn zunächst
verstärkt: wenn nämlich die narzißtische Ichlibido eine Gestalt des Eros ist,
dann steht sie auf seiten des Lebens. Und dabei haben wir doch gesagt, daß
die Ichtriebe den Sexualtrieben entgegenständen wie die Todestriebe den
Lebenstrieben. Diese Gleichstellung wird nicht aufgehoben. Daher muß
der neue Dualismus nicht mehr auf die Ebene der Richtungen, Ziele und
Objekte, sondern auf die der Kräfte selbst gehoben werden; man darf also
nicht mehr versuchen, die Dualität Ichtriebe – Sexualtriebe mit der Dualität
Lebenstriebe – Todestriebe zur Deckung zu bringen. Diese zieht sich durch
alle Formen der Libido hindurch: das wird sich in unserer Untersuchung
der ›Repräsentanten‹ des Todestriebs bewahrheiten. Die Objektliebe ist
Lebenstrieb und Todestrieb; die narzißtische Liebe ist Eros, der nichts von
sich weiß, und geheime Kultur des Todes. Die Sexualität ist überall am
Werk, wo auch der Tod am Werk ist. Doch damit ist der Triebdualismus
wirklich zu einem antagonistischen geworden, gerade weil es sich nicht
mehr um qualitative Unterschiede handelt, wie in der ersten Triebtheorie
zwischen Liebe und Hunger, auch nicht um Besetzungsunterschiede, je
nachdem ob sich die Libido dem Ich oder dem Objekt zuwendet, wie in der
zweiten Triebtheorie; der Dualismus ist wirklich zu dem geworden, was
›Das Unbehagen in der Kultur‹ einen ›Streit der Giganten‹ nennt.«
41 Freud (Der Mann Moses und die monotheistische Religion), IX, S. 544.
42 Vgl. H. Marcuse: Triebstruktur und Gesellschaft. Frankfurt am Main 1965.
Hierzu auch A. Mitscherlich: Die Relativierung der Moral. Von den Widersprüchen, die unsere Gesellschaft dulden muß. In: Die Unfähigkeit zu
trauern. Grundlagen kollektiven Verhaltens. München 1967, S. 158 ff.
43 Freud (Der Mann Moses und die monotheistische Religion), IX, S. 562.
44 Vgl. Jones, III, S. 431.
45 Freud (Der Mann Moses und die monotheistische Religion), IX, S. 554.

46 Freud (Der Mann Moses und die monotheistische Religion), IX, S. 556.
47 N. Sombart: Friedensforschung – Ziele und Aufgaben. In: Das Parlament, 14. 8. 1971.
Vgl. hierzu auch H. v. Hentig (Erziehung zum Frieden. In: Merkur 234, 1967, S. 816 ff.):

»1. Erziehung zum Frieden heißt Erziehung zur Empfindsamkeit, ja zur Empfindlichkeit: zum Leiden am Unrecht, an der Mißachtung, der Gleichgültigkeit, den Schmerzen und Ängsten, die anderen und mir widerfahren, lange bevor sie zur Gewalt drängen ...

2. Erziehung zum Frieden heißt den Menschen eine tiefe Abneigung gegen die Gewalt eingeben ...

3. Erziehung zum Frieden heißt lehren, wie diese Gewalt – wie der Krieg ist ...

4. Erziehung zum Frieden heißt also auch, die Schrecken des Friedens kennen – zumal die, welche er heute für andere hat, die darum den Krieg nicht scheuen ...

5. So ist Erziehung zum Frieden eine Erziehung zur Unsicherheit, zu Zweifel, zu Mißtrauen – auch gegen die eigene, womöglich ›heilige‹ Überzeugung, die doch ohnmächtig ist. Wieviel mehr gegen die, die Macht hat ...

6. Erziehung zum Frieden heißt auch: bereit sein, mit Konflikten zu leben, um den Krieg zu vermeiden ...

7. Mit Konflikten leben heißt, daß man sich auf Schuld und Widerstand, auf Versöhnung und Vergessen einläßt. Man muß dazu dreierlei ausdrücklich lernen: 1. zu verstehen, 2. zu ›streiten‹, 3. den Streit wieder fallen zu lassen ...

8. Erziehung zum Frieden heißt darum in erster Linie Erziehung zur Politik. Politik ist eine Verfahrensweise, ein System von Regeln, Institutionen und Prozeduren, die das Verhältnis der Menschen zueinander beweglich ordnen und in einer Demokratie jedenfalls den ständigen Abbau von Herrschaft bezwecken, die immer wieder von allein nachwächst; ja diese Institutionen und Prozeduren können selbst wieder Herrschaft konstituieren ...

9. Erziehung zum Frieden heißt Erziehung zur Veränderung der Welt. Das schließt die Veränderung unserer selbst ein – unseres Lebens, unserer Bewertungen und nicht zuletzt auch der Fragen, die wir stellen ...« (S. 825 ff.)
Ferner:

E. Krippendorff (Hrsg.) Friedensforschung, Köln, Berlin 1968.

J. J. Gamm: Aggression und Friedensfähigkeit in Deutschland. München 1968.

C. F. von Weizsäcker: Der ungesicherte Frieden. Göttingen 1969.

H. Th. Risse/R. Lehmann (Hrsg.): Den Frieden planen. München 1969.

P. Noack: Friedensforschung – ein Signal der Hoffnung? Freudenstadt 1970.

R. Kabel: Friedensforschung. Anfänge und Tendenzen. In: Aus Politik und Zeitgeschichte. Beilage zur Wochenzeitung »Das Parlament«, 28. 3. 1970. (Mit umfangreichen Literaturangaben).

K. W. Deutsch/D. Senghaas: Die Schritte zum Krieg. Systemebenen, Entscheidungsstadien, Forschungsergebnisse. In: Aus Politik und Zeitgeschichte. Beilage zur Wochenzeitung »Das Parlament«, 21. 11. 1970.

H. Röhrs: Friedenspädagogik. Frankfurt am Main 1970.

D. Senghaas (Hrsg.): Friedensforschung und Gesellschaftskritik. München 1970.

O. K. Flechtheim (Hrsg.): Konflikt und Friedensforschung. Futurum 3, 1970. (Themenheft mit umfangreichen Literaturangaben).

R. Kabel/H. G. Assel: Friedensforschung, Friedenspädagogik. Bonn 1971.

Gegenstand und Aufgaben der Friedensforschung, ihre Lage in der Bundesrepublik sowie Möglichkeiten und Probleme ihrer Förderung; mit einem unter Mitarbeit von R. Meyers ausgearbeiteten Verzeichnis von Forschungsinstitutionen und Gesellschaften sowie einer Bibliographie »Wissenschaft und Frieden«. Studie im Auftrag der Stiftung Volkswagenwerk. Göttingen o. J.

I. Eibl-Eibesfeldt: Krieg und Frieden aus der Sicht der Verhaltensforschung. München 1975.

Forschung für den Frieden. Veröffentlichung der Deutschen Gesellschaft für Friedens- und Konfliktforschung. Eine Zwischenbilanz. Boppard am Rhein 1975.

48 Freud (Hemmung, Symptom und Angst, 1926), VI, S. 293.

49 Vgl. hierzu A. Gehlen: Der Mensch. Seine Natur und seine Stellung in der Welt. Berlin 1940.

(»Erst bei Gehlen hat die Leib-Seele-Geist-Einheit des Menschen aufgehört, für das theoretische Begreifen ein bloßes Postulat zu sein. Gehlen erst hat entdeckt, daß der Mensch durchgängig im ganzen ein der Natur gegenüber qualitatives Novum darstellt. Danach unterscheiden wir uns von der gesamten Tierwelt nicht nur als Vernunftwesen, sondern ebenso auch durch die Beschaffenheit unserer Haut, den Bau unserer Zähne, den aufrechten Gang, die Eigentümlichkeiten unseres Antriebslebens usw., und in jeder Person hängen alle diese qualitativ neuen Momente untereinander zusammen und bedingen sich wechselseitig. Für die Grundlegung der Humanmedizin, der Psychologie, der Verhaltensforschung, der Charakterkunde usw. hatte das bahnbrechende Bedeutung.«

W. Harich: Die Extreme berühren sich. Gespräch mit Wolfang Harich zum Tod von Arnold Gehlen. In: Frankfurter Rundschau, 21. 2. 1976.)

Ferner:

P. Jansen: Arnold Gehlen. Die Anthropologische Kategorienlehre. Bonn 1976.

50 F. Hacker: Aggression. Die Brutalisierung der modernen Welt. Wien, München, Zürich 1971.

51 F. Hacker: a. a. O., S. 431.

52 Th. Ebert: Gewaltfreier Aufstand. Alternative zum Bürgerkrieg. Freiburg im Breisgau 1968, S. 11 ff.

53 Vgl. F. Hacker: Gespräch mit Herbert Marcuse. In F. Hacker: a. a. O., S. 345 ff.
    H. Marcuse: Aggressivität in der gegenwärtigen Industriegesellschaft. In H. Marcuse u. a.: Aggression und Anpassung in der Industriegesellschaft. Frankfurt am Main 1968.
    Hierzu auch A. Plack: Die Gesellschaft und das Böse. München 1967. (Plack fordert die Gesellschaft auf, alle »Belohnungen« für aggressives Verhalten jeder Art zu vermeiden. Zu solchen »Belohnungen« gehörten beispielsweise alle Leistungsanreize, Beförderungssysteme, kurz alles, was in unserer Gesellschaft den Konkurrenzdruck und den Konkurrenzneid verstärkt.)
    Ferner:
    B. Nietzschke: Die Zerstörung der Sinnlichkeit. München 1974.

54 H. Marcuse: Kultur und Gesellschaft 2. Frankfurt am Main 1965, S. 105 f.

55 Es ist nicht mehr die Aufgabe dieses Buches, über die Aggressionsforschung nach Freud (in seinem Gefolge bzw. in Widerspruch zu ihm) ausführlich zu referieren. Neben den im Hauptteil erwähnten Autoren vgl. auch:
    J. Dollard u. a.: Frustration und Aggression. (New Haven 1939.) Weinheim 1971. (Die These von der Frustrationsaggressivität läßt sich auf Freuds Erkenntnis zurückführen, wonach Frustrierungen im Organismus Spannungen erzeugen, auch Angst, die dann in Aggression umschlägt. Unter Frustration wird das Erlebnis der Enttäuschung, vereitelter Zielvorstellungen bzw. der Verzicht auf die Erfüllung von Strebungen und Bedürfnissen verstanden; eingeschlossen hierin sind im besonderen auch Konflikte über Sozialrollen und die durch den Konkurrenzdruck bzw. Konkurrenzneid hervorgerufene »Verfehlung« einer zufriedenstellenden, befriedigenden Existenz.)
    Hierzu auch: G. G. Jung: Der therapeutische Wert des Abreagierens. In: Probleme der Psychotherapie. Olten o. J.
    J. P. Scott: Aggression. Chicago 1958. (Behauptet, im Gegensatz etwa zu Konrad Lorenz, daß es im Tierreich keine einheitlichen Auslösungsmechanismen aggressiven Verhaltens gäbe. Das durch Furcht und allgemeine Reizbarkeit, sexuelle Rivalität und Beutegier ausgelöste Verhalten bestünde nur solange, als es in irgendeiner Weise belohnt und damit als Gewohnheit befestigt würde.)
    R. Denker: Aufklärung über Aggression. Kant – Darwin – Freud – Lorenz. Stuttgart, Berlin, Köln, Mainz 1966.
    H. Marcuse: Repressive Toleranz. Kritik der reinen Toleranz. Neuwied 1966.

H. Marcuse: Der eindimensionale Mensch. Neuwied 1967.

I. Eibl-Eibesfeldt: Liebe und Haß. Zur Naturgeschichte elementarer Verhaltensweisen. München 1970. (Der Aggressionstrieb wird bei Eibl-Eibesfeldt nicht so stark wie bei seinem Lehrer, Konrad Lorenz, betont; zudem ist ihm der politische Kontext sehr wichtig; der Mensch sei kein »unveränderliches Raubtier«: »Die aggressiven Impulse des Menschen werden meines Erachtens durch ebenso tief verwurzelte Neigungen zur Geselligkeit und zum gegenseitigen Beistand aufgewogen. Nicht erst die Erziehung programmiert uns zum Guten, wir sind unserer Anlage nach gut. Wenn wir das nachweisen können, fällt die ... These, das Gute sei lediglich sekundärer kultureller Überbau. Wir werden ausführen, daß die Neigung zur Zusammenarbeit und zum gegenseitigen Beistand ebenso wie viele der konkreten Verhaltensweisen freundlichen Kontaktes angeboren sind. Weshalb diese Anlagen bisher nicht ausreichten, um unsere Aggressionen in allen Situationen zu bändigen, wird Gegenstand der Untersuchung sein.« S. 15.)

H. Selg (Hrsg.): Zur Aggression verdammt? Stuttgart 1971.

A. Schmidt-Mummendey/D. H. Schmidt (Hrsg.): Aggressives Verhalten. Neue Ergebnisse der psychologischen Forschung. München 1971. (Mit ausführlichen Literaturangaben.)

Th. W. Adorno/E. F. Brunswik/D. J. Levinson/R. N. Sanford u. a.: Studien zum autoritären Charakter. Frankfurt am Main 1973.

A. Plack: Der Mythos vom Aggressionstrieb. München 1973. (Mit ausführlichen Literaturangaben.)

E. Fromm: Anatomie der menschlichen Destruktivität. Stuttgart 1974. (Die These, die Fromm zu beweisen sucht, lautet, »daß Destruktivität und Grausamkeit keine instinktiven Triebe, sondern Leidenschaften sind, die in der Gesamtexistenz des Menschen wurzeln. Sie gehören zu den Möglichkeiten, dem Leben einen Sinn zu geben; sie sind beim Tier kaum zu finden, sie können dies auch nicht sein, weil sie ihrer Natur nach im ›Menschen‹ verwurzelt sind. Der Hauptirrtum von Lorenz und anderen Instiktforschern ist der, daß sie die beiden Arten von Trieben, die im *Instinkt* verwurzelten und die im *Charakter* verwurzelten, durcheinanderbrachten. Ein sadistischer Mensch, der gleichsam auf eine Gelegenheit wartet, seinem Sadismus Ausdruck verleihen zu können, erweckt den Eindruck, als ob auf ihn das hydraulische Modell des aufgestauten Instinktes paßte. Aber nur Menschen mit sadistischem Charakter warten auf die Gelegenheit, sich sadistisch betätigen zu können, genauso wie Menschen mit liebevollem Charakter auf die Gelegenheit warten, ihrer Liebe Ausdruck zu verleihen.«)

56 A. Mitscherlich: Die Bürde der Feindseligkeit. Ansprache bei der Verleihung des Friedenspreises des Deutschen Buchhandels 1969. In: Frankfurter Allgemeine Zeitung, 13. 10. 1969.

57 A. Mitscherlich: Aggression und Anpassung. In H. Marcuse u. a.: Aggression und Anpassung in der Industriegesellschaft. Frankfurt am Main 1968, S. 80ff. (Vor allem S. 83, 90, 102, 113f.)

495

58 A. Mitscherlich: a. a. O., S. 124.

59 Vgl. A. Mitscherlich: Die Idee des Friedens und die menschliche Aggressivität. Frankfurt am Main 1970. S. 125.

60 Vgl. M. Mitscherlich: Müssen wir hassen? Über den Konflikt zwischen innerer und äußerer Realität. München 1972.

61 Hierzu H. Marcuse: Aggressivität in der gegenwärtigen Industriegesellschaft. In H. Marcuse u. a.: Aggression und Anpassung in der Industriegesellschaft. Frankfurt am Main 1968, S. 8 ff.

62 H. Marcuse: Aggressivität in der gegenwärtigen Gesellschaft; a. a. O., S. 29.

63 K. Lorenz: Das sogenannte Böse. Zur Naturgeschichte der Aggression. München [3]/1975, S. 55.
Zur Kritik an Lorenz vgl. A. Plack: Verborgene Voraussetzungen und Widersprüche in Lorenz' Lehre von der Aggression. (In A. Plack, Hrsg.: Der Mythos vom Aggressionstrieb. München 1973, S. 113 ff.): »Lorenz' Darstellung der Aggression überhaupt geht jedoch über die Bestimmungselemente seiner alten Definition weit hinaus. Er versteht im ›Sogenannten Bösen‹ die intraspezifische Aggression nicht nur als völlig eigenständigen Trieb und als ›Motor‹ anderer Triebe; er leitet von ihr auch jene tödliche Aggression her, die Menschen in Kriege und Revolutionen führt. Die stillschweigende Voraussetzung dafür ist, daß beide Male auf ein innerartliches Objekt Aggression sich bezieht. Von daher erklärt sich der unterschiedslose Gebrauch des Begriffes ›intraspezifische Aggression‹ für Kommentkämpfe bei Hirschen und kriegerische Auseinandersetzungen bei Menschen. Nicht, daß Mensch und Hirsch als Säuger überhaupt miteinander verglichen werden, ist das ethisch Beunruhigende hieran, sondern umgekehrt, daß tödliche menschliche Aggression mit einem harmlosen Ausleseritual unter Tieren auf eine Stufe gestellt und – wie diese – für unvermeidlich erklärt wird. Moralisierend wird nur bedeutet, es gehe um das ›tierische Erbe‹, das der Mensch zu disziplinieren habe.

Die alte abendländische Triebfeindlichkeit schlägt in diesem Begriff wieder durch, freilich sogleich seitenverkehrt in dem beruhigenden Hinweis auf harmlose (tierische) Ursprünge unserer mörderischen Aggressionen. Gegen sie weiß Lorenz keinen anderen Rat als die alte ›Einsicht, daß der Mensch seinen ererbten Neigungen nicht blindlings folgen darf, sondern lernen muß, sie zu beherrschen und ihre Auswirkungen vorausschauend in verantwortlicher Selbstbefragung zu überprüfen‹.

Lorenz verkennt durchaus nicht, daß Triebverzichte immer qualvoll durchlitten werden. Er geht auch nicht daran vorbei, daß Triebverzichte eine Reihe von Menschen ›entweder neurotisch, also krank, oder aber deliquent werden‹ lassen. Doch diese Erkenntnis, die wir den Freudianern verdanken, wird von Lorenz nur pauschal übernommen; über die große Verdrängung in unserer Kultur, die Sexualverdrängung, fällt kein einziges Wort. Lorenz denkt bei ›Triebverzicht‹ in erster Linie und sogar ausdrücklich an einen Verzicht auf Möglichkeiten, ›aggressive Triebe im artgemäß ›vorgesehenen‹

Ausmaße abzureagieren‹. An viele mitbedingende Gründe aggressiver Gereiztheit in unserer Gesellschaaft ist gedacht: an die ›nervliche Überbeanspruchung‹ in der Industriegesellschaft, an die Bevölkerungsverdichtung in den modernen Großstädten, wo die Menschen sich knurrig aneinander wundreiben. Daß Grausamkeit und Kriegsbereitschaft Stigmata unserer Kultur waren schon zu einer Zeit, da es noch kein sogenanntes modernes Leben gab, bleibt hier außer Betracht. Die sexualsadistischen Rituale der Hexenprozesse hätten auf die in unserer Kultur dominierende Triebunterdrückung hinlenken müssen. Wo Lorenz doch auf solche ›Massengrausamkeiten‹ zu sprechen kommt, dienen sie ihm nur als Bestätigung seiner These, daß aggressives Verhalten ohne einen Stau ›unausgelebter Aggressionen‹ nicht denkbar sei. Lorenz spricht hier, unwiderlegbar, auch von einer ›physiologischen Grundlage‹ der Grausamkeit, vermeidet es jedoch, ihren sexuellen (und wohl auch Sexualität vertretenden) Charakter zu berühren. Sein Schüler Eibl-Eibesfeldt hat unsere Phänomenanalysen der Grausamkeit immerhin in der Form aufgegriffen, daß sexuelle Verdrängungen die Aggressionen zu steigern vermöchten.«

64 Als wichtige Absicht einer Sozialtherapie betreibenden Sozialpsychologie bezeichnet A. Mitscherlich in Anlehnung an Bert Brechts »neue Technik der Schauspielkunst, die einen Verfremdungseffekt hervorbringe«, die »Verfremdung gegen Entfremdung« (Auf dem Weg zur vaterlosen Gesellschaft. Ideen zur Sozialpsychologie. München 1963, S. 467):
»Die gesellschaftlichen Herrschaftsverhältnisse, die wir antreffen, entfremden uns unserer Möglichkeit, eine Identität zu finden, indem sie ein Abwehrverhalten stabilisieren gegen Regungen und Neigungen, denen das System der Herrschaft keine Befriedigung, sondern Strafe in irgendeiner Form verheißt. Die psychische Organisation vermittelt zwischen äußerem und innerem Zwang zugunsten der Bestrebungen des Lustprinzips; sie erspart Unlust, indem sie auf einer Wahrnehmungs- oder Erfahrungsstufe, die unterhalb des Bewußtseins liegt, abwehrt und dort diese Abwehr organisiert. Kontroverse Impulse aus der Triebsphäre wie kontroverse Nachrichten von außen werden in der einen oder anderen Form verleugnet. Dadurch entsteht ein gereinigtes Perzeptionsfeld, das widerspruchsfreier als die Realität selbst ist, wenn wir als ›Realität‹ das verstehen, was uns bewußte und unbewußte Wahrnehmung mitteilt. Die Lücken, die durch die Zurückweisung von Wahrnehmung entstehen, werden durch Pseudologik verdeckt. Ihre täuschenden Aussagen sind durch eine hohe affektive Besetzung geschützt; an sie zu rühren, weckt Mißbehagen und oft Angst in einer Stärke, der das kritische Ich nicht gewachsen ist. Brechts Einfall war es, durch eine neue Technik der schauspielerischen Darstellung diese Entfremdung zum Bewußtsein zu bringen; er ließ die Entfremdung durch ein Verhalten des Schauspielers fühlbar werden, das einen ›Verfremdungseffekt‹ hervorruft. Diese von Brecht vorgeschlagene Darstellungskunst des Schauspielers und das Verhalten des Arztes in der psychoanalytischen

Behandlung sind sehr nahe verwandt. Für beide ist der Satz gültig: ›Da es sich nicht um seine eigene (des Schauspielers oder des Arztes) Rolle handelt, verwandelt er sich nicht völlig, er unterstreicht das Technische und behält die Rolle des bloß Vorschlagenden bei.‹ Für den Arzt heißt das, er fühlt sich ein, aber er macht sich nicht das Schicksal des Kranken zu eigen, er agiert nicht für und mit ihm. Von der Tätigkeit jedes mitfühlenden, aber in kritischer Distanz verharrenden Beobachters menschlichen Rollenverhaltens läßt sich sagen: ›Das Selbstverständliche wird in gewisser Weise unverständlich gemacht, das geschieht aber nur, um es dann um so verständlicher zu machen. Damit aus dem Bekannten etwas Erkanntes werden kann, muß es aus seiner Unauffälligkeit herauskommen; es muß mit der Gewohnheit gebrochen werden, das betreffende Ding bedürfe keiner Erläuterung.‹ Das Verfahren bedeutet also eine methodische Suche nach der Alternative. Denn zu jedem angebotenen Verhalten gehört eine vorangegangene Entscheidung, deren Motive vorerst unklar sind. Brecht nennt diese Technik der Darstellung, in der ständig fühlbar bleibt, was nicht getan wird, ›Fixieren des Nicht – Sondern‹. Die Absicht, welcher der Autor in der Darstellung einiger Ideen zur analytischen Sozialpsychologie treu zu bleiben bemüht war, läßt sich auch als Technik des ›Verfremdungseffektes‹ bezeichnen, als die Absicht nämlich, dem Leser ›eine untersuchende, kritische Haltung gegenüber dem darzustellenden Vorgang zu verleihen‹.«

65 Vgl. hierzu:
U. Schwarz: Die Angst in der Politik. Düsseldorf, Wien 1967.
M. Balint: Angstlust und Regression. Reinbek 1972.
F. Riemann: Grundformen der Angst. München 1972.
C. Wolf/G. Schnath (Hrsg. im Auftrag der Leitung des Deutschen Evangelischen Kirchentags): In Ängsten und siehe wir leben. Stuttgart 1975.
R. Lenné: Das Urphänomen der Angst. Analyse und Therapie. München 1975.

66 Zit. nach W. Schulz: Das Problem der Angst in der neueren Philosophie. In: Universitas 8, 1966, S. 843.
Vgl. auch L. Marcuse: Kierkegaard und Freud. In: Der Monat 86, 1955, S. 28 ff.

67 Das Problem der Angst hat Freud seit Beginn seiner psychologischen Forschungen ständig bewegt; seine Auffassungen über gewisse Aspekte der Angst haben sich im Laufe der Zeit erheblich gewandelt. (Vgl. zu Nachfolgendem: Editorische Vorbemerkung zu Freuds »Hemmung, Symptom und Angst«, VI, S. 229 ff.)
Als er die klinische Beobachtung machte, daß in Fällen von Angstneurose immer auch Störungen in der Abfuhr der Sexualspannung zu konstatieren waren, folgerte er daraus, daß die angehäufte Erregung sich ihren Weg nach außen mittels Umwandlung in Angst zu bahnen suche. Er betrachtete dies als einen rein physischen Vorgang ohne jegliche psychische Determinanten. Bei den Psychoneurosen sei zwar die Ursache für die Anhäufung unabge-

führter Erregung eine psychische: die Verdrängung. Was freilich daraus folge, sei das gleiche wie bei den Aktualneurosen: die angehäufte Erregung (oder Libido) verwandle sich unmittelbar in Angst.

1920 (in »Drei Abhandlungen zur Sexualtheorie«) stellt Freud fest: »Daß die neurotische Angst aus der Libido entsteht, ein Umwandlungsprodukt derselben darstellt, sich also etwa so zu ihr verhält wie der Essig zum Wein, ist eines der bedeutsamsten Resultate der psychoanalytischen Forschung.« In »Hemmung, Symptom, Angst«, 1926, gab er jedoch diese so lange aufrecht erhaltene Theorie auf. Er betrachtete nun die Angst nicht länger als umgewandelte Libido, sondern als eine nach einem bestimmten Modell ablaufende Reaktion auf Gefahrsituationen. »Da die Sexualerregung der Ausdruck libidinöser Triebregungen ist, schien es nicht gewagt anzunehmen, daß die Libido sich durch die Einwirkung solcher Störungen in Angst verwandelt. Nun ist diese Beobachtung auch heute noch gültig; anderseits ist nicht abzuweisen, daß die Libido der Es-Vorgänge durch die Anregung der Verdrängung eine Störung erfährt; es kann also noch immer richtig sein, daß sich bei der Verdrängung Angst aus der Libidobesetzung der Triebregungen bildet. Aber wie soll man dieses Ergebnis mit dem anderen zusammenbringen, daß die Angst der Phobien eine Ich-Angst ist, im Ich entsteht, nicht aus der Verdrängung hervorgeht, sondern die Verdrängung hervorruft? Das scheint ein Widerspruch und nicht einfach zu lösen. Die Reduktion der beiden Ursprünge der Angst auf einen einzigen läßt sich nicht leicht durchsetzen. Man kann es mit der Annahme versuchen, daß das Ich in der Situation des gestörten Koitus, der unterbrochenen Erregung, der Abstinenz, Gefahren wittert, auf die es mit Angst reagiert, aber es ist nichts damit zu machen. Anderseits scheint die Analyse der Phobien, die wir vorgenommen haben, eine Berichtigung nicht zuzulassen. Non liquet! – Es ist nicht klar.« (Freud: Hemmung, Symptom und Angst, VI, S. 254.)

68 Vgl. hierzu:
Freud (Hemmung, Symptom und Angst), VI, S. 277, 279: »Die hohe narzißtische Einschätzung des Penis kann sich darauf berufen, daß der Besitz dieses Organs die Gewähr für eine Wiedervereinigung mit der Mutter (dem Mutterersatz) im Akt des Koitus enthält. Die Beraubung dieses Gliedes ist soviel wie eine neuerliche Trennung von der Mutter, bedeutet also wiederum, einer unlustvollen Bedürfnisspannung (wie bei der Geburt) hilflos ausgeliefert zu sein.«

69 Dieses philosophische Defizit versucht Freud z. B. mit folgender Feststellung (in »Hemmung, Symptom und Angst«, VI, S. 241) zu »rationalisieren«:
»Ich bin überhaupt nicht für die Fabrikation von Weltanschauungen. Die überlasse man den Philosophen, die eingestandenermaßen die Lebensreise ohne einen solchen Baedeker, der über alles Auskunft gibt, nicht ausführbar finden. Nehmen wir demütig die Verachtung auf uns, mit der die Philosophen vom Standpunkt ihrer höheren Bedürftigkeit auf uns herabschauen.

Da auch wir unsern narzißtischen Stolz nicht verleugnen können, wollen wir unseren Trost in der Erwägung suchen, daß alle diese ›Lebensführer‹ rasch veralten, daß es gerade unsere kurzsichtig beschränkte Kleinarbeit ist, welche deren Neuauflagen notwendig macht, und daß selbst die modernsten dieser Baedeker Versuche sind, den alten, so bequemen und so vollständigen Katechismus zu ersetzen. Wir wissen genau, wie wenig Licht die Wissenschaft bisher über die Rätsel dieser Welt verbreiten konnte; alles Poltern der Philosophen kann daran nichts ändern, nur geduldige Fortsetzung der Arbeit, die alles der einen Forderung nach Gewißheit unterordnet, kann langsam Wandel schaffen. Wenn der Wanderer in der Dunkelheit singt, verleugnet er seine Ängstlichkeit, aber er sieht darum um nichts heller.«

70 Freud (Hemmung, Symptom und Angst), VI, S. 302.

71 Freud (Hemmung, Symptom und Angst), VI, S. 274

72 Vgl. Freud (Hemmung, Symptom und Angst), VI, S. 280.

73 Freud (Hemmung, Symptom und Angst), VI, S. 280ff.

74 K. Horney: Der neurotische Mensch unserer Zeit. Stuttgart 1951, S. 275.

75 G. Benn: Zum Thema Geschichte. In: Essay. Reden. Vorträge. Gesammelte Werke in vier Bänden. Hrsg. v. D. Wellershoff. 1. Band. Wiesbaden ³/1965, S. 383 f.

Vgl. dagegen K. Jaspers: Vom Ursprung und Ziel der Geschichte (Frankfurt am Main, Hamburg 1955, S. 262 f.):

»Die Auffassung der Geschichte im Ganzen führt über die Geschichte hinaus. Die Einheit der Geschichte ist selbst nicht mehr Geschichte. Diese Einheit ergreifen, das heißt schon, sich über die Geschichte hinausschwingen in den Grund dieser Einheit, durch den die Einheit ist, die die Geschichte ganz werden läßt. Aber dieser Aufschwung über die Geschichte zur Einheit der Geschichte bleibt selber Aufgabe in der Geschichte. Wir leben nicht im Wissen der Einheit, sofern wir aber aus der Einheit leben, leben wir in der Geschichte übergeschichtlich.

Aller Aufschwung über die Geschichte wird zur Täuschung, wenn wir die Geschichte verlassen. Die Grundparadoxie unserer Existenz, nur in der Welt über die Welt hinaus leben zu können, wiederholt sich im geschichtlichen Bewußtsein, das sich über die Geschichte erhebt. Es gibt keinen Weg um die Welt herum, sondern nur durch die Welt, keinen Weg um die Geschichte herum, sondern nur durch die Geschichte.«

76 Vgl. D. Wellershoff: Gottfried Benn. Phänotyp dieser Stunde. Eine Studie über den Problemgehalt seines Werkes. Frankfurt am Main, Berlin 1964, S. 23.

77 R. M. Rilke: Gesammelte Werke Band II. Gedichte, 2. Teil. Leipzig 1927, S. 343 (»Für Wolf Graf von Kalckreuth«).

78 G. Benn: Zum Thema Geschichte; a. a. O., S. 387.

79 Zit. nach D. Wellershoff: a. a. O., S. 72.

80 J. Habermas: Können komplexe Gesellschaften eine vernünftige Identität

ausbilden? In: J. Habermas/D. Henrich: Zwei Reden. Aus Anlaß des Hegel-Preises. Frankfurt am Main 1974, S. 66.

Konträr hierzu Th. Wilhelm (Jenseits der Emanzipation. Pädagogische Alternativen zu einem magischen Freiheitsbegriff. Stuttgart 1975, S. 109 ff.):

»Die Jagd nach Selbstverwirklichung erreicht ihren Höhepunkt in jenen Theorien, die der Selbstreflexion die entscheidende Bedeutung für die Befreiung des Subjekts beimessen. Habermas hat die Selbstreflexion, die bislang ein Therapeuticum der Psychoanalyse war, zur Achse seiner Theorie der politischen Erziehung gemacht. Er greift – bezeichnenderweise – auf Fichte zurück, der das Ich sich befreien läßt, indem es sich in seinem Sichproduzieren selbst durchschaut, und er unterstellt (ebenfalls mit Fichte), daß der Mensch in seiner Vernunft ein Organ besitze, in dem ein affektives Interesse an Freiheit wirksam sei und das zugleich die Fähigkeit besitze, dieses Interesse in eine reflektierte Motivation umzusetzen, die Handeln und Verhalten bestimmt. Die Vernunft hat die Eigenart einzusehen, daß der Sinn von Erkenntnis darin besteht, sie in Handlung umzusetzen. Das macht die Reflexion nach Habermas zum zentralen Instrument der menschlichen Befreiung. Selbstreflexion und Emanzipation werden identisch. So ist Habermas zur Psychoanalyse geführt worden. Selbstreflexion löst das Individuum nicht nur von faktischen Abhängigkeiten, sondern auch von hypostasierten Gewalten.

Habermas-Schüler haben die bedenklichen Seiten der Einführung therapeutischer Einsichten in die politische Theorie deutlicher gesehen. Sie stellen, um die Gefahren des In-sich-selbst-Wühlens abzufangen, den Distanzierungseffekt der Reflexion in den Vordergrund und halten die ›reflexive Selbstdistanz‹ für den eigentlichen Weg zur Emanzipation (Lempert). Aber das ganze bleibt als politische Theorie auch so höchst unbefriedigend. Man sollte Fichte bei Fichte und Freud bei Freud lassen. Die Reflexion über sich selbst ist eine hervorragende Devise in einem entwicklungspsychologischen Durchgangsstadium, wo es – wie in der Pubertät – darauf ankommt, die verwirrende Widersprüchlichkeit der Welt innerlich zu bewältigen. Aber sie ist ein höchst zweischneidiger Rat, wenn es darum geht, die nachwachsende Generation in realistisches Verhältnis zu Staat und Gesellschaft zu bringen. Sie dient dann weder denjenigen Veränderungen, die im Subjekt selbst vor sich gehen sollten, um diesem zu helfen, noch schärft sie den Blick für das Maß der Veränderungen ›draußen‹ in der Gesellschaft, das den subjektiven Einsatz erfordert und lohnt.

Die Schwierigkeit, ›das Selbst zu bestimmen, das sich selbst bestimmen kann‹ (v. Hentig) wird durch Selbstreflexion ihrer Lösung keinen Schritt näher gebracht. Sie wird eher noch vergrößert, weil die Selbstreflexion der Selbstüberschätzung immer neuen Auftrieb verschafft. Statt der Entschlossenheit zur Selbstkorrektur entsteht eher die Bereitschaft, sich selbst, so wie man nun einmal ist, zu entschuldigen. Die Freiheit von sich selbst spielt in der emanzipatorischen Theorie eine ganz ungenügende Rolle. Persönliche Überlegenheit manifestiert sich (das hat auch die klassische deutsche Freiheitsphilosophie nie übersehen) sowohl in der Befreiung des Ichs von der eigenen sinnlichen Natur als auch in der Fähigkeit, zu sich selbst nein sagen zu können. Die Philosophie der Selbstverleugnung, von den Jüngeren der ›Selbstverwirklichung‹ heute belächelt, enthält einen unabweisbar richtigen und bleibenden Kern. Eberhard Griesebach hat das in den dreißiger Jahren so ausgedrückt: ›Die ursprüngliche Freiheit ist die Korrektur an uns selbst. Der Entschluß zur freien Entscheidung kann nur durch positive Arbeit an uns selbst vollzogen werden. Die Entscheidung, ob wir am Leben der Vernunft Teil haben wollen oder nicht, liegt bei uns. Wir haben die Wahl. Unsere erste vernünftige Verlautbarung ist ein Urteil, ist die bedeutsame Entdeckung einer Verfehlung als unsere eigene Schuld. Sie läßt sich inhaltlich angeben: Wir wollten allein reden und nicht hören. Freiheit hat Hören zur Folge, sie fordert Gehorsam‹ (Freiheit und Zucht, 1936, S. 358).

Die Selbstreflexion als Kernstück der neomarxistischen Emanzipationstheorie ist eine höchst zweischneidige Waffe. Sie führt nur in den seltensten Fällen (und eben im Grunde nur unter der Anleitung des Arztes) zu Freiheit und Selbständigkeit, viel häufiger vergrößert sie die Unsicherheit und Abhängigkeit. Die jungen intellektuellen Gesellschaftskritiker treten so selbstsicher auf – aber sind sie es auch wirklich? Oder verbirgt sich hinter der demonstrativen Überlegenheit ebenso viel Hilflosigkeit und Engstirnigkeit? Offenkundig ist die Verengung des Bewußtseins, in die sie sich durch ihre Ideologien hineinmanövrieren ließen, und die Verlegenheit, weil das eigene Selbst, auf das sie so nachdrücklich zurückverwiesen wurden, sich als kümmerlich herausstellt. Es scheint unfähig, aus sich allein heraus Antworten zu geben und Lösungen vorzuschlagen, die das Individuum und die Gesellschaft einen Schritt weiterbringen. Der Beobachter stellt fest, daß Fluchtwege beschritten werden. Man flüchtet vor eben jenem Selbst, das es zu ›verwirklichen‹ galt.

Die Flucht geht in die Kollektivität und in die politische Eschatologie. Beides ist eine Flucht vor der Last der individuellen Freiheit.«

Ferner:

G. Hartfiel (Hrsg.): Emanzipation – Ideologischer Fetisch oder reale Chance? Opladen 1975.

81 Freud (Hemmung, Symptom und Angst), VI, S. 209.
82 Freud (Hemmung, Symptom und Angst), VI, S. 304 f.
83 M. Heidegger: Sein und Zeit. Tübingen [7] 1953, S. 254, 259, 262, 265 f.
84 Vgl. hierzu auch K. Jaspers: Zum ewigen Frieden (In: Stuttgarter Zeitung, 14. 12. 1957):
»Jetzt geht es um alles. Die Sache darf nicht zur Ruhe kommen. Der Kantische Gedanke besagt in dieser Situation: Nur eine nie dagewesene Angst, als Naturfaktor könnte vielleicht erzwingen, was dann aber als Friedenssicherung dauernden Erfolg nur hätte, wenn der Mensch die Ver-

träge mit einem neuen Ethos, einem neuen Opfermut, einer neuen Vernunft durchdringt. Heute gilt die Alternative: Entweder Untergang der Menschheit oder Wandlung des Menschen: eine Wandlung, die, zwar ausgelöst durch die Angst, dann aber nicht als bloßer Naturvorgang geschieht, nicht biologisch und nicht psychologisch und nicht soziologisch planbar ist, sondern durch die Freiheit selber vollzogen wird, durch den Entschluß, der in Menschen erfolgt, die die Führung der Dinge bestimmen, und der von dem Entschluß der meisten getragen wird.«

85 S. Kierkegaard: Furcht und Zittern. Mit Erinnerungen an Kierkegaard von H. Bröchner. Hrsg. von L. Richter; o. O. 1961, S. 41.

86 S. Kierkegaard: a. a. O., S. 42.

87 Zit. nach R. Denker: Aufklärung über Aggression. Kant – Darwin – Freud – Lorenz. Stuttgart, Berlin, Köln, Mainz 1966 (Motto).

88 Zit. nach H. Glaser/J. Lehmann/A. Lubos: Wege der deutschen Literatur. Eine geschichtliche Darstellung. Frankfurt am Main, Berlin, Wien [13.]/1971, S. 354.

89 E. Bloch: Das Prinzip Hoffnung. Frankfurt am Main 1959, S. 10.

90 E. Bloch: a. a. O., S. 10.

91 T. Brocher: Die Ergebnisse der wissenschaftlichen Psychologie und die heutige menschliche Existenz. In: Universitas 7, 1970, S. 699.

92 So E. Neumann: Tiefenpsychologie und neue Ethik. München 1964, S. 25.
Vgl. auch A. Mitscherlich (Die Unfähigkeit zu trauern. München 1967, S. 170):
»Der Zusammenschluß von Moralisten, die sich individuell für eine Moral entschieden haben und darin ihre Identität finden, ist etwas anderes als der Konformismus jener Individuen, denen erst das Befolgen der allgemein anerkannten Moral zu ihrem Identitätsgefühl verhilft. Geraten solche dezidierte Moralisten – man denke auch an die vielen Sozialrevolutionäre – unter feindlichen Druck, so haben sie die Tendenz, sich noch stärker an ihrer Ideologie (gleich welcher Art) zu orientieren und sich in Richtung der Märtyrer zu verhalten. Brechen dagegen die Gebote der Gelegenheitsmoralisten, der Konformisten unter sozialem Druck, in äußeren Katastrophen zusammen, so werden sie richtungslos trieborientiert, wozu die Zeit nach der totalen Niederlage Deutschlands im Jahre 1945 einen reichen Anschauungsunterricht bot.
Alle ernstlichen Revolutionäre – auch die religiösen wie Christus – versuchen, reflexhaft gewordene, automatisierte Bindungen an die bestehende Moral aufzulösen. Da hierdurch die bisher bestehende Identität gefährdet wird, erweckt das zuerst ängstliche Unsicherheit und Abwehr. Die Mehrheit der Menschen in den bisherigen Kulturen ist nicht darauf vorbereitet gewesen, in diesem Zustand innerer Bedrängnis kritisches Denken walten zu lassen. Das war auch gar nicht so notwendig oder vordringlich, da sich die gesamtgesellschaftlichen Verhältnisse mit Vorzügen und Übeln, zum Beispiel ihre Produktionstechniken, von Generation zu Generation nur

wenig zu ändern pflegten und deshalb für das sozial eingebettete Individuum kein Anlaß bestand, an der überzeitlichen Gültigkeit der vorgefundenen Sitten zu zweifeln. Und auch die an neuen Werten orientierten Sozialreformer – etwa die Religionsstifter – verkündeten ihre Moral mit Ewigkeitsanspruch, blind für den geschichtlichen Beweis, daß es sozial keine ›letzten‹ Lösungen gibt. Bei Führern und Gefolgsleuten – in der Tat im allgemeinen Bewußtsein – herrschte in dieser Hinsicht Wunschdenken. Krisenhafte Zusammenbrüche solcher ›ewigen‹ Moralen hoben nicht deren Relativität ins Bewußtsein, sondern ließen nur nach neuen Heilsversprechungen greifen, welche die Sicherheit wiederherzustellen versprachen ...

Es ist abzusehen, daß die Entwicklung von glaubensgelenkten zu verstandesgelenkten (besser: die Reflexion trainierenden) Moralen noch lange zu Unruhen, wie sie die Welt gegenwärtig erschüttern, beitragen wird. Der Kenner der psychoanalytischen Theorie wird das Ziel einer Stärkung der Ich-Funktionen im Ganzen des psychischen Apparates als gut begründbar erkennen. Die psychische Energie, welche das Ich aus dem Reservoir der Triebenergien zu binden, zu ›neutralisieren‹, das heißt, für seine Zwecke verwendbar zu machen vermag, mindert zugleich den Triebdruck; es wird Es-Energie in Ich-Energie verwandelt. Dieser Vorgang vollzieht sich unendlich langsam, verglichen mit der Erweiterung unserer Naturkenntnisse. Da die Naturenergien unseren destruktiven Tendenzen ebenso gehorchen wie konstruktiven Absichten, bleibt die Gefahr einer selbstdestruktiven Katastrophe der Menschheit als Dauergefahr erhalten.«

93 E. Neumann: Tiefenpsychologie und neue Ethik; a. a. O., S. 71.
94 E. Neumann: a. a. O., S. 92 f.
95 E. Fromm: Der moderne Mensch und seine Zukunft. Eine sozialpsychologische Untersuchung. Frankfurt am Main 1960, S. 320.
96 E. Fromm: a. a. O., S. 321.
    Vgl. auch E. Fromm: Psychoanalyse und Ethik. Stuttgart, Konstanz 1954.
97 H. E. Richter: Flüchten oder Standhalten. Reinbek bei Hamburg 1976, S. 8
98 H. E. Richter: a. a. O., S. 15 f.
99 E. Bloch: Das Prinzip Hoffnung. Frankfurt am Main 1959, S. 11 f. und S. 15.
100 Vgl. hierzu P. Bjerre (Unruhe, Zwang, Angst. München o. J., S. 137):
    »Erlebt der Mensch eine innere Erneuerung, so tritt eine bestimmte Gefühlsreaktion ein. Die Erneuerung kann plötzlich, wie eine Ekstase kommen, oder sie kann langsam, beinahe unmerklich, die Seele durchdringen. Die Perspektive der Welt hat sich erweitert und die Welt sich dadurch verändert. Die Ferne ist nähergerückt, und das Nahe hat seine angemessene Proportion gewonnen. Auch die Vergangenheit erscheint verwandelt. Sie ist Wegweiser der neuen Erkenntnis geworden. Das Leben hat einen Sinn erhalten.
    Diese Gefühlreaktion in Verbindung mit der Erneuerung nennen wir Liebe. Die Dichter haben immer den notwendigen Zusammenhang zwischen Liebe und Erneuerung verstanden und ihn besungen. Aber sie haben Ursa-

che und Wirkung verwechselt. Das Primäre ist die Erneuerung, das daraus erwachsende Gefühl ist die Liebe, und sie verbindet sich mit dem Objekt, das die Erneuerung bewirkt hat. Diese kann von einem Menschen ausgehen, und sie braucht nicht abhängig zu sein von dem, was er sagt oder tut; die Persönlichkeit selber kann eine verwandelnde Wesenswirkung ausstrahlen. Es kommt der Augenblick der Erkenntnis, daß man mit und durch diesen Menschen leben kann, ohne ihn nicht. – Die Erneuerung kann von einem Stück Boden ausgehen, von einer Stelle der Welt, die uns das Gefühl der Heimat gibt, gleichviel, ob wir dort bleiben dürfen oder nicht. – Und wenn wir die Erneuerung als eine Tatsache erleben, ohne sie doch mit Menschen oder Plätzen oder Dingen, weder im Vergangenen noch im Gegenwärtigen verbinden zu können, dann sprechen wir von amor fati – oder von Liebe zu Gott.

Wie die Liebe die Gefühlreaktion der Erneuerung ist, so ist die Angst die Gefühlsreaktion des Todes. Die Angst kann plötzlich über uns hereinbrechen, oder sie kann langsam, Jahr für Jahr, sich in unsere Seele schleichen. Die Liebe ist höchste Lust, die Angst ist tiefste Unlust.«

101 J. Paul: Leben des vergnügten Schulmeisterlein Maria Wutz in Auenthal. In: Jean Paul. Werke. Erster Band. Hrsg. v. N. Miller. München 1960, S. 462.

Namenregister

Aufgenommen wurden nur die im Hauptteil (nicht im Anmerkungsteil) erwähnten Personennamen – mit Ausnahme Sigmund Freuds, der auf fast allen Seiten erscheint.